TAUCHATLAS DER WELT

TAUCHATLAS DER WELT

JACK JACKSON

Delius Klasing Verlag

Die Bilder auf den vorhergehenden Seiten zeigen:

Seite 1: Blick aus der Luft auf Green Island, Großes Barriereriff.
Seiten 2–3: Zwei Östliche Clownfische (Amphiprion percula) *zwischen den Tentakeln ihrer Wirtsanemone. Sulawesi, Indonesien.*
Seiten 4–5: Putzergarnele auf einer Seeanemone, Karibik.

Die englische Originalausgabe mit dem Titel »DIVE ATLAS OF THE WORLD« erschien 2009 bei New Holland Publishers (UK) Ltd., London.

Bibliografische Information der Deutschen Nationalbibliothek
Die Deutsche Nationalbibliothek verzeichnet diese Publikation in der Deutschen Nationalbibliografie; detaillierte bibliografische Daten sind im Internet über http://dnb.d-nb.de abrufbar.

Der Verlag macht darauf aufmerksam, dass dieses Buch bereits in zwei Auflagen unter der ISBN 978-3-7688-1472-0 und 978-3-7688-1942-8 lieferbar war.

1. Auflage
ISBN 978-3-7688-3247-2
Die Rechte für die deutsche Ausgabe liegen beim Verlag Delius, Klasing & Co. KG, Bielefeld
Herausgegeben in der EDITION NAGELSCHMID

Aus dem Englischen von Wolfgang Rhiel
Deutsche Bearbeitung: Dr. Friedrich Naglschmid
Herausgeber: Jack Jackson
Layout: Geraldine Cupido
Zeichnungen: Steven Felmore
Karten: Genené Hart
Schutzumschlaggestaltung: Buchholz/Hinsch/Hensinger, Hamburg
Printed in Singapore 2011

Delius Klasing Verlag, Siekerwall 21, D - 33602 Bielefeld
Tel.: 0521/559-0, Fax: 0521/559-115
E-Mail: info@delius-klasing.de
www.delius-klasing.de

Inhalt

Das Karibische Meer

Ländergrenzen können sich aufgrund anhaltender territorialer Streitigkeiten ändern.

NORDPOLARMEER
Barentssee
Kara-See
Laptewsee
Ostsibirische See
RWEGEN
WEDEN
FINNLAND
ESTLAND
RUSSISCHE FÖDERATION
Beringmeer
Ochotskisches Meer
POLEN
Aral-see
Schwarzes Meer
Kaspisches Meer
IEN
GRIECHEN-LAND
TÜRKEI
NORD-KOREA
Japanisches Meer
JAPAN
SÜD-KOREA
Mittelmeer
SYRIEN
IRAK
IRAN
CHINA
ISRAEL
Sueskanal
PAKISTAN
Ost-cinesisches Meer
BYEN
ÄGYPTEN
SAUDI-ARABIEN
Rotes Meer
INDIEN
TAIWAN
OMAN
SUDAN
MYANMAR (BIRMA)
VIETNAM
PAZIFISCHER OZEAN
Arabisches Meer
Golf von Bengalen
THAILAND
JEMEN
Süd-chinesisches Meer
PHILIPPINEN
SRI LANKA
SOMALIA
MALEDIVEN
MALAYSIA
MIKRONESIEN
REPUBLIK KONGO
KENIA
SINGAPUR
PAPUA-NEUGUINEA
MELANESIEN
SEYCHELLEN
TANSANIA
INDONESIEN
KOMOREN
SALOMONEN
GOLA
INDISCHER OZEAN
Korallensee
MOSAMBIK
Timorsee
FIDSCHI
MADAGASKAR
VANUATU
Straße von Mosambik
MAURITIUS
NEUKALEDONIEN
AUSTRALIEN
SÜDAFRIKA
Große Australische Bucht
NEU-SEELAND
Tasmansee
SÜDPOLARMEER
ANTARKTIS

Einführung

Jack Jackson

Tropische Inseln, Strände, türkisfarbenes Wasser und bunte Riffe ziehen Nichttaucher und Taucher gleichermaßen an, aber erfahrene Taucher schätzen auch Steilwände im offenen Meer, Kontakt mit Meerestieren, kalte Gewässer und die Atmosphäre von Schiffswracks.

Wer im Flachwasser bleibt, hat mehr Grundzeit, aber mancher mag kurze, tiefe »Ausflüge« in der Hoffnung auf Haie. Die meisten Taucher ziehen entspannte Tauchgänge vor, aber einige suchen den Nervenkitzel von Haifütterungen oder Strömungstauchgängen. Einige Taucher mögen lieber klares, warmes Wasser, anderen genügt begrenzte Sicht oder kaltes Wasser. Wrackfans lassen oft alles andere links liegen. Wie immer man tauchen möchte, die meisten Tauchschulen bieten entsprechende Kurse an. Immer daran denken: Tief tauchen, kaltes Wasser und starke Strömungen fordern Kraft, und die Kondition kann rasch schwinden; also immer bereit sein, einen Tauchgang abzubrechen.

Wir haben beliebte Gebiete aus den verschiedensten Regionen mit unterschiedlichen Gegebenheiten ausgewählt. Unsere Kriterien waren Qualität, Quantität, schönes und einzigartiges Meeresleben, Zugang und normale körperliche Fitness. Unsere Auswahl bietet die ganze Unterwasserwelt, spricht aber auch weniger leistungsstarke Taucher an.

Das Buch ist eingeteilt nach Ozeanen und deren Regionen. Praktische Informationen bieten die Verzeichnisse im Anhang.

Einzelne Tauchziele unterscheiden sich ganz beträchtlich. Die meisten Arten der gemäßigten und warmen Gewässer sowie Meer- und Süßwasserarten vermischen sich nicht. Wo ein Gebiet auf Dauer oder vorübergehend abgeschnitten wird, wie das Rote Meer, der Golf von Aden und der Arabische Golf beim Absinken des Meeresspiegels während der Eiszeit vom Indischen Ozean, entwickeln sich Arten isoliert und werden endemisch. Korallenriffe sind voller farbenprächtiger Arten. Nährstoffreiche, kalte Gewässer bergen oft größere und langlebigere Exemplare als die Tropen. Einige Gegenden haben große Gezeitenschwankungen. Unter Eis, über Fels oder Korallen und im tiefen Wasser kann die Sicht sehr gut sein, bei starken Gezeiten, über Sand oder Schlamm oder bei Algenblüte ist sie oft bescheiden.

Das Korallenleben entwickelte sich hauptsächlich im von den Philippinen, Malaysia und Papua-Neuguinea umgrenzten Gebiet und breitete sich von dort aus. Der Atlantik entstand erdgeschichtlich spät und wurde früh in seiner Entwicklung durch das Verschmelzen von Nord- und Südamerika vom Pazifik getrennt. Die Verbindungsrücken in der Ostkaribik verhindern außerdem den Austausch von Tiefenwasser zwischen Atlantik und Karibik. Die Karibik hat, zum Teil als Folge der Abtrennung im Westen wie Osten, weniger Meeresarten als der Indopazifik.

Viele karibische Länder bieten ideale Voraussetzungen speziell für Tauchurlauber. Der Indopazifik hat die größte Artenvielfalt, wenngleich der Planktonreichtum, der diese Fülle begünstigt, oft die Sicht mindert. Einige Pazifikgebiete haben starke Strömungen und täglich zwei Fluten, von denen eine viel stärker als die andere ist.

*Der Rote Maschenseestern (*Fromia monilis*) ist eine der häufigsten* Fromia-*Arten im Westpazifik und eine der auffälligsten (oben).*

Küstentauchen

Der Einstieg vom Ufer ins Wasser ist relativ einfach, mit voller Ausrüstung über glatte Steine zu klettern, allerdings weniger. Beim Einstieg von Felsen sollte man die örtlichen Gezeiten kennen, denn bei Ebbe würde man sehr tief fallen bzw. nicht aus dem Wasser kommen, weil die Felsen zu hoch liegen. Fotografen haben zusätzliche Probleme mit dem Sand. Das Tauchen vom Ufer ist preiswerter als vom Boot, aber die meisten zugänglichen Gebiete sind nicht so gut wie die an Riffen im offenen Meer.

Tagestauchtouren mit dem Boot

Tauchboote laufen küstennahe Tauchgebiete ein- oder zweimal pro Tag an. Nachttauchfahrten sind optional. Häufig muss die Ausrüstung vom Ufer an- und abtransportiert werden. Bei allen Bootsfahrten muss jemand bestimmt werden, der die Vollständigkeit der Passagiere beim Auslaufen kontrolliert, vor allem aber bei der Rückfahrt vom Tauchgebiet.

Im Fall eines Schlauch- oder Beiboots steigen die Taucher bis auf die Flossen ausgerüstet ein. Auf größeren Booten machen sie sich etwa 15 Minuten vor Erreichen des Tauchgebiets tauchfertig.

Küstentauchen und Tagestouren werden von denen bevorzugt, die auf einem Schiff nicht schlafen können oder mit Personen reisen, die nicht tauchen oder abends ausgehen möchten.

Tauchkreuzfahrten

Bei Tauchkreuzfahrten muss man selten Ausrüstung schleppen oder über Saumriffe hinausschwimmen, und das Fahren bei Nacht kommt der Tauchzeit in entlegeneren Gebieten zugute. Es gibt mehr Nachttauchmöglichkeiten und drei bis fünf Tauchgänge am Tag. Fotografen haben keinen Ärger mit dem Sand und zwischen den Tauchgängen mehr Zeit, ihre Kamera wieder zu richten.

Schmale oder hoch im Wasser liegende Schiffe rollen leicht, mancher kann auf einem Schiff nicht schlafen, und bei rauer See kann es ungemütlich werden. Tauchkreuzfahrten scheinen teuer, dagegen kann man mehr tauchen, und die Verpflegung ist im Preis enthalten. Für kältere Stunden auf See braucht man warme Sachen.

Kreuzfahrten bieten zwar bis zu fünf Tauchgänge am Tag, aber die Taucher müssen an Gezeiten, Strömungen und Stickstoffbelastung denken, und bei Ebbe kann die Sicht schlecht sein. Man unternimmt besser zwei, drei gute Tauchgänge am Tag als immer fünf, von denen mancher mittelmäßig sein dürfte.

Die meisten Taucher mögen keine Ansammlungen im Wasser. Größere Kreuzfahrtschiffe sollten entweder zwei Beiboote haben, die zwei Gebiete anfahren, oder rotieren, damit immer nur eine Hälfte der Passagiere im Wasser ist.

Es sind bei Kreuzfahrten schon Taucher im Wasser zurückgelassen worden. Achten Sie daher darauf, dass beim Ein- und Auschecken absolut sicher vorgegangen wird.

Rifftauchen, Dropoffs und Wände

Riffe können unterschiedliche Profile aufweisen. Das Riffdach ist wahrscheinlich ein Korallengarten mit kleineren Fischen und Krebsen. An Hängen oder Dropoffs gibt es größere Gorgonien und Schwarmfische. An Wänden kommt beides zusammen, dazu noch größere pelagische Arten, vor allem über tiefem Wasser. Eine Wand ist fast senkrecht und kann überhängen oder unterhöhlt sein, ein Dropoff ist ein 60–85° steiler Hang.

Landnahe Saumriffe haben aufgrund verschiedenster künstlicher oder natürlicher Zuflüsse oft schlechte Sicht, sind aber gute Studiengebiete, weil sie noch junge Arten beherbergen.

Küstenferne Riffe mit Lagunen eignen sich zum *muck diving* und Schnorcheln, vor allem aber zum guten Tauchen vor dem Riff. In Lagunen führende Kanäle sind bei Strömung gut zu betauchen, weil diese Nährstoffe mitführt, die kleinere Fische anziehen, die ihrerseits größere Raubfische anlocken. Ist eine Riffseite länger oder verwinkelter als die andere, verlangsamt sich die Strömung an dieser Seite. Treffen die Strömungen am Riffende wieder aufeinander, sind sie unterschiedlich schnell und produzieren nährstoffreiche Wirbel und Auftrieb, die viele Fische anlocken. Diese Fische ziehen wieder Haie und andere Raubfische an. Wenn man Schutz vor der Strömung finden kann, sind das großartige Tauchgebiete.

Submarine Riffe sind nur mit einem ortskundigen Bootsführer oder GPS zu finden. Man muss rasch zur Leeseite des Riffs absteigen und Schutz vor der Strömung suchen, um nicht abgetrieben zu werden. Solche Riffe bieten meistens großartiges Tauchen und pelagische Arten.

Tauchen in Süßwasser

Der Hauptunterschied zwischen Tauchen in Süß- und Meerwasser ist der, dass Süßwasser weniger Auftrieb hat und es nur wenige kartierte Süßwassertauchgebiete gibt. Einige davon liegen außerdem so hoch, dass man spezielle Tauchtabellen zum Umrechnen der Tiefen braucht. Starke Regenfälle können die Sicht im Süßwasser auf null reduzieren.

Einige Seen werden von heißen Quellen gespeist und können ziemlich heiß werden.

Das Tauchen in Seen ist relativ einfach, in schnell fließenden Flüssen kann es schwieriger sein. Am Flussufer ist die Strömung normalerweise geringer, aber man muss vor dem Einstieg in den Fluss wissen, wo man aussteigt. Mit Haken kann man sich am Flussboden flussaufwärts ziehen.

Süß- und Brackwassergebiete, vor allem Seen, Steinbrüche, Dämme, Kanäle und langsame Flüsse, sind oft Herde für Infektionen wie die Weil-Krankheit oder Bilharziose.

Strömungstauchen

Strömungstauchen kann vom gemächlichen Treiben in leichter Strömung bis zur wilden Jagd vorbei an Wänden und Rinnen reichen. Die größte Sorge ist, weder den Kontakt zum Boot noch zu den Partnern zu verlieren. Wer ohne Taucherbojen arbeitet, sollte eine Signalboje benutzen oder eine zusammenklappbare Flagge, die über die Wellen gehalten werden kann.

Bestehen Sie darauf, dass die Bootscrew der Taucherboje oder den Luftblasen der Taucher folgt, nicht schläft oder laute Musik hört und dann eventuell die Pfeifen der auftauchenden Taucher überhört. Signalhörner sind wirksamer als normale Pfeifen, und eine alte CD kann als Sonnenreflektor dienen.

Die Taucher sollten zusammen ins Wasser steigen und versuchen zusammen zu bleiben. Verlieren Taucher dennoch den Kontakt zum Boot, sollten sie sich aneinander binden, das Jacket aufblasen und Luft sparen. Den Bleigürtel behält man am besten, sofern der Auftrieb kein Problem bereitet; unter Umständen kann es besser sein, die Tauchflasche wegzuwerfen.

Wer mit einem normalen Jacket statt mit Flügeln ans Ufer schwimmen will, tut sich mit Rückenschwimmen leichter. Lösen Sie die Partnerleine, bevor Sie in Ufernähe durch die Brandung oder Brecher schwimmen.

Wrack- und Höhlentauchen

Beim Tauchen in geschlossenen Räumen ist es nicht einfach, bei Geräteausfall die Oberfläche zu erreichen.

Jeder Taucher kann außen an Wracks tauchen, aber das Vordringen in große Wracks ist Erfahrenen vorbehalten, Anfänger sollten es nur in Begleitung eines Tauchlehrers wagen. Die Tauchgänge so planen, dass sie mit dem Stillwasser zusammenfallen, und Handschuhe tragen. Ein Messer oder ähnliches zum Durchtrennen von Fangleinen und Netzen mitnehmen, ebenso eine gute Lampe nebst Ersatzlampe. Darauf achten, dass alles eng am Körper anliegt, damit sich nichts verfangen kann.

Taucher sollten beim Tauchen ein Führungsseil ausgeben und Türen oder Luken sichern, damit sie nicht zuschlagen können. Denken Sie daran, dass Luftblasen Schlamm aufwirbeln können, Flossen und Hände ebenfalls. Lassen Sie ausreichend Luft für den Rückweg.

Höhlentauchen, bei dem das Tageslicht ständig sichtbar ist, ist nicht schwierig. Tauchen ohne Tageslicht erfordert jedoch eine Führungsleine, damit man den Rückweg findet. Außerdem ist separater Ersatz für Licht und Luft nötig. Am wichtigsten ist die Drittelregel: Umkehren, sobald ein Drittel der Luft verbraucht ist, damit ein Drittel für den Rückweg bleibt und ein Drittel für Notfälle. Um möglichst wenig Schlamm aufzuwirbeln, sollten Taucher den sanften Flosseneinsatz üben.

Nachttauchen

Für Nachttauchgänge sollte man Flachwasser mit guten Orientierungspunkten wählen, mit dem man sich bereits bei Tage vertraut gemacht hat. Sehr leicht sind Tauchgänge den Riffrand entlang, an dem die Taucher in geringer Tiefe hin- und wieder zurückschwimmen können. Bei Strömung sollten sie gegen die Strömung starten und mit ihr zurückkommen.

Vermeiden Sie zu starke Lampen, denken Sie an eine Ersatzlampe, und schalten Sie die Lampe eine Zeit lang aus. Wenn die Augen sich an die Dunkelheit gewöhnt haben, bewegen Sie die Arme – Sie werden phosphoreszierendes Plankton und in Höhlen eventuell die Biolumineszenz von Blitzlichtfischen erleben.

Gemäßigte und tropische Gewässer

Viele Taucher tauchen zumeist in gemäßigten Gewässern. Schiffswracks sind besonders beliebt, aber das Meeresleben kann genauso interessant wie in tropischen Gewässern sein. Generell werden Sicht und Oberflächenbedingungen nicht so gut sein. Beim Tauchen im warmen, klaren Wasser der Tropen inmitten farbenprächtigen Meereslebens ist man dagegen wahrscheinlich entspannter. Die Hauptgefahr in klarem Wasser ist die, dass man unbemerkt zu tief taucht. Viele beliebte Urlaubstauchgebiete haben kaum Gezeiten und Strömungen, und das Meer ist überwiegend ruhig.

Es empfiehlt sich, dünne Schutzkleidung gegen Nesseltiere zu tragen, aber meistens ruiniert man sich die Ferien durch Sonnenbrand oder Insektenstiche an Land.

Eistauchen

Seien Sie auf technische Ausfälle gefasst – selbst Bleigürtelschnallen haben schon versagt. Auch wenn die Wassertemperatur nicht unter –1,8 °C fallen kann, kann der Windchill die Luft sehr viel kälter erscheinen lassen. Eine Ganzgesichtsmaske erschwert den Zugang zum Ersatzregler. Jeder Taucher sollte zwei getrennte Atemregler haben, mit jeweils eigener Flasche oder mit V-Verteiler an einer Flasche montiert. Die Luft in den Flaschen sollte so trocken wie möglich sein. Flaschen und Regler sollten bis zum Tauchgang windgeschützt und trocken gelagert werden. Die erste Reglerstufe sollte gegen das Eindringen von Wasser versiegelt sein und erst benutzt werden, wenn erste und zweite Stufe unter Wasser sind, damit der Regler nicht durch Kondenswasser zufriert. Die Taucher sollten an eine Leine gebunden sein, die stark genug ist, sie aus dem Wasser zu ziehen. Jede Leine muss von einer Person überwacht werden, die nichts anderes tut, als auf vereinbarte Signale vom Taucher zu achten. Unkontrolliertes oder unverständliches Ziehen sowie keine Antwort müssen als Notfall betrachtet und der Taucher sofort herausgezogen werden.

Archäologisches Tauchen

Diese Art des Tauchens ist zumeist Wissenschaftlern vorbehalten, aber manchmal sind sie für Hilfe von Laien dankbar, und zu einigen der Funde im ägyptischen Mittelmeer gibt es inzwischen geführte Tauchtouren. Wenn solche Stätten in Hafennähe liegen, hat man die üblichen Wasserverschmutzungen. Taucher sollten vorsorglich ein Breitbandantibiotikum gegen Darminfektionen nehmen. Dieselöl auf dem Wasser fördert den Sonnenbrand und mindert die Wirkung von Schutzmaßnahmen, waschen Sie daher die Ausrüstung (und sich selbst) nach jedem Tauchgang gründlich mit Süßwasser.

Sicht unter Wasser

Im freien Meer kann die vertikale Sicht 100 m betragen, horizontal liegt die Grenze aber bei 50 m. Küstengewässer leiden unter den verschiedensten künstlichen und natürlichen Zuflüssen sowie Planktonblüte, sodass die Sicht geringer ist. Über tiefem Wasser oder festem Grund ist sie besser. Ebbe zieht Schwebstoffe vom Strand und von Riffen ins Meer und trübt das Wasser, bei Flut bessert sich die Sicht meistens wieder. Ein gut austarierter Taucher wird keinen Grund aufwirbeln.

Starker Regen und Wind mindern die Sicht, wenn sich Süß- und Salzwasser infolge schlechten Wetters mischen. Küstenfernere Gewässer erscheinen blau, die sich zersetzende organische Materie in Küstengewässern ist dagegen gelb, etwas Blau wird also herausgefiltert, und das Wasser sieht grün aus. Auch mineralische Ablagerungen können die Wasserfarbe beeinflussen.

Wiederholungstauchgänge

Nach mehr als 16 Stunden an der Oberfläche können Taucher davon ausgehen, dass kein überschüssiger Stickstoff mehr im Blut ist, und den nächsten Tauchgang wie ihren ersten betrachten. Ein zweiter Tauchgang innerhalb 16 Stunden ist als Wiederholungstauchgang einzustufen. Tauchtiefen und -zeiten können aus Tabellen oder vom Tauchcomputer errechnet werden. Wer an mehreren Tagen mehrmals taucht, sollte nach vier Tagen einen ganzen Tag aussetzen, damit der Stickstoff im Blut vollständig entweichen kann.

Tauchen mit Dekostopps

Tauchen mit Dekostopps ist Freizeittauchern nicht anzuraten, auch wenn die Tauchtabellen Entsprechendes vorsehen. Es kann vorkommen, dass ein Taucher aus irgendeinem Grund die stoppfreie Tauchzeit überschreitet und dann beim Aufstieg Dekostopps einlegen muss, damit der Stickstoff aus dem Körpergewebe entweichen kann.

Wracks sind der ideale Zufluchtsort für kleinere und größere Jungfische. Im Bild das Wrack der Nebo *bei Aliwal Shoal.*

Für diese Stopps werden unterschiedliche Tiefen und Zeiten empfohlen, bei Dünung fallen die tieferen allerdings leichter. War der Taucher nicht zu lange nicht sehr tief, genügt ein Stopp zwischen 3 m und 6 m Tiefe. War er dagegen ziemlich tief oder hat er die stoppfreie Zeit deutlich überzogen, muss er zusätzliche Stopps in größerer Tiefe und am Ende einen längeren in 3 m bis 6 m einlegen. Für Tauchgänge in der Höhe oder mit Nitrox gibt es spezielle Tabellen.

Einen Tauchgang beenden

Taucher sollten jeden Tauchgang, mit oder ohne Dekompression, mit einem fünfminütigem Sicherheitsstopp in 3–6 m Tiefe beenden. Bei Dünung mag es schwer sein, sich in 3 m zu halten; dann kann man 5 m wählen, was Spielraum lässt, falls man wegen der Dünung etwas höher gehen muss.

Höhe und Fliegen nach dem Tauchen

Beim Tauchen in Höhenlagen braucht man entsprechende Tabellen oder eingestellte Computer. Durch den verringerten Druck im Flugzeug können sich Blasen im Blut bilden, die zur Caissonkrankheit führen, wenn ein Taucher vor dem Flug nicht genug Zeit hatte, den angesammelten Stickstoff größtenteils abzugeben. Taucher sollten mindestens 24 Stunden vor einem Flug nicht mehr tauchen.

Klimawandel

Wissenschaftler sind sich über Tempo und Ausmaß der Änderungen durch die globale Erwärmung nicht einig. In der Erdgeschichte hat es ähnliche Vorkommnisse gegeben, und einige Gletscher wachsen sogar. Das Ross-Schelfeis in der Antarktis hat sich in den letzten 20 Jahren um mehrere Kilometer ausgedehnt. Die meisten Gletscher schwinden jedoch, und die Polkappen schmelzen großflächig. Die deshalb steigenden Meeresspiegel bedrohen tief liegende Inseln und erhöhen die Überflutungsgefahr für tiefere Festlandsregionen.

El Niño-Südliche Oszillation (Enso) und La Niña

El Niño kann in Tauchgebieten zu eigenartigen Wettermustern führen. Bei warmem Wasser suchen viele Haie tieferes, kälteres Wasser auf, und Tiere mit symbiotischen Algen können Letztere wie beim Korallenbleichen abstoßen, was folgenreicher ist.

In normalen Jahren beschert das aufsteigende kalte Wasser in den Passatwindgürteln vor der Westküste Südamerikas reichen Fischfang und lässt die Luft darüber unter den Taupunkt abkühlen, was Nebel erzeugt. Aber manchmal rufen Temperaturänderungen der Meeresoberfläche im äquatorialen Pazifik eine größere klimatische Störung hervor, El Niño, spanisch das Christkind, so genannt, weil dieses Phänomen oft um Weih-

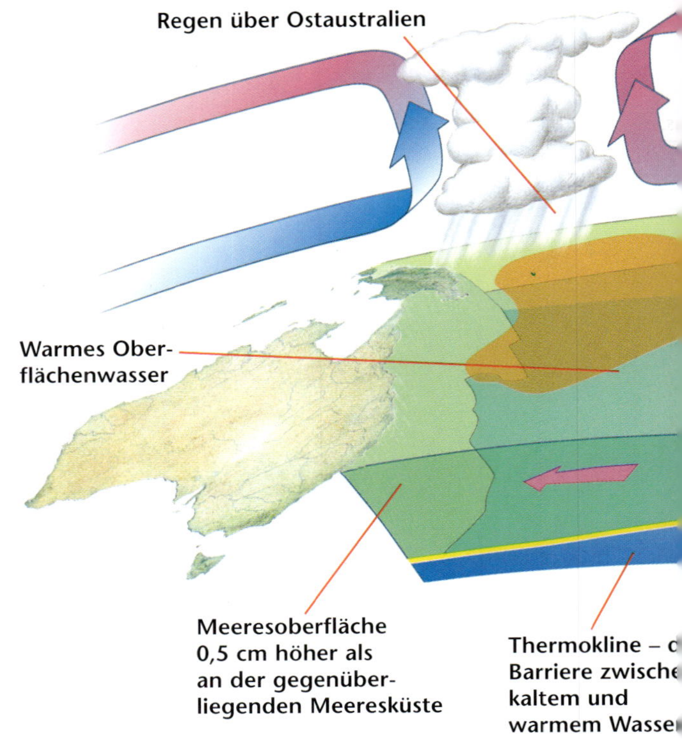

Bleichen

Bleichen treten auf, wenn Korallen, Seeanemonen, Muscheln und Schwämme ihre symbiotischen Algen (Zooxanthellen) oder die Pigmente dieser Algen abstoßen. Das geht vermutlich auf erhöhte Temperaturen und übermäßige UV-Einstrahlung infolge ausbleibender Monsune, sehr ruhiger See oder mangelnder Wolkenbildung zurück. Im Indopazifik und der Karibik kann Bleichen zum Teil jahreszeitlich bedingt sein und wieder zurückgehen. Wenn die Wassertemperatur rasch wieder normale Werte erreicht, erholen sich die Tiere, andernfalls gehen sie ein. Bleichen kommt vor allem im Flachwasser bis 15 m vor und befällt vornehmlich schnell wachsende Arten wie *Acropora*. Langsamer wachsende Arten wie *Porites* bleichen auch aus, erholen sich aber eher wieder.

Die Korallenbleiche war 1997/98 während des Phänomens El Niño-Südliche Oszillation sehr ausgeprägt und traf vor allem Bahrain, die Malediven, Sri Lanka, Singapur sowie Teile Madagaskars und Tansanias. Man hat jüngst festgestellt, dass einige Korallen nach dem Abstoßen eines Zooxanthellentyps andere Typen aufnehmen können, die besser an die höheren Temperaturen angepasst sind, sodass sie überleben können, solange es nicht zu warm wird.

La Niña (Abkühlung)

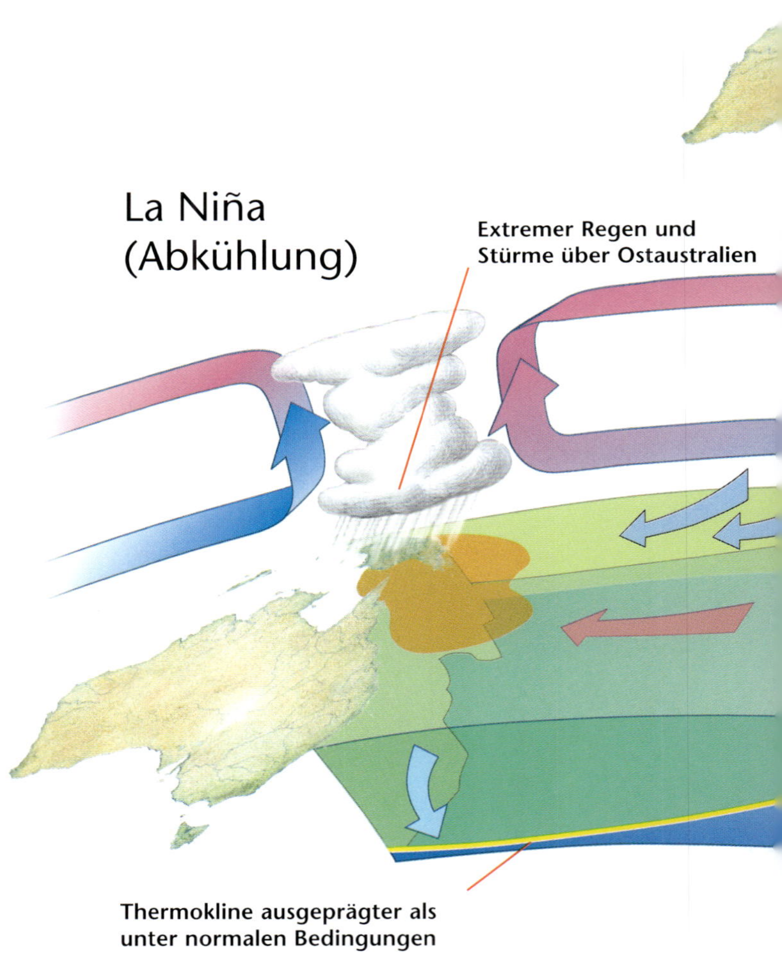

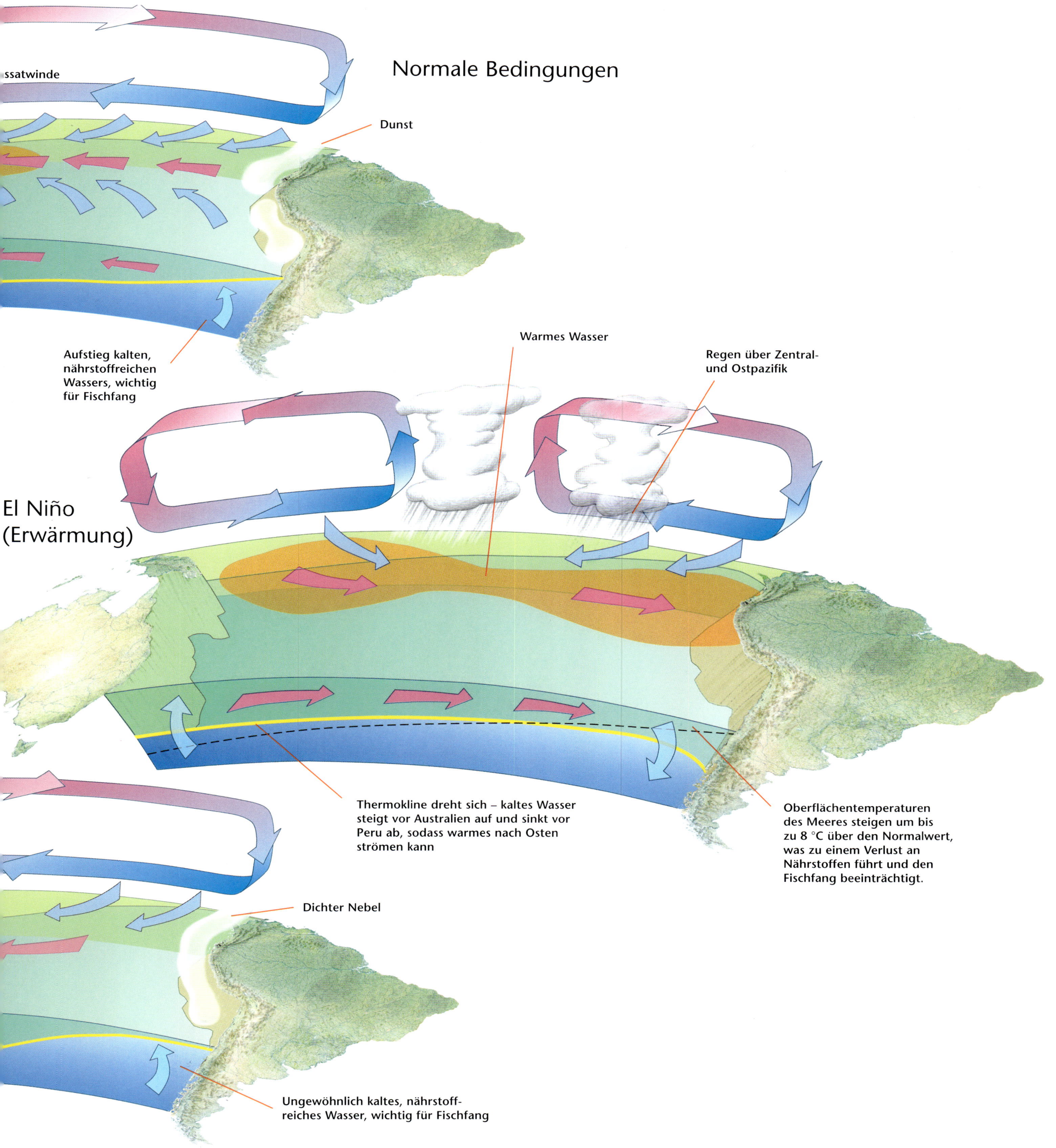

ssatwinde
Normale Bedingungen
Dunst
Aufstieg kalten, nährstoffreichen Wassers, wichtig für Fischfang
Warmes Wasser
Regen über Zentral- und Ostpazifik
El Niño (Erwärmung)
Thermokline dreht sich – kaltes Wasser steigt vor Australien auf und sinkt vor Peru ab, sodass warmes nach Osten strömen kann
Oberflächentemperaturen des Meeres steigen um bis zu 8 °C über den Normalwert, was zu einem Verlust an Nährstoffen führt und den Fischfang beeinträchtigt.
Dichter Nebel
Ungewöhnlich kaltes, nährstoffreiches Wasser, wichtig für Fischfang

nachten eintritt. Eine Abschwächung der östlichen Passatwinde im Zentralpazifik während des ENSO-Phänomens bedeutet, dass kein warmes Oberflächenwasser mehr nach Westen transportiert wird und vor der Küste von Peru und Ecuador der kalte, nährstoffreiche Auftrieb ausbleibt. Die höhere Temperatur der Meeresoberfläche macht aus dem trockenen ein feuchtes Küstenklima und veranlasst die riesigen Fischschwärme, die der kalte Auftrieb sonst mit sich bringt, abzuwandern. Begleitet wird die Erscheinung meist von einer veränderten Luftzirkulation, der südlichen Oszillation. Sie hat zu tun mit verändertem Niederschlag in Regionen von Nordamerika, Afrika und dem Westpazifik, mit Dürren und Buschbränden in Australien sowie Dürren in Südostasien, Indien und Südafrika. Sie ist einer der Hauptgründe für den Wandel des Weltklimas, und die Vorkommnisse 1997/98 waren die bisher schlimmsten. Die Oberflächentemperaturen der meisten tropischen Meere waren sehr hoch, was zu großflächigem Ausbleichen der Korallen führte. Fast jede Region der Erde bekam die Auswirkungen von El Niño in irgendeiner Form zu spüren.

El Niño ist ein so genanntes warmes Ereignis, La Niña (das kleine Mädchen) ein kaltes. Letzteres folgt mit ungewöhnlich kaltem Oberflächenwasser im tropischen Ostpazifik meistens einem El-Niño-Ereignis, wie 1998, aber nicht immer. Die Auswirkungen auf das Weltklima sind denen von El Niño entgegengesetzt.

Wetter, Strömungen und Gezeiten

Wo es eindeutige Sommer und Winter gibt, würden Taucher normalerweise nicht im Winter tauchen. In einigen Gegenden gibt es Jahreszeiten mit heftigen Wanderstürmen, die sich über warmen Meeren bilden, wenn mehrere Gewitter Hitze freisetzen. Diese tropischen Wirbelstürme werden im Nordatlantik und östlichen Nordpazifik Hurrikan genannt, im westlichen Nordpazifik Taifun. Die Winde dieser Systeme drehen sich um ein Tiefdruckzentrum, das »Auge«, auf der Nordhalbkugel nach links, auf der Südhalbkugel nach rechts.

Tropische Wirbelstürme sind eine Erscheinung der tropischen Meere. Sie entstehen zwischen 4° und 22° südlicher bzw. 4° und 35° nördlicher Breite. Zwischen dem vierten Breitengrad nördlich und südlich des Äquators kommen sie nicht vor. Die meisten tropischen Wirbelstürme entstehen an der polwärtigen Seite der so genannten intertropischen Konvergenzzone.

Monsune entstehen vor allem durch den Temperaturunterschied über großen Landmassen und angrenzenden großen Meeren, vor allem in Ara-

Das große Meeresförderband

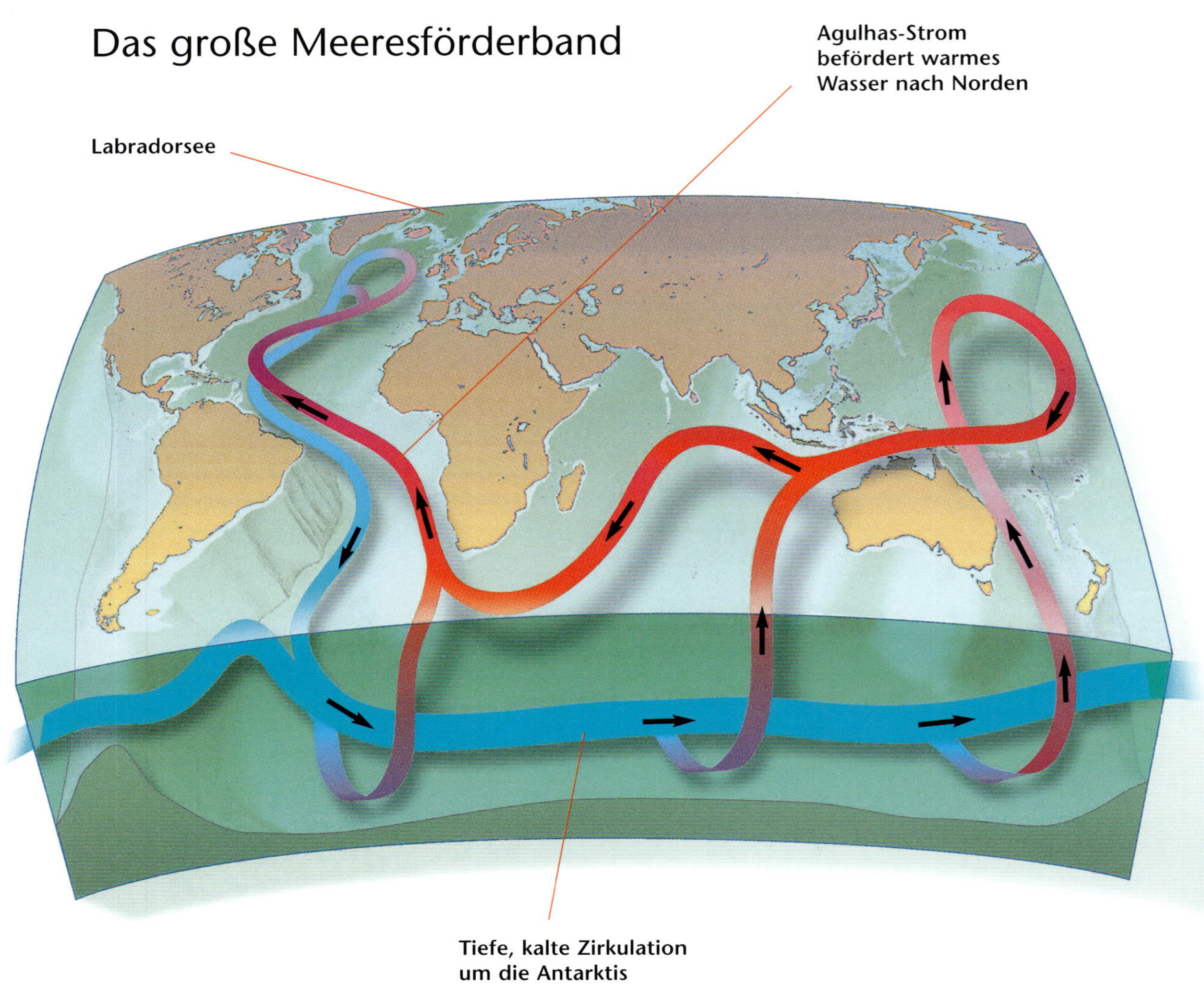

Die Ekman-Spirale

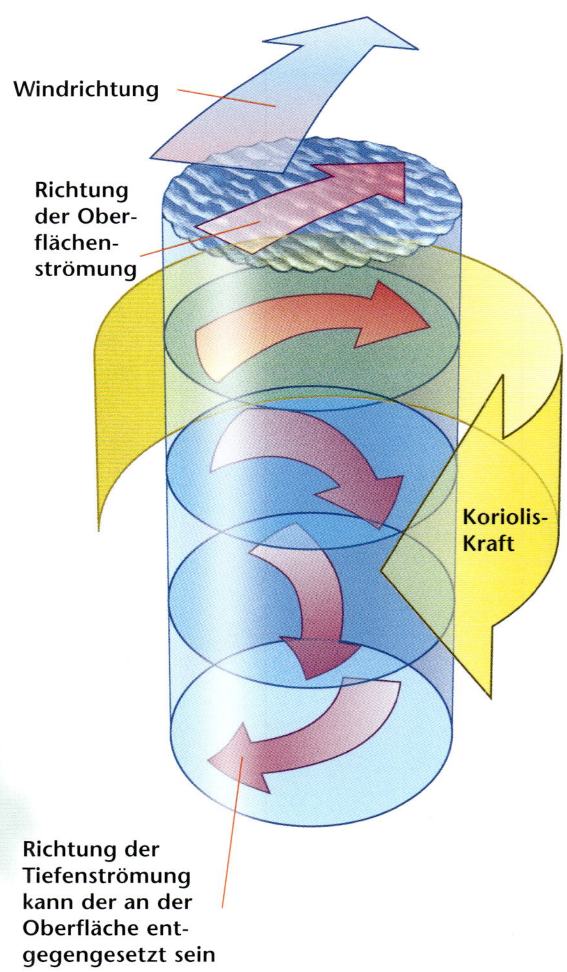

bien, Asien, Australien und Indien. Die jahreszeitlichen Temperaturschwankungen sind über dem Land groß, über den Meeren gering. Der Monsun weht von kalten in warme Regionen und im Sommer vom Meer zum Land, wobei er feuchte Luft vom Meer mitführt. Im Winter weht er vom Land zum Meer. In Monsungebieten erlebt man demnach auf einer Seite einer Landmasse starke Niederschläge, die in dieser Jahreszeit als Tauchgebiet ausfällt, die andere Seite dann zur jeweils anderen Jahreszeit.

Einige Regionen sind für tropische Wirbelstürme oder Monsune in bestimmten Jahreszeiten bekannt, ihre Resorts in dieser Zeit daher auch geschlossen. Wo diese Erscheinungen nur gelegentlich auftreten, geht der Ferienbetrieb in der Schlechtwettersaison mit ermäßigten Preisen weiter. Taucher, die dort in der billigeren Jahreszeit buchen, müssen mit allem rechnen.

Aber schlechtes Wetter kann es jederzeit und überall geben, wenn auch nicht gleich einen Wirbelsturm. Tauchen bei schlechterem Wetter kann aber recht angenehm sein, wenn die Taucher sofort absteigen. Das eigentliche Problem wird die Fahrt zum Tauchgebiet und später die Rückkehr an Bord bei rollender See sein.

Starke Strömungen

Lokale Strömungen schwanken tagsüber je nach Meeres- und Wetterbedingungen, in den Weltmeeren gibt es jedoch beständigere Strömungen, die sich auf das Klima, das Tauchen und die Fischarten auswirken, die man normalerweise zu einer Jahreszeit antrifft.

Meeresströmungen sind horizontale und vertikale Zirkulationssysteme der Wassermassen, die durch Erdrotation, Schwerkraft, Windreibung und unterschiedliche Wasserdichte aufgrund von Unterschieden in Temperatur und Salzgehalt entstehen.

Die Strömungen, die z.B. den Golfstrom bilden, führen warmes Wasser nach Norden und beeinflussen Klima und Gewässer der Bahamas, Bermudas, des östlichen Nordamerikas, der Britischen Inseln und der Atlantikküste Norwegens. Die Folge sind tropische Arten vor den Bermudas und einige Überraschungen wie Mondfische und Lederschildkröten an der Westküste Großbritanniens. Ähnlich vereint sich ein Teil des Süd-Äquatorialstroms, der nach Ostafrika zieht, mit dem Agulhas-Strom, und es fließt relativ warmes Wasser sehr schnell die Ostküste Südafrikas südwärts. Wenn dieser Strom jedoch umkehrt, strömt kaltes Wasser nach Norden, das Unmengen Sardinen mitführt, die ihrerseits große Raubfische anlocken.

Der Gezeitenzyklus

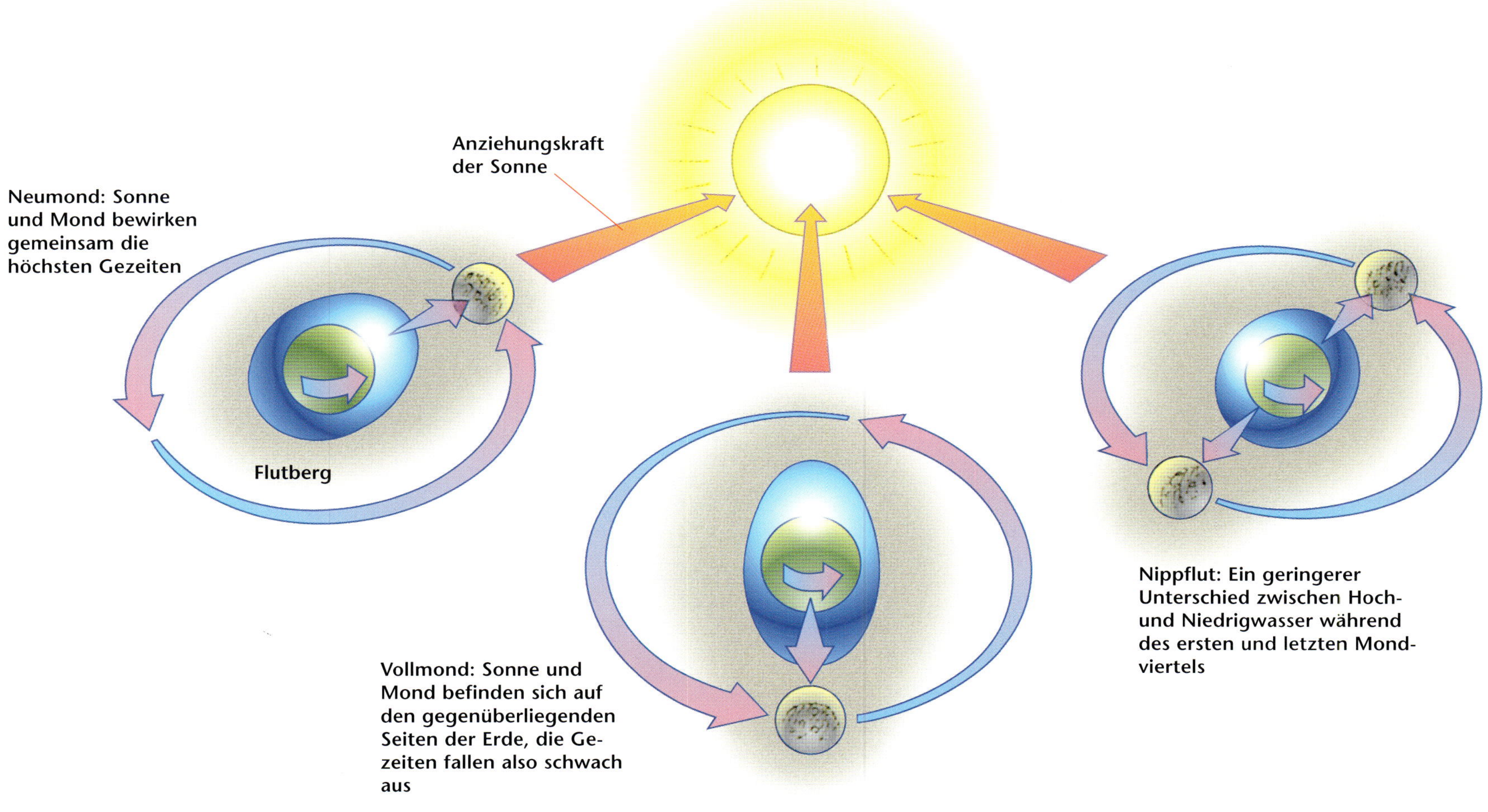

*Der Feuerfisch (*Pterois miles*) im Indischen Ozean ist mit dem Pterois militans aus dem Pazifik verwandt. Sie werden oft als eine Art behandelt.*

Röhrenwürmer graben sich in Sediment oder lebende Korallen. Sobald ein Schatten auf sie fällt, ziehen sie sich in ihre Röhre zurück.

*Der endemische Rotmeer-Wimpelfisch (*Heniochus intermedius*) bildet in der Jugend Schwärme, die Adulten leben solitär oder paarweise.*

Gezeiten

Gezeiten werden hauptsächlich durch die Zentrifugalkraft der sich drehenden Erde und die Anziehungskraft zwischen Erde und Mond hervorgerufen. Die Sonne ist so weit entfernt, dass ihr Einfluss auf die Gezeiten trotz ihrer Größe nur halb so stark wie der des Mondes ist. Ein Gezeitenzyklus vom Hochwasser über das Niedrigwasser zum erneuten Hochwasser dauert etwa 12 Stunden (halbtägig). An einigen Orten der Erde kann er rund 24 Stunden (ganztägig) dauern, je nachdem ob die Sonne oder der Mond dominiert. In einigen Gegenden gibt es eine Mischung aus halb- und ganztägigen Gezeiten. Ein normaler Gezeitentag hat 25 Stunden und 50 Minuten. Bei einigen Inseln und Riffen kann man am Tag vier Gezeiten erleben, wenn das Wasser um eine Seite des Hindernisses länger strömen muss als um die andere.

Springfluten gibt es zweimal im Monat an oder um Neu- oder Vollmond. Die noch ausgeprägteren Äquinoktialspringfluten treten bei Neu- und Vollmond um die Tagundnachtgleiche im März und September auf. Zu den ganz schwachen Nippfluten kommt es zweimal im Monat am oder um das erste und letzte Mondviertel. Sie sind ideal für das Wracktauchen und Fotografieren. Anhand lokaler Gezeitentabellen können Taucher Flut, Ebbe und Stillwasser berechnen, wenn die Flut bzw. Ebbe umkippt.

Die Gestalt der Küste wirkt sich auf den Tidenhub aus. Wo Wasserarme durch die Küste trichterförmig verengt werden, verstärken sich die Gezeiten im Engpass des Trichters. Die Fundy-Bai bei Neuschottland hat mit 16 m den weltweit höchsten Tidenhub.

Die Meeresumwelt

Aus dem All betrachtet, beherrschen die Meere die Erde, bedecken ca. 70 Prozent unseres Planeten. Sie bieten uns Nahrung, eine große Erholungsfläche und regulieren das Klima. Der Mensch hat die Meere jahrhundertelang als Müllkippe missbraucht. Die Verschmutzung durch Landwirtschaft und Industrie heute ist jedoch weit dramatischer und geht mit rücksichtslosem Überfischen einher. Das wirkt sich dreifach aus: in gewaltigen Planktonblüten (unter denen die Organismen ersticken), in geschädigten Riffen und geplünderten Fischbeständen. Schiffe, die in A Meerwasser als Ballast aufnehmen und in B wieder ablassen, und Aquarien, die exotische Pflanzen und Tiere ins Meer kippen, wo die natürlichen Feinde fehlen, haben die Ökologie gehörig gestört. Wir erkennen allmählich, dass der Umgang mit den Meeren Grenzen hat.

Sturmgepeitschte Wellen beschädigen gelegentlich Korallenriffe. Menschliches Vorgehen ist aber teilweise genauso abträglich, etwa das Fischen mit Sprengstoff, Korallenabbau, Auffüllen von Land, das Sammeln von Korallen als Souvenirartikel und anderes mehr. Ähnlich dezimiert Überfischen die Bestände, stört die Nahrungskette und führt im Fall der Pflanzenfresser dazu, dass die Korallen von Algen überwuchert werden.

Je beliebter Tauchen wird, desto besorgter machen Korallenschäden durch unachtsame Taucher die Naturschützer. Einige Veranstalter verbieten bereits den Gebrauch von Handschuhen, außer an Wracks, damit die Taucher sich nicht so oft an lebenden Korallen festhalten. Wenn Taucher sich auf dem Meeresgrund niederlassen, etwa um die Ausrüstung zu richten, sollte das nur auf Sand geschehen, um keine Korallen zu beschädigen.

Das wachsende Umweltbewusstsein hat den sanften Tourismus gefördert. Es ist wohl am besten, den Tourismus und die Touristen selbst so zu managen, dass sie sich umweltbewusst verhalten. Das für die Entwicklung des sanften Tourismus erforderliche Kapital ist minimal, die so notwendigen Arbeitsplätze kommen den Einheimischen zugute, und langfristig wird mehr Gewinn als beim Holzabbau oder Fischfang erwirtschaftet.

Auch wenn viele Taucher, Tauchschulen und Tauchresorts sich für den Schutz der marinen Ökosysteme stark machen, müssen wir doch alle etwas essen und irgendwo schlafen. Wenn man ein kleines Resort ohne Müllaufbereitungssystem baut, werden die nahen Riffe vielleicht nicht unwiederbringlich zerstört. Wenn diese Riffe jedoch immer mehr Touristen und Resorts anziehen, werden Kontrollen der Resorts, Tauchgäste und Kreuzfahrtschiffe erforderlich.

Taucher belasten nicht nur Korallenriffe, diese aber besonders stark. Sorge bereitet auch das Verhalten einiger Taucher an Sammelplätzen größerer Tiere, doch das bekommt man eventuell durch Erziehungsmaßnahmen in den Griff.

Zuweilen, so der Einwand, seien Naturschützer zu weit gegangen. Sind die Bestimmungen an einem Ort zu streng, verlieren Taucher und Schnorchler das Interesse an diesem Ort und hören eventuell ganz auf oder gehen woandershin. Wenn sie aber nicht regelmäßig kommen und sich der Tiere oder Korallenriffe annehmen und der Tourismus den Einheimischen keine Beschäftigung mehr bietet, wird der Raubbau an der Natur wieder hoffähig.

Umweltfreundliches Tauchen

Die ökologische Nachhaltigkeit der Meeresumwelt ist auf den einzelnen Taucher wie auf die Resorts und Veranstalter angewiesen.

- Berühre Meerestiere oder Organismen weder mit den Händen noch mit der Tauchausrüstung.
- Achte auf die Flossen. Ein kräftiger Flosssenschlag kann einen großen Korallenbereich zerstören. Setze die Flossen am Riff behutsam ein.
- Lerne richtig austarieren. Taucher, die zu schnell absteigen oder bei Tarierungsversuchen auf Korallen stürzen, verursachen große Schäden. Achte auf richtige Tarierung. Wer länger nicht getaucht ist, sollte dort üben, wo er nichts beschädigen kann.
- Wirbel keinen Sand auf. Der sich wieder setzende Sand kann Korallen ersticken. Schnorchler sollten darauf achten, in flachen Riffbereichen beim Wassertreten keinen Sand aufzuwirbeln.
- Stell dich nicht auf Korallen. Korallenpolypen sind hochempfindlich gegen Berührungen. Posiere auch nie in großen Korb- oder Tonnenschwämmen für Fotos.
- Sammle und kaufe keine Muscheln, Korallen, Seesterne, Schildkrötenpanzer oder sonstige Meeressouvenirs.
- Falls du Gefahr läufst, gegen das Riff zu prallen, stabilisiere dich mit den Fingerspitzen an einer Stelle, wo das Riff bereits abgestorben oder mit Algen bedeckt ist. Wenn du die Ausrüstung richten musst, tue es möglichst auf Sand abseits vom Riff.
- Denke bei jedem Ausflug, ob privat oder geführt, daran, den Abfall mitzunehmen, um ihn an Land zu entsorgen.
- Vorsicht in Grotten und Höhlen. Nicht mit mehreren Personen auf einmal in die Höhle drängen und nicht zu lange bleiben. Die Luft-

*Der reizende Schwarzflossen-Anemonenfisch (*Amphiprion melanopus*) in einer* Heteractus-crispa-*Anemone bei Pulau Redang.*

Eine farbenprächtige Gorgonie mit eingezogenen Polypen am Riffrand bei der Insel Calusa in der Sulusee.

*Ein Napoleon-Lippfisch (*Cheilinus undulatus*) aus nächste Nähe. Er ist einer der größten Rifffische.*

blasen sammeln sich an der Höhlendecke, und dort lebende Tiere können in der Luft »ersticken«.

- Erkundige dich vor dem Buchen einer Bootstour nach der Umwelthaltung des Veranstalters – etwa wie er es mit dem Abfall und Ankern hält. Meide Boote, die unnötige Ankerschäden verursachen, Öl verlieren oder unbehandelten Abfall an Riffen entsorgen.
- Beteilige dich nicht am Harpunenfischen. Das gezielte Töten der größeren Fische stört den Fortpflanzungsprozess. Wenn du dich auf einem Boot selbst versorgen und Fische harpunieren musst, sorge dafür, dass du die heimischen Fische und Schutzbestimmungen kennst.
- Verrücke keine Meeresorganismen zu Foto- oder sonstigen Zwecken. »Reite« vor allem nicht auf Meeresschildkröten, Mantas oder Walhaien, da es die Tiere sehr stresst.

Ethnische Grundsätze zum Füttern

Naturschützer behaupten, Fischefüttern ändere deren Fressverhalten, beeinträchtige die Gesundheit, mache sie von Tauchern abhängig und könne gefährliche Räuber anlocken. Wenn Napoleon-Lippfische mit Eiern oder andere Fische mit Sachen gefüttert werden, die nicht zu ihrer natürlichen Ernährung gehören, ist das stichhaltig. Andere halten dagegen, dass Füttern das Verhalten nicht ändere. Die meisten Tiere sind opportunistische Verwerter, die auch Aas fressen, und was die Taucher verfüttern, ist so minimal, dass die Fische nicht abhängig werden. Bei Stingray City vor der Cayman-Insel, wo Rochen täglich mehrmals gefüttert werden, ernähren sich die Rochen nach wie vor auch wie bisher. Aber die durch Fütterungen angelockten Taucher machen den Politikern klar, dass diese Tiere lebend wertvoller sind als tot.

Ein typisches Riff im Roten Meer. Bunte Fahnenbarsche suchen über Stein- und Weichkorallen am Jackson Reef in der Straße von Tiran nach Nahrung.

Man muss die Dinge jedoch im Verhältnis sehen. Haie haben ohne ersichtlichen Grund in Gebieten angegriffen, wo nicht gefüttert wurde. Mir haben des Öfteren große Zackenbarsche und Haie in helle Flossen gebissen in Gebieten, wo noch nie gefüttert worden ist. Wahrscheinlich hielten die größeren Fische sie für Beutefische. Ein großer Barrakuda hat mich einmal in trübem Wasser angegriffen. Vermutlich hat die Kamera in der Sonne geblinkt, und er hat es für einen kleinen Silberfisch gehalten. Ich weiß von zwei Tauchern, die sich dicht bei Ködern aufhielten und von Haien gebissen wurden. Mehrere bekannte Veranstalter sind ernsthaft von Zackenbarschen oder Muränen gebissen worden, die sie regelmäßig fütterten, aber im jeweiligen Fall fütterten sie andere Fische. Der eine oder andere hat bei organisierten Haifütterungen bei den Bahamas ein paar Schrammen abbekommen.

Selbst wo in großem Stil Haie von Hand oder mit Ködern gefüttert werden, hat es kaum Unfälle gegeben, und wenn, waren meistens die von Hand Fütternden betroffen. Wenn Haie Harpunenfischer angreifen, haben diese meistens tote oder sogar noch zappelnde Köderfische bei sich. Nach dem Gesetz der Wahrscheinlichkeit wird irgendwann ein Tourist bei einer Fütterung schwer verletzt werden oder gar sterben. Aber das liegt alles im Bereich anderer riskanter Sportarten. Tauchen ist sicherer als Bergsteigen, Skilaufen oder Snowboarden. Durch Bienenstiche sterben mehr Menschen.

An vielen Orten sind Fischfütterungen eingeschränkt oder untersagt. Der Antifütterungs-Lobby in Florida gelang es jüngst, das Füttern verbieten zu lassen. Medien behaupteten, es habe lokal mehr Haiangriffe gegeben, was nicht zutraf. Der Gesetzgeber übersah, dass Strömungen Fischschwärme in Küstennähe getrieben hatten; dass Menschen mitten in Fischschwärmen gefilmt wurden, in denen Haie Beute machen; und dass unzählige kommerzielle Fischer Köder auswerfen und Fische direkt vor den Touristenstränden fangen, töten und ausnehmen. In Florida dürfen Tauchveranstalter gegenwärtig keine gefrorenen Köder verwenden, um Haie anzulocken, Harpunen- und kommerzielle Fischer dagegen wohl.

Manche Haiarten sind, wenn es ums Füttern geht, aggressiver als andere, und bei Grauen Riffhaien gibt es auch örtliche Unterschiede. Ich habe seit den frühen 1980er-Jahren Haifütterungen im Roten Meer organisiert und meine, dass viele Veranstalter zu viele Köder benutzen. Ein paar 25 cm große Fische beschäftigen, in den Korallen versteckt, Haie 20 Minuten lang. Von Hand füttern sollte man nicht, auch nicht mit Kettenhandschuhen, denn der Hai glaubt dann, dass der Mensch die Nahrung beschafft, und belästigt vielleicht Taucher, die mit Füttern nichts zu tun haben.

Wer regelmäßig mit Haien taucht, wird wohl zu der Meinung kommen, dass es einigermaßen sicher ist, solange es verantwortungsvoll angegangen wird. Wir haben die Chance, bis auf Armlänge an Raubfische heranzukommen. Nicht jeder möchte einem Hai so nahe kommen, aber es hat genug Fälle gegeben, in denen andere große Tiere wie Barrakudas, Zackenbarsche, Muränen und Riesen-Drückerfische Taucher gebisssen oder angerempelt haben, wo es nicht ums Füttern ging. Füttern ist ein emotionsgeladenes Thema – da muss sich jeder seine eigene Meinung bilden.

Tauchen mit anderen Gasen als Luft

Enriched Air Nitrox (EAN)

Nitrox bezeichnet im Allgemeinen mit Sauerstoff angereicherte Luft. Erhöht man den Sauerstoffanteil und verringert damit den Stickstoffanteil, nimmt ein Taucher weniger Stickstoff auf und muss beim Aufstieg auch weniger wieder ausscheiden.

Tauchen mit Nitrox kann verschieden angegangen werden. Beim Berechnen der Tauchpläne mit Nitrox-Tabellen hat der Taucher längere Grundzeiten ohne Dekostopps. Beim Berechnen der Tauchpläne mit Lufttabellen gewinnt er zusätzliche Sicherheit. Ein Dekostopp fällt kürzer aus, wenn er nach Nitrox-Tabellen berechnet ist, hat aber einen größeren Sicherheitsspielraum, wenn er nach Lufttabellen berechnet wird. Viele Taucher fühlen sich nach einem EAN-Tauchgang nicht so erschöpft, wenngleich es dafür keine wissenschaftliche Erklärung gibt, und viele verbrauchen weniger Gas.

Nitrox kann auch noch auf andere Art von Nutzen sein. Wer mit Luft oder einem anderen Gasgemisch tief getaucht ist, kann die Dekozeiten im Flachwasser verkürzen, indem er auf ein Gemisch mit 50–80 Prozent Sauerstoff wechselt. Dieses Gemisch ermöglicht ein schnelleres Ausscheiden überschüssigen Stickstoffs (bei Atmung von Luft) oder Heliums (bei Atmung von Gasgemischen). Wegen der Sauerstofftoxizität hängt jedoch die Tiefe, in die ein Taucher tauchen kann, vom Anteil des Sauerstoffs im Nitroxgemisch ab. Je höher der Sauerstoffanteil, desto geringer die maximal zulässige Tauchtiefe. Man sollte nicht in Tiefen tauchen, wo der Partialdruck des Sauerstoffs 1,4 bar übersteigt.

Es kann Umstände geben, wo ein Taucher, der EAN verwendet, tiefer tauchen muss als die Sauerstofftoxizität für dieses spezielle Nitroxgemisch zulässt. In dem Fall kann er, wenn er eine kleine Zusatzflasche mit normaler Luft an den Atemregler angeschlossen hat, zu dieser Flasche wechseln, um kurz tiefer zu gehen als das Nitroxgemisch erlaubt. Sobald er sich wieder in einer Tiefe befindet, in der keine Sauerstofftoxizität mehr droht, kann er wieder auf EAN umsteigen.

Wird Sauerstoff über längere Zeit bei einem höheren als dem normalen Partialdruck eingeatmet, kann dies das zentrale Nervensystem belasten. Der Taucher muss darauf achten, nicht die empfohlenen OTU-Werte (Sauerstofftoleranzwerte = Oxigen tolerance units) zu überschreiten, vor allem nicht bei Wiederholungstauchgängen.

Hohe Sauerstoffkonzentrationen führen bei Kontakt mit Ölen und Fetten zu Verbrennungen. Tauchflaschen und Ventile kommen beim Füllen mit reinem Sauerstoff in Kontakt, müssen daher absolut sauber sein. Standardregler sollten für Nitroxgemische mit weniger als 40 Prozent Sauerstoff geeignet sein; für höhere Konzentrationen müssen die O-Ringe jedoch durch solche ersetzt werden, die kein Fett erfordern.

Offenes Kreislaufgerät

1	Tauchflasche
2	Flaschenventil
3	Atemregler erste Stufe
4	Atemregler zweite Stufe
5	Finimeter

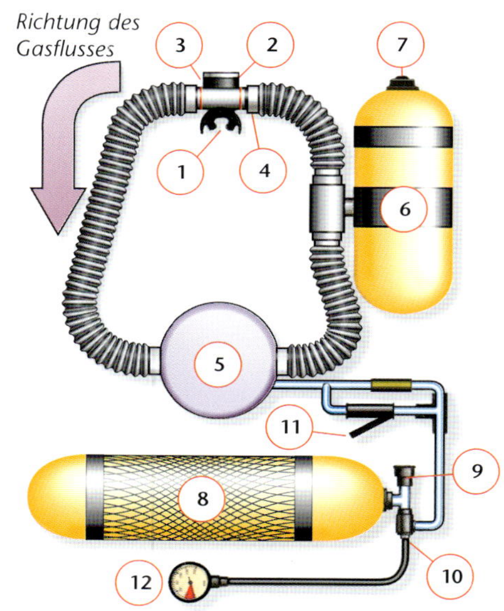

Halb geschlossenes Rebreather

1	Mundstück
2	Mundstücksperre
3	Ausströmventil
4	Einströmventil
5	CO_2-Absorber
6	Gegenlunge
7	Überdruckventil
8	Nitroxflasche
9	Ventilschraube
10	Flaschenventil
11	Manueller Frischgasbypass
12	Druckmesser

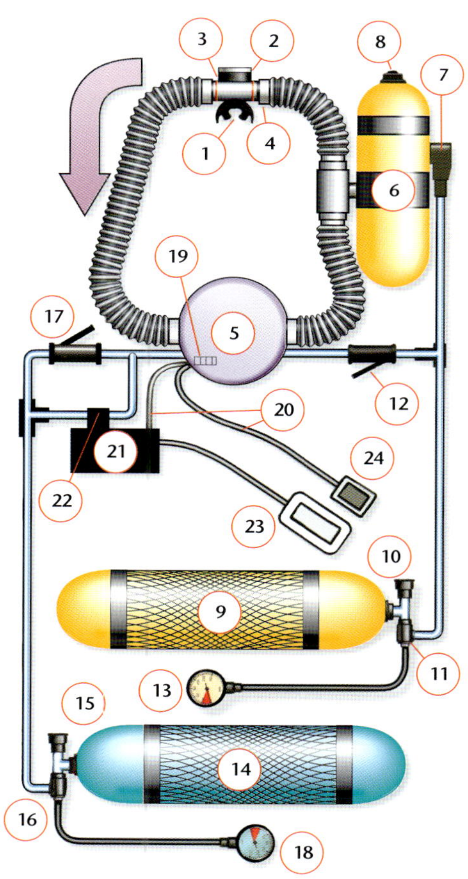

Rebreather mit geschlossenem Kreislauf

1	Mundstück
2	Mundstücksperre
3	Ausströmventil
4	Einströmventil
5	CO_2-Absorber (Kalkbehälter)
6	Gegenlunge
7	Inertgasventil
8	Überdruckventil
9	Inertgasflasche
10	Inertgasventilschraube
11	Inertgasventil
12	Manueller Verdünnungsgasbypass
13	Inertgasdruckanzeige
14	Sauerstoffflasche
15	Sauerstoffventil-Knopf
16	Sauerstoffregler
17	Manueller Sauerstoffbypass
18	Sauerstoffdruck-Anzeige
19	Sauerstoffsensoren
20	Sauersttoffsensorenkabel
21	Elektronik
22	Sauerstoff-Magnetventil
23	Hauptdisplay
24	Nebendisplay

Heliox und Trimix

Für tiefere Tauchgänge muss man den Sauerstoffanteil verringern, um der Sauerstofftoxizität vorzubeugen, und den Stickstoffanteil reduzieren. Dazu ersetzt man einen Teil des Stickstoffs durch Helium (Trimix) oder den gesamten Stickstoff durch Helium (Heliox). Helium hat Vorteile bei Problemen mit der Stickstoffnarkose, nicht aber bei den Dekozeiten. Es ist leichter als Stickstoff, und der Körper nimmt mehr davon auf, was beim Aufstieg wieder abgegeben werden muss. Es führt außerdem beim Schwitzen Wärme schneller vom Körper ab.

Je tiefer Taucher gehen, desto stärker müssen sie den Sauerstoffanteil reduzieren. Es gibt fast für jede Tiefe ein optimales Gemisch. Taucher verwenden einen »Travel-Mix«, der sich von 0 m bis in eine berechnete Tiefe eignet, und steigen dann auf einen »Bottom-Mix« mit noch weniger Sauerstoff um. Aber genau deshalb eignet sich der Bottom-Mix nicht für geringere Tiefen. Beim Aufstieg muss der Taucher daher wieder zurück zum Travel-Mix wechseln; Dekostopps im Flachwasser verkürzen sich, wenn er dicht unter der Oberfläche auf sauerstoffreiche Gemische umsteigt. Für Tieftauchgänge mit Heliox oder Trimix gibt es eindeutig gekennzeichnete Flaschen für das jeweilige Gemisch; der Taucher muss in jeder Tauchphase den richtigen Regler und die richtige Flasche bestimmen können. Das hat die Entwicklung moderner Rebreather beschleunigt, mit denen das Gasgemisch mit wechselnder Tiefe geändert werden kann.

Rebreather

Beim normalen Sporttauchen verschwenden wir den meisten Sauerstoff, den wir atmen, durch das Ausatmen ins Wasser. Das nennt man einen offenen Kreislauf. Es gibt inzwischen moderne Geräte mit geschlossenem oder halb geschlossenem Kreislauf für den Freizeitmarkt, die Rebreather. Mit einem Rebreather atmet der Taucher ein Gasgemisch mit Sauerstoff ein; beim Ausatmen wird das Kohlendioxid der ausgeatmeten Luft mithilfe eines Natronkalk-Filters chemisch entfernt. Dem so gereinigten Gas wird etwas Sauerstoff zugeführt, und der Taucher kann das Gemisch erneut atmen. Beim geschlossenen Kreislaufsystem gelangt erst Gas ins Wasser, wenn der Taucher aufsteigt, beim halb geschlossenen System nur ein wenig beim Ausatmen. So ermöglicht relativ wenig Atemgas lange Tauchzeiten.

Rebreather können auf Nitrox eingestellt werden oder, für tiefere Tauchgänge, auf Trimix oder Heliox. Sie erfordern beträchtliche Wartung, vor allem die Messgeräte müssen ständig im Auge behalten werden.

Taucher am Eingang einer Höhle bei den Amiranten im Indischen Ozean. Schwarze Korallen wachsen oft im Dämmerlicht an Überhängen.

Anreise ins Tauchgebiet

Der Terroranschlag auf die USA vom 11. September 2001 hat die Sicherheitsmaßnahmen im Luftverkehr ein für alle Mal verändert, was vor allem UW-Fotografen und Taucher trifft. Viele Fluggesellschaften haben inzwischen rigorose Maßnahmen und Beschränkungen für das gesamte Reisegepäck eingeführt.

Man braucht unzählige Papiere: Pass, Visa, Impfpass, Gesundheitszeugnis, Reise- und Tauchversicherung, internationales Tauchsportbrevet und rezeptpflichtige Medikamente; vor allem aber muss all das neben anderen unentbehrlichen Dingen wie Kamera, Filme oder Speicherkarten, Tauchcomputer, optischer Tauchermaske und Brillen ins Bordgepäck. Und Fluggepäck geht gern eigene Wege.

Der Pass sollte mindestens noch sechs Monate gültig sein und wenigstens sechs leere Seiten enthalten. Lokale Banknoten sollten sauber und ohne Vermerke sein. Denken Sie an Kopien wichtiger Papiere, Passbilder für Genehmigungen vor Ort und den Führerschein, falls Sie ein Auto mieten möchten.

Tauchausrüstung und 20 kg Höchstgewicht für das Gepäck lassen sich oft nicht vereinbaren. Einige Fluggesellschaften billigen Tauchern bei Vorlage des Brevets 10 kg zusätzlich zu. Amerikanische Gesellschaften sind hinsichtlich der Gepäckgröße genauer.

Tauch- oder Rucksäcke sind beliebte Gepäckstücke, geben sich aber oft als Behältnis teurer Ausrüstung zu erkennen und sind als Gepäckstücke im Luftverkehr ungeeignet. Teure Reisetaschen sind bevorzugte Diebesobjekte. Schäbige Taschen sind besser.

Prüfen Sie, welche Ausrüstung Sie am Ferienort leihen können. Denken Sie aber daran, dass Leihausrüstung in Entwicklungsländern in schlechtem Zustand sein kann und Flossen und Anzüge für große Westler oft zu klein sind.

Tauchplanung – »Plane den Tauchgang und tauche nach Plan«

Jeder Tauchgang sollte geplant werden. Der Tauchführer sollte vorher kurz ansprechen, wie lange man im Wasser bleibt, wie die Strömung ist, was man vermutlich sieht, wie tief man taucht und wann man wieder aufsteigt.

Die Taucher sollten aber auch ihre Gesundheit und Fitness sowie normalen Luftverbrauch berücksichtigen. Sie sollten überlegen, wie tief, wie oft und wann sie das letzte Mal getaucht sind. Es wird darüber debattiert, ob der erste Tauchgang des Tages der tiefste sein sollte und alle folgenden weniger tief. Am besten, man hält sich an die bisherige Praxis.

Checkliste für Taucher

- Kleidung und Waschutensilien für Normalgebrauch
- Maske, Schnorchel, Flossen (geschlossen oder offen für Füßlinge)
- Atemregler mit Finimeter und Oktopus
- Tarierweste
- Bleigürtel und gegebenenfalls Gewichte (am besten leihen)
- Kompass
- Tauchmesser und Schere zum Durchtrennen von Plastikschnüren (Achtung: verschärfte Sicherheitsbestimmungen)
- Tauchcomputer, am besten mit Uhr, Tiefenmesser und Tabellen
- Nasstauchanzug, Lycra-Anzug oder Trockentauchanzug
- Tauchboje oder Flagge
- Pfeife oder Signalhorn
- Eine alte CD als Sonnenreflektor
- Wasserdichte Lampe
- Logbuch
- Antibeschlagsmittel für Maske (flüssiges Spülmittel reicht!)
- Tafel und Stift oder Ähnliches für Kommunikation unter Wasser
- Badehose/-anzug und Sonnenbrille
- Gegebenenfalls Ersatzbrille
- Matchsack für Tauchausrüstung
- Beutel für Papiere, Kamera, Medikamente, Waschsachen etc.
- Erste-Hilfe-Ausrüstung
- Handtücher, sofern nicht gestellt

Ersatzteile

- Maske und Halteband, Fersenband für Flossen, Halteband für Messer
- O-Ringe, auch für Flaschen- und Regleranschlüsse
- Werkzeug für kleine Reparaturen und Batterien

Atemregler kann man zum Transport auseinander nehmen. Für den Zusammenbau braucht man eventuell Spezialwerkzeug. Tauchcomputer und Tiefenmesser im Handgepäck oder einem druckfesten Behälter befördern.

Medikamente für den reisenden Taucher

Eine einfache Ohr- oder Sinusinfektion kann den Tauchurlaub ruinieren, vor allem in abgelegenen Gebieten oder auf einem Schiff. Beugen Sie vor. Viele Bootsurlauber meinen, kein Mittel gegen Malaria zu benötigen, weil sie fast nur auf See sind. Es genügt jedoch ein Stich am Flughafen oder ein nicht eingeplanter Landaufenthalt.

Der richtige Schutz vor Malaria sollte, wenn nötig, ergriffen werden. Die meisten Taucher haben Abschwellungsmittel, Ohrentropfen, Creme gegen allergische Reaktionen, Sonnenmilch, Lippensalbe, Mittel gegen Durchfall, gegen Seekrankheit, Rehydrationssalz, Antibiotika und Mückenmittel bei sich.

Inzwischen gibt es Masken, die die Ohren trocken halten.

Denken Sie daran, dass die meisten Mittel zum Abschwellen und gegen Seekrankheit benommen machen können und nicht vor dem Tauchen genommen werden sollten.

*Verschiedene Husarenfische (*Sargocentron spp.*) bilden tagsüber lockere Gruppen in schützenden Spalten und fressen nachts.*

Atlantischer Ozean

Jack Jackson

Der Atlantik ist das zweitgrößte Meer der Erde. Seine Nordgrenzen sind nicht unumstritten, doch die beiden ihn üblicherweise begrenzenden Breitengrade sind 65° Nord und der nördliche Polarkreis – 66°32′ N. Die Westgrenze bilden Nord- und Südamerika, die Ostgrenze Europa und Afrika. Im Süden ist die Drakestraße die allgemein anerkannte Grenze zwischen Atlantik und Pazifik. Zwischen Atlantik und Indischem Ozean ist es der 20. östliche Längengrad durch Kap Agulhas an der Spitze Südafrikas.

Mit 82 000 000 km^2 Fläche (106 460 000 km^2 mit Nebenmeeren) bedeckt der Atlantik ein Fünftel der Erde und nimmt unter den Weltmeeren die meisten Flüsse auf.

Bedingungen und Küstenhabitate

Im Norden gibt es gemäßigte Gewässer und einige ungewöhnliche Bedingungen durch den warmen Golfstrom. Vor der Ostküste Nordamerikas kann man in gemäßigten Gewässern Tauchen, während es bei den Bermudas, Florida, den Bahamas und den nördlichen Ländern Südamerikas karibisch zugeht. Die Küste Brasiliens hat karibische bis gemäßigte Bedingungen. Argentinien hat eine gemäßigte Küste und große Säuger, darunter Orcas, die am Rand der Strände jagen.

Europa hat viele Tauchgebiete in gemäßigten Gewässern. Die Inseln vor der Westküste Afrikas haben mediterrane Bedingungen. Das zentrale Westafrika hat das feuchteste Klima Afrikas, und große ins Meer mündende Flüsse trüben das Wasser. In Küstennähe im Mündungsbereich der Flüsse sind schon Taucher an Ruhr gestorben, bei den Inseln im offenen Meer ist es aber sicherer. Namibias Küste ist kalt und trüb, daher wird meistens in Dolinen auf dem Festland getaucht. Auch vor der Küste Südafrikas wird getaucht. Bei den abgelegenen Inseln Ascension, St. Helena, Tristan da Cunha und den Falklands herrschen gute gemäßigte Bedingungen.

Die meisten Inseln liegen in der Karibik. Britische Inseln, Falklandinseln und Neufundland sind kontinental. Island, Azoren, Ascension, St. Helena, Tristan da Cunha, Süd-Sandwich-Inseln, Westindien und die Bermudas sind die Spitzen submariner Rücken. Kanaren, Kap Verde und Madeira entwachsen den Festlandsrändern Afrikas, und die Bahamas sind Koralleninseln auf dem Blake Plateau.

Das Beobachten von Walen ist im Atlantik zu einer beliebten Freizeitbeschäftigung geworden, die nicht unerhebliche Einkommen schafft. Die Wale sind an Zeichnung und Narben am Schwanz zu erkennen (oben).

SCHLÜSSEL ZU DEN KARTEN

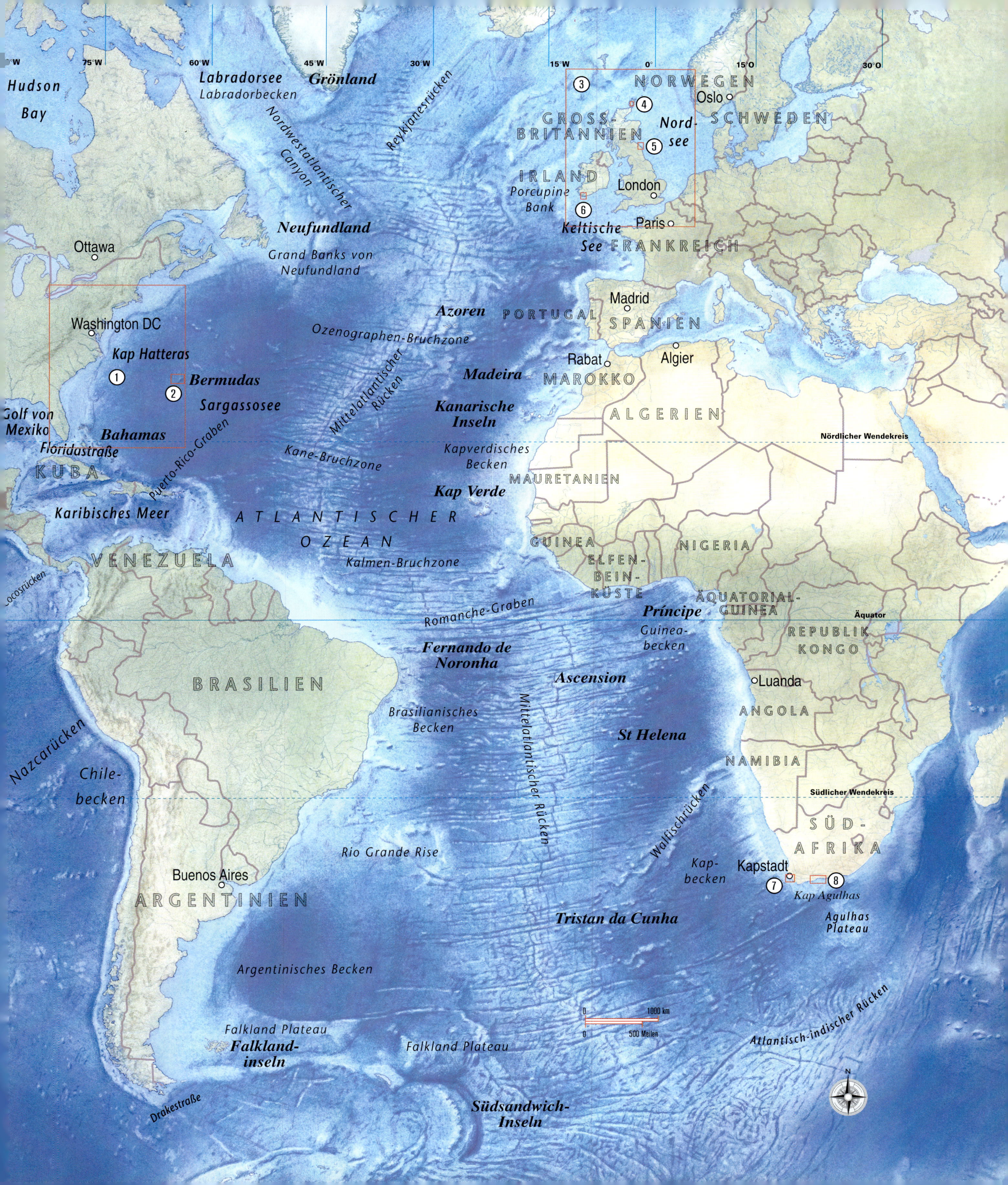
75° W
60° W
45° W
30° W
15° W
0°
15° O
30° O
Hudson Bay
Labradorsee
Labradorbecken
Grönland
Reykjanesrücken
Nordwestatlantischer Canyon
NORWEGEN
Oslo
SCHWEDEN
GROSS-BRITANNIEN
Nord-see
IRLAND
Porcupine Bank
London
Paris
Keltische See
FRANKREICH
Neufundland
Grand Banks von Neufundland
Ottawa
Washington DC
Kap Hatteras
Bermudas
Sargassosee
Golf von Mexiko
Bahamas
Floridastraße
KUBA
Puerto-Rico-Graben
Karibisches Meer
VENEZUELA
Cocosrücken
Azoren
PORTUGAL
Madrid
SPANIEN
Ozenographen-Bruchzone
Mittelatlantischer Rücken
Madeira
Rabat
Algier
MAROKKO
Kanarische Inseln
ALGERIEN
Nördlicher Wendekreis
Kane-Bruchzone
Kapverdisches Becken
MAURETANIEN
Kap Verde
ATLANTISCHER OZEAN
GUINEA
ELFENBEINKÜSTE
NIGERIA
Kalmen-Bruchzone
ÄQUATORIAL-GUINEA
Príncipe
Äquator
Romanche-Graben
Guinea-becken
REPUBLIK KONGO
Fernando de Noronha
Ascension
Luanda
BRASILIEN
Brasilianisches Becken
Mittelatlantischer Rücken
ANGOLA
St Helena
NAMIBIA
Nazcarücken
Chile-becken
Südlicher Wendekreis
Walfischrücken
SÜD-AFRIKA
Rio Grande Rise
Kap-becken
Kapstadt
Kap Agulhas
Agulhas Plateau
Buenos Aires
ARGENTINIEN
Tristan da Cunha
Argentinisches Becken
0
1000 km
0
500 Meilen
Atlantisch-indischer Rücken
Falkland Plateau
Falkland-inseln
Falkland Plateau
Drakestraße
Südsandwich-Inseln
N
1
2
3
4
5
6
7
8

Vor Südafrika beobachtet man Weißhaie aus einem sicheren Stahlkäfig heraus. Man ködert sie mit Fischen oder Fleisch.

Schiffswracks sind vor der Ostküste Nordamerikas eine Attraktion. Hier der Torpedoraum des deutschen U-Boots U-352.

*Streifenlippfische (*Labrus bimaculatus*) gehören zu den bunteren Fischen im Ostatlantik. Sie können 17 Jahre alt werden.*

Die großen Luftmassen und die daraus entstehenden Winde aus Nordamerika bestimmen weitgehend das Wetter über dem Nordatlantik. Im Winter führen westliche Höhenwinde kalte Luft aus Kanada und Alaska zur Atlantikküste. Wo kalte Polarluft auf milde Luft vom Golf von Mexiko oder dem Golfstrom trifft, bilden sich Tiefdruckgebiete und entwickeln sich auf dem Weg nach Neufundland und Island zu Wirbelstürmen. Sie befördern tropische Warmluft und Feuchtigkeit nach Norden und begünstigen die vorherrschenden Westwinde der mittleren Breiten, die im Sommer halb so stark sind und etwa 10° weiter nach Norden reichen als im Winter.

In Island herrscht meistens Tiefdruck, aber im Winter setzen sich manchmal Hochdrucksysteme durch, und Stürme von der nordamerikanischen Küste werden aufgehalten und zu den Azoren umgelenkt. Warme Meeresluft, die Europa normalerweise relativ milde Winter beschert, wird durch Kaltluft aus der europäischen Arktis und Sibirien ersetzt.

Hurrikane

Zwischen 15° und 30°N herrscht Hochdruck vor, und so ist es meistens schön. Südlich davon wehen ständig die Passatwinde. Im Spätsommer und Frühherbst werden jedoch große Mengen Wärme frei, wenn vom warmen Meer Dampf aufsteigt und dann zu heftigen Schauern kondensiert. Daraus können tropische Wirbelstürme entstehen, Hurrikane, die oft im Uhrzeigersinn um den nordatlantischen Hochdruckgürtel und in die vorherrschenden Westwinde ziehen und bei Island auslaufen. Manchmal erreichen sie die Britischen Inseln und die Azoren.

Nebelbänke vor der Grand Bank im Sommer gehen auf Feuchtigkeit in der Warmluft vom Festland und dem Golfstrom zurück, die kondensiert, wenn sie den kalten Labradorstrom überquert.

Winde und Gezeiten

Im Südatlantik reicht ein Gürtel von Westwinden von etwa 40°S fast bis zur Antarktis. Das südatlantische Hochdruckgebiet gruppiert sich um 30°S. Die Windrotation um das Hochdruckgebiet verläuft aufgrund der Erdrotation (Coriolis-Kraft) entgegengesetzt wie auf der Nordhalbkugel. Diese Zirkulation ergibt die Südost-Passatwinde an der Nordseite des Hochdruckgebiets, die am Äquator auf die Nordost-Passatwinde in der innertropischen Konvergenzzone (Kalmen) treffen.

Das Wetter ist in den Hochdruckbreiten meistens gut. Die starken westlichen Stürme der Südhalbkugel gehen auf den Temperaturgegensatz zwischen dem antarktischen Festland und dem angrenzenden offenen Meer zurück.

Die atlantischen Gezeiten sind meistens halbtägig. Labrador, Teile des Mittelmeers, der Golf von Mexiko, die Karibik, die Südostküste Brasiliens und Feuerland haben gemischte Gezeiten. Echte Tagesgezeiten gibt es in Teilen des Golfs von Mexiko. Der Tidenhub reicht von unter einem Meter im Golf von Mexiko, der Karibik und dem Mittelmeer bis zu 16 m in der Fundy Bai von Kanada.

Meerestopografie

Die Küstenlinie Süd- und Nordamerikas fügt sich nahtlos in die von Europa und Afrika ein. Auch der S-förmige Mittelatlantische Rücken dazwischen passt dazu. Die Kruste beiderseits des Rückens ist jünger als der Meeresboden auf beiden Seiten. Das lässt auf ein Aufsteigen von Material aus dem Erdmantel bis zum Grat des Rückens schließen, da der Meeresboden sich ausweitet.

Der Mittelatlantische Rücken ist eine den Atlantik längs durchziehende Gebirgskette und Bruchzone. Das Atlantikbecken weitet sich aus, wobei sich die Rückenflanken aus sich ansammelnder Lava aufbauen. An einigen Stellen ragt der Rücken in Gestalt vulkanischer Inseln aus dem Meer. Alte Vulkane ragen einzeln oder in Ketten als Inseln oder Guyots auf. Geht man vom Rücken auf die Kontinente zu, stößt man auf abyssale Ebenen und dann auf wellige kontinentale Erhebungen. Der Romanche-Graben am Äquator, ein tiefer Einschnitt im Rücken, ermöglicht den freien Austausch von Tiefenwasser zwischen Ost und West.

Der Atlantik ist im Schnitt 3300 m tief, im Puerto-Rico-Graben 8380 m.

Die zentralen Wassermassen des Nord- und Südatlantiks stellen das Oberflächenwasser des Atlantiks. Das subantarktische Zwischenwasser sinkt auf 1000 m ab, das nordatlantische Tiefenwasser erreicht Tiefen von 4000 m, und das antarktische Bodenwasser füllt die noch tieferen Becken. Das nordatlantische Tiefen- und Bodenwasser besteht aus Oberflächenwasser, das zwischen Island und Grönland und in der Labradorsee absinkt und sich dann südwärts ausbreitet. Das in 1000–2000 m aus dem Mittelmeer strömende Wasser verliert allmählich seinen Salzgehalt und dringt bis 40° südlicher Breite vor.

Das Bodenwasser in der Antarktis ist extrem kalt, dichter als das nordatlantische Tiefenwasser, und fließt bis 40° nördlicher Breite. Oberflächenwasser, das bei der antarktischen Konvergenz absinkt, breitet sich nach Norden über den Äquator bis 20°N aus. Große Mengen antarktisches Boden- und Zwischenwasser vermischen sich mit nordatlantischem Tiefenwasser, fließen in den Süden zurück und sorgen bei 50–60°S für nährstoffreichen Auftrieb und die hohe Produktivität antarktischer Gewässer.

Die atlantischen Tiefen- und Bodenwasser sind von der Oberfläche abgesunken, wo sie mit Sauerstoff aus der Luft angereichert wurden. Da sie rasch zirkulieren, bleibt der hohe Sauerstoffgehalt erhalten.

Aufgrund der Erdrotation (Coriolis-Kraft) bewegen sich die nordatlantischen Strömungen rechts herum, die südatlantischen links herum.

Nordatlantische Strömungen

Die Passatwinde sorgen für eine Ost-West-Strömung, wobei viel Wasser weiter in die Karibik und durch die Straße von Yucatan in den Golf von Mexiko fließt. Es verlässt ihn als Floridastrom durch die Floridastraße und bildet, verstärkt durch den Antillenstrom, den Golfstrom. Der Golfstrom folgt der amerikanischen Küste nordwärts bis Kap Hatteras und zieht von der Küste ostwärts zur Grand Bank bei Südneufundland. Dann wenden sich Warmwasserarme südwärts und werden zu Teilen der antizyklonischen Kreiszirkulation um die Sargossosee. Kälteres Wasser fließt als Nordatlantikstrom weiter nach Europa.

Der Kanarenstrom zweigt vom Nordatlantikstrom nach Süden ab und fließt südwestlich die Westküste Nordwestafrikas entlang, wo aufsteigendes Kaltwasser für reiche Fischgründe sorgt. Dieses Wasser fließt weiter durch den Südteil des Nordatlantiks, als Teil des warmen Nord-Äquatorialstroms, der bei Westindien als Antillenstrom nordwestwärts dreht.

Eisberge und Meere

Im Nordatlantik gibt es einige der am stärksten befahrenen Schifffahrtswege. Deshalb werden diese Routen nach Eisbergen abgesucht, die von Februar bis August in der Davis- und Dänemarkstraße sowie im Nordwestatlantik vorkommen. Man hat Eisberge schon südlich bis zu den Bermudas und Madeira gesichtet.

Auf der Südhalbkugel treiben Eisberge bis zum 42. südlichen Breitengrad nach Norden in den Atlantik, im Pazifik bis zum 56. südlichen Breitengrad.

Im Indischen Ozean auf der Südhalbkugel trifft man südlich des 65. südlichen Breitengrads das ganze Jahr auf Eisberge und Packeis, im Norden bis zum 45. südlichen Breitengrad.

Im Nordpazifik gibt es kaum Packeis oder Eisberge. Das Beringmeer ist im nördlichen Sommer eisfrei, im Winter und Frühjahr reicht das Eis bis zum 40. nördlichen Breitengrad nach Süden. Im Südpazifik konzentrieren sich die meisten Eisberge südlich von 56°S.

Der spanische Luxusliner Cristóbal Colón *lief 1936 nördlich der Bermudas auf Grund. Sie wurde geborgen und diente dann als Bombenziel.*

Südatlantik

Im Südatlantik erhalten die südöstlichen Passatwinde den Süd-Äquatorialstrom, der sich nach Westen fließend in zwei Arme teilt. Einer zieht weiter zur Nordhalbkugel und in die Karibik, der andere dreht als Brasilstrom nach Süden, ein schwaches Gegenstück zum Golfstrom. Eingezwängt zwischen die Äquatorialströme, fließt der Äquatorial-Gegenstrom ostwärts, vereint sich mit einem warmen Südast des Kanarienstroms und wird zum Guineastrom. Südlich der südatlantischen Hochdruckregion fließt der Brasilstrom ostwärts und wird zum Südatlantikstrom, der sich an der afrikanischen Küste als Benguelastrom zum Äquator wendet. Der Benguelastrom hat ebenfalls nährstoffreichen, kalten Auftrieb an der Küste. Weiter südlich gelangt der ostwärts fließende antarktische Zirkumpolarstrom durch die Drakestraße in den Atlantik. Ein Arm fließt als Falklandstrom an der Ostküste Argentiniens nordwärts, ein anderer trägt zum Benguelastrom bei, das meiste Wasser strömt aber in den Indischen Ozean.

Neben Verschmutzung und Überfischen hat der Atlantik reichlich Anteil an Industriezentren, die Chemikalien einleiten, die sich in höheren Organismen ansammeln und so das Meeresleben und die Menschen gefährden.

Ostküste USA

mit Westküste Floridas

Jack Jackson

Die Ostküste der USA, die von der Grenze Kanadas bis nach Florida reicht, ist ein hochaktives Sporttauchgebiet. Das vom warmen Wasser des Golfstroms verwöhnte Meeresleben ist gut und bietet auch weit nördlich noch tropische Arten. Die Wracks aus vielen Jahrhunderten umfassen spanische Galeonen, Freibeuter-, Kriegs- und Handelsschiffe. Sie sanken in Stürmen, durch Navigationsfehler, in Kriegen, bei Sprengstofftests und gezielt als künstliche Riffe. 1942 schickte Karl Dönitz, Befehlshaber der deutschen U-Boot-Flotte, fünf U-Boote aus, die Schiffe vor der Ostküste angreifen sollten. Die Deutschen versenkten fast 300 Schiffe, hatten selbst aber kaum Verluste.

1 *Andrea Doria*

Der 212 m lange Luxusliner *SS Andrea Doria* war das Flaggschiff der Italian Line. In dichtem Nebel rammte am 25. Juli 1956 um 23.22 Uhr 72 km südlich von Nantucket die *MV Stockholm* der American Line die *Andrea Doria* steuerbord. Die *Andrea Doria* sank erst nach elf Stunden, und obwohl es so nah vor New York geschah, dass eine erfolgreiche Rettung möglich gewesen wäre, kamen 46 der 1706 Menschen an Bord der *Andrea Doria* und fünf der *Stockholm* ums Leben. Die *Stockholm* konnte sich in den Hafen schleppen.

Die *Andrea Doria* liegt in 73 m Tiefe auf Steuerbord. Unberechenbare Strömungen wirbeln den Schlick auf und trüben die Sicht. Die Wassertemperatur beim Schiff beträgt im Sommer etwa 7 °C. Die meisten Taucher dringen auf der Suche nach Porzellan in das Schiff ein. Seit sie gesunken ist, zieht die *Andrea Doria* die Taucher in ihren Bann. Es ist weder das tiefste noch das größte Wrack, aber es hat die Aura des Geheimnisvollen und gilt bei den amerikanischen Tauchern als der Mount Everest des Wracktauchens.

2 *Proteus*

Vor der Küste von North-Carolina, wegen der vielen hundert dort gesunkenen Schiffe »Friedhof des Atlantiks« genannt, stehen über 100 Wracks auf dem Programm der Tauchboote. Dank der Lage im Golfstrom sind die Tauchbedingungen besser als weiter nördlich, und im Spätsommer ist das Wasser so warm, dass man auch tropische Arten wie Kaiser- und Falterfische antrifft.

Eines der beliebtesten Wracks der Gegend ist die *Proteus*, ein 125 m langer Dampfer, der nach einer Kollision mit der *SS Cushing* am 19. August 1918 40 km südlich von Hatteras Inlet sank. Die *Proteus* liegt in 39 m Tiefe, das Heck weitgehend intakt, nach Backbord geneigt und 15 m vom Grund aufragend. Die Fauna umfasst unter anderem große Stechrochen und Kobias. Im Oktober und November sammeln sich am Heck und Bug Schwärme von Sandhaien. Die Strömung schwankt von leicht bis sehr stark, die Sicht beträgt meistens mehr als 18 m.

3 *U-352*

U-352, ein 67 m langes deutsches U-Boot, wurde am 9. Mai 1942 durch Wasserbomben des amerikanischen Küstenwachfahrzeugs *Icarus* südwestlich der *Proteus* und südlich der *Beaufort* versenkt. Es liegt in 35 m stark nach Steuerbord geneigt, ein relativ kleines, leicht zu findendes Wrack. Die Außenhülle ist weitgehend korrodiert, sodass der Druckkörper frei liegt. Das Meeresleben ist gut, die Sicht meist weiter als 15 m und die Strömung leicht.

4 *Oriskany*

Der Flugzeugträger *USS Oriskany* wurde am 17. Mai 2006 42 km südöstlich vom Pensacola Pass im Golf von Mexiko als weltweit größtes künstliches Riff versenkt. Der Boden des Schiffs liegt in 65 m Tiefe, der Aufbau jedoch nur in 24 m und ist für den Durchschnittstaucher zugänglich.

Die *USS Oriskany* wurde am 1. Mai 1944 auf Kiel gelegt und lief am 13. Oktober 1945 vom

Die Florida Keys sind mehrere Korallen- und Kalksteininseln, die auf über 300 km durch 42 Brücken verbunden sind (oben links).

Die Bermudas mit ihren sieben Hauptinseln und über 170 Eilanden und Felsen sind berühmt für ihre Schiffswracks (oben rechts).

ÖSTKÜSTE DER USA MIT WESTKÜSTE FLORIDAS
VEREINIGTE STAATEN VON AMERIKA
Rhode Island
NEW YORK
Nantucket Island
1 ANDREA DORIA
North Carolina
Cape Hatteras
Hatteras Inlet
Beaufort
2 PROTEUS
3 U-352
ATLANTISCHER OZEAN
Bermuda
Siehe S. 30
Pensacola
4 ORISKANY
0
400 km
0
200 Meilen
Florida
Miami
Florida Keys
Molasses Reef
5 BIBB
6 DUANE
7 SPIEGEL GROVE
BAHAMAS
WASSER-TIEFEN
5m - 16ft
50m - 164ft
100m - 328ft
150m - 492ft
200m - 656ft
250m - 820ft
300m - 984ft
ZEICHENERKLÄRUNG
90 Nationalstraße
10 Andere Straße
Tauchzentrum
Krankenhaus
Dekompressionskammer
Leuchtturm
Wrack
Flughafen
Riff
Internationale Grenze
Umstrittene Grenze
Provinzgrenze

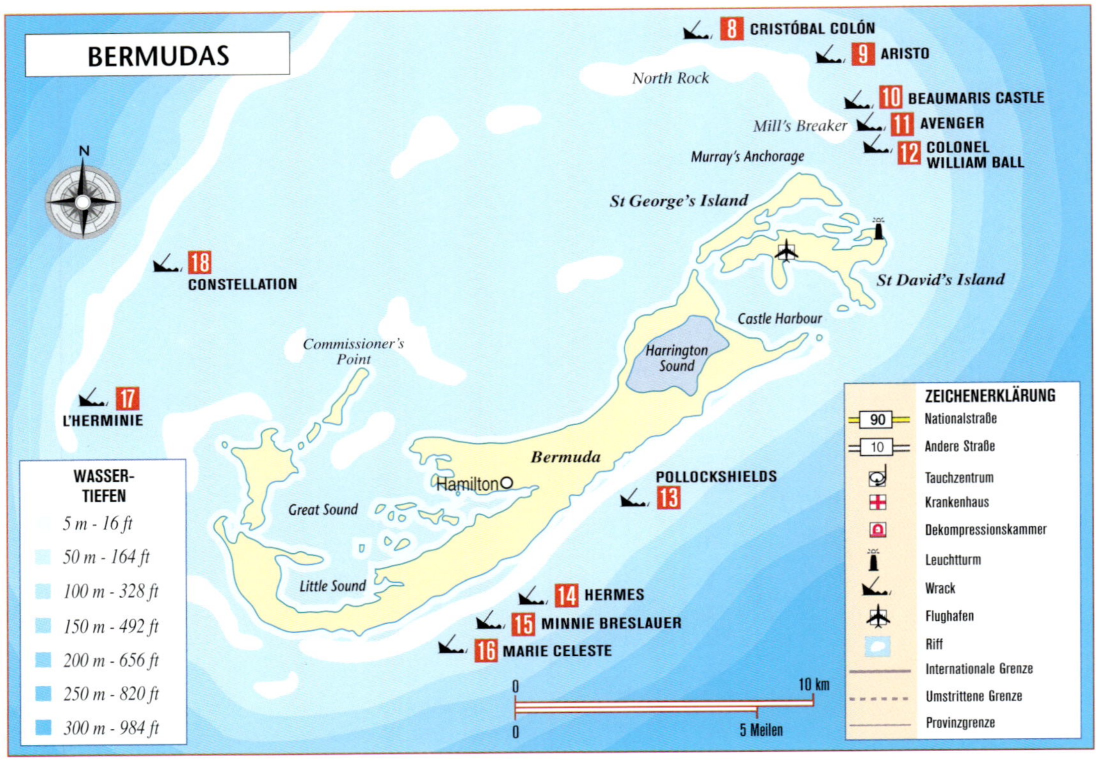

Stapel. Der Bau wurde am 12. August 1947 unterbrochen, das Schiff umgestaltet und auf den neuesten Stand gebracht und dadurch deutlich größer. Am 25. September 1950 wurde das Schiff in Dienst gestellt. Der Flugzeugträger der Essex-Klasse hatte 27100 t Verdrängung, war 278 m lang, 45 m breit und hatte 9,3 m Tiefgang. Es war in Korea und Vietnam im Einsatz und wurde im September 1976 außer Dienst gestellt.

Das versenkte Schiff saß anfangs aufrecht auf Grund, der Bug nach Süden, das Flugdeck in 40 m Tiefe. Der schwere Hurrikan Gustav neigte das Schiff 2008 jedoch leicht nach Steuerbord, wobei es 2,5 bis 3 m tiefer in den Sand sank.

Treppen und Reling der *Oriskany* sind bereits überwuchert. An Fischen sieht man Riffbarsche, Drücker- und Feilenfische, und Haie, Bernsteinmakrelen und Barrakudas gleiten vorbei. Wegen der Tiefe sind die unteren Aufbauten Tech-Tauchern vorbehalten.

5 *Bibb* und 6 *Duane*

Anfänger wie erfahrene Wracktaucher werden vom klaren, warmen Wasser, den Riffen in den Schutzgebieten und den Wracks zu den Florida Keys gelockt. *Bibb* und *Duane*, zwei Boote der amerikanischen Küstenwache, wurden entwaffnet, von Luken befreit, umweltgerecht gesäubert und dann südlich vom Molasses Reef als künstliche Riffe versenkt. Leider haben Taucher die Barrieren beschädigt oder entfernt, sodass Meeresschildkröten und unerfahrene Taucher eventuell in Bereiche vordringen, wo sie eingeschlossen werden können.

Die 100 m langen Schiffe sind ausgebojet, Taucher können also am Grundtau absteigen. Dank dem Golfstrom beträgt die Sicht oft über 30 m, aber die Strömung ist oft sehr stark. Obwohl es Schwesterschiffe sind, sind die Tauchgänge grundverschieden. Die *Bibb* liegt in 40 m auf Steuerbord, die Backbord-Dollbordreling in 29 m. Sie wird deshalb nicht so oft betaucht und ist in besserem Zustand als die *Duane*. Der Rumpf ist von Korallen überkrustet, Riesen-Zackenbarsche, Kobias, Barrakudas, Bernsteinmakrelen und Meeresschildkröten sind häufig. Die *Bibb* ist bei Tech-Tauchern sehr beliebt.

Die *Duane*, eines der spektakulärsten Tauchziele der Florida Keys, liegt aufrecht in 28 m, das Krähennest 18 m unter der Oberfläche, 0,8 km südlich der *Bibb*. Barrakudas, Kaiser- und Falterfische, Stachelmakrelen, Süßlippen, Schnapper, Lippfische, Meeresschildkröten, Haie und sogar Mantas sind hier gesichtet worden.

7 *Spiegel Grove*

Das Landungsboot *USS Spiegel Grove*, 6880 t, 155,5 m lang, hatte Amphibienfahrzeuge und Truppen an Land zu bringen. Es konnte interne Tanks und damit das Welldeck 5 m hoch fluten und so ein seetüchtiges Dock schaffen. Das gesamte Heck ließ sich hydraulisch öffnen und schließen, sodass Amphibienfahrzeuge an und von Bord fahren konnten.

2002 wurde die *Spiegel Grove* umweltgerecht gereinigt, tauchersicher gemacht und vor der Küste von Key Largo, Florida, als künstliches Riff versenkt. Sie sank jedoch zu früh, kenterte und schwamm kieloben auf dem Wasser. Drei Wochen später konnte sie versenkt werden, kam allerdings auf Steuerbord zu liegen; Versuche, das Schiff aufzurichten, schlugen fehl. Der Hurrikan Dennis beseitigte das Problem drei Jahre später, als er das Schiff in aufrechte Lage brachte.

Heute liegt die *Spiegel Grove* in 40 m Tiefe. Die Flugabwehrgeschütze und die Doppelschraube sind großartige Fotomotive. Der Rumpf ist mit Rotalgen bewachsen. Das Meeresleben ist noch nicht so reich wie bei *Bibb* und *Duane*, doch der Weg zu einem Öko-Riffsystem ist geebnet.

Bermudas

Die Bermudas liegen im Golfstrom und haben trotz der nördlichen Lage 970 km vor der Küste von North-Carolina das nördlichste Korallenriffsystem der Welt. Die Meeresfauna und -flora gleichen in vielem denen der Karibik, mit Kaiser- und Falterfischen, Riesen-Zackenbarschen, Adlerrochen, Papageifischen, Steinkorallen und Gorgonien. Die gute Sicht im Sommer, seichte Riffe und zahlreiche Unterwassergrotten machen sie zu einem beliebten Ziel für Sporttaucher, aber die Hauptattraktion sind doch die vielen Wracks.

Die trügerischen seichten Riffe der Bermudas auf einem submarinen Tafelberg bergen über 350 registrierte Wracks aus sechs Jahrhunderten: Holzschiffe früher Seefahrer, wie spanische Schatzgaleonen, stattliche große Schiffe, Frachter mit Eisenrumpf und Kreuzfahrtschiffe. Zu den Wracks gehört auch die

Constellation, die Peter Benchley zu seinem Roman *Schrecken der Tiefe* anregte. Schatzjäger haben mehrmals Wracks mit Ladung entdeckt, darunter auch Gold und Schmuck, sodass der Name »Bermudas goldener Kreis« aufkam.

8 Cristóbal Colón

Greifen wir einige beliebte Bermuda-Wracks aus dem goldenen Kreis heraus: das größte ist die *Cristóbal Colón*, ein 150 m langer spanischer Luxusdampfer, der am 25. Oktober 1936 13 km nördlich von Bermuda am North Rock auf Grund lief. Sie wurde bald geplündert und im Zweiten Weltkrieg geborgen. Die US-Luftwaffe benutzte sie als Zielscheibe und schoss sie in Stücke. Das zerbrochene und vom Riff geteilte Wrack liegt weit verstreut, der Bug 5 m tief, das noch halb intakte Heck in 25 m. Ein großes Wrack, das mehrere Tauchgänge erfordert. Wie die meisten Wracks der Bermudas liegt es nicht sehr tief und hat ein gutes Meeresleben mit Stein- und Hornkorallen, Lippfischen, Schnappern, Barrakudas und Schwärmen von Mönchsfischen. Meeresschildkröten schwimmen vorbei, und im Rumpf verbergen sich große Zackenbarsche. Schrauben, Turbinen, Antriebswellen, Kessel, Anzeichen von Kreuzfahrtluxus und sogar noch nicht explodierte Granaten bedecken den Meeresboden kreuz und quer.

9 Aristo

Die *Aristo*, ein 75 m langer norwegischer Frachter, dessen Kapitän die *Cristóbal Colón* irrtümlich für ein Schiff in Fahrt hielt, änderte den Kurs, um ihr zu folgen, und lief 1937 auf Grund. Sie wurde vom Riff gezogen, sank aber bald und liegt jetzt in 15 m Tiefe. Der Bug reicht bis 5 m unter die Oberfläche.

10 Beaumaris Castle
11 Avenger
12 Colonel William Ball

Diese drei Wracks liefen alle auf Mill's Breaker nordöstlich von St. George. Der 60 m lange englische Segler mit Eisenrumpf lief im April 1873 auf Grund. Er ist von den dreien am besten erhalten, der Bug liegt 12 m tief. Die *Avenger*, eine hölzerne Brigg, verunglückte im Februar 1894, die 40 m lange Luxusyacht *Colonel William Ball* sank 1943.

13 Pollockshields

Der 99 m lange englische Frachter *Pollockshields* geriet am 2. September 1915 in einen Sturm und rammte fünf Tage später das Riff. Er wurde später gesprengt; die Reste liegen verstreut in 5–12 m Tiefe.

14 Hermes

Der 50 m lange amerikanische Frachter *Hermes*, eines der beliebtesten Wracks, wurde an eine philippinische Gesellschaft verkauft und in Bermuda aufgegeben. 1985 wurde er von lokalen Tauchveranstaltern als künstliches Riff versenkt. Jetzt liegt er in 25 m, intakt und betauchbar, der Mast ragt bis 9 m unter die Oberfläche.

15 Minnie Breslauer

Der 90 m lange englische Stahlfrachter *Minnie Breslauer* lief auf der Jungfernfahrt am 1. Januar 1873 auf das Riff und sank während der Bergung. Er liegt 12–20 m tief.

16 Marie Celeste

Der 69 m lange Raddampfer *Marie Celeste* wurde im amerikanischen Sezessionskrieg als Blockadebrecher eingesetzt. Am 26. September 1864 rammte er das Riff in voller Fahrt. Die Überreste liegen in 17 m Tiefe.

17 L'Herminie

Die 90 m lange französische Fregatte *L'Herminie* sank am 3. Dezember 1838 auf der Heimfahrt von Kuba. Sie ist weitgehend verrottet, aber im 9 m tiefen Wasser liegen noch 59 Kanonen verstreut.

18 Constellation

Der 60 m lange Viermastschoner *Constellation* sank am 31. Juli 1943, nachdem er das Riff oder das Wrack der *Montana* gerammt hatte. Sie hatte Kosmetik, Kurzwaren, Zementsäcke, 700 Kisten schottischen Whiskey und Medikamente geladen und diente als Vorlage für Peter Benchleys Roman *Schrecken der Tiefe* sowie eine Verfilmung. Sie liegt 9 m tief, die Zementladung reicht bis 2,5 m unter die Oberfläche.

Von der L'Herminie *selbst ist kaum noch etwas übrig, aber in 9 m Tiefe liegen 59 Kanonen verstreut.*

Die Constellation, *die Zement, Medikamente, Kosmetik und Kurzwaren geladen hatte, inspirierte Peter Benchley zu seinem Roman* Schrecken der Tiefe.

Großbritannien

Einführung: Jack Jackson

Großbritannien ist nicht sehr groß, und die gemäßigten Gewässer sind oft trüb, aber es gibt doch viele lohnende Tauchgebiete, zahlreiche Schiffswracks und eine große Tauchgemeinde. Bei guten Bedingungen für Bodenbewohner sind die Gebiete so farbenprächtig wie in den Tropen. Die britischen Gewässer bieten Strandtauchen, Felsrinnen voller Seeanemonen, Gorgonien, Krebse und Nacktschnecken, Naturriffe, Fischschwärme, Kelp, Robben, Finn-, Zwerg- und Grindwale, Delfine, verschiedene Haie und Seepferdchen.

Im Westen sorgt der warme Golfstrom für überraschende Besucher wie Mondfische und Lederschildkröten. Im Frühjahr und Sommer gibt es in der gesamten Westhälfte Großbritanniens Riesenhaie, die zuweilen Orcas anziehen. Weil Schiffe Ballastwasser aus anderen Gebieten hier ablassen und die Gewässer sich leicht erwärmt haben, finden Taucher inzwischen auch bislang hier unbekannte Arten.

Vor der Nord- und Westküste sieht man

Scapa Flow, Europas beliebtestes Wracktauchgebiet, ist eine geschützte Lagune inmitten der Orkney-Inseln (oben links).
Die Churchill-Barrieren wurden errichtet, nachdem das deutsche U-Boot U-47 *sich an den Blockadeschiffen von Scapa Flow vorbeigeschlichen und die* HMS Royal Oak *versenkt hatte (oben rechts).*

Korallenarten tiefer, kalter Gewässer, und in 25 m Tiefe hat man vor Dorset ein von Sandröhrenwürmern erbautes Riff entdeckt.

Für Taucher in britischen Gewässern sind wahrscheinlich Wracks am begehrtesten. Dank einer an Handel und Kriegen reichen Geschichte sind sie mit Tausenden von Wracks von der Tudorzeit bis zu den gezielt versenkten künstlichen Riffen unserer Tage übersät. Bei rauem Wetter wird in Süßwasserseen getaucht.

Schottland
von Lawson Wood

Tauchen in Schottland, das bedeutet klares Wasser, reiches Meeresleben und alte Schiffswracks. Es reicht von den einfachen, steilen Schlammhängen der südlichen Meeresbuchten bis zu senkrechten und überhängenden Wänden. Höhlen und Grotten prägen die westlichen und nördlichen Inseln. Viele Inseln und Meeresbuchten bieten aufregendes Strömungstauchen in kräftigen Gezeiten. Getaucht wird meistens vom Boot aus an Riffen und Wracks im offenen Meer. Bis auf einige bekannte Wracks kann das Tauchen noch weitgehend als in den Anfängen stehend betrachtet werden.

Bei einem durchschnittlichen Tidenhub von 5 m und gestützt vom Golfstrom strömt eine Menge Wasser an den 10 000 km Küste, den Hunderten von Inseln und Tausenden einzelner Felsen und Riffe vorbei.

Die meisten Tauchgebiete liegen abseits und erfordern einiges an Planung und Logistik. Deshalb läuft das meiste auch über einige etablierte kommerzielle Tauchzentren, die gute Verkehrsanbindung, Unterkunft, Hellingen, Luftkompressoren und Tauchboote bieten können. In den meisten Küstenstädten gibt es Tauchclubs oder zumindest Mitglieder. Mit diesen Clubs erschließt sich einem das abwechslungsreiche Tauchen besser. Britisches Tauchen erfolgt zu über 60 Prozent in schottischen Gewässern.

Orkney-Inseln – Scapa Flow

Ich halte die Orkney-Inseln nicht als Einziger für magisch. Man sehe sich nur die stehenden Steine und Steinkreise überall auf den Inseln an. Scapa Flow ist der größte geschützte Naturhafen Europas und war deshalb auch in den beiden letzten Weltkriegen Stützpunkt der Heimatflotte.

Die 310 km² große Bucht von Scapa Flow wird von einem Ring aus Inseln geschützt, liegt 25 km nördlich vom schottischen Festland und ist täglich mit der Fähre von Scrabster oder dem Flugzeug von Edinburgh und Aberdeen zu erreichen.

Das Paradeziel für Luft- und Seeangriffe wurde durch ein System von Flugabwehrgeschützen, U-Boot-Netzen, Patrouillen und die berühmten Blockadeschiffe verteidigt. Logischerweise ist hier einer der größten Schiffsfriedhöfe der Welt – die 1919 versenkte deutsche Hochseeflotte.

Das Tauchen konzentriert sich auf die versenkte deutsche Flotte, aber die Blockadeschiffe liegen in klarerem Wasser am Eingang zum Burra-Sund. Wegen der zentralen Lage der deutschen Schiffe gibt es wenig Wasserbewegung, was gut für die Sporttaucher ist, aber auch Partikel im Wasser hält und die Sicht trübt. Daher sieht man die riesigen Schiffe immer nur teilweise und braucht viele Tauchgänge, um sie sicher zu erkunden. Aber es gibt noch viele andere Wracks, sodass man sich nicht auf die deutsche Flotte beschränken muss, etwa das Wrack des deutschen Bergungsboots ***F2*** 4 aus dem Zweiten Weltkrieg in der Nähe bei Lyness sowie ältere Schiffe wie die ***HMS Roedean*** 5.

Was immer man gern macht, die deutsche Hochseeflotte ist geheimnisumwittert und geschichtlich bedeutsam. Die Wracks sind ein wichtiger Bestandteil des maritimen Erbes der Orkney-Inseln. Die Schiffe sind inzwischen dankenswerterweise geschützt. Ihr feuchtes Grab ist für uns kein so großes Geheimnis

Wracks in Scapa Flow. Wo das Wasser durch ein Wrack strömen kann, siedelt sich sehr schnell Meeresleben an.

Einschränkungen für Taucher an Seekriegsgräben

Es gibt einige wenige Taucher, die es nicht lassen können, Wracks zu stören und Gegenstände mitzunehmen. Durch das Technische Tauchen können inzwischen auch Freizeittaucher zu tief liegenden Wracks tauchen, was die Hinterbliebenen derer beunruhigt, die dort ihr Leben verloren haben. In dem Bemühen, Seekriegsgräber und militärische Wracks vor Trophäenjägern zu schützen, sind 16 Wracks zu eingeschränkten Gebieten erklärt worden – wo Tauchen ohne besondere Genehmigung nicht erlaubt ist.

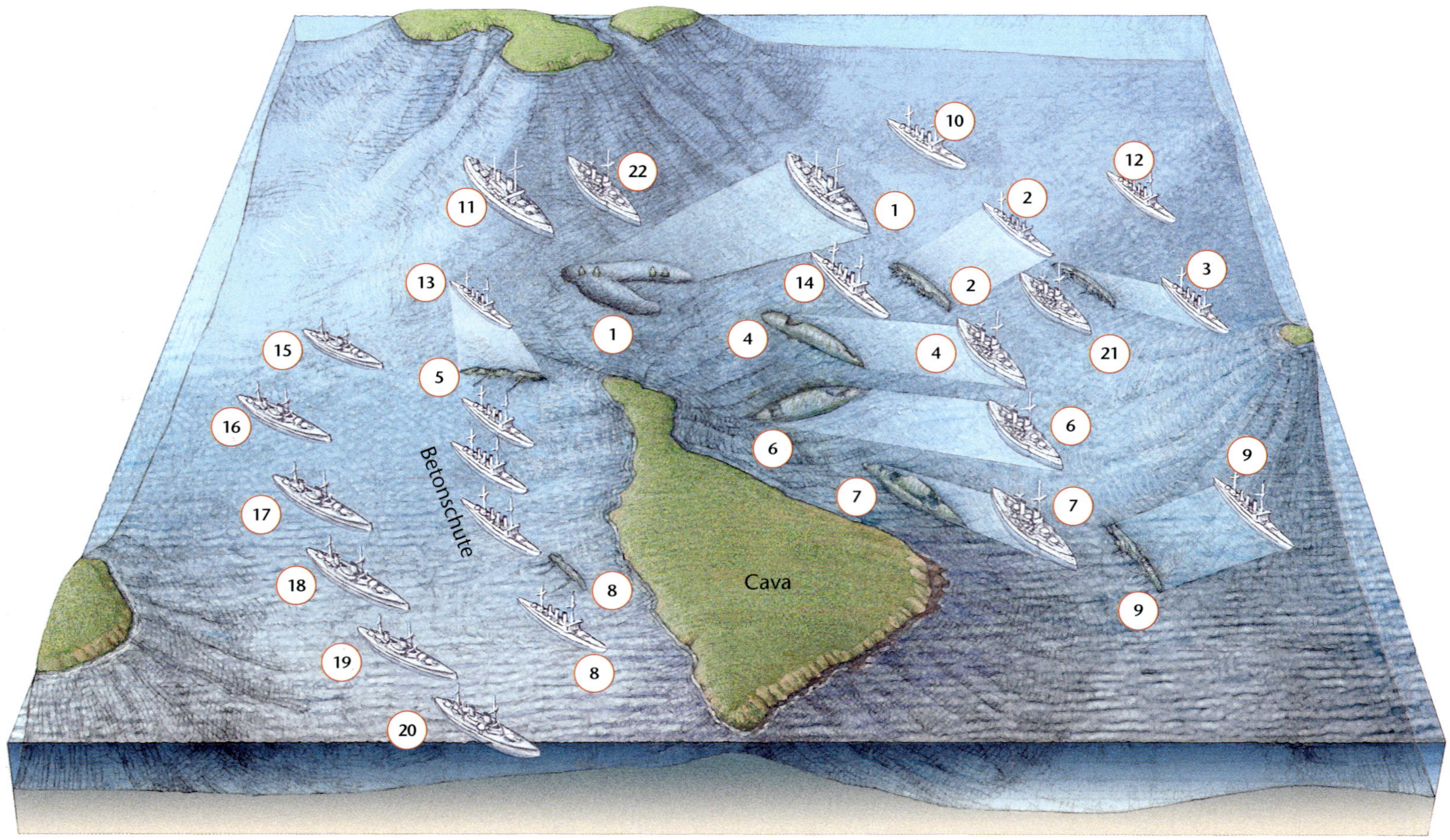

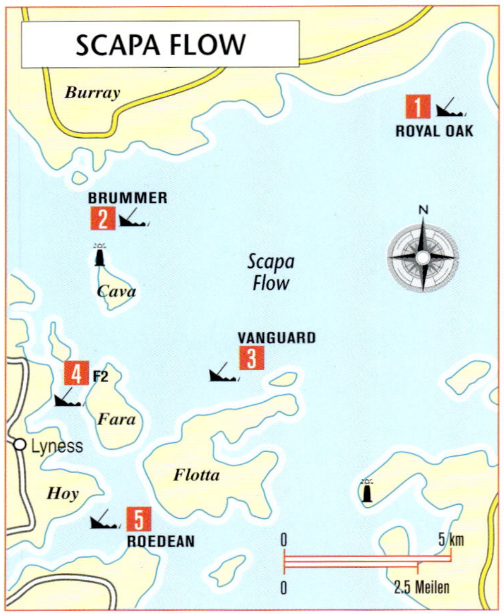

Deutsche Hochseeflotte in Scapa Flow

1. SMS Bayern
2. SMS Brummer
3. SMS Köln
4. SMS Kronprinz Wilhelm
5. SMS Karlsruhe
6. SMS Markgraf
7. SMS König
8. SMS S36
9. SMS Dresden
10. SMS Emden
11. SMS Baden
12. SMS Frankfurt
13. SMS König Albert
14. SMS Gr. Kurfürst
15. SMS Kaiseren
16. Derfflinger
17. Hindenburg
18. SMS Von der Tann
19. SMS Moltke
20. SMS Seydlitz
21. SMS Bremse
22. Friedrich der Große

Im Juni 1919 versenkte die festgehaltene deutsche Marine ihre Hochseeflotte, damit die Schiffe nicht in die Hände der Alliierten fielen. Die meisten wurden später geborgen. Die vermutliche Position der Schiffe im Juni 1919 ist weiß hervorgehoben.

mehr, liegt aber doch tief genug, um jene abzuschrecken, die diese alten Schlachtrösser weniger ernst nehmen. Die Schiffe zerfallen in erschreckendem Tempo; die schlechte Sicht zwingt zu erhöhter Wachsamkeit, um sich nicht irgendwo zu verfangen, und jedes Jahr fallen Taucher der Caissonkrankheit zum Opfer, weil sie zu lange zu tief tauchen und sich beim Aufstieg nicht genug Zeit lassen. Diese Schiffe gehören mit zum anspruchsvollsten Wracktauchen in Europa, und nur entsprechend geschulte Taucher sollten sich an der deutschen Flotte versuchen.

Dieser tiefe, kalte Naturhafen hat den Flotten der Krieg führenden Nationen jahrhundertelang gedient. Gegenwärtig liegen hier noch drei deutsche Schlachtschiffe, vier leichte Kreuzer, fünf Torpedoboote, ein Zerstörer (*F2*) aus dem Zweiten Weltkrieg, zwei U-Boote, 27 Stellen mit Überresten und Bergungsgerät, 16 britische Wracks, 32 Blockadeschiffe und zwei Schlachtschiffe (die ***Vanguard*** 3 und die ***Royal Oak*** 1) sowie 54 weitere Stellen mit nicht identifizierten Wracks.

2 Der deutsche leichte Kreuzer *Brummer*

Die *Brummer* wurde 1919 bei 58°53'50"N, 03°09'07"W geflutet. Der 1914 in Stettin gebaute leichte Kreuzer hatte 360 Minen an Bord und lief maximal 34 Knoten. Er hatte 4000 t Wasserverdrängung und war 138 m lang.

Die *Brummer* war einer von vier leichten Kreuzern, die 1919 auf Befehl von Admiral von Reuter geflutet wurden. Das gewaltige Schiff liegt auf Steuerbord auf dem steinernen Grund. Der Rumpf ist mit Seenelken (*Metridium senile*) und Haarsternen (*Antedon bifida*) geschmückt. Von hier schwimmen die Taucher die jetzt senkrechten Decks entlang, am 150-mm-Geschütz vorbei zu den Aufbauten, die größtenteils zusammengestürzt sind. Der Mittelteil des Schiffs wurde von Bergungstauchern gesprengt. Das Heck mit dem zweiten 150-mm-Geschütz ist jedoch noch einigermaßen intakt. Die Maximaltiefe beträgt 36 m, der Aufstieg erfolgt am Seil der Vertäuboje.

Die Bedingungen schwanken im Verlauf der Jahreszeiten erheblich. Die Sicht ist im Allgemeinen schlecht, und am Meeresgrund ist es dunkel. Im Zentrum von Scapa Flow sollte man immer mit Lampen tauchen. Es empfehlen sich einige Tauchgänge zur Einstimmung, bevor man die tieferen Schlachtschiffe angeht. Fotografen mögen die Blockadeschiffe am Eingang des Burra-Sunds, die im Schnitt nur halb so tief wie die deutschen Kriegsschiffe liegen; außerdem ist es sehr viel heller, der Bewuchs interessanter und das Wasser deutlich klarer, da die Gezeiten im Sund die Schwebepartikel fortspülen. Das begrenzt allerdings auch das Tauchen bei diesen Wracks auf die Zeit des Stillwassers.

In der Nacht zum 14. Oktober 1939, 20 Jahre nach der Selbstversenkung der deutschen Flotte, lag das 188 m lange britische Schlachtschiff *Royal Oak* in der Bucht von Scapa Flow.

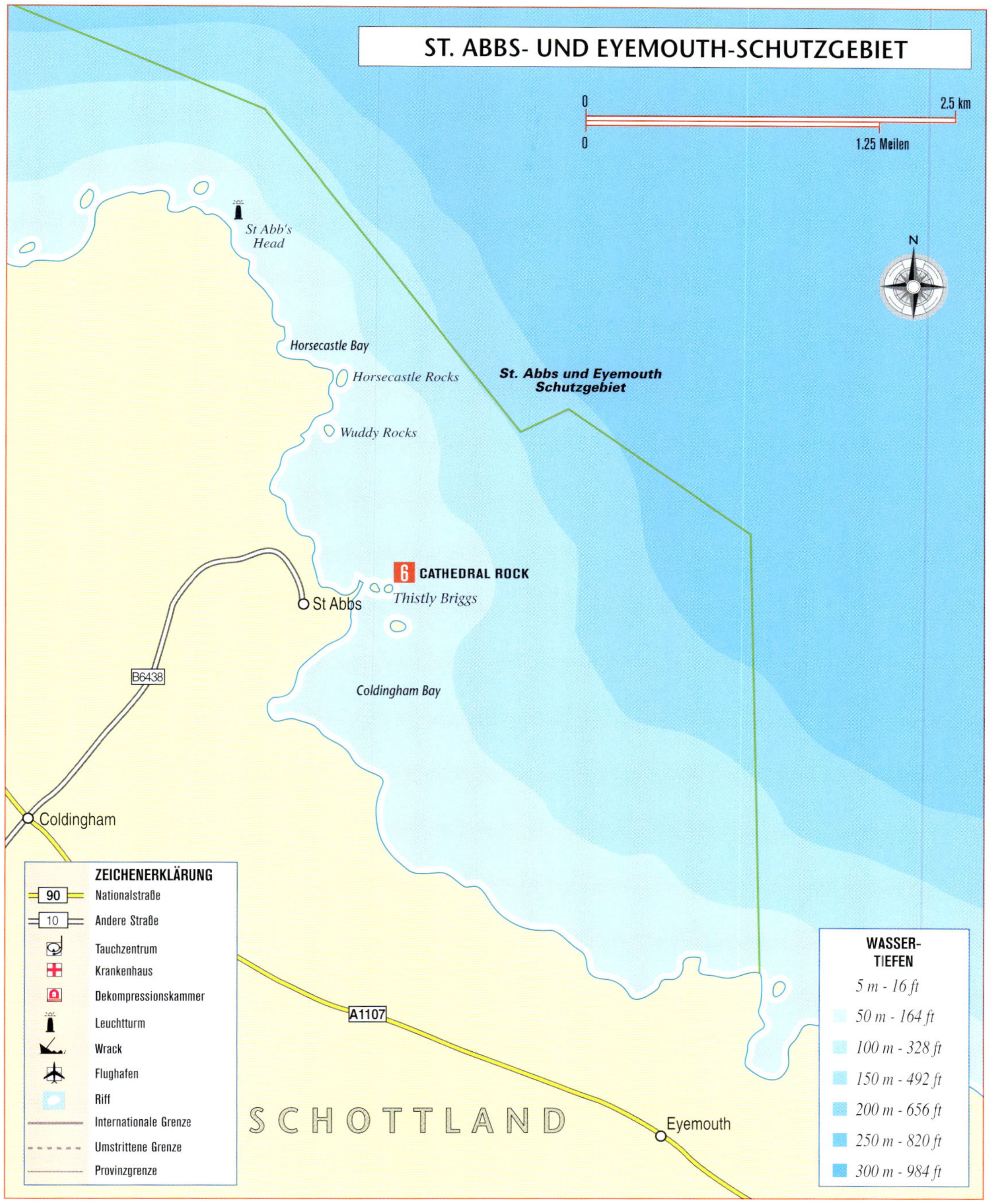

Wachsrosen (hier Anemonia sulcata*) leben symbiotisch mit Seespinnen, Grundeln und Coleman-Garnelen (oben).*
Dank starker Strömung herrscht bei der Gobernador Bories gute Sicht (unten).

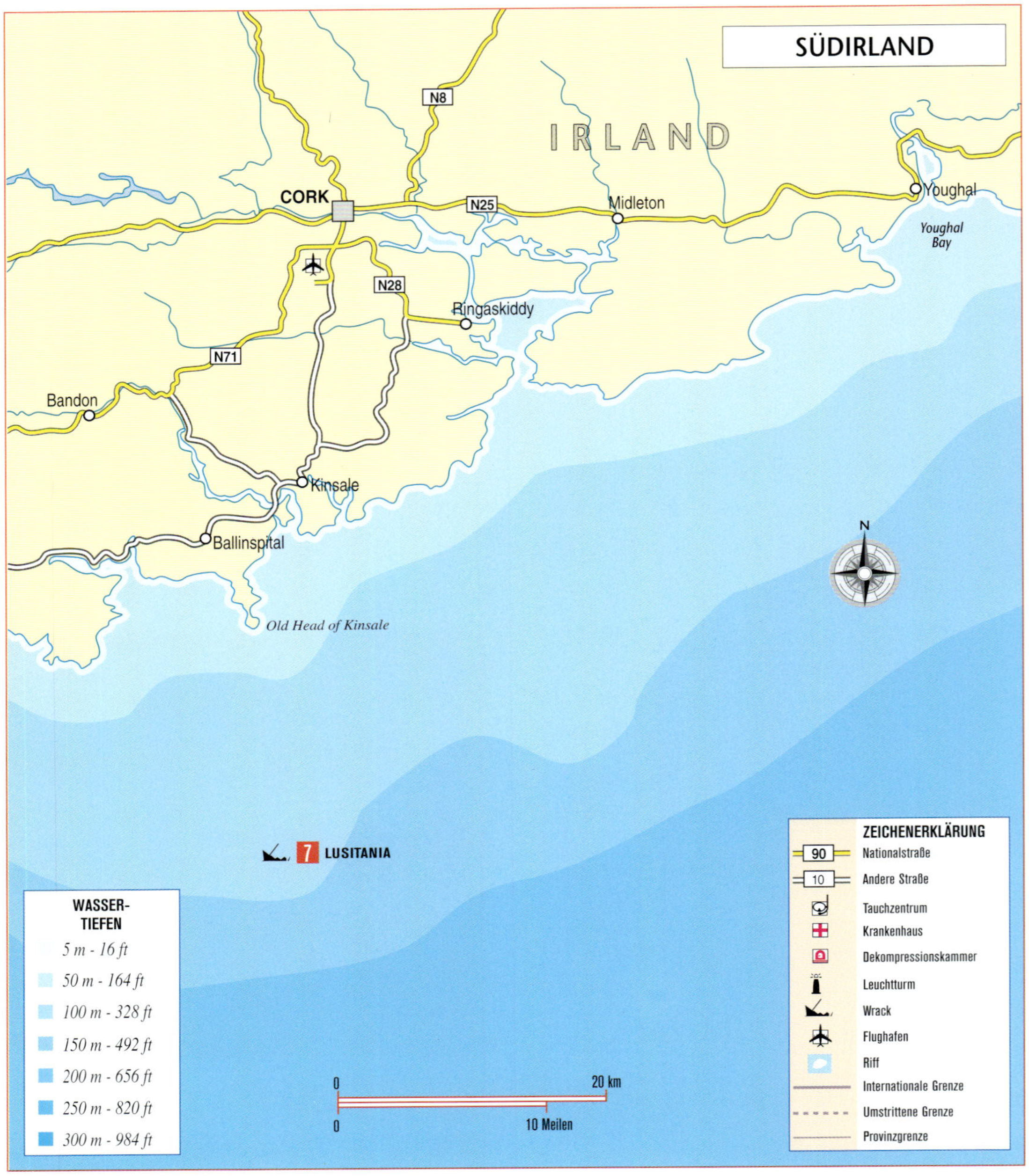

Es sollte Kirkwall und die britische Flotte gegen Luftangriffe schützen. Scapa Flow galt wegen der engen Kanäle zwischen den Riffen und Inseln als uneinnehmbar. Ein Angriff schien nur aus der Luft möglich. Davon hatte man Günther Prien aber nichts erzählt, Kommandant der *U-47*. Er schlich sich in der Nacht in die Bucht und versenkte die *Royal Oak*. Die *Royal Oak* ist heute offiziell ein Kriegsgrab und steht unter Schutz. Tauchen ist streng verboten. Aber gerade deshalb möchten die meisten Taucher sie sehen.

Zehn wichtige Tipps zum Tauchen in Scapa Flow

Das Tauchen in Scapa Flow birgt generell Gefahren, und praktisch alle deutschen Wracks sollten als Dekotauchgang betrachtet werden. Das erhöht nicht nur den Stress für den Taucher, sondern verringert auch die Grundzeit ganz erheblich. Die meisten Taucher reizt beim Tieftauchen die »technische« Seite. Die größeren Schlachtschiffe liegen nicht nur sehr tief, sondern alle auch auf dem Kopf und sind unattraktiv, sodass man die ganze Zeit an der Unterseite verbringt, und das Eindringen in die Schiffe ist gefährlich.

- Besuchen Sie einen Tieftauchkurs bei einer anerkannten Tauchschule.
- Erlernen Sie den Umgang mit einem Tauchcomputer und Dekotabellen – und vertrauen Sie beiden nie.
- Reizen Sie Ihren Computer nie aus, bleiben Sie immer im grünen Bereich.

Privat- und Royal Navy-Taucher tauchen einmal im Jahr zum Seegrab der HMS Royal Oak, *um die Flagge zu ersetzen.*

- Steigern Sie die Tiefe langsam, um sich zu akklimatisieren.
- Achten Sie auf Stickstoffnarkosesymptome.
- Wenn sich Narkosesymtome zeigen, sofort aufsteigen, bis sie verschwinden.
- Tauchen Sie nur mit erfahrenen Kameraden.
- Sicherheit geht vor; gefährden Sie sich und andere nicht.
- Planen Sie den Tauchgang, und halten Sie sich an den Plan, ohne Dekostopps im offenen Wasser, und steigen Sie an den Leinen der Markierungsbojen ab und auf.
- Folgen Sie stets dem Tauchbootführer.

6 Cathedral Rock

St. Abbs- und Eyemouth-Schutzgebiet

Cathedral Rock liegt auf 55°53'55" nördlicher Breite und 02°07'29" westlicher Länge. (Am besten ist die Ordnance Survey Pathfinder-Karte 423, Blatt NT86/96G.R.922 673. Admiralitätskarte Nr. 160).

Schottlands einziges marines Schutzgebiet, gegründet von Lawson Wood, liegt im äußersten Südosten. Cathedral Rock, in den 1950er-Jahren entdeckt, ist das beliebteste Tauchgebiet im Schutzgebiet St. Abbs und Eyemouth und wahrscheinlich das am stärksten frequentierte der Britischen Inseln.

Viele Taucher verfehlen das Gebiet, weil sie schlechte Karten haben oder sie nicht lesen können, oft aber, weil es ihnen vor St. Abbs so gut gefällt, dass sie gar nicht bis Cathedral Rock kommen. Der Fels ist Teil des Riffs, das rechtwinklig zur Ecke der Hafenmauer von St. Abbs läuft, dort Thistly Briggs genannt. Der Felsen ist auch bei Ebbe nicht sichtbar. Die Wand fällt im Wasser stark überhängend ab und weist eine horizontale verwitterte Schichtfolge auf, die jetzt voller Furchenkrebse und Leopardengrundeln sitzt. Es gibt zwei Kammern, der obere Tunnel heißt Keyhole. Man sollte sich hier nicht zu lange aufhalten, weil die Ausatemluft sich fangen und Meerestiere töten kann. Der untere Tunnelbogen ist massiv, groß wie ein Doppeldeckerbus, mit einem Steingrund direkt unter dem Bogen und umherliegenden Blöcken auf beiden Seiten. Bogenwände und -dach sind mit einer Zwergart der Seenelke, mit Schwämmen, Weichkorallen (Meerhand), Muscheln und Hydrozoen verziert. Räuberische Kabeljaue treiben oft kleine Pollackschwärme in diesen natürlichen Raum. Für Fotografen gibt es Panoramablicke durch die Bogen, Taucherportraits und Nahaufnahmen von Nacktschnecken, Krabben und Weichtieren.

7 Das Wrack der *Lusitania* von Jack Jackson

Der 232 m lange Luxusliner *RMS Lusitania* war das größte und schnellste Schiff seiner Zeit auf der Atlantik-Route. Am 7. Mai 1915 wurde sie vom deutschen U-Boot *U-20* 19 km südlich von Irlands Old Head of Kinsale torpediert und sank binnen 18 Minuten. Über 1200 der 1257 Passagiere und Besatzung kamen ums Leben. Dass es ein Passagierschiff war und unter den Toten 123 Amerikaner, 291 Frauen und 94 Kinder waren, hat mit zum Eintritt Amerikas in den Ersten Weltkrieg 1917 beigetragen.

Als Erster tauchte Jim Jarrett 1935 zum Wrack. Die britische Marine unternahm 1954 und Ende der 1960er-Jahre Tauchgänge. Anfang der 1970er-Jahre tauchte der amerikanische Marinetaucher John Light, der das Wrack zu der Zeit besaß, mehrmals zur *Lusitania*. 1982 wurden mit Hilfe einer Taucherglocke und von Heliox die Anker und drei Schrauben geborgen. 1993 untersuchte Robert Ballard, der die *Titanic* geortet hatte, das Schiff mit Tauchbooten und ferngesteuerten Fahrzeugen.

Die ersten technischen Freizeittaucher am Wrack waren 1994 acht Briten in Begleitung von Gary Gentile, Experte für tiefe Wracks, und drei seiner Freunde von der amerikanischen Ostküste. 1995, 1999 und 2001 tauchte erneut ein Team von Starfish Enterprise unter Mark Jones zur *Lusitania*. Sie arbeiteten mit dem jetzigen Eigner Gregg Bemis an einer archäologischen Untersuchung und als Vorbereitung zur Hebung und Rettung von Artefakten. Das Wrack liegt auf Steuerbord, der Bug in gutem Zustand, und in herrenlose Fischernetze verstrickt. Das Heck ist noch erkennbar, der mittlere Bereich jedoch stark zerstört.

Argon

Technische Taucher, die mit Trockentauchanzug tauchen, verwenden oft Argon, um den Anzug aufzublasen und die Körpertemperatur zu halten. Argon, dichter als Luft und Helium, hält die Körperwärme besser und bläht den Anzug so weit auf, dass der Körper nicht eingezwängt wird.

Argon wird in einer eigenen Flasche mitgeführt. Es ist lebenswichtig, dafür zu sorgen, dass Flasche und Trockentauchanzug durch den richtigen Inflatorschlauch verbunden sind, damit nicht versehentlich Argon eingeatmet wird. Einige Taucher verwenden zweistufige Standardatemregler, die auch einen Abgang zum Aufblasen von Jacket und Anzug haben. Die Argonflasche enthält keinerlei Sauerstoff. Unterläuft dem Taucher beim Umschalten ein Fehler, kann das tödlich enden.

Fußbodenfliesen in einem der Bäder der RMS Lusitania *(oben).*
Ein Pfortdeckel in den Trümmern der RMS Lusitania *(unten).*

Südafrika

Chris Fallows

Südafrika ist seit Mitte der 1990er-Jahre bekannt für seine Weißhaie. Das Tauchen mit Weißhaien erfolgt in Stahlkäfigen an der Süd- und Südwestküste am Kap. Die Kapküste hat mediterranes Klima mit Winterregen von Mai bis August und Lufttemperaturen von 15–20 °C. Im Sommer, von November bis März, betragen die Lufttemperaturen im Durchschnitt 25–30 °C. In der Haisaison, wenn die Haie sich von April bis Oktober bei den Robbenkolonien versammeln, liegen die Wassertemperaturen bei 12–16 °C, was mindestens einen Nasstauchanzug von 5 mm erfordert. Die Charterboote starten von drei Orten zu ihren Weißhaitouren.

Weißhaie (*Carcharodon carcharias*) sind fantastische Raubtiere, die sich oft bei Seebärkolonien (*Arctocephalus pusillus pusillus*) aufhalten, und genau dort bieten verschiedene Veranstalter die Gelegenheit, diese Superhaie zu beobachten. Während man auf die Haie wartet, hat man seinen Spaß an den Eskapaden der Robben, die am Wasser herumtollen.

Mossel Bay beherbergt eine große Robbenkolonie, die zu bestimmten Jahreszeiten viele Weißhaie anzieht (oben links).
Brillenpinguine gehören zu den vielen Vogelarten auf den Inseln vor der Kapküste. Hin und wieder werden sie Opfer eines Weißhais (oben rechts).

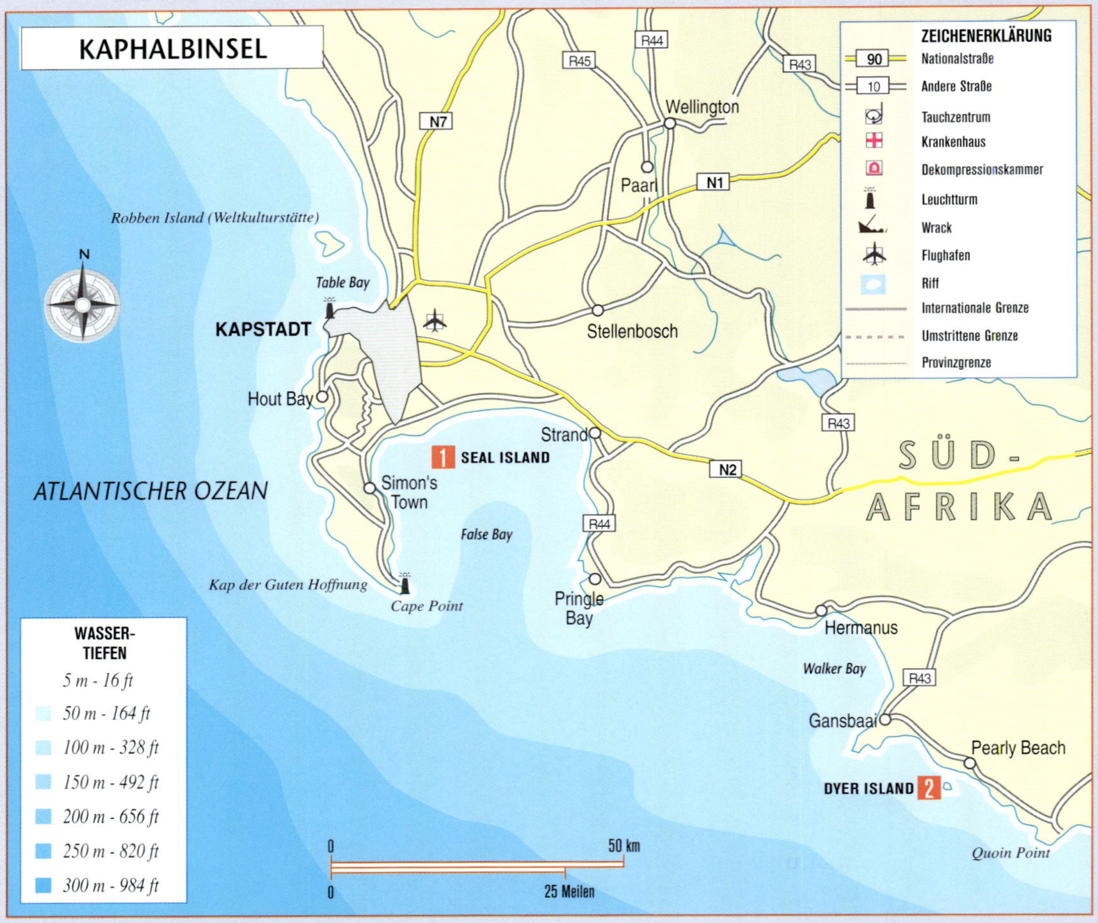

1 Seal Island

Seal Island in der False Bay ist berühmt geworden, weil die Weißhaie hier bei der Jagd auf die Robben aus der 64 000 Tiere starken Kolonie immer wieder aus dem Wasser springen. Das Geschehen konzentriert sich hier auf das Beobachten des natürlichen Verhaltens fast ohne Ködern, vor allem morgens und abends, wenn die Weihaie springen. Ihr Jagdverhalten ist außergewöhnlich, denn diese Meerungeheuer mit ihren oft über 1000 kg springen bis zu 3 m in die Luft. Das hat schon National Geographic, Discovery, die BBC und andere verlockt, hier zu filmen.

Dies ist ein Gebiet für alle, die Weißhaie in ihrem natürlichen Jagd- und Fressverhalten beobachten möchten.

Touren zur Seal Island gehen vom alten britischen Marinehafen Simon's Town aus, der stolz auf eine ansässige Kolonie Brillenpinguine (*Sphenicus demersus*) und nur 35 Minuten von Kapstadt entfernt ist. Die Fahrten erfolgen mit zwei leistungsstarken 8 m langen Katamaranen, die speziell für das Fotografieren und Begegnungen aus nächster Nähe ausgelegt sind; die Bootsfahrt zur Insel dauert etwa 25 Minuten.

Bei der Seal Island kann man zuweilen sehr gut tauchen, wenngleich das Spektakel an der Oberfläche natürlich mehr zieht. Die Sicht kann 15 m erreichen, liegt aber meistens bei etwa 8 m. Die Wassertemperatur beträgt um die 15 °C, und die Tauchgänge erfolgen mit einem Stahlkäfig an der Oberfläche. Berühmt ist auch die Größe der Weißhaie, die die Insel seit Jahren aufsuchen. Zwei von ihnen, Herkules und Submarine (U-Boot) genannt, sind über 6 m lang, Letzterer ist allerdings schon länger nicht mehr gesehen worden. Die Durchschnittsgröße der Haie liegt bei 3,5 m.

Gansbaai

Ein anderes Tauchgebiet mit Weißhaien ist Gansbaai, zwei Fahrtstunden östlich von Kapstadt. Es ist am stärksten erschlossen und wird von vielen Veranstaltern angefahren. Hier begann das kommerzielle Käfigtauchen 1991 in Südafrika. Die meisten Boote starten im malerischen Kleinbaai und fahren zur Dyer-Insel 20 Minuten vor der Küste. Die Fahrt an sich kann schon ein Abenteuer sein, wenn die Wellen auf dem offenen Meer vor dem Hafen den Weg kreuzen.

Zwischen **Dyer Island** [2] und Geyser Rock liegt ein Kanal, die Haiallee. Die Boote ankern in dem 5 m tiefen Kanal und warten auf die Haie. Geyser Rock beherbergt rund 50 000 Robben, die die Weißhaie anziehen. Die Sicht liegt im Durchschnitt bei 8 m, an außergewöhnlichen Tagen bei 15 m und mehr.

Auf der Dyer-Insel leben auch viele Vogelarten, darunter der seltene Wellenläufer. Die Wassertemperatur liegt bei 15 °C, gelegentlich darunter. Hier dreht sich alles nur ums Tauchen, weil man hier kaum springende oder jagende Haie sieht und alle Boote Käfige und Ausrüstung mitführen. Wer nur Weißhaie

Seebären sind die bevorzugte Winterbeute der Weißhaie, die in diesen Gewässern Meeressäugern auflauern. Bullen können über 300 kg wiegen und sind selbst geschickte Raubtiere (oben).
Man kann zwar noch frei mit anderen Haien wie dem Stierhai tauchen, mit Weißhaien ist es aber jetzt verboten (unten).

unter Wasser beobachten möchte, sollte zur Dyer-Insel fahren. Die Haie hier sind meistens um die 3,5 m lang, öfter aber auch größer. Die Dyer-Insel ist auch für einige Veranstalter bekannt, die Haitauchen ohne Käfig anbieten, wenngleich das nicht zu empfehlen und im Übrigen verboten ist.

3 Mossel Bay

Mossel Bay, etwa 400 km östlich von Kapstadt, hat eine kleine Seebärenkolonie von rund 6000 Tieren. Hier gibt es, wie bei der Seal Island, nur einen Veranstalter. Getaucht wird mit einem Käfig, der direkt von einer großen Yacht hängt. Das gibt auch Schnorchlern die Gelegenheit, Haie zu beobachten, im Übrigen die einzige Veranstaltung in Südafrika, bei der man in einem Käfig schnorcheln kann.

Bei Mossel Bay sieht man viele Weißhaie früher als in den beiden anderen Gebieten. Oft kommen sie schon im März oder gar Februar. Es sind nur 10 Minuten Fahrt bis zu der Stelle, wo die Haie zu sehen sind und die Köder ausgelegt werden. Das Wasser ist hier generell wärmer, um die 17–18 °C in der Haisaison. Manchmal strömt warmes Wasser vom offenen Meer in die Bucht und beschert großartiges Tauchen. Man sieht in der Mossel Bay auch springende und jagende Haie. Die landschaftlich schöne Garden Route, die hier beginnt, macht dieses Gebiet zu einem lohnenden Aufenthalt für alle, die etwas Zeit mit nach Südafrika bringen.

Wer eine Tauchtour mit Weißhaien in Südafrika plant, sollte sich vorher mit dem Veranstalter seiner Wahl in Verbindung setzen und klären, ob man zu der Zeit auch tatsächlich Weißhaie sieht. Für eine Enttäuschung ist die Anreise sehr lang, und die Haie kommen und gehen schließlich nach Belieben. Wer jedoch

Wegen der springenden Weißhaie kommen Filmer aus der ganzen Welt zur Seal Island. Die Sprünge dauern nur Sekundenbruchteile, die Erinnerung bleibt ewig (oben).
Nach dem ersten Schlag wird die Robbe sofort gefressen. Weißhaie sind die gefährlichsten Raubtiere an der Kapküste (links).

Glück hat, wird die Begegnung nie vergessen. Vielleicht sind Taucher die Ersten, die diesen majestätischen Tieren Zuneigung entgegenbringen.

Südafrika bietet die besten Voraussetzungen, Weißhaie zu erleben, und angesichts der Vielfalt zu Wasser und zu Land ist es ein Paradies für Naturliebhaber.

Tauchen mit Weißhaien ist die Hauptattraktion, aber 50 km vor Seal Island kann man auch mit Blau- und Makohaien tauchen. Die Haie werden mit Tönen angelockt.

FRANKREICH
Cannes
Marseille
Toulon
Cape Antibes
Cape Juan
Golf von Lion
Porquerolles
Côte d'Azur
Banyuls-sur-Mer
Cerbère-Banyuls Naturschutzgebiet
Mittelmeer
Barcelona
Costa Brava
0
200 km
100 Meilen
0°
15°O
30°O
Seine
Paris
FRANKREICH
Lyon
Rhône
Banyuls-sur-Mer
Marseille
Cannes
Golf von Lion
Barcelona
Costa Brava
Ligurisches Meer
ITALIEN
Korsika
VATIKANSTADT
Rom
Straße von Bonifacio
Tyrrhenisches Becken
Tyrrhenisches Meer
SPANIEN
Golfo de Valencia
Balearische Inseln
Balearisches Becken
Menorca
Mallorca
Sardinien
Golfo di Cagliari
Straße von Sizilien
Palermo
Sizilien
Straße von Messina
Golf von Venedig
Adriatisches Meer
KROATIEN
RUMÄNIEN
Bukarest
BULGARIEN
ALBANIEN
Bosporus
Istanbul
Marmarameer
Ägäisches Meer
GRIECHENLAND
Euboea
Athen
Golfo di Taranto
Ionisches Meer
Rhodos
Kreta
Medina Bank
MALTA
Algier
Tunis
ALGERIEN
TUNESIEN
Golf von Gabès
Tripolis
Mittelmeer
Große Syrte
LIBYEN
PORTUGAL
SPANIEN
GIBRALTAR
Straße von Gibraltar
Alborán-Becken
Tanger
ATLANTISCHER OZEAN
MAROKKO
ALGERIEN
0
200 km
100 Meilen
NORDPOLARMEER
Nordamerika
Europa
Mittelmeer
Asien
Nördlicher Wendekreis
Äquator
ATLANTISCHER OZEAN
Afrika
Südlicher Wendekreis
Südamerika
INDISCHER OZEAN
PAZIFISCHER OZEAN
N
0
400 km
200 Meilen
SCHLÜSSEL ZU DEN KARTEN
1 Spanien – Medas Inseln S. 46
2 Spanien – Zentrale Costa Brava S. 48
3 Malta S. 51
4 Gozo S. 53
5 Comino S. 54

Das Mittelmeer

Jack Jackson

Das fast ganz von Land eingeschlossene Mittelmeer liegt zwischen Afrika und Eurasien und zeugt von einer mannigfaltigen Erdgeschichte. Das west-östlich gestreckte Meer reicht im Westen bis zur Straße von Gibraltar zwischen Spanien und Marokko, an der schmalsten Stelle nur 13 km breit und die einzige Verbindung zum Atlantik. Im Osten bilden die Küsten der Türkei, Syriens, Libanons und Israels den Abschluss. Es hat, inklusive Marmarameer, eine Fläche von etwa 2 510 000 km^2 und ist fast 4000 km breit.

Im Nordosten ist das Mittelmeer durch die Dardanellen, das Marmarameer und den Bosporus mit dem Schwarzen Meer verbunden, im Südosten durch den Sueskanal, eine künstliche Wasserstraße über den Isthmus von Sues, mit dem Roten Meer.

Tauchen im Mittelmeer ist sehr vielfältig. Erdbeben, unregelmäßige Ablagerung von Flusssedimenten und unregelmäßige Erosion, die Tätigkeit des Meeres und das Auf- und Abtauchen von Land haben eine vielgestaltige Küste entstehen lassen. Das Nordufer im Osten ist komplex und hat unterschiedliche Faltengebirge. Die Nordküste Afrikas, die das östliche Mittelmeer begrenzt, ist bis auf das Hochland der Cyrenaica östlich der Großen Syrte in Libyen flach und einheitlich. Tauchen ist bei den Einheimischen überall beliebt, aber in einigen Gegenden ist es nur Einheimischen erlaubt, einige andere sind für Taucher wenig attraktiv. Bei Gibraltar, den Schutzgebieten und den Balearen ist das Meeresleben noch gut, doch die Tauchresorts an der Mittelmeerküste von Marokko haben keinen Anklang gefunden. Vor der Mittelmeerküste Frankreichs liegen gute Wracks. Korsika und Sardinien bieten vom Wrack bis zu Grotten alles. Algerien besäße gute Tauchgebiete, hat sie aber nie gepflegt; Tunesien hat recht gute Tauchgebiete. Die tyrrhenische und adriatische Küste sowie Sizilien sind beliebt und haben viele Wracks. Malta, Gozo und Comino sind vor allem bei englischen Gästen beliebt, und der Staat hat für die Taucher sechs Schiffe versenkt. Für Taucher sind Weißhaie kein Problem, aber man hat sie vor Sardinien, Tunesien, Malta, Sizilien und im Süden des Adriatischen Meeres gesichtet. Griechenland und die Türkei begrenzen das Gebiet, wo Fremde zum Schutz alter Schiffswracks nicht tauchen dürfen, obwohl die Türkei jüngst einige Gebiete geöffnet hat. Libyen, Syrien und Libanon haben nie etwas für das Tauchen getan. Zypern hat gute Tauchgebiete, Israel begrenzt den Zugang zu archäologischen Stätten im Meer, aber Ägypten hat die jüngsten Funde bei Alexandria freigegeben.

Das Moostierchen Myriapora truncata *wird Trugkoralle genannt, weil es in Form und Farbe der Edelkoralle ähnelt. Abgestorbene Trugkorallen verblassen, Edelkorallen bleiben dagegen rot (oben).*

An vielen Stellen der Mittelmeerküste ragen zerklüftete Berge direkt aus dem Wasser, in Ägypten und Libyen grenzt jedoch Flachland ans Meer. Die größte Insel ist Sizilien, es folgen u.a. Sardinien, Zypern, Korsika und Kreta. Es gibt unzählige kleinere Inseln, wobei es in der Ägäis so viele sind, dass man beim Ägäischen Meer früher vom Archipel sprach. Diese Inseln erleben häufig Erdbeben.

Das warme Wasser beschert dem umliegenden Land subtropisches Klima, mediterranes Klima genannt, auch wenn es woanders auftritt. Die meisten Mittelmeerländer haben heiße, trockene Sommer und milde, feuchte Winter. Im Sommer kann die Temperatur 37 °C erreichen, im Winter fällt sie selten unter 4 °C. Ägypten und Libyen haben tropisches Klima. In der Großen Syrte vor Libyen kann es im August 41 °C warm werden.

Wind und Regen

Luftströme gelangen hauptsächlich durch Lücken in den Gebirgen zum Mittelmeer. Der kalte, trockene Mistral kommt von Nordwesten durch die Lücke zwischen Alpen und Pyrenäen. Die starke Bora strömt von Nordosten durch die Lücke bei Triest. Der kalte östliche Levanter und der westliche Vendaval passieren die Straße von Gibraltar. Heiße, trockene Südostwinde, als Schirokko, Gibli oder Kamsin bekannt, wehen häufig von der Arabischen Halbinsel und der Sahara ins Mittelmeer, wenn Tiefdruckzonen im Winter und Frühjahr das Meer überqueren. Diese Winde kühlen das Oberflächenwasser durch Verdunstungskühlung ab. Dadurch wird es dichter, sinkt ab und steigert den Salzgehalt des einströmenden Oberflächenwassers aus dem Atlantik.

Verteilung und Menge der Niederschläge sind unberechenbar. Den meisten Regen gibt es in gebirgigen Küstenbereichen. An der Küste Dalmatiens können es 2540 mm im Jahr sein, an der nordafrikanischen Küste von Gabès in Tunesien bis Ägypten weniger als 250 mm. Der Wasserverlust durch Verdunstung ist dreimal höher als der Zufluss durch Regen und Flüsse.

Gezeiten

Die meisten Mittelmeergebiete haben halbtägige Gezeiten. Der Tidenhub liegt im Schnitt nur bei etwa 30 cm, die Änderung des Meeresspiegels durch starke Winde kann jedoch viermal größer sein. Im Golf von Gabès vor Tunis liegt der Schwankungsbereich bei fast 2 m. Der Atlantik beeinflusst die Gezeiten in der Straße von Gibraltar, verliert aber nach Osten an Wirkung. Eine starke Strömung gelangt aus dem Schwarzen Meer ins Mittelmeer.

Bedeutsam sind die Gezeiten im Ägäischen Meer mit dem Euripus-Phänomen (heftige, in Geschwindigkeit und Richtung schwankende Strömungen), benannt nach den Gezeiten in der Straße zwischen dem griechischen Festland und der Insel Euböa (Evvoia). Diese Strömungen werden vor allem von Winden beeinflusst.

Der Meeresboden

Ein Meeresrücken mit einer Schwellentiefe von 365 m zwischen Afrika und Sizilien teilt das Mittelmeer in ein östliches und westliches Hauptbecken. Die Durchschnittstiefe liegt bei 1500 m. Das Ostbecken ist tiefer und erreicht im Hellenengraben zwischen Griechenland und Italien maximal 5093 m.

Das Westbecken weist typische breite Tiefseeebenen auf und ist in drei weitere Becken unterteilt – das Alborán-Becken östlich von Gibraltar zwischen Spanien und Marokko, das Balearenbecken, auch Algerisches oder Algero-provenzalisches Becken genannt, östlich vom Alborán-Becken und westlich von Sardinien und Korsika und von der algerischen bis zur französischen Küste reichend, sowie das Thyrrhenische Becken zwischen Italien und den Inseln Sardinien und Korsika.

Das Ostbecken des Mittelmeers wird vom mediterranen Rückensystem beherrscht und ist in zwei Becken unterteilt. Das Ionische Becken

Suspensionsströme

Suspensionsströme sind Ströme, die sich aufgrund der Schwerkraft fortbewegen, die auf kleine Dichteunterschiede durch Unterschiede im Salzgehalt oder der Temperatur wirkt. Die Oberflächenschicht, die durch die Wellen gestört wird, ist vorhanden, weil sie wärmer oder nicht so salzhaltig und damit weniger dicht als das tiefere Wasser ist. Die Meere bestehen aus Wasserschichten mit bestimmten chemischen und physikalischen Eigenschaften; die Schichten bewegen sich mehr oder weniger unabhängig voneinander und verlieren auch durch Vermischen nicht ihre Eigenart, selbst wenn sie mehrere hundert Kilometer zurückgelegt haben.

Das Wasser, das aus dem Mittelmeer in den Atlantik fließt, ist ein Beispiel für diese Suspensionsströme. Das Mittelmeer ist in einem relativ kleinen Becken eingeschlossen, und weil das dortige Klima ziemlich trocken ist, übersteigt die Verdunstung den Zufluss von Süßwasser durch die Flüsse. Demzufolge ist das Wasser des Mittelmeers wärmer und salzhaltiger als anderes tiefes Meerwasser. Generell ist das Mittelmeerwasser dichter als das Wasser im oberen Bereich des Nordatlantiks. Dieser Dichteunterschied bewirkt, dass das leichtere Atlantikwasser in den oberen 200 m der Straße von Gibraltar ins Mittelmeer strömt und das dichtere Mittelmeerwasser zwischen 200 m und 320 m Tiefe (der oberen Schwelle zwischen Mittelmeer und Atlantik) in den Atlantik. Weil die Straße ziemlich schmal ist, erreichen Zu- und Abfluss eine recht hohe Geschwindigkeit. An der Oberfläche kann der Zufluss 2 m pro Sekunde erreichen, der Abfluss 1 m. Wegen der hohen Strömungsgeschwindigkeiten bei Gibraltar kommt es zu einer starken Durchmischung, die den Salzgehalt des abfließenden Mittelmeerwassers verringert, das sinkt, bis es auf kälteres, dichteres Atlantikwasser trifft, wo es sich dann ausbreitet.

unter dem Ionischen Meer liegt südlich von Italien und Griechenland. Ein Meeresrücken zwischen der Libyschen Wüste und Kreta trennt das Ionische vom Levantinischen Becken südlich von Anatolien. Kreta trennt das Levantinische Becken vom Ägäischen Meer. Die Ägäis ist der Teil des Mittelmeers nördlich von Kreta, im Westen und Norden von der griechischen, im Osten von der türkischen Küste begrenzt. Im Ägäischen Meer liegen die vielen Inseln des griechischen Archipels. Nordwestlich des eigentlichen Mittelmeers liegt das Adriatische Meer, das im Westen und Norden von Italien, im Osten von Kroatien, Bosnien-Herzegowina, Serbien und Albanien begrenzt wird.

Neuere Untersuchungen lassen vermuten, dass die gegenwärtige Gestalt dieses tektonisch aktiven Beckens und seiner angrenzenden Gebirgssysteme durch die Konvergenz und Divergenz der Afrikanischen und Eurasischen Platte bestimmt wurde. Als sie auseinander drifteten, drehte sich Eurasien nach rechts, Sardinien, Korsika und Afrika aber nach links und öffneten dem Ozean am Westende des Meeres einen Weg. Viele Überflutungs- und Verdunstungsphasen wechselten sich ab. Geologische Daten legen nahe, dass es gegenwärtig mindestens sechs Kollisionsbereiche zwischen Afrika und Eurasien gibt, in denen es zu Vulkantätigkeit, Gebirgsbildung und Abtauchen von Land kommt. Erdbeben sind häufig, vor allem in Griechenland und der Westtürkei. Viele Mittelmeerinseln sind durch Vulkantätigkeit entstanden, und viele der Vulkane wie Ätna, Stromboli und Vesuv sind noch aktiv.

Oberflächenzirkulation und Gezeiten

Die Oberflächenzirkulation im Mittelmeer besteht im Wesentlichen aus getrennten linksdrehenden Wasserbewegungen im West- und Ostbecken, aber wegen der komplizierten Nordküste und der vielen Inseln gibt es noch viele Kleinwirbel und lokale Strömungen. Wenn auch nur im Golf von Gabès und der Nordadria von Bedeutung, verkomplizieren die Gezeiten die Strömungen in engen Kanälen wie der Straße von Messina.

Große jahreszeitliche Schwankungen gab es durch die Überschwemmungen des Nils, die den Salzgehalt der Küstengewässer im südöstlichen Mittelmeer verringerten und die Schichtung und Produktivität dieser Gewässer erhöhten. Dieser Einfluss endete mit dem Bau des Assuanstaudamms. Der Zufluss aus dem Roten Meer kann vernachlässigt werden.

Mit dem Sueskanal wurde das Mittelmeer zu einem der weltweit meistbefahrenen Schifffahrtswege und stark belastet durch Öle, landwirtschaftliche und industrielle Einleitungen sowie Abfälle, die sogar Typhus und Hepatitis förderten. Schließlich schuf UNEP, ein Umweltprogramm der UNO, die Konvention von Barcelona zum Schutz des Mittelmeers, die alle Mittelmeerländer zur Vorsorge aufforderte. Jüngst sind wieder giftige Chemikalien, Erdöl aus Bohrlöchern und eine bösartige Fremdalge aus einem Aquarium ins Meer gelangt, doch insgesamt hat sich die Lage stark verbessert.

*Schwarzkopf-Schleimfisch (*Tripterigion delaisi*). Territoriale Männchen haben einen schwarzen Kopf, dessen Färbung nicht bis zu den Brustflossen reicht, und einen gelben Körper (oben).*
*Goldstriemen (*Sarpa salpa*) kommen in weiten Teilen des Atlantiks und im Mittelmeer vor und versammeln sich gern auf felsigem oder sandigem Grund mit viel Vegetation (Mitte).*
*Augenfleckige Steinbutte (*Bothus podas*) liegen getarnt auf Sandböden, wo sie sich von kleinen Fischen und Wirbellosen ernähren. Beide Augen sind auf der linken Seite, das untere weiter vorn (unten).*

Spanien und Frankreich

Lawson Wood

Das Mittelmeer, wo das Sporttauchen begann, hat sich mit den Jahren einen schlechten Ruf eingehandelt. Bevölkerungs- und Industriewachstum haben zu einer enormen Verschmutzung geführt. Viele Küstenbereiche sind durch Yacht- und andere Häfen sowie Bebauung unwiderruflich verloren. Monaco hat etwa 75 Prozent seiner ursprünglichen Küste eingebüßt. Das Mittelmeer gehört fraglos zu den gefährdetsten Meeren der Erde, durch die steigende Beanspruchung seiner natürlichen Ressourcen sowie die Verschmutzung durch Haushalte, Industrie und Landwirtschaft. Glücklicherweise hat der Zufluss von frischem Meerwasser aus dem Atlantik die Verschlechterung verlangsamt.

Kleine Bereiche wie die Gewässer um Venedig, die nördliche Adria, Teile der griechischen Küste und von Tunesien sind durch den Tourismus verstärkt gefährdet, doch das geschieht zumeist nur jahreszeitlich begrenzt, und das Meeresleben erholt sich

L'Estartit ist Ausgangshafen für alle Tauchaktivitäten bei den Medas-Inseln. Es gibt auch einige Tauchschulen (oben links).
Die Medas-Inseln wurden 1983 Schutzgebiet und sind für die vielen zutraulichen Zackenbarsche, Meerbrassen und farbenprächtigen Gorgonien berühmt (oben rechts).

wieder. Doch jetzt gibt es eine neue Bedrohung: das Einführen fremder Algenarten in dieses geschlossene Meer und der kommerzielle Fischfang.

Es gibt zwar geschützte Küstengebiete, doch die Überwachung ist schwierig, vor allem bei großen Fabrikschiffen. Die meisten Länder sehen inzwischen ein, dass ein erfolgreicher Tourismus einen strengen Umweltschutz braucht. Damit der Tourismus eine Zukunft hat, muss auch den Touristen bewusst gemacht werden, wie sehr sie kleine Gebiete belasten. Die Mitgliedschaft in Naturschutzverbänden ist ein wichtiger Schritt zum Verständnis und Schutz der Meereshabitate.

Der Süden Frankreichs ist bei Tauchern noch immer sehr beliebt, trotz der »Killeralgen« *Caulerpa taxifolia*, die fast alle Küstenriffe überrollt hat. Es gibt an der südfranzösischen Küste einige Meeresparks, etwa das Naturschutzgebiet von Cerbère-Banyuls direkt vor der spanischen Grenze. Das Schutzgebiet, geologisch ähnlich wie Estartit mit vielen Meeresgrotten, wird vom Ozeanographischen Labor Arago in Banyuls-sur-Mer betreut. Das Schutzgebiet ist bekannt für seine Meerhände und kostbaren Edelkorallen. Die Insel Porquerolles bei Toulon wird von der französischen Nationalstiftung verwaltet und lockt mit vielen interessanten Wracks. Die Côtes d'Azur bietet ausgezeichnetes Tauchen bei den Inseln vor Cannes, Cape Juan und Cape Antibes mit einigen hervorragenden Wänden und interessanter Topographie.

Topographie und Artenvielfalt sind an der südspanischen Küste oft ähnlich wie bei Gibraltar. Zur französischen Grenze nach Norden hin gibt es einige Schutzgebiete mit guten Tauchgebieten und exzellentem Meeresleben, etwa in Al Muñequa und Fuengirola. Das bekannteste Schutzgebiet sind die Medas-Inseln vor der Küste von Estartit. Diese kleinen Felsinseln sind seit den 1980er-Jahren geschützt und bieten ein reiches Fischleben, unter anderem mit Zackenbarschen, Meerbrassen, Sardinen und Meerbarben.

Medas-Inseln

Reist man von der französischen Grenze südwärts zur Costa Brava, erhebt sich die Küste deutlich mit Kalksteinmassiven, die im Lauf von Jahrtausenden zu einer malerischen Landschaft mit Inseln, submarinen Tafelbergen und Tausenden von Grotten erodiert sind, von denen viele nur unter Wasser zugänglich sind.

Die Medas-Inseln sind die größte Inselgruppe, nur einen Kilometer östlich des Yachthafens von Estartit. 1983 wurden sie zum Nationalpark erklärt. Die Inseln sind für ihr verschwenderisches Meeresleben bekannt, das durch den Auftrieb kalten Wassers aus dem zentralen Mittelmeer und den Zufluss organischer Stoffe durch den Ter und die großen Deltas an der französischen Südküste begünstigt wird. Der Schutz der Inseln vor dem kommerziellen Fischfang war wichtig, und man ergriff Anfang der 1980er-Jahre drastische Maßnahmen. Nach anfänglichem Widerstand sind die Fischer heute glücklich über ihre Erträge am

*Die rote Meerhand (*Alcyonium spp.*) findet man großflächig auf schattigen flacheren Felsklippen, die täglich von nährstoffreichem Wasser des nördlichen Mittelmeers umspült werden.*

*Gemeine Kraken (*Octopus vulgaris*) sind nachtaktive Raubtiere an vielen Felsküsten. Ihr Unterschlupf ist leicht an den Schalenresten am Eingang zu erkennen.*

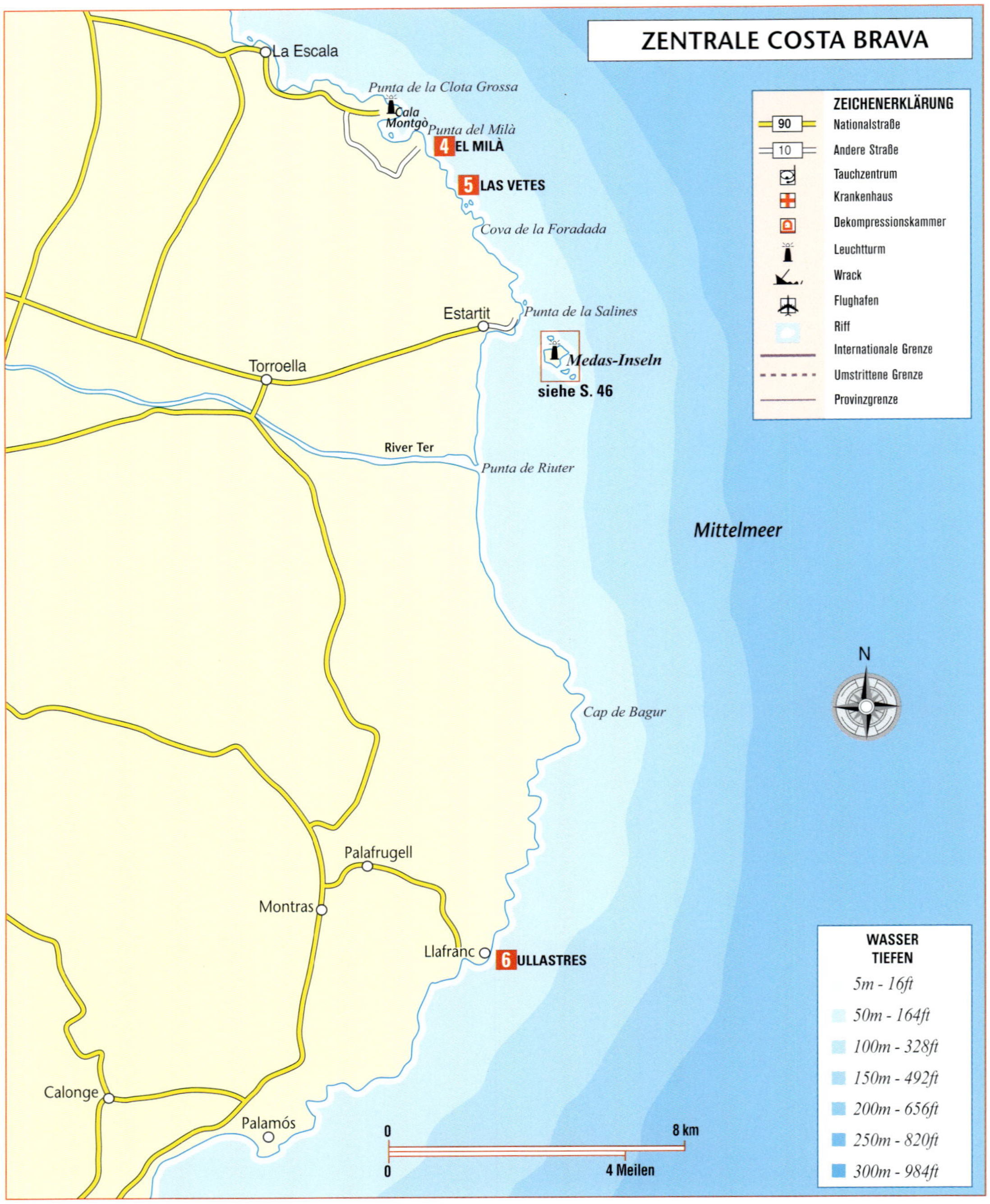

Rande des Meeresparks und die lukrativen Bootsfahrten für die Touristen.

Die Inseln sind berühmt für ihren Fischreichtum in allen Tiefen – Anchovis und Sprotten ernähren sich an der Oberfläche, Blöker und Mönchsfische im Mittelwasser, wo sie von Zackenbarschen, Stachelmakrelen und Zahnbrassen gejagt werden, und an der Spitze dieser kleinen Nahrungskette Riesenzackenbarsche und Barrakudas. Das Wasser bei der Medas-Gruppe ist 10–25 m tief, es gibt viele senkrechte und überhängende Wände, die mit leuchtend gelben Nelkenkorallen, bunten Gorgonien, Gelben Krustenanemonen, Fahnenbarschen und zahllosen Nacktschnecken bevölkert sind. Die meisten Taucher kommen jedoch wegen der Höhlen, von denen viele sich mit kleinen Kammern und Kaminen durch die Inseln ziehen.

1 Cova del Dofi Sud

Das größte Höhlensystem unter Meda Petita, bekannt als Cova del Dofi Sud, ist sehr komplex; am Haupteingang befindet sich eine kleine stilisierte Delfinfigur. Von dort durchziehen mehrere Schächte und Tunnel die Insel. Langusten, kostbare Edelkorallen, Sternkorallen, bunte Schwämme und Seescheiden schmücken die Wände. Eine angenehme Überraschung sind die stattlichen, zutraulichen Zackenbarsche, die sofort zu einem kommen.

2 Tascó Petit

Tascó Petit ist eine kleinere Felseninsel westlich von Carall Bernat in der Südgruppe. Hier haben sich zwischen mächtigen Kalksteinblöcken schmale Canyons gebildet, die mit purpurnen und gelben Gorgonien bewachsen sind. Zahllose Meerbrassen und Lippfische mit mindestens einem halben Dutzend Varianten streiten sich um die Fressplätze an den Riffen, und das Meeresleben bietet viel für die Fotografen.

Mit seinem Maul voller rasiermesserscharfer Zähne lauert der Eidechsenfisch (Synodus saurus) *auf Beute, entweder teilweise im Sand versteckt oder auf algenbedeckten Felsen.*

3 Das Wrack der Avvenire

Nördlich der Medas-Inseln liegt in 42 m das Wrack der *Avvenire*. Sie sank 1971, als sie auf die Küste prallte. Gezeiten und Strömung verfrachteten sie zur gegenwärtigen Position, wo sie aufrecht auf einer sandigen Ebene sitzt. Die Sicht ist im Allgemeinen schlecht, und Thermoklinen halten die meisten Taucher ab, weil die Temperatur um bis zu 7 °C fällt. Das Wrack ist gut intakt und eine Oase für Fische, kann aber wegen der vielen verfangenen Netze gefährlich werden.

Costa Brava

4 El Milà und 5 Las Vetes

Ein Stück weiter an diesem Nordabschnitt gibt es zwei außergewöhnliche Höhlensysteme, El Milà und Las Vetes. Diese verwinkelten Höhlen sollten nur mit einem erfahrenen Führer betaucht werden. Las Vetes hat besonders viele Seiten- und tote Gänge. El Milà mit seinen beiden langen Höhlen ist einfacher. Unter Wasser sieht man alte Stalagmiten, und in den zahllosen Luftkammern bilden sich neue Stalaktiten. Im Sommer ist eine Kammer voll von Tausenden von Fledermäusen und ihrem Duft. Die Wände beherbergen die verschiedensten Schwämme und andere farbenprächtige Wirbellose, darunter auch die inzwischen seltene Edelkoralle.

6 Ullastres

Etwa 45 Bootsminuten südlich von Estartit steigen aus 65 m Tiefe mehrere Guyots bis 5 m unter die Oberfläche, die Ullastres. Das Wasser ist im Süden abseits einmündender Flüsse immer sehr viel klarer. Diese Guyots sind mit bunten Gorgonien bedeckt und von Fischschwärmen umringt, jede Art in der eigenen Fresszone. Aufregend das Wechselspiel zwischen den Fischarten und den immer gegenwärtigen Fressfeinden wie Kleine Bernsteinmakrelen, Zahnbrassen und Barrakudas.

Das Mittelmeer muss natürlich mit den Problemen eines eingeschlossenen Meeres leben, andererseits hat sich die Weitsicht der katalanischen Regierung beim Schutz des Meeres sowohl für die Fischer als auch die ihr Vergnügen suchenden Taucher bezahlt gemacht. Estartit und die Medas-Inseln sollten auf der Liste jedes Tauchers stehen.

*Die markant gefärbte Leopardenschnecke (*Discodoris atromaculata*) findet man beim Fressen auf Schwämmen am Eingang zu tieferen Höhlen und in schattigen Bereichen (oben).*
*Gelbe Spitzkopf-Schleimfische (*Tripterygion spp.*) werden nur 5 cm lang und sind an flachen Riffen zu finden (unten).*

Maltesischer Archipel

Lawson Wood

Der maltesische Archipel liegt im zentralen südlichen Mittelmeer, 96 km südlich von Sizilien und 467 km von der afrikanischen Küste entfernt. Die Republik Malta besteht aus den drei geschichtsträchtigen Hauptinseln Malta, Gozo und Comino. Das Maltesisch, ein Gemisch aus Arabisch und Latein, ist die Folge der verschiedenen Eroberungen der Inseln durch Phönizier, Karthager, Griechen, Römer, Araber, Normannen, Spanier, Franzosen und die Johanniter.

Die Inseln waren das beliebteste ausländische Tauchziel der Europäer, bis das Rote Meer für den Massentourismus erschlossen wurde, und sind nach wie vor der Favorit bei deutschen, niederländischen, italienischen und britischen Tauchern, von denen 40 000 pro Jahr kommen. Die Tauchmöglichkeiten sind unbegrenzt, und auch submarine Höhlen gibt es zur Genüge.

Auf den Inseln gibt es außer den Regeln der Tauchbranche selbst kaum Umweltbestimmungen. Es setzt sich jedoch eine neue Umweltpolitik durch. Eines der ersten Schutzgebiete ist Cirkewwa auf Malta, und bei mehreren der neuen Wracks werden Fangbeschränkungen gelten. Das Klima auf Malta muss das beste in Europa sein. Im Sommer steht die Sonne am wolkenlosen Himmel, und weil die Inseln südlicher als Teile der nordafrikanischen Küste liegen, sind die Temperaturen hoch.

Die geschützte Blaue Lagune bei Comino hat zahlreiche Höhlen. Hier beginnen viele Schnorchler ihren Tauchurlaub auf den maltesischen Inseln (oben links).

Dwejra Point auf Gozo bietet Küstentauchen. Die Unterwasserwelt der sechs Tauchgebiete ist sehenswert (oben rechts).

Malta

Malta ist mit 246 km² die größte der drei Inseln, hat im Süden typische Steilklippen, im Norden stark eingeschnittene Ufer und die geschützten Gebiete um den Grand Harbour von Valetta. Cirkewwa, auch als Marfa Point bekannt, liegt gleich am Fährterminal für Gozo und ist ein Magnet für Tauchschulen und erfahrenere Taucher, die zum Wrack der *Rozi* tauchen wollen.

Die Inseln wurden im Zweiten Weltkrieg für Wachsamkeit vor dem Feind mit dem britischen Georgskreuz ausgezeichnet. Valetta Harbour bietet sechs betauchbare Wracks, u.a. *HMS Maori* und die Schaluppe *Carolita*. Weitere zugängliche Wracks sind das **Tent Peg Wrack** [12], die ***MV Odile*** [8], ***HMS Jersey*** [9], der **Blenheim Bomber** [7], der Tanker ***Um El Faroud*** [6] und das Frachtschiff ***Imperial Eagle*** [13]. Das gezielt versenkte, 52 m lange Wrack der *P29* liegt 170 m vor der Küste, zwischen Cirkewwa und Latern Points, nah beim beliebten Wrack der *Rozi*. Die *P29* war ein ostdeutsches Minensuchboot, bis die maltesische Marine es 1996 als Küstenwachboot in Dienst nahm.

[1] Der Schlepper *Rozi*

Die *Rozi* wurde 1992 zu Tauchzwecken versenkt und liegt in 36 m aufrecht auf Sand. Sie beherbergt Tausende von Mönchsfischen, Meerbrassen und Ährenfischen. Auf den nahen Neptungraswiesen tummeln sich Sepien und Seenadeln.

[2] Marfa Central (Der Trainingspool)

Zugang vom Parkplatz über eine Betonrampe bis zum 1 m tiefen Wasser, also ideal für Tauchschüler, dazu ein felsiger Grund mit unterschiedlicher Tiefe sowie ein kleiner Schelf und eine Miniwand, die bis 18 m abfällt. Das wegen seiner Kraken, Muränen, Garnelen, Krabben und Sternkorallen geschätzte Gebiet ist ideal für Nachttauchgänge.

[3] Anchor Bay

Sie liegt die Straße zum kleinen Pier hinunter, gegenüber von Popeye Village. Man taucht am besten draußen in der Bucht und um die Ecke links. Ein großer Felsblock an der Wand markiert den Eingang zur Höhle, am Fuß lauter runde Steine. Hier findet man viele Schlangensterne und Höhlengarnelen.

[4] Mtahleb

Dies ist dank der Bedingungen am Ufer ein ursprüngliches Tauchgebiet. 300 m eine zerklüftete Landzunge hinunterzuklettern ist eine

Sache, sie nach einem Tauchgang wieder hinaufzukraxeln eine andere. Die senkrechten Wände, Bänder, Grotten und Höhlen sind das Zuhause für zahllose Lipp-, Papagei-, Mönchsfische und Zackenbarsche.

5 Ghar Lapsi

Dies ist eine sichere, seichte Höhle durch die Landzunge. Sie beginnt in 3 m Tiefe und kommt an einer gewundenen Wand in 6 m wieder heraus, am Eingang ein Haufen algenbedeckter

Das Wrack der Rozi vor Cirkewwa Point liegt intakt und aufrecht in 36 m auf Sand. Es ist ständig von zahllosen Blökern, Mönchsfischen, Pikarel und Ährenfischen umlagert.

Blöcke. Sie befindet sich bei der kürzlich versenkten ***Um El Faroud*** 6, einem Tanker in 36 m Tiefe. Dieses riesige Schiff ist zehn Schwimmminuten vom Ufer entfernt, aber auch vom Ufereinstieg zur Blue Grotto oder mit dem Boot zu erreichen.

8 *MV Odile*

Dieser italienische Frachter, den man zuerst für die *HMS Abingdon* hielt, wurde im Krieg bombardiert und in den 1970er-Jahren geborgen. Er ist ziemlich auseinander gebrochen und liegt auf Steuerbord Richtung Nordwest. Wegen schlechter Sicht ist er ohne Ortskenntnis schwer zu finden. Erfahrene, entsprechend ausgerüstete Taucher können in das Wrack vordringen.

10 *HMS Maori*

Dieses Schiff lief 1937 vom Stapel und war nach vielen Ereignissen im Mittelmeer letztlich verantwortlich für die Versenkung der *Bismarck*. 1942 sank es nach einem Treffer. Bug und Heck sind vollständig verschwunden. Ein Teil der Brücke ist zugänglich, aber Taucher sollten auf die zahlreichen scharfen Granaten achten, die aus dem Wrack und dem Schlamm ragen.

11 *Carolita*

Die *Carolita* sank nach einem Torpedotreffer im April 1942 und liegt jetzt gegenüber dem alten Marinehospital am Ufer, der Bug in 6 m Tiefe, das Heck in 22 m. Der Zugang in den flachen Kahn ist ziemlich begrenzt, aber man kann vom beschädigten Heck aus den Maschinenraum erkunden.

Kardinalfische (Apogon imberbis) *sieht man tagsüber in Gruppen an Überhängen und Höhleneingängen (oben).*

Grotten, Tunnel und Höhlen gibt es im gesamten Archipel, mit Algen, Korallen und Schwämmen überzogen (Mitte).

Obwohl Seepferdchen (Hippocampus ramulosus) *bei den Inseln häufig vorkommen, sind sie wegen der Tarnung schwer zu sehen (unten).*

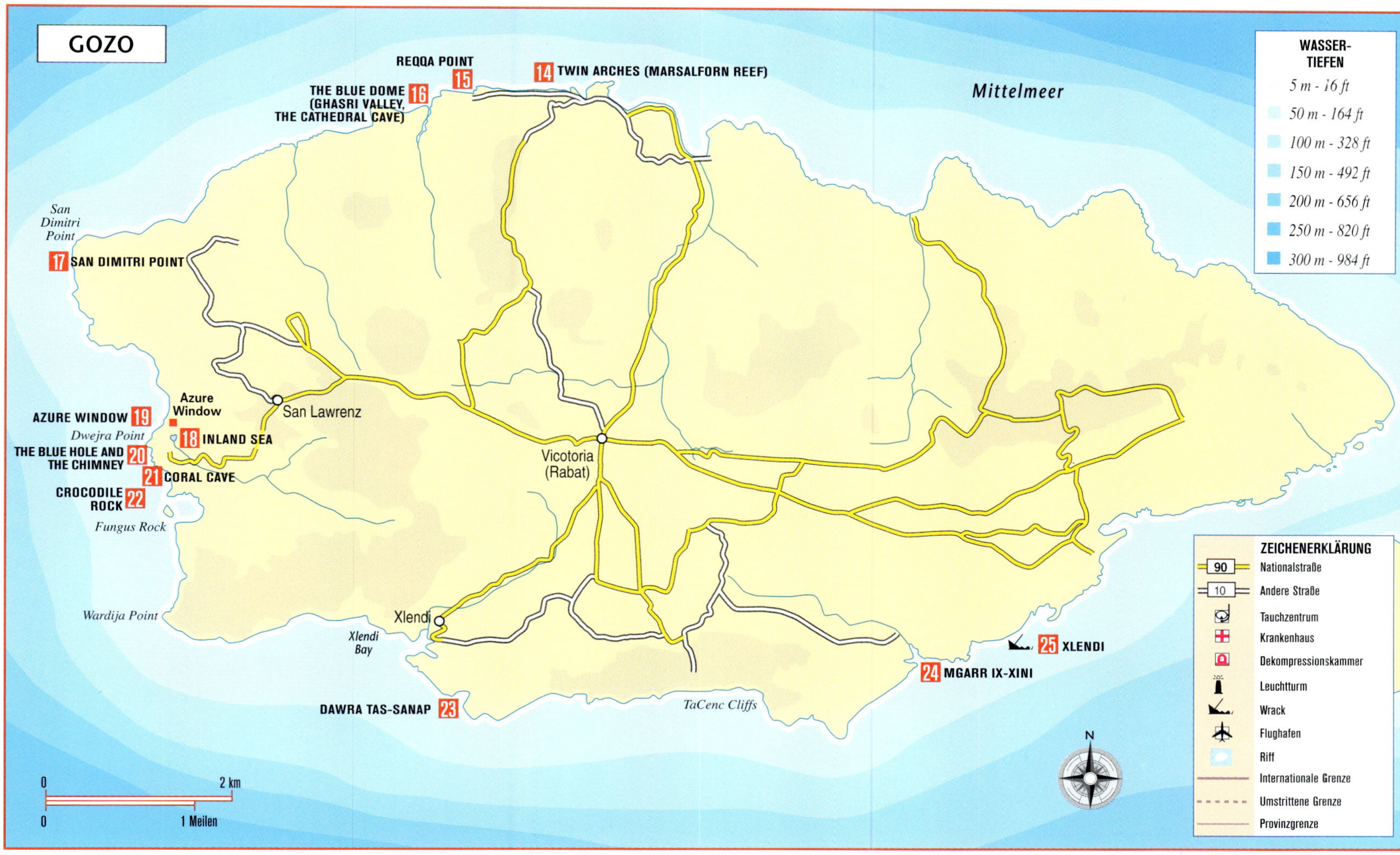

Gozo

Vor Gozo liegen viele der besten Tauchgebiete der maltesischen Inseln, und viele Fahrzeuge fahren regelmäßig von Malta mit der Fähre hinüber. Gozo hat nur ein Viertel der Fläche von Malta, 43 km Küste und ist so beliebt, weil viele Gebiete vom Ufer zu erreichen sind. Auch hier neigt sich die Nordküste sanft, fällt jedoch an vielen Stellen senkrecht auf über 60 m. Im Süden der Insel ist es angesichts mächtiger Steilwände angebrachter, vom Boot aus zu tauchen.

Im Westen bei Dwejra Point liegt eines der Naturwunder des Mittelmeers. Mehrere fantastische Gebiete auf kleinem Raum sind vom großen Parkplatz zu erreichen. Beherrscht vom Naturbogen, dem blauen Fenster, bieten sich malerische Tauchgänge zu Höhlen und Grotten an. Im Südwesten und Süden ragt das Festland mit nur wenigen Zugangspunkten senkrecht auf, Xlendi Bay ausgenommen. Von St. Andrew's Divers Cove werden dieser Küstenstrich und vor allem die Höhlen weitgehend mit Booten erschlossen, insbesondere zu den Ta' Cenc Kliffs hin. Im Winter kann Regen die Sicht in der Xlendi Bay verschlechtern, doch die Bootstauchgänge sind nach wie vor fantastisch. Die ehemalige Fähre ***Xlendi*** 25 ist ein zugängliches Wrack an der Südostküste von Gozo.

14 Twin Arches (Marsalforn Reef)

An diesem Felssporn, bei dem zwei große Bögen in das Kliff geschnitten sind, herrscht reges Fischtreiben. Der kleinere Bogen beginnt in 20 m, direkt darunter liegt der größere, der bis zum Meeresboden in 45 m reicht. Hier taucht man am besten vom Boot aus, um sich das lange Hinausschwimmen zu sparen.

15 Reqqa Point

Diese Landzunge ist sehr ausgesetzt, und der Zugang über den schroffen Fels kann schwierig sein. Nach Osten (rechts) fällt eine senkrechte Wand ab, und man kann einen Schacht finden, der von 6 m bis 16 m durch das Riff geht. Das Gebiet ist auch bei Fischern beliebt.

16 The Blue Dome (Ghasri Valley, The Cathedral Cave)

Der Blue Dome am Eingang des Ghasri Valley wird am besten vom Boot aus betaucht. Die Höhle liegt an der rechten Wand, der Eingang in nur 5 m Tiefe. Im Innern spiegelt das mächtige Dach das Licht von außen und erzeugt den Blaue-Grotte-Effekt. Höhlenwände und felsiger Boden sind voller Meeresleben, mit Steckmuscheln und Seepferdchen, ideal für Fotografen.

17 San Dimitri Point

Dieses Gebiet an der Westspitze Gozos hat ein flaches Dach, das von der Landzunge vorspringt. Es ist ein Tieftauchgang mit dem Nervenkitzel, mit einem großen Schwarm von Barrakudas zu tauchen. Das Riff hat senkrechte Wände und einige von den Gezeiten ausgewaschene Höhlen.

18 Inland Sea

Der Inland Sea bei Dwejra Point ist eine geschützte Lagune, die leichten Zugang von einer kleinen Mole bietet. Hier fahren Freizeitboote aufs offene Meer, also Vorsicht. Taucher gelangen durch einen großen Spalt in einen Canyon, der ins offene Wasser führt. Man steigt erst auf 6 m und dann weiter auf 25 m unter den Kliffs an der Meerseite ab, wo die Wand auf über 60 m abfällt. Die senkrechten und überhängenden Wände sind voller Meeresleben. Der Blick hinaus ins Meer ist gewaltig.

19 Azure Window

Der Name blaues Fenster rührt vom Blick her, wenn man von unten zum Naturbogen über dem Wasser blickt. Das Blau spiegelt sich, als blickte man durch ein großes Fenster. Der Meeresboden am Bogen in 18 m liegt voller großer Blöcke, die mit Algen bedeckt sind, zwischen denen Lippfische, Meerbrassen und verschiedene Seesternarten zu Hause sind. Der Zugang erfolgt vom nahen Blue Hole.

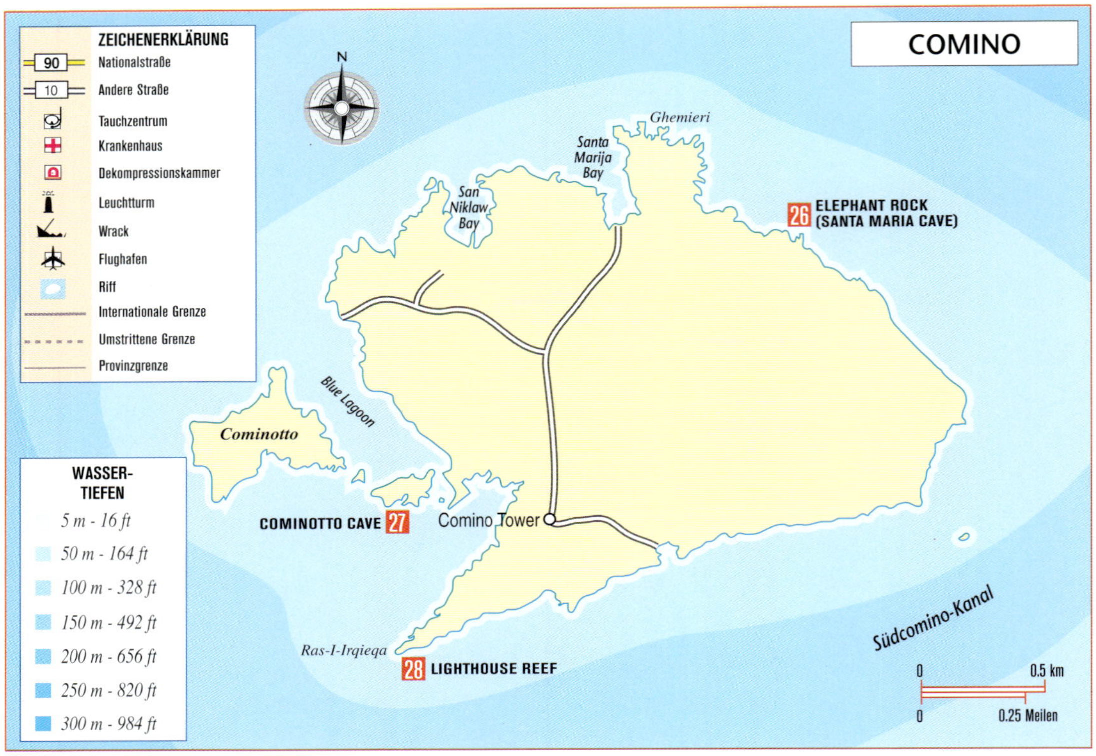

20 Blue Hole und Chimney

Es ist kein echtes Blue Hole (wie auf den Bahamas), sondern von Winterstürmen in Generationen aus dem Gestein gefräst. An der Außenwand ist ein geschützter Eingang für Taucher entstanden, die absteigen und unter einem mächtigen Bogen herauskommen. An der unteren linken Ecke beim Bogen gibt es eine Höhle, die interessante Röhrenwürmer und Fahnenbarsche beherbergt. An der senkrechten Wand, die zur westlichen Landzunge führt, findet man Seepferdchen. Näher an der Ecke führt ein schmaler Spalt hinauf zu einem farbenprächtigen, engen Kamin.

21 Coral Cave

Der Zugang erfolgt mit einem Riesenschritt von der Felsenküste direkt über dieser halbkreisförmigen Grotte mit dem Sandboden in 30 m. Die gewaltigen Wände sind mit Hydrozoen und Moostierchen bedeckt, die echten Korallen ähneln. Die senkrechte Wand rechts (im Norden) führt, von Fischen eingerahmt, schließlich zur Oberseite des Chimney und weiter zum Blue Hole, wo der beste Ausgang liegt.

22 Crocodile Rock

Eine seichte Plattform aus altem Meeresboden trennt Crocodile Rock von Dwejra Point; dort kann ein Tauchboot ankern. Das natürliche Amphitheater mit fast senkrechten Wänden erinnert an Shark Reef im Roten Meer. Es fällt unter einem weg, und man taucht um die äußere Wand, wo immer Schwärme von Goldstriemen zu finden sind. Das Gebiet ist auch für seine Zackenbarsche bekannt, zu denen man aber tief hinuntertauchen muss.

*Gestreifte Knurrhähne (*Trigloporus lastoviza*) kommen auf den meisten Sandflächen vor, oft in Ufernähe, wo sie Nahrung suchen (links).*

23 Dawra Tas-Sanap

Dieses Gebiet gleich bei der Xlendi Bay, das nur vom Boot zu betauchen ist, hat einen großen Naturbogen mit überkrusteten Blöcken zu seinen Füßen. An der Südwand ist in 18 m eine große Höhle. Folgt man der senkrechten Wand links zu einer geschützten Bucht, sieht man Nacktschnecken und Langusten.

24 Mgarr Ix-Xini

Ein weiteres einfaches Gebiet, das direkt vom Ufer vor dem Parkplatz zugänglich ist. Der sandige Boden ist bei Fotografen beliebt, die Flughähne, Flundern und Sepien suchen. Die Wand rechts führt zum Eingang bei Ta'Cenc, vorbei an mehreren Grotten.

Comino

Comino, einst ein Piratennest, wird von einem Turm beherrscht, der 1618 gebaut wurde und den Comino-Kanal gegen Plünderer schützen sollte. Die kleinste bewohnte Insel des Archipels liegt zwischen Malta und Gozo. Die Blue Lagoon zieht Hunderte von Schnorchlern und Tauchern an, sobald die Bedingungen die Überfahrt zulassen.

26 Elephant Rock (Santa Maria Cave)

Dies ist ein großes Höhlensystem, das mehr als 30 m durch die Landzunge zu einer anderen Höhle führt. An dieser Einmündung öffnet sich ein Schacht nach oben zum Himmel. Hier werden gern Fische gefüttert, die sehr zutraulich sind.

27 Cominotto Cave

Diese Höhle, von der Brandung oft durchgespült, die eine interessante Höhle mit einem Kamin ganz am Ende geschaffen hat, hat mit kleinen Seeigeln, Schnecken und Korallen übersäte Wände. Am Eingang gibt es viel Seegras, und auch Sepien sind häufig.

28 Lighthouse Reef

Im Südwesten der Insel markiert ein Leuchtfeuer eines der besten Tauchgebiete. Ein Kamin sticht von 6 m bis auf 18 m durch das Riff, und zwischen großen Blöcken gibt es zahlreiche Durchgänge. Das Boot ankert am alten Kalksteinschelf neben dem Kamineingang. Die Wände sind rau überkrustet, es ist also Vorsicht angebracht. Beim Höhlenausgang unten am Riff sieht man zwischen den Blöcken Zackenbarsche und viele Lippfische. Überall sind Seesterne, und auch Seepferdchen gibt es hier.

Die farbenprächtige Alge Peyssonnelia squamaria, *Seerose genannt, mag wenig Licht und ist an Höhleneingängen zu finden (rechts oben).*
*Nur das Weibchen des Mittelmeer-Papageifisches (*Sparisoma cretense*) ist so farbenprächtig gezeichnet (rechts).*

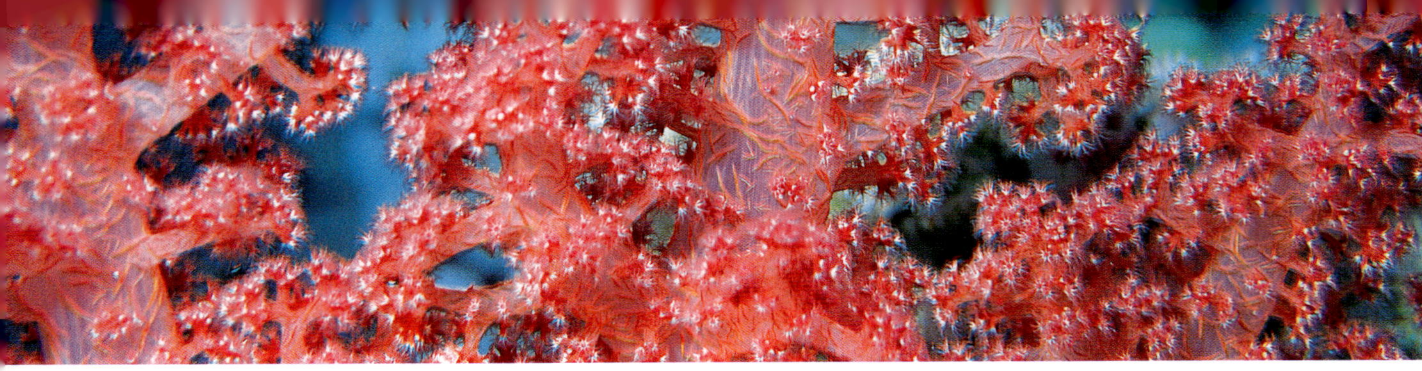

Das Rote Meer

Einführung: Jack Jackson

Das Rote Meer ist ein langes, schmales Gewässer, das sich vom Golf von Sues im Nord-Nordwesten bis Bab el-Mandeb (Tor der Tränen) im Süd-Südosten erstreckt. Am Südende trifft es über den Golf von Aden auf den Indischen Ozean. Mit 438 000 km^2 Fläche bildet es das Nordende eines Senkungsgrabens und ist nach wie vor im Werden, denn die Afrikanische und die Arabische Platte driften um gut einen Zentimeter pro Jahr auseinander.

Der Boden im Roten Meer besteht aus einem breiten, glatten Schelf und einem tiefen Achsengraben, der einen noch tieferen, etwa 25 km breiten Graben aufweist.
Vulkantätigkeit dort, wo der Meeresboden sich ausweitet, vereinzelte, mit geothermischer Sole gefüllte Senken im zentralen und nördlichen Roten Meer, Verdunstung aufgrund der hohen Temperaturen und geringe Niederschläge haben eines der wärmsten und salzhaltigsten Meere der Erde entstehen lassen. Das führte auch zu einem weiter als üblich nach Norden reichenden üppigen Korallenbewuchs mit mehreren hundert Korallenarten und einem fast so reichen Fisch- und Evertebratbestand wie am Großen Barriereriff.

Bei einer west-östlichen Ausdehnung von stellenweise nur 160 bis maximal 350 km gibt es fast keine Gezeiten. Strömungen entstehen hauptsächlich durch Dichteunterschiede im Wasser. Der maximale Tidenhub bei Springtiden im Norden beträgt 0,9 m, im zentralen Roten Meer gibt es so gut wie keine Gezeitenbewegungen. Die Winde kommen viele Monate im Jahr aus Nordwest; im zentralen Roten Meer beeinflussen windbedingte, jahreszeitliche Änderungen und Verdunstung im Sommer den Wasserstand am nachhaltigsten.

Mit bis 3040 m ist es eines der tiefsten Meere der Erde. Zwischen Port Sudan und Dschidda sind in Solepools ein Salzgehalt von über 250 Teilen pro Tausend und Temperaturen von 60 °C gemessen worden. Die Sole ist demnach beim Austritt vermutlich über 100 °C heiß.

Das Land direkt am Roten Meer ist überwiegend gebirgig mit einem Sandstreifen, der Tihamah, am Ufer. Die Halbinsel Sinai trennt den Golf von Akaba und den Golf von Sues, der durch den Sueskanal mit dem Mittelmeer verbunden ist. Die Straße von Tiran führt in den Golf von Akaba, die Straße von Gubal in den Golf von Sues. In den tückischen Gewässern beider herrscht reger Schiffsverkehr. Entsprechend zahlreich sind die Wracks. Der Golf von Akaba ist im Mittel 1700 m tief, der Golf von Sues nur 60 m; die Straße von Gubal weist viele Inseln und auch Erdölfelder auf.

Bäumchen-Weichkorallen in voller Pracht in starker Strömung, wo sie sich optimal ausbreiten können, um Plankton aus dem vorbeiströmenden Wasser zu filtern (oben).

Sues-kanal
Sues
ISRAEL
JORDANIEN
45°O
Eilat
Akaba
1
2
3
Halbinsel Sinai
Golf von Sues
Straße von Gubal
Golf von Akaba
Sharm el-Scheik
Straße von Tiran
4
Râs Muhammad
Hurghada
5
Rotes Meer
6
St Johns
ÄGYPTEN
Nördlicher Wendekreis 23°30'N
SAUDI-ARABIEN
Dschidda
7
Port Sudan
Sanganeb
Suakin
8
9
SUDAN
Dahlak-Archipel
ERITREA
JEMEN
ÄTHIOPIEN
Bab-el-Mandeb
DSCHIBUTI
Golf von Aden
Mittelmeer
Israel
Jordanien
Ägypten
Saudi-Arabien
Rotes Meer
Nördlicher Wendekreis
Sudan
Eritrea
Jemen
Dschibuti
Äthiopien
Somalia
Äquator
AFRIKA
ATLANTISCHER OZEAN
Südlicher Wendekreis
INDISCHER OZEAN

Zentrales Rotes Meer

Das Gelände zwischen Hurghada und Port Sudan auf der Westseite und Dschidda auf der Ostseite bietet seichte, sanft abfallende Saumriffe, küstennahe Inseln mit geschützten Tauchmöglichkeiten und Steilriffe im offenen Meer. Hier geraten Boote oft in Schwierigkeiten. Im offenen Meer ragen Inseln und Riffe jäh bis zur Oberfläche auf.

Die Tauchmöglichkeiten sind gut erfasst, ausgenommen Saudi-Arabien, das bis in jüngste Zeit nur Staatsangehörigen, Wissenschaftlern und Ausländern mit Arbeitserlaubnis offen stand. Inzwischen können Touristen über lokale Tauchschulen Pauschalangebote für Saudi-Arabien buchen. Man kann gut tauchen, auch wenn einige Küstenstreifen durch Baumaßnahmen und das Fischen mit Harpunen beeinträchtigt werden. Teilweise ist Saudi-Arabien gut geschützt und beherbergt die meisten Dugongs im Roten Meer.

In Ägypten wird das Tauchen nach Süden hin besser, die sudanesischen Gewässer nördlich von Port Sudan bieten das beste Tauchen und die größte Artenvielfalt im Roten Meer, jäh aufragende Korallenatolle und -pfeiler, großartiges Wandtauchen zwischen gesunden Korallen, gute Sicht und große Fische, darunter Schwärme von Büffelkopf-Papageifischen.

Südliches Rotes Meer

Südlich von Port Sudan ändert sich das Rote Meer. Das Wasser wird flacher, der sandige Boden ist oft mit Felsen und Korallenblöcken bedeckt, Steilwandtauchen ist nicht mehr möglich. Sedimentbildung verschlechtert die Sicht, der Korallenbewuchs ist nicht so üppig. Der Meeresboden steigt an, sodass das Wasser noch flacher und wärmer wird. Neben den üblichen Fischen und Wirbellosen des Roten Meers kann man auf den Seegraswiesen Dugongs beobachten.

Eritrea hat eine längere Rote-Meer-Küste als Sudan und über 350 Inseln. Mehr als 200 davon gehören zum Dahlak-Archipel, aber nur vier sind bewohnt. Unter äthiopischer Herrschaft war der Archipel ein Meerespark und wird noch immer streng überwacht. Einige Inseln bergen noch Tretminen und sollten wenn, dann nur mit einem Führer betreten werden.

Im Jemen, in Dschibuti und der Straße von Bab el-Mandeb, wo Rotes Meer und Indischer Ozean aufeinander treffen, schwankt die Sicht je nach Planktonblüte, aber das Meeresleben ist vielfältig und oft etwas anders als im Norden. Der Meeresboden wird vulkanischer, und das Gebiet bei Bab el-Mandeb ist für seine Strömungen und großen Fische berühmt. Im März und April sieht man Bartenwale, im Juni Walhaie. Bei den Vulkaninseln der Sieben Brüder (Les Sept Frères) kommt eine riesige, der Spanischen Tänzerin ähnliche Nacktschnecke vor, die statt sechs aber nur vier Kiemen hat.

Wetter

Am Roten Meer ist es überwiegend heiß und sonnig, im Winter kann es auf dem Wasser jedoch kalt werden. In Ägypten, Israel und Jordanien reichen die Temperaturen von unter 0 °C in der Wüste im Winter bis 45 °C im Sommer. Südlich von Südägypten sinken die Wintertemperaturen auf dem Wasser nur auf 20 °C und steigen im Sommer auf 47 °C auf dem Meer und 50 °C in der Wüste. In den Bergen kann es kurz und heftig regnen. Im Norden gibt es kaum Regen oder Küstenvegetation. Es regnet zumeist in der Wüste, aber im Sudan, Eritrea und Jemen können die normalerweise trockenen Flussbetten (Wadis) sich im Nu in reißende Ströme verwandeln.

Staub in der Luft sorgt für tiefrote Sonnenuntergänge am Roten Meer. Diese sudanesischen Muschelfischer verrichten auf der Lagune von Schaab Rumi ihr Abendgebet Richtung Mekka (Kasten).

Warum »Rotes Meer«?

Der Name Rotes Meer ist geschichtlich überliefert, wir kennen aber nicht seinen Ursprung. Es gibt mehrere Theorien: das rote Gestein der Berge ringsum; die tiefroten Sonnenuntergänge; massives Blühen der Alge *Trichodesmium erythraeum*, bei deren Absterben das Meer sich rotbraun färbt; und der geschichtliche Name der Hebräer für die Menschen der Handelsrouten südlich von Israel, die zwischen roten Felsen lebten, die Edomiter, nach dem hebräischen Wort für rot.

Als die Griechen die damals bekannte Welt aufzeichneten, wurde das Land der Edomiter das Land der Eritreer, nach *erythros*, dem griechischen Wort für rot. Als die Ägypter sich später nach Süden wandten, hieß ihre südlichste Siedlung Erythraea, heute Eritrea. Die Römer übernahmen die Tradition und benutzten den Namen Mare Rubrum.

Jahreszeitliche Winde beeinflussen das Wetter einiger Regionen und können für ruppige See sorgen. Im Norden bringt der Khamsin zwischen Februar und Mai heiße, trockene Luft aus dem Süden oder Südwesten (der Nordsahara) und häufig Sandstürme. Der Name Khamsin leitet sich vom arabischen Wort für »fünfzig« ab, weil er 50 Tage wehen kann. Im August erfassen die Regenfluten des äthiopischen Hochlands, die den Blauen Nil und den Nil in Ägypten anschwellen lassen, auch den Südsudan und bringen Sandstürme. Die vorherrschenden Nordwinde drehen auf Südost bis West und frischen auf. Sandstürme verringern selbst die Sicht draußen im Meer auf wenige Meter.

Meeresleben

Das Rote Meer ist berühmt für sein Meeresleben. Nördlich von Port Sudan herrscht ein üppiger Bewuchs von Stein- und Weichkorallen, darunter die dunkelroten *Dendronephthya*-Bäumchen-Weichkorallen. Oben im Norden sind die Rifffische so an Taucher gewöhnt, dass sie fast für sie posieren. Die berühmten Haie von Ras Muhammad sind noch da, doch es gibt inzwischen so viele Taucher dort, dass sie tagsüber im tiefen Wasser bleiben. Im Golf von Akaba stößt man häufig auf Walhaie.

Überall im Roten Meer laichen im Frühjahr riesige Fischschwärme, und im Schutz der Riffe kommen die verschiedensten Delfinherden zusammen. Je weiter südlich man kommt, desto häufiger werden die Rifffische, und an den Riffen im offenen Meer wimmelt es von Haien. Im Sudan nördlich von Port Sudan sieht man vermehrt pelagische Arten – Mantas, Speerfische, Seglerfische, Tunfische, Doppelpunkt-Makrelen (*Scomberoides lysan*) und große Gruppen wandernder Grindwale. An küstenfernen Riffen findet man noch mächtige Zackenbarsche. Seeschlangen gibt es nicht, aber bei Sanganeb trifft man auf Schlangenaale, die häufiger werden, je weiter man nach Süden kommt.

Südlich von Suakin kann man in der Ferne blasende Wale sehen. Zum Golf von Aden hin häufen sich die pelagischen Arten, u.a. Spanische Makrelen. Die Steinkorallen sind nichts Besonderes, aber die in der Strömung wogenden Weichkorallen schütteln die Sedimente ab, und das »Jagen mit der Lupe« (siehe S. 197) lohnt sich.

Trotz seiner Verbindung zum Indischen Ozean gibt es im Roten Meer nur eine Anemonenfischart, den Rotmeer-Anemonenfisch. Arten, die nur im oder am Roten Meer vorkommen, sind Arabischer und Halbmond-Kaiserfisch sowie der Masken-Falterfisch.

Umwelt

Die geringen Umweltbeeinträchtigungen im Roten Meer stammen von Wracks, ein paar Erdölfeldern in Nordägypten und vereinzelten Häfen. Die Bautätigkeit bei Scharm el-Scheik und Hurghada hat zu Sedimentation, Abwässern und Ankerschäden an Riffen geführt, aber man nimmt sich dieser Probleme inzwischen an. Der kommerzielle Fischfang ist wegen der Riffe bescheiden, im Süden werden allerdings Haie gejagt, deren in der Sonne getrocknetes Fleisch von den Armen gegessen wurde, lange bevor Haifischflossen zum Exportschlager wurden. Auf jemenitischer Seite bei Bab el-Mandeb und vor dem Jemen und Somalia im Golf von Aden ist es zu vereinzelten bewaffneten Piratenüberfällen gekommen.

Tauchen im Roten Meer

Das Freizeittauchen hat vom Land aus in Israel, Nordägypten, Sudan und dem damaligen Äthiopien begonnen. Der Winter wurde wegen der Temperaturen an Land bevorzugt. Einige nördliche Gebiete sind im Winter Ziele sonnenhungriger Pauschaltouristen. Das Wasser kann im Winter jedoch so kalt sein, dass sich ein Trockentauchanzug empfiehlt, und auf dem Wasser kann ein kalter Wind gehen. Im Sommer ist es an Land heiß, und das Wasser ist angenehmer temperiert. Das Rote Meer, von Hans Hass und Jacques Cousteau berühmt gemacht, kann heute jeder genießen.

*Der Arabische Kaiserfisch (*Pomacanthus maculosus*) kommt nur im Roten Meer, dem Golf von Aden, dem Golf von Oman, dem Arabischen Golf und Ostafrika vor. Die Jungfische sind völlig anders gemustert (oben).*
Bäumchen-Weichkorallen changieren von Magentarot über Rot, Orange und Gelb bis Weiß (unten).

Israel und Jordanien

Jack Jackson

Am Ende des Golfs von Akaba oder Golfs von Eilat, wie die Israelis ihn nennen, sind die israelischen und jordanischen Gewässer geschützt und fast immer ruhig. Bei den Häfen ist die Sicht oft schlecht. Die meisten Tauchgebiete sind vom Ufer erreichbar, das Tauchen vom Boot wird jedoch auch in Jordanien immer beliebter. Beide Länder betreiben gemeinsam Meeresparks, und Tauchschulen in Israel und Jordanien veranstalten Safaris, die Gebiete in beiden Ländern berühren. Das Wetter lässt Tauchen das ganze Jahr zu, das Wasser ist jedoch kälter als vor Südsinai. Im Winter kann es einige Tage stark regnen und sogar schneien.

Der kleine israelische Küstenstreifen am Golf bot als einer der ersten Tauchen im Roten Meer. Er wurde weltweit zum Vorbild mit zahllosen Tauchschulen und einem hohen Unterrichtsstandard. Die Tauchgebiete bieten alles, von seichten Korallengärten über das Strömungs- und Wandtauchen bis zum Wrack- und Nachttauchen. Die Strömung ist gering, in einigen Gebieten gibt es Seegras. Vor allem sind die Fische sehr zutraulich, was die Fotografen freut. Dolphin Reef ist fraglos die Tauch- und Schnorchelattraktion.

Die Riffe an der 7 km langen Küste von Eilat gehören mit etwa 250 000 Tauchgängen jährlich weltweit zu den Tauchhochburgen. Nach ersten Abnutzungserscheinungen hat man strenge Vorschriften erlassen, die festlegen, wie nah Taucher den Korallen kommen dürfen.

Jordanien besitzt zwischen Israel und Saudi-Arabien 27 km Küste, die aber deutlich weniger frequentiert werden als in Israel. Beim Hafen im Norden gibt es einige Umweltschäden, doch südlich davon sind die Riffe in gutem Zustand. Unter den vielen guten

Akaba, Hauptstützpunkt für Tauchen in Jordanien, liegt nahe der alten Stadt Petra, der »rosenroten Stadt, die halb so alt wie die Zeit ist«, und dem Wadi Rum (oben links).

Beim Aquarium von Eilat führt ein Steg zum berühmten Unterwasserobservatorium im Golf von Akaba (Eilat). Im gelben U-Boot erleben Besucher die Unterwasserwelt (oben rechts).

*Große Tümmler (*Tursiops truncatus*) unter den Delfinen suchen am ehesten die Nähe zu Tauchern, Schnorchlern und Schwimmern. Männliche Einzelgänger können aggressiv werden.*

Tauchgebieten sind die zwei künstlichen Riffe *Cedar Pride* und der Russische Panzer sehr beliebt.
Akaba hat nicht so viele Tauchschulen, die sich zudem bei vielen Tauchgebieten nicht auf die Namen einigen können. Sie verwenden unterschiedliche Namen, sodass einige Gebiete zwei oder mehr Namen haben.

Israel

1 Dolphin Reef

Dolphin Reef, 10 000 m² groß und durchschnittlich 12 m tief, ist ganz von ausgebojeten Netzen umgeben. Es liegt 1 km südlich von Eilat und beherbergt eine Gruppe Großer Tümmler (*Tursiops truncatus*). Die Delfine springen oft über das Netz in die Freiheit, nur um später mit frischen Narben von Schiffsschrauben zurückzukommen. Dolphin Reef bietet ein Holzwrack und Rifffische, darunter Kobias und große, eingewöhnte, von Fischern gerettete Stechrochen. Regelmäßig springen Seelöwen eines benachbarten Schutzgebietes über das Netz, um mitzuspielen.

Ein Mitarbeiter muss die Besucher begleiten. Schnorchler gelangen über das Netz in das Schutzgebiet, Taucher durch einen Schiebevorhang am Grund auf der Uferseite. Die Delfine hören, wenn der Vorhang geöffnet wird, und kommen sofort mit Pfeif- und Klicklauten angeprescht. Nach einer kurzen Inspektion der Neuankömmlinge und Anbetteln der Begleiter drehen sie wieder ab und machen gelegentlich Jagd auf im Sand versteckte Rifffische. Beim ersten Tauchgang des Tages, nach einer Nacht ohne menschlichen Kontakt, sind die Delfine meistens neugieriger als gegen Tagesende.

2 *Sufa* (Sturm)

Das geflutete israelische FK-Boot *Sufa* liegt 2 km südlich von Dolphin Reef, 300 m nördlich des Tauchzentrums Aqua-Sport. Es liegt aufrecht in 30 m Tiefe, die Mastspitzen ragen bis 15 m unter die Oberfläche. Gefährliche Bereiche sind versperrt. Brücke, Raketenwerfer und Maschine sind zugänglich; allmählich überwuchern vor allem Weichkorallen das Wrack.

3 *Yatush* (Mosquito)

Direkt vor dem Tauchzentrum Aqua-Sport, 400 m südlich des Wracks der *Sufa*, liegt das Wrack des kleinen Kanonenboots *Yatush*. Es lehnt schräg an einem Dropoff, das Heck in 33 m Tiefe, der Bug in 25 m. Auf dem Alurumpf können sich Korallen nicht so gut ansiedeln, aber Fische gibt es reichlich, auch ziemlich große Zackenbarsche.

4 Coral Beach

Coral Beach, 200 m südlich des Wracks der *Yatush*, fällt leicht bis 10 m und dann steiler auf 40 m ab. Der Zugang liegt am Nordrand des Zauns um das Naturschutzgebiet. Der sandige Boden weist einzelne Korallenblöcke und reichen Fischbestand auf.

5 Moses Rock

Moses Rock, direkt südlich von Coral Beach und auch im Naturschutzgebiet, ist eines der bekanntesten Gebiete von Eilat. Der große, bei Fotografen beliebte Korallenblock in 9 m Tiefe am Dropoff bietet das reiche Riffleben Eilats im Kleinen. Hier finden Taucher fast alles, auch verschiedene Muränen. Der sanfte Hang zum Block eignet sich gut zum Schnorcheln, weiter draußen wachsen zahlreiche Schwämme und Seeanemonen.

6 Japanese Gardens

Japanese Gardens beim Unterwasser-Observatorium südlich von Coral Beach gilt als eines der besten Tauchgebiete von Eilat und ist nur mit dem Boot zu erreichen. Das Riff fällt leicht auf 10–15 m ab, es folgt ein steilerer Dropoff auf über 40 m mit *Acropora*-Tischkorallen, Weichkorallen und reichem Fischleben, das von den Naturschutzbestimmungen profitiert. Die Zahl der Taucher ist jeweils begrenzt, und sie sollten auf das gelbe U-Boot neben dem Observatorium achten. Barrakudas, Stachelmakrelen, Stechrochen und Meeresschildkröten sind häufig, auch Krokodils- und Krötenfische, und über den Steinkorallen schweben Fahnenbarsche.

Jordanien

[7] The Power Station

Direkt südlich von Akaba fällt der Sandhang des Kraftwerks mit den Steinkorallen leicht auf 15 m, dann zu einem schmalen Band in 40 m, woraufhin er in der Tiefe verschwindet, wo sich pelagische Fische tummeln. Vom Ufer aus geht man am Nordende ins Wasser, Bootstaucher können näher am Südende festmachen, wo in 25 m Seeanemonen auf Schwarzen Korallen wachsen. Barrakudas und Napoleon-Lippfische kreuzen vor dem Steilabfall, im Flachwasser sieht man Fahnenbarsche, Kaiser-, Falter- und Papageifische sowie Muränen.

[8] First Bay

Bei First Bay gegenüber dem Tauchzentrum Club Murjan fallen die Riffhänge sanft auf 15 m und dann steiler ab, aber bei 6–8 m ist es am besten. Ein Garten aus Geweih- und Porenkorallen reicht fast bis an die Oberfläche, der Fischreichtum ist beachtlich. Südlich des Korallengartens liegt das Cazar Reef mit Schwarzen Korallen und großen Fischen.

[9] Abdullah Reef und [10] Black Rock

Südlich von First Bay und Cazar Reef, vor dem staatlichen Campingplatz, bieten King Abdullah Reef und Black Rock gutes Tauchen. Die Campingplatzkontrollen am Eingang schrecken viele Taucher ab.

Die Sandhänge des King Abdullah Reef fallen mit ihren Korallenblöcken sanft auf über 30 m ab – man sieht Muränen, Kaiser- und Falterfische, Meerbarben, Drückerfische, Fahnenbarsche, Blaupunkt-Stechrochen und Spiegelfleck-Lippfische (*Coris aygula*). Black Rock am Südrand des Campingplatzes ist ähnlich, bietet aber die Chance auf Meeresschildkröten.

[11] *Cedar Pride*

Gut 2 km südlich vom Containerhafen, 4 km nördlich vom Royal Diving Centre, wurde 1985 der Frachter *Cedar Pride* geflutet. Er liegt jetzt in 25 m mit Backbord auf zwei Vorsprüngen, zwischen denen man unten durchtauchen kann. Das Wrack ist reich mit bunten Weichkorallen bewachsen, das Fischleben vielfältig mit Napoleon-Lippfischen, großen Schnappern, Zackenbarschen und Seepferdchen. Erfahrene Taucher können Teile des Wracks erkunden, das auch ausgezeichnet nachts betaucht werden kann. Südlich der *Cedar Pride* bietet **Hussein Reef** [12] ebenfalls sanfte Hänge mit Korallenblöcken und reichem Fischleben.

Hornkorallen

3 km nördlich vom Royal Diving Centre liegen mehrere Tauchgebiete. **Gorgonian I** [13] ist nach der riesigen Hornkoralle (Gorgonie) in 16 m Tiefe benannt. Bei **Gorgonian II** [14] südlich von Gorgonian I gibt es zwei Hornkorallen in 20 und 30 m Tiefe. Die Seven Sisters westlich von Gorgonian II sind sieben Korallenpfeiler in 8–9 m. Im Süden führt **Oliver's Canyon** [15] zu einem Dropoff in 40 m. Im Flachwasser liegt ein für Taucher versenkter **Russischer Panzer** [16]. Alle Gebiete haben ein reiches Fischleben – Fahnenbarsche, Kaiser- und Papageifische, Muränen, Kröten- und Krokodilsfische, Drachenköpfe, Mondflossen-Zackenbarsche, Steinfische, Schwärme von Kalmaren und viele Wirbellose. Auch Meeresschildkröten sind zu sehen.

Mehrere Tauchgebiete liegen in der Big Bay. **Blue Coral** [17] 2 km nördlich vom Royal Diving Centre ist nach einer bläulichen Filigrankoralle benannt. Das Riff fällt auf über 40 m ab, das Interessanteste liegt jedoch zu-

Ausgewachsene Pilzkorallen sind nicht auf Substrat festgewachsen und deshalb meistens unterhalb der starken Wellentätigkeit zu finden (oben).

*Der Bärtige Drachenkopf (*Scorpaenopsis oxycephalus*) passt seine Färbung dem Untergrund an und lauert so getarnt auf Beute (Mitte).*

*Mantas (*Manta birostris*) kommen im Roten Meer häufig vor. An klaren, sonnigen Tagen fressen sie oft an der Oberfläche, wenn das Plankton nachmittags nach oben steigt (unten).*

meist im Flachwasser mit schönen Stein- und Weichkorallen. **Moon Valley** [18] südlich von Blue Coral ist ein sanft gewellter Hang mit sandigen Senken. Die besten Korallen wachsen im tieferen Wasser. **Long Swim** [19], die Strecke vom Moon Valley zum Royal Diving Centre, ist 700 m lang. Die einzelnen Korallenblöcke und das Fischleben sind in guter Verfassung. Das Riff fällt auf über 30 m ab. Man erlebt Muränen, Papageifische, viele Lippfischarten, Kugel- und Feuerfische, Drachenköpfe, Steinfische und Schwärme von Füsilieren.

[20] The Aquarium

Das Aquarium ist das nördliche Hausriff des Royal Diving Centre. Es fällt auf 37 m ab, hat ein gutes Meeresleben, mit Weichkorallen verzierte Tischkorallen und wimmelt von Fischen. Südlich der Mole bei **The Gardens** [20] gibt es stärkere Strömungen als sonst in jordanischen Gewässern. Auf dem leicht geneigten, bis 25 m abfallenden Sandriff mit Korallenblöcken tummeln sich Seenadeln, Seepferdchen und Schwärme von Rotmeer-Wimpelfischen und Fahnenbarschen. Im tieferen Wasser findet man Schwarze Korallen.

[22] Saudi Border

Das Tauchgebiet Saudi Border, 300 m nördlich der saudi-arabischen Grenze, 4 km südlich vom Royal Diving Centre, ist eines der beliebtesten in Jordanien. Das Riff fällt leicht auf 12 m und dann über eine Kante steil auf über 40 m ab. Die Korallen sind außergewöhnlich. Taucher können mit den häufigen Napoleon-Lippfischen und Meeresschildkröten rechnen. Gelegentlich sind Weißspitzen-Riffhaie zu sehen, im Frühjahr Mantas. Der Dropoff ist fast 850 m lang.

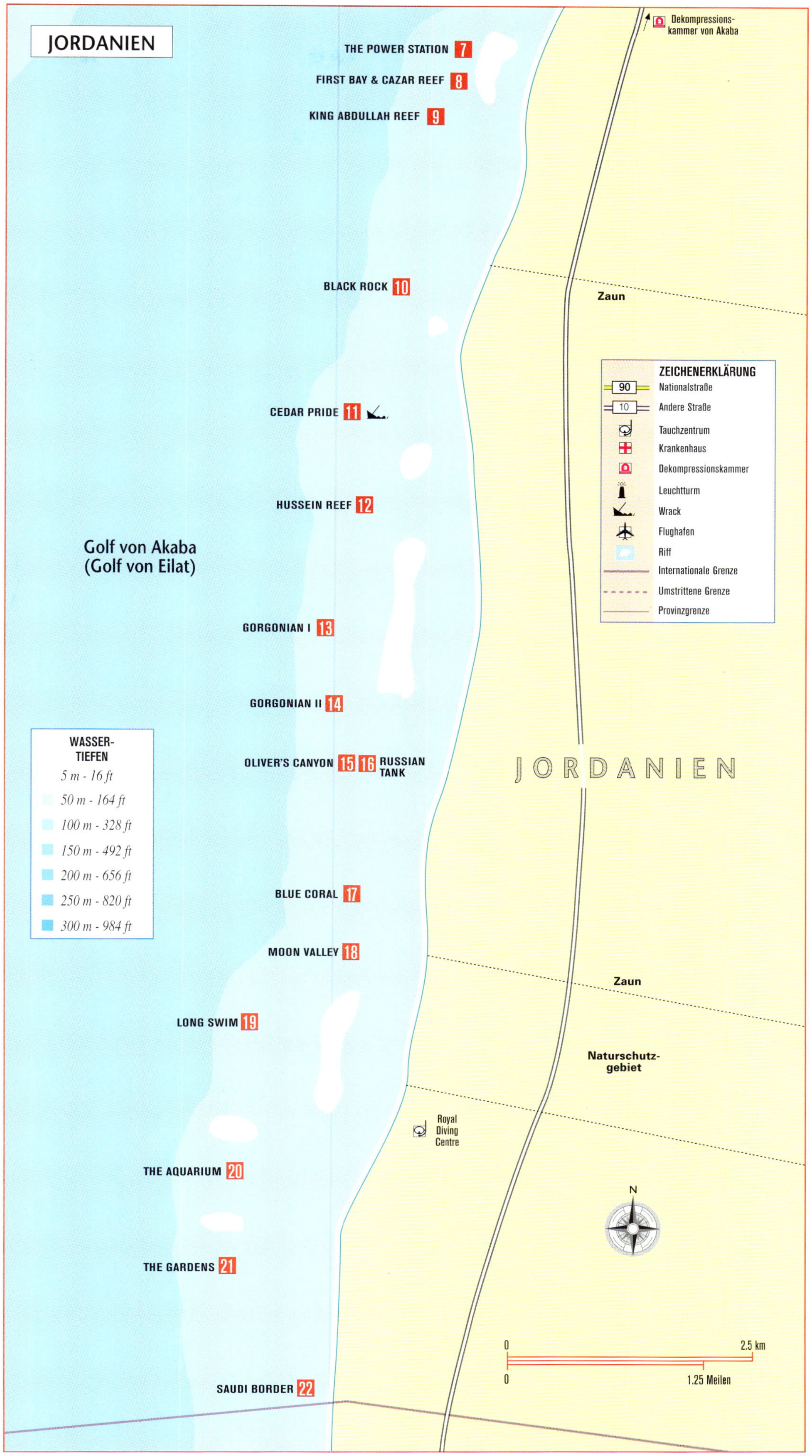

Nordägypten

Jack Jackson

Nordägypten ist mit staatlicher Hilfe zu einem Urlaubsziel für Europäer gemacht worden, die im Winter Sonne haben wollen, gut erreichbare Flughäfen und preiswerte Charterflüge inklusive. Anfangs kauften Reiseveranstalter Flugtickets im Block und verkauften sie an Taucher. Heute sind Taucher eine wichtige Einnahmequelle, und die Konkurrenz in der Region hat die Preise weiter gedrückt. So wurde Nordägypten zum weltweit billigsten und gefragtesten Tauchziel für Pauschaltouristen. Während die Temperaturen an Land im Winter angenehmer sind, sagen den Tauchern an Riffen im offenen Meer die klimatischen Verhältnisse im Sommer mehr zu.

Das Gebiet umfasst den Golf von Akaba, der durch die Straße von Tiran mit dem Roten Meer verbunden ist, sowie die Küsten, Inseln und Riffe beiderseits der Straße von Gubal im Golf von Sues. Es ist Teil der großen geologischen Verwerfung der ostafrikanischen Grabenzone. Afrika und Arabien begannen vor etwa 55 Millionen Jahren auseinander zu driften; der Golf von Sues, 24–36 km breit und flach, öffnete sich vor etwa 30 Millionen Jahren. Der Golf von Akaba, nur 24 km breit und 1676 m tief, ist dagegen nur drei bis vier Millionen Jahre alt und weitet sich pro Jahr noch immer um rund 15 mm aus.

Der Golf von Akaba liegt in einem ausgeprägten Spalt zwischen 600 m steil aufragenden Bergen. Die Navigation ist schwierig am schmalen Eingang zur Straße von Tiran, wo vier Riffe – Jackson, Woodhouse, Thomas und Gordon – zwischen der Ostküste der Halbinsel Sinai und der Insel Tiran aufsteigen und starke Strömungen entstehen. Hier kommt es auch oft zu plötzlichen Böen.

Der Golf von Sues, seit 1869 durch den Sueskanal mit dem Mittelmeer verbunden, ist eine der wichtigsten Schifffahrtsstraßen der Welt. Am Südeingang zum Sueskanal sind immer wieder Schiffe gesunken, die meisten Schiffs- und Flugzeugwracks stammen jedoch aus dem Zweiten Weltkrieg, als deutsche Flugzeuge dort auf Durchfahrt wartende Schiffe versenkten. Navigationsfehler, schlechtes Wetter und Versicherungsbetrug haben die Zahl der Wracks seitdem erhöht.

Wind und Strömungen im ägyptischen Teil des Golfs von Akaba können stark sein und zu hohen Wellen führen. Aufgrund der Tiefe beeinträchtigt schlechtes Wetter die durchwegs gute Sicht jedoch kaum. Die Landmasse der Halbinsel Sinai schützt die Tauchgebiete an der Küste von Südsinai und nördlich der Straße von Gubal. Der Wind bläst meistens aus Nord, starke Strömungen gehen in beide Richtungen, doch an einer Seite der Halbinsel herrschen meistens annehmbare Tauchbedingungen. Aber der Golf von Sues ist flach und sandig, sodass die Sicht bei schlechtem Wetter stark abnehmen kann. Die Straße von Gubal und die Gebiete südlich und westlich davon sind den vorherrschenden Winden voll ausgesetzt.

Das Wasser kann im Winter kalt sein, und einige Taucher ziehen daher einen Trockentauchanzug vor. Wegen der vielen Erdölfelder ist das Sporttauchen im Golf von Sues eingeschränkt.

Im nördlichen ägyptischen Teil des Golfs von Akaba wird Tauchen inzwischen im gehobeneren Stil betrieben, ohne den Massenauftrieb im Süden. Die Gebiete von der israelischen Grenze bis Nuweiba und Dahab gelten als Küstentauchgänge; für den Zugang zu einigen braucht man Geländewagen, manchmal auch Kamele, Letztere allerdings eher aus folkloristischen Gründen. Küstentauchen ist teilweise deshalb nötig, weil Boote bei den vorherrschenden Nordwinden an der Nord-Süd-Küste schlecht ankern können. Das Gelände ist eine Mischung aus Sandhängen, Steilabfällen und Korallengärten mit Riff-

Die nackte, felsige Küste von Ras Muhammad steht in krassem Gegensatz zur farbenprächtigen Welt unter Wasser. Die Haie hier haben sich an Taucher gewöhnt und bleiben in der Tiefe (oben links).
Bluff Point auf Schaab 'Ali hat ein solarbetriebenes Blinkfeuer. Kreuzfahrtschiffe wie die S/Y Poolster können im Wind an der Spitze liegen (oben rechts).

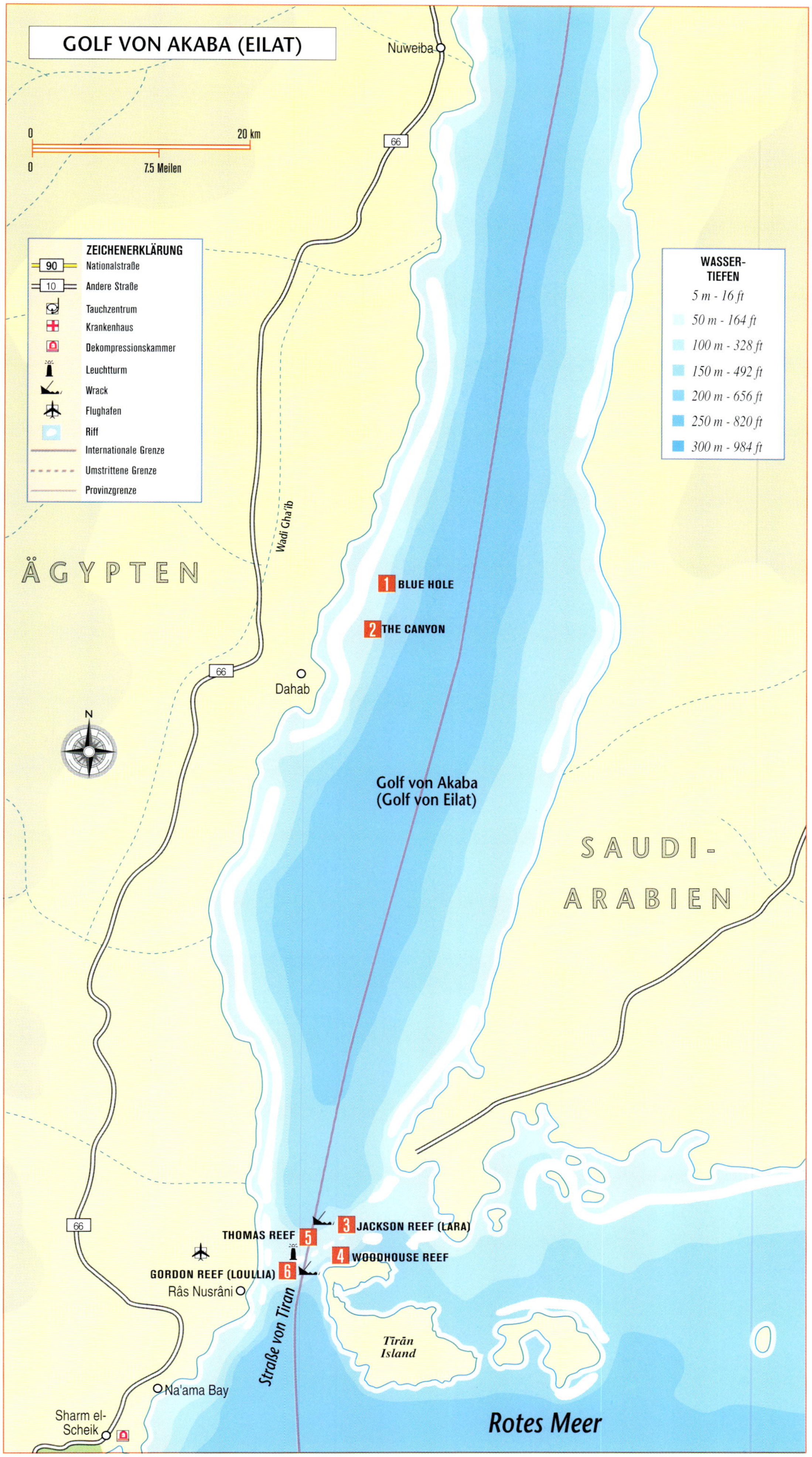

fischen aller Art. Pelagische Arten gibt es an der Küste kaum, aber gelegentlich sind im offenen Meer bis nach Jordanien hinauf Walhaie zu sehen.

Nuweiba ist inzwischen ein quirliger Hafen mit erstklassigen Hotels am Strand. Dahab weiter südlich hat noch ein unkonventionelleres Flair, das Einzelreisende anzieht, aber auch hier gibt es sehr gute Hotels und Pauschalangebote für Taucher.

An der Südspitze der Halbinsel Sinai wurde die Küste von Ras Nusrani über Na'ama Bay (Merset et 'At) bis zum einst verträumten Hafenort Scharm el-Scheik modernisiert. Unter der Bautätigkeit haben einige der nahen Korallen gelitten, einige leichtere, gut zugängliche Tauchgebiete auch unter dem Ansturm der Tauchanfänger. Aber die besseren von hier erreichbaren Gebiete sind generell sehr gut. Küstentauchen war sehr beliebt, aber inzwischen gibt es jeden Morgen zahllose Tagesfahrten zu den nahen Gebieten, während die Kreuzfahrtschiffe fernere Ziele anlaufen. Das Tauchen bei den Riffen in der Straße von Tiran

Die Riffe in der Straße von Tiran sind dank starker Strömungen sehr gesund. Stein- und Weichkorallen locken Riff- und pelagische Fische wie diese Fahnenbarsche an.

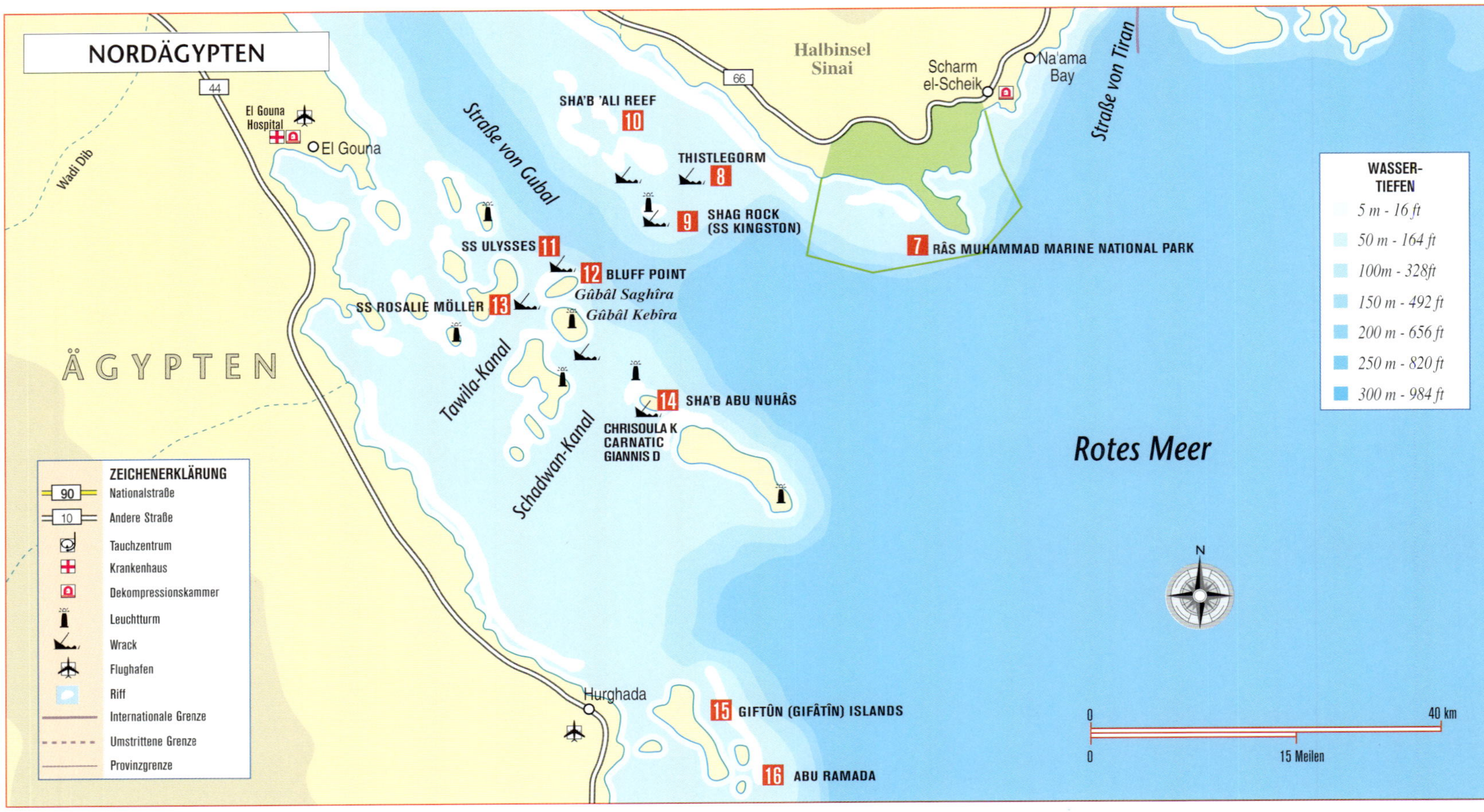

und beim Ras Muhammad Nationalpark ist ganzjährig gut, bietet im Frühjahr und -sommer reichlich pelagische Fische und außergewöhnliche Erlebnisse, wenn die Riesenschwärme laichen. Die in den 1970er-Jahren attraktiven Haie sind noch da, interessieren sich aber nicht mehr für die inzwischen vertrauten Taucher. Weißspitzen-Riffhaie sind häufig, und wer frühmorgens in Gebieten mit starker Strömung tiefer taucht, sieht oft Graue Riff- und Hammerhaie. An den küstennahen Riffen westlich von Ras Muhammad werden regelmäßig Leopardenhaie gesichtet.

Bei gutem Wetter fahren die Boote von Na'ama Bay und Scharm el-Scheik bis zu den außergewöhnlichen Riffen und Wracks von Shag Rock und Schaab Ali im Nordwesten. Kreuzfahrtschiffe überqueren die Straße von Gubal und treffen auf die von El Gouna und Hurghada, die auf den Kanälen von Tawila und Schadwan und zu den vielen Wracks bei Schaab Abu Nuhas fahren.

An der ägyptischen Hauptküste hat Hurghada alle Bausünden erlebt, die in einem Urlaubsort möglich sind. In El Gouna 20 km nördlich ist man behutsamer vorgegangen. Die meisten Tauchgebiete liegen mehr als 30 Minuten von der Küste entfernt, aber das Gebiet wird stark frequentiert. 1992 gründeten einheimische Veranstalter die Hurghada Environmental Protection and Conservation Agency (HEPCA). Mit Geld der USAID, des Umweltministeriums und Gouvernements für das Rote Meer hat HEPCA in allen Tauchgebieten Muringbojen angebracht, um die Ankerschäden einzudämmen.

Da die Gebiete südlich und westlich der Straße von Gubal den vorherrschenden Nordwinden ausgesetzt sind, kann eine Tagesfahrt mit kleineren Booten rau werden. Die Veranstalter entscheiden morgens je nach Wetter, wohin sie fahren.

Nordsinai – Dahab

Das bekannteste Gebiet bei Dahab ist **Blue Hole** 1 8 km nördlich. Das abfallende Riff hat gute Steinkorallen und Fischvielfalt, aber im senkrechten Schacht des Blue Hole tauchen immer wieder Taucher zu tief und kommen in Bedrängnis. Am besten taucht man im **Canyon** 2 direkt nördlich der Stadt, wo sich Schwärme von Glasbarschen im schmalen Spalt tummeln, der von 20 m auf 30 m abfällt.

Südsinai

Die Riffe Jackson, Woodhouse, Thomas und Gordon, die die Straße von Tiran nordöstlich von Ras Nusrani teilen und in das strömungsreiche Wasser aufragen, bieten hervorragendes Tauchen und einige Wracks im Westen. Am besten taucht man wahrscheinlich beim **Jackson Reef** 3 mit dem Wrack der gestrandeten *Lara*. Es ist Strömungstauchen vor grandiosen Wänden mit vielfältigstem Meeresleben. **Woodhouse** 4 bietet keinen Schutz und ist nur bei gutem Wetter zu betauchen. **Thomas Reef** 5 ist spektakulär, **Gordon** 6 bietet das gestrandete Wrack der *Loullia* und ein geschütztes Plateau zwischen 10 m und 24 m am Südende.

Im **Râs Muhammad Marine National Park** 7 und der Straße von Gubal liegen einige Wracks. West-südwestlich der ***Thistlegorm*** 8 liegt bei **Shag Rock** 9 am Südende

*Rotmeer-Anemonenfische (*Amphiprion bicinctus*) und Dreifleck-Preußenfische (*Dascyllus trimaculatus*) teilen sich oft große Seeanemonen.*

Das Bootswrack bei der Bluff Point wird wegen seiner sicheren Ankerplätze regelmäßig von Kreuzfahrtschiffen aus betaucht, auch nachts.

von **Schaab Ali** 10 ein gestrandetes Fischerboot, westlich die *SS Kingston*. Im Nordosten liegt in 27 m Tiefe ein Dornier-Bomber aus dem Zweiten Weltkrieg.

Gubal-Inseln

Bei den beiden Gubal-Inseln und Schaab Gubal gegenüber der Straße von Gubal liegen mindestens fünf Wracks. **Bluff Point** 12, die Nordostspitze von Gubal Saghira, hat einen Liegeplatz für Kreuzfahrtschiffe und Wrackreste in 12 m Tiefe, die auch nachts betaucht werden können. Nordöstlich von Schaab Gubal liegt in 28 m das Heck der ***SS Ulysses*** 11. Westlich von Gubal Kebira im Tawila-Kanal ruht aufrecht auf dem Sand das Wrack der ***SS Rosalie Möller*** 13, der Bug in 39 m, das Ruder in 45 m. Wegen der starken Strömung, schlechten Sicht und Tiefe sollte sie nur bei gutem Wetter betaucht werden.

14 Schaab Abu Nuhãs

Nördlich der Shaker-Insel, dicht bei der Hauptschifffahrtsroute, lockt das tückische Riff Schaab Abu Nuhãs mit den meisten Wracks des Roten Meers an einem Riff.

Es sind mindestens sieben Wracks, zum Teil heillos ineinander verkeilt, sodass sie kaum auseinander zu halten sind. Einige gehen wahrscheinlich auf Versicherungsbetrug zurück, weil die aufgeführte Ladung fehlt. An der Nordwestseite liegt die *Giannis D* nahe der Westecke, die *Carnatic* in der Mitte und an der Ostecke die *Chrisoula K* neben dem älteren Wrack der *Olden*. Die *Carnatic* weist im Gegensatz zu den anderen Wracks dieses Gebiets einen mehr als hundertjährigen Korallenbewuchs auf.

El Gounda und Hurghada

Die meisten Tauchgebiete bei El Gouna und Hurghada werden mit Booten angefahren, allen voran die nahen Riffe der **Giftûn-(Gifâtîn) Inseln** 15 und **Abu Ramada** 16. Alle sind inzwischen Meeresparks. Kreuzfahrtschiffe fahren von hier zu den Riffen und Inseln südlich der Straße von Gubal und den Inseln des Meeresparks – The Brothers, Daedalus, Geziret Zabargad und Rocky Islet.

Südägypten

Jack Jackson

Das Rote Meer vor Südägypten vereint großartige Korallenriffe, warmes Wasser und beste Sicht, an den Riffen im offenen Meer kann jedoch starke Strömung herrschen. Die Korallen sind kaum ausgebleicht. Die küstennahen und Saumriffe südlich von Port Safaga haben nicht so unter Bautätigkeit und Taucherandrang gelitten wie weiter nördlich. Die Tauchqualität ist so gut wie Anfang der 1970er-Jahre bei Scharm el-Scheik – gesunde Korallen, große Fische und Schwärme pelagischer sowie farbenprächtiger Rifffische. Oft schwimmen Walhaie vorbei, Haie und Delfine sind recht häufig, vor allem bei den Riffen im offenen Meer. Überall sieht man Meeresschildkröten, die sogar an stillen Stränden nisten, wie bei Geziret Zabargad.

Die Saumriffe sind meist Korallenriffe mit Sandhängen. Wo Korallenpfeiler aufragen, sind Seegraswiesen möglich, eventuell auch Dugongs. Die Riffe im offenen Meer, deren Steilwände vom Grund aufragen, verwirbeln

Das obere Daedalus Reef vom Leuchtturm aus gesehen, mit Blick auf den Steg, über den Nachschub angeliefert wird, und auf ein im Wind liegendes Boot (oben links).
Der von Briten erbaute Leuchtturm von Daedalus Reef; auf dem Steg die Schienen für den Transport mit der Lore. Der Steg muss dringend ausgebessert werden (oben rechts).

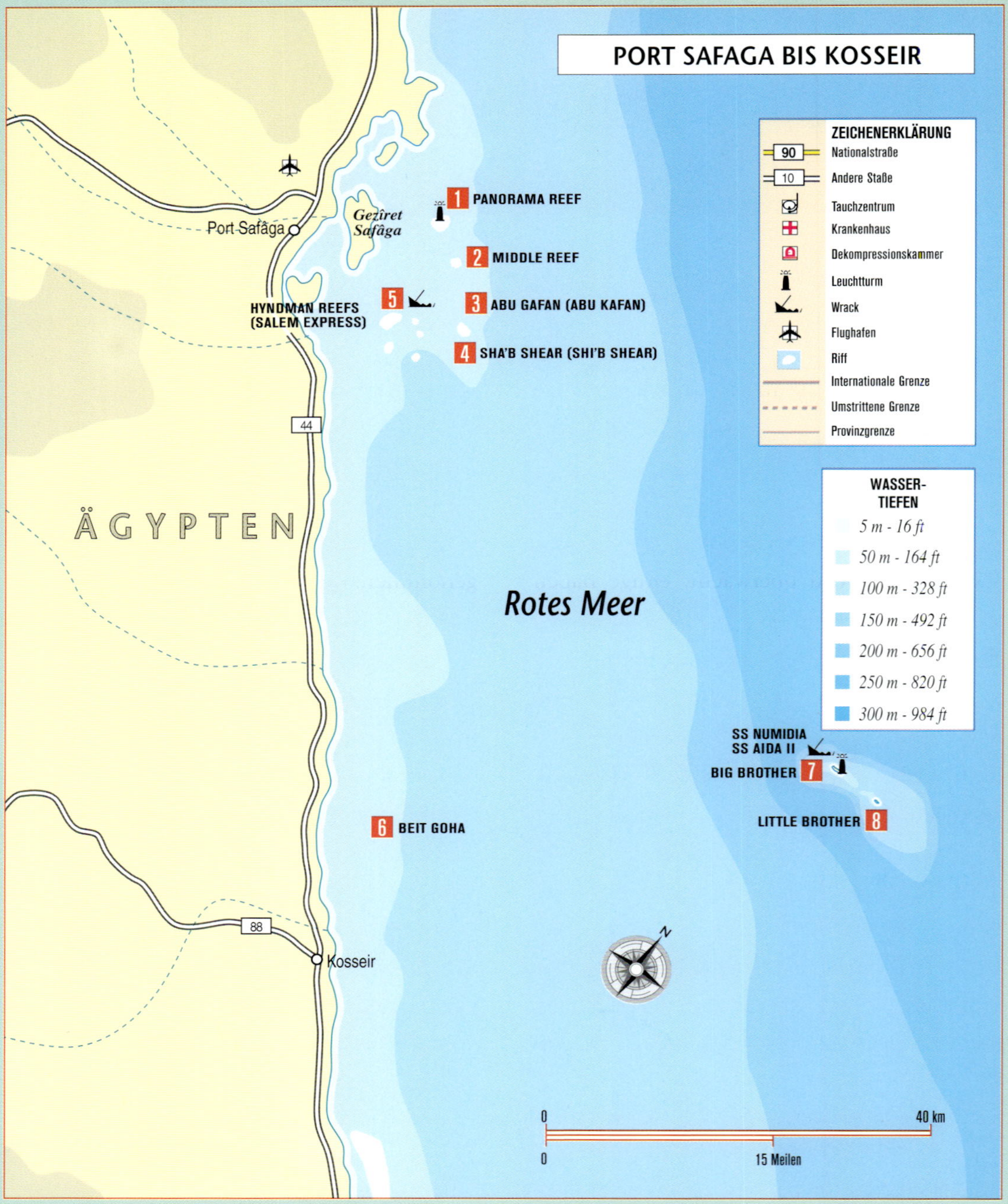

die starken Strömungen, was nährstoffreichen Auftrieb und ein üppiges Meeresleben erzeugt und auch pelagische Arten anlockt.

Vor Port Safaga sind die Riffe seewärts von Geziret Safage (Insel Safaga) dem vorherrschenden Wind ausgesetzt; Tagesboote fahren daher nur bei gutem Wetter, Kreuzfahrtschiffe dagegen regelmäßig. Bei starkem Wind finden kleinere Boote bei den Saumriffen Schutz. Das Gebiet kann im Winter kalt sein.

Bis vor kurzem war das Gebiet südlich von Kosseir nur per Kreuzfahrtschiff oder von ein paar Camps bei Marsa 'Alam zu erreichen. Jetzt gibt es an der neuen Straße nach Marsa Wadi Lahami genügend Hotels, glücklicherweise aufgelockert, und nördlich von Marsa 'Alam einen Flugplatz. Es gibt fast 100 km betauchbare Saumriffe. Bei gutem Wetter unternehmen Veranstalter im Norden Tagesfahrten zu den Haien am Elphinstone Reef, die im Süden zur Fury Shoal.

Im offenen Meer liegen die Riffe der Brothers-Inseln Daedalus, Geziret Zabargad, Rocky Islet und Saint John's. Diese nur mit Kreuzfahrtschiffen erreichbaren Ziele, zumeist Meeresparks, bieten das beste Tauchen in Ägypten. Fahrten finden nur im Sommer statt, fallen aber aus Witterungsgründen manchmal aus. Es gibt strenge Kontrollen bei Kreuzfahrtschiffen und Vorschriften für das Tauchpersonal. Die Zahl der Schiffe mit Zugangsgenehmigung für The Brothers wird überwacht; einige haben schon abdrehen müssen, weil alle festen Liegeplätze besetzt waren.

Vor den Hyndman-Riffen, Abu Galawa, der Insel Big Brother und Gezîret Zabargad sind gut zu betauchende Wracks entdeckt worden, und ständig kommen neue hinzu. Die meisten Veranstalter bieten Nitrox- oder technisches Sporttauchen an.

1 Panorama Reef

Panorama Reef, ost-nordöstlich von Port Safaga, 8 km östlich von Geziret Safaga (Insel Safaga), ist ein großes rundes Riff, dessen Wände über 200 m abfallen. Es ist den besten Gebieten bei Ras Muhammad ebenbürtig. Das Riff bietet mehrere Grotten und Überhänge, Steinkorallen, Bäumchen-Weichkorallen, Schwarze Korallen, Haie, Meeresschildkröten, Delfine und ägyptische Rifffische (die Fische in Ägypten, Sudan, Jemen und Dschibuti unterscheiden sich etwas voneinander). An der Ostseite gibt es Hornkorallen und ein riesiges Seeanemonengebiet mit Anemonenfischen.

2 Middle Reef

Am Middle Reef ost-südöstlich von Port Safaga kann man ebenfalls herrlich tauchen. Das Nordende fällt auf 30 m und stürzt dann als Wand in die Tiefe. Die Ostseite weist ein paar Ankerschäden auf, dafür aber, wie die Westseite, Geweih-, Poren- und Salatkorallen, während die Westseite mit Grotten, Tunnels und Schächten aufwartet. An Fischen gibt es u.a. Haie, Stachelmakrelen, Zackenbarsche, Napoleon-Lippfische und Süßlippen.

3 Abu Gafan (Abu Kafan)

Südlich vom Middle Reef, ost-südöstlich von Port Safaga, liegt Abu Gafan, das vielleicht beste Tauchgebiet vor Safaga. Das schmale, 300 m lange Riff mit über 100 m hohen Wänden und Plateaus am Nord- und Südende bietet großartige Stein- und Weichkorallen, Meeresschildkröten und Rifffische. Man geht an der Seite mit Strömung ins Wasser, schwimmt um das Riff und wird auf der Leeseite vom Boot aufgenommen. Auf die Delfine und Hammerhaie im offenen Meer achten.

4 Schaab Schear

Schaab Schear östlich der Hyndman Reefs, südöstlich von Port Safaga, ist ein längliches Riff mit einer seichten Lagune im Süden und Korallengärten am Ost- und Westende. Überall sind Geweih-, Poren-, Feuer-, Horn- und Bäumchen-Weichkorallen. Meeresschildkröten, Stachelmakrelen, Zackenbarsche, Tunfische, Füsiliere, Krötenfische, Schnapper, Papagei-, Drücker-, Kaninchen-, Doktor-, Kaiser-, Soldaten- und Husarenfische, Großaugenbarsche, Falterfische und Blaupunkt-Stechrochen sind gut vertreten.

Das S auf einem der Schornsteine der Salem Express*, die mit vielen Menschen bei den Hyndman Reefs sank. Das Schiff war auf dem Weg von Dschidda nach Port Safaga, als es kurz vor dem Ziel auf das Riff lief (oben).*

Der nur im Roten Meer vorkommende Polypen-Falterfisch (Chaetodon austriacus)*, der 13 cm groß werden kann, hat, wie einige andere, in einer Maske verborgene Augen und Streifen, was die Fressfeinde verwirren soll (unten).*

Das Wrack des Schleppers Tienstin *auf Schaab Abu Galawa weist bereits erstaunlichen Steinkorallenbewuchs auf. Teile des Wracks sind auch Schnorchlern zugänglich.*

5 Hyndman Reefs

Die Hyndman Reefs haben mehrere Gebiete. Direkt südlich des größten liegt das Wrack der *Salem Express*. Die 115 m große Fähre lief 1991 auf ein Riff, sank schnell und riss viele Menschen in den Tod. Sie liegt in 30 m Tiefe auf Steuerbord, die Backbordseite in 12 m. Das Schiffsinnere ist versiegelt, aber überall sind persönliche Sachen verstreut. Morgens ist das Licht besser.

6 Beit Goha

Beit Goha ist eines der vielen guten Küstentauchgebiete der Region mit schönem Korallengarten in 10 m Tiefe, der an der meerwärtigen Seite auf 30 m abfällt.

The Brothers (El Akhawein)

The Brothers, 52 km ost-nordöstlich von Kosseir, sind zwei aus der Tiefe aufsteigende Inseln. Auf **Big Brother** 7, nur etwa 400 m lang, steht an der Südwestseite ein Leuchtturm, **Little Brother** 8 1 km südöstlich ist aber noch viel kleiner. Da die Inseln zum Meerespark gehören, dürfen nur die festen Liegeplätze benutzt werden. Big Brother bietet an der Südseite großartiges Wandtauchen; in der starken Strömung gedeihen herrliche Weichkorallen und sind große pelagische Fische zu sehen. An der Nordspitze liegen außerdem zwei Wracks: die 173 m lange *SS Numidia*, die 1901 sank, ganz im Norden, das obere Ende in 9 m, das Heck in 80 m. Nur 100 m südlich liegt die 75 m lange *SS Aida II*, die 1957 sank. Der Bugbereich ist nicht mehr zu erkennen, das Heck liegt zwischen 30 m und 65 m, der Rest über das Riff verstreut. Die Wracks sind dank der starken Strömung mit herrlichen Weichkorallen überwachsen, bei Little Brother sieht man einige der farbenprächtigsten Bäumchen-Weichkorallen im Roten Meer. Die Inseln locken u.a. Bogenstirn-Hammerhaie, Silberspitzenhaie und Weißspitzen-Hochseehaie an.

9 Elphinstone Reef (Schaab Abu Hamra)

Elphinstone Reef ist ein gestrecktes Riff 9 km vor der Küste unterhalb von Marsa Abu Dabbâb, wo es von Haien wimmelt. Auf dem Plateau in 20–25 m an der Südspitze trifft man auf Bogenstirn-Hammerhaie und Weißspitzen-Hochseehaie. In für Sporttaucher unzugänglichen Tiefen hat sich um ein rechteckiges Riffteil eine Legende gebildet – es soll ein Sarkophag sein, das Grabmahl des Pharaos.

10 Daedalus Reef (Abu El Kîzân)

Daedalus Reef steigt 160 km süd-südöstlich von The Brothers, 83 km vor Marsa 'Alam aus der Tiefe auf. Das Riff mit Leuchtturm ist berühmt für seine Haie, besonders Fuchshaie. An der Nordseite findet sich die beste Auswahl der Region an pelagischen Fischen und mehr farbenprächtige Rifffische als bei The Brothers. Einzigartig hier sind die neugierigen Flötenfische und eine Höhle in 18 m an der Südwestecke mit aggressiven Feuerfischen.

Beiderseits von Marsa 'Alam erstrecken sich 100 km Saumriffe mit Korallen und Korallenpfeilern, die zum Sand in 30–40 m abfallen. Zwei solcher Riffe liegen vor dem Kahramana Resort Hotel beim Blondie Beach nördlich von Marsa 'Alam und bei Schaab Marsa 'Alam selbst.

11 Schaab Scharm

Vor El Scharm, 16 km nördlich von Gezirat Wadi Gimal, ist Schaab Scharm eines der vielen guten küstennahen Gebiete der Gegend. Am beliebtesten ist der hufeisenförmige, steil abfallende submarine Tafelberg am Südende, wo ein Hang sanft von 15 m auf 30 m abfällt und dann in die Tiefe stürzt. Es sind starke Strömungen möglich.

12 Fury Shoal

Fury Shoal sind ausgedehnte Riffe 17 km nord-nordwestlich von Ras Banas. Das größte Riff wird oft Dolphin Reef genannt. Meistens kann man dort überall gut unter Schwärmen von Rifffischen, einzelnen Weißspitzenhaien und riesigen Seeanemonen tauchen. Der äußere Riffrand ist bekannt für Delfine und größere Haie. Bei Abu Galawa, einem Teil von Fury Shoal, liegt auf der Südseite des Riffs an dessen Westende das Wrack der *Tienstin*. Der Bug des auf Steuerbord liegenden Wracks ragt aus dem Wasser, das Heck ruht in 16 m Tiefe. In den Laderäumen tummeln sich Schwärme von

Glasbarschen. Die Schraube ist noch am Platz, der Rumpf weist üppigen Bewuchs von Stein- und Weichkorallen auf, darunter auch einige große Porenkorallen.

13 Gezîret Zabargad

Die größere Insel von Gezîret Zabargad mit ihrem 234 m hohen Berg, 46 km südöstlich von Ras Banas, wurde früher Topazos genannt, heute Saint John. Auf der nicht mehr bewohnten Insel wurde 3500 Jahre Olivin abgebaut. Kreuzfahrtschiffe mit Ziel Rocky Islet legen oft nachts dort an. Die Insel ist ein Schiffsfriedhof, auf dem das schweizerische Tauchkreuzfahrtschiff *Neptuna,* das 1981 sank, ein unbekannter russischer Frachter an der Westseite der südlichen Bucht, und die *Maidan*, ein britischer Dampfer, der 1923 sank, liegen.

14 Rocky Islet

Rocky Islet, ein nackter, steiler Felsen, der 6 km südöstlich von Gezîret Zabargad aus der Tiefe kommt, ist für Haie und große pelagische Fische berühmt. Die Nordseite ist dem vorherrschenden Wind voll ausgesetzt; die Taucher gehen daher hier ins Wasser, schwimmen die Ostseite hinunter in ruhigeres Wasser im Süden, wo sie wieder aufgenommen werden. Der schmale Sandschelf um die Insel ist am Ostende am breitesten; dort kann man an der Südostecke in 25 m Tiefe Haie und andere pelagische Fische beobachten.

15 Saint John's Reef

Saint John's Reef nördlich der sudanesischen Grenze, 26 km südwestlich von Rocky Islet, nimmt eine große Fläche mit Korallenblöcken ein, die getrennte Tauchgebiete bilden. Einige haben 8 m seichte Plateaus, andere fallen auf über 70 m ab, mit Stein-, Weich-, Horn- und Peitschenkorallen, Schwärmen von Barrakudas, Tun- und Fledermausfischen, Süßlippen, Schnappern, Stachelmakrelen und den allgegenwärtigen Haien.

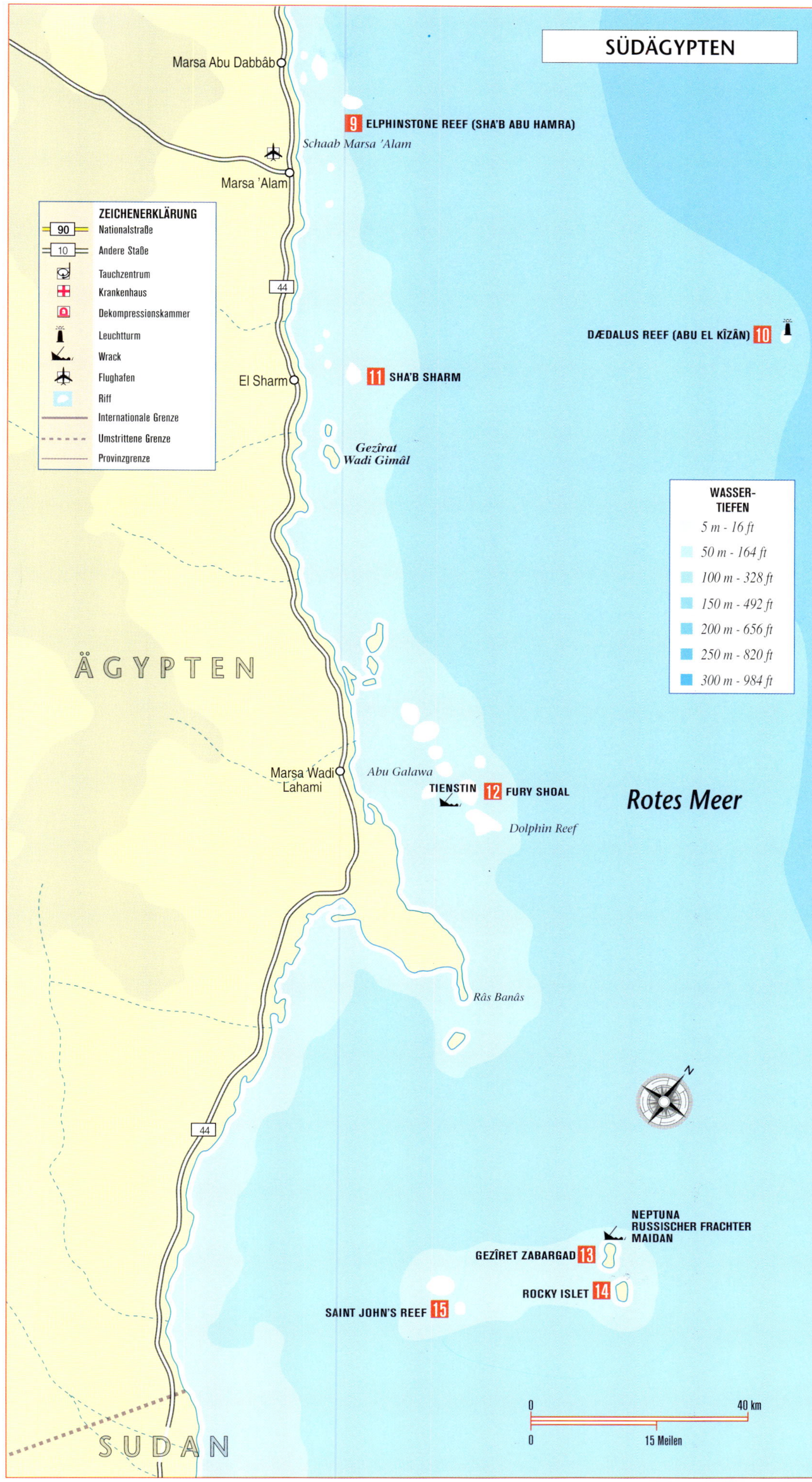

Sudan

Jack Jackson

Das sudanesische Rote Meer bietet eine Fülle gesunder Korallenriffe, die aus der Tiefe aufsteigen. Das Wasser ist warm, die Sicht hervorragend, und es gibt kaum ausgebleichte Korallen. Unzuverlässige Flüge, schlechte Infrastruktur und die politische Lage erschweren gegenwärtig die Anreise. Die Gebiete nördlich von Port Sudan bieten das beste Tauchen und die größte Artenvielfalt im Roten Meer.

Der Sudan hat als eins der ersten Länder das Harpunenfischen verboten, und wegen der vielen flachen Riffe wurde nie in großem Stil kommerziell gefischt, ausgenommen die Garnelenfischerei südlich von Port Sudan. Der Sudan hat die wärmsten und tiefsten Gewässer im Roten Meer – zwischen Port Sudan und Dschidda sind es über 3000 m. Korallenatolle und -pfeiler ragen senkrecht bis unter die Oberfläche auf und ermöglichen fantastisches Wandtauchen inmitten reichstem Meeresleben, gesunder Korallen, guter Sicht und großer Fische wie Büffelkopf-Papageifische, die man nördlich der Grenze Ägypten/Sudan selten sieht.

Vier Tauchgebiete – die Südspitze von Schaab Rumi, die Nord- und Südwestspitze von Sanganeb und das Wrack der *Umbria* – suchen weltweit ihresgleichen, aber der Tauchführer muss wissen, wo man einsteigt. Außerdem sollte man den Tauchgang frühmorgens beginnen. Die Winterwinde können heftig sein. Der an Land heiße Sommer ist auf See angenehm, wenn auch feucht. Den August sollte man meiden, da starke Regenfälle im äthiopischen Hochland Südwinde und *Haboobs* verursachen. Letztere erreichen Stärke 8 und mehr und bringen Sand mit, der die Sicht selbst weit draußen im Meer in Minuten auf wenige Meter veringern kann.

Heute tauchen die meisten Touristen im Sudan vom Kreuzfahrtschiff aus. Die meisten von Port Sudan operierenden Schiffe fahren unter italienischer Flagge. Bevor man einen Tauchurlaub im Sudan bucht, sollte man unbedingt Leute mit einschlägiger Erfahrung fragen, denn die Prospekte einiger Veranstalter enthalten sachliche Fehler. Fehlinformationen und falsche Reiserouten sind ein Indiz dafür, dass die Veranstalter die Gegend nicht kennen.

Südlich von Port Sudan wird das Meer immer flacher und sandiger, was das Tauchen beeinträchtigt. In der Suakin-Gruppe gibt es Hunderte von Tauchgebieten – North Jumna Shoal, Hindi Gider, Schaab 'Anbar, Masamirit und Karam Masamirit.

Nicht ganz so beliebt sind Pfeiffer Reef und Qita el-Banna im Norden und Süden, Protector Reef, Dahrat Ghab und Dahrat 'Abid, wo gestrandete Wracks liegen, und Preserver Reef. Vor dem Zugang zu Port Sudan gibt es Tigerhaie, am Green Reef besonders große. Das Tauchen im Sudan lohnt, die schwierige Anreise in Kauf zu nehmen.

1 Elba Reef

An der ägyptisch-sudanesischen Grenze, 18 km nordöstlich von Marsa Umbeila, liegt am Elba Reef das Wrack der *Levanso*. Der Bereich im Flachwasser ist gut zu betauchen, aber der Drop-off fällt auf über 50 m ab. Viele große Fische und Haie sind zu sehen.

2 Pfeiffer Reef

Pfeiffer Reef, 15 km südöstlich von Marsa Halaka, fällt sanft zu einem Plateau in 40 m ab und stürzt dann in die Tiefe. Wie bei allen tiefen Riffen der Gegend trifft man weiter unten auf Haie. Bei Mescharifa östlich von Muhammad Qol sammeln sich im August Mantas zur Paarung.

3 Abington, 4 Angarosch und 5 Merlo Reefs

Etwa 22 km südöstlich von Ras Abu Schagara herrscht bei den Abington, Angarosch und Merlo Reefs reges Meeresleben, neugierige Haie inbegriffen.

Der kleine Bootssteg, die Innenlagune und das Riffdach von Sanganeb – eines der Lieblingsgebiete von Hans Hass, dem Pionier des Unterwasserfilms (oben links).
Sambuks, traditionelle ägyptische Lastkähne, im Hafen von Port Sudan. Am Hafeneingang gibt es Haie, beim nahen Wingate Reef liegt das Wrack der Umbria *(oben rechts).*

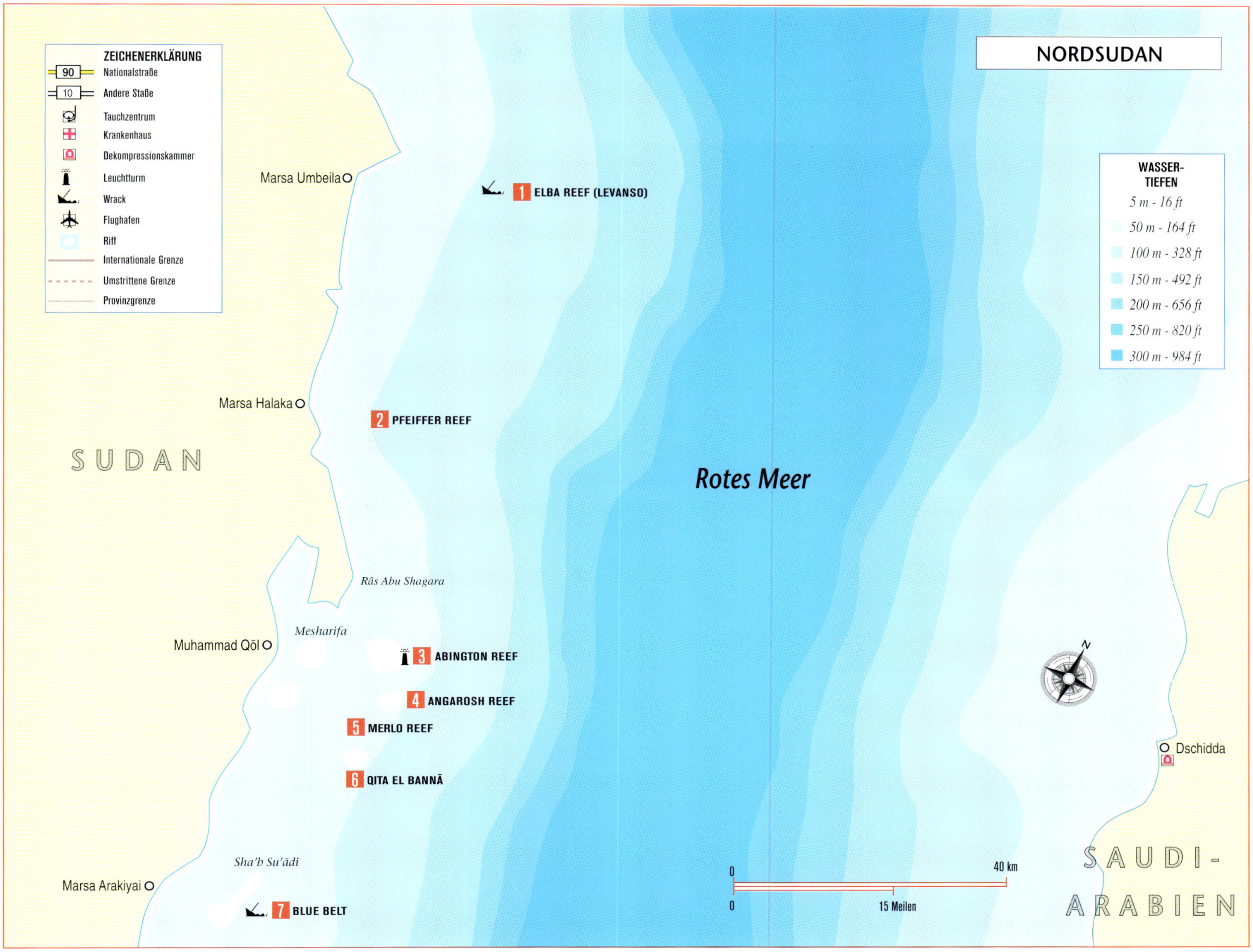

6 Quita El-Bannã

Qita el-Bannã 18 km süd-südwestlich von Angarosh ähnelt den Riffen Abington, Angarosh und Merlo, mit senkrechten Wänden, herrlichen Korallen, unzähligen Fischen und vielen Haien. Meistens geht es tief hinunter, aber es gibt auch gute flache Bereiche.

7 *Blue Belt*

Das Gebiet hat viele Riffe, aber die bei Marsa 'Arus und Port Sudan sind am beliebtesten, weil sie auch mit dem Schlauchboot erreichbar sind. Östlich von Marsa Arakiyai, 65 km nördlich von Port Sudan, liegt das große Riff Schaab Su'adi mit der Hauptattraktion, dem Wrack des 2545-t-Frachters *Blue Belt*. Das Schiff lief 1977 auf das Riff; als zwei Schlepper es zu forsch freischleppten, kenterte es und sank. Da es Toyota-LKWs geladen hatte, heißt es auch Toyota-Wrack. Die *Blue Belt* liegt mit dem Bug in 15 m auf Sand, das restliche Schiff ragt über den Steilabfall hinaus, der auf 65 m abstürzt. Ein Eindringen erfordert Umsicht, weil das Schiff kieloben liegt, die Taucher also am Ende des Tauchgangs wieder nach unten müssen, um herauszukommen. Die in 15 m auf dem

Einer der Toyota-LKWs, die vom Deck der gekenterten Blue Belt *gestürzt sind. Das im Dezember 1977 gesunkene Schiff wird auch Toyota-Wrack genannt.*

Sand verstreuten Fahrzeuge sind lohnende Tauchziele. Viele Steinkorallen sind durch auslaufendes Öl zugrunde gegangen.

Schaab Rumi (Roman Reef)

Schaab Rumi, östlich von Marsa Arus, 40 km nord-nordöstlich von Port Sudan, ist ein großes Riff, dessen längste Seite parallel zur vorherrschenden Nord-Süd-Strömung verläuft. Auf der Westseite sind zwei Eingänge zur Lagune, vor dem Südeingang liegen in 9 m Tiefe die Reste von Cousteaus **Precontinent II** [8], dem Experiment von 1963 (siehe S. 78). Das größte Überbleibsel ist der zwiebelförmige Hangar. Die Luken existieren nicht mehr, unter dem Dach hat sich ausgeatmete Luft von Tauchern gesammelt. Östlich vom Hangar liegen die Kabel, die zum Versorgungsschiff *Rosaldo* in der Lagune führten, nördlich vom Hangar der Geräteschuppen. Weiter nördlich, gegenüber dem Eingang zur Lagune, schlingern drei bunte, mit Bäumchen-Weichkorallen bewachsene Fischbehälter in der bewegten See, über dem Dropoff erinnert nur noch ein Haikäfig an das Unterwasserhabitat in 27 m Tiefe.

Rücksichtslose Taucher haben am Hangar einige Tischkorallen abgebrochen, aber noch herrscht Nostalgie, und es ist ein sehr schöner Nachttauchgang. Die Gedenkkassette unter dem U-Boot-Hangar erinnert mit einer Inschrift an einen deutschen Taucher, der 1973 hier starb. Der enge Laguneneingang führt zu einem sicheren Ankerplatz. Am besten taucht man hier frühmorgens. Haie sind selten, außer tief über dem Dropoff, Meeresschildkröten und Delfine aber häufig.

Die Strömung wird an der stärker zerklüfteten Ostseite von Schaab Rumi gebremst. Wenn die Strömungen vor der schmalen **South Point** [9] zusammentreffen, sind sie unterschiedlich schnell und erzeugen nährstoffreiche Wirbel, die große Fischschwärme anlocken, was wiederum die Haie auf den Plan ruft. Im Schutz der Wand über einem Sandplateau, das von 20 m auf 36 m abfällt, herrscht reges Meeresleben; frühmorgens kreisen hier manchmal bis zu 50 Haie, oft große Silberspitzenhaie, aggressive Seidenhaie, Graue Riff- und Weißspitzen-Riffhaie, und über dem Dropoff sammeln sich Bogenstirn-Hammerhaie. Ein deutsches Filmteam hat den Haikäfig 1975 hier installiert.

Sanganeb

Das große Atoll von Sanganeb 30 km nordöstlich von Port Sudan mit seinem Leuchtturm am Südende kann 23 beste Tauchgebiete vorweisen. Die **North Point** [10] ist den vorherrschenden Nordwinden und Strömungen ausgesetzt, daher nur bei gutem Wetter zu betauchen, am besten frühmorgens bei ruhiger See. Die Spitze fällt stufenweise ab, mit einer gesunden Tischkoralle in 5 m, einer sandigen Nordplattform mit einer hohen Lippe in 20 m und einem sehr großen Sandplateau, das noch 100 m weiter nach Norden ragt und von

*Rotmeer-Wimpelfische (*Heniochus intermedius*), die im Roten Meer und dem westlichen Golf von Aden vorkommen, bilden als Jungtiere Schwärme, manchmal auch als Adulte. Hier ein Schwarm am Schaab Rumi Reef.*

*Ein 3 m hoher, mit bunten Bäumchen-Weichkorallen bewachsener Korallenpfeiler auf dem Plateau von Sanganeb. Die Fahnenbarsche sind ansässig, der Imperator-Kaiserfisch (*Pomacanthus imperator*) schwimmt nur vorüber.*

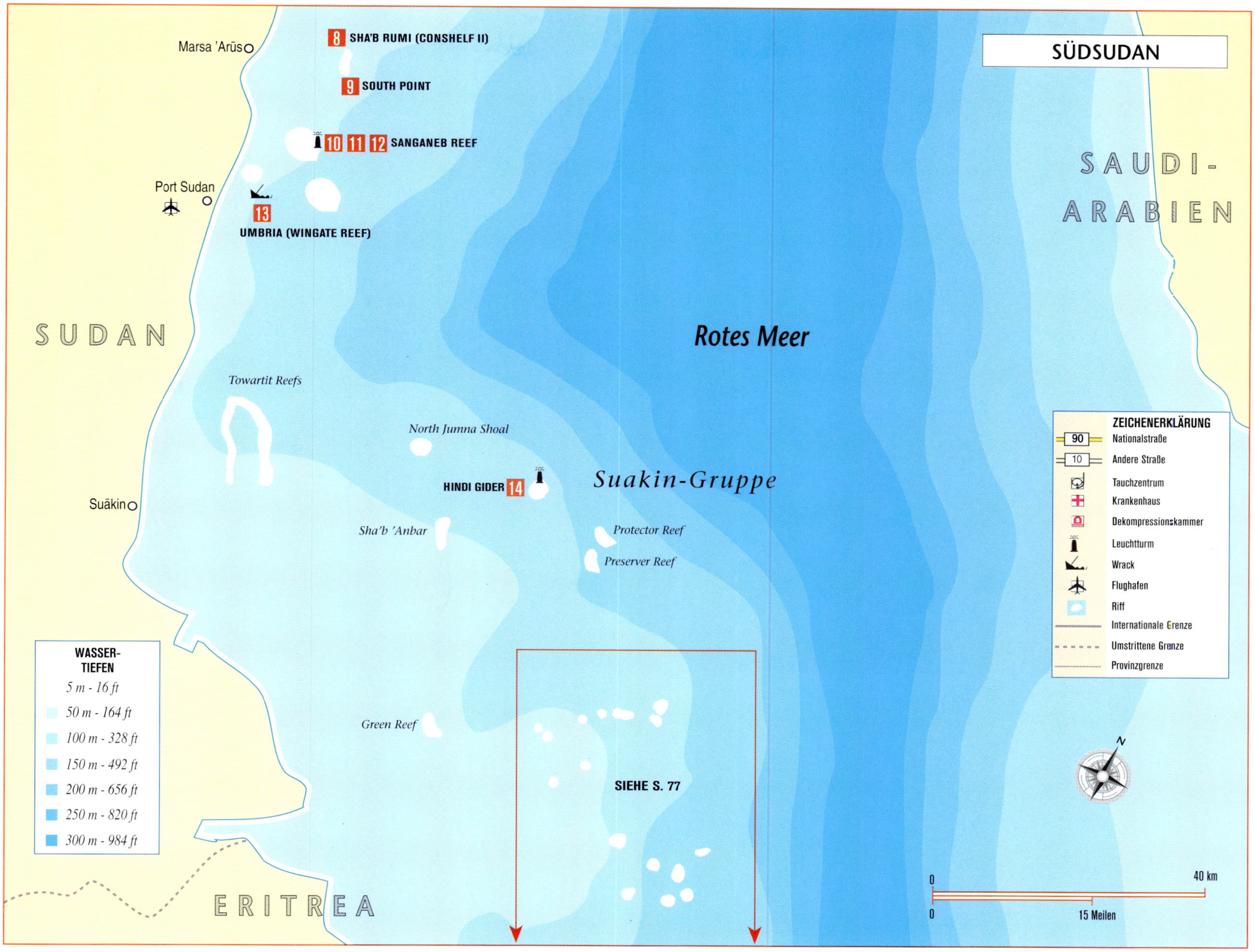

50 m auf 60 m abfällt. Auf der Plattform hält sich oft ein Manta auf. Der obere Rifftisch ist mit Stein-, Weich- und Hornkorallen bedeckt, die Rifffische sind zahl- und artenreich. Auf dem tiefen Plateau sind zahlreiche pelagische Arten wie Barrakudas und Bogenstirn-Hammerhaie zu sehen. Frühmorgens ruhen Graue Riffhaie im Sand. Die Sicht ist so gut, dass Taucher alles oben von der äußeren Riffwand beobachten können, ohne tief tauchen zu müssen.

An der Ostseite von North Point liegen ein großer einzelner Korallenblock und südlich davon zwei sehr tiefe Wracks. Das obere, ein großes, mit Peitschenkorallen bewachsenes Holzschiff, ragt nur bis 70 m auf. 20 m nördlich vom Korallenblock kann man zu einem kleinen Hang in 45 m tauchen, der auf eine Rinne nach Osten geht. Dort kreuzen Graue und Weißspitzen-Riffhaie und Bogenstirn-Hammerhaie in großer Zahl. Im April sammeln sich hier Schwarztupfen-Süßlippen in kleinen Grotten. Viele Kreuzfahrtschiffe meiden das Gebiet, weil sie nicht ankern können, andere nehmen die lange Fahrt mit Schlauchbooten von den Lagunen auf sich. An einem guten Tag ist dies vielleicht der beste Tauchgang der Welt.

Die **East Face** 11 von Sanganeb ist mehrere Kilometer lang und erlaubt mehrere Strömungstauchgänge. Die gesamte Wand fällt senkrecht auf 90 m ab und läuft dann in der Tiefe aus. Mindestens zwei Wracks sind an ihr entlanggeschleift worden. Vor der äußeren Lagune liegen ein großer Anker und Wrackteile, gegenüber der inneren Lagune die Metallteile – Maschine, Getriebe und Tanks – eines Holzwracks. Sie liegen in 10 m Tiefe in einem vor der Strömung geschützten Riffbogen. Gute Bootsführer können mit kleinen Booten hier ankern. Aufgrund der Lage am tiefen Wasser vereinigt diese Seite Riff- und pelagische Fauna der Superlative: Steinfische, Zitterrochen, Schlangenaale, Doktor-, Kaiser- und Falterfische im Flachwasser, Haie im tieferen Wasser, und regelmäßig kommen Seglerfische, Meeresschildkröten, Rochen, Große Tümmler und Grindwale vorbei.

Dort, wo die meisten Kreuzfahrtschiffe in der äußeren Lagune ankern, liegen die Reste

Ein Taucher inspiziert das Bad des Kapitäns auf der Umbria. *Das 1940 geflutete Schiff liegt geschützt in den Wingate Reefs, ist hell, voller Meeresleben und sehr beliebt bei Unterwasserfotografen.*

der *White Elephant* oder *Saida III*, je nachdem ob die österreichisch/italienischen Eigner Passagiere oder Schmuggelgut beförderten. Sie sank, nachdem der Eigner auf mysteriöse Weise verschwand. Heute ist sie ein guter Nachttauchgang.

Besucher zelten oft beim Leuchtturm, von wo sie die rund 1000 m lange und 70 m tiefe Südwand oder die Southwest Point von der Südmole betauchen können. Nachts zeigen sich Langusten, Spanische Tänzerinnen, Seehasen, Gebänderte Garnelen, Schlangenaale, Kraken, Schlangensterne und Tonnenschnecken. Dieses Riffende ist nur den Südwinden im August ausgesetzt, bei sehr starken Nordwinden im Winter sammeln sich hier Rochen.

Die obere Riffwand der **Southwest Point** [12] bietet reiches Meeresleben mit Schwärmen von Segelflossen- und Nashorn-Doktorfischen, Barrakudas, Schwarztupfen-Süßlippen, die im April bei den Grotten zusammenkommen. Am Fuß der Riffwand neigt sich ein sandiges, 100 m langes Südwestplateau von 20 m auf 36 m. Im Süden und Westen stürzt dieses Plateau mit 60–70° in die Tiefe. Über den Rand kann man die Haie darunter beobachten. Im Norden liegt nur ein Hang. Am Südrand dieses Plateaus patrouillieren Graue Riffhaie und Bogenstirn-Hammerhaie, manchmal sieht man einzelne Silberspitzen- oder Tigerhaie, und wo es auf die Südwand trifft, sind schon Leopardenhaie gesichtet worden.

Zwischen den Stein-, Weich-, Horn- und Peitschenkorallen auf dem Plateau finden sich alle pelagischen und Rifffische des Roten Meers, auch Blaupunkt-Stechrochen, Napoleon-Lippfische und mächtige Stierkopf-Zackenbarsche.

[13] Wrack der *Umbria*

Am Nordende des Hauptankerplatzes von Port Sudan liegt im Schutz der Wingate Reefs die 155 m lange *Umbria*, die bei jedem Wetter betaucht werden kann. Es gibt keine Strömung, dafür viel Licht, gute Sicht und reiches Meeresleben. Die 1940 gezielt geflutete *Umbria* wurde 1949 von Hans Hass für das Sporttauchen erschlossen. Sie liegt auf Backbord, sodass die Steuerborddavits aus dem Wasser ragen. Die Backbordschraube ist unter Korallen begraben, die Steuerbordschraube ragt in 15 m Tiefe ins klare Wasser. Das Heck ruht in 20 m auf Korallen, der Bug in 36 m auf Sand. Man kann größtenteils gut in das Schiff vordringen. Die Laderäume sind offen, Feldzeugmaterial, Weinflaschen, Geschirr und Konserven liegen herum. Vieles sitzt nicht mehr fest, Taucher müssen daher aufpassen, nichts abzureißen. Maschinenraum und Küche sind schwerer zugänglich. Die Maschinen sind intakt, an der Wand des Maschinenraums ist ein Außenbordmotor befestigt. Die *Umbria* bietet ein einmaliges Taucherlebnis und gehört zu den meistfotografierten Wracks.

Die Wingate Reefs um den Schiffsliegeplatz liegen im Flachwasser, haben aber ein reiches Meeresleben mit Tigerhaien, Schwarzspitzen-Riffhaien, Delfinen und Ansammlungen von Mantas bei starken Winterwinden.

Südliche Suakin-Gruppe

Die Towartit Reefs südlich von Port Sudan und einige der vielen flachen Inseln und Riffe der Suakin-Gruppe süd-südöstlich von Port Sudan (auch North Jumna Shoal, Hindi Gider, Schaab 'Anbar und Masamirit) sind bei italienischen Kreuzfahrtschiffen beliebt und ein sicherer Ankerplatz für heimische Fischer. Das Meeresleben an den Hängen im Flachwasser ist genauso gut wie im Norden, die Sicht allerdings nicht. Einzelne Graue und Weißspitzen-Riffhaie, Ammen- und Leopardenhaie sind häufig; auch große Tigerhaie und Wale sind zu sehen.

Viele ufernahe Riffe zwischen Port Sudan und Suakin dienten Schiffen, die Port Sudan anlaufen wollten, als sicherer Warteplatz. Dabei wurden viele Riffe mutwillig zerstört.

North Jumna Shoal, die nördlichste Insel der Suakin-Gruppe, Hindi Gider und Schaab 'Anbar (ost-südöstlich von Port Sudan) haben einen

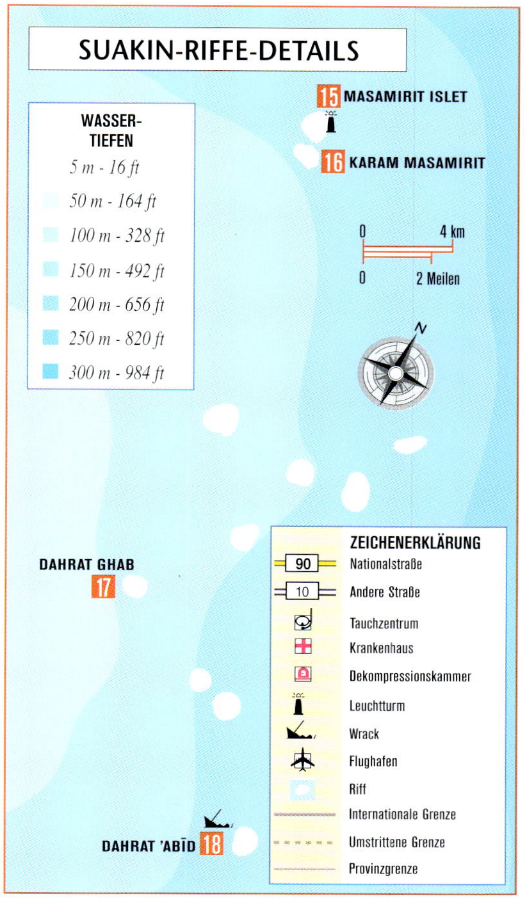

recht guten Fischbestand. **Hindi Gider** 14 (Hind Kadam) ist eine Insel mit Sandbank 55 km ost-nordöstlich des Hafens von Suakin. Sie beherbergt ein automatisches Leuchtfeuer und riesige Fischadlernester. Die Tiefen reichen bis über 50 m.

Protector Reef 16 km süd-südöstlich von Hindi Gider ist ein großes Riff mit einem rostenden Wrack am Nordrand und einem sanften Hang am Südende, der in 20 m in die Tiefe stürzt. Preserver Reef süd-südwestlich von Protector Reef besitzt am Südende einen Steilabfall.

15 Masamirit Islet

Masamirit Islet, 174 km südöstlich von Port Sudan, hat an der Ostseite einen Steilabfall. Am Nordende befindet sich in 25–30 m Tiefe ein Plateau mit vielen Korallenblöcken, von wo aus Taucher gut das Meeresleben weiter unten beobachten können.

16 Karam Masamirit

Karam Masamirit direkt südöstlich von Masamirit hat tiefere Dropoffs. Die Nord- und Südenden fallen bis an deren Ränder in 25 m ab, wo Taucher wieder die pelagischen Arten weiter unten beobachten können, auch Haie. Adlerrochen und Napoleon-Lippfische sind recht häufig.

17 Dahrat Ghab

Dahrat Ghab, eine Insel 28 km süd-südöstlich von Masamirit, ist von einem guten Riff umgeben. Am besten taucht man wohl an der Südspitze mit einer Kante in 22 m, wo die Taucher die Wand hinunterblicken können.

*Graue Riffhaie (*Carcharhinus amblyrhynchos*) sind in sudanesischen Gewässern die häufigsten Haie. Im nördlichen Roten Meer hießen sie eine Zeit lang Schwarzspitzenhaie (*C. wheeleri*), gelten aber jetzt als Graue Riffhaie.*

18 Dahrat 'Abid

Auf dem fischreichen Riff von Dahrat 'Abid, der südlichsten Insel der Suakin-Gruppe, liegen die Reste eines Wracks. Im Flachwasser wachsen schöne Weichkorallen. Im tiefen Wasser kann man pelagische Arten wie Graue und Weißspitzen-Riffhaie, Fuchs- und Silberspitzenhaie beobachten. Dies ist nach Süden hin das letzte Riff mit einem echten Dropoff.

Precontinent II

Eine künstlerische Rekonstruktion des Precontinent-II-Experiments von Jacques-Yves Cousteau bei Schaab Rumi, dem Versuch, 1963 auf dem Schelf eine wissenschaftliche Kolonie anzusiedeln. Vom Versorgungsschiff Rosaldo *in der Lagune führte eine 24 m lange Brücke über Roman Reef zur Einstiegsleiter über der versunkenen Stadt. Die obere Ebene war für die Mitarbeiter, die untere für Versorgungskabel, Luftschläuche, Fernseh- und Telefonverbindungen. Das aufgeschnittene* Seesternhaus *zeigt die Schlafquartiere, das Labor und den zentralen Wohnbereich mit mehreren Fernsehern und eine Küche. Einer der Taucher versucht, den Papagei Claude für die Papageifische vor dem Fenster zu interessieren, allerdings vergebens. Der Hangar für die tauchende Untertasse hatte unten einen offenen Zugang; das Wasser wurde mit komprimierter Luft draußen gehalten. Eine Winde holte die Untertasse in den Hangar. Die 3 m große Luke wurde mit einem Brett abgedeckt, auf dem die Techniker stehen konnten. Zwischen Hangar und* Seesternhaus *füttert der Koch den zahmen Drückerfisch. Daneben ist einer von fünf geodätischen, bunten Fischkäfigen für gefangene Fische. Im Nass(Geräte-)schuppen lagerten Unterwasserschlitten, Fischreusen, geologische Geräte, Baumaterialien und alles, was wasserfest war. Gefangene Fische kamen in Plastikbeutel mit Wasser und etwas Pressluft aus der Tauchflasche, damit die Beutel schwebten. Die Beutel wurden dann ans Ozeanographische Institut in Monaco geschickt. Die Tiefenkabine war an einer Korallenwand festgemacht und mit dem* Seesternhaus *verkabelt, sodass die Insassen von dort via Fernsehen überwacht werden konnten. Zwei »Ozeanauten« lebten jeweils eine Woche bei 3,5 Atü in der 2 m breiten Kammer. Ein Haigitter schützte die offene Luke. Die Taucher arbeiteten auch mit der tauchenden Untertasse.*

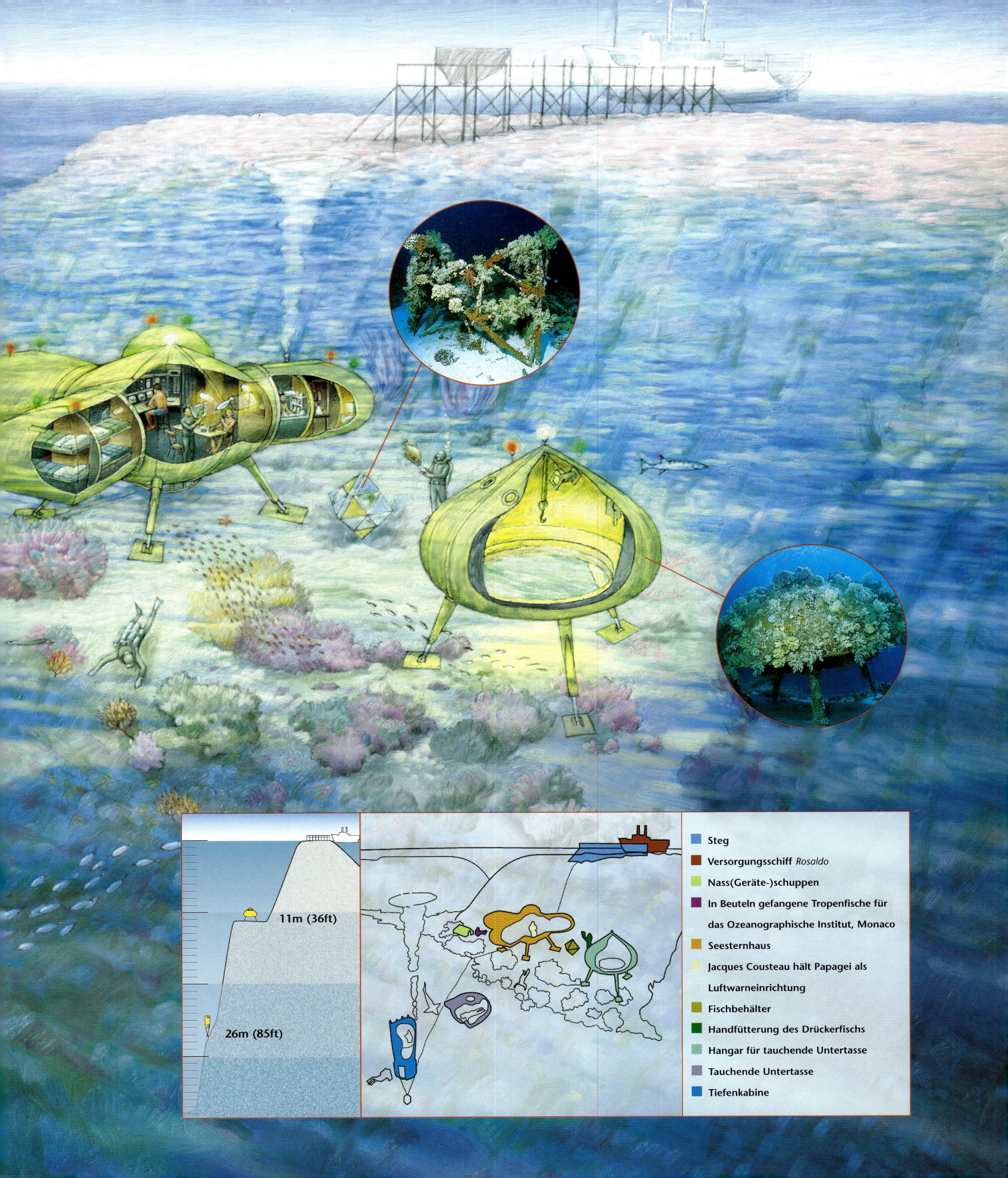
11m (36ft)
26m (85ft)
Steg
Versorgungsschiff *Rosaldo*
Nass(Geräte-)schuppen
In Beuteln gefangene Tropenfische für das Ozeanographische Institut, Monaco
Seesternhaus
Jacques Cousteau hält Papagei als Luftwarneinrichtung
Fischbehälter
Handfütterung des Drückerfischs
Hangar für tauchende Untertasse
Tauchende Untertasse
Tiefenkabine

Indischer Ozean

Einführung: Jack Jackson

Der Indische Ozean ist nach Pazifik und Atlantik das drittgrößte Gewässer der Erde. Er nimmt rund 20 Prozent ihrer Wasserfläche ein und ist das jüngste und physikalisch komplexeste Weltmeer. Der Indische Ozean wird durch keine natürliche Grenze vom Atlantik, Südpolarmeer und Pazifik getrennt. Man nimmt den 20. östlichen Längengrad durch Kap Agulhas an der Südspitze Afrikas als Grenze zum Atlantik und den 147. östlichen Längengrad als Grenze zum Pazifik südlich von Australien. Die Nordostgrenze ist schwer zu bestimmen. Für die meisten verläuft sie vom australischen Kap Londonderry nordwestlich durch die Timorsee, vorbei an der Südküste der Kleinen Sundainseln und von Java und durch die Sundastraße zur Küste von Sumatra. Zwischen Sumatra und der Malaiischen Halbinsel wird die Grenze zumeist durch die Singapurstraße gezogen. Das Südpolarmeer umfasst alle Meeresgebiete südlich des 55. südlichen Breitengrades um die Antarktis.

Mit Golf von Akaba, Rotem Meer, Arabischem (Persischem) Golf, Golf von Oman, Arabischem Meer, Golf von Bengalen, Malakkastraße, Großer Australischer Bucht und Bassstraße hat der Indische Ozean eine Fläche von 73 556 000 km^2.

Im Norden von Südasien begrenzt, im Westen von der Arabischen Halbinsel und Afrika, im Osten von der Malaiischen Halbinsel, Indonesien und Australien und im Süden von der Antarktis, ist der Indische Ozean hinsichtlich Küstenhabitate, Riffentwicklung und Artenvielfalt sehr unterschiedlich.

Im Norden sind der Golf von Akaba und das Rote Meer salzhaltiger und wärmer, als man aufgrund ihrer geografischen Lage erwarten würde. Vulkantätigkeit am Meeresboden erhöht die Wassertemperatur, und Flüsse münden kaum ins Rote Meer. Das hat zu gesunden Riffen und guter Artenvielfalt geführt.

In der Eiszeit waren Arabischer Golf, Golf von Aden und Rotes Meer wegen des niedrigen Meeresspiegels vom Indischen Ozean abgeschnitten, was den Artenaustausch unterband und etwa 15 Prozent endemische Arten mit sich brachte. Selbst als das Eis schmolz und der Meeresspiegel wieder stieg, schränkten der Sandboden und Auftrieb an der Küste von Somalia die Entwicklung von Riffen

*Taubenblaue Doktorfische (*Acanthurus leucosternon*) treten manchmal in großen Fressverbänden auf, die jeden territorialen Riffbarsch überwältigen können, der seine »eigenen« Algen bewacht (oben).*

SCHLÜSSEL ZU DEN KARTEN

1. Ostafrika – Pemba-Insel S. 84
2. Ostafrika – Mafia-Insel S. 87
3. Seychellen – Nordmahé-Insel S. 88
4. Seychellen S. 90
5. Tschagos-Archipel S. 93
6. Mauritius S. 95
7. Mosambik – Ponta da Barra bis Ponta do Ouro S. 96
8. Mosambik – Bazaruto S. 98
9. Südafrika – Nordküste S. 101
10. Südafrika – Südküste S. 102
11. Malediven – Nordmalé (Kaafu)-Nordbereich S. 104
12. Malediven – Nordmalé (Kaafu)-Südbereich S. 107
13. Malediven – Nord- und Süd-Maalhosmadalu (Raa und Baa), Faadhippolhu (Lhaviyani) S. 108
14. Malediven – Ari (Alifu) S. 111
15. Malediven – Felidu (Vaavu) S. 113
16. Malediven – Süd- und Nord-Nilandu (Dhaalu und Faafu) S. 115
17. Thailand – Ko Phuket und Umgebung S. 119
18. Thailand – Mu Ko Similan und Mu Ko Surin Nationalpark S. 120
19. Thailand – Hin Mouang und Hin Daeng S. 123
20. Mergui-Archipel S. 124
21. Andamanen S. 127
22. Weihnachts- und Cocos-Inseln S. 129
23. Australien – Nordwestküste S. 131
24. Australien – Geographe Bay, Albany und Esperance S. 132

*Orient-Süßlippen (*Plectorhinchus vittatus*) sieht man einzeln, aber auch oft in großen Schwärmen.*

und Riffarten dort ein. Diese geringere Artenvielfalt verstärkt die Isolation der Riffarten nach Norden. Im Arabischen Golf verhindern der Sandboden, Auftrieb sowie extreme Winter- und Sommertemperaturen das Riffwachstum. Die Artenvielfalt ist demnach geringer als im Roten Meer und dem Golf von Akaba, aber es herrscht noch immer ein hohes Maß an Endemismus.

Die pakistanische Küste hat im Winter niedrige Temperaturen. An der Küste von Indien bis Myanmar münden zahlreiche sedimentbeladene große Flüsse ins Meer. Die Riffe in diesem Abschnitt sind bescheiden. Die Andamanensee, Südmyanmar und Westthailand weisen mächtige Granitblöcke und kleine Riffe auf. Nordwestmalaysia hat ein paar Riffe und eine gute Artenvielfalt, leidet aber unter landwirtschaftlichen Einleitungen und starkem Schiffsverkehr. Die Einleitungen verringern auch den Salzgehalt der beschränkten Wassermassen, doch an den wenigen kleinen Riffen in der Malakkastraße herrscht gute Artenvielfalt. Indonesien ist hinsichtlich Korallen- und Artenvielfalt bemerkenswert. Die West- und Südküste Australiens sind nicht so gut wie das Große Barriereriff im Pazifik, aber man kann bis zur Bassstraße und nach Tasmanien, wo das Wasser kalt genug für Kelp ist, überall gut tauchen.

Einige der Inseln vor Südwestindien, Sri Lanka, die Malediven, Ostafrika, die Komoren und Madagaskar haben jüngst Korallenbleichen erlebt, aber die Artenvielfalt ist immer noch groß. Bei den Inseln auf dem Maskarenenrücken, Mauritius, Réunion, Rodrigues und den Seychellen ist die Artenvielfalt geringer, der Endemismus aber ausgeprägter. An der ostafrikanischen Küste gibt es südlich bis Durban Korallenriffe. An den Küsten Mosambiks und Südafrikas reicht die Spanne von Korallenriffen bis zu so kalten und rauen Gewässern wie in Europa.

Der Indische Ozean hat die wenigsten Nebenmeere. Im Nordwesten liegen Rotes Meer, Arabischer Golf, der Golf von Aden und Oman und das Arabische Meer, im Nordosten die Andamanensee und der Golf von Bengalen. Die Große Australische Bucht ist vor der Südküste Australiens. Im Norden geht der Indische Ozean nur bis zum Roten Meer – gemäßigte oder kalte Regionen erreicht er nicht. Er hat auch weniger Inseln. Madagaskar ist die viertgrößte Insel der Welt, Sumatra die fünftgrößte. Die Seychellen, Sokotra und Sri Lanka sind kontinentale Bruchstücke, alle anderen Inseln vulkanischer Natur. Es ist der einzige Ozean ohne symmetrische Oberflächenzirkulation, die dazu im Norden halbjährlich umkehrt.

Die halbjährliche Umkehr der Windrichtung, der Monsun, schwankt bezüglich Beginn und Intensität. Die Monsundynamik wird durch das südpazifische Phänomen El Niño/Südliche Oszillation und die Zyklone abgeändert, die sich über dem offenen Meer bilden.

Im nördlichen Winter (November bis April) entwickelt sich über Indien dank kalter, fallender Luft hoher Luftdruck. Er verbindet sich mit dem Tiefdrucksystem nördlich von Australien und ruft den Nordostmonsun und die Nordost- bis Südwestwinde und Strömungen hervor, die Südindonesien und Nordaustralien eine feuchte Jahreszeit bringen. Diese Winde erzeugen den Nord-Äquatorialstrom, der Wasser zur Küste Afrikas transportiert.

Im nördlichen Sommer (Mai bis Oktober) entsteht über Asien durch heiße, aufsteigende Luft niedriger Luftdruck. Er führt zum Südwestmonsun und zu Südwest- bis Nordostwinden. Der Südwestmonsun bringt dem indischen Subkontinent starke Regenfälle und Südasien eine feuchte Jahreszeit.

In der Südhemisphäre sind die Winde allgemein sanfter, die Sommerstürme bei Mauritius können jedoch heftig werden. Passatwinde treiben ein breites Kreissystem von Strömungen (Wirbel) aus warmem Wasser gegen den Uhrzeigersinn. Der Süd-Äquatorialstrom bringt Wasser nach Afrika, wo der nicht mit dem Monsunwind-System verbundene Teil unterhalb von Madagaskar nach Süden dreht und den Agulhas-Strom verstärkt. Im Winter kann diese kombinierte Südströmung am Rand des südafrikanischen Schelfs 180 km pro Tag zurücklegen. Bei dieser Geschwindigkeit kann sie die Höhe der Wellen, die vom Südpolarmeer nach Norden wandern, mehr als verdoppeln.

Tropische Wirbelstürme toben im Mai/Juni und Oktober/November im nördlichen Indischen Ozean, im Januar/Februar im Süden. Wenn die Monsune drehen, suchen Wirbel-

Der griechische Frachter Paraportiani *sank Ende der 1960er-Jahre südlich von Pemba in einem Sturm. Er liegt im Flachwasser und weist reichen Bewuchs auf.*

stürme manchmal die Ufer des Arabischen Meers und des Golfs von Bengalen heim.

Segler, die die wichtige indische und südostasiatische Handelsroute befuhren, nutzten die Monsunwinde, nach Osten den Südwestmonsun, für die Rückfahrt zwischen November und März den Nordostmonsun. Heute ist der Weg für die Schiffe durch den Sueskanal kürzer.

Im Indischen Ozean gibt es alle drei Gezeitentypen, die halbtägigen sind allerdings am häufigsten. Im Arabischen Meer und Arabischen Golf sind sie gemischt. Südwestaustralien, die Küste Thailands an der Andamanensee und die Südküste des mittleren Arabischen Golfs haben zum Teil Tagesgezeiten. Der Tidenhub reicht von 50 cm bei Mauritius bis zu 6 m beim australischen Port Hedland.

Die Durchschnittstiefe im Indischen Ozean beträgt 3890 m. Die tiefste Stelle ist das Sunda-Tief im Javagraben mit 7450 m. Das ist vermutlich die Subduktionslinie, wo die australische Platte sich unter die eurasische Platte schiebt. Die damit verbundene Vulkantätigkeit ist hoch. Der Ausbruch des Krakatau 1883 war bis nach Australien zu hören.

Die afrikanische, indische und antarktische Platte driften im Indischen Ozean am mittelozeanischen Rücken auseinander. Der Stamm in Form eines umgedrehten Y läuft als Carlsberg-Rücken nördlich und dann westlich und geht in das Riftsystem des Roten Meers über. Ein Arm läuft um Südafrika herum in den Mittelatlantischen Rücken, der andere südlich um Australien herum zum Ostpazifischen Rücken. An dieser untermeerischen Gebirgskette herrscht starke Vulkantätigkeit. Am Roten Meer driften Afrika und Arabien auseinander. In erdgeschichtlicher Zeit wird es wahrscheinlich einmal ein Ozean.

Das gesamte Bodenwasser stammt von außerhalb des Indischen Ozeans. Das Tiefenwasser bewegt sich träge. Das sehr salzhaltige Wasser aus dem Arabischen Golf und Roten Meer sinkt unter das frischere Oberflächenwasser und bildet das nordindische stark salzhaltige Zwischenwasser in 610 bis 1000 m Tiefe. Diese Schicht breitet sich ostwärts in den Golf von Bengalen und südlich bis Madagaskar und Sumatra aus. Darunter reicht das antarktische Zwischenwasser bis in 1500 m. Eine Strömung aus dem Nordatlantik, das nordatlantische Tiefenwasser, fließt in 1500 bis 3050 m, das antarktische Bodenwasser unterhalb von 3050 m kommt aus dem Weddellmeer. Diese kalten Schichten fließen aus der antarktischen Region langsam nordwärts und werden im Norden extrem sauerstoffarm.

Der Indische Ozean hat eine ähnliche Artenvielfalt wie der Pazifik, aber das Überfischen ist ein Problem. Brutale Fangmethoden haben stellenweise die Korallenriffe zerstört. Indonesien hat weltweit den größten Anteil an Korallenriffen (18 Prozent), aber davon sind 82 Prozent bedroht.

Urbarmachung, Jagen und Guanoabbau an Land waren die Hauptgefahren für die Umwelt. Heute sind landwirtschaftliche, private und industrielle Einleitungen in küstennahe Gewässer, Ölverschmutzungen im normalen Tankerverkehr und gelegentliche Tankerkatastrophen die Hauptprobleme.

Einige Turbinaria-*Arten von Steinkorallen wachsen stark knäuelförmig, um möglichst viel Sonnenlicht einzufangen.*

Fahnenbarsche, meistens Pseudanthias-*Arten, sind normalerweise klein und schön bunt und ernähren sich von Zooplankton am Riff.*

Ostafrika

Mark und Charlotte Durham

Großflächige Saumriffe umschmeicheln die ostafrikanische Küste und die Ufer der nahen Inseln. Diese vom Äquator südwärts reichenden Gebilde bieten über 3 000 Pflanzen- und Tierarten Schutz und Nahrung.

Das Phänomen El Niño/Südliche Oszillation und der Raubbau am Meer haben, wie an vielen Korallenriffen, ihren Tribut gefordert. In Kenia sind Meeresschildkröten noch immer durch lokale Traditionen und den vordringenden Tourismus gefährdet, und in Tansania wird nach wie vor mit Sprengstoff gefischt. Glücklicherweise ist dank lokaler Naturschutzbemühungen und Nationalparkmaßnahmen Erholung in Sicht.

Zwei von drei »Gewürzinseln« vor der Küste Tansanias verdienen das Prädikat »gutes Tauchen«. Pemba im Norden bietet außergewöhnliche, senkrechte Korallenkliffs voller Leben, mit starken Meeresströmungen, großen pelagischen Arten und Sicht bis 30 m. Der Meerespark Mafia Island im Süden wartet mit Arten- und Zahlenreichtum, guter Sicht und

Eine traditionelle Dau auf dem Pemba-Kanal, eine lebendige Erinnerung an die Vergangenheit Pembas (oben links).
Die Insel Mesali, ein idyllischer, tropischer Rahmen für Pembas erstes Schutzgebiet, liegt an der Westküste, umgeben von bunten Korallenriffen, die ein vielseitiges Ökosystem tragen (oben rechts).

aufregenden Gezeitenabenteuern auf. Dazwischen liegt die beliebte Touristeninsel Sansibar mit ausgezeichneten Tauchgebieten beim Mnemba-Atoll im Norden. Beim Tauchen kann sie sich allerdings nicht mit Pemba oder den Mafia-Riffen messen.

Pemba

Die üppige Insel Pemba vor Ostafrika ist durch den scheinbar bodenlosen Pemba-Kanal vom Festland getrennt. Als Cousteau 1967 mit der *Calypso* dieses Gebiet besuchte, berichtete er von einer Schatztruhe voller Meeresleben. Das trifft auch heute noch zum Teil zu. Der Kanal bietet exzellente Sicht und große Fische wie Haie, Barrakudas, Tunfische, Mantas und Walhaie. Bei Pemba hat man bis in 64 m lebende Korallen gefunden, die 20 bis 60 Prozent der Inselküste einnehmen.

Führern zufolge hat die Westküste Pembas die besten Tauchgebiete. Namen wie **Njao Gap** [1], **Manta Point** [2], **Fundu** [3], **Uvinje** [4] und **Mesali Island** [5] lassen das Herz alter Pemba-Taucher höher schlagen. Hier kann man an gewaltigen Steilwänden vorbeidriften, die in der blauen Tiefe verschwinden. Die Wände zieren riesige Gorgonien und farbenprächtige Korallen. In den Riffen tummelt sich tropisches Meeresleben mit zum Teil endemischen Arten. Der Pemba-Schwalbenschwanz (*Chromis pembae*) ist nach der Insel benannt.

Nachttauchern bietet sich das Schauspiel faszinierender Spanischer Tänzerinnen (*Hexabranchus sanguineus*).

Die wildere Ostküste Pembas lockt inzwischen die Abenteurer. Sie ist ungeschützter, bietet Taucherlebnisse pur und die Chance, das wirklich Aufregende zu sehen. Kreuzfahrtschiffe können im **Mtangani Channel** [6] ankern, wo sich in ruhigen Gewässern Mangrovenwurzeln spiegeln und Kokospalmen die Ufer säumen. Das Tauchen hier ist schnelles, tiefes Strömungstauchen nur für Erfahrene, mit freien Abstiegen ohne Hinweise. Konzentration ist Pflicht, erstens auf das Einhalten einer konstanten Tiefe im Auf und Ab unberechenbarer Strömungen, zweitens auf das Blau ringsum. Steigen Sie ein paar hundert Meter nördlich oder südlich vom Kanal ins Wasser, je nach

*Gebänderte Seenadeln (*Syngnathidae*) tragen, wie die Seepferdchen, die befruchteten Eier, bis sie ausschlüpfen.*

Ein Taucher blickt in das Wrack der Paraportiani *auf einen Rochen, der im Sand nach Nahrung sucht.*

*Ein Taucher vor einer Koralle (*Montipora efflorescens*) auf den oberen Riffhängen des Pemba-Kanals.*

Gezeiten, und treiben Sie einfach zurück am Kanaleingang vorbei, zum Riff hin und wieder von ihm fort. Sie halten Ausschau nach Hammerhaien, Speer- und Seglerfischen, Wahoos (*Acanthocybium solandri*), Barrakudas, Tunfischen und Stachelmakrelen. Achten Sie immer auf die Tiefe und die Zeit, denn die Strömungen sind gefährlich stark, vor allem am Kanaleingang. Nehmen Sie sich Zeit für das in den Oberflächenströmungen treibende bizarre Plankton. Tauchen an der Ostküste ist nichts für Ängstliche und sollte nur mit erfahrenem Führer und einem realistischen Tauchplan unternommen werden.

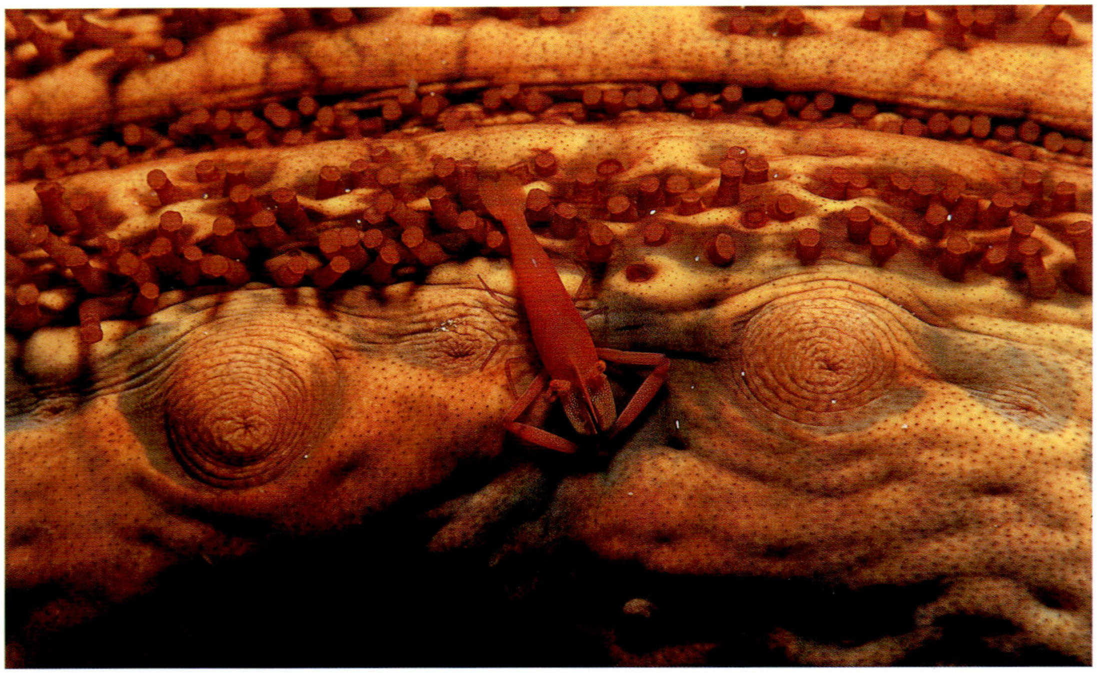

*Der Pfauen-Kaiserfisch (*Pygoplites diacanthus*) ist einer der farbenprächtigsten aus der Kaiserfischfamilie. Er ist meistens allein oder paarweise und hält sich bei schützenden Spalten auf (oben).*
*Ein typisches Makromotiv für »Jäger mit der Lupe«: die Imperator-Partnergarnele (*Periclimenes imperator*) lebt kommensal auf verschiedenen Wirten oder, wie hier, auf einer Seegurke (unten).*

Mafia-Insel

Man hat die Mafia-Insel ein »seichtes Pemba mit mehr Fischen« genannt. Die Tiefe übersteigt tatsächlich selten die 30 m, und der Fisch- und Pflanzenreichtum ist mit über 400 Fischarten und 50 verschiedenen Korallentypen wirklich außergewöhnlich. Die weitläufigen und unterschiedlichen Riffe in der Südostregion bei **Chole Bay** 7 wurden 1995 zu Tansanias erstem marinen Nationalpark erklärt und sind trotz aktueller Bedrohungen in gutem Zustand. Obwohl die Korallenbleiche die von Geweihkorallen beherrschten Riffe von Mafia schwer getroffen hat, sind die übrigen Riffe doch erstaunlich gut erhalten. Die Suppen- und Echten Karettschildkröten brüten hier jedenfalls noch, und das Sprengstofffischen hat die Ufer von Mafia kaum berührt.

Die herrlichen Korallengärten, Wände, Pfeiler und Höhlen um Chole Bay sind ein Schlaraffenland für Schwärme von Riffbarschen, Füsilieren, Fahnenbarschen, Falter- und Kaiserfischen sowie für jeden nur denkbaren Riff-fisch im Indischen Ozean. Ungewöhnlich viele Nacktschnecken und Plattwürmer tragen zum tropischen Farbenrausch an diesen Riffen bei. Die Gezeiten befördern die größeren Schwärme der Zackenbarsche, Meeresschildkröten und pelagische Fische in die Bucht hinein und heraus und ermöglichen spannendes Tauchen durch eine natürliche Öffnung im Riff, den so genannten Kinasi-Pass.

Bei Ebbe kann der **Kinasi Pass** 8 tückisch sein, aber bei Flut oder Stauwasser ist es die erste Adresse von Südmafia. Die Höhlen, Wände und Überhänge beherbergen viele junge Barrakudas und verschiedene Stachelmakrelen, größere Sportfische und Kartoffel-Zackenbarsche, dazu großflächig und dicht gesunde Schwämme und Korallen. Der Tauchgang beginnt beim alten *Porites*-Turm The Pinnacle, wo mächtige Muränen und riesige Fledermausfische hausen. Man treibt in 18 bis 26 m Tiefe westwärts zur Wand, wo Fische in der Flut jagen. Saumriffe liegen nördlich und südlich vom Pass, mit ursprünglichen Beständen von Geweih- und großen Tischkorallen. Unter den Rochen und Meeresschildkröten sieht man oft

Die Mafia-Insel bietet spektakuläres Flachwassertauchen und beherbergt ein vielfältiges Pflanzen- und Fischleben. Über 400 Fischarten und 50 Korallentypen sind registriert worden.

Mondflossen-Zackenbarsche (*Variola louti*) und Papageifische.

Dindini Wall 9 ist eines der vielen spektakulären Tauchgebiete im Archipel vor Chole Bay. Der obere Wandbereich ist mit Gorgonien, der untere mit Peitschenkorallen geschmückt. Die Höhlen, Grotten und Überhänge beherbergen Napoleon-Lippfische und Zackenbarsche. Dieses Riff liegt dicht bei einem Dropoff, man achte also im Blau auf Seglerfische, große Tunfische und Delfine.

Die Riffe weiter draußen im Südosten vor Mafia Island sind in den letzten Jahren erkundet und kartiert worden und jetzt das Ziel von Tauchveranstaltern und Kreuzfahrtschiffen. **The Lighthouse** 10, vor Ras Mkumbi im Norden, besteht aus mehreren kleinen Wänden, Korallengärten und Überhängen. Es ist ein Paradies für Naturschützer und wird von großen Meeresschildkröten und selteneren Arten wie Langmaul-Pinzettfischen (*Forcipiger flavissimus*) aufgesucht. Seglerfische und Riesenzackenbarsche sind an den exponierteren Riffen zu sehen.

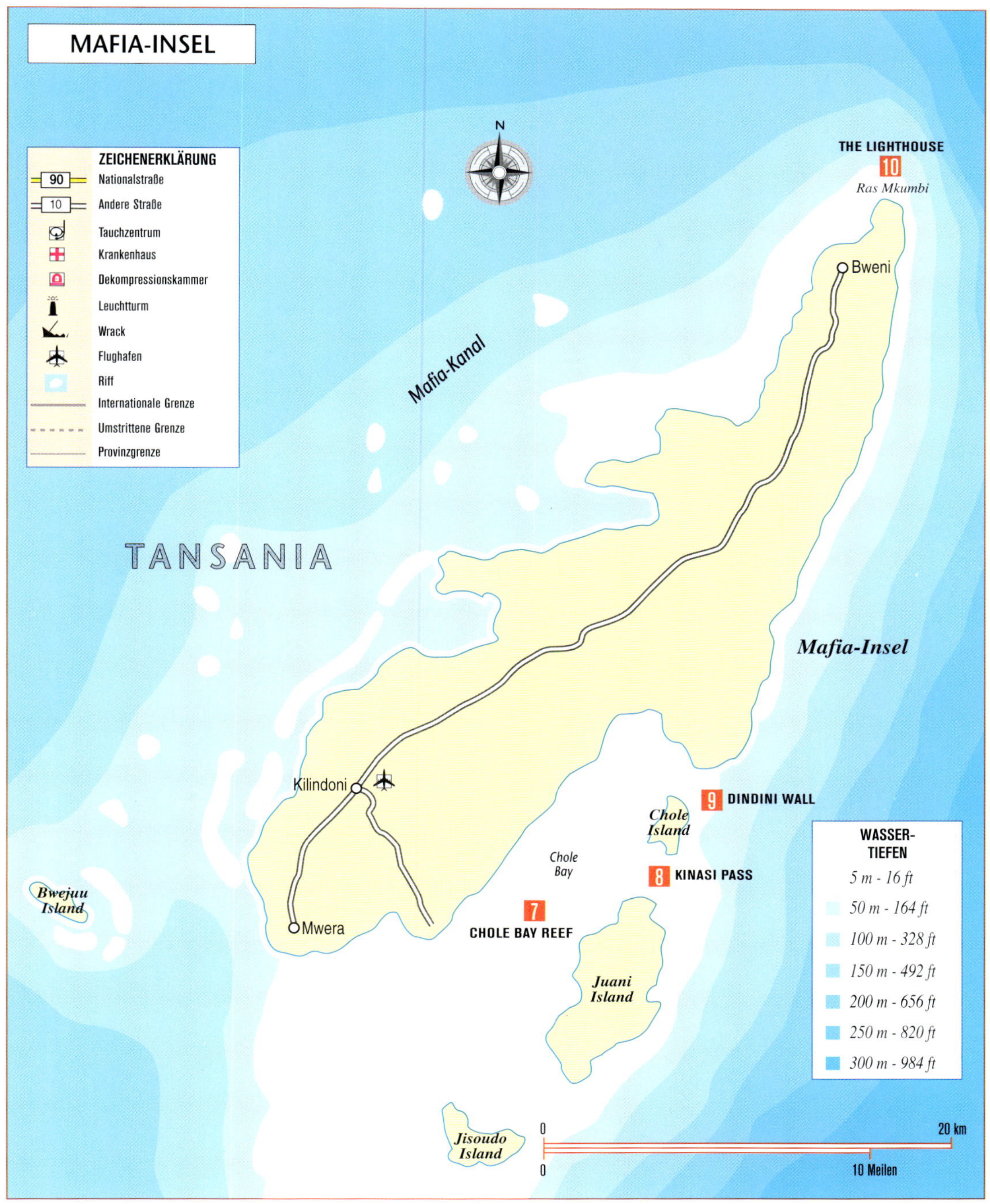

Seychellen

Lawson Wood

Allein der Name ruft Bilder von palmengesäumten, weißen Sandstränden, kristallklarem Wasser, Korallenatollen und bunten Tropenfischen hervor. Und die Bilder werden Wirklichkeit, wenn man auf Mahé landet, der Hauptinsel der Seychellen, nur vier Grad südlich des Äquators.

Die Seychellen sind das, was übrig geblieben ist, als Afrika sich vor 650 Millionen Jahren von Indien löste. Die fast ganz aus Granit bestehenden Hauptinseln haben kaum oder keine schützenden Saumriffe. Bird Island ist die einzige echte Koralleninsel in der Nordgruppe. Alle anderen Gruppen sind Korallenatolle, auch die Amiranten, Farquar und natürlich Aldabra, eines der größten Korallenatolle der Welt.

Auch die geografische Lage der Inseln hat eine abwechslungsreiche Vergangenheit begünstigt. Die Bewohner der Seychellen stammen von Indern, Europäern, Asiaten und Afrikanern ab. Die Ursprünge sind so vielfältig, dass man die Klassifizierung 1911 aufgab. Die-

Das allgemeine Profil der Seychellen zeigt Granitblöcke, die sich unter Wasser fortsetzen, wo man niedrige Krustenkorallen und Schwämme findet (oben links).
Der Yachthafen von Victoria, der Hauptstadt der Seychellen. Das kristallklare Wasser ist Brutplatz für viele Fischarten (oben rechts).

ses erstaunliche Rassengemisch erklärt auch die entspannte, gastfreundliche Art, wo selbst die Sprache vom Französischen, Englischen und Kreolischen abweicht, der Sprache der Leute auf der Straße, der Märkte und der Küchen.

Arabische Händler und Piraten haben die Inseln aufgesucht, um sich zu verproviantieren. Erst 1770, als die ersten französischen Siedler sich mit ihren afrikanischen Sklaven niederließen, begann der Mensch die Inseln zu prägen. Auf die Franzosen folgten die Briten, die die Seychellen 1903 zu einer eigenen Kronkolonie machten. 1977 wurden sie schließlich nach einem Staatsstreich von France-Albert René eine eigenständige Nation. Die Republik Seychellen ist heute ein unabhängiges Land mit einer Mischung ethnischer Neigungen, die zu einer eindeutig seychellischen Kultur geführt haben.

Die Seychellen sind der menschlichen Besiedlung bis zum frühen 18. Jahrhundert entgangen. Ihre Isolation im Meer erklärt die vielen seltenen Tier- und Pflanzenarten inmitten üppiger Vegetation. Auf einigen abgelegenen Inseln leben zahlreiche endemische Vögel. Die Inselgruppe ist mit über 900 registrierten Fischarten eine Oase für Meeresleben. El Niño hat den inneren Korallenriffen schwer zugesetzt, die äußeren Granitblockbereiche haben sich jedoch gut erholt. Der Auftrieb hat auch die Zahl der Fische an den seichteren Riffen erhöht, was die schlechtere Korallenqualität mehr als ausgeglichen hat.

Das subtropische Vallée de Mai auf Praslin ist als Garten Eden gepriesen worden. Das Tal ist Weltkulturstätte und für seine vielen alten Baumexemplare wie die Meereskokospalme bekannt, deren Frucht, die Coco de Mer, bis 25 kg schwer werden kann. Ein Besuch auf La Digue, der Schwesterinsel von Praslin, ist wie ein Schritt zurück in der Zeit. Der Transport erfolgt mit dem Fahrrad oder Ochsenkarren. Die Insel ist das Zuhause einer Population riesiger Meeresschildkröten. Diese malerischen Inseln bieten mächtige Granitblöcke und Palmen, die das kristallklare, blaue Meer säumen. Beim Tauchen bei den Inseln vor Praslin, insbesondere South Felicité, trifft man auf Haie, Meeresschildkröten und Büffelkopf-Papageifische.

1 L'Ilot

Dieser kleine Haufen aus mit Palmen bestandenen Granitblöcken liegt an der exponierten Spitze der Beau Vallon Bay am North Point. Wegen der starken Strömungen kann man hier nur bei Stillwasser tauchen, aber der Steinhaufen wimmelt von Meeresleben. Die exponierten Flächen haben nur kleine Ansammlungen von Weichkorallen und sind vor allem mit Felsenaustern und Muscheln bevölkert. An geschützten Stellen dominieren Sternkorallen. Im tieferen Wasser findet man kleine Gorgonien. Wenn Wetter und Gezeiten mitspielen, lohnt L'Ilot vor allem nachts wegen der vielen Spanischen Tänzerinnen, Langusten und schlafenden Papageifische. Zwischen der kleinen Insel und dem Festland herrscht meistens stärkere Strömung, aber diese Ansammlung von Felsblöcken wimmelt von Leben. Kleine Pfeffermuränen ringen unter Tausenden von Tanzgarnelen um Platz, die so dicht aufeinander sitzen, dass die Jungen oft auf dem Kopf der Adulten hocken. L'Ilot liegt in der Nähe des Meeresparks von St. Anne, wo man häufig auf Walhaie trifft.

Zebra-Plattwürmer sind nur 2,5 cm lang und suchen auf Korallenriffen nach Nahrung. Sie weiden Algen ab und kriechen dabei ungestraft über Nesselzellen von Korallen.

2 Die *Ennerdale*

Die *Ennerdale* ist das Wrack eines ehemaligen britischen Hilfstankers, der 1963 in Kiel vom Stapel lief und 1967 von den Briten gechartert wurde. Sie hatte 29 189 t Verdrängung, war 216 m lang, 30 m breit und lief 16 Knoten. Geladen hatte sie 41 500 t Heiz- und Gasöl, um die HM-Fregatte *Andromeda* zu versorgen. Die *Ennerdale* war nur drei Jahre in britischen Diensten. Sie sank am 1. Juni 1970 auf einer Sandbank, nachdem sie elf Kilometer vor Port Victoria auf einen nicht kartierten Felsen lief, der die Steuerbordseite aufriss.

Die 18 britischen Offiziere und 42 Mann Besatzung der *Ennerdale* konnten sich retten. Das als Schifffahrtshindernis geltende Wrack wurde zerstört und liegt jetzt in drei Teilen in 30 m Tiefe. Getaucht wird meistens beim Heck, wo das Schiff noch einigermaßen intakt ist und Ruderhaus und Schraube zugänglich sind. Die Aufbauten sind größtenteils offen und werden allmählich von Weich- und Steinkorallen besiedelt, einige der oberen Abschnitte vor allem von Feuerkorallen. Beim Abstieg zum Schiff kommen immer mehr Langflossen-Fledermausfische (*Platax teira*) hinzu, die dem Taucher überallhin folgen.

Am Bug versammeln sich oft Stechrochen und kleine Weißspitzen-Riffhaie, die jedoch das Weite suchen, sobald man sich nähert. Die verkeilten Aufbauten sind ziemlich offen und können daher relativ sicher erkundet werden. Wegen der durch die Tiefe des Wracks bestehenden Beschränkungen ist es besser, zurück zum Heck zu schwimmen, wo zahllose Muränen, Fledermausfische und Goldstreifen-Schnapper (*Lutjanus boutton*) zu Hause sind und um Aufmerksamkeit buhlen. Die Unterseite des Rumpfes ist mit großen Muscheln und Austern bedeckt.

3 South Felicité

Die südliche äußere Wand von Felicité hat ein blank geputztes Granitkliff, in dessen steil abfallender Wand Rinnen und Canyons eingeschnitten sind. Mit maximal 15 m Tiefe ist das Gebiet ideal für ausgedehnte Tauchgänge. An dieser exponierten Landzunge herrscht Hochseebrandung, es wird deshalb nur bei fast perfekten Bedingungen getaucht. Hauptattraktion ist hier die Chance, mit Grauen und Weißspitzen-Riffhaien sowie mit Ammenhaien zu tauchen, von denen immer mehrere zur Stelle sind. Nicht gestört von Tauchern, jagen sie im Flachwasser nach Rifffischen und kommen ziemlich dicht heran. Auch Meeresschildkröten sind gut vertreten.

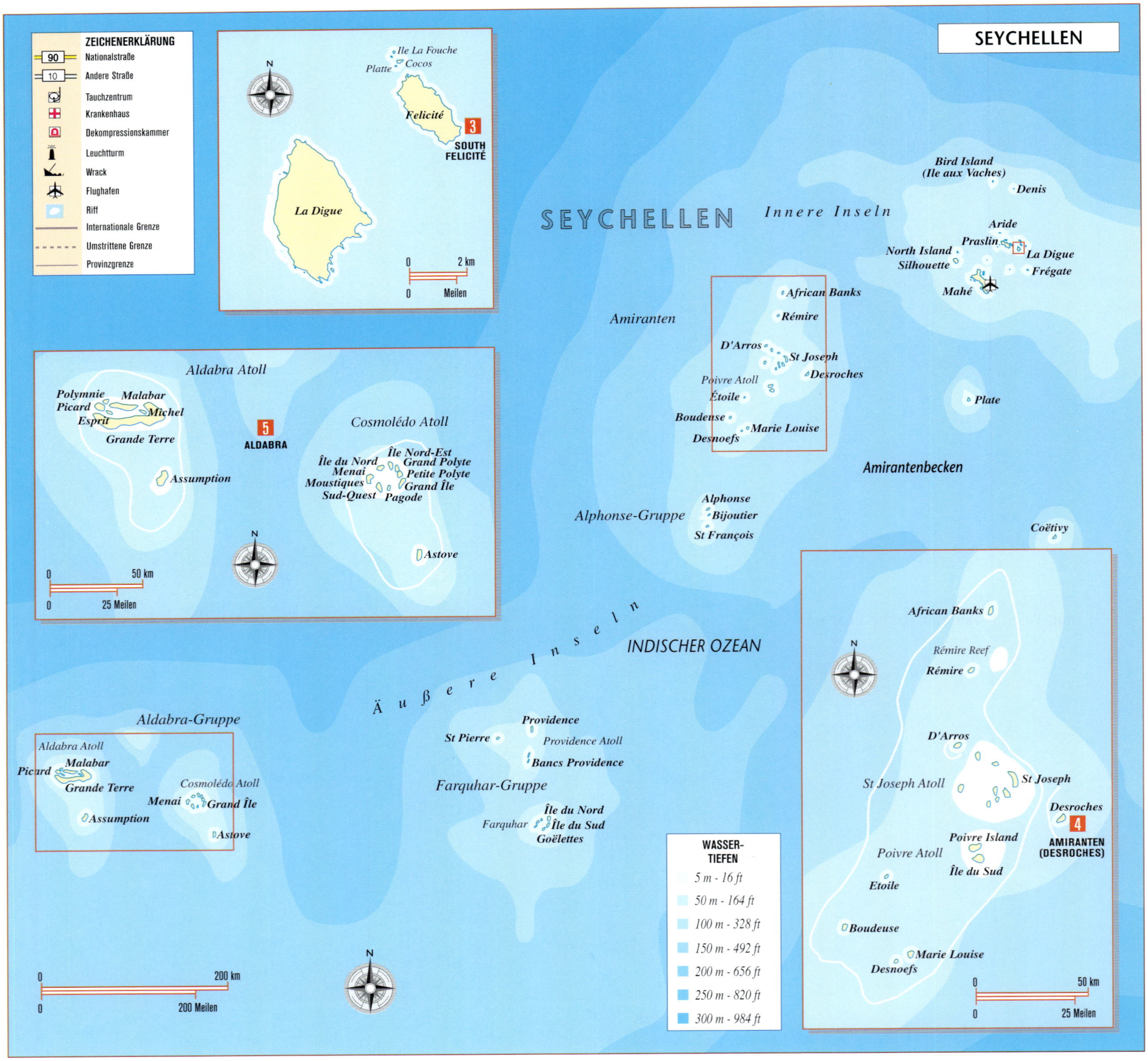

4 Amiranten

Die Admirals-Inseln, wie sie früher hießen, sind eine Gruppe von 17 Korallenriffen, Inselchen und Atollen. Desroches, die größte Insel, liegt an der Südseite eines großen submarinen Atolls. Getaucht wird nur vor Desroches, es sei denn, man ist auf dem einzigen Kreuzfahrtschiff der Gegend. Wind und Wellen haben den Riffkamm von Desroches gestaltet und Höhlen, Grotten, Überhänge, Rinnen und Canyons geschaffen. Taucher steigen am Riffkamm in diese Höhlen ein, dann hinab in die Haupthöhle zu Schwärmen von Fledermausfischen, Bengalen-Schnappern und schlafenden Ammenhaien und passieren schließlich den breiten Ein- und Durchgang zum Außenriff, wo sie leuchtend rote Gorgonien und Langnasen-Büschelbarsche antreffen. Auch mehrere Arten Anemonen- und Kugelfische sind hier zu Hause. Die Außenwand kann etwas trist wirken, aber in den von Wellen geschaffenen Senken wimmelt es von Meeresleben.

5 Aldabra

Aldabra ist eine Weltkulturstätte der UNESCO. Die Aldabra-Gruppe 1150 km südwestlich von Mahé sind vielleicht die unverfälschtesten Inseln im Indischen Ozean. Bis auf saisonale Naturwächter auf dem Hauptatoll gibt es dort keine Menschen. Nur Privatyachten und Kreuzfahrtschiffe verirren sich hierher. Einer der besten Tauchgänge führt bei Flut durch den Hauptkanal, wo die Taucher in die große Lagune gespült werden, vorbei an Schwärmen von Adler- und Stechrochen, Scharen von Haien und großen Zackenbarschen, die alle von vorbeiziehender Beute angelockt werden.

Walhaie

Nichts bereitet einen Taucher auf jenen Adrenalinschub vor, wenn er vom Boot ins Wasser steigt und sich einem Ungetüm aus der Tiefe gegenübersieht, das mit geöffnetem Maul und monströsen Haiflossen scheinbar direkt auf ihn losstürmt. Der Verstand sagt ihm, dass dieser Hai ein Planktonfresser ist, doch sein Instinkt sagt ihm, dass dies eindeutig ein Hai ist und die Wissenschaftler Unrecht haben könnten.

Der Walhai (*Rhincodon typus*) ist das größte Knorpeltier der Meere und ernährt sich von Kleinstlebewesen, da er fast ausschließlich Plankton frisst. Das Tier, der Gestalt nach weitgehend ein Hai, aber mit den Maßen eines Wals, hat eine feste Haut, Kiemen und einen senkrechten Schwanz, den es seitwärts bewegt und so den Vortrieb erzeugt. Als größter Vertreter der Haifamilie ist es auch das größte Knorpeltier und der größte Kaltblüter der Welt. Wale sind dagegen warmblütige, Luft atmende Säugetiere mit Haut, Haaren und einem großen waagerechten Schwanz, den sie auf und ab bewegen, um Vortrieb zu erzeugen.

Mein erster Walhai gehörte zu einer großen Gruppe, wie sie jedes Jahr im St.-Anne-Nationalpark vor der Insel Mahé in den Seychellen zusammenkommen. Wenn sich Taucher nähern, macht der Hai eventuell mitten im Wasser Halt und »stellt« sich auf den Schwanz. Versuchen Sie nie, seine Flossen anzufassen oder auf ihm zu reiten. Er reagiert wie bei einem Angriff von hinten, und ein 20-t-Hai, der losprescht, kann Sie mit einem Flossenschlag wie ein Stück Treibgut zur Seite peitschen.

Das Walforschungsinstitut hat uns Instruktionen zum Umgang mit Walhaien gegeben, sodass die Tiere weder geängstigt noch geschädigt werden. Wenn der Hai ruhig ist oder sich langsam bewegt, können Sie auf seinen Kopf zuschwimmen, damit er Sie begutachten kann. Wenn er Sie nahe genug heranlässt, können Sie ihn vorsichtig oben am Kopf streicheln. Das scheint ihm zu gefallen (als wären Sie ein Putzerfisch), und er steigt langsam zur Oberfläche, um weitere Interaktionen zuzulassen. Das Gefühl, neben dem größten Knorpeltier der Meere zu schwimmen, ist unbeschreiblich. Wir lernten bald, wie schnell es schwimmt, als wir versuchten, mit ihm mitzuhalten. Wir beobachteten das Wechselspiel mit Hunderten von Schiffshaltern, Kobias, Gold-Stachelmakrelen und unzähligen anderen Stachelmakrelen, die es umschwärmen und sich vom Gebräu aus Nesselplankton und Rippenquallen ernähren. Wir erkannten bald, wie unbedeutend wir im Vergleich mit diesen sanften Riesen waren, die die Meere durchstreifen. Und dann machten die Haie gerade so lange Halt, dass wir zu ihnen aufschließen konnten, und erlaubten uns, sie am Kopf zu kraulen.

Dann waren wir wieder an Bord, atemlos vor Erregung, mit glänzenden Augen und über das ganze Gesicht grinsend, und jemand fragte, »ist das wirklich wahr?« Ich konnte nur lächeln und spulte rasch den Film zurück, um für das nächste Abenteuer meines Lebens bereit zu sein.

Der Tschagos-Archipel

R. Charles Anderson

Tschagos, eine abgelegene Gruppe von Atollen und Riffen, liegt 480 km südlich der Malediven im zentralen Indischen Ozean, einer der unzugänglichsten Plätze der Welt.

Der Archipel besteht aus fünf Atollen sowie zehn Riffen und Sandbänken. Etwa 50 Inseln sehen so ähnlich wie bei den Malediven aus. Auf Diego Garcia, dem südlichsten Atoll, befindet sich eine US-Militärbasis. Die übrigen Inseln sind unbewohnt. Wegen des Militärs ist der gesamte Archipel für Besucher gesperrt.

Franzosen und Briten beanspruchten die Inseln im 18. Jahrhundert für sich. Die Franzosen legten auf einigen Inseln Kokosplantagen an. Die Einnahme von Mauritius 1810, von wo die Franzosen den Tschagos-Archipel verwalteten, brachte die Inseln unter britische Herrschaft, was 1814 in Paris auch vertraglich festgehalten wurde. Die Tschagos-Inseln sind bis heute britisch und heißen offiziell Britisches Territorium im Indischen Ozean.

1966 schlossen Großbritannien und die USA ein Abkommen, das den USA für 50 Jahre die Nutzung der Inseln zu Verteidigungszwecken erlaubte. Die Plantagen wurden geschlossen, die Arbeiter 1970 nach Mauritius zwangsumgesiedelt. 2000 sprach der Hohe Gerichtshof in London den deportierten Inselbewohnern das Recht auf Rückkehr zu.

Die britische Regierung prüft gegenwärtig, ob die Tschagos-Inseln wieder besiedelt und kommerzielle Aktivitäten zugelassen werden können. Eine Möglichkeit ist der Tauchtourismus. Vorerst aber sind kommerzielle Tauchfahrten noch verboten. Wer bei den Tschagos-Inseln tauchen möchte, muss sich einer genehmigten wissenschaftlichen Expedition anschließen oder mit seiner Privatyacht anreisen. Das Tauchen bei den Tschagos-Inseln ist dem bei den Malediven sehr ähnlich. Ein paar interessante Unterschiede bestehen jedoch. Die Malediven haben nicht die submarinen Riffe im offenen Meer, die bei den Tschagos-Inseln so häufig sind. Außerdem sind die Tschagos-Inseln die Heimat einiger Meerestiere, die es nirgendwo sonst gibt, wie dem Tschagos-Anemonenfisch (*Amphiprion chagosensis*).

Die Tschagos-Inseln sind, wie die Malediven, ein riesiges Tauchgebiet. Ich habe aus der unübersehbaren Fülle einige unterschiedliche Gebiete aus den drei Hauptatollen ausgesucht. An einigen Inseln kann man zwar vom Strand tauchen, aber ansonsten braucht man für diese Gebiete ein Boot.

Der Nordostteil des Peros-Banhos-Atolls. Die meisten dieser Inseln wurden zum Schutz der Seevögel zu Naturschutzgebieten erklärt (oben links).

Anlegen am Salomon-Atoll. Es ist ein beliebter Ankerplatz, und es liegen bis zu 20 Yachten auf einmal hier (oben rechts).

1 The Pass (Salomon-Atoll)

Salomon ist ein nur 8 km langes Atoll, jedoch fast vollständig eingeschlossen. Es bietet folglich besonders sichere Ankerplätze und ist bei Seglern entsprechend beliebt. Der einzige Zufahrtskanal an der Nordseite ist zwar breit, aber nur 6–8 m tief. Er bietet großartiges Tauchen. Die Flut bringt klares Wasser von außen und auch ein bisschen Sicherheit, denn die Strömung trägt einen in das Atoll. Am Außenrand des Kanals stürzt das Riff fast senkrecht in die Tiefe. Beim Rand gibt es herrliche *Acropora*-Tischkorallen, die nach unten hin von schönen Gorgonien ersetzt werden. Hier sollte man auf den Tschagos-Anemonenfisch achten, der Riffabhänge zu flacheren Riffdächern bevorzugt. Wahrscheinlich sieht man hier auch Haie.

2 Mapou Garden (Peros-Banhos-Atoll)

Dieses kleine geschützte Riff liegt an der Innenseite der Île Mapou, in der Nordwestecke des Peros Banhos Atolls. Hier bietet eine ruhige, nur 8 m tiefe Bucht viel Grundzeit zwischen Sand und Korallen. Es ist das ideale Terrain für den Makrofotografen, der verborgene Lippfische und Grundeln jagt und Nacktschnecken und Plattwürmer sucht. Es eignet sich besonders gut für einen Zweittauchgang nach einem Tieftauchgang am Außenriff oder wenn es draußen zu rau ist.

3 Vienna Rock (Peros-Banhos-Atoll)

In der Südwestecke des Peros Banhos Atolls liegt Île Vache Marine. An der Nordseite dieser kleinen Insel gibt es ein sehr gutes Tauchgebiet, Vienna Rock. Man kann vom Strand tauchen, doch ein kleines Boot erleichtert die Sache. Vienna Rock ist ein Korallenpfeiler, der von 15 m bis 8 m unter die Oberfläche aufragt und Meeresleben pur bietet. Die Wände sind dicht mit Gorgonien bewachsen, und in ihrem Schatten bereitet ein dicker Teppich aus Schwämmen und Seescheiden die Jagdgründe für Makrofotografen. Weiter draußen fällt der Sandboden sanft ab, Lebensraum für viele andere faszinierende Geschöpfe.

4 Middle Brother (Great Chagos Bank)

Die Great Chagos Bank ist ein riesiges Labyrinth submariner Korallenriffe. Die Three Brothers bestehen aus vier(!) kleinen Inseln an der Westseite der Bank. Weil der Atollring der Great Chagos Bank lückenhaft ist, brandet das Meer von allen Seiten hinein. Manchmal bietet keine Seite Schutz zum Ankern. Ein Ankerplatz liegt an der äußersten Südostseite des Middle-Brother-Riffs. Da ist man gleich bei einer üppigen Korallenwand und über einer flachen Riffstufe aus Sand und Korallen in 18 m Tiefe. Der Einstieg ist einfach – man springt vom Boot in einen mit Korallen ausgelegten Swimmingpool mit über 30 m Sicht. Auf dem Haupthang des Riffs gibt es herrliche Steinkorallen, darunter auch *Heliopora*-Korallen, und einige ungewöhnliche Schwämme. Mehrere Arten Papageifische, zahllose Stachelmakrelen, Kaiserfische und Meerbarben sind zu sehen.

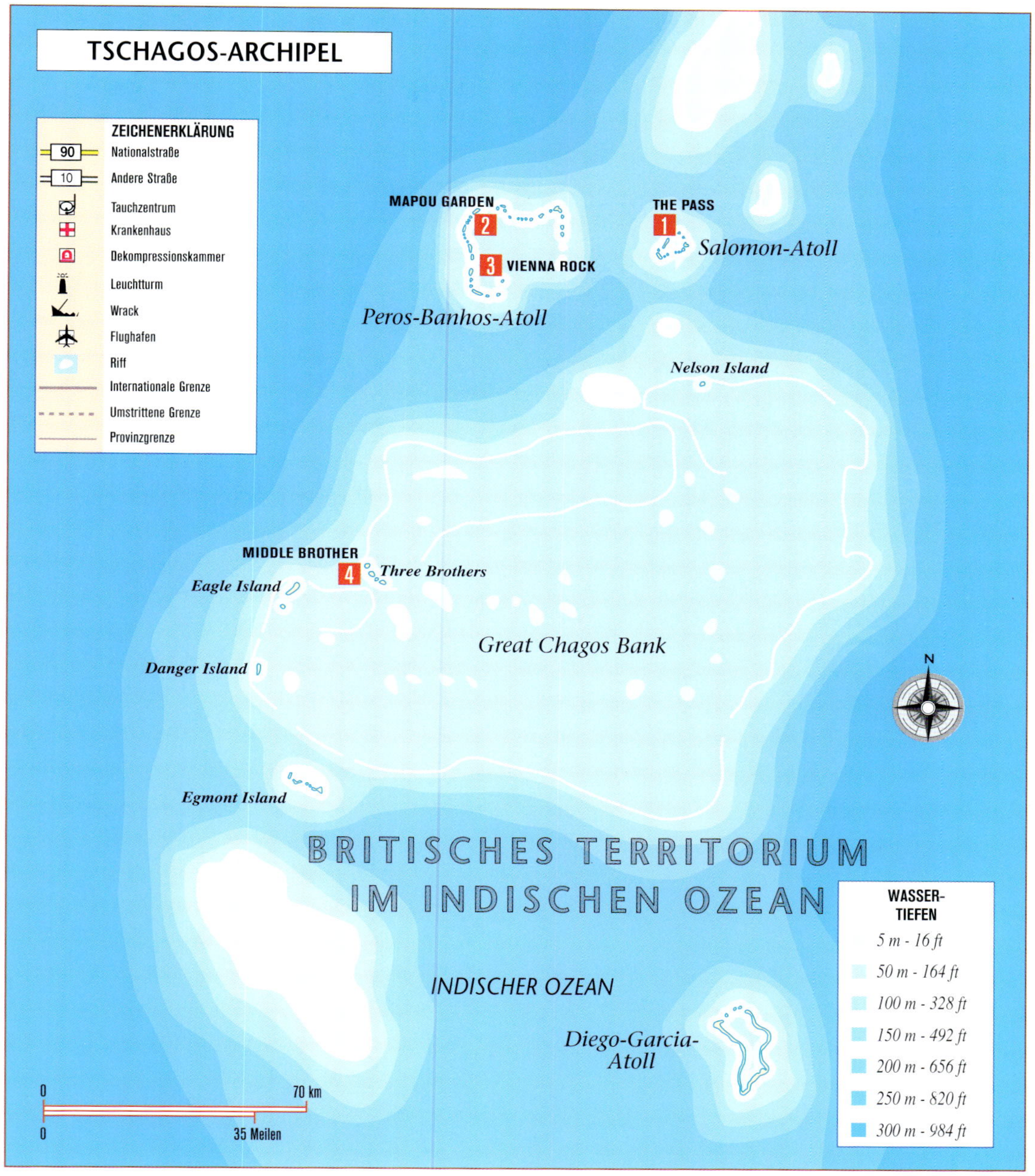

Ein Taucher untersucht die Nordseite des Vienna Rock im Peros-Banhos-Atoll. Diese Seite ist mit Gorgonien geschmückt.

Mauritius

Alan Mountain

Obwohl Mauritius beim Vergleich mit den Seychellen, Malediven und Kenia manchmal schlecht abschneidet, kann man dort großartig tauchen. Hier kann man mit Gefleckten Adlerrochen (*Aetobatus narinari*) spielen, Haie bei der Jagd beobachten, durch Gorgonienwälder schwimmen, umherwandernde Indische Walkman (*Inimicus filamentosus*) sehen, die ihre schönen Flügel stellen, wenn sie sich bedroht fühlen, und durch Kamine und Canyons voller Langusten schwimmen. Man kann die Kraft und Entschlossenheit der Tunfische, Wahoo (*Acanthocybium solandri*) und selbst der Speerfische spüren. Die ruhige Zurückhaltung der zahllosen Stachelmakrelen, die den Taucher kurz umkreisen und dann abdrehen, wirft die Frage auf, ob ihre Neugier befriedigt wurde.

Tauchen in Mauritius hat aber noch eine andere Seite. Die Insel hat einige der lockersten und liebenswertesten Tauchzentren weltweit, die trotzdem professionell und auf hohem Stand betrieben werden. Hier ist man keine Nummer oder irgendein Taucher, der in einer Schlange wartet, um dann von einem Tauchlehrer in ein Tauchgebiet begleitet zu werden, der zu einem Automaten geworden ist. Die Tauchzentren, die zumeist in Hotels untergebracht sind, haben normalerweise eine 6-Tage-Woche mit einem ersten Tauchgang um 9.30 Uhr und einem zweiten um 13.30 Uhr (je nach Bedarf); entsprechend geschulte Taucher können also einen Tauchgang nach ihrer Wahl vereinbaren.

Die Île aux Benitiers bietet im klaren Wasser der Lagune gutes Schnorcheln, das die Ufer von Le Morne umspielt (oben links).
Die Küste von Mahébourg bietet den Zauber einer tropischen Insel in einem Riesenbecken mit türkisfarbenem Wasser, wo Taucher auch andere Wassersportarten ausüben können (oben rechts).

Mauritius ist eine kleine Insel, und die Anfahrt zu den Tauchgebieten ist relativ unproblematisch. Bis auf die Südküste, wo die Korallenriffe nicht so entwickelt sind, bietet Mauritius interessante Tauchgebiete rund um die Insel. Am beliebtesten sind die an der West- und Nordküste.

Südwestregion

Die Südwestregion reicht von südlich der Halbinsel Le Morne bis zum Black River. Der Meeresboden ist sandig und mit Korallenflecken und Felsen durchsetzt, die von Korallen überzogen sind. Bemerkenswert ist, dass fast 60 Prozent der Korallen dieser Subregion ihre Polypen tagsüber ausfahren, um Zooplankton aus dem Wasser zu filtern, was dem Makrofotografen interessante Motive beschert.

Westküste

Das beste Tauchgebiet vor der Westküste findet man oberhalb des Black River direkt nördlich von Flic en Flac. Getaucht wird in einem ziemlich kompakten Gebiet mit einer Reihe typischer, mehr oder weniger paralleler Terrassen. Sie bestehen aus Felsblöcken, die mit kleinen Grotten, größeren Höhlen, Bögen, Kaminen und Tunnels durchsetzt sind und zu einem steilen Dropoff führen, wo einige Tauchgänge bis auf 60 m hinunter gehen. Zu den Spitzengebieten gehören **Couline Bambou** [1], **Cathedral** [2] und **Shark Place** [3].

Der Inselnorden

Im Norden der Insel liegen die besten Tauchgebiete zwischen Pointe aux Piments im Süden und Pointe l'Hortal im Norden, wobei die im offenen Meer liegenden Inseln von Grand Baie dem erfahrenen Taucher einiges zu bieten haben. Dieser Teil der Insel ist bei Urlaubern sehr beliebt, mit langen, weißen Stränden im Westen und dem Touristenrummel bei Grand Baie im Norden. Im Westen ist der Meeresboden sandig, getaucht wird meistens an Felsen oder am Barriereriff und dem Dropoff. Im Norden ist der Boden ein vulkanischer Schelf, der von der Hauptinsel zu den Inseln im offenen Meer reicht und reichlich mit Korallen überkrustet ist. Topgebiete sind das Wrack der ***Stella Maru*** [4], **Stenopus Reef** [5], **Aquarium** [6], **Tortoise** [7], das ***Silver-Star*-Wrack** [8] und **Gunner's Quoin** [9].

Der Norden der Insel ist gut vor den vorherrschenden Südostwinden geschützt, sodass man das ganze Jahr tauchen kann.

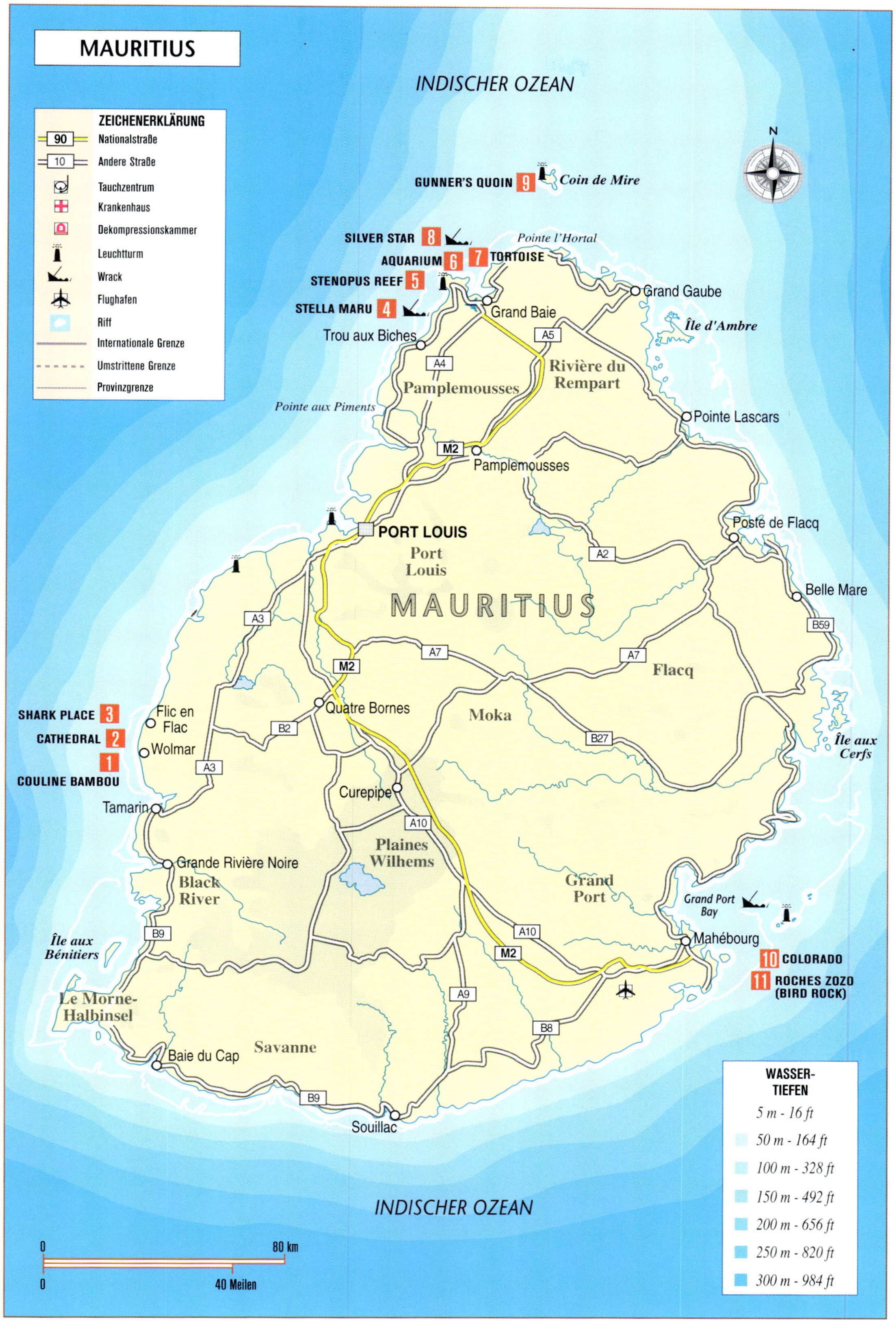

Osten

Im Osten gibt es einige fantastische Tauchgebiete, die allerdings wetterabhängig sind. Im Süden liegen einige der besten Gebiete vor Mahébourg. Die Topgebiete sind **Colorado** 10, ein Mini-Grand-Canyon im Meer, und **Roches Zozo** 11, das Tunnel, Canyons und einen riesigen Bogen aufzuweisen hat.

Husarenfische (Sargocentron caudimaculatum) *sind an äußeren Riffabhängen häufig (oben).*
Die Stella Maru *wurde in den 1980ern gezielt versenkt und ist noch gut in Schuss. Sie ist eines der Topziele nördlich der Insel (Mitte).*
Der Indische Clown-Junker (Coris frerei) *ist ein ungewöhnlicher Lippfisch mit ganz verschiedenen Färbungsphasen. Er schwimmt oft allein (unten).*

Mosambik

Stefania Lamberti

Die Riffe an der 2500 km langen südostafrikanischen Küste waren durch den Bürgerkrieg in Mosambik lange vor Raubbau geschützt, vergessen und unberührt. Das Land wurde geplündert, die aufgegebenen Ferienanlagen von Flüchtlingen gestürmt, doch die Riffe vor der Küste gediehen und wurden zu einer Unterwasserwunderwelt. Die zwischen der äquatorialen tropischen und subtropischen Zone Südafrikas liegenden Riffe sind dem gefährlichen Temperaturanstieg entgangen, der zur großen Korallenbleiche geführt hat. Diese ursprünglichen Riffe sind ein Paradebeispiel für unberührte Meeresumwelt.

Ponta Do Ouro

Diese blühende Grenzstadt gleich hinter der Grenze zu Südafrika war früher einmal ein beliebtes Urlaubsziel, bis der Krieg das Land verwüstete. 1994 wurde sie wieder aufgebaut, und auch wenn es ein aufstrebendes Zentrum mit einer Bank, Restaurants, renovierten Hotels, Pensionen und einem großen Camping-

Ponta do Ouro ist seit 1994 zugänglich und ist vom kriegsgeschundenen Dorf zum belebten Tauchziel geworden (oben links).
Die Mündung des Inhambane ist eine riesige, stille Süßwasserlagune mit Mangroven, kleinen Inseln und Sandbuchten, wo violette Muscheln unter dem Sand liegen (oben rechts).

platz ist, bleibt es doch ein einfaches Dorf am endlosen Strand, der die Ostküste Afrikas säumt. Es ist eins von Mosambiks beliebtesten Tauchzielen geworden. 33 ganz unterschiedliche Riffe begleiten die Küste und bieten einmalige Erlebnisse unter Wasser. Alle Gebiete sind mit dem Boot vom Strand von Ponta do Ouro und Ponta Malongane zu erreichen. Auf der Rückfahrt nach dem Tauchen hat man die Chance, einen Walhai oder die ansässige Delfinherde zu beobachten.

1 Bass City

Fünf Korallenfelsen in 25 m Tiefe sind das Reich eines untersetzten Kartoffel-Zackenbarsches und seines Harems. Bert, wie er genannt wird, verteidigt es zwar gegen Eindringlinge, heißt Taucher jedoch willkommen. Neugierig sucht er sich vielleicht einen Taucher heraus und beknabbert blinkende Gegenstände wie Lampen, Uhren oder Kameras. Im Gefolge hat Bert junge Gold-Stachelmakrelen, die aus dem Schutz seines mächtigen Körpers auf im Sand versteckte Krebse und Weichtiere vorstoßen.

Die fünf Felsen sind mit Schwämmen und Algen bedeckt, die sich in der Dünung wiegen. Muränen suchen in Spalten Schutz, oft von Putzergarnelen begleitet. Tausende von Glasbarschen und kleinen Fischen bilden zum Schutz dichte Wolken, sind für die schnellen Zackenbarsche aber leichte Beute. Wo das Riff auf den sandigen Boden trifft, liegen regungslos Feuerfische und lauern auf ahnungslose Opfer. Unter einer dünnen Sandschicht warten Stech- und Zitterrochen auf ihre Chance zuzuschnappen.

2 Pinnacles

Pinnacles liegt, 12 km von Ponta do Ouro, etwa 4 km vor der Küste. Mit 40 m Tiefe ist es erfahrenen Tauchern vorbehalten. Das Riff bietet reichlich Korallen, Gorgonien, Schwärme von Schnappern und glitzernden Sportfischen, doch sie sind nicht der Grund für die Beliebtheit dieses Tauchgebiets. Die Taucher wollen Haie sehen: Stier-, Silberspitzen-, Schwarzspitzen- und gelegentlich Tigerhaie.

Die Tiefe lässt nur kurze Tauchgänge zu, und viel zu früh muss man zurück, doch der Unterwasserzauber folgt den Tauchern bis nach oben. In Schwärmen kommen und gehen Sportfische, Haie folgen den Tauchern vielleicht eine Weile, und wer Glück hat, macht die flüchtige, aber aufregende Bekanntschaft mit einem Speer- oder Seglerfisch.

*Der Tomaten-Zackenbarsch (*Cephalopholis sonnerati*) ist stämmig mit großer Schwanzflosse, mit deren Hilfe er auf seine Beute zuschießt (oben). Der Leopardenhai (*Stegostoma fasciatum*) ist ein eher friedlicher Riffbewohner. Körper und Schwanz sind dem Leben am Boden angepasst. Er ernährt sich von Weichtieren und Krebsen, die er mit kräftigen Kiefern zermalmt (unten).*

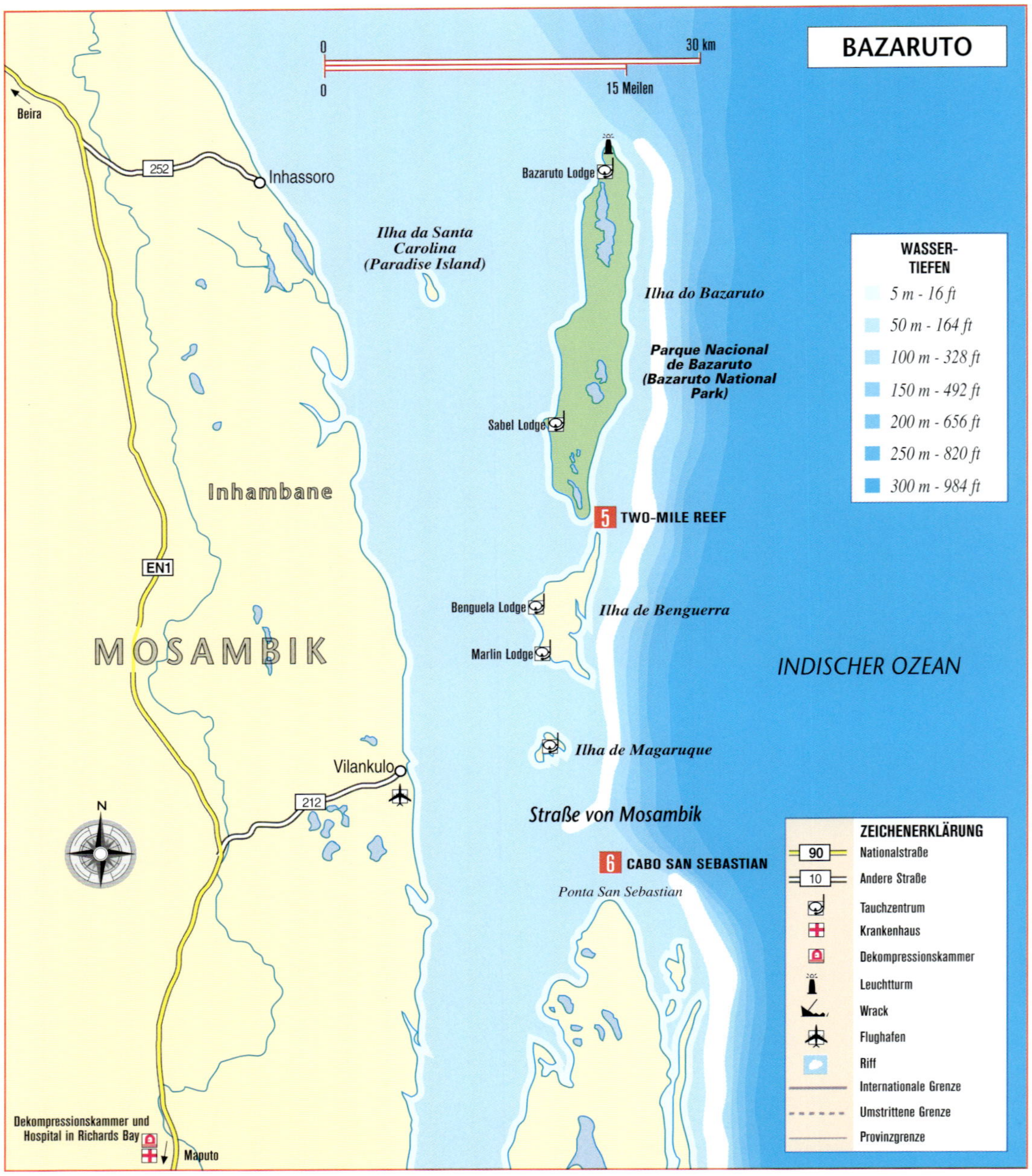

Ponta Da Barra

Die wilde Küste des mittleren Mosambik umgibt ein Zauber. Die Zeit scheint im Krieg stehen geblieben zu sein und dem Ort Inhambane und seiner Umgebung ein seltsames Nebeneinander von altem Portugiesisch und dem lokalen Dialekt bewahrt zu haben. Diese stille Enklave mit ihren ausgedehnten Mangroven, flachen Inseln und geschützten Buchten wurde erst Ende des 15. Jahrhunderts von portugiesischen Seefahrern entdeckt. Heute kommen nur Touristen, Taucher und Aussteiger zu den malerischen Stränden, die von sich wiegenden Kokospalmen gesäumt werden und den unberührten, wilden Riffen im blauen Meer, die von unglaublich vielen Meereslebewesen bevölkert sind. Dies ist der heimliche Schatz von Mosambik.

3 Mangroves

Ausgeprägte Gezeiten machen aus dem Sumpfland der geschützten Bucht von Inhambane ein wirres Labyrinth stiller Kanäle, die von Mangroven gesäumt werden. Viele Rifffischarten verbringen den Anfang ihres Lebens hier im Schutz der Baumwurzeln. Schlangensterne, Ringelwürmer und Kaurischnecken finden Schutz vor dem brandenden Meer. Die Pflanzen und Tiere hier haben sich der abwechselnd trockenen und nassen Welt angepasst. Die beste Zeit zum Tauchen ist gegen Ende des Hochwassers, wenn die Flut klares Wasser bringt und der Strom abebbt, bevor er dreht und wieder hinaus ins Meer stürmt. In den Kanälen hat man schon die äußerst seltenen Dugongs gesichtet.

4 The Office

Etwa 15 km vor der Küste, wo das Meer 25 m tief ist, bildet das Riff eine verschlungene, mit Korallen, Algen und Schwämmen überzogene Bank. Pelagische Arten kommen regelmäßig zum Fressen hierher. Zugweise warten Mantas darauf, geputzt zu werden, und im Blau darüber schwärmen anmutig Teufelsrochen. Hier halten sich die Harems der Kartoffel-Zackenbarsche und einzelne Leopardenhaie gern auf.

Bazaruto-Archipel

Die Sandbänke der afrikanischen Ostküste steigen und fallen an den Untiefen des Indischen Ozeans und bilden wogende Kanäle mit geschwungenen Inseln. Den früheren Seefahrern versprachen diese Inseln die Aussicht auf Sklaven, Perlen und Gewürze, für den anspruchsvollen Taucher von heute halten die Riffe einen Naturschatz mit üppigem Meeresleben bereit.

Der Bazaruto-Archipel liegt auf halbem Weg zwischen Mosambiks zwei großen Städten Maputo (Hauptstadt) im Süden und Beira im Norden. Die fünf Inseln dieser Gruppe – Santa Carolina, Bazaruto, Benguerra, Magaruque und das kleine Bangué – wurden vor etwa 30 000 Jahren vom Festland getrennt, als das steigende Meer die Niederungen zwischen dem afrikanischen Festland und den Sanddünen an der Küste voll laufen ließ. Jenseits dieser Wanderdünen wurden die überfluteten Sandbänke zu Sandstein, in den der Indische Ozean mit der Zeit ein Gewirr aus Höhlen und Rinnen fräste, die den Unterbau der tropischen Riffe des Archipels bildeten. Diese Riffe liegen parallel zur Linie der Inseln und reichen von 20 km nördlich von Santa Carolina bis Cabo San Sebastian, einem Vorgebirge südlich der Inseln. Leider haben Haifischflossenjäger den Weg hierher gefunden.

5 Two-Mile Reef

Zwischen den Inseln Bazaruto und Benguerra fällt das Riff bei Ebbe trocken. Gezeitenströ-

Die Dornenkrone (Acanthaster planci) *ist ein Riffräuber, der sich von Steinkorallen ernährt und ganze Riffe zerstören kann.*

Die Große Netzmuräne (Gymnothorax favagineus) *kann 1,5 m groß werden. Sie macht nachts Jagd auf Kraken.*

Peitschenkorallen-Zwerggrundel (Bryaninops youngei)*. Sie ist nur 3 cm lang und ernährt sich von Peitschenkorallen.*

mungen zwischen dem offenen Meer und den Untiefen zwischen Inseln und Festland können Wogen und schwankende Sicht bewirken. Die Flut bringt klares Wasser und einen endlosen Zug von Sportfischen wie Barrakudas und Stachelmakrelen mit sich.

Die Höhlen und Rinnen des Riffs bergen die verschiedensten Bewohner: Jungfische verstecken sich vor Fressfeinden, nachtaktive Fische wie Großaugenbarsche warten die Abenddämmerung ab und einige Haie ruhen sich aus. Weißspitzen-Riffhaie und Gewöhnliche Ammenhaie können Wasser über die Kiemen pumpen, wenn sie ruhen und im Schlaf atmen.

6 Cabo San Sebastian

Cabo San Sebastian ist das spektakulärste Tauchgebiet des Archipels – ein Riff, das nur mit GPS zu finden ist. Früher suchten nur Sportfischer diesen Ort auf. Als die ersten Taucher nach Cabo kamen, fanden sie die Geschichten der Fischer vom unglaublichen Fischreichtum bestätigt. Riesenschwärme von Sportfischen bevölkern das Wasser bis hinunter zum Riff in 30 m Tiefe. Kartoffel-Zackenbarsche von mehr als 1 m Länge bewachen ihren Harem, Graue Riffhaie patrouillieren an den Riffrändern, Meeresschildkröten ruhen in den Höhlen und über dem Riff schweben Mantas und warten darauf geputzt zu werden.

Das Rot und die großen Augen der Großaugenbarsche sind Zeichen für ihr nachtaktives Leben. Tagsüber sind sie in Höhlen.

Südafrika

Judy und Bruce Mann

Sodwana Bay

Diese Weltkulturstätte beherbergt wenige hundert Meter im Meer eine Kolonie von Quastenflossern. Sodwana Bay an der Ostküste Südafrikas, etwa 300 km nördlich von Durban im Greater St. Lucia Wetland Park, bietet sanften Tourismus über und unter Wasser. Es gibt über 340 Vogelarten und Großsäuger wie Elefanten, Büffel und Nashörner. Von Jesser Point erreichen Taucher mehrere Riffkomplexe, die etwa einen Kilometer vor der Küste parallel zum Land verlaufen. Im subtropischen Klima reichen die Wassertemperaturen von 21–28 °C. Die Sicht unter Wasser liegt zwischen 10 und 30 m. Die beste Zeit zum Tauchen in Sodwana Bay ist April bis Juni, aber es geht auch zu jeder anderen Jahreszeit.

Die enorme Biodiversität der Region geht auf die Lage in der Übergangszone zwischen dem warmen tropischen Norden und dem kälteren subtropischen Süden zurück. Der Agulhas-Strom einige Kilometer vor der Küste bringt warmes, tropisches Wasser nach Süden. Dank dieser wärmenden Wirkung können sich viele tropische Arten so weit südlich halten. Hunderte von Wirbellosenarten sind bestimmt worden, viele warten vermutlich noch auf ihre Entdeckung. Über 400 Knochenfisch- und 25 Knorpeltierarten sind aus der Region bekannt. Im Jesser Canyon vor Jesser Point hat man kürzlich in etwa 100 m Tiefe mehrere Quastenflosser entdeckt. Diese lebenden Fossilien haben sich seit über 300 Millionen Jahren kaum verändert und sind mit den Ahnen der ersten Landwirbeltiere verwandt.

Diese Luftaufnahme von Jesser Point zeigt den Startplatz, die Flussmündung und den Strand (oben links).
Sporttaucher beim Briefing vor der Bootsfahrt zum Aliwal Shoal vor Umkomas in KwaZulu-Natal (oben rechts).

1 Two-Mile Reef

Two-Mile Reef, 3 km vor Jesser Point, ist besonders für Tauchneulinge geeignet. Beim Abstieg zum Riff zwischen 12 und 18 m begegnen die Taucher Schwärmen von Zebra-Brassen (*Diplodus cervinus hottentotus*), Buckel-Schnappern (*Lutjanus gibbus*) und Bronzefarbene Süßlippen (*Plectorhinchus chubbi*). Sie stehen in Säulen im Wasser, die sich vor dem Taucher öffnen und um ihn schließen. Am Riff sind mehrer Höhlen und Überhänge sowie einige schwach konturierte flachere Gebiete zu erkunden. Die Sandfläche beim Riff birgt Sepien, die im Nu die Farbe wechseln, kleine Pracht-Schwertgrundeln (*Nemateleotris magnifica*) und Goldkopf-Schläfergrundeln (*Valenciennea strigata*). Das Riff ist auch ein gutes Nachttauchgebiet. Es verändert sich völlig, wenn die Nacht- die Tagschicht abwechselt. Korallenpolypen strecken die erstaunlich vielfarbigen Tentakel aus, und Husarenfische tauchen vorsichtig aus den Spalten auf, in denen sie sich tagsüber verbergen.

2 Five-Mile Reef

Five-Mile Reef, für den erfahreneren Taucher, ist etwas weiter vom Startplatz entfernt. Auf der Fahrt zum Riff kann man Walhaie, Meeresschildkröten, Delfine und eventuell sogar Buckelwale sehen. Buckelwale wandern, um im Herbst vor Südmosambik zu brüten, und kehren im Frühjahr zu den antarktischen Nahrungsgründen zurück, passieren Sodwana Bay also zweimal im Jahr.

Das Riff, zwischen 15 und 24 m tief, besteht aus mehreren Rinnen, Höhlen und Überhängen. Die kleinen bunten Nacktschnecken, Krabben, Fächerwürmer, Schnecken, Seesterne und kleinen Fische sind meistens gut getarnt. Die nördlicheren Riffe wie **Seven-Mile** 3 und **Nine-Mile** 4 bieten ähnlich viele Fische und Wirbellose, verschiedene Stein- und Weichkorallen und fast unberührte Riffe.

Aliwal Shoal

Der kleine Ort Umkomaas an der Südküste von KwaZulu-Natal etwa 50 km südlich von Durban besitzt mehrere Tauchresorts und -schulen. Man kann unter anderem im Flachwasser, mit Haien und zu Wracks tauchen. Aliwal Shoal ist etwa 4 km lang, 300 m breit und liegt parallel zur Küste. Die Sandbank ist eine ehemalige Sanddüne, die sich zu Strandgestein verfestigt

hat. Sie liegt etwa 5 km vor der Küste, umspült vom sauberen, warmen Agulhas-Strom und erlebt selten die Trübungen der Sommermonate in den küstennahen Gewässern. Die Tiefen liegen zwischen 5 und 35 m, je nach Gebiet, die Sicht zwischen 5 und 25 m. Die Wassertemperatur schwankt zwischen 18 und 24 °C.

Die Fahrt zum Riff kann spannend sein, denn der Start an der Mündung des Mkomazi verlangt vom Bootsführer eiserne Nerven. Am Riff herrscht meistens Strömung, sodass oft langes Strömungstauchen angesagt ist. Die Höhlen und Überhänge des Riffs erkundet man am besten an ruhigen Tagen mit wenig Wogen.

Das Riff bietet eine Vielfalt filtrierender Wirbelloser wie große Schwämme in verschiedenen Formen, kolonienbildende und solitäre Seescheiden, Manteltiere und Haarsterne sowie Rotalgen. In tieferen Regionen wiegen sich riesige Schwarze Korallen. In lichtarmen Bereichen unter Überhängen und in Höhlen sind orangefarbene *Dendrophyllia*-Korallen häufig. Auch einige andere Stein- und Weichkorallen sind gut am Riff vertreten. Man hat hier über 300 Knochenfischarten bestimmt, von denen einige nur hier vorkommen. Mächtige Kartoffel- und Riesen-Zackenbarsche sind am Riff anzutreffen, ebenso endemische Meerbrassen wie die Streifenbrassen (*Chrysoblephus puniceus* und *C. anglicus*). Über dem Riff kreisen oft sil-

*Ein Tiger- oder Streifenflossen-Zackenbarsch (*Epinephelus posteli*) lauert an einem Riff im Hinterhalt auf Beute (oben).*
*Ein Einsiedlerkrebs (*Aniculus maximus*) späht aus seiner Behausung, einem leeren Schneckenhaus. Die Tiere entwachsen dem Gehäuse und müssen dann in größere umziehen (unten).*

brige Sportfische wie Makrelen-Tunfische (*Euthynnus affinis*), Jello-Barrakudas (*Sphyraena jello*) und Kobias. Auch Delfine und Meeresschildkröten sind zu sehen. Am Riff sind auch einige farbenprächtige tropische und subtropische Fische wie Falter- und Kaiserfische zu Hause.

Aliwal Shoal ist berühmt für das Tauchen mit Haien. Jedes Jahr zwischen Juni und September sammeln sich hier Hunderte von Sandhaien (*Carcharius taurus*) im Zuge ihrer Brutwanderung vom Ostkap in die wärmeren Gewässer vor KwaZulu-Natal und Südmosambik im Norden. Das bedrohliche Äußere dieser Haie täuscht über ihre ziemlich ängstliche Art hinweg. Ihre spitzen, scharfen Zähne eignen sich zum Fassen von Fischen und Kalmaren, die sie am liebsten ganz verschlingen. Menschen greifen sie nur an, wenn sie gereizt werden. Taucher sollten dennoch allen Haien mit Respekt begegnen und die entsprechenden Verhaltensregeln beachten. Tigerhaie (*Galeocerdo cuvieri*) sind gelegentlich ebenfalls bei Aliwal Shoal zu sehen.

Die Wracks der *Nebo* und *Produce*

Nahe Aliwal Shoal liegen in maximal 30 m Tiefe das Wrack der ***Nebo*** [5], die 1884 sank, und der ***Produce*** [6], die 1974 unterging. Die *Produce* ist ziemlich instabil und verliert manchmal Öl, die *Nebo* ist dagegen intakt. In beiden Wracks sind einige Riesen-Zackenbarsche und große Muränen zu Hause, und auf dem Sand bei den Wracks sind oft große Adlerfische (*Argyrosomus japonicus*) zu sehen.

[7] Landers Reef

Landers Reef, etwas südlich von Aliwal Shoal, ist von der Rock Bay zu erreichen. Hunderte orangefarbener und roter Fahnenbarsche schießen über die Felder aus roten und rosa Bäumchen-Weichkorallen, die weite Teile des Riffs bedecken. Die Fahnenbarsche leben in kleinen Gruppen aus Weibchen, die von einem dominanten Männchen beherrscht werden. Stirbt das Männchen, wechselt das dominanteste Weibchen das Geschlecht und wird zum dominanten Männchen, mit Farbwechsel, gesteigerter Größe und einem dominanteren Verhalten. Am Riff gibt es auch einige schöne Exemplare der großen grünen Baumkorallen (*Tubastrea micranthus*) und *Stylophora*-Korallen.

Wegen der marinen Artenvielfalt gibt es Pläne, Aliwal Shoal zum Schutzgebiet zu erklären. Das wäre die Chance für einige größere Rifffischarten, sich zu erholen.

[8] Protea Banks

Die Protea Banks bieten dem erfahreneren Taucher aufregendes Tauchen. Diese Riffe, die zwischen den Städten Margate und Shelly Beach an der Südküste von KwaZulu-Natal etwa 100 km

Der Reiz des Wracktauchens über der Produce, *die mit einem Kurztauchgang zu besichtigen ist und ein reiches Meeresleben beherbergt.*

*Juwelen-Fahnenbarsche (*Pseudanthias squamipinnis*) über einem farbenprächtigen Riff.*

südlich von Durban liegen, sind von Shelly Beach zu erreichen. Die Riffe sind den örtlichen Fischern gut bekannt, die jede Möglichkeit zum Fang nutzen. Ähnlich wie bei Aliwal Shoal ist dieses Gebiet Teil eines ausgedehnten, verfestigten Dünengürtels etwa 8 km vor der Küste. Das Riff liegt in weiten Bereichen tiefer als 35 m. An mehreren Stellen ragt es jedoch auf 25–30 m auf. Die Sicht am Riff ist mit 8–30 m normalerweise gut. An den Protea Banks herrscht im Allgemeinen eine starke Nord-Süd-Strömung über das Riff hinweg, sodass häufig nur Strömungstauchen möglich ist. Die Taucher treiben am Riff mit den farbenprächtigen Fischen vorbei durch eine unvergessliche Unterwasserwelt. Wegen der Tiefe und starken Strömungen sollten nur erfahrene Taucher diesen Tauchgang wagen.

Die Protea Banks sind für das Tauchen mit Haien berühmt; die verschiedensten Haie wie Stierhaie (*Carcharhinus leucas*), Tiger-, Hammer- und Sandhaie kommen zu verschiedenen Jahreszeiten vor. Gelegentlich sind auch Weißhaie (*Carcharodon carcharius*) und Kurzflossige Makohaie (*Isurus oxyrinchus*) zu sehen, vor allem in den Wintermonaten, wenn die Sardinen (*Sardinops sagax*) in riesigen Schwärmen wie jedes Jahr nach Norden ziehen. Beim Tauchen mit diesen potenziell gefährlichen Tieren sollte man sich vorsehen und die entsprechenden Tauchvorschriften befolgen. Das trägt mit dazu bei, dass die Haie nicht irritiert werden und spätere Tauchergruppen ebenfalls die Gelegenheit haben, die Tiere zu sehen. Ein weiteres Merkmal der Gegend ist die große Zahl an Sportfischen wie Gelbflossen-Tunfische (*Thunnus albacares*), Spanische Makrelen (*Scomberomorus commerson*) und Barrakudas. Man sieht diese spektakulären, schnellen Geschöpfe häufig beim Ab- oder Aufstieg sowie bei Dekostopps.

Das Riff hat vielfältige Weich- und Steinkorallen vorzuweisen, insbesondere die *Stylophora*-Korallen sowie verschiedene Gorgonienarten. Auch blattartige Schwämme gibt es reichlich. Der seltene Rotstreifen-Fahnenbarsch (*Pseudanthias fasciatus*) aus tieferen Gewässern kommt bei den Nordpfeilern vor. Es sind immer Schwärme von Rifffischen wie Rotzahn-Drückerfische (*Odonus niger*), Natallippfisch (*Chirodactylus jessicalenorum*) und Trauerflossen-Falterfische (*Chaetodon dolosus*) in der Nähe der südlichen Pfeiler, während in den südlichen, flacheren Bereichen des Riffs häufig Große Gitarrenrochen (*Rhynchobatus djiddensis*) vorkommen.

Die ungewöhnliche Biodiversität der Region braucht, wie bei Aliwal Shoal, Schutz. Erfahrene Taucher haben Gelegenheit, ein unberührtes Gebiet zu erleben, was wenigen vergönnt ist. Sie haben aber auch die Verantwortung dafür zu sorgen, dass es für die kommenden Generationen so bleibt.

Malediven

Sam Harwood

Wer schon einmal auf den Malediven war, wird sich an den atemberaubenden Blick beim Landeanflug erinnern. Die Korallenriffe des Nordmalé-Atolls sind deutlich zu erkennen; auf einer Seite der Riffe das tiefe, tintenblaue Meer, auf der anderen Seite das türkisfarbene Wasser der Lagunen. Das Atoll ist mit Sandbänken und Riffen übersät, die von Inseln umgeben sind.

Das Nord- und Südmalé-Atoll bilden einen großen Verwaltungsbezirk, in Divehi auch Kaafu genannt. Die Hauptstadt Malé und der Flughafen liegen in der Südostecke dieses Atolls. Obwohl sich diese Zentren in den letzten zehn Jahren enorm entwickelt haben, kann man dem Trubel mit wenigen Schritten entfliehen und die Ruhe und herrliches Tauchen genießen.

Das Nordmalé-Atoll bietet eine spannende Mischung aus Kanal- und *Thila*-Tauchen (eine Riffformation). Aufgrund der Nähe zur Hauptstadt und der Konzentration der Ferieninseln in der Südregion können die Tauchgebiete zu bestimmten Zeiten im Jahr überlaufen sein. Die besten Gebiete sind jedoch starken Strömun-

Eine tropischen Insel, umgeben von Sandbänken, im atemberaubenden typischen Farbenspiel der Malediven (oben links).
Insel und Riff. Der Archipel bietet spannendes Kanal- und Rifftauchen. Die besten Gebiete sind starken Strömungen ausgesetzt, was weniger Erfahrene abhält (oben rechts).

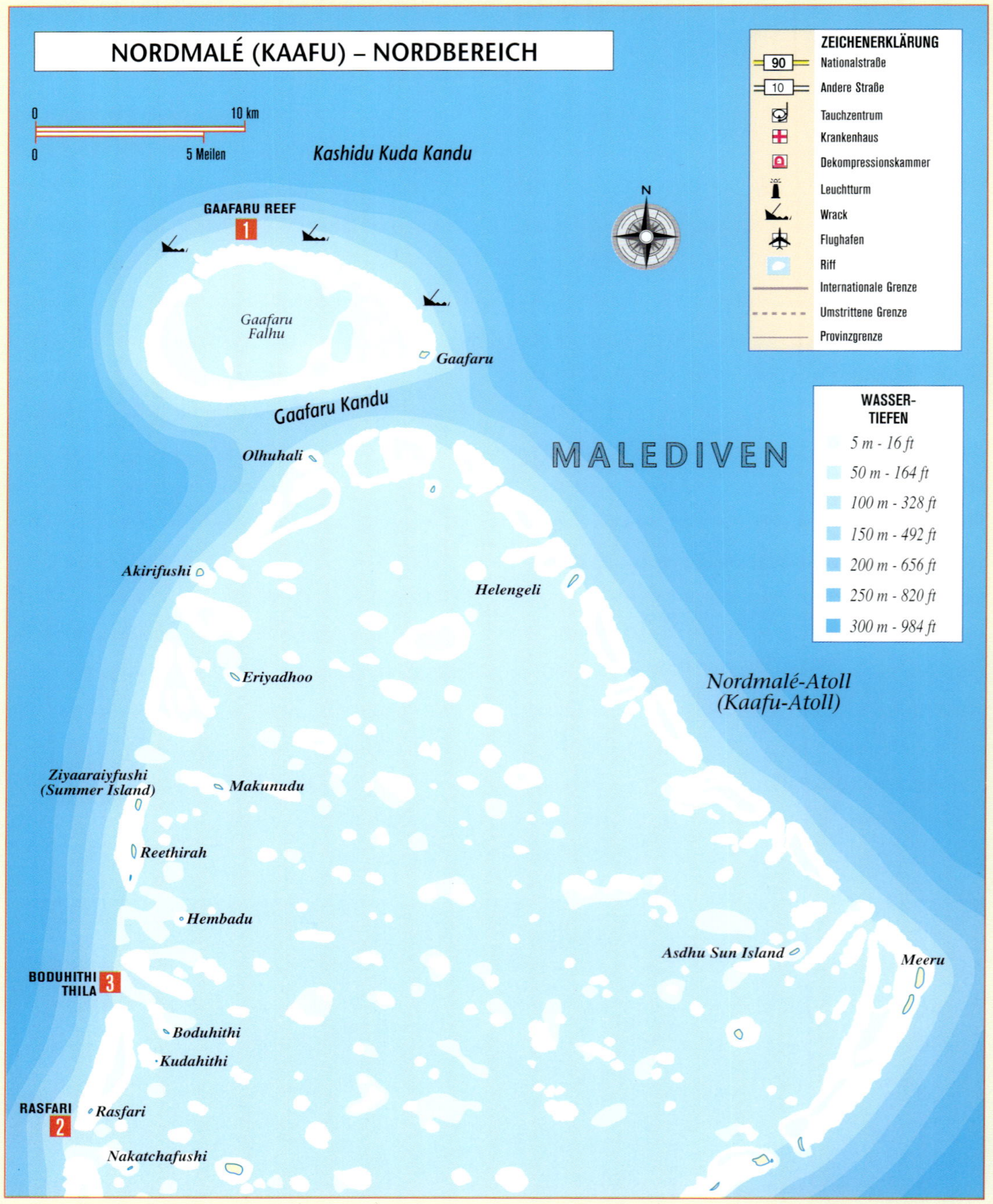

gen ausgesetzt, was weniger erfahrene Taucher abhält und auch den Riffen zugute kommt.

Vadu Kandu, ein tiefer Kanal, trennt das Nord- vom Südmalé-Atoll und wirkt, da ein Engpass, für die vorherrschenden Strömungen wie ein Trichter. Von Dezember bis April, während des Nordostmonsuns, strömt klares Meerwasser in das Atoll, und die Sicht ist oft überragend. In dieser Zeit sind viele Kanäle auf der Westseite ein beliebter Tummelplatz für Mantas (*Manta birostris*) und Walhaie (*Rhincodon typus*). Von Mai bis Dezember, während des Südwestmonsuns, gilt das Gegenteil, obwohl man auch an der Ostseite noch Mantas und Walhaie antreffen kann.

Die Riffe am Innenring sind für Baumaßnahmen geplündert worden, die Regierung hat jedoch Gesetze erlassen, um diese Praxis zu überwachen.

Nordmalé-Atoll (Kaafu) Nordbereich

Diese Region ist trotz ihrer Nähe zum internationalen Flughafen überraschend ruhig und bietet faszinierendes Tauchen. Mindestens sieben Wracks liegen beim **Gaafaru Reef** 1, das durch den 3 km breiten Gaafaru Kandu (Kanal) vom übrigen Atoll getrennt ist. An diesem Riff sind schon viele Schiffe verunglückt, doch das unermüdlich anbrandende Meer hat alle Spuren beseitigt.

In diesem Atollbereich gibt es zehn Ferieninseln, die zu den ersten gehörten und meistens klein sind. Unter den wenigen unbewohnten Inseln bietet **Rasfari** 2 an der exponierten Westseite des Atolls anspruchsvolles Tauchen. Während des Nordostmonsuns von Dezember bis April lässt die Sicht an der Westseite des Atolls nach, im Durchschnitt liegt sie in dieser Region aber bei 20–25 m.

Rasfari

Rasfari ist ein Riff vor einer unbewohnten Insel. Das Gebiet ist Nord- und Westwinden ausgesetzt, während des Nordostmonsuns aber geschützt. Große Dünungswellen können sich aufbauen, die Strömungen sind mäßig bis stark.

Das Riff fällt sanft zu einem Plateau in 20–30 m ab und stürzt dann ins Bodenlose. Ein kleines *Thila*, das Riffdach in 25 m, liegt mitten auf diesem Plateau. Die Taucher können zum Hauptriff absteigen, etwa 70 m über das Plateau schwimmen und dann hinauf zur Spitze dieses *Thilas*. Die Strömungen beim *Thila* können stark und der Weg zur Spitze beschwerlich sein, die Mühe wird jedoch durch viele große Fische belohnt. Zuweilen sieht man bis zu 25 Graue Riffhaie (*Carcharhinus amblyrhynchos*), aber auch Gefleckte Adlerrochen (*Aetobatus narinari*), Schwarzpunktrochen (*Taeniura melanospilos*) und einige Große Barrakudas (*Sphyraena barracuda*). Wenn die Taucher das Thila erkundet haben, können sie mit der Strömung zurück zum Riff treiben. Die Eindrücke sind so überwältigend, dass man aufpassen muss, nicht abgetrieben zu werden, und auf Luftverbrauch und Dekompression achtet.

Dies ist ein Meeresschutzgebiet, das Mitnehmen natürlicher Gegenstände oder lebender Tiere ist daher verboten, ebenso alles, was Riffe und Meeresleben schädigen könnte.

Die Ferieninseln in der Nähe dieses Tauchgebiets sind Nakatchafushi, 15 Minuten mit der Fähre (*Dhoni*), Kudahithi (25 Minuten), Boduhithi (35 Minuten), Hembadu (60 Minuten) und Ihuru (60 Minuten).

3 Boduhithi Thila

Boduhithi Thila liegt mitten im Boduhithi-Kanal. Während des Nordostmonsuns ist es geschützt, die übrige Jahreszeit jedoch exponiert mit zum Teil sehr starken Strömungen.

In der geschützten Zeit des Nordostmonsuns ist der Kanal für die aus dem Atoll fließenden Strömungen wie ein Trichter. Wenn sie das Meer erreichen, entsteht über dem *Thila* ein planktonreicher Auftrieb. Folglich kann man hier sehr gut Mantas beobachten, die in großer Zahl zum Fressen erscheinen. Auch Walhaie kommen hierher, um mit weit geöffnetem Maul Plankton abzuschöpfen.

Die Korallenblöcke an der Südostecke ziehen vielfältiges Riffleben an, während in der Strömung Ansammlungen von Weißspitzen-

Das Wrack der Maldives Victory, *ein 3500-t-Frachter, 110 m lang, vor dem Riff der Hulhule Airport Island. Der intakte Mittschiffsmast ragt bis 12 m auf, wo eine Abstiegsleine angebracht ist (oben). Der Taucher blickt aus der Brücke heraus (unten).*

Riffhaien und Langflossen-Fledermausfischen zu sehen sind. Wer hier ins Wasser steigt, kann am Riff entlangtreiben und dabei Grotten und Überhänge erkunden. Wo das Meer auf die Südwestecke trifft, schweben oft Mantas im Wasser, die sich von kleinen Fischen putzen lassen. Das Gebiet eignet sich auch sehr gut zum Schnorcheln, weil die Mantas oft in Staffeln an der Oberfläche Nahrung suchen.

Dieses Gebiet ist von fast allen Resorts im Nordmalé-Atoll gut zu erreichen und kann zur Zeit des Nordostmonsuns recht voll sein.

Nordmalé-Atoll Südbereich

Die Hauptstadtinsel Malé und der internationale Flughafen liegen im Südteil des Nordmalé-Atolls, das damit ein belebter Landesteil ist. Es gibt in dieser Region kaum unbewohnte Inseln, aber 17 Ferieninseln. Wegen des einfachen Zugangs vom Flughafen (meistens mit Schnellbooten) sind sie bei Touristen sehr beliebt. Einige haben Konferenzräume, Süßwasserpools und Restaurants mit internationaler Küche. Andere große Inseln, wie Meeru und Lohifushi, bieten einfache Unterkünfte, Ungezwungenheit und umfangreiche Sportmöglichkeiten, etwa Katamaransegeln und Tennis. Auf einigen kleineren und ruhigeren Inseln der Region haben die Gäste entspanntere Ferien.

Der Südabschnitt des Nordmalé-Atolls hat sechs Meeresschutzgebiete – Hans Hass Place, Lion's Head, Kuda Haa, Banana Reef, HP Reef und Paradise Rock.

4 Girifushi Thila (HP Reef)

Das HP Reef liegt auf dem Westarm des Nordmalé-Atolls, direkt vor dem Hauptriff der Insel Himmafushi. Wenn der Wind den Gezeiten entgegenbläst, kann die See kabbelig werden. Starke Strömungen im Kanal können Wirbel an der Oberfläche erzeugen. Dennoch ist dies eins der besten Tauchgebiete der Malediven. Genießen wird es allerdings nur der starke Strömungen gewohnte Taucher können. Die Sicht ist mit etwa 30 m generell gut. Das *Thila* besteht aus mächtigen Blöcken, die aufeinander gehäuft fantastische Grotten, Spalten und Überhänge bilden. Blaue, gelbe und orangefarbene Bäumchen-Weichkorallen und Gorgonien bekleiden die Wände eines senkrechten Tunnels an der Stelle, wo das Riff von 12 auf 25 m abfällt.

Das ein- und ausströmende Wasser des Atolls wäscht das *Thila* und liefert den Riff- und pelagischen Fischen beste Bedingungen. Taucher können sich am Anblick großer Gruppen Grauer Riffhaie, Gefleckter Adlerrochen und Großer Barrakudas erfreuen.

Girifushi ist ein Meeresschutzgebiet und Ausbildungslager der Armee, die gelegentlich Schießübungen abhält. Dann weht eine rote Flagge über der Insel, und das Tauchen im Kanal ist verboten. Taucher aus vielen Resorts im Atoll kommen hierher.

5 Lankanfinolhu Faru (Manta Point)

Manta Point an der Südostecke des Lankanfinolhu Reef ist eines der beliebtesten Tauchgebiete der Malediven und vom Nord- wie Südmalé-Atoll gut zu erreichen. Von Mai bis Dezember, während des Südwestmonsuns, lassen sich hier in großer Zahl Mantas putzen.

Das Riffdach liegt 12 m tief und fällt sanft auf 40 m ab. Die Strömung am Riff kann sehr stark sein und häufig geht eine starke Dünung, die Anfängern und Schnorchlern Probleme bereiten kann. In den Porenkorallen sind unzählige Putzerfische zu Hause. Die Mantas schweben ein und stehen über den Korallenblöcken, wo die Putzerfische ihre Arbeit verrichten. Die Taucher müssen geduldig sein und sich dicht bei, nicht über den Blöcken postieren. Bei angemessener Zurückhaltung setzen die Mantas ihr Putzritual trotz der Zuschauer fort. Wer versucht, sie anzufassen, verjagt sie alle.

Neben Mantas können Taucher große Ansammlungen von Großaugenbarschen (*Priacanthus hamrur*), Orientalischen Süßlippen (*Plectorhinchus vittatus*) und Napoleon-Lippfischen beobachten. Außerdem sind oft viele Meeresschildkröten und verschiedene Muränenarten in diesem Gebiet, wo sie sich in den zahllosen Grotten an der Westspitze des Riffs verbergen.

*Als Jungtier lebt der Dreifleck-Preußenfisch (*Dascyllus trimaculatus*) kommensal mit einer großen Seeanemone. Hier ist er außerhalb der Anemone.*

Die Taucher sollten nach dem Auftauchen vom Riff wegschwimmen, weil die Dünung am Riff die Bootsmanöver beim Aufnehmen der Taucher erschwert.

Das Gebiet wird von den meisten Resorts im südlichen Teil des Nordmalé-Atolls und vom Südmalé-Atoll angefahren.

6 Occaboli Thila (Barracuda Giri)

Occabola *Thila* liegt östlich der Bandos Resort Island im Bodu-Kalhi-Kanal. Es ist fast ganzjährig geschützt, aber bei Wind kann die See kabbelig werden, und es sind sehr starke Strömungen möglich. Wegen der Lage im Innern des Atolls ist die Sicht nicht immer ideal, doch der Fischreichtum lohnt einen Besuch dieses Gebiets.

Das Gebiet ist zweigeteilt – in das Hauptriff mit einer Durchschnittstiefe von 10 m und ein kleines, schmales *Thila,* 50 m vor der Südostecke. Von Mai bis November während des Südwestmonsuns kann man über den Korallenblöcken des Hauptriffs Mantas sehen, die darauf warten geputzt zu werden. Oben auf dem Riff wachsen Seeanemonen mit ihren symbiotischen Anemonenfischen.

Das kleine *Thila,* das den zweiten Teil des Tauchgebiets ausmacht, ist etwa 75 m lang und oben nur einige Meter breit, wobei das eine Ende bis 12 m aufragt, das andere bis 18 m. Irgendwann einmal ist ein Korallenblock ausgebrochen und der dabei entstandene Canyon zwischen *Thila* und Riff ist mit Korallen überwachsen. Wenn die Strömung in den Canyon fließt, schwimmen Schwärme von Füsilieren in die Lücke und machen sie so zu einem beliebten Jagdgrund für Großaugen-Stachelmakrelen. Im Canyon ist auch eine Familie Napoleon-Lippfische zu Hause.

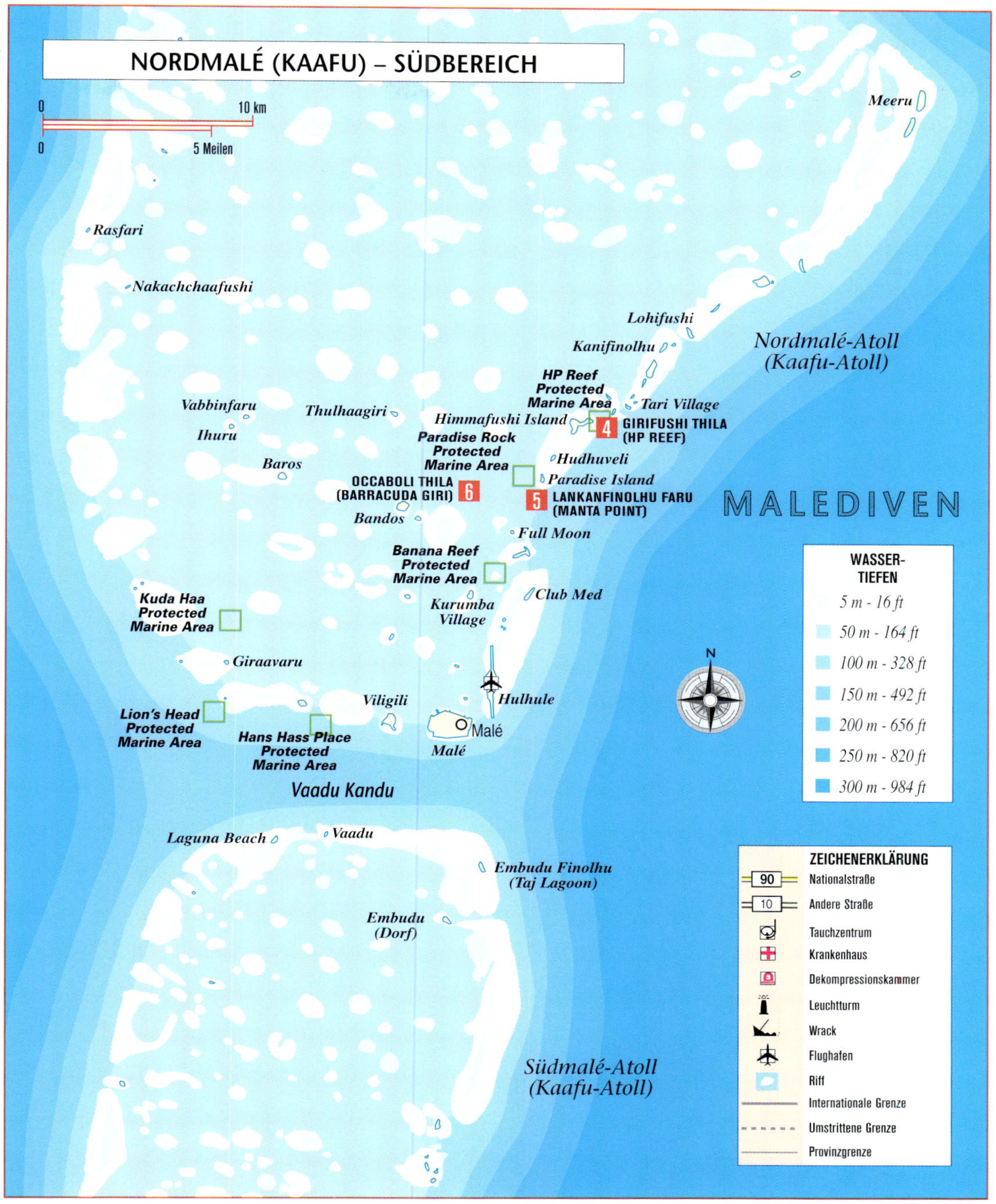

Nördliches und Südliches Maalhosmadulu-Atoll (Baa und Raa)

Die Maalhosmadulu-Atolle waren jahrelang unerschlossen; die einzigen Besucher kamen mit Safaribooten. 1995 eröffnete auf Süd-Maalhosmadulu (Baa) ein Luxusresort, dem vier weitere folgten. Außerdem gibt es zehn Fischerinseln und 38 unbewohnte Inseln, auf denen zum Teil Obst und Kokosnüsse angebaut werden.

Die besten Tauchmöglichkeiten bei Süd-Maalhosmadulu findet man bei den vielen *Thilas* innerhalb der Saumriffe des Atolls. Die Kanäle sind ziemlich breit und ziehen deshalb nicht so viele Meeresarten an, wie man bei den *Thilas* antrifft. Wegen der Breite der Kanäle und dem Schutz, den zwei nahe Atolle bieten, sind die Strömungen in dieser Region nicht so stark wie sonst bei den Malediven. Zwischen Dezember und Mai ist das Wasser ruhig und die Sicht meistens sehr gut. In den übrigen Monaten kann die See rau sein, und die Sicht ist oft ein-

Ozeane und Meere

Ozeane umfassen viele (Neben)Meere und Golfe. Im normalen Sprachgebrauch sind Ozean und Meer austauschbar, doch streng genommen sind Meere Untergruppen der Ozeane. Das Internationale Hydrographische Büro, verantwortlich für Standardisierung und Kooperation beim Messen und Beschreiben der physikalischen Merkmale der Ozeane, erkennt 54 verschiedene Meere an.

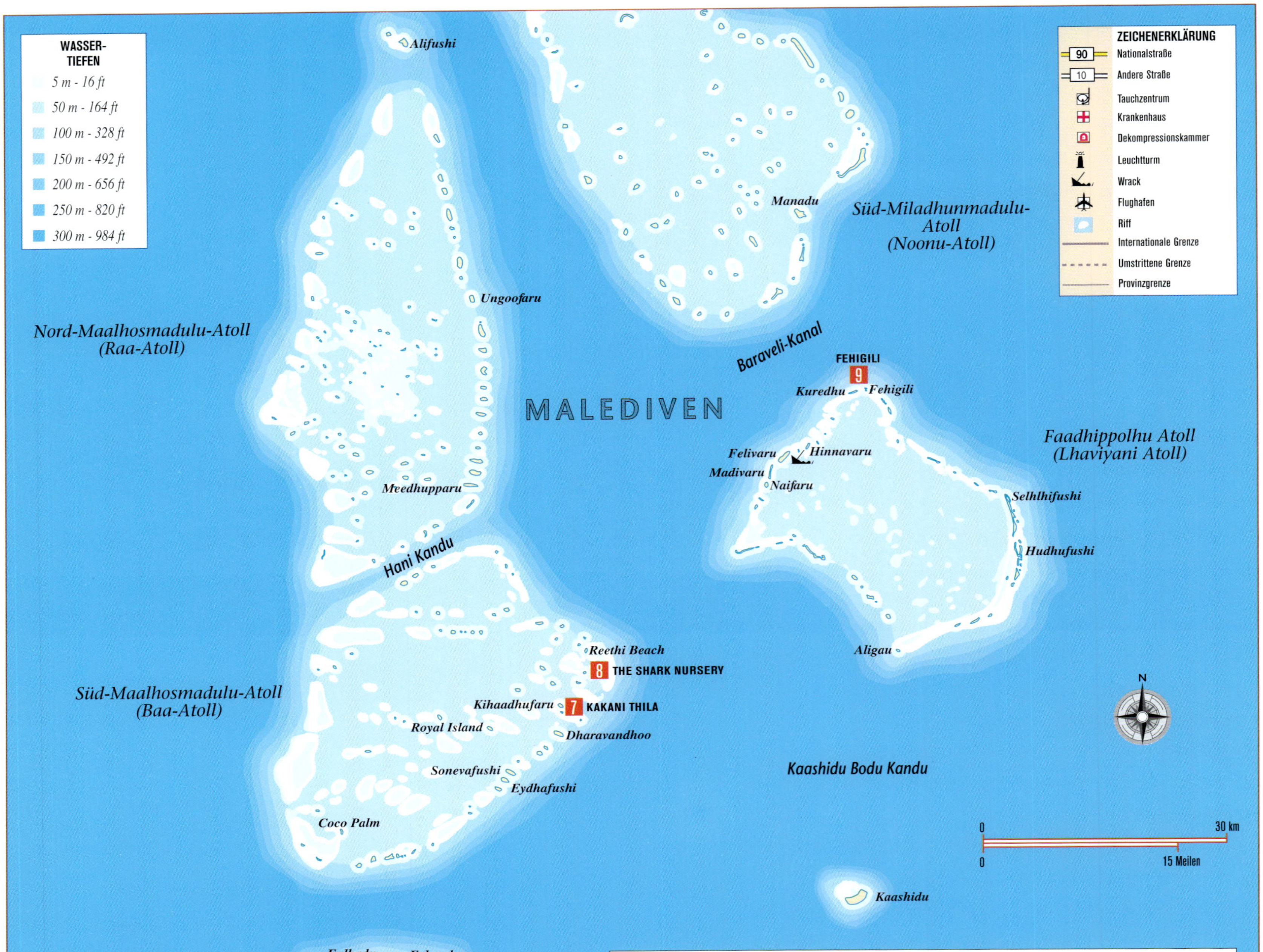

NORD- UND SÜD-MAALHOSMADULU (RAA UND BAA), FAADHIPPOLHU (LHAVIYANI)

geschränkt. Im Mai, Juni und Juli sieht man hier jedoch sehr viele Mantas und Walhaie, eine hervorragende Zeit, diese fesselnden Meeresgeschöpfe zu beobachten.

Das nördliche Maalhosmadulu-Atoll (Raa) ist erst jüngst für Touristen zugänglich geworden, sodass für die Taucher noch ungeahnte Schätze zu entdecken sind. Dem Gelände nach zu urteilen werden die Tauchgebiete denen von Süd-Maalhosmadulu ähnlich sein.

7 Kakani Thila

Kakani *Thila* liegt 500 m nordöstlich der Ferieninsel Kihaadhufaru an der Ostseite des Atolls. Das *Thila* ist 150 m lang und 50 m breit, das Riffdach befindet sich in 10 m. An der Nordseite fällt der Meeresboden über eine Stufe in der Mitte des Riffs abrupt von 30 m auf über 60 m ab. Am Rücken gibt es Grotten und Überhänge, in denen Schwärme Orientalischer Süßlippen, Blauflossen-Makrelen (*Caranx melampygus*), Barrakudas und Napoleon-Lippfische zu Hause sind. Der ganze Bereich ist mit orangefarbenen und gelben Bäumchen-Weichkorallen bewachsen. Auch die senkrechte Wand des *Thilas* weist viele große Höhlen auf, was sie zu einem spannenden Tauchgang mit regem Fischleben und einem grandiosen Gelände macht.

Tauchboote von sämtlichen Resorts in Süd-Maalhosmadulu fahren dieses Gebiet an.

8 The Shark Nursery

Dieses Gebiet hat seinen Namen von den vielen Haien, die hier zu sehen sind. Es ist eines der besten Gebiete im Atoll, wenn man Weißspitzenhaie und Graue Riffhaie samt vielen Jungen beobachten möchte. Es liegt 3 km nordwestlich der unbewohnten Insel Dharavandu und ist einer der Favoriten der fünf Ferieninseln im Atoll.

Das Gebiet hat außerdem hervorragende Möglichkeiten, Stechrochen zu beobachten.

Weil es innerhalb des Atolls liegt, ist das Wasser ruhig, auch wenn das Meer durch den Dharavandu-Kanal strömt. Taucher sollten am Hauptriff einsteigen und zu dem Korallenast abtauchen, der aus dem Becken vor dem Hauptriff ragt. Von hier kann man die auf dem Sandboden ruhenden Haie beobachten, vorausgesetzt man kommt ihnen nicht zu nahe.

Faadhippolhu-Atoll (Lhaviyani)

Das Faadhippolhu-Atoll ist 120 km von der Hauptstadt Malé entfernt. Obwohl es mit 37 km Breite und 35 km Länge eines der kleineren Atolle ist, hat es 8000 Bewohner. Die Felivaru Tuna Fish Canning Factory, die Ende der 1970er-Jahre als ein japanisch-maledivisches Gemeinschaftsunternehmen gegründet wurde, beschäftigt rund 200 Mitarbeiter, von denen die meisten auf den beiden Nachbarinseln Hinnavaru (2500 Bewohner) und Naifaru (3000 Bewohner) leben. Die Regierung hat jedoch Programme aufgelegt, um die Bewohner zum Umzug auf die nahe Insel Madivaru zu bewegen und eine Übervölkerung zu vermeiden. An der Westseite des Atolls liegen drei weitere unbewohnte Inseln, eine vierte an der Ostseite. Es gibt auch viele große Inseln mit dichter Vegetation, von denen die meisten am Außenrand des Atolls liegen. Insgesamt gibt es in diesem Atoll 50 unbewohnte Inseln und gegenwärtig fünf Resorts. Bei dem wachsenden Druck des Tourismus auf die Malediven wird die Regierung jedoch wahrscheinlich weitere unbewohnte Inseln im Atoll als Ferieninseln freigeben. Kuredhu Island Resort ist eines der größten der Malediven.

Das Atoll bietet viele ausgezeichnete Tauchgebiete mit Korallenriffen, engen Kanälen und Wracks bei der Insel Felivaru. An der Südostecke liegt ein sehr langes Riff – von Selhlhifushi im Norden bis nach Aligau im Süden. Es bewirkt, dass das Wasser im Südosten des Atolls nicht so ungehindert wie im Norden fließt; daher gibt es weniger zerstörerische Wellentätigkeit, und die submarinen Riffe (*Giris*) und Fleckenriffe innerhalb des südlichen Atolls sind in bestem Zustand. Sanftere Strömung bedeutet natürlich weniger große pelagische Fische, doch die kann man in den engen Kanälen im Norden sehen.

9 Fehigili

Fehigili liegt an der Ostseite der Nordspitze des Atolls, wo die Strömungen sehr stark sein können und die See sehr rau. Daher ist es nichts für unerfahrene Taucher und alle, die leicht seekrank werden. Der Fischreichtum am Riff ist gewaltig, und den Fotografen bieten sich gute Gelegenheiten im Becken an der Ecke auf der Meerseite, wo die Schwarmfische offenbar zutraulich und groß sind.

Das innere Riff des Fehigili-Kanals besteht aus mehreren jeweils 10 m hohen Stufen, die zum Dropoff in 40 m führen. Wo die Stufen auf die Riffecke stoßen, gibt es Grotten und Überhänge voller Bäumchen-Weichkorallen, dazu Schwärme von Soldaten- und Husarenfischen, Harlekin-Lippfische (*Plectorhinchus chaetodonoides*) und viele andere Varianten.

Die Taucher können etwas tiefer zu einer Atolltafel in 35 m tauchen, wo ein großer Überhang mit Bäumchen-Weichkorallen und orangefarbenen *Tubastrea*-Korallen geschmückt ist. Dieses geschützte Gebiet eignet sich gut dazu, schwärmende Barrakudas, Stachelmakrelen, Tunfische und andere aus dem offenen Meer kommende Fische zu beobachten.

Ari (Alifu)

Einige der besten Gebiete der Malediven liegen im Ari-Atoll, etwa 60 km westlich von Malé und durch den Alihuras-Kanal vom Nordmalé-Atoll getrennt. Es ist eines der größten Atolle im Archipel, etwa 80 km lang und 30 km breit.

Über das gesamte Atoll sind viele Ferieninseln verstreut, von kleinen, exklusiven Plätzen mit nur 50 Betten bis zu Kuramathi, dem größten Resort der Malediven mit 508 Betten. Die verschiedenen Riffformationen bieten jeden nur denkbaren Tauchgang und machen das Atoll zum idealen Ziel für erfahrene Taucher,

*Halsband-Falterfische (*Chaetodon collare*) sind oft paarweise und in Gruppen zu sehen. Sie ernähren sich vorwiegend von Korallenpolypen.*

Anfänger und Schnorchler. Das Gebiet ist übersät mit *Thilas*, deren seichte Riffdächer viel Licht für das Korallenwachstum garantieren. Die Seiten fallen oft senkrecht auf 30 m ab, durchsetzt mit verlockenden Grotten und Überhängen, die zahllosen Riff- und pelagischen Fischen Schutz bieten. Die meisten Gebiete können mit nur einem Tauchgang erkundet werden.

Von Dezember bis April gibt es einige großartige Mantatreffs, wo Taucher im Flachwasser hocken und diese gewaltigen Tiere bei den Putzstationen beobachten können. Auch Walhaie sind nichts Ungewöhnliches in dieser Gegend. Von Mai bis November, während des Südwestmonsuns, scheint die Population der Grauen Riffhaie zuzunehmen. Das könnte mit dem zu dieser Jahreszeit etwas kälteren Wasser zusammenhängen. Mantas kommen in dieser Zeit hier nicht so oft vor, doch von Begegnungen mit Walhaien wird oft berichtet.

Ari-Atoll – Südbereich

Im Süden dieses großen Atolls liegen zehn Fischerinseln, von denen eine, Mahibadu, die Verwaltungshauptstadt ist. Außerdem gibt es 16 Ferieninseln und 11 unbewohnte Inseln, Letztere zum Teil nicht mehr als eine Sandbank, während andere recht groß und üppig bewachsen sind.

10 Kudarah Thila

Kudarah Thila liegt nur einen Kilometer südöstlich von Kudarah Resort Island. Das Gelände ist abwechslungsreich, und Springtiden können extrem starke Strömungen bringen, sodass es für Anfänger ungeeignet ist.

Das *Thila* besteht aus vier großen Korallenblöcken auf einem Plateau, die von 40 m bis 12 m aufragen. Das ganze *Thila* hat nur 100 m Durchmesser und ist mit einem Tauchgang zu bewältigen. Die Korallenblöcke sind zwischen 15 und 25 m unterhöhlt und haben großartige Grotten voller Korallen, Gorgonien und Peitschenkorallen. Ein Bogen an der Südwestecke führt genau ins Zentrum von vier Pfeilern, wo in tiefen Spalten erstaunliches Meeresleben herrscht. Die hohle Mitte des *Thilas* geht hinunter auf 20 m. Tausende von Blaustreifen-Schnappern (*Lutjanus kasmira*) schwärmen in den Rinnen, beschattet von Trompetenfischen (*Aulostomus chinensis*). An den Spitzen der Strömung sind Graue und Weißspitzen-Riffhaie zu sehen.

Taucher müssen bei diesem Tauchgang darauf achten, nicht in die Dekompression zu gehen, weil es auf dem Riff keine flachen Stellen gibt, wo man Dekostopps durchführen kann.

Dies ist ein Schutzgebiet. Die Gäste vieler Resorts aus dem Ari-Atoll kommen mit der Fähre. Die nächsten Ferieninseln sind Kudarah und Vakarufalhi (10 Minuten) und Machchafushi (20 Minuten).

Taucher an einem Korallenriff. Korallenblöcke wie dieser können hunderte oder tausende von Jahren alt sein. Korallen sind am Skelett zu erkennen und oft nach ihrer Form benannt.

Der maledivische Anemonenfisch (Amphiprion nigripes) *zieht sich zum Schutz zwischen die Tentakel seines Wirts zurück. Der Wirt ist immer eine* Heteractis magnifica.

*Schwarm-Wimpelfische (*Heniochus diphreutes*), ein Falterfisch, gelten oft als Indikator für gesunde Riffe. Sie kommen meistens an äußeren Riffabhängen vor.*

11 Hukuruelhi Faru (Madivaru)

Hukuruelhi oder Madivaru liegt auf der Südseite des Rangali-Kanals. *Faru* ist auf Divehi das Wort für ein rundes Riff im offenen Meer, *Madi* heißt Rochen, und das Riff hat während des Nordostmonsuns großartige Putzerstationen für Mantas. Das Riff fällt sanft von 8 m auf 30 m am Grund ab. Die Putzerstationen sind überall, vor allem aber an der Nordseite. Dort liegt ein fast 100 m großes Becken; die Mantas lockt das Wasser, das hier Wirbel bildet, wenn die Strömungen das Atoll verlassen.

Im Osten des Beckens fällt das Riff steil bis zum sandigen Boden in 30 m Tiefe ab. In etwa 25 m ist in der Wand eine große Höhle, die sich 200 m am Riff entlangzieht. Um dieses Gebiet richtig genießen zu können, sollten die Taucher dicht am Riff bleiben und sich so ruhig wie möglich verhalten. Die Geduld wird belohnt, wenn die Mantas wie Raumschiffe einschweben und an den Putzstationen warten, bis sie dran sind.

Dieses Gebiet ist von der Regierung zum Meeresschutzgebiet erklärt worden. Viele Resorts im Ari-Atoll bieten in der Manta-Saison Tagesausflüge dorthin an.

Ari-Atoll – Nordbereich

In dieser Region gibt es sieben bewohnte Inseln. Die Insel Toddu ganz im Norden ist eine wichtige Fischerinsel und berühmt für den *Bandiyaa*, einen von einheimischen Mädchen aufgeführten Tanz. Es ist eine große Insel mitten im Kanal. Besucher sind gern gesehen, aber nur kleine Fischerboote können am Ufer ankern. Die Insel Rasdu ist keine Ferieninsel, liegt aber neben der großen Insel Kuramathi, auf der es drei Resorts gibt. Konsequenterweise hat Rasdu jetzt über 30 Touristenläden und ist das Zentrum für Flüge zu den Resorts auf Kuramathi. Insgesamt gibt es 11 Resorts und etwa 13 unbewohnte Inseln in diesem Nordteil des Atolls.

12 Maaya Thila

Maaya Thila, nur 3 km nordwestlich von Maayafushi Resort Island, ist eines der bekanntesten Tauchgebiete der Malediven mit einem sehr vielfältigen Meeresleben – Graue und Weißspitzen-Riffhaie, Meeresschildkröten, Stein- und Krötenfische, Langflossen-Fledermausfische und viele andere Arten. Das Gebiet kann stark frequentiert sein, es ist jedoch zum Schutzgebiet erklärt worden, was dem Meeresleben zugute kommt.

Das *Thila* mit nur 30 m Durchmesser kann in einem Tauchgang umrundet werden, aber das Leben unter Wasser konzentriert sich, wie immer, an der Spitze der Strömung. Das Riffdach liegt in 8 m; am Rand direkt nördlich dieser Spitze gibt es einen Überhang voller orangefarbener *Tubastrea*-Korallen. Ein großer einzelner Felsen vor dieser Spitze ist einen Abstecher wert. Er ist oben in 15 m mit Korallen bewachsen; die Wände fallen senkrecht zur Atollplatte in 40 m ab. Im Kanal zwischen

*Manta (*Manta birostris*) mit Putzer-Lippfischen. Mantas schweben oft in die Putzstationen überall im Ari-Atoll ein. Die harmlosen Filtrierer werden bis zu 6,5 m groß.*

Ein Taucher über Stein- und Weichkorallen, wie sie häufig bei starken Strömungen vorkommen. Die farbenprächtigen Weichkorallen entfalten bei starker Strömung ihre ganze Pracht.

diesem Felsen und dem *Thila* sind oft Graue Riffhaie zu sehen, auf dem Sand ruhen häufig Weißspitzen-Riffhaie.

Südlich des *Thilas* liegt ein weiterer kleiner Felsen, ebenfalls einen Besuch wert, auch wenn er auf dieser Seite nicht so schönen Korallenbewuchs aufweist wie auf der Nordseite. Es ist ein ideales Nachttauchgebiet.

Weil das Gebiet so bekannt ist, wird es von vielen Resorts im Ari-Atoll angefahren.

13 Mushimasmigili (Fish Head)

Mushimasmigili ist eine unbewohnte Insel, dieses Gebiet liegt nur 4 km südlich. *Mushimas* heißt auf Divehi »kleiner Fisch«, womit die kleinen braunen Füsiliere gemeint sind, die zu tausenden beim *Thila* zu sehen sind. In dem Schutzgebiet sind auch Graue Riffhaie zu Hause, die oft dicht an den Tauchern vorbeischwimmen, und auch eine Familie Napoleon-Lippfische ist normalerweise zu sehen. Das kleine Riffdach liegt in 10 m Tiefe. Es ist oval, etwa 100 m lang und 60 m breit. Die Südseite fällt in zwei Stufen von 8 m auf 20 m ab und dann weiter zur Atollplatte in 42 m. An der Südostecke springt ein großer Überhang vor, Fish Head genannt, der tausenden von Blaustreifen-Schnappern Schutz bietet. An der Nord- und Westseite fällt die Wand steiler ab, und in 20 m ist das Riff unterhöhlt; dieser Überhang läuft um einen großen Teil des *Thilas* herum.

Dieses hervorragende Gebiet eignet sich für Taucher aller Kategorien und bietet die Möglichkeit, das vielfältige Meeresleben zu beobachten. Es ist bei den Gästen der meisten Resorts im Ari-Atoll beliebt; einige Resorts aus dem Nord- und Südmalé-Atoll unternehmen Tagesausflüge hierher.

14 Maalhos Thila

Dieses im Nordkanal der Fischerinsel Maalhos liegende *Thila* ist von Mai bis November exponiert, die Bedingungen können entsprechend schwierig sein. Die Strömungen in diesem Gebiet können das ganze Jahr über sehr stark sein und sind nichts für unerfahrene Taucher. Aber dieses 200 m lange *Thila* ist eines der schönsten und farbenprächtigsten in den Malediven, mit herrlichen Korallen, die die vielen Höhlen und Überhänge am Riff schmücken. Es wimmelt von Rifffischen, Blaustreifen-Schnapper, Soldatenfische, Halfterfische und Orientalische Süßlippen treten in Schwärmen auf. An der meerwärtigen Seite des *Thilas*, wo die Taucher Große Barrakudas (*Sphyraena barracuda*), Gefleckte Adlerrochen und Weißspitzen-Riffhaie (*Triaenodon obesus*) beobachten können, gibt es mehrere große Korallenblöcke. Die flachste Stelle des Riffs liegt in 10 m, man sollte also keine Dekostopps einplanen.

Die Resorts auf der Ostseite des Ari-Atolls unternehmen Tagesausflüge hierher. Die nächsten Ferieninseln sind Fesdu (45 Minuten), Moofushi und Madoogali (je 50 Minuten).

Felidu-Atoll (Vaavu)

Das Felidu- und nahe Mulaku-(Meemu)Atoll sind, was Resorts und Fischerinseln angeht, ruhig. Erst vor kurzem hat die Regierung der Eröffnung der ersten beiden Resorts auf Mulaku zugestimmt. Das stiefelförmige Felidu-Atoll war bei Safariboot-Veranstaltern aber schon seit einiger Zeit ein Renner, weil es außergewöhnliche Tauchgebiete hat und auch ein sehr schöner Landesteil ist.

Fulidu im Norden, Thinadu, Felidu und Keyodu im Osten und Rakeedu im Süden sind von Einheimischen bewohnte Inseln, deren Bewohner weitgehend vom Tunfischfang leben. Daneben gibt es mehrere unbewohnte Inseln. Fotteyo, die größte davon, markiert den östlichsten Punkt des Malediven-Archipels. Bodumohoraa und Hulidu sind idyllische Tropeninseln mit herrlichen Stränden, ideal für Schnorchler; Kudiboli, eine kleine, unbewohnte Insel an der Westseite, bietet Safaribooten einen sicheren Ankerplatz. Im Süden des Hauptatolls liegt Vattaru Falhu. Ein *Falhu* ist ein flaches Riff, das vom Atollboden aufsteigt und gegenüber der Innenseite des Atolls einen Halbmond bildet. Vattaru schließt die Insel Vattaruhuraa ein, die dicht bewachsen ist, aber keinen Strand hat. Das seichte Saumriff erschwert den Zugang sehr.

Im Felidu-Atoll gibt es nur zwei Ferieninseln, Alimathaa und Dhiggiri, schöne Inseln mit hervorragenden Tauchgebieten.

Die vielen Kanäle, die den Außenring dieses Atolls durchbrechen, bieten aufregendes Tauchen, das allerdings tiefer hinabgeht als das übliche *Thila*-Tauchen in den Nordatollen und stark von den Strömungen abhängt. Die Riffe auf der Ost- und Westseite fallen tief ab, nicht allmählich bis in etwa 40 m, wie es in den Malediven oft der Fall ist.

Von Dezember bis April strömt klares Meerwasser durch die engen Kanäle hinein und bringt viele pelagische Arten und Graue Riffhaie mit. An der Westseite des Atolls sieht man Mantas und Walhaie, die in den planktonreichen Gewässern, die ins Meer hinausströmen, weiden, vor allem während des Südwestmonsuns. Die See kann in dieser Zeit jedoch rau sein und das Tauchen in den Kanälen entsprechend schwierig.

15 Fotteyo Kandu (Kanal)

Fotteyo Kandu ist der erste Kanal westlich der unbewohnten Insel Fotteyo auf dem nördlichen Saumriff des Atolls. Es ist ein schönes Tauchgebiet, das viel bietet und mehrere Besuche lohnt. Eine Steilwand am Saumriff übt auf das in den Kanal strömende Wasser einen Trichtereffekt aus, der für ein vielfältiges Meeresleben sorgt.

Fotteyo Kandu ist etwa 200 m breit und von einem *Thila* in zwei schmale Durchgänge geteilt, das bis auf 3 m unter die Oberfläche aufsteigt. Der westliche Durchgang ist rund 100 m breit, der östliche etwa 30 m. Der Kanal ist im Durchschnitt 20 m tief, bis er senkrecht mehrere hundert Meter ins Meer stürzt. In der Strömung in diesem engen Durchgang schweben oft Gefleckte Adlerrochen. Im westlichen Durchgang gibt es in der Wand des meerwärtigen Dropoffs eine Katakombe mit Grotten, die von 20 m bis in 50 m Tiefe reicht. Die Decken dieser Grotten und Überhänge sind mit Korallen geschmückt. Es wimmelt von Rifffischen. Die Taucher können über den Sandboden des Kanals treiben, wo sie Drückerfische antreffen, und oft sind auch Delfine im Kanal zu sehen und zu hören.

Das Wasser ist im Allgemeinen ruhig, außer wenn der Wind gegen die Gezeiten steht, dann können sich große überbrechende Seen bilden. Auch die Strömungen im Kanal können sehr stark sein. Es ist ein beliebtes Gebiet, zu dem viele Inselresorts Tagesausflüge für die Taucher unternehmen.

16 Rakeedu Kandu

Es gibt zwei Tauchgebiete, auf jeder Seite des Rakeedu-Kanals eins. Rakeedu ist der südlichste Punkt des Felidu-Atolls, und es fließen Unmengen Wasser durch den Kanal. Er ist ziemlich schmal, aber doch so breit und tief, dass man ihn nicht überqueren kann; gegenläufige Strömungen können zu Turbulenzen und überbrechenden Seen am Eingang führen. Trotzdem ist es herrlich, an den Ecken des Kanals zu tauchen.

An der Ostseite sind senkrechte Wände, die zwischen 20 und 40 m mit zahlreichen Grotten durchsetzt sind. Hier halten sich Schwarz-

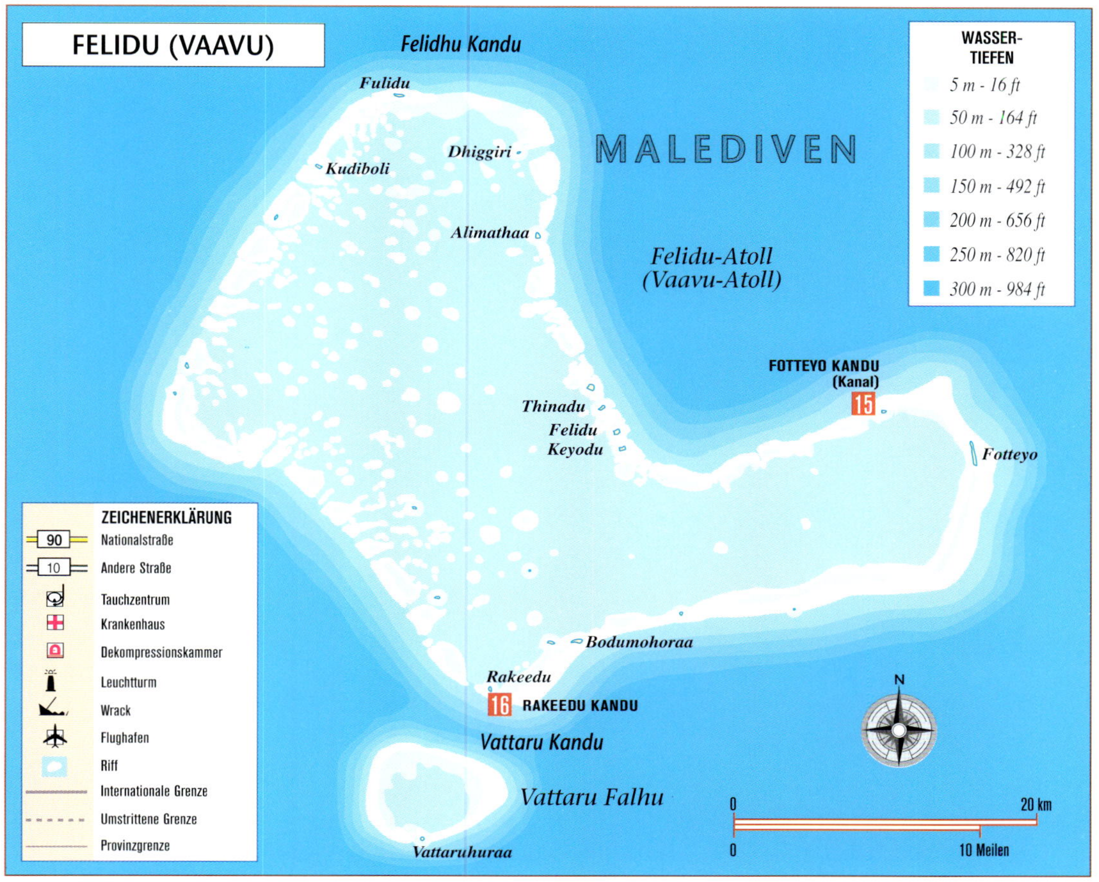

punkt-Stechrochen auf, während auf dem Riffdach große Zackenbarsche, Meeresschildkröten und ganze Napoleon-Lippfischfamilien leben. Ein wunderbarer Strömungstauchgang vom äußeren Saumriff in den Kanal hinein. Bei guten Bedingungen kann man hier fantastisch schnorcheln.

An der Westseite des Kanals fällt der Boden rasch bis zur Atollplatte ab, bevor er in 30 m auf den Dropoff trifft. Auch hier gibt es viele große Höhlen, die mit Korallen, Gorgonien und Peitschenkorallen ausgekleidet sind. Unter den richtigen Bedingungen kann man in 35 m Tiefe im Meer schweben und zu diesen Höhlen hinaufblicken – auf der einen Seite das tiefe Blau unten, auf der anderen die leuchtenden Farben in den Höhlen oben. Ein gutes Gebiet, um große pelagische Arten zu sehen, im Kanal oft auch ein Schwarm Großaugen-Stachelmakrelen.

Alimathaa und Dhiggiri sind zwar die einzigen Resortinseln in diesem Atoll, andere Resorts unternehmen aber Tagesausflüge zum Rakeedu Kandu.

Süd- und Nord-Nilandu-Atoll (Dhaalu und Faafu)

Diese zwei 1997 für Touristen geöffneten Atolle liegen direkt südlich vom Ari-Atoll. Süd-Nilandu ist 150 km von Malé entfernt und hat zwei Ferieninseln, die kleine, sehr schöne Insel Velavaru und das größere Vilu Reef. Im kleineren Atoll von Nord-Nilandu gibt es nur eine Ferieninsel, Filitheyo, die ein eigenes Hausriff und sehr gute Unterkünfte hat.

Süd-Nilandu besteht aus 8 Fischerinseln und über 38 unbewohnten Inseln. Die Insel Ribudu ist für den Schmuck der Einheimischen berühmt. Nord-Nilandu ist kleiner, hat nur fünf bewohnte und 18 unbewohnte Inseln.

Die Region hat beträchtliche geschichtliche Bedeutung. Der berühmte Anthropologe Thor Heyerdahl nahm hier mehrere Ausgrabungen vor und entdeckte auf der Insel Nilandu Hinweise auf sieben Hindu-Tempel. Diese Insel beherbergt auch eine Moschee aus dem 12. Jahrhundert, die mit Steinen der alten Hindu-Tempel gebaut wurde. Die Moschee ist eine der ältesten und verehrtesten der Malediven.

Beide Atolle bieten fantastisches und abwechslungsreiches Tauchen für jedes Können. Die wenigen Resorts im Atoll bedeuten relative Ruhe in den Gebieten und Fischreichtum. Vor der Insel Kudahuvadu im Südatoll von Nilandu liegen zwei Wracks. Die *Liffey* lief 1879 auf Grund, die kleinere *Utheema I* sank 1960.

17 Dharabudu Point

Dharabudu Point liegt östlich vom Hausriff der Insel. Am besten taucht man zwischen Mai und Dezember bei Flut. Aus dem Hauptriff sind fünf große Korallenblöcke gebrochen, die jetzt im

*Taucher mit ausgewachsenem Napoleon-Lippfisch (*Cheilinus undulatus*). Sie gehören zu den größten Rifffischen, treten einzeln oder in kleinen Gruppen auf und ernähren sich von Weichtieren (unten links).*

Großaugenbarsche und Schnapper bewohnen oft dieselben Höhlen und Spalten, die sie nachts zum Fressen verlassen (unten).

Kanal liegen. Durch die Passage, die diese Blöcke mit der Riffwand bilden, ziehen die Strömungen und machen sie für viele Schwarmfische attraktiv. Der ganze Bereich ist mit Korallen ausgeschmückt.

Wo das Hausriff zusammengebrochen ist, gibt es mächtige Höhlen und Überhänge bis hinunter in 35 m. Im Riff sind große Schwärme von Füsilieren, Schnappern und Zackenbarschen zu Hause.

Der Zugang zu diesem Gebiet ist nur über das Filitheyo-Resort und mit Booten möglich. Weil es noch ziemlich neu ist, sind die Fische noch recht scheu. Ein herrliches Gebiet, das einen Besuch lohnt, vor allem während des Südwestmonsuns.

Atollbildung

Ein Atoll entsteht, wenn ein Vulkan über den Meeresspiegel aufsteigt. Steinkorallen, Meerestiere, die zur Skelettbildung Kalziumkarbonat absondern, wachsen nahe der Meeresoberfläche und bilden ein Saumriff um den Vulkan. Wenn der Vulkan absinkt, wachsen die Korallen weiter nach oben und außen und bilden eine Barriereriff mit einer flachen Lagune in der Mitte. Schließlich sinkt die vom Vulkan geschaffene Insel und hinterlässt ein ringförmiges Riff oder Atoll. Sinkt die Insel schneller, als die Koralle wachsen kann, bekommt man einen submarinen Tafelberg oder Guyot.

Ein Riff besteht aus vielen Korallenschichten; die oberste Schicht lebender Korallen wächst auf den verkalkten Resten abgestorbener Korallen. Das Meer bricht Korallenstücke aus, die sich zu Sand auflösen.

Seeigel sind für Schwimmer ein Problem. Sie sind selten giftig, aber die Stacheln brechen unter der Haut ab und können wochenlang schmerzen. Wie die Seesterne bewegen sie sich mit Ambulakralfüßchen fort.

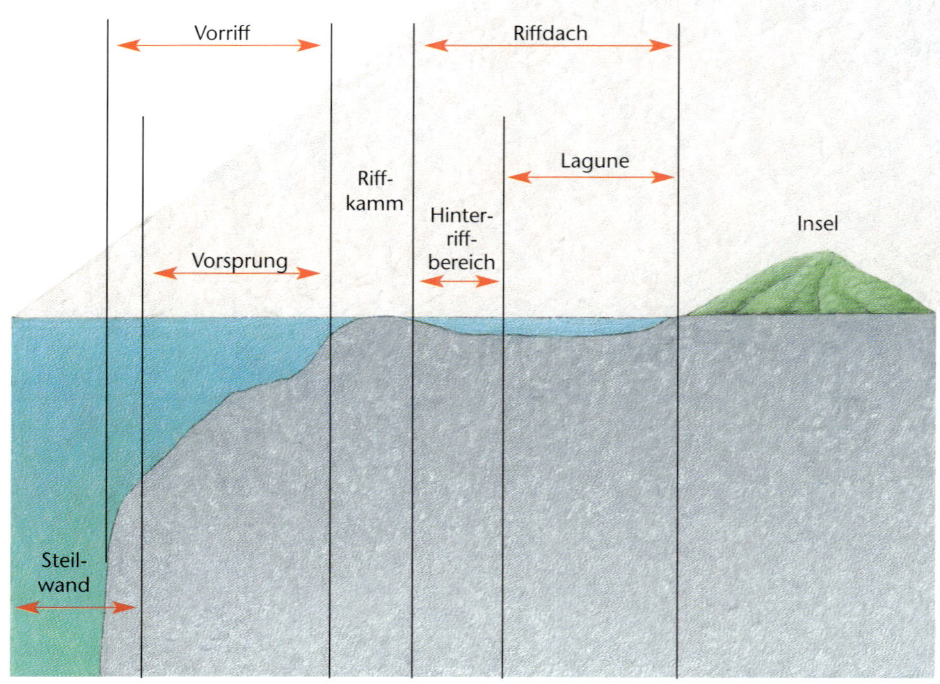

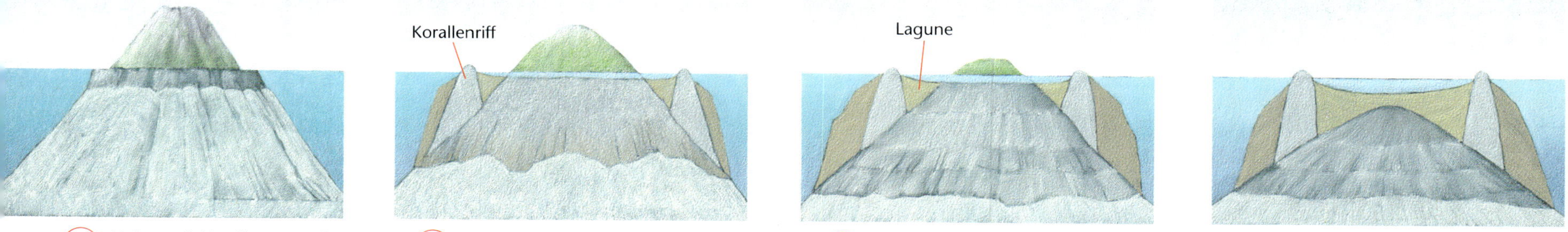

1 Vulkan mit Korallensaumriff

2 Wenn die Insel absinkt, wächst das Riff nach oben und außen und bildet ein Barriereriff mit einer Lagune in der Mitte.

3 Bei weiterem Absinken wird die Lagune größer, sodass sich ein Atoll-Ökosystem mit reichem Meeresleben bilden kann.

4 Die Insel versinkt vollständig und hinterlässt ein Korallenatoll.

Die Landenge von Ko Phi Phi Don, der einzigen bewohnten Insel der Phi-Phi-Gruppe, liegt bei der Siedlung (oben links).

Ko Bangu oder Insel neun ist die nördlichste Insel im Mu-Ko-Similan-Nationalpark. An ihrer Nordseite liegen geschützte Ankerplätze (oben rechts).

Andamanensee

Paul Lees

Thailand liegt im Zentrum Südostasiens und damit genau richtig für den internationalen Handel und als Ausgangspunkt für Reisen in der Region. Ist der Norden des Landes mit Hügeln und Bergen bedeckt, schmückt sich der Süden mit palmengesäumten Traumstränden und tropischen Inseln. Ko Phuket, die größte und bekannteste der Inseln, zieht seit vielen Jahren internationale Besucher an, und die touristischen Dienstleistungen werden immer weiter ausgebaut. Inzwischen profitieren auch mehrere Nachbarinseln vom regen Tourismus. Im Osten hat die Inselgruppe Phi Phi ihre allein stehenden Kokoshütten durch klimatisierte Unterkünfte mit Restaurants und Touristenservice aufgewertet. Neben diesen Inseln gehen die Traumstrände der Provinz Krabi einen ähnlichen Weg. Die Insel Ko Lanta weiter südlich scheint dagegen zufrieden mit ihren weniger modernen Stränden und einfachen Unterkünften. All diese Orte bieten Sporttauchservice in der einen oder anderen Form, alle bieten Tauchkurse und Fahrten zu den besten Gebieten, als Tages- oder Mehrtagestouren.

Ko Phuket als Stützpunkt

Ko Phuket ist nach wie vor eines der touristischen Topziele in der Region mit zahllosen Aktivitäten und Attraktionen. Die Westküste der Insel wird von mehreren Stränden unterbrochen, den eigentlichen touristischen Zentren, die sämtliche Annehmlichkeiten und Einrichtungen für Sporttaucher bieten. Regelmäßig werden Tauchkurse für alle Leistungsstandards abgehalten. Tauchtouren zu den lokalen Gebieten und Kreuzfahrten zu den weiter entfernten sind jederzeit möglich. Phuket ist auch Drehscheibe für Fahrten zu südlicheren Zielen wie Krabi, Ko Phi Phi und Ko Lanta.

Tagestouren – Tauchen am Ort

Mehrere Tauchziele im Südosten der Insel lohnen einen Besuch, namentlich das Meeresschutzgebiet Shark Point und die Inselgruppe Phi Phi. Die beiden Inseln Ko Phi Phi Don und Ley ragen 48 km südöstlich von Phuket stolz aus dem Meer und gehören zum Nationalpark Had Nopparat. Die kleinere, zerklüftetere Insel Ko Phi Phi Ley ist unbewohnt, die größere inzwischen ein quirliger Ferienort.

An der Nordwestküste von Ko Phi Phi Ley liegt die kleine Bucht **Ao Nui** [4]. Ein Felsen mitten in der Bucht mit einer relativ seichten Ostseite ermöglicht gutes Schnorcheln. Zwischen kleinen Blöcken und mit Schwämmen überkrusteten Felsen gibt es viele Korallen und Rifffische. Die Außenwand des Felsens ist mit Löchern und Tunneln übersät, die verschiedenen Muränen Zuflucht bieten. Indische Rotfeuerfische, Ring- und Imperator-Kaiserfische tummeln sich bei einem schmalen Spalt, der innen mit kleinen Korallen und Gorgonien bewachsen ist. Vor den beiden südlichen Zacken von Phi Phi Don kann man bei **Hin Phae** [5] und **Hin Dot** [6] gut schnorcheln und tauchen. Es wimmelt von Wirbellosen. Einige Schmucklangusten und kleinere Riffkrabben mischen sich unter die geschäftigen Putzer- und Tanzgarnelen, die verschiedene Riffbewohner versorgen. In den tieferen Regionen klammern sich zahlreiche Austern und Muscheln an den Fels. Gewöhnliche Riffkraken verbergen sich bei den verstreuten Felsen und stoßen auf ahnungslose Schleimfische vor, die ihren sicheren Bau verlassen. Auch Barrakudas und andere pelagische Arten kommen recht häufig vorbei. Weiter südlich liegen, getrennt durch einen Kanal, zwei Felskarste. Beide, **Ko Bida Nai** [7] und **Ko Bida Nok** [8], sind ideal, um kleine Meerestiere an Wänden, Saumriffen und einzelnen Felsen zu beobachten.

[2] Meeresschutzgebiet Shark Point (Hin Musang)

1992 wurden zwei beliebte Sporttauchgebiete Teil eines Meeresschutzgebiets. 1997 kam ein

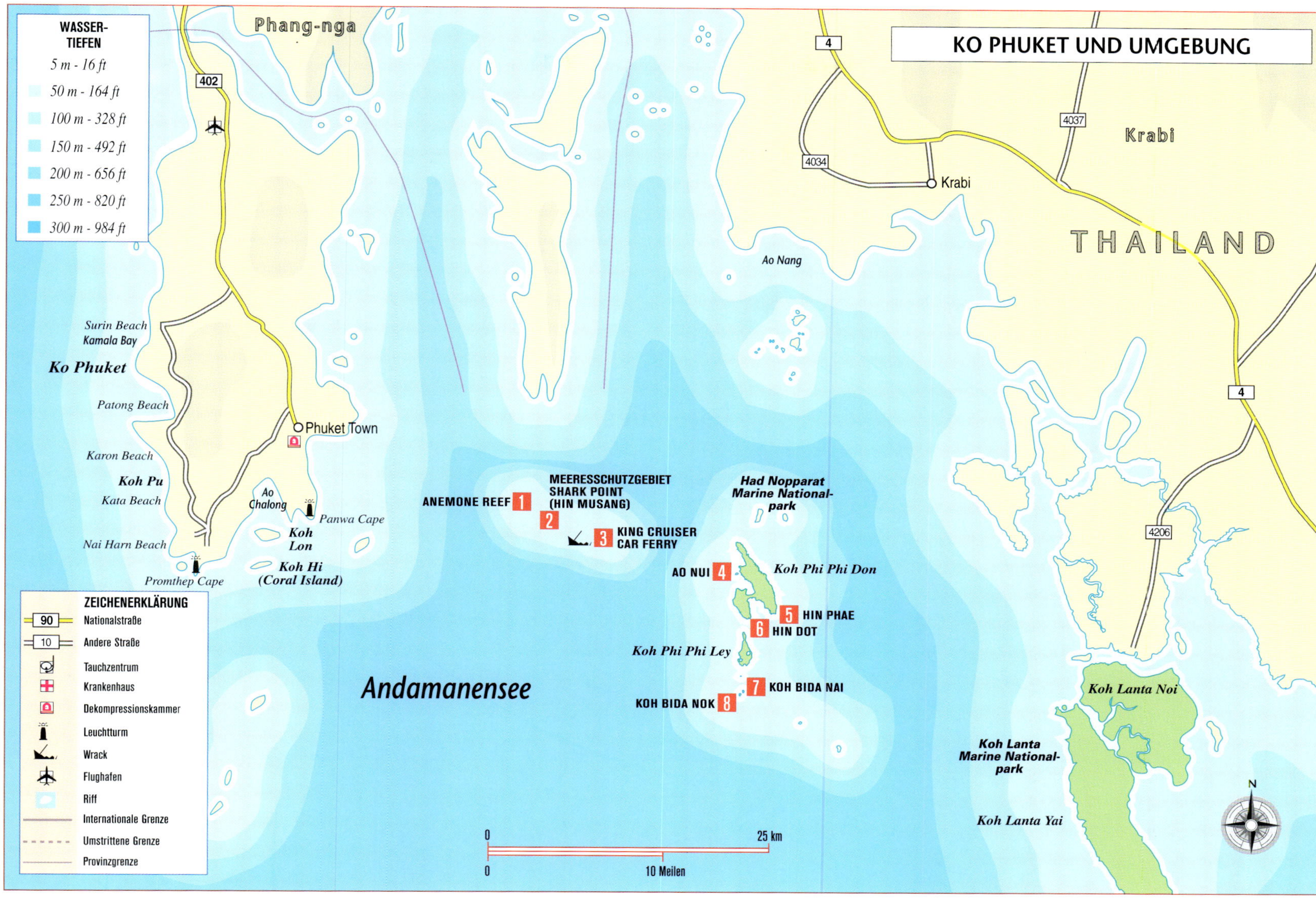

drittes Gebiet hinzu. Hin Musang oder Shark Point besteht aus drei submarinen Pfeilern in Nord-Süd-Ausrichtung. Dazwischen gibt es reichlich Stein- und Weichkorallen in allen Tiefen. Alle möglichen Riffbewohner beleben das ansonsten feste Farbmuster. Leopardenhaie sind hier die Hauptattraktion; die Taucher können diese harmlosen Bodenbewohner aus nächster Nähe beobachten. Das Gebiet hat auch mehrere Putzstationen der verschiedensten Putzerfische und -garnelen, zu deren regelmäßigen Kunden verschiedene Schnapper, Stachelmakrelen, Makrelen und gelegentlich ein Barrakuda gehören. Das Tauchen ist hier überall beeindruckend, am konzentriertesten ist das Meeresleben aber am südlichsten Pfeiler. Dies ist eine ganz eigene Gemeinschaft mit Seepferdchen, Geisterpfeifenfischen, Riffbarschen, Lipp- und Papageifischen, Kraken und einer Fülle von Wirbellosen.

Obwohl der als **Anemone Reef** [1] bekannte Pfeiler nur noch die Hälfte seiner ursprünglichen Größe hat, ist sein oberer Teil wieder mit Seeanemonen bedeckt, die von vielen Anemonenfischen bewohnt werden, und bei genauerem Hinsehen entdeckt man noch mehr symbiotische Bewohner: kleine Anemonenkrabben und durchsichtige Putzergarnelen, die nur an ihren inneren Organen zu erkennen sind. Weiter unten bilden gesunde Gorgonien den Hintergrund für in Scharen schwebende Indische Rotfeuerfische und Ansammlungen leuchtender Bäumchen-Weichkorallen.

Das dritte und jüngste Gebiet des Schutzgebiets war die Ursache für die Halbierung des Anemone Reef. Die ***King Cruiser Car Ferry*** [3] liegt heute in 32 m Tiefe. Sie zieht vielfältiges Meeresleben an und ist auf gutem Wege zu einem künstlichen Riff. Tageslicht dringt in die meisten Wrackbereiche, für einige empfiehlt sich aber dennoch eine Lampe. Wer das trübe Innere erkunden möchte, sollte daran denken, dass die Decken des Schiffs nicht mehr stabil sind.

Touren mit Kreuzfahrtschiffen zu abgelegenen Gebieten

Meeresnationalpark Mu Ko Similan

Thailands bekanntestes Tauchziel ragt 92 km nordwestlich von Phuket aus der Andamanensee und wurde 1982 zum Meeresnationalpark erklärt. Die umliegenden 128 km^2 wurden mit einbezogen. Bis auf die namenlose Insel Fünf sind die Inseln nach Namen und Zahl und nach Norden ansteigend eingeteilt. Das königliche Forstministerium hat zwei Büros eingerichtet, und die Ranger vom Dienst sind die einzigen ständigen Bewohner der Inseln,

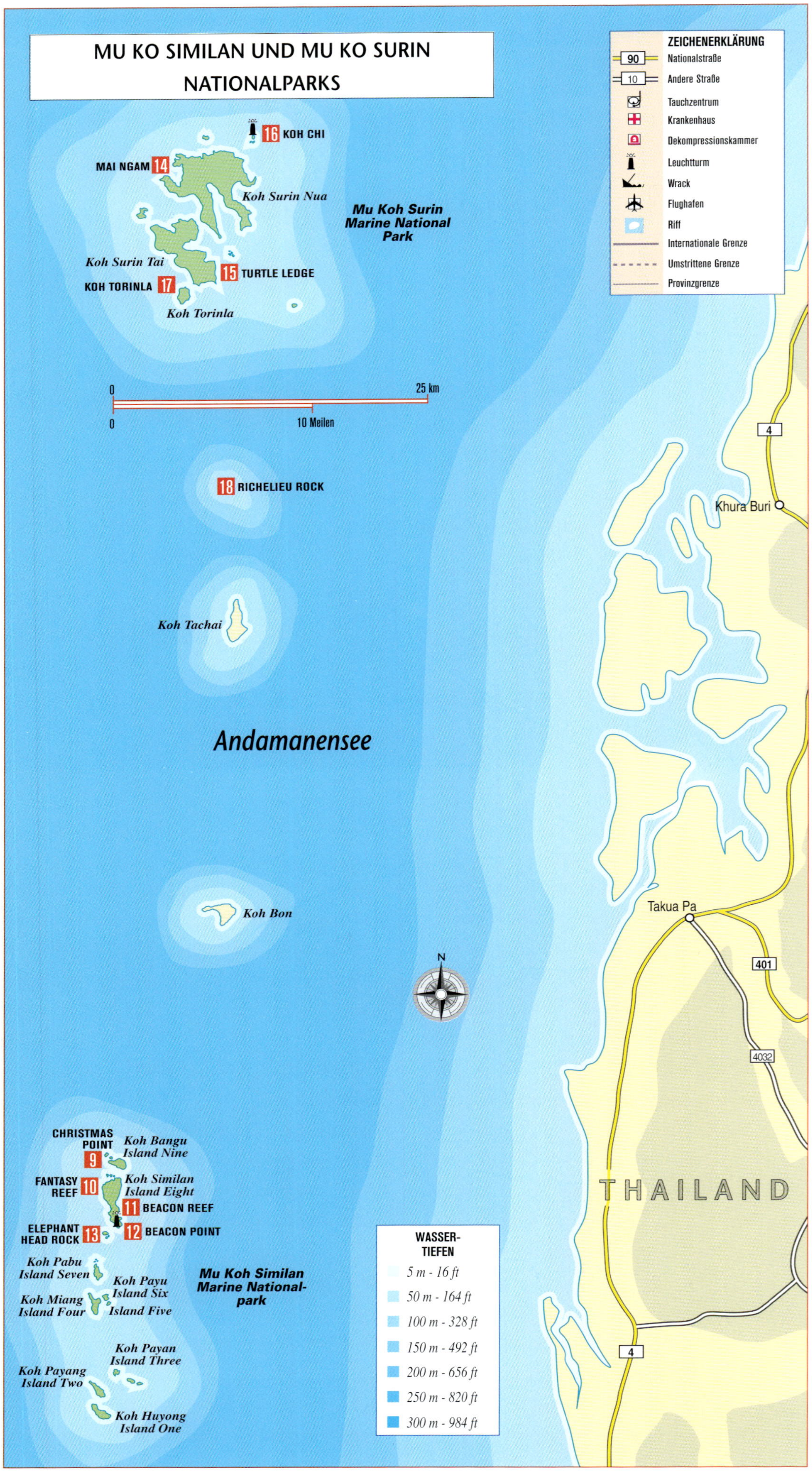

wenngleich die thailändische Marine vorübergehend ein Naturschutzprojekt auf Ko Huyong (Insel Eins) betreut.

Ost- und Westküste sind topografisch absolute Gegensätze. Erstere hat ein milderes Klima und eine geschützte Küste mit Sandstränden und davor sanft abfallende Riffe. Die exponiertere Westküste bietet wetterharte Felsen, die vom Meeresboden aufsteigen, gekrönt von Bäumen, die von starken Monsunwinden gebeugt wurden. Diese Strukturen setzen sich unter Wasser fort. Für die Westküste typisch sind riesige Blöcke, die hinunter zum Meeresgund stürzen; angrenzende Lücken werden in den raueren Monaten durch starke Strömungen von Sand und Korallenresten befreit, die den Weg bereiten für aufregende Tunnel, Bögen, Höhlen und Spalten, die alle darauf warten, erkundet zu werden, während andere vereinzelte Pfeiler und Plateaus als Bühne für Freunde des Pelagischen dienen.

Es sind allein über 200 Steinkorallenarten registriert, dazu eine ähnlich große Vielfalt an Weichkorallen. Die Sicht reicht manchmal weiter als 30 m. Sie sinkt jedoch im heißesten Monat, weil der Anstieg der Wassertemperatur oft eine Planktonblüte zur Folge hat. Das wiederum regt das Meeresleben an, das pelagische Besucher anlockt. Tunfische, Barrakudas und Stachelmakrelen werden begleitet von Mantas, Adlerrochen und einigen Walhaien.

Im gesamten Archipel gibt es einzigartige Tauchmöglichkeiten. Wir beginnen vor der Nordwestküste von Ko Bangu, der Insel Neun, mit dem ersten Gebiet, **Christmas Point** 9.

Felsblöcke unterschiedlicher Form und Größe säumen die Nordküste der Insel in durchschnittlich 25 m Tiefe, mit nach Norden zunehmender Größe und Tiefe. Die oberen Abhänge sind mit Bäumchen-Weichkorallen durchsetzt, die auch kleine Felsüberhänge säumen. Die weiten Flächen zwischen den Felsen teilen sich unterschiedlich viele Steinkorallen, am häufigsten breite Plattenkorallen. Die engen Lücken und Stufen dienen Riesenmuränen als Putzstation, die von Garnelen bedient werden. Orientalische Süßlippen genießen einen ähnlichen Service durch Putzerfische; in V-förmiger Aufstellung warten sie geduldig, bis sie an der Reihe sind. Der westliche Quadrant des Gebiets bietet einige keilförmige Bögen, die durch ein gewaltiges felsiges Mittelstück führen. Beim Hindurchschwimmen ändern sich die Landschaft und der Tauchgang. Sie dienen auch als Fluchtweg, falls die Strömung unvermittelt anzieht, was hier öfter geschieht.

Etwa 50 m von der Nordwestküste von Ko Similan (Insel Acht) entfernt, ragen Felsblöcke vom Meeresgrund auf und zerstreuen sich nach Westen. Diese verstreuten Plateaus haben verschiedene Namen, am häufigsten **Fantasy Reef** 10. Zwischen 2000 und 2003 durfte das Gebiet nicht betreten werden, damit die Korallen sich von Schäden erholen konnten, die Taucher oder wahrscheinlich Fischernetze verursacht hatten. Das Gebiet umfasst ausgedehnte Felshügel, die durch breite Rinnen mit anderen allein stehenden Pfeilern verbunden sind, die die Peripherie markieren. Die höheren Felsplattformen liegen 14 m unter der Oberfläche, andere fallen auf über 40 m ab. Große Spalten teilen die ansonsten glatten Flächen wie Blattadern, von denen die größten von eindrucksvollen Gorgonien flankiert werden. Die angrenzenden Durchgänge nutzen verschiedene Rifffische und Riesenmuränen als Hinterhalt und Versteck. Die Vielfalt des Meereslebens ist im ganzen Gebiet überragend. Verschiedene Drückerfische mischen sich unter die Papageifische, Juwelen-Zackenbarsche, Feuerfische und Süßlippen.

Der Boden besteht aus Korallenschutt. Dort ist die kleine, aber prächtige Geistermuräne zu Hause. Sowohl die Adulten mit dem blauen Körper als auch die schwarzen Jungen sind oft zu sehen. Am ehesten entdeckt man sie, wenn man nach Dekor-Schwertgrundeln Ausschau hält, die dicht über dem Boden schweben; die Muränen sind nie weit entfernt.

Die andere Küstenseite der Insel säumt **Beacon Reef** 11, der längste geschlossene Korallenbau der Inselgruppe. Das Riffdach liegt um die 5 m tief und weist viele Gehirnkorallen auf, dazu kräftige Akzente durch Geweihkorallen, zwischen denen sich farbenprächtige Rifffische tummeln – Riffbarsche, Lipp-, Papagei- und Doktorfische. Das Bild der Korallen ändert sich am Südabschnitt des Riffs nicht, nur dass die Exemplare mit der Tiefe an den Riffhängen größer werden. Salatkorallen stehen zwischen verschiedenen Plattenkorallen. Die Fische sind ähnlich wie die im Flachwasser, sie sind allerdings zahlreicher und größer. Nicht selten sieht man kleine Weißspitzen-Riffhaie über dem Sand in der Tiefe paradieren. Der Sandboden beginnt, wo das Riff in etwa 28 m endet und allmählich im Abgrund verschwindet. Der flachere Teil dieses Bereichs ist reich mit Pfeilern voller Weichkorallen durchsetzt, deren Farbenpracht durch orangefarbene und blaue Schwämme und bunte Haarsterne noch gesteigert wird. Die Südspitze des Riffs, **Beacon Point** 12, ist ein beliebter Platz, um Stechrochen über dem Meeresboden und auch im flacheren Wasser zu beobachten. Hier begegnet man den meisten Mantas und Adlerrochen im Nationalpark.

*Beim Orangestreifen-Drückerfisch (*Balistapus undulatus*) verlieren erwachsene Männchen fast alle orangefarbenen Streifen über der Schnauze.*

Schnapper oder Lutjanidae *sind im Indischen Ozean ein häufiger Anblick.*

*Tigerschwanz-Seepferdchen (*Hippocampus comes*) findet man in dunklen Nischen und unter Gesims.*

Elephant Head Rock 13 direkt südwestlich ist eine Ansammlung wetterumtoster Felsen, von denen der südlichste dem Kopf eines schwimmenden Elefanten ähnelt. Das Gelände unter Wasser ist atemberaubend. Der Tauchgang führt um Felsen herum, von denen viele 30 m und mehr Umfang haben und enge Durchgänge und Passagen bilden. Hin und wieder belebt ein krustierender Schwamm die Außenflächen dieser submarinen Monolithen, aber in den Durchgängen sind die meisten Flächen mit bunten Weichkorallen bedeckt. Der Meeresboden fällt östlich des größten Gebildes auf über 30 m ab, wo man im Übrigen gut Nacktschnecken entdecken kann.

Meeresnationalpark Mu Koh Surin

Dieser aus Granitinseln und zwei Felsen bestehende Park hat eine Fläche von 135 km². Koh Surin Nua, die größte Insel, ist 19 km² groß, die Nachbarinsel Ko Surin Tai im Südwesten 12 km². Beide Inseln sind mit immergrünen Urwäldern bedeckt, gesäumt von Mangrovenwäldern, die gelegentlich ein Strand unterbricht. Die nördliche Insel hat nur drei bewohnte Plätze: die Parkzentrale am Westufer, ein paar Fischer und ein Dorf mit *Chao Ley* (Seezigeunern) am Südufer.

Die Korallenbauten sind hier überwiegend Saumriffe, die zumindest teilweise kleine Inseln, aus dem Meer ragende Felsen und submarine Pfeiler umschließen. Koh Surin Nua hat einige interessante Orte wie **Mai Ngam** 14 an der Westküste aufzuweisen, wo man den einen oder anderen Blick auf Suppen- und Echte Karettschildkröten werfen kann, wenn sie ans Ufer kommen, um mit der mühseligen Arbeit der Eiablage zu beginnen.

Von den Gebieten bei Koh Surin Tai ist **Turtle Ledge** 15 am eindrucksvollsten. Hier kann man oft Meeresschildkröten beobachten, vor allem Echte Karettschildkröten, wenngleich es auch andere Besucher wie Drückerfische, Schnapper und Süßlippen gibt. Der obere Riffabhang bietet zahlreiche Seeanemonen und Westliche Clownfische. An anderen Stellen klettern Geweih- und Elchgeweihkorallen über Riesenmuscheln, wobei diese Art die größte aus der Familie der Riesenmuscheln ist.

Im Nordosten der Inseln ist **Koh Chi** 16 einer der besten Orte, um große pelagische Besucher zu beobachten, wie Große Barrakudas, Hundezahn-Tunfische, Faden- und Großaugen-Stachelmakrelen. Man kann auch sehr gut Meeresschildkröten auf ihrem Weg nach und von Koh Surin Nua beobachten – sogar die seltenen Lederschildkröten sind hier in den letzten Jahren gesichtet worden.

Das Riff bei **Koh Torinla** 17 ist etwa einen Kilometer lang. Viele Meeresarten sind bis heute dort bestimmt worden, unter anderem 15 Arten Meeresnacktschnecken. Unter den vielen Korallen suchen Juwelen-Zackenbarsche Schutz, und zwischen großen Geweihkorallen huschen zahlreiche Angehörige aus der Familie der Mönchsfische umher. Die vielen Felssockel in unterschiedlichen Tiefen bieten ein unterschiedliches Bild. Im flacheren Wasser hausen Einsiedlerkrebse, Putzergarnelen und bunte Haarsterne.

Etwa 14 km östlich der beiden Surin-Inseln liegt die Hauptattraktion der Region: **Richelieu Rock** 18. Diese fünffingrige Pfeilerreihe zieht regelmäßig so viele Walhaie an, dass der eine oder andere sie für ansässig hält. Aber es gibt auch genug anderes zu sehen. Drei Südpfeiler präsentieren in 22 m eine Fülle orangefarbener Gorgonien unmittelbar unter mehrfarbigen Weichkorallen. Zwischen den Felsspalten sind immer Skorpions- und Steinfische, Muränen, langstachelige Seeigel, Garnelen, Krabben und farbenfrohe Nacktschnecken zu finden. Auch die strahlenförmigen *hermatypischen* Korallen beherbergen vielfältiges Meeresleben wie Schwarm-Wimpelfische, Schwarzpunkt- und Buckel-Schnapper, Indische Rotfeuerfische, Strahlen-Feuerfische, Halfterfische und Riesen-Drückerfische.

Gorgonien stehen rechtwinklig zur Strömung, vor allem im tieferen Wasser. Diese ausladenden Korallengebilde ziehen die verschiedensten Meereslebewesen an.

Es ist die einzige Nahrungsquelle in unmittelbarer Nähe und damit auch ein idealer Ort, um große pelagische Arten zu beobachten, wie Regenbogen- und andere Stachelmakrelen, Große Barrakudas und Tunfische. Der Meeresboden besteht aus Sand und Korallenschutt und beherbergt verschiedene Weichtiere, darunter einige große Kalmare, Kraken und verschiedene Schnecken, vor allem Lister-Schnecken. Aber auch die nachtaktiven Kegel- und Mitraschnecken sind gut vertreten. Weitere Attraktionen der Tiefe sind Geigenrochen, halb Hai halb Rochen, und, in einer anderen Größenklasse, Tigerschwanz-Seepferdchen. Weiter oben sind viele *Tubastrea*-Korallen den Goldenen Wendeltreppen zum Opfer gefallen, deren Skelettreste den Eiern als Brutstätte dienen.

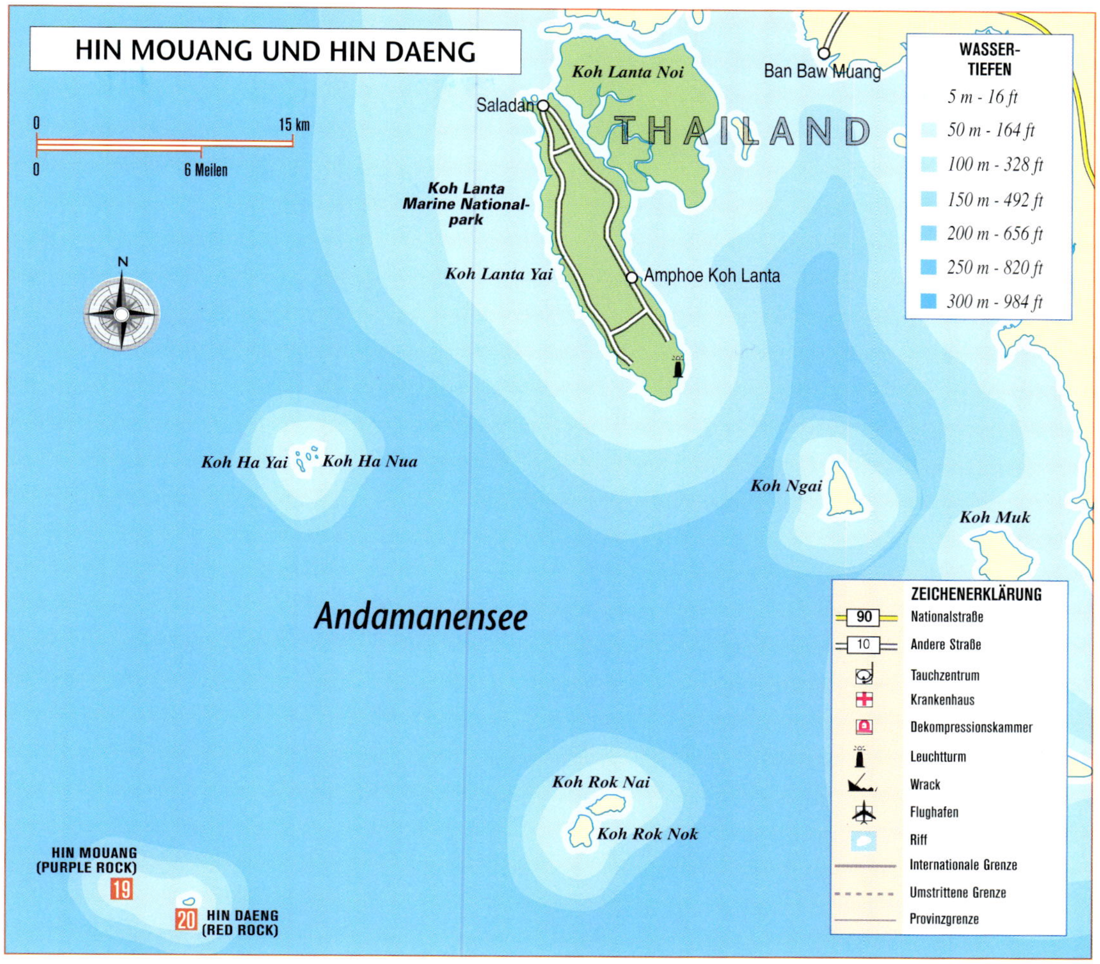

Der tiefe Süden

Weit im Süden bieten sich Kreuzschifffahrern die beiden Schmuckstücke Hin Daeng und Hin Mouang.

Die Riffbewohner sind hier außergewöhnlich arten- und zahlreich. Im stark bewegten Wasser trifft man oft auf Hochseefische, weil das ihren Jagdtrieb anregt. Schwarmweise kommen sie zum Fressen, Große Querbänder- und Gelbschwanz-Barrakudas, Hundezahn-Tunfische, Regenbogen-Stachelmakrelen, Langflossen-Makrelen, und andere Stachelmakrelen sind beinahe ansässig. Schließlich sorgen riesige Walhaie für aufregende Begegnungen. Dies ist eine der Topadressen in Südostasien für Begegnungen mit diesen sanften Riesen. Auch die anmutigen Mantas sind häufige Besucher.

19 Hin Mouang

Der Name dieses submarinen Bergs heißt Purpurfels und bezieht sich auf die purpurnen Seeanemonen, die fast die ganze Spitze des markantestens Pfeilers in 16 m Tiefe wie ein Teppich überziehen. Die südlichste Formation beginnt als senkrechte Wand, die zu einer schmalen Plattform in 40 m und dann weiter auf über 70 m abfällt. Mehrere enge Täler, die unter Bäumchen-Weichkorallen und Gorgonien fast verschwinden, durchbrechen den ansonsten geschlossenen Unterbau.

Mitten an der Längsseite des Unterbaus liegt eine rund 50 m große Höhle. Sie durchbricht den Fels jedoch nicht, wie die kleineren Grotten, sondern macht auf halbem Weg Halt, ändert die Richtung und spaltet den Unterbau. Diese Felsblockade bietet bei widrigen Strömungen Schutz und ist wegen des vielfältigen und bunten Meereslebens in der Schlucht einer der Höhepunkte des Gebiets. Nachts sehen die Schmuck-Langusten wie eine Regimentswache an den schmalen Sockeln und Tunnels in den Wänden aus, und die Augen der Putzergarnelen und Riffkrabben spiegeln das Licht in Gestalt kleiner, roter Punkte. Die Riesenmuränen sorgen kurz für leicht erhöhten Luftverbrauch beim Taucher, wenn sie ihr Versteck verlassen, um gemeinsam mit den reglosen Skorpionsfischen auf nächtliche Jagd zu gehen.

20 Hin Daeng

Im Gegensatz zu den Nachbarn durchbricht Hin Daeng oder Red Rock den Meeresspiegel, aber nur bei Ebbe. Dieser Fels ist nach den roten Bäumchen-Weichkorallen benannt, die die oberen Hänge und Wände schmücken. Der Abfall erfolgt in mehreren Wänden mit Zwischensockeln, alle unterschiedlich mit Korallenblöcken, Peitschenkorallen und Teppich-Anemonen verziert. Das normale Meeresleben ist von großartiger Vielfalt und reicht von winzigen Wirbellosen bis zu nicht ganz geheuren Grauen Riffhaien. Letztere sind allerdings ziemlich ängstlich und fliehen oft schon vor den Luftblasen der Taucher. An Haien begegnet man noch Leopardenhaien, die sich meistens im Südabschnitt des Gebiets aufhalten. Dieser Bereich umfasst zwei erhöhte Rücken, die durch einen Steilhang mit kleinen Korallen und weiteren Felsen getrennt sind, fast wie ein riesiges Hufeisen. Im Innenbereich kann man ein ungewöhnliches Meeresleben beobachten, das kein bestimmtes Muster hat. Es gibt Sepien und Gewöhnliche Riffkraken, Feuer- und Skorpionsfische, einige Steinfische, auch Muränen, Fangschreckenkrebse und Seeschlangen. Auch verschiedene Schnapper schwärmen vorbei. Den Leopardenhaien scheint es zu genügen, sich zwischen den kleinen Pfei-

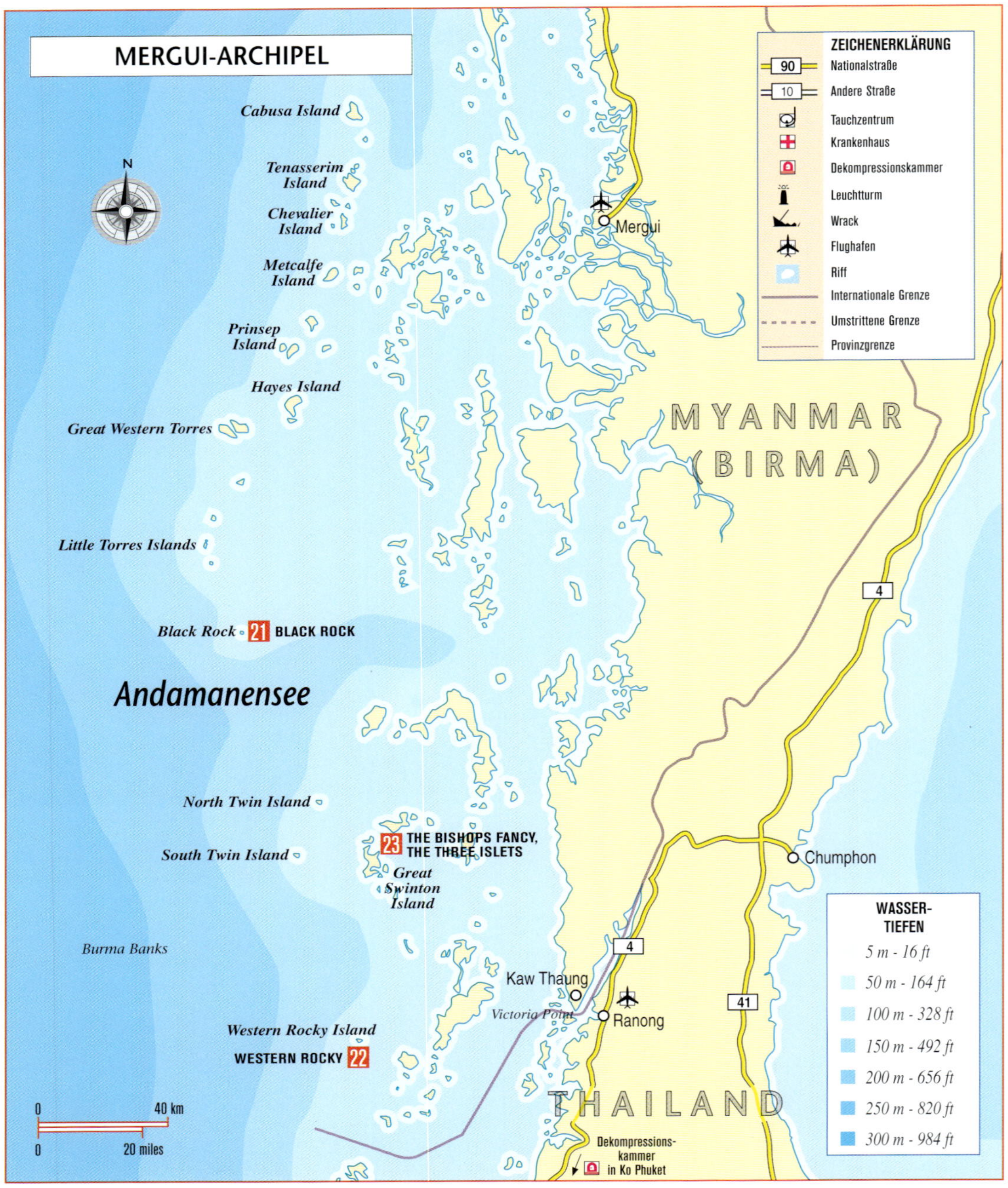

lern selbst zu jagen. Obwohl der Mittelteil dieses Gebiets von Pfeilern statt von Sanddünen umgeben ist, ähnelt er ein wenig einer Oase, weil er vielen Bewohnern vorübergehend Schutz bietet. Stechrochen, Juwelen-Zackenbarsche und Kugelfische profitieren davon.

Unerfahrene Taucher, die nicht erkennen, dass das Terrain immer so schroff ausgesehen hat, faseln von Schäden durch Sprengstofffischen. Nicht überall winkt unter Wasser ein Kaleidoskop von Farben – meistens muss man danach suchen. Leider haben diese Gerüchte einige Taucher abgeschreckt. Hören Sie nicht darauf, es wäre ein Jammer, dieses Gebiet zu verpassen.

Mergui-Archipel Myanmar (Birma)

Der Mergui-Archipel, als eine der malerischsten und bezauberndsten Inselgruppen Südostasiens beschrieben, besteht aus nicht weniger als 804 Inseln, Eilanden und Felsen. Die Tauchgebiete hier unterscheiden sich von denen vor Westthailand durch den sporadischeren und nicht so farbenfrohen Korallenbewuchs. Das Gelände unter Wasser ist viel zerklüfteter, die Sicht meistens etwas schlechter. Die Region hat jedoch zwei Trümpfe: erstens die großen Tiere wie Haie, Rochen und pelagische Arten; zweitens wimmelt es in einigen Gebieten von winzigen Riffbewohnern.

21 Black Rock

Mitten im Archipel ragt ein schroffer, einzelner Felsen etwa 20 m aus dem Wasser, der sich gut 100 m von West nach Ost erstreckt. An der Südseite fällt er unterschiedlich steil unterschiedlich tief ab. Stellenweise geht es senkrecht nach unten, dann wieder über Bänder und mächtige Brocken. Am Südwestende neigen sich mehrere Granitplateaus allmählich vom Inselfelsen ins Meer. Sie verschwinden fast unter rosa und weißen Büschen von Bäumchen-Weichkorallen, zwischen denen unerkannt Skorpionsfische und Gewöhnliche Riffkraken liegen. Etwas kleiner, aber auch etwas auffälliger sind Schwärme winziger Büschelbarsche und Schleimfische, die aufgeregt umherflitzen. Die Plateaus fallen auf über 40 m ab. Diese tieferen Gewässer sind der bevorzugte Ort, um Graue Riffhaie zu beobachten, wenn sie sich langsam einer breiten Rinne nähern, die diesen farbenfrohen Bereich vom felsigen Unterbau trennt. Manchmal geben sich auch andere Haie die Ehre, wie etwa der majestätische Walhai.

Ein genauer Blick auf den Unterbau offenbart Geschöpfe wie fast durchsichtige Garnelen, winzige Korallenschnecken und Haarstern-Krabben, unwirkliche Nacktschnecken und eine Mischung aus Kraken und Kalmaren mit Farben, die auf den Hintergrund abgestimmt sind.

Das gegenüberliegende Riff ist insofern anders, als es gemächlicher über einen Haufen unterschiedlich großer Felsen auf etwa 30 m abfällt, wo es auf den sandigen Meeresboden trifft. Gebänderte Seeschlangen und verschiedene Muränen winden sich auf der Suche nach Nahrung durch die Lücken und nutzen die vielen dunklen Nischen, um sich zu verstecken, aber auch, um sich putzen zu lassen.

22 Western Rocky

Es ist das südlichste Gebiet, rund 82 km südwestlich von Kaw Thaung auf Victoria Point. Über Wasser sieht es wie eine Anhäufung von Felssäulen verschiedener Größe aus. Dieses Gebiet unterscheidet sich von anderen in der Region, weil die Riffe getrennt sind – entweder um die größeren Felsen einzeln zu umschließen oder um die angrenzenden kleineren zu verbinden. Auf den Felsen kringeln sich Gebänderte Seeschlangen bei den Seeanemonen, um die sich Porzellankrabben, Garnelen und verschiedene Anemonenfische kümmern, während weiter unten große Kaurischnecken Gorgonien markieren. In den breiten Schluchten unten, zwischen dem Korallenschutt, mischen sich Geister-Muränen unter Partnergarnelen in Erdlöchern und Pistolenkrebse, die ihrerseits von verliebten Sepien auf der Suche nach Partnern überstiegen werden.

Das größte Felsgebilde bietet mehrere Grotten, deren größte am Eingang mit Korallen bewachsen ist. Der Eingang liegt in 20 m Tiefe und führt als Tunnel weiter. Die Sockel sind voller Schmuck-Langusten. Nach kurzer Strecke taucht der Tunnel nach rechts in eine kleine Senke. Dort haust gelegentlich ein reizbarer, 2 m langer Ammenhai. Der Tunnel hat zwei Ausgänge. Der größere und bevorzugte liegt rechts. Der andere ist deutlich kleiner und oft von mehreren Ammenhaien blockiert. Die andere Grotte ist kleiner und bei weitem nicht so interessant, auch wenn am Eingang mindestens drei Seeteufel sowie Feuer-, Skorpions- und Steinfische zu sehen sind.

23 Bishops Fancy, Three Islets

Unmittelbar nördlich der Great-Swinton-Insel liegen drei namenlose Felsen. Der größte, mittlere Felsen hat kleine Lebewesen und große Raubfische vorzuweisen. Die Tiefe liegt bei 20 m, stellenweise bei über 30 m. Unter Wasser spaltet ein west-östlich verlaufender Canyon das Eiland, der sich zunehmend verengt. Das Westende markiert ein großer, einzelner Felsen. Hinter diesem Felsen führt die Schlucht nach rechts und dann durch einen Bogen, den orangefarbene und gelbe Krustenschwämme schmücken. Hinter dem Bogen ist im felsigen Boden ein Loch, durch das gerade ein Taucher passt. Es führt in eine kleine, niedrige Kammer, in der häufig Ammenhaie schlafen. Die Rückkehr zum Canyon kann abenteuerlich werden, denn hier kann man Graue Riffhaie und Stechrochen Nase an Schwanz schwimmen sehen. Leider sind sie ziemlich nervös und bleiben nicht lange.

Verlässt man den Spalt, kommt man zu einem Bereich, der von Wirbellosen und eigenartigen Geschöpfen wimmelt – ideal für Makrofotografen. Garnelen, Muränen, verschiedene Muscheln und sogar Seepferdchen sind hier regelmäßig zu sehen, dazu Geister-Pfeifenfische, Seeteufel und die nicht so häufigen Schlangensterne.

Indien – Andamanen und Nikobaren

Die Andamanen und Nikobaren umfassen 572 Inseln, die sich in den Golf von Bengalen schmiegen. Die Andamanen nehmen eine Fläche von 352 mal 51 km ein. Dieser schmale Archipel besteht aus fünf Hauptinseln: Nord-, Mittel-, Süd- und Großandaman (Letzteres bestehend aus den Inseln Baratang und Rutland). Port Blair auf Südandaman ist

*Bei den Pharao-Sepien (*Sepia pharaonis*) befruchtet das Männchen das Weibchen mithilfe eines modifizierten Arms, der die Samenkapseln in ihre Kiemenhöhle bringt (oben).*
*Indische Forellenbarsche (*Plectropomus pessuliferus*) sind oft an den Putzstationen der Korallenriffe zu sehen (unten).*

Hauptstadt und Verwaltungszentrum der Inseln.

Östlich der Kette der Hauptinseln liegt die unbewohnte Barren Island mit dem einzigen aktiven Vulkan auf indischem Gebiet. Weiter im Norden liegt Special Armoured Post (SAP) bei der Insel Narcondam, die die nördlichen Zugänge überwacht. Beides sind bevorzugte Tauchziele. Beim Kreuzen zwischen diesen Inseln ist es möglich, Delfine, fliegende Fische und sogar die seltenen Dugongs zu sehen.

Bisher hat man im Norden und Süden der Inselgruppen absolute Spitzentauchgebiete entdeckt, vor allem an den Ostküsten der Inseln und bei den Inseln im offenen Meer. Das heißt nicht, dass es an den anderen Küsten keine Topgebiete gibt – sie müssen nur erst noch gefunden werden. Die Vielfalt des Meereslebens und der bisher in diesem Bereich entdeckten Korallen ist offenkundig und umfasst verschiedene Tiefen, wobei die tieferen Gewässer einen höheren Anteil an überdimensionalen Gorgonien und dem massiven Vorkommen von Bäumchen-Weichkorallen haben. Es gibt hochkarätige Tauchgänge an Steilwänden sowie submarinen Pfeilern und Plateaus. Ebenso erfreulich ist ein gesunder Bestand an Saumriffen und Riffen im offenen Meer. Farbenprächtige Rifffische gibt es ebenso in Hülle und Fülle wie Wirbellose und eine Auswahl an Meeresschildkröten, von denen sehr viele am Netz aus Putzstationen ein gewohnter Anblick sind. An einigen Putzstationen werden große Kunden wie Große Barrakudas und verschiedene große Rochen wie Mantas und Adlerrochen bedient. Große pelagische Fische sind reichlich vertreten, ebenso verschiedene Haie wie (in der Reihenfolge ihrer Häufigkeit): Schwarz- und Weißspitzenhaie, Graue Riffhaie, Silberspitzenhaie und Hammerhaie. Die Insel Narcondam bietet darüber hinaus als eigene Attraktion gelegentlich Walhaie.

24 Barren Island

Barren Island liegt 137 km nordöstlich von Port Blair. Die Abhänge aus schwarzem Gestein, beweglicher Asche und erstarrter Lava fließen hinab bis ins Meer auf dieser 305 m hohen kegelförmigen Insel. Dank des schweren Vulkanbodens ist die Sicht unter Wasser im Allgemeinen gut. Die Tiefen schwanken gewaltig. Wände und Abhänge fallen auf 40 m ab und können kurz auslaufen, bevor sie auf über 600 m abstürzen. Beim Blick nach unten sieht man häufig Riffhaie und gelegentlich einen Silberspitzenhai.

Das Tauchen hier steht in völligem Gegensatz zu dem in anderen Gebieten der Region. Es folgt senkrechten Wänden, die zuweilen von steilen, welligen Hügeln unterbrochen werden. Direkt vor der Nordwestspitze der Insel fällt das Gelände stellenweise auf 80 m ab, läuft in einen breiten Canyon aus und steigt über einen schmalen Grat wieder bis 40 m an. Die Außenwand des Grates fällt dann auf über 120 m ab. Es ist ein schönes Tauchgebiet, aber Korallen kommen nur gelegentlich vor, genau wie Büsche weißer Hydrozoen. Die fast schieferartigen Wände und tiefen Bänder treten dank der Haarsterne sowie orangefarbener und blauer Schwämme auch farblich hervor. Die Rifffische sind überwiegend Kaiser- und Falterfische.

Die Aschehänge, die die Dropoffs teilen, werden durch verschiedene Grundeln belebt, darunter auch Dekor-Schwertgrundeln. Verschiedene Nacktschnecken verleihen den dunklen Felsen Farbe. In diesem tiefen Canyon patrouillieren fast ständig große Haie, auch Schwarzspitzen-, Weißspitzen-, Graue Riffhaie und Silberspitzenhaie. In Schwärmen kommen pelagische Arten auf der Suche nach Nahrung aus der Tiefe, und man sieht regelmäßig Hundezahn-Tunfische, Große und Querbänder-Barrakudas sowie Regenbogen-Stachelmakrelen.

Narcondam Island

Diese üppige Regenwaldinsel liegt 259 km östlich von Port Blair und ist das nördliche Tor zum Archipel. Sie hat einige Tauchgebiete vorzuweisen, darunter **Lighthouse Point** 25, wenngleich der Leuchtturm in Wirklichkeit eine Warnbake auf der Nordwestspitze der Insel ist. Die Durchschnittstiefe beträgt 25 m, das Maximum sind 40 m. Unter Wasser ähnelt das Gelände bis auf die abgestorbenen Bäume dem über Wasser insofern, als es in derselben Richtung ausläuft, bis es in 32 m Tiefe auf einen Bereich mit riesigen geometrischen Blöcken trifft. Das enge Übereinander wird von Weichkorallen- und Gorgonienbüscheln belebt; auch das übrige Meeresleben ist gut vertreten, vor allem durch kleine Riffhaie, Nasendoktorfische und Süßlippen. Beim Driften zurück ins Flach-

*Harlekin-Geisterpfeifenfische (*Solenostomus paradoxus*) bringen Hunderte voll ausgebildeter Nachkommen zur Welt, die in der Bruttasche des Männchens heranwachsen (links).*

wasser treibt man über Terrassen mit Plattenkorallen und Felsen, die mit Schwämmen überkrustet sind – ein Paradies für Freunde von Nacktschnecken.

In der Bucht südlich vom SAP-Aussichtsposten liegt ein kleiner freier Felsen, **The Estate** 26, mehrere hoch aufragende, schroffe Türme. Der Tauchgang führt durch Passagen mit Grotten, die diese untermeerischen Blöcke teilen, deren Flächen durch krustierende Schwämme und einige Bäumchen-Weichkorallen aufgehellt werden. Die Fische in der Tiefe sind groß, wie die ansässigen Malabar-Zackenbarsche und Furcht einflößenden Schwärme der riesigen Tunfische. Auch kleinere Exemplare sind reichlich zu sehen, etwa Dekor-Schwertgrundeln, Orientalische Süßlippen, Indische Rotfeuerfische, Fahnenbarsche und einige Muränen. Das Flachwasser ist ein guter Platz für Nacktschnecken.

27 Invisible Bank, Flat Rock

Flat Rock liegt, je nach Ebbe oder Flut, gefährlich dicht unter oder über dem Wasser am Südende der Invisible Bank, rund 100 km südöstlich von Port Blair. Im Durchschnitt ist das Wasser 12 m tief, bei der Bank geht es bis über 35 m hinab. Die Invisible Bank selbst ist ein ausgedehntes Felsplateau mit nur wenigen lebenden Korallen. Das Meeresleben ist gut, aber verteilt. Bei Flat Rock ist es anders. Auch hier gibt es kaum Korallen, aber das Gelände ist dramatisch, mit einzelnen Felsen auf sandigem Boden, und die Fische können erstaunlich dicht stehen. Das Riffleben verdient besondere Erwähnung und bietet Schwärme von Nasendoktor-, Doktor- und Drückerfischen, Zackenbarsche und Süßlippen. Graue und Weißspitzen-Riffhaie patrouillieren auf und ab, und auch Makrelen, Tunfische, Barrakudas und Stachelmakrelen sind zu sehen.

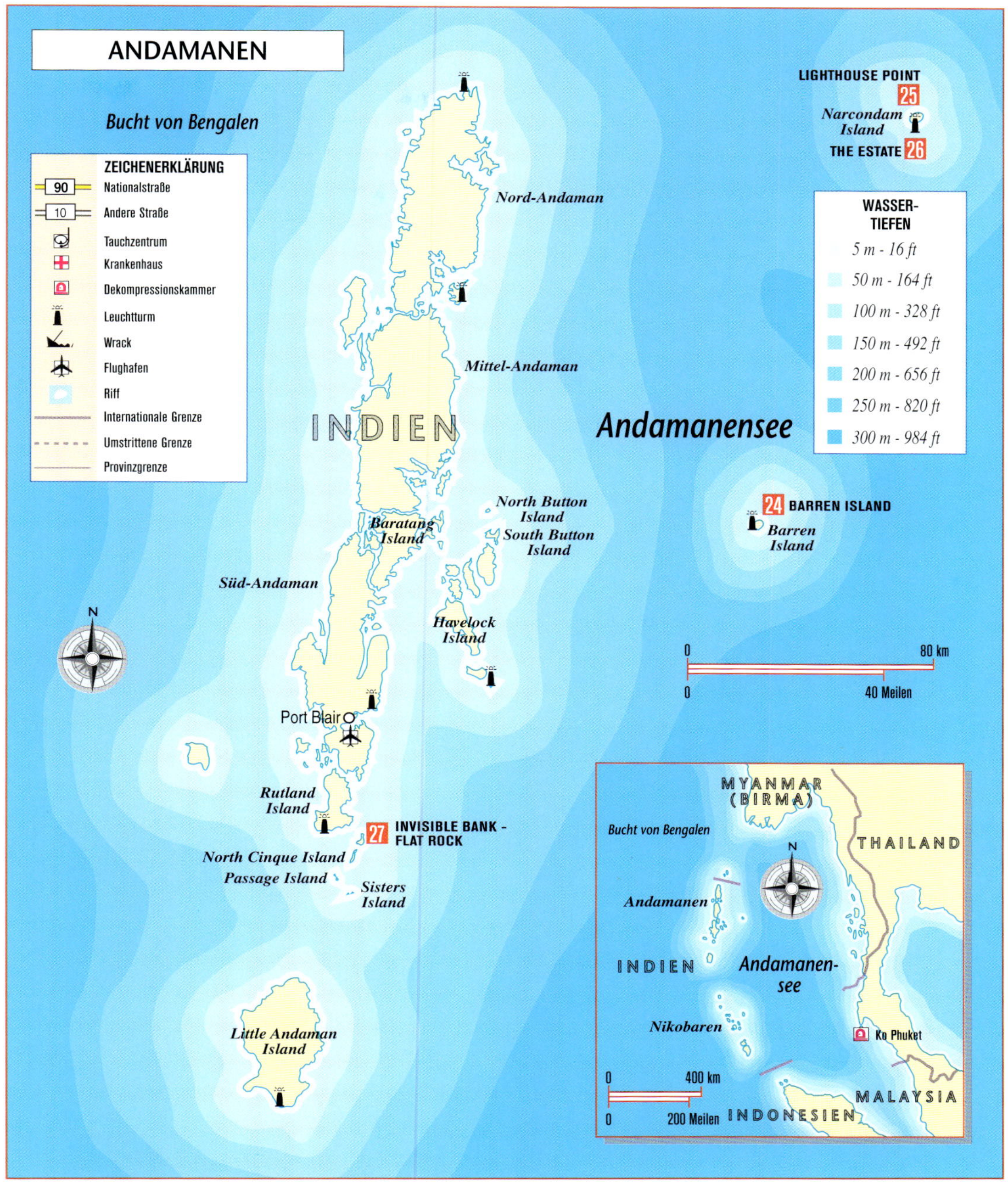

Westaustralien

Ann Storrie

Fast ein Drittel der 20 000 km langen Küste Australiens entfällt auf den Bundesstaat Westaustralien. Dieses Gebiet reicht von den tropischen Korallenriffen vor der Küste von Kimberley bis zu den gemäßigten Granit- und Kalksteinhabitaten südwestlich des Bundesstaates. Tropische Gewässer umspülen die Weihnachts- und Cocos-Inseln sowie eine Gruppe von Meeresatollen wie Rowley Shoals, Scott Reef und Seringapatam Reef. Das sind abgelegene Gebiete, die unverfälschtes Tauchen in den Tropen versprechen.

Weiter südlich bieten die Gewässer von Ningaloo Reef bei Exmouth eine herrliche Mischung aus tropischem und gemäßigtem Leben. Ningaloo ist das längste Saumriff der Welt mit vielen geschützten Lagunen zum Schnorcheln und Tauchen. Das Gebiet ist auch bekannt durch die jährlichen Wanderungen der Walhaie, die sich hier im März sammeln.

Der Südwesten Westaustraliens hat gemäßigte marine Bedingungen. Kalkstein- und Granittürme, Höhlen, Bänder und Überhänge sind voller Wirbelloser und stehen den tropischen Korallenriffen farblich nicht nach. Direkt vor Perth gibt es Meeresparks, die das Meeresleben schützen und den Menschen gleichzeitig erlauben, zu angeln und Langusten (*Panulirus cygnus*) zu fangen. Einige der besten Gebiete sind einen Steinwurf von den Stränden von Perth und von Rottnest Island 18 km vor der Küste entfernt.

Vor der westaustralischen Küste liegen auch Wracks. Man kann noch Schiffe aus dem 17. Jahrhundert entdecken, und viele alte Schiffe werden betaucht. Außerdem hat der Staat zwei Kriegsschiffe versenkt, die *HMAS Swan*, heute ein Magnet in der Geographe Bay, und die *HMAS Perth* an der Südküste bei Albany.

Wer den Nervenkitzel liebt, kann vor den südaustralischen Neptun-Inseln im Käfig unter Weißhaien tauchen. Kolonien Australischer Seebären und Seelöwen bieten den Weißhaien einen Festschmaus und den Tauchern oft spektakuläre Erlebnisse mit Haien.

Tauchen in Australien ist im Gefolge des Tourismus sehr effizient geworden. Für die meisten Gebiete an der Küste kann man bei der Ankunft buchen, einige abgelegenere Gebiete wie Rowley Shoals und Scott Reef erfordern vorherige Planung.

Das Ningaloo Reef ist das längste Saumriff der Welt mit vielen schönen und sicheren Buchten und Tauchgebieten (oben links).
Esperance ist mit malerischen Buchten und Inseln gesegnet. Riesige Granitblöcke bilden eine grandiose Unterwasserlandschaft mit Wirbellosen gemäßigter Gewässer (oben rechts).

Weihnachts- und Cocos-Inseln

Die Weihnachts- und Cocos-Inseln gehören zu den abgelegensten und unbekanntesten Inselgebieten Australiens. Sie sind über 2600 km von Perth und nur 360 km bzw. 1000 km von Jakarta entfernt. Die Weihnachts-Insel ist ein Vulkanatoll und bekannt für ihren tropischen Regenwald mit herrlichen Vögeln sowie die jährliche Wanderung der Roten Krabben. Das Gelände ist spektakulär und bietet fast ausschließlich Steilwandtauchen mit Höhlen, Überhängen und fantastischem Korallenbewuchs. Lohnende Tauchgebiete sind: **The Grotto** [1], **Northeast Point** [2], **Flying Fish Cove** (und **Cantelievers**) [3], **Thundercliffe Cave** [4], **West White Beach** [5], **Boat Cave** [6] und **Pig Rock** (**Egeria Point**) [7].

Die Cocos-Inseln, ein echtes Korallenatoll, erregten 1836 die Aufmerksamkeit von Charles Darwin. Hier stellte er seine Theorie über die Bildung der Korallenatolle auf. Die Inseln sind bekannt für große pelagische Fische, Riffhaie, Mantas, Napoleon-Lippfische, Meeresschildkröten und verschiedene Tauchgebiete auf relativ kleinem Raum. Es gibt Wände und kleine Dropoffs, *Turbinaria*-Korallen, die ein riesiges »Kohlfeld« bilden, große Plattenkorallen bis auf 25 m hinab und sicheres Schnorcheln und Tauchen in der Lagune. Lohnende Tauchgebiete sind: **Garden of Eden** [8], **Cologne Gardens** [9], **Cabbage Patch** [10], **The Towers** [11], **Two Trees** [12], **The Atrium** [13], **Govie House** [14], **East White Beach** [15], **Spanish Eyes** [16], **Prison Gardens** [17], **Lion Cave** [18] und **Manta Ray Corner** [19].

Wie oft auf isolierten Atollen haben sich viele Meeresarten auf den Weihnachts- und Cocos-Inseln vermehrt, während andere das Gebiet noch nicht besiedelt haben. Das Fehlen von Juwelen-Zackenbarschen, Dreistreifen-Riffbarschen und Spinnenfischen wird durch die Fülle anderer Zackenbarsche, Lippfische, Riffbarsche, Grundeln, Falter-, Doktor-, Schleim- und Kardinalfische wettgemacht. Viele dieser Arten gedeihen hier besonders gut.

Bei beiden Inseln hängt der Zugang zu einigen Tauchgebieten vom Wetter ab. Das Klima ist tropisch. Im Sommer können die Westwinde das Tauchen an der Westseite verhindern, an der Ostseite ist es aber in dieser Zeit normalerweise möglich. Die Wassertemperatur liegt bei 28 °C, die Sicht an den Wänden bei 30–50 m. In der Zeit der Wirbelstürme im Sommer kann die Sicht sich verschlechtern, und wenn ein Wirbelsturm in der Nähe vorbeizieht, können ein oder zwei Tauchtage verloren gehen.

Rowley Shoals, Scott und Seringapatam Reef

Die Rowley Shoals sind ein ideales Beispiel für ein Schelfatoll in australischen Gewässern. Sie entstanden vor über zehn Millionen Jahren, als der westliche Kontinentalschelf absank. Als das Land unterging, wuchsen die Korallen hoch und bildeten drei ovale Atolle, 30–40 km auseinander und etwa 280 km vor dem westaustralischen Festland. Jedes Atoll besteht aus einem Riffring, der eine große Lagune einschließt. Sie steigen aus über 400 m Tiefe auf und fallen auf der Westseite sehr steil ab.

Als 1982/83 bei den Rowley Shoals die ersten meereskundlichen Untersuchungen gemacht wurden, kamen über 340 neue Arten zum westaustralischen Fischbestand hinzu. Ein besonders eindrucksvolles Beispiel ist der Kartoffel-Zackenbarsch (*Epinephelus tukula*). Diese furchtlosen, neugierigen Ungetüme beknabbern selbst ausgestreckte Hände und Flossen. Riesige Muscheln, Teufelsklauen- und Kaurischnecken, farbenprächtige Seeanemonen mit den dazugehörigen Anemonenfischen, Riffbarsche und Gelbstreifen-Fahnenbarsche tum-

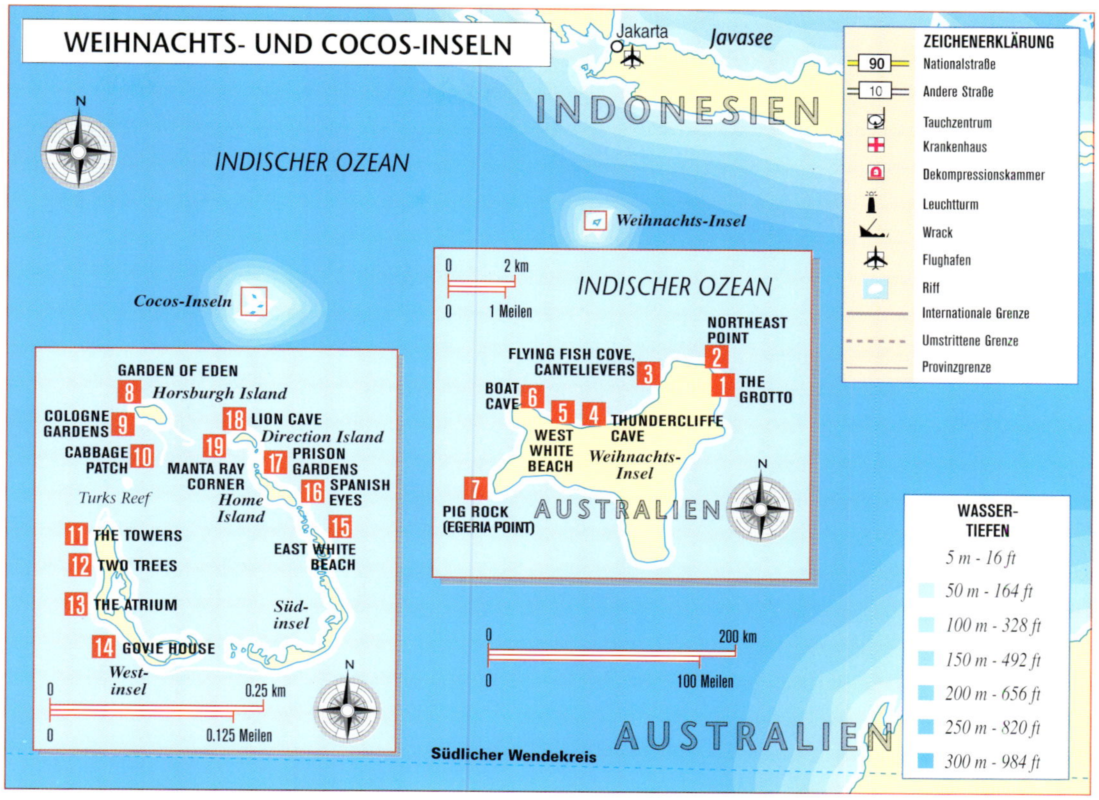

Die Nordatolle Westaustraliens (Rowley Shoals ausgenommen) weisen die größte Seeschlangenpopulation der Welt auf. Im Bild Schildkrötenköpfige Seeschlangen.

Felsenlangusten. Bei jedem Tauchgang bei Rottnest sieht man ihre Fühler unter den Steinen vorragen.

Für Taucher selten zu sehen: Der Blauring-Krake sowohl der tropischen wie gemäßigten Gewässer hat ein äußerst starkes Gift.

meln sich zwischen den üppigen Korallen in nicht einmal 5 m auf dem Riffdach. Blöcke in den flachen Lagunen ziehen so viel Leben an, dass ein Taucher sich Stunden beschäftigen kann, während die äußeren Riffwände einfach überwältigend sind. Der gesamte Korallenbau ist mit Stein- und Weichkorallen, Seeanemonen, Seescheiden, Hydrozoen und Schwämmen bedeckt. Rifffische fast aller Familien sind zu sehen, dazu Schwärme von Stachelmakrelen, Meerbrassen, Schnappern, Tunfischen, Makrelen und Bonitos. Auch Riffhaie und Mantas sind häufig zu sehen. Lohnende Tauchgebiete sind: **Lively** [25], **West Wall** [26], **North Wall** [27], **Mermaid Channel** [28], **Cod Hole** [29], **Southeast Wall** [30], **Jimmy Goes to China** [31], **Blue Lagoon** [32], **Clerke Reef Channel** [33] und **Southeast Wall** [34].

Scott Reef und Seringapatam liegen etwa 400 km nördlich der Rowley Shoals. Tauchen und Meeresleben sind hier ähnlich wie bei den Rowley Shoals, mit einer Ausnahme. Diese nördlicheren Atolle weisen die größte Population Seeschlangen der Welt auf. Erstaunlicherweise haben die Schlangen die Rowley Shoals noch nicht besiedelt. Wer nach Schlangen Ausschau hält, entdeckt beim Scott Reef und Seringapatam bis zu 20 bei jedem Tauchgang. Die schönen, neugierigen und manchmal extrem zutraulichen Tiere folgen dem Taucher eventuell lange Zeit. Solange man die Schlangen nicht reizt, sind sie selten ein Problem. Lohnende Tauchgebiete sind: **Seringapatam** [20], **Northeast Wall – North Reef** [21], **Southeast Wall – North Reef** [22], **Sandy Islet** [23] und **South Reef** [24].

Eine Sicht von über 40 m ist im Winter und frühen Frühjahr bei Rowley Shoals, Scott und Seringapatam Reef normal, auch wenn das Wasser vielleicht etwas kälter ist als an einem tropischen Riff erwartet. Wassertemperaturen von 29–30 °C kommen vor, aber 25–26 °C sind nicht ungewöhnlich. Im August und September, wenn kein Wind geht und an Land angenehme 30 °C herrschen, gibt es nach einem Tag mit Tauchen nichts Schöneres, als in einem regungslosen Boot zu liegen und dem herrlichen Sonnenuntergang zuzusehen, der sich in der Lagune spiegelt. Die Gewässer dieser Atolle sind unverfälscht und einer der noch relativ unberührten Tauchbereiche weltweit.

Ningaloo Reef und Coral Bay

Das Ningaloo Reef ist einer der bedeutendsten Rifftrakte Australiens. Es erstreckt sich über etwa 260 km vom Nordwestkap bei Exmouth bis südlich der Coral Bay. Das Riff ist zwischen 7 km und weniger als 200 m von der Küste entfernt. Es ist das längste Saumriff der Welt, und viele der schönen Lagunen bieten einige der leichtesten und angenehmsten Schnorchel- und Tauchmöglichkeiten Australiens.

Am bekanntesten wurde Ningaloo durch die regelmäßig dort auftauchenden Walhaie. Walhaie sind die größten Kaltblüter der Welt und die größten Knorpeltiere. Sie können über 12 m lang werden, ihr Maul ist mehr als einen Meter breit. Dabei sind sie ganz harmlose Filtrierer. Die Walhaie kommen jeden März nach Ningaloo und bleiben normalerweise bis Juni. Das fällt mit der jährlichen Korallenlaiche am Riff zusammen, die das Meer in ein Planktongebräu verwandelt. Die Sicht beträgt aber trotz des Planktons oft 20–30 m. Die Boote setzen Aufklärungsflugzeuge ein, die sie zu den Walhaien lotsen; manchmal kann man an einem Tag sieben oder acht Walhaie sehen.

Neben einem Walhai zu schwimmen ist ein grandioses Erlebnis. Das riesige Maul ist beim Fressen weit geöffnet. Der Kopf ist meistens von kleinen Lotsenfischen umgeben, auch von Gold-Stachelmakrelen, während an der Bauchseite oft Schiffshalter haften. Andere große

Fische halten sich manchmal in unmittelbarer Nähe auf.

Ningaloo hat selbstverständlich mehr als Walhaie zu bieten. Hier gibt es über 500 Fischarten, 250 bekannte Korallenarten und über 600 Weichtierarten. Suppenschildkröten, Unechte und Echte Karettschildkröten sind weit verbreitet. Vor allem Suppenschildkröten haben an dieser Küste viele Nistplätze. Mantas sind häufig und gelegentlich in Scharen beim Planktonfressen zu beobachten.

Lohnende Tauchgebiete sind: **Navy Pier** 35, **Cod Spot** 36, **Northwest Ridge** 37, **Blizzard Ridge** 38, **Turtle Mound** 39, **Turquoise Bay** 40 und **Coral Bay** 41.

Zwischen August und Oktober, wenn die Buckelwale die Küste hinunterwandern, werden Walbeobachtungstouren organisiert. Die Wale kalben in tropischen Gewässern und ziehen im Sommer dicht an der Küste zurück auf ihrem Weg in südliche Regionen. Oft sind Delfinherden zu sehen, und auf den flachen Seegraswiesen an der Küste äsen Dugongs.

Haarsterne sitzen gern möglichst hoch, um sich einen guten Platz zum Einfangen von Plankton zu sichern; drumherum schwirren junge Kleinfische.

Rottnest Island

Als der holländische Seefahrer Willem de Vlamingh 1696 eine kleine Insel 18 km vor der Küste von Fremantle in Westaustralien betrat, schrieb er in sein Logbuch: »Hier hat die Natur anscheinend an nichts gespart, um diese Insel vortrefflicher als alle anderen zu gestalten, die ich je erblickt habe.« Er benannte die Insel nach den rattenartigen Beuteltieren, die dort herumliefen (rott heißt auf Holländisch Ratte). Die Insel heißt heute Rottnest, die »Ratten« Kurzschwanzkänguruhs.

Kurzschwanzkänguruhs (*Setonix brachyurus*) gibt es auf Rottnest noch genug, und die Insel ist noch genauso schön, wie de Vlamingh sie vor 300 Jahren beschrieben hat. Rottnest ist

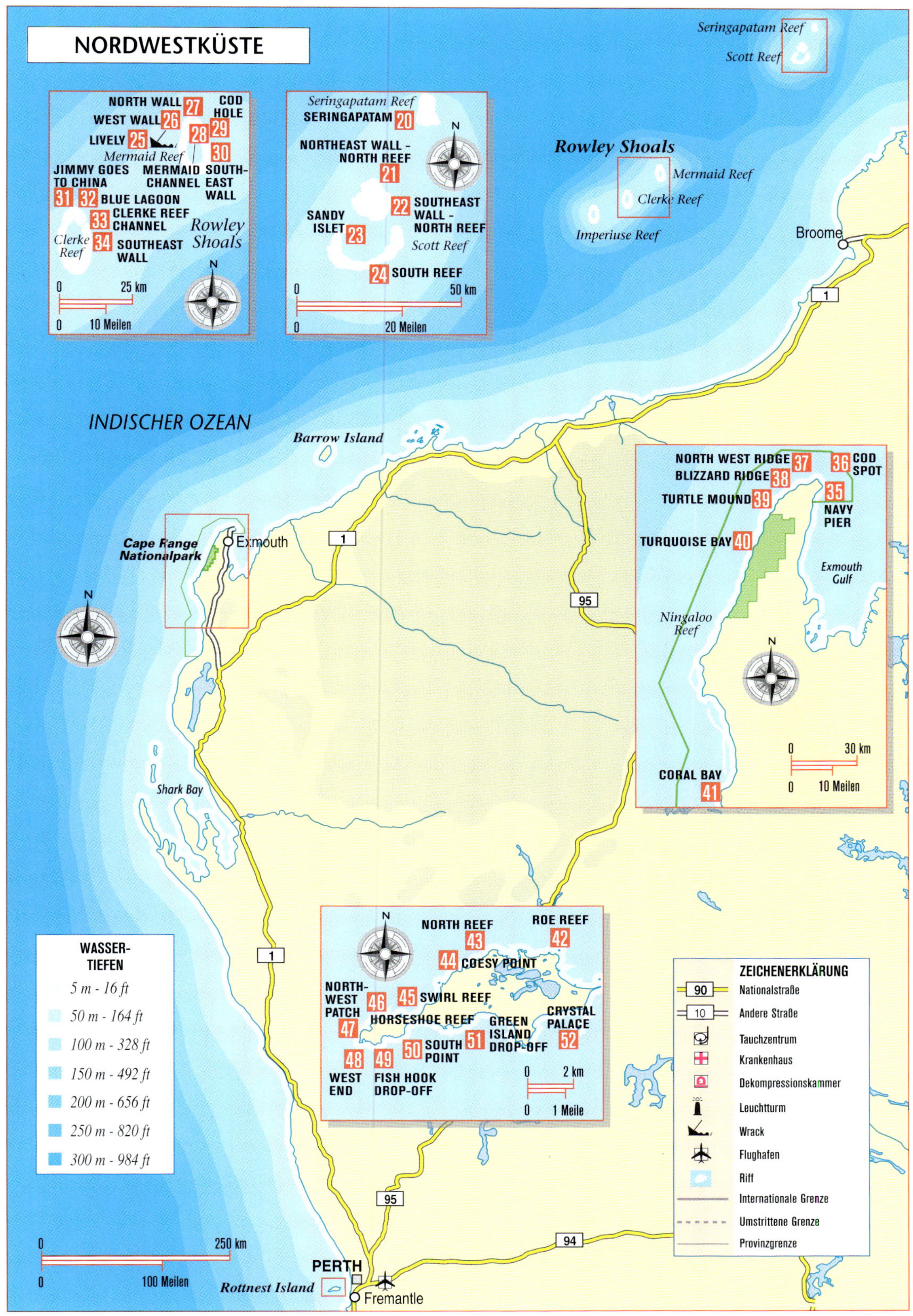

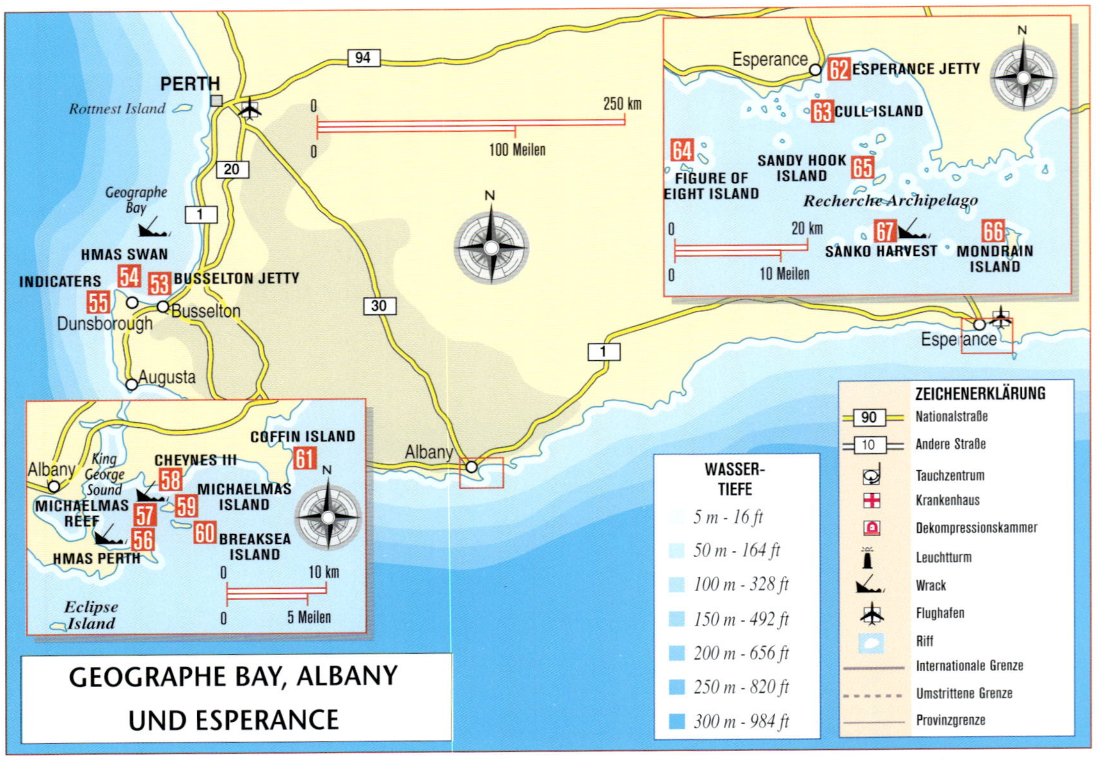

GEOGRAPHE BAY, ALBANY UND ESPERANCE

nur 10 km lang und maximal 4 km breit, aber ein Paradies für Pflanzen und Tiere. Dieses Schutzgebiet der Kategorie A ist eines der touristischen Highlights von Perth und beliebtes Naherholungsgebiet der Städter.

Farbenfrohes, quirliges Meeresleben herrscht in den Kalksteinriffen mit ihren Grotten, Spalten, Pfeilern und Überhängen. Das Gebiet beherbergt viele tropische Rifffische und Korallen, die normalerweise nicht so weit südlich vorkämen. Grund dafür ist der warme Leeuwin-Strom, der aus den Tropen herunterkommt und die Wassertemperaturen vor der Küste mildert. In einigen geschützten Inselbuchten gedeihen Steinkorallen wie *Pocillopora*, und im Kelp tummeln sich tropische Korallen- und Falterfische.

Rifffische gemäßigter Gewässer gibt es reichlich. Westliche Königs-Lippfische, Schwarzpunkt-Schweinsfische, Lederschildkröten, Blaugepunktete Mirakelbarsche, Schwalbenschwänze, verschiedene Zackenbarsche, Woodward-Butterfische, Pilotbarsche, Morwongs, Silberflossenblattfische, Großaugenbarsche, Königin-Drückerfische und Schwarzbinden-Pinzettfische sind nur einige Arten, denen man bei einem Tauchgang begegnen kann. Auf den tieferen Riffen wachsen große Schwämme und bunte Gorgonien, und unter Bändern, in Grotten und Spalten des verwitterten Kalksteins sind Felsenlangusten, Sepien, Kraken und Teppichhaie zu sehen.

Rottnest ist auch ein alter Schiffsfriedhof. Der Dampfer *Macedon* und das Segelschiff *Denton Holme* liefen Ende des 19. Jahrhunderts auf das Kingston Reef. Sie liegen direkt vor der Hauptsiedlung an der Küste. Der Eisenrumpf der Macedon ist noch deutlich erkennbar und ein zusätzlicher Anziehungspunkt zwischen den Grotten und bunten Bändern des Kingston Reef.

Dank der Wracks, Grotten und des pulsierenden Meereslebens braucht Rottness weder Steilwände noch Tieftauchen. Das Gelände ist differenzierter und das Meeresleben weniger auffällig. Wer bereit ist, auch auf das Kleine zu achten und genauer hinzusehen, wird mit herrlichen Farben und zahllosen Geschöpfen belohnt, die in jeder Kalksteinspalte hausen.

Lohnende Tauchgebiete sind: **Roe Reef** 42, **North Reef** 43, **Coesy Point** 44, **Swirl Reef** 45, **Horseshoe Reef** 46, **Northwest Patch** 47, **West End** 48, **Fish Hook Drop-off** 49, **South Point** 50, **Green Island Drop-off** 51, **Crystal Palace** 52.

Geographe Bay – *HMAS Swan* und Busselton Jetty

Die schöne Geographe Bay liegt 300 km südlich von Perth. Die Städte Busselton und Dunsborough sind Touristenmekkas in der Nähe der Weinkellereien im Südwesten, von Wäldern, Höhlensystemen, weißen, sicheren Sandstränden und natürlichen wie künstlichen Riffen mit einigen der besten Tauch- und Schnorchelmöglichkeiten im Bundesstaat. Einer der Höhepunkte ist **Busselton Jetty** 53. Mit fast 2 km ist es die längste Holzmole der Südhalbkugel. Im Sommer und Herbst wartet an ihrem Ende eines der sichersten und schönsten Tauchgebiete weltweit. Die Holzbalken sind mit Weichkorallen, Seescheiden, Schwämmen, Moostierchen und anderen krustierenden Wirbellosen bedeckt, und um die Pfähle schwirren in Schwärmen Heringe, Stachelmakrelen und Langflossen-Seehechte. Unter der Mole leben anmutige Königin-Drückerfische, Schwarzbinden-Pinzettfische, Lederschildkröten, Kugelfische und Großaugenbarsche, die Fressbares von den Pfählen und vom Schutt auf dem Meeresboden zupfen.

Am Ende der Mole hat man ein Unterwasserobservatorium gebaut, damit auch Nichttaucher diese Wunderwelt sehen können. Unter Wasser ist eine Kamera installiert, dank der man im Internet das Leben im Meer beobachten kann. Ein Informationszentrum am Beginn der Mole bietet Auskünfte über die Gegend, Souvenirs und herrliche Unterwasserfotos. Eine Kleinbahn bringt Besucher und Taucher bis zum Observatorium. Geschäfte in Busselton fahren Taucher regelmäßig zum Ende der Mole.

Geographe Bay hat schöne Naturriffe, und dort liegt auch Westaustraliens erstes gezielt versenktes Wrack. 1997 wurde die *HMAS Swan* einige Kilometer vor Dunsborough geflutet. Sie ist 113 m lang, 13 m breit und 23 m hoch. Fast das ganze Schiff ist betauchbar, wer in den Rumpf vordringt, sollte jedoch Höhlentauchererfahrung haben. Munitionskammer, Kombüse, Toiletten und Mannschaftsräume tragen zum Reiz dieses Tauchgangs bei, aber man muss gar nicht dorthin vordringen, um den Tauchgang zu genießen. Der Navigationsturm ragt bis 7 m unter die Oberfläche. Die Brücke ist gut zugänglich, und Taucher, Wirbellose und Hunderte von Fischen, die auf der Swan zu Hause sind, teilen sie sich.

An der Westseite vom Kap Naturaliste liegen weitere interessante Tauchgebiete, darunter **Indicators** [55] bei den Canal Rocks.

Die Südküste – Albany und Esperance

Albany ist eine malerische Stadt mit Blick auf den schönen Princess Royal Harbour im König Georg-Sund. Kleine Inseln und eine südliche Landzunge schützen es vor den manchmal heftigen Stürmen vom Südpolarmeer. Viele spektakuläre Tauchgebiete bei den Inseln bieten tiefe Canyons und Wände. Unter dem Kelp an der Oberfläche sind diese Granitfelsen mit Wirbellosen und riesigen Schwarzen Korallen, Gorgonien und rosa Weichkorallen bedeckt. Schwämme und Seescheiden überkrusten die Felsen, und auf den Bändern zwischen den farbenprächtigen Wirbellosen findet man viele gut getarnte Fische wie Harlekinfische, Sandbarsche und Skorpionsfische.

2001 wurde Albany Standort des größten Tauchwracks und künstlichen Riffs der Südhalbkugel. Die ***HMAS Perth*** [56] wurde im gut 30 m tiefen König Georg-Sund versenkt. Sie ist 133 m lang und 14 m breit. Der Turm ragt 3 m aus dem Wasser und ist mit den vorgeschriebenen Positionslichtern versehen. Der Rumpf wurde innerhalb von zwölf Monaten nach der Versenkung von verschiedenen Wirbellosen überwuchert, und auch die Fische werden mehr. Weitere lohnende Tauchgebiete sind: **Michaelmas Reef** [57], ***Cheynes III*** **Wrack** [58], **Michaelmas Island** [59], **Breaksea Island** [60] und **Coffin Island** [61].

Esperance liegt rund 480 km östlich von Albany am Ufer einer schönen, herzförmigen Bucht. Vor dieser Bucht bilden über 100 Graniteinseln den Recherche-Archipel, der sich an der Küste über fast 4000 km² erstreckt. Viele der Inseln sind Naturschutzgebiete, und die Region mausert sich zum Ziel für sanften Tourismus. Die steilen Granitwände, Grotten und Bänder begeistern die Taucher. Farbenprächtige Schwammgärten sind ein Merkmal dieser Gegend. Riesige orangefarbene, gelbe, rote und purpurne Schwämme sitzen bis in 60 m Tiefe auf den Bändern und bieten Tausenden von Wirbellosen und Fischen ein Zuhause. Große Fische wie der Westliche Blaue Lippfisch und der Königin-Schnapper kommen im Archipel häufig vor. Auch Lederschildkröten, Pilotbarsche, Lippfische, Eberfische, Schwarzbinden-Pinzettfische und Königin-Drückerfische sind gut vertreten. Beliebte Tauchgebiete sind: **Esperance Jetty** [62], **Cull Island** [63], **Figure of Eight Island** [64], **Sandy Hook Island** [65] und **Mondrain Island** [66].

In Schwärmen stehen Großaugenbarsche in und bei der HMAS Swan. *Nur zwölf Monate nach der Versenkung hat man hier über 60 Fischarten registriert.*

Besonders gut sieht man diese Fische bei einem schönen Wracktauchgang vor Esperance. 1991 lief die ***Sanko Harvest*** [67], ein Frachter, der Phosphat geladen hatte, beim Abkürzen durch den Recherche-Archipel auf ein nicht kartiertes Riff. 30 000 t Phosphat und 300 t Öl drohten ins Meer zu laufen und eine Umweltkatastrophe zu verursachen. Eine gut organisierte Säuberung verhinderte jedoch das Schlimmste. Heute ist das Gebiet für Taucher sehr interessant, das durch die Tiere, die es zunächst bedrohte, zu einem Aktivposten wurde.

KARTENSCHLÜSSEL

1. Malaiische Halbinsel Westküste S. 139
2. Malaiische Halbinsel Ostküste S. 140
3. Malaysia – Westsabah und Sarawak S. 143
4. Malaysia – Ostsabah S. 144
5. Indonesien – Ostkalimantan S. 146
6. Indonesien – Sangalaki S. 148
7. Indonesien – Bunaken S. 150
8. Indonesien – Lembehstraße S. 153
9. Ostbali S. 155
10. Westbali S. 156
11. Indonesien – Nordkomodo Nationalpark S. 159
12. Indonesien – Südkomodo Nationalpark S. 160
13. Indonesien – Alor S. 162
14. Philippinen – La Union und Subic Bay S. 165
15. – Anilao, Puerta Galera, Pandan-Insel und Apo Reef S. 166
16. – Boracay, Carabao und Maniguin-Inseln S. 169
17. Philippinen – Cebu, Negros und Bohol S. 170
18. Philippinen – Busuanga S. 172
19. Philippinen – Nordpalawan S. 174
20. Philippinen – Sulusee und Camiguin S. 177
21. Philippinen – Dakak S. 178
22. Philippinen – Davao und General Santos S. 179
23. Mikronesien – Chuuk (Truk) S. 180
24. Mikronesien – Palau S. 183
25. Mikronesien – Yap S. 184
26. Melanesien – Fidschi S. 187
27. Melanesien – Vanuatu – Efate S. 188
28. Melanesien – Vanuatu – Espiritu Santo S. 190
29. Melanesien – Salomoninseln S. 192
30. Papua-Neuguinea – Port Moresby-Bereich S. 195
31. Papua-Neuguinea – Milne Bay S. 196
32. Papua-Neuguinea – Kimbe Bay und Neuirland S. 198
33. Australien – Großes Barriereriff S. 201
34. Australien – Cairns und Port Douglas S. 202
35. Australien – Ribbon Reefs S. 205
36. Australien – Korallensee S. 206
37. Neuseeland – Poor-Knights-Inseln S. 208
38. Neuseeland S. 211
39. USA, Kalifornien – Catalina-Insel S. 212
40. Mexiko – Baja California Sur S. 215
41. Equador – Galápagosinseln S. 216
42. Costa Rica – Cocos; Kolumbien – Malpelo-Inseln S. 218

Pazifischer Ozean

Jack Jackson

Der Pazifische Ozean, das bei weitem größte Meer der Erde, reicht von der Arktis bis zur Antarktis und liegt zwischen Asien und Australien im Westen sowie Nord- und Südamerika im Osten. Er nimmt ein Drittel der Erdoberfläche und das Doppelte des Atlantischen Ozeans ein.

Der Pazifik trifft bei der Beringstraße auf die Arktis und bei der Drakestraße auf den Atlantik. Die Grenze zum Indischen Ozean verläuft vom australischen Kap Londonderry über die Timorsee, an der Südküste der Kleinen Sunda-Inseln und Javas vorbei und von dort durch die Sundastraße zur Küste Sumatras. Zwischen Sumatra und Malaysia wird die Grenze meistens durch die Singapurstraße gezogen. Im Süden Australiens läuft die Grenze durch die Bass-Straße und von Tasmanien zum Südpolarmeer, das bei 55° südlicher Breite beginnt.

Der Pazifik hat eine Fläche von 165 250 000 km^2 – mehr als die gesamte Landfläche der Erde. Da er ein so riesiges Gebiet mit unterschiedlichsten Temperaturen und Bedingungen bedeckt, beherbergt er mannigfaltige Küsten- und Inselhabitate und eine enorme Artenvielfalt. Auch wenn in den kälteren Gewässern von China und Japan getaucht wird, sind die mit Abstand meisten Taucher doch an den Korallenriffen und Inseln des tropischen Pazifiks von Taiwan bis Hawaii im Norden bis zum Großen Barriereriff und Ozeanien im Süden zu finden. Weiter südlich an der Küste Australiens ändern sich die Bedingungen mit gemäßigten Gewässern und Arten bis hinunter nach Neuseeland.

Im Norden versorgen kaltes Wasser, starke Gezeitenströme und Auftrieb im Sommer die Fische und Krebse mit nährstoffreichem Wasser, von denen viele größer als ihre tropischen Vettern sind. Die kalifornische Küste hat gemäßigte Gewässer, vor Südkalifornien gibt es Käfigtauchen mit Blau- und Makohaien. Grauwale brüten im Winter an der Meerseite Niederkaliforniens. Bei den Farallon-Inseln studieren Forscher Weißhaie. Der Golf von Kalifornien war einmal ein Paradies für wandernde Meeressäuger, wurde aber trotz Schutzbestimmungen durch Überfischen geschädigt. Bevor Taucher die Cocos- und Malpelo-Inseln entdeckten, sammelten sich die Hammerhaie bei den Tafelbergen im Golf von Kalifornien, doch jetzt sind es nur noch wenige.

*Eine Echte Karettschildkröte (*Eretmochelys imbricata*) auf dem Deck der havarierten* Yongala. *Sie gehören mit maximal 84 cm Länge zu den kleinsten Meeresschildkröten (oben).*

Eine kommensale Garnele auf ihrem Wirt, einer Blasenkoralle, die empfindliche Haut reizen kann.

Neben den Küsten von Mexiko, Costa Rica und Panama sind die Cocos-, Malpelo- und Galapagosinseln die beliebtesten Tauchgebiete dieser Region. Panamas Golfo de Chiriqui rühmt sich der größten Korallenriffe des mittelamerikanischen Pazifiks, Ecuadors Isla de la Plata der des südamerikanischen Pazifiks. Getaucht wird in Peru und Chile, sogar bei den völlig abgelegenen vulkanischen Osterinseln.

Der Westpazifik umfasst Beringmeer, Ochotskisches Meer, Japanisches Meer, Gelbes Meer, Südchinesisches und Ostchinesisches Meer. Die großen Flüsse Ostasiens, an denen über ein Viertel der Weltbevölkerung lebt, münden über diese Nebenmeere in den Pazifik.

Die meisten Inseln liegen zwischen nördlichem und südlichem Wendekreis und im Westpazifik. Taiwan, Philippinen, Borneo, Indonesien, Neuguinea und Neuseeland sind Festland. Die vulkanische Inselgruppe Hawaii besteht aus rund 2000 Inseln, man meint aber meistens nur die am Ostende. Mikronesien liegt überwiegend nördlich des Äquators und westlich von 180° östlicher Länge von Greenwich, Melanesien südlich von Mikronesien und Polynesien im Osten.

Die Cocos- und Malpelo-Inseln weiter östlich liegen dicht am Äquator, die Galapagosinseln darauf, doch kalte Strömungen beeinträchtigen das Meeresleben. Alle sind Vulkaninseln; die wenigen Korallen haben 1997/98 unter El Niño gelitten.

Die Drucksysteme des Pazifiks folgen eng dem planetarischen System. Die Luftdruck- und Windmuster ergeben sich aus der Erdrotation (Koriolis-Kraft) und der Neigung der Erdachse zur Sonne. Generell spiegelt die Luftzirkulation einer Hemisphäre die der anderen. Die große freie Wassermasse beeinflusst Druck- und Windmuster über ihr. Das Klima im Süd- und Ostpazifik mit seinen steten Passat- und Westwinden ist besonders regelmäßig. Im Nordpazifik schwankt es stärker – die kalten Winter an der Ostküste Russlands stehen in krassem Gegensatz zu den milderen Wintern in Britisch-Kolumbien.

Die Passatwinde sind über dem Nordost- und Südostpazifik zwischen 30°N und 40°S am ausgeprägtesten. Die Neigung der Rotationsachse der Erde und ihr Umlauf um die Sonne lassen den Passat im Pazifik jahreszeitlich nur um etwa 5 Breitengrade schwanken. Die Ostwinde am Äquator bilden den tropischen Luftstrom und sind im Ostpazifik meist am stärksten. Die Passatwinde der Nord- und Südhalbkugel konvergieren am Äquator, wo die Kalmen entstehen.

Obwohl die Klimabedingungen der Passatgürtel generell einheitlich sind, bilden sich im Westpazifik die Taifune. Sie finden die besten Bedingungen im Spätsommer zwischen 5°N und 25°N, wenn das Meer an der Oberfläche mindestens 27 °C warm ist.

Innerhalb der Westwindgürtel treffen kalte Ostwinde aus den Polarregionen auf die warmen Westwinde der mittleren Breitengrade und erzeugen wandernde Tiefs. Ihr Konvergenzbereich, die Polarfront, wird im Winter am deutlichsten, wenn der Gegensatz von Temperatur und Feuchtigkeit am größten ist. Die Westwinde in der Südhemisphäre sind stark, die Stürme im Gefolge ihrer Tiefdruckgebiete führten zur Bezeichnung »Vierziger«, nach dem Breitengrad, wo sie meistens auftreten.

Im Westpazifk ersetzen Monsune, die durch Temperaturunterschiede zwischen Land und Meer entstehen, das planetarische System.

Alle drei Gezeitenarten treten auf. Im Südpazifik folgt die Schwankungsperiode stellenweise der Sonne. Statt täglich etwa 50 Minuten später einzutreten, sind Gezeiten an Orten wie Tahiti mehrere Tage in Folge etwa gleich. Gemischte Gezeiten gibt es an der Pazifikküste Nordamerikas. Tagesgezeiten treten im Golf von Tonking und Thailand, der Java-, Bismark- und Salomonsee auf. Generell ist der Tidenhub im Pazifik gering, im Golf von Kalifornien und der Korea Bay erreicht er jedoch über 10 m.

Die Durchschnittstiefe beträgt 4280 m, der Marianengraben ist 11 034 m tief – die größte Meerestiefe weltweit.

Die seismisch aktive Zone, die von Neuseeland bis Südchile um den Pazifik läuft, wird als

Abu Sayyaf

Die südwestlichsten Inseln der Philippinen sind Schlupfwinkel der muslimischen Splittergruppe Abu Sayyaf. Die Gruppe, beraten und unterstützt von Osama bin Ladens Terrororganisation Al-Quaida, ist in letzter Zeit aktiver geworden und hat in Malaysia und Südpalawan Touristen als Geiseln genommen, auch Deutsche. Bis die philippinischen Streitkräfte diese Gruppe unter Kontrolle haben, sollten Taucher Basilan und die philippinischen Inseln im Südwesten meiden und über den äußersten Westen Mindanaos amtlichen Rat einholen.

Die Sicherheit ist bei allen Resorts und Flugplätzen erhöht worden, der Club Noah Isabelle hat sogar ein eigenes Radarsystem installiert und überwacht das Schutzgebiet.

*Ein Kartoffel-Zackenbarsch (*Epinephelus tukula*), der zweitgrößte Zackenbarsch überhaupt.*

*Harlekin-Geisterpfeifenfische (*Solenostomus paradoxus*), Meister der Tarnung, verstecken sich zwischen Gorgonien, Algen oder Haarsternen.*

*Eine Nacktschnecke (*Chromodoris willani*) vor der philippinischen Insel Sumilon. Sie ernährt sich von Schwämmen an exponierten Riffen und Hängen.*

Feuerring bezeichnet. Erdgeschichtlich sehen wir beim westpazifischen Becken noch nicht ganz klar. Teile der ozeanischen Kruste sind dem erneuten Schmelzen entgangen und liegen jetzt vor der Küste von Japan, Kalifornien und Südamerika, aber vom ursprünglichen Aufbau ist viel durch spätere Vulkantätigkeit zerstört worden.

Das ostpazifische Becken ist einfacher. Westlich des amerikanischen Kontinents am Ostpazifischen Rücken wird die Kruste zum Westpazifik gezogen und weitet sich pro Jahr um 16,5 cm aus. Ein Ableger dieses Rückens öffnet den Golf von Kalifornien, zwei weniger aktive Rücken verzweigen sich von dort ostwärts – der Galapagosrücken am Äquator und die Chileschwelle im Südosten. Ebenfalls im Ostpazifik liegen die Ost-West-Bruchzonen und submarinen Vulkane, von denen einige aufgetaucht sind, wie der Cocosrücken. Im Pazifik gibt es viele submarine Tafelberge (Guyots), die man in anderen Ozeanen selten findet.

Den größten Einfluss auf die vertikale Zirkulation im Pazifik hat das dichte, kalte Wasser aus der Antarktis, das sinkt, dann nach Norden strömt und größtenteils die Bodenschicht im Ozean bildet. Die Zirkulation des Tiefenwassers wird auch durch sinkendes Oberflächenwasser in Konvergenzzonen beeinflusst, das auf etwa 90 m sinkt und sich dann ausbreitet. Zum Ausgleich steigt Wasser in Auftriebszonen auf, vor allem an den Küsten Nord- und Südamerikas.

Pazifische Passatwinde treiben Oberflächenwasser nach Westen und erzeugen den Nord- und Süd-Äquatorialstrom. Dazwischen liegt der Äquatorial-Gegenstrom von den Philippinen nach Ecuador. Der Nord-Äquatorialstrom dreht bei den Philippinen größtenteils nach Norden und bildet den warmen Kuro-Schio. Östlich von Japan wendet sich der Kuro-Schio nach Osten und bildet die Kuro-Schio-Trift, die weiter östlich zum Nordpazifikstrom wird. Der kalte, südöstliche Kalifornische Strom bildet den Ostabschnitt des zurückkehrenden Arms des Nord-Äquatorialstroms.

Der Süd-Äquatorialstrom fließt nach Westen und teilt sich dabei in drei Arme. Die beiden westlichen Arme drehen vor der Ostküste Australiens nach Süden und bilden den Ostaustralischen Strom, der zum Tasmanischen Strom wird, nach Nordosten umdreht und sich westlich von Neuseeland auflöst. Der östliche Arm fließt etwa am 180. Längengrad nach Süden und dreht bei 50°S als der warme Südpazifikstrom nach Osten. Zwischen 80° und 90° westlicher Länge dreht er nach Norden und dann als Mentor-Strom nach Westen, bevor er wieder in den Süd-Äquatorialstrom übergeht.

Ein Arm des kalten antarktischen Zirkumpolarstroms wird zum Humboldt-Strom, dessen nährstoffreicher Auftrieb für reiche Fischgründe sorgt.

Die nordpazifischen Strömungen und Süßwasserzuflüsse begünstigen die Boden bewohnenden Arten. Die riesigen Kelpwälder vor den Kaltwasserküsten Amerikas beherbergen eine ähnliche Meeresvielfalt wie die Korallenriffe. Die Wale ziehen weit von den Nahrungsgründen im Kaltwasser zu den Brutgebieten in warmen Gewässern.

Nährstoffreicher Auftrieb fördert den Fischfang vor Japan und Peru. Der Westpazifik hat die größten und reichsten Korallenriffe der Welt und eine enorme pelagische Vielfalt.

Der Pazifik leidet, wie alle großen Meere, unter Verschmutzung, Sedimentation und Überfischung, dem größten Problem.

Malaysia

Jack Jackson

Malaysia bietet gesunde Korallenriffe und Korallenbewuchs an der Halbinsel und im Osten. Das Wasser ist durchwegs warm, die gute Sicht kann sich jedoch verschlechtern. Einige sehr flache Riffe sind ausgebleicht. Die Zahl der Tauchschulen ist auf Pulau Perhentian Besar und Kecil, Pulau Redang, Pulau Aur und Pulau Tenggol gestiegen. Pulau Lang Tengah ist ein wichtiges Ziel für Taucher geworden, und auf Pulau Tioman sind die Standards gestiegen.

Layang Layang, die Perle von Borneo, ist kräftig gewachsen. In diesem Gebiet gibt es viele gute Riffe, aber Layang Layang ist vor allem wegen eines erstklassigen Hotels und der Anwesenheit der malaiischen Marine beliebt.

Vor Labuan an der Westküste Sabahs locken vor allem Schiffswracks, vor Sarawak bieten die Veranstalter Tauchen an, und bei Pulau Mantanani und nördlich von Kudat steigen neuere Gebiete in der Gunst. Von Januar bis April sieht man an der Westküste Walhaie.

Vor Sabahs Ostküste bieten die Tauchresorts auf Pulau Mabul und Pulau Kapalai einen Luxus, der auf Pulau Sipadan aus Umweltgründen nicht machbar war. Das steigende Interesse an der »Jagd mit der Lupe« hat sie jedoch zu eigenständigen Tauchzielen werden lassen. Das Gebiet Semporna hat auch noch andere lohnende Tauchziele. Nördlich von Sandakan ist Pulau Lankayan eins der letzten. Man kann sogar Dugongs sehen, und im April zeigen sich Walhaie.

Für Nitrox- oder Tech-Tauchen besteht in Malaysia wenig Bedarf, aber die Kurse werden angeboten, sodass die tiefen Wracks den entsprechend ausgebildeten Tauchern zugänglich sind. Die britische Regierung hat die *HMS Prince of Wales* und die *HMS Repulse* daraufhin zu geschützten Stätten erklärt – es darf nichts angerührt werden.

Malaiische Halbinsel

Wo und wann Sie bei der Malaiischen Halbinsel tauchen, hängt vom Monsun ab, wobei Beginn und Ende der Monsunzeit um einige Wochen schwanken können. An der Westküste herrscht normalerweise von April bis Oktober Südwestmonsun, von November bis März ist es trockener. An der Ostküste ist es von April bis Oktober trockener, der Nordwestmonsun dauert von November bis März; in dieser Zeit schließen die nördlichen Resorts. In den Ostküstengebieten sieht man regelmäßig Walhaie und Mantas.

Die Westküste und die Malakkastraße

Die Westküste der Malaiischen Halbinsel ist weit besser entwickelt und industrialisiert als die Ostküste. Die enge Malakkastraße führt landwirtschaftliche Einleitungen aus Flüssen in Malaysia, Thailand und Indonesien ab und ist stark befahren. Die Sicht ist daher meistens schlecht.

Der Payar Marine Park vor der Küste von Kedah besteht aus der Hauptinsel **Pulau Payar** [3], den kleineren Inseln **Pulau Kaca** [2] und **Pulau Lembu** [1] in Ost-Nordost sowie den zwei großen Felsen von **Pulau Segantang** [4] 13 km west-südwestlich. Pulau Payar hat eines der wenigen Korallenriffgebiete an der Westküste und war mit Pulau Redang Gegenstand von Meeresparkstudien des WWF. Die 1985 zum marinen Naturschutzgebiet erklärte Region hat ein vielfältiges Meeresleben.

Weiter südlich vor der Küste bei Lumut in der Malakkastraße bieten **Pulau Pangkor** [5], **Pulau Pangkor Laut** [6] und die **Sembilan-Gruppe** [7] Tauchen in geschützten Gewässern recht nah bei Kuala Lumpur.

Pulau Redang, das sind leere Strände, klares türkisfarbenes Meer und herrliche Landschaft. Das Meer ringsum hat die besten Korallen der Malaiischen Halbinsel und ist vom WWF eingehend untersucht worden (oben links).

Ein zur Fähre umgebautes Fischerboot verlässt Pulau Perhentian Besar, die größte Perhentian-Insel, die dank leerer Strände und interessanter Dschungelpfade auch die beliebteste ist (oben rechts).

Die Ostküste
Terengganu Meeresparks

Die Terengganu Parks bestehen aus den Perhentian-Inseln Pulau Lang Tengah, Pulau Redang, Pulau Kapas und Pulau Tenggol.

Zu den Perhentian-Inseln 20 km vor Kuala Besut gehören **Pulau Perhentian Besar** [9] und **Pulau Perhentian Kecil** [8] sowie ein paar Inselchen und Felsen im Nordwesten. Die Felsen der beiden Hauptinseln fallen zum Sand hin ab und bieten Tauchern Füsiliere, Schnapper, Stachelmakrelen, Stechrochen und verschiedene Kugelfische. Auf und im Sand leben viele Wirbellose und auch Seeschlangen.

Am besten taucht man bei den einzelnen Felsen, große Vulkanbrocken bis in 30 m Tiefe, mit Grotten, Spalten und Durchgängen. Unter der Gezeitenmarke sind die Blöcke mit Weichkorallen und Seeanemonen bedeckt. Ab 7 m wachsen Schwarze Korallen, Hornkorallen, *Tubastrea*-Korallen, ungewöhnlich große Bäumchen-Weichkorallen, Harfenkorallen sowie Kauri-, Stachel- und Faltenschnecken. Weiter unten wimmelt es von Steinkorallen, mit Schlangenseegurken bedeckten Tonnenschwämmen, Spanischen Tänzerinnen und anderen Nacktschnecken. Pelagische Fische sind gut vertreten, Rifffische reichlich – Büffelkopf-Papageifische, Weißspitzen- und Schwarzspitzen-Riffhaie, Stechrochen; im Juli und August sieht man Delfine, auch Grindwale.

Ein Seestern bei Pulau Perhentian. Sie haben meistens fünf Arme, oft auch mehr. Ein beschädigter Arm wächst nach, ein abgetrennter Arm kann zum ganzen Seestern regenerieren.

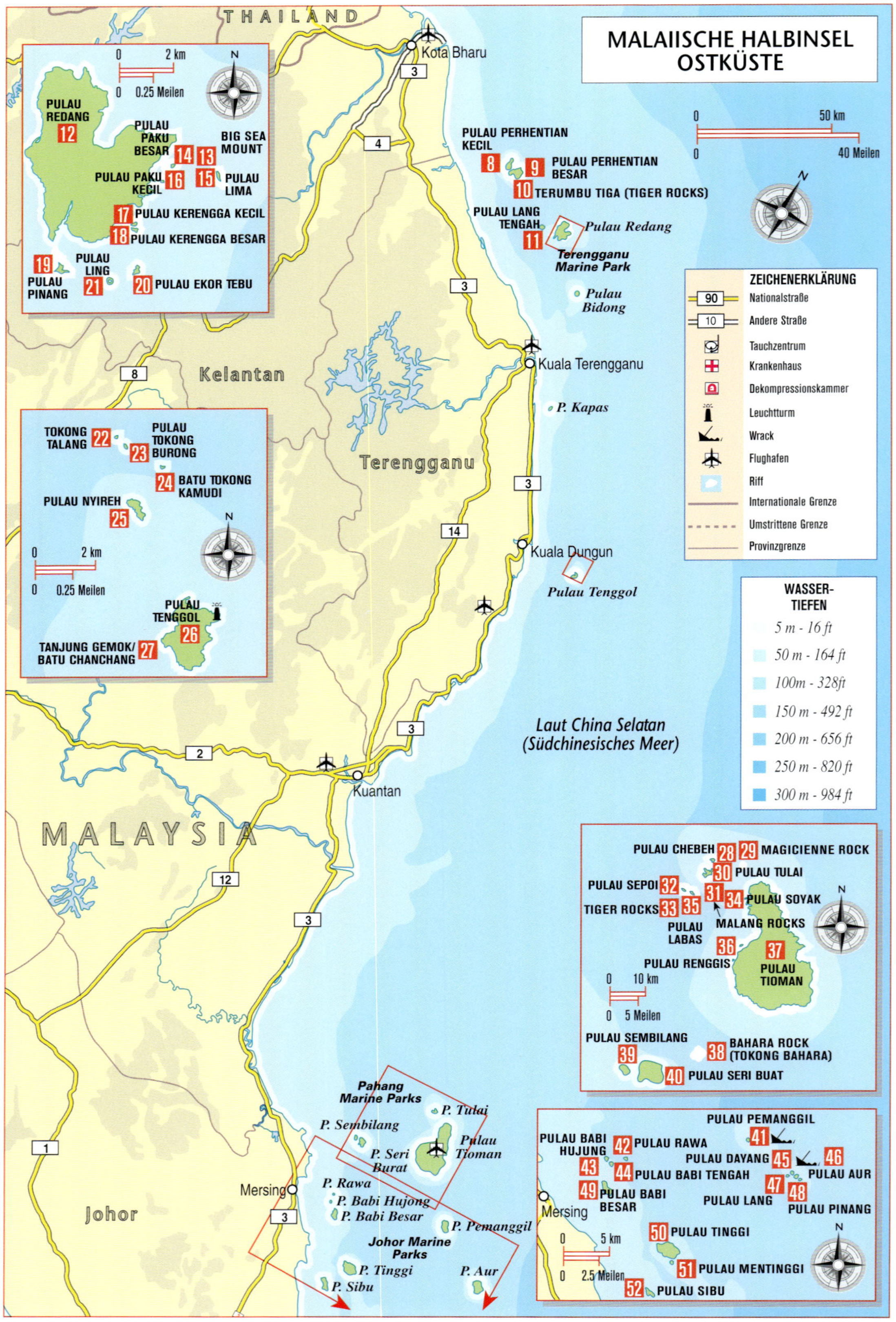

Terumbu Tiga 10, südlich von Pasir Tinggi, in der Mitte der Ostküste von Pulau Perhentian Besar, ist eines der besten Tauchgebiete. Große Blöcke bis hinunter zum Sand in 18–20 m, mit Grotten, Tunnels und Durchgängen. Die oberen Felsen sind mit Weichkorallen und Bäumchen-Weichkorallen bedeckt, die tieferen mit Schwarz-, Blasen- und Hornkorallen, Hydrozoen, Harfenkorallen und Seeanemonen samt Anemonenfischen. Auf dem Sand gibt es große Tonnenschwämme mit Schlangenseegurken, viele Seesterne, Kissensterne, Seegurken und schwarze Seeigel. An Fischen sieht man Büffelkopf- und andere Papageifische, Kaiser-, Falter- und Kaninchenfische, verschiedene Kugelfische, Feuer-, Doktor-, Kardinal- und Eidechsenfische, Büschelbarsche und Schwärme von Süßlippen, Schnappern, Schnepfenmesserfischen und Füsilieren. Bei **Pulau Lang Tengah** 11 sieht es ähnlich aus.

Der Pudau Redang-Archipel, 45 km nordöstlich von Kuala Terengganu, besteht aus neun Inseln. Die beiden größten sind **Pulau Redang** 12 und **Pulau Pinang** 19. Die übrigen sind **Pulau Kerengga Besar** 18, **Pulau Kerengga Kecil** 17, **Pulau Paku Besar** 14, **Pulau Paku Kecil** 16, **Pulau Ekor Tebu** 20, **Pulau Ling** 21 und **Pulau Lima** 15. Die geschützten Gewässer, seit 1985 Meerespark, haben die besten Korallenriffe der Malaiischen Halbinsel.

An der Ostseite von Pulau Redang ist der Strand sandig, an der Westseite steinig. Die ausgedehntesten Riffe bis hinunter auf 25 m gibt es bei den kleinen Inseln, deren tiefere Nord- und Ostseiten am vielfältigsten sind. In den Korallengärten dominieren Geweih- und Tischkorallen sowie Korallenblöcke. An den Kliffen sitzen Krusten- und Weichkorallen. An der Westküste von Pulau Redang nisten Echte Karett- und Suppenschildkröten.

Zumeist taucht man zwischen umherliegenden Blöcken mit Steinkorallen. Bei Pulau Lima liegen einige der besten Gebiete der Malaiischen Halbinsel. **Big Sea Mount** 13, 50 m nördlich von Pulau Lima, ist ein Haufen Blöcke zwischen 30 m und 10 m, oben mit Stein-, Leder- und Weichkorallen, Manteltieren, Schwämmen, Hornkorallen und Seeanemonen samt Anemonenfischen überwuchert. Der seewärtige Hang mit Braunen Zäpfchen- und Bäumchen-Weichkorallen fällt auf über 40 m ab. Das Fischleben ist arten- und zahlreich, Adlerrochen inklusive.

Die Pulau Tenggol-Gruppe mit der Hauptinsel **Pulau Tenggol** 26 ist 29 km von Kuala Dungun entfernt. Die kleinere **Pulau Nyireh** 25 liegt nord-nordwestlich, die Eilande **Batu Tokong Kamudi** 24, **Pulau Tokong Burong** 23 und **Tokong Talang** 22 nördlich von Pulau Nyireh, Batu Tong Daik süd-südwestlich von Pulau Tenggol. Die Kliffe dieser Inseln reichen meist tiefer als sonst an der Ostküste der Halbinsel. Die Felsen sind mit Stein-, Weich- und Krustenkorallen sowie Schwämmen bedeckt.

Die Sicht ist gut, die Strömung stark. Ammen- und Riffhaie, Tunfische, Zackenbarsche und Adlerrochen sind häufig.

Die Westseite von Pulau Nyireh bietet viel: Schwärme von Büffelkopf-Papageifischen, Barrakudas, Tunfische, Stachelmakrelen und Schnapper, und das Strömungstauchen von **Batu Changchang** 27 nach Tanjung Gemok ist der wohl beste Tauchgang der Gegend. Etwa 1 km nördlich von Kuala Dungun liegt in 7 m Tiefe ein altes Wrack.

Ostküste
Pahang Marine Parks

Die Pahang Marine Parks bestehen aus der großen Insel **Pulau Tioman** 37 und den kleineren **Pulau Renggis** 36, **Pulau Sepoi** 32, **Pulau Labas** 35, **Pulau Soyak** 34, **Pulau Chebeh** 28, **Pulau Tulai** 30, **Pulau Sembilang** 39 und **Pulau Seri Buat** 40. Pulau Tioman, 56 km von Mersing, hat an der Westküste Korallenriffe und Sandstrände, am besten taucht man aber bei den kleineren Inseln und Felsen 13 km nordwestlich. Die Ostküste ist sehr exponiert, sodass nur ein paar Krusten- und Weichkorallen wachsen.

Auch diese Tauchgebiete sind zumeist eine Anhäufung von Felsblöcken in 12 m bis 30 m Tiefe, die mit Schwarzen, Stein-, Zäpfchen- und Bäumchen-Weichkorallen bedeckt sind. Der Fischreichtum umfasst Leopardenhaie, Napoleon-Lippfische, massenhaft kleine Schwarmfische und deren Fressfeinde, verschiedene Falter- und Kaiserfische wie Blaumasken- (*Pomacanthus xanthometopon*) und den selteneren Ring-Kaiserfisch (*P. annularis*).

Magicienne Rock 29 liegt nord-nordwestlich vom Nordende von Pulau Tioman. Der Pfeiler ragt bis 8 m unter die Oberfläche auf. Bunte Korallen und Schwämme in starker Strömung locken pelagische und Rifffische an. **Malang Rocks** 31 westlich des Nordendes von Pulau Tioman bietet schönes Flachwassertauchen zwischen Vulkanblöcken mit großen Salatkorallen, Schwämmen und Bäumchen-Weichkorallen. Man sieht Wirbellose, gelegentlich Leopardenhaie und Schwärme von Barrakudas und Stachelmakrelen im offenen Meer.

Der beste Tauchgang vor Pulau Tioman ist **Tiger Rocks** 33. Ein Haufen Vulkanblöcke reicht bis 10 m unter die Oberfläche und bietet Duchgänge mit einem Gewimmel von Fischen, darunter Barrakudas, Regenbogen-Stachelmakrelen, Tun- und Fledermausfische, farbenprächtige Rifffische und Meeresschildkröten. **Bahara Rock** (Tokong Bahara) 38 west-

*Rote Haarsterne (*Himerometra robustipinna*), Braune Zäpfchenkorallen (*Tubastrea micrantha*) und Bäumchen-Weichkorallen bilden einen farbenprächtigen Teppich auf dem Vulkangestein vor der Ostküste der Malaiischen Halbinsel (oben). Spiralröhrenwürmer (*Spirobranchus giganteus*) und Seescheiden (*Atriolum robustum*) sind weitere farbenprächtige Tiere (unten).*

*Diese farbenprächtigen Furchenkrebse (*Lauriea siagiani*) findet man meistens in der Zentralhöhle von Tonnenschwämmen. Die mit weißen und rosa Borsten besetzten Tiere sind leuchtend rosa und auf der Schale purpurn gestreift. Die Scherenkrabben haben spitze Stacheln und purpurne Flecken (oben).*

*Eine Peitschen-Zwerggrundel (*Bryaninops yongei*) verbirgt sich auf einer Peitschenkoralle. Sie wird maximal 4 cm lang und lebt und laicht auf Gorgonien (unten).*

lich der Südwestecke von Pulau Tioman hat einen Minidropoff auf 18 m mit verschiedenen Korallen, vielen pelagischen Arten und den meisten heimischen Rifffischen. An einem ruhigen Tag gibt es in diesem wenig betauchten Gebiet viel zu sehen.

Ostküste
Johor Marine Parks

Die Meeresparks von Johor liegen um die Inseln **Pulau Rawa** 42, **Pulau Babi Hujung** 43, **Pulau Babi Tengah** 44, **Pulau Babi Besar** 49, **Pulau Tinggi** 50, **Pulau Metinggi** 51 und **Pulau Sibu** 52. Hier taucht man nicht besonders gut, aber 65 km vor der Küste von Mersing, bei **Pulau Aur** 46 und den drei kleineren Inseln **Pulau Dayang** 45, **Pulau Lang** 47 und **Pulau Pinang** 48 kann man hervorragend tauchen. **Pulau Pemanggil** 41, 15 km nordwestlich von Pulau Aur, eignet sich ebenfalls gut. Abseits der Küste im tieferen Wasser sind große pelagische Arten zu sehen, dazu Ansammlungen von Hammerhaien, einzelne Walhaie, Rochen sowie Hummer und Kraken. Im Südosten von Pulau Aur ragen Pfeiler bis 10 m unter die Oberfläche, und **Pulau Pinang** 48 bietet gutes Wandtauchen bis auf 60 m mit Höhlen und Überhängen.

Der Strand gegenüber von Pulau Pinang auf **Pulau Aur** 46 und die Strände an der Nordseite von **Pulau Dayang** 45 haben sanfte Hänge mit Korallenblöcken, Geweih- und Tischkorallen. Nordöstlich von Pulau Dayang liegt ein Guyot, Rayner's Rock, und Tiefwracktauchen ist auch möglich.

Sabah und Sarawak
Südchinesisches Meer
Terumbu Layang Layang

Bei Layang Layang 306 km nordwestlich von Kota Kinabalu meint man, von einem Kreuzfahrtschiff an einem fernen Riff zu tauchen. Die Tauchgebiete mit starken Strömungen sind ausgezeichnet. In der Lagune findet man Seepferdchen und Geisterpfeifenfische. Bei den meisten Gebieten ist Strömungstauchen angesagt, das die Chance auf größere Haie außerhalb der Lagune bietet. Hin und wieder zeigt sich ein Bogenstirn-Hammerhai im flacheren Wasser.

Vor dem Nordrand des Atolls liegen **Wrasse Strip** 53, **Crack Reef** 54 und **Navigator Lane** 55. An dem sanften Schelf mit gesunden Stein-, Weich- und Hornkorallen, Schwämmen und Seeanemonen samt Anemonenfischen taucht man am besten in den oberen 20 m mit Schwarzspitzenhaien und Weißspitzen-Riffhaien, die in Spalten ruhen. Ein tieferer Hang fällt bis auf 50 m und stürzt dann in die Tiefe. Es gibt Riesenmuscheln, häufig Meeresschildkröten, und an den Putzstationen sammeln sich Mantas und andere Fische.

An der East Point ermöglichen starke Strömungen bei **Gorgonian Forest** 56, **The Point** 57, **Dogtooth Lair** 58 und **Wreck Point** 59 spektakuläres Tauchen. Es beginnt mit einem sanften Hang bis 30 m, der in einer Terrasse ausläuft und dann in die Tiefe stürzt, wo kleine Spalten und Terrassen den Rifffischen Schutz bieten. Im offenen Meer immer wieder Hundezahn-Tunfische, Barakudas, Napoleon-Lippfische, Großaugen-Stachelmakrelen, Bogenstirn-Hammerhaie, Graue und Weißspitzen-Riffhaie.

Westküste
Sabah

Vor der Nordspitze von Sabah gibt es von Kudat aus Erkundungstauchgänge; 35 km vor Kota Belud liegen bei **Pulau Mantanani Besar** 60 und der kleinen Insel Pulau Lungisan Wracks, darunter die *Nittetsu Maru* und die *Eiko Maru* in tiefem Wasser.

Der Tunku Abdul Rahman Marine Park, 3–8 km vor Kota Kinabalu, umfasst fünf Inseln: **Pulau Gaya** 61, **Pulau Sapi** 62, **Pulau Manukan** 64, **Pulau Mamutik** 66 und **Pulau Sulug** 65. Die Korallenriffe sind meistens flach und teilweise sprengstoffgeschädigt, aber wo sie noch intakt sind, herrscht üppiger und bunter Steinkorallenbewuchs. Von Januar bis April sieht man hier Walhaie. Der Nord- und Westküste haben die Monsune zugesetzt und oft nackte Felsen und Schotterbänke hinterlassen, an den Ost- und Südküsten fallen die Strände jedoch sanft zu den Korallenriffen ab, große

Bereiche mit Geweih-, Tisch- und Salatkorallen, kleinere mit Korallenblöcken, Pilz-, Peitschen- und Blasenkorallen sowie großen braunen Vasenschwämmen. An Fischen sind nur kleinere Rifffische vertreten.

Eines der besten Tauchgebiete ist **Mid Reef** 63 östlich der Ostspitze von Pulau Manukan. Es fällt leicht von 6 m auf 20 m ab, hat gute Stein- und Krustenkorallen und Vasenschwämme, aber wenige Weichkorallen. An Wirbellosen sieht man Meeresschildkröten, Spiralröhren-, Fächer- und Plattwürmer, Nacktschnecken, Seescheiden, -sterne, -gurken und -igel, an Fischen Barrakudas, Zackenbarsche, Feuer-, Skorpions- und Steinfische sowie Schwärme von Korallenwelsen. Die meisten Seeanemonen sind ohne Anemonenfische.

Pulau Tiga 69 und die beiden kleineren **Pulau Kalampunian Damit** 67 und **Pulau Kalampunian Besar** 68 wurden 1978 zum Pulau Tiga Nationalpark ernannt. Auf der Hauptinsel, 48 km südwestlich von Kota Kinabalu, gibt es aktive Schlammvulkane; der letzte große Ausbruch war 1941. Die Riffe der kleineren Inseln und die Nordseite von Pulau Tiga sind stark sprengstoffgeschädigt, aber beiderseits der Picnic Bay südlich von Pulau Tiga liegen zwei gute Tauchgebiete. Die meisten Steinkorallen sind beschädigt, doch kleine Weichkorallen und andere Wirbellose gedeihen. Bekannt ist der Park für die vielen Gorgonien.

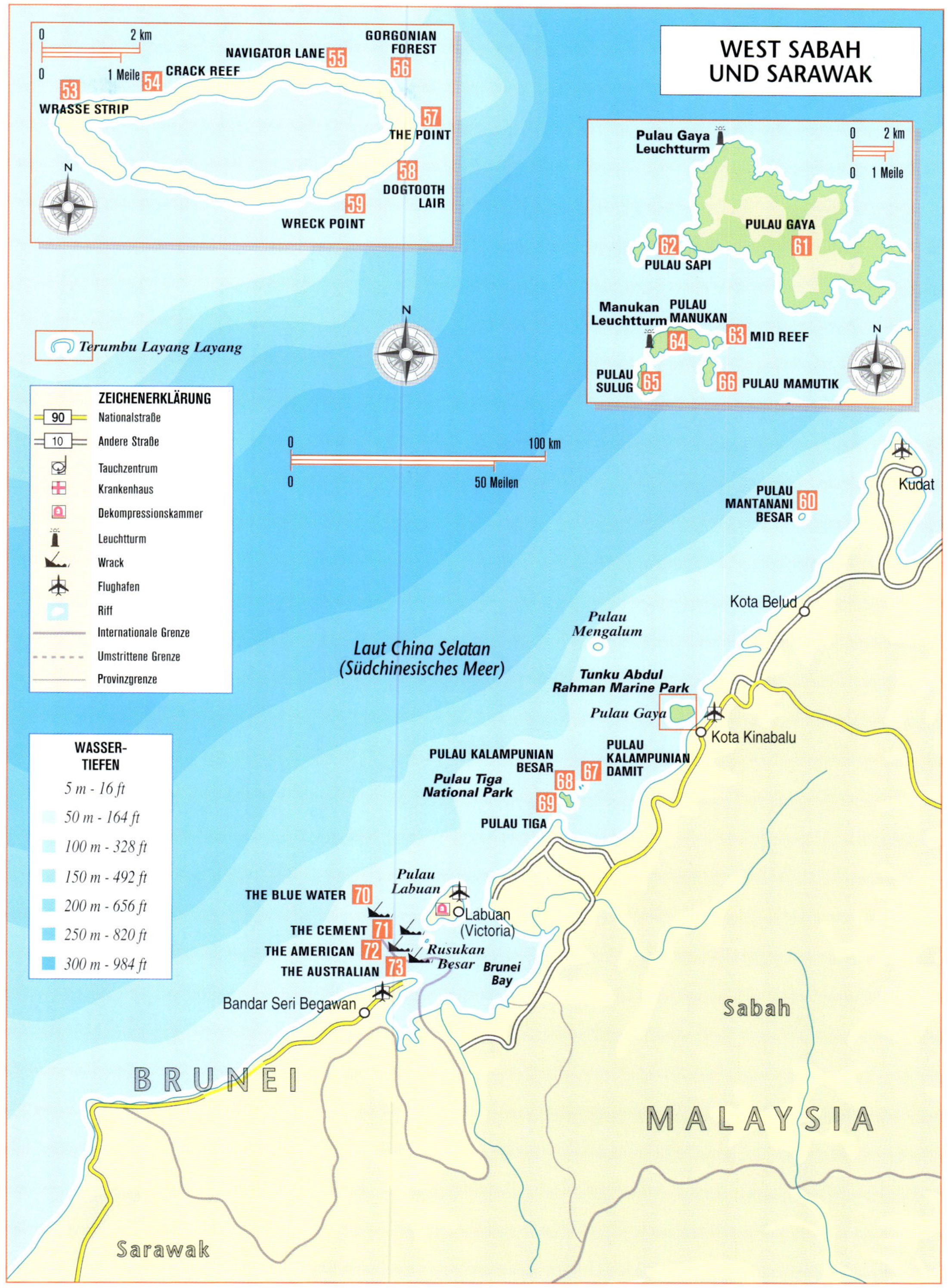

Westküste Labuan

Am Nordeingang zur Brunei Bay, 8 km vor dem Festland von Sabah und 115 km südlich von Kota Kinabalu, eignen sich die Riffe von Pulau Labuan wegen der Flussnähe nicht zum Tauchen. Es gibt jedoch vier schöne Wracks, alle mit starker Oberflächenströmung, aber man kann rasch zur geschützten Wrackseite abtauchen.

Das **Blue Water Wrack** 70, 30 km westlich der Insel Labuan ist die 80 m lange *MV Mabini Padre*, die 1981 sank. Das Schiff liegt in 35 m auf Backbord, die Steuerbordseite ist in 24 m. Fische sind recht gut vertreten, Korallen nicht.

Das **Cement Wrack** 71, 20 km süd-südwestlich des Labuan Marina ist der 92 m lange Frachter *Tung Hwang*, der 1980 sank. Er liegt aufrecht in 30 m und ist gut zu betauchen. Das Hauptdeck befindet sich in 19 m. Farbenprächtige Weichkorallen, Schwämme und Haarsterne bedecken die Aufbauten, wo vielfältiges Fischleben herrscht. Die Sicht ist meist besser als bei den anderen Labua-Wracks, aber es haben sich einige Netze am Wrack verfangen.

Das **American Wrack** 72, 24 km südwestlich des Labuan Marina, südwestlich der Insel Rusukan Besar, ist das amerikanische Minensuchboot *USS Salute*, das 1945 auf eine japanische Mine lief und sank. Es liegt in 30 m, auseinander gebrochen, der Bug auf dem Heck. Fische gibt es viele, Korallen nur wenige.

Das **Australian Wrack** 73, 23 km südwestlich des Labuan Marina, südwestlich der Insel Rusukan Besar, ist der 85 m lange holländische Dampfer *SS De Klerk*. Das Schiff wurde in Singapur geflutet, aber von den Japanern geborgen und als *Imabari Maru* in Dienst gestellt.

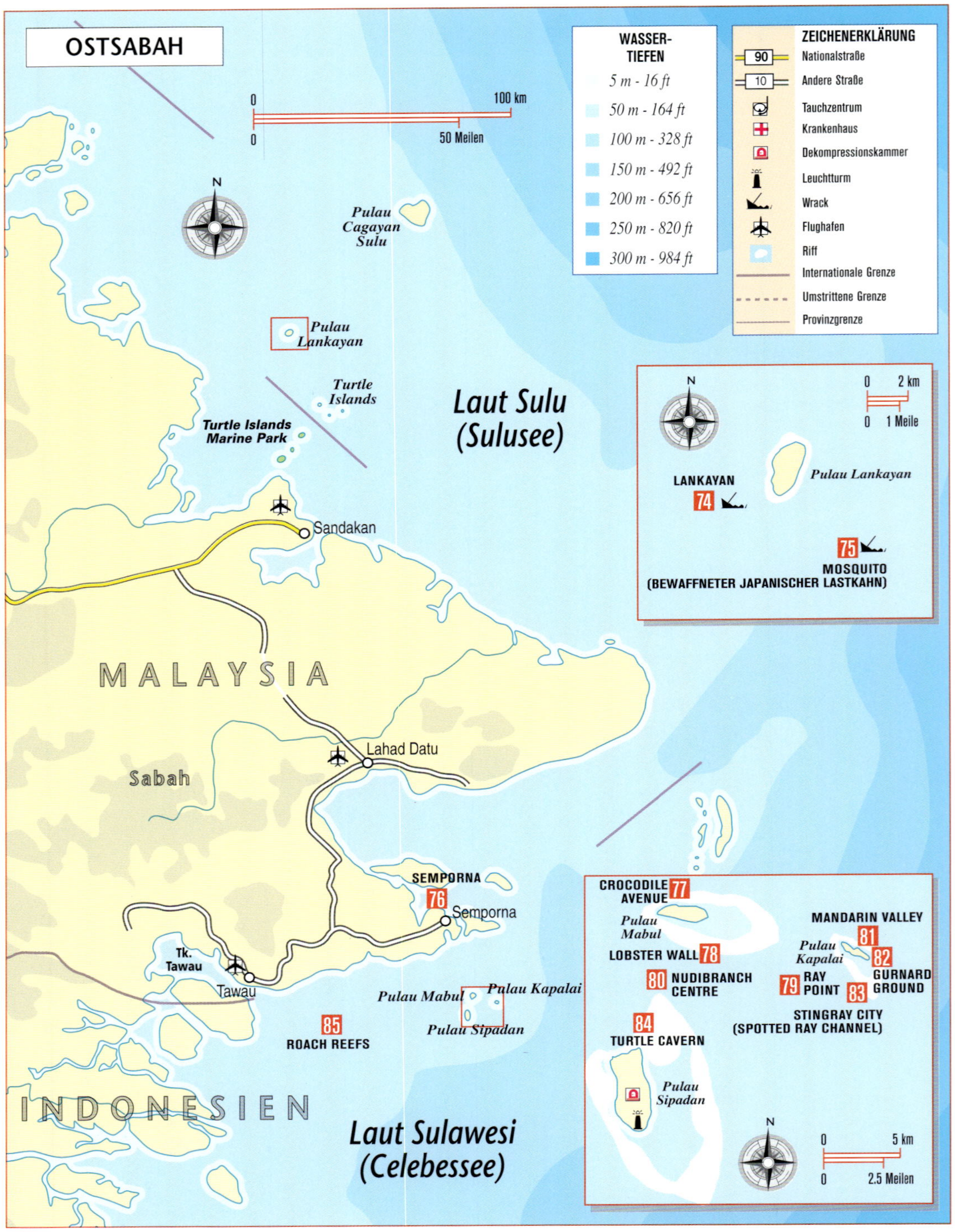

Jetzt liegt es um 50 Grad geneigt in 33 m auf Backbord, die Steuerbordseite in 21 m, mit vielfältigem Meeresleben.

Westküste Sarawak

Sarawak südlich von Labuan bietet gutes Tauchen, dazu Wracks, wenn man sich von der Küste und den Flussablagerungen entfernt.

Ostküste

Das letzte noch offene Tauchziel an der Ostküste ist Pulau Lankayan nordöstlich von Sandakan. Die Insel, 2000 zum Naturschutzgebiet erklärt, unbewohnt und seit 1990 vor Sprengstofffischern gesichert, ist ein Paradies für Makrofotografen. Es sind aber auch größere Tiere wie Walhaie im April und Dugongs zu sehen. Neuere Untersuchungen ergaben weniger als 5 Prozent ausgeblichene Korallen, gesunde Korallenaufzucht, hohe Biodiversität und noch viele kommerzielle Arten, die an anderen Riffen gefangen werden. An den sanften Sandhängen mit Schwämmen, Gorgonien und Korallenblöcken können starke Oberflächenströmungen herrschen. Es gibt viele pelagische, aber auch kleinere Arten wie Seespinnen, Nacktschnecken, Porzellankrabben, Grundeln, Brunnenbauer, Geister-Pfeifenfische, Krötenfische, Mandarinfische, Blaugeringte Tintenfische, Mimic Octopus und Bambooshharks. Zwei Wracks liegen vor Ort, das **Lankayan Wrack** 74, ein Fischerboot in 23 m Tiefe, und das japanische **Mosquito Wrack** 75 aus dem Zweiten Weltkrieg.

Die Tauchresorts auf Pulau Mabul und Pulau Kapalai, mit dem Boot gut von Pulau Sipadan zu erreichen, sollten ursprünglich luxuriöser werden als auf Pulau Sipadan aus ökologischen und politischen Gründen möglich war. Die Taucher erkannten jedoch bald, dass es gut für »Lupenbeobachtungen« war. Wegen der Lage am Rand des Schelfs ist ringsum kein tiefes Wasser.

Südlich von Semporna, nördlich von Pulau Sipadan, liegt Pulau Mabul am Nordende eines großen Riffs. Man taucht zwar hauptsächlich über Sand und Korallenschutt, aber in jedem Loch hausen Geisterpfeifen- und Krötenfische, Grundeln, Garnelen, Mandarinfische, Krokodilsfische, Pfeffers leuchtende Sepia, Kofferfische und Nacktschnecken.

Zu den besten Tauchgebieten gehören **Ray Point** 79, mehrere Terrassen auf der Westseite des Riffs bis auf 14 m, **Lobster Wall** 78 und **Nudibranch Centre** 80 nordwestlich von Lobster Wall, die an der Westseite auf über 50 m abfallen. **Crocodile Avenue** 77 im Flachwasser nordwestlich der Smart-Mole könnte der Maßstab für detailbeobachtendes Tauchen sein.

Nur 15 Minuten von Pulau Sipadan auf dem Weg nach Pulau Mabul war Pulau Kapalai 20 Jahre Ziel der lokalen Makrofotografen. Von der Insel ist bei Ebbe nur noch ein Sandstreifen sichtbar, das Resort thront auf Stelzen über dem Wasser. Eine schwache Strömung sorgt für gute Sicht, das Meeresleben bietet wie bei Pulau Mabul Blauring-Tintenfische, Spinnenfische, sich paarende Mandarinfische, Krötenfische, Brunnenbauer und Pfeffers leuchtende Sepia.

Mandarin Valley 81, der Hotelsteg an der Nordseite des Riffs, und **Gurnard Ground** 82 nördlich der Nordostspitze des Riffs sind ähnliche Tauchgebiete bis 20 m. Es gibt auch Napoleon-Lippfische, in Mandarin Valley sogar Büffelkopf-Papageifische. **Stingray City** 83 an der Westseite des Riffs ist nur 13 m tief, bietet aber Blaupunkt-Stechrochen.

Das Pulau Sipadan Marine Reserve, Spitzentauchgebiet in Malaysia und weltweit, liegt südlich von Pulau Kapalai, 35 km südlich von Semporna. Als einzige Vulkaninsel Malaysias sitzt es auf einem aus 600 m aufragenden Guyot, 10 km südlich des Schelfs. Die Insel wurde 1933 und erneut 1963 zum Vogelschutzgebiet erklärt.

Das Meer bei Pulau Sipadan hat fast alles, was der Indopazifik zu bieten hat. Die Korallen und das Meeresleben sind üppig, und damit es so bleibt, hat man die Zahl der zugelassenen Taucher pro Tag begrenzt. Die Besucher werden außerdem gebeten, sich auf einer der nahen Inseln einzuquartieren, da Übernachtungen hier nicht gestattet sind. Neben den vielen Steinkorallen gibt es Weichkorallen, Vasen- sowie Tonnenschwämme sowie echte Riesenmuscheln. An den Dropoffs und Wänden wachsen auch Zäpfchenkorallen, Gorgonien und Schwarze Korallen. Im Wasser wimmelt es von Fischen, darunter ein Riesenschwarm von Büffelkopf-Papageifischen, aber *die* Attraktion sind die vielen hier nistenden Suppen- und Echten Karettschildkröten.

Der Strand vor dem ehemaligen Borneo Divers und dem Pulau Sipadan Resort bietet Strand- und Nachttauchen der Extraklasse, denn die Wand ist nur ein paar Schwimmzüge entfernt. **Turtle Cavern** 84 östlich der Mole ist nach einigen Unfällen nur noch in Begleitung eines lokalen Tauchlehrers zugänglich.

Weitere Tauchgebiete südöstlich vor Sabah sind **Roach Reefs** 85 vor Tawau, **Semporna** 76 selbst und die Inseln des geplanten Meeresparks von Semporna.

Der lange Streit zwischen Malaysia und Indonesien über die Besitzansprüche an Pulau Sipadan wurde Ende 2002 vom Internationalen Gerichtshof in Den Haag mit 16:1 Stimmen zu Gunsten Malaysias entschieden.

Pulau Sipadan ist ein bevorzugter Nistplatz von Suppen- und Echten Karettschildkröten. Dort wimmelt es von Meeresschildkröten, die Taucher gar nicht mehr beachten. Dieses Jungtier ruht sich auf Korallen aus.

Diese Bullock-Nacktschnecken, ursprünglich Chromodoris bullocki genannt, heißen jetzt Hypselodoris bullocki. Sie kommen in vielen Farbvarianten von den Malediven bis zum tropischen Australien vor.

Indonesien

Einführung: Jack Jackson

Trotz der nicht einfachen Anreise gehören die ursprünglichen Riffe der Inseln in der Celebessee vor Berau an der Ostküste von Kalimantan zu den besten Tauchgebieten Indonesiens. Die Insel Sangalaki und ihre Riffe sind ein geschützter Meerespark. Die Hauptgebiete liegen bei Pulau Derawan, Pulau Samamma, Pulau Maratua, Pulau Kakaban und Pulau Sangalaki, mit pelagischen Arten vor allem bei den letzten drei. Tunfische, Stachelmakrelen, Barrakudas, Adlerrochen, Bogenstirn-Hammerhaie, Graue und Weißspitzen-Riffhaie suchen diese Gewässer auf. Pulau Sangalaki ist berühmt für seine neugierigen Mantas, die zum Teil völlig schwarz sind.

Besonders ungewöhnlich für Taucher ist ein Bracksee auf Pulau Kakaban. Er ähnelt den Seen von Palau, nur haben hier die Quallen den El Niño von 1997/98 überstanden. Eine erdgeschichtliche Hebung hat einen Meerwassersee abgeriegelt, dessen Salzgehalt durch die Niederschläge langsam sank, sodass das Meeresleben sich der geänderten Umwelt anpassen musste.

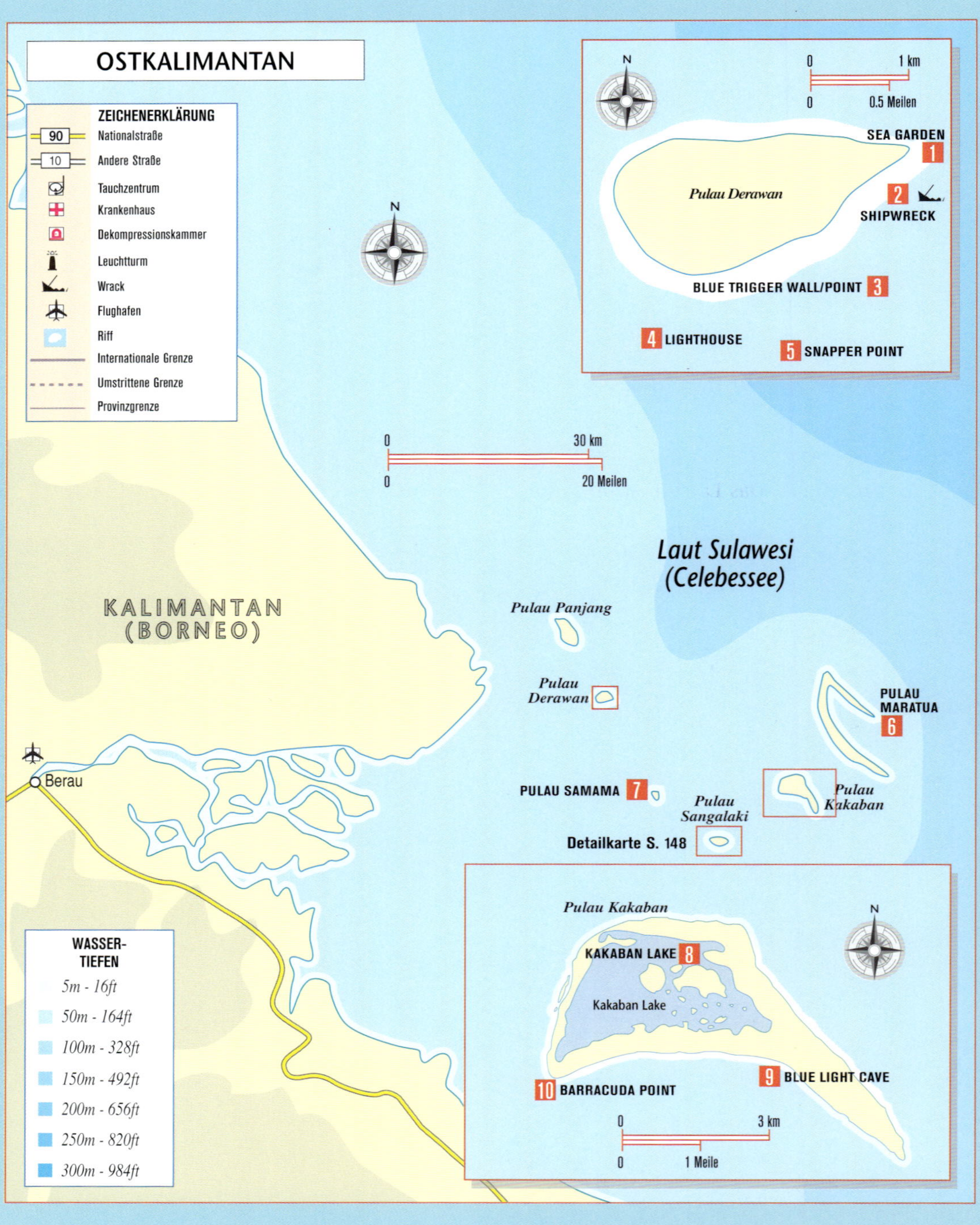

Die Lembehstraße ist das Kleintierparadies des muck diving. Man schwimmt gemächlich dahin und blickt nach unten (oben links).
Ein Tauchboot passiert beim Verlassen von Pulau Sangalaki den Kanal durch ein Saumriff. Alle Tauchgebiete liegen außerhalb des Saumriffs (oben rechts).

Im See leben mindestens vier nicht nesselnde Quallenarten. Drei Arten *Hallimeda*-Grünalgen bedecken den Seegrund. Mangrovenwurzeln existieren neben Manteltieren, Schwämmen, Röhrenwürmern, Muscheln, Krebsen, Seeanemonen und mehreren Grundelarten.

Pulau Kakaban, 190 km südlich von Pulau Sipadan, fiel Borneo Divers besonders ins Auge, als man die Gegend prüfte, aber Pulau Sangalaki eignete sich besser als Ferienanlage. Das zuerst von Borneo Divers erschlossene Pulau Sangalaki Resort wurde 2008 von Ron und Aima Holland sowie Jeremy und Caroline Stein von Rainbow Divers, Vietnam, aufgewertet.

Pulau Sangalaki

Pulau Sangalaki hat einen Tidenhub von 2,5 m, und die Riffe an den sanften Hängen reichen 600–1000 m weit. Das Außenriff hat einen Kanal für die kleinen Boote, von denen nur Strömungstauchen möglich ist. Bei Flut können die Taucher das Boot am Strand besteigen; wenn sie zurückkommen, liegt es jedoch etwa 150 m weiter draußen, und sie müssen laufen. Ähnlich müssen beim nächsten Tauchgang alle zum Boot hinauslaufen, das bei der Rückkehr dank der Flut dann aber bis direkt an den Strand fahren kann. Das Laufen ist unproblematisch, denn die Resortmitarbeiter helfen die Ausrüstung tragen.

Pulau Derawan

Nach dem Pulau Sangalaki Resort wurde 50 Minuten nord-nordwestlich ein weiteres Resort auf der größeren bewohnten Insel Pulau Derawan gebaut, die Süßwasser und eine Mole hat. Das Tauchen bei Pulau Derawan ist ähnlich wie bei Pulau Mabul im nahen Ostsabah und ideal für Makrofotografen. Tagsüber konzentrieren sich die meisten Taucher auf Pulau Sangalaki, Pulau Kakaban, Pulau Maratua und Pulau Samama.

Starker Regen auf dem Festland und entsprechende Zuflüsse beeinträchtigen die Sicht in diesem Gebiet. Bei Pulau Sangalaki ist die Sicht meistens besser als bei Pulau Samama oder Pulau Derawan, weil es weiter im Meer liegt. Pulau Kakaban und Pulau Maratua haben noch bessere Sicht, weil sie noch weiter draußen liegen.

Trotz nicht ganz so guter Sicht hat Pulau Derawan ein vielfältiges Meeresleben und ist gut für kleine Geschöpfe und Nachttauchen. Die Tauchgebiete sind korallenreiche Riffhänge, darunter die neu entdeckte *Acropora derawanensis*, mit Wänden und Grotten. Suppenschildkröten, Weißspitzen-Riffhaie, Leoparden- und Ammenhaie, Barrakudas, Napoleon-Lippfische, Sepien, Spanische Makrelen, Stachelmakrelen, Fledermausfische und farbenprächtige Rifffische sind häufig.

Sehr gut kann man in 5–15 m am Ende der 200 m langen Mole an der Südostseite von Pulau Derawan tauchen. Dort findet man Anemonen-, Feuer-, Skorpions-, Krokodils-, Fledermaus- und Kofferfische, Fahnenbarsche, Meeresschildkröten und etwas für Makrofotografen wie Seenadeln, Seepferdchen, Fangschreckenkrebse, Seespinnen und Nacktschnecken.

The Shipwreck [2], nordöstlich der Mole 200 m im Meer, ist ein ausgebranntes Wrack in 27 m Tiefe auf Sand mit zahllosen Kleinorganismen. Bei der **Blue Trigger Wall** [3] spähen in 18 m junge Rotzahn-Drückerfische *(Odonus niger)* aus ihren Löchern. Die Wand ist mit Horn-, Schwarzen und Weichkorallen bewachsen. **Sea Garden** [1] vor der Nordostspitze hat bei 10 m gesunde Korallen, außerdem einen großen Artenreichtum an Plattwürmern, Nacktschnecken, Geister-Muränen, Grundeln und Schleimfischen. **Snapper Point** [5] und **Lighthouse** [4] ähneln Blue Trigger Wall.

*Der Gekörnte Kissenseestern (*Choriaster granulatus*) ist gedrungener als die meisten Seesterne mit einzelnen Armen und ernährt sich offenbar von Korallenpolypen und anderen Wirbellosen. Dieses Exemplar hockt offenbar auf einer Steinkoralle.*

[6] Pulau Maratua

Pulau Maratua, eine Stunde nordöstlich von Pulau Sangalaki, ist eine große Insel mit Lagune. Die Insel schließt die Lagune teilweise ein, der Rest ist ein Saumriff. Die 100–400 m breite Lagune füllt und leert sich im sehr starken Gezeitenstrom durch einen Kanal. Die Wände ringsum sind mit Stein- und Weichkorallen bewachsen und weisen einige Tauchmöglichkeiten auf, doch die Taucher interessiert vor allem der Kanal, in dem die Gezeiten zweimal am Tag fantastisches Strömungstauchen erlauben. Pelagische und Rifffische sind arten- und zahlreich vertreten – Barrakudas, Schnapper, Hundezahn-Tunfische, Spanische und Stachelmakrelen, Doktorfische, Bogenstirn-Hammerhaie, Ammen-, Graue Riff- und Weißspitzen-Riffhaie, Mantas, Adlerrochen und mächtige Zackenbarsche. Die Strömung kann stark sein, vertikale Strömungen sind häufig. Die meisten Veranstalter schicken die Taucher bei Flut ins Wasser, weil die Sicht besser ist und um zu vermeiden, dass sie ins Meer hinausgezogen werden. Eine Kamera mit großem Gehäuse kann in der Strömung hinderlich sein.

7 Pulau Samama

Pulau Samama, 15 Minuten nordwestlich von Pulau Sangalaki, hat zum Meer hin offene Mangroven mit recht klarem Wasser am Wurzelwerk, sodass man die dort lebenden Kleinorganismen beobachten kann. Abseits der Mangroven bietet das Riff großartiges *muck diving* und Makrofotografie zwischen schönen Korallen mit vielen Nacktschnecken, Plattwürmern, Seenadeln, Grundeln, Schleimfischen, Clown-Anglerfischen (*Antennarius maculatus*) und Krötenfischen.

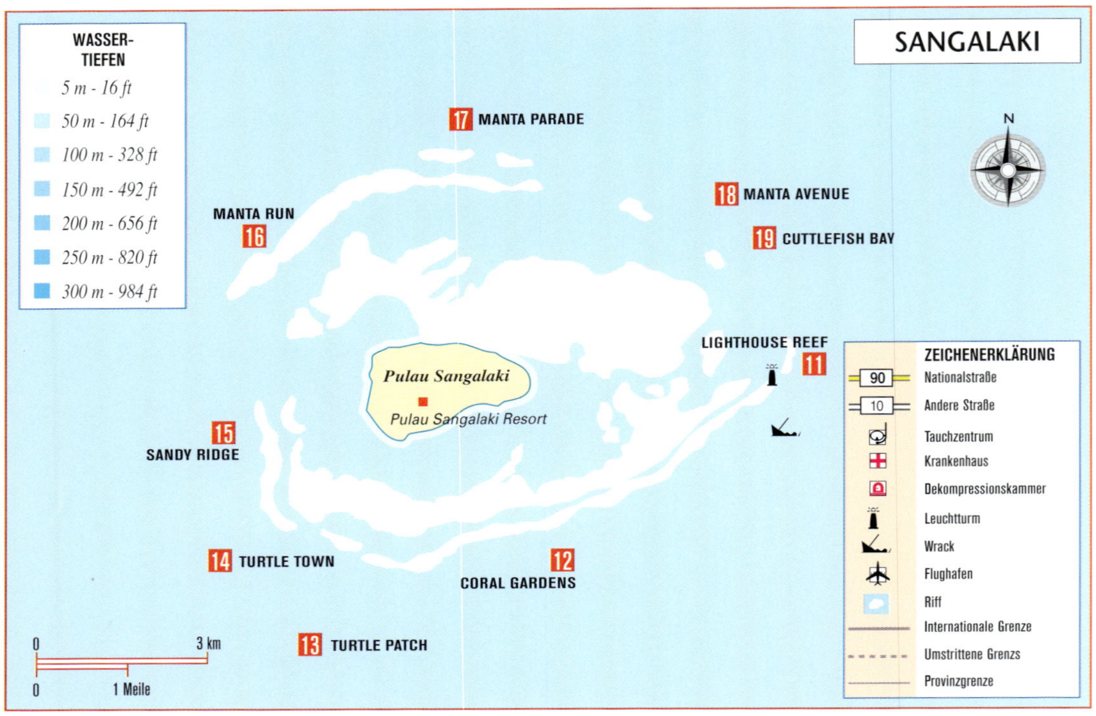

*Der magentarote Fleck beim männlichen Neon-Fahnenbarsch (*Pseudanthias pleurotaenia*) scheint zu glühen.*

Pulau Kakaban

20–25 Minuten ost-nordöstlich von Pulau Sangalaki ragt jäh mit 240 m hohen Wänden Pulau Kakaban auf, Treffpunkt vieler pelagischer Arten. Diese ausgesetzten Wände mit ihren Gorgonien, Weichkorallen und Tonnenschwämmen versprechen hochkarätiges Strömungstauchen. Die Strömungen können stark und auch vertikal sein, sogar umkehren, locken aber Fische aller Art an. Bei **Barracuda Point** 10 sind es Schwärme von Barrakudas, Stachelmakrelen, Doktorfische, Schnapper, Graue und Weißspitzen-Riffhaie, Leopardenhaie und Bogenstirn-Hammerhaie. In 24 m hat man auf einem ziemlich flachen Stück an der Aufstromseite der Spitze eine Halteleine angebracht, um den Tauchern den Aufstieg ins Flachwasser zu erleichtern.

Blue Light Cave 9 ist eine tiefe Höhle in der Wand, die nur erfahrene Taucher in Begleitung eines lokalen Tauchlehrers angehen sollten. Das System beginnt oben an der Wand in nur 1 m Tiefe (bei Hochwasser) und steigt durch einen engen, senkrechten Kamin zum Dach einer großen Kammer in 21 m ab. Man schwimmt an der Kammerdecke entlang zur Wand, bis man das von außen einfallende Licht sieht. Der Ausgang ist ein langer, senkrechter Spalt in der Wand, der oben etwa 2 m breit ist und sich nach unten erweitert. Die Taucher kommen bei etwa 40 m aus der Wand.

Kakaban Lake 8 nimmt fast die ganze Insel ein. Der Marsch ins Innere auf einem relativ einfachen Pfad beginnt in der Mitte der südlichen Bucht und dauert 20 Minuten. Man braucht auf den spitzen Steinen jedoch gute Schuhe und ein Mittel gegen Mücken, da es durch Regenwald geht. Der See ist größtenteils

*Ein Rosa Anemonenfisch (*Amphiprion perideraion*) in einer großen Seeanemone (*Heteractis magnifica*) bei Pulau Sangalaki. Anemonenfische leben in Symbiose mit Seeanemonen, ohne genesselt zu werden.*

*Eine Pharaosepia (*Sepia pharaonis*) beim Eierlegen zwischen Korallen bei Pulau Sangalaki. Sepien sind keine Fische, sondern Weichtiere wie die Kalmare und Kraken. Sie sind die Chamäleons der Meere.*

nur 3–5 m tief, meistens wird daher nur geschnorchelt. Es gibt Quallen und weiße Seeanemonen, die kleine Quallen fressen, und an den Mangroven am Seeufer sitzen unzählige interessante Schwämme.

Pulau Sangalaki

Pulau Sangalaki ist für seine Mantas und Meeresschildkröten bekannt. Eine flache Lagune umgibt die Insel, die Riffe beginnen weit draußen im Meer. Die vielen Riffe bieten vielfältiges Meeresleben und sind, da es ein Meerespark ist, in gutem Zustand. Die Riffhänge fallen leicht ab und sind oft nicht einmal 20 m tief. Es gibt über 500 Arten Stein- und Weichkorallen und eine Fülle von Wirbellosen und Fischen. Bei fast jedem Tauchgang sieht man Mantas, Sepien, Adler- und Stechrochen, Fledermausfische, Barrakudas und verschiedene Zackenbarsche, darunter Paddel- und Juwelen-Zackenbarsche. Orangestreifen- und Riesen-Drückerfische, Husaren-, Doktor- und verschiedene Kaiser- und Falterfische sind reichlich vertreten, aber kaum Papageifische. Kofferfische, Süßlippen, Büschelbarsche, Meerbrassen, Riff- und Fahnenbarsche, Mönchsfische und Muränen gibt es in vielen Arten. **Sandy Ridge** [15] kann Röhrenaale vorweisen, ferner kleine Haie und Schwärme von Füsilieren, Schnappern, Korallenwelsen und Stachelmakrelen. Auf dem Sand findet man große Tonnenschwämme und echte Riesenmuscheln. Zwischen den Salatkorallen ragen Korallenblöcke auf, und Weichkorallen, Röhrenschwämme und einzelne Hornkorallen schmücken den Meeresboden.

Die Strömungen sind mittelstark bis stark. Geschwindigkeit und Richtung hängen von den Gezeiten ab. Schnorcheln ist die beste Art, mit den Mantas zu kommunizieren, die dann aus Neugier immer wieder zurückkommen.

Coral Gardens [12] westlich des kleinen Kanals ist eine Mischung aus Stein- und Weichkorallen, schrittweise bis 27 m abfallend und dann im Sand auslaufend. Man kann von Coral Gardens über **Turtle Town** [14] bis **Sandy Ridge** [15] strömungstauchen, über gewelltem Grund mit Stein- und Salatkorallen. Die Tiefe beträgt maximal 28 m. Bei **Turtle Patch** [13] suchen Meeresschildkröten in 12 m Tiefe Schutz unter überhängenden Korallenblöcken. Turtle Town hat Rinnen und Rücken auf Steinkorallen und viele Meeresschildkröten bei 15 m. Im Nordwestbereich des Riffs geht die Strömung von **Manta Run** [16] zum Sandy Ridge, auf welligem Sand mit Korallenblöcken in 28 m, wo sich immer wieder Mantas sammeln. Auch auf dem flachen Sandgrund von **Manta Parade** [17] mit den kleinen Korallenblöcken in 15 m schwimmen Mantas hin und her. Die Strömung von **Manta Avenue** [18] über **Cuttlefish Bay** [19] zum **Lighthouse Reef** [11] bestreicht das Nordostriff mit einem sanft von 16 m auf 5 m ansteigenden Hang.

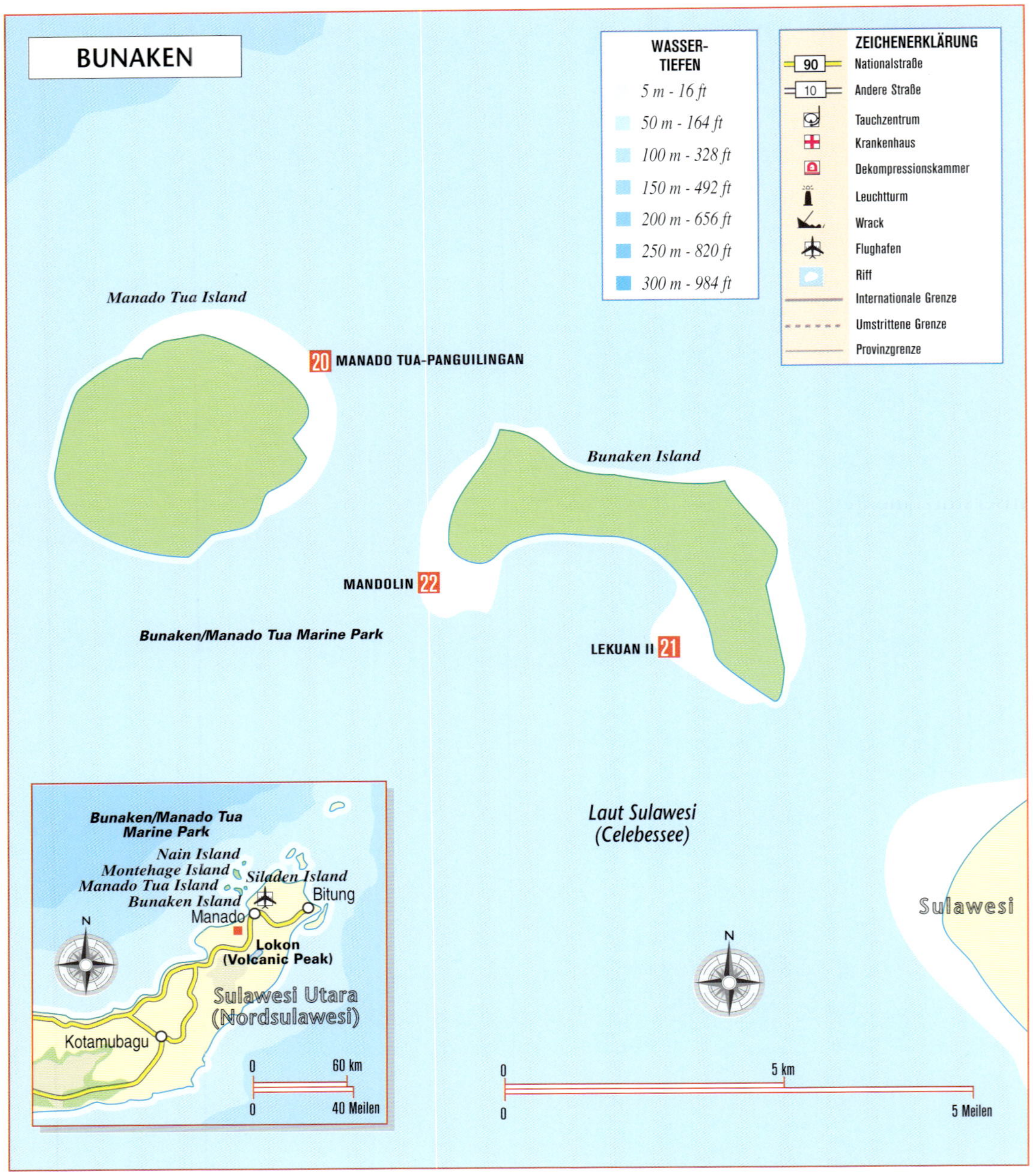

Nordsulawesi
von Michael Aw

Nordsulawesi, die schmale, zerklüftete Halbinsel im Norden der Insel, hat eine im Archipel einmalige Bevölkerung und Geografie. Die marine Umwelt gilt als eine der vielfältigsten weltweit. Sulawesi ist ein Gebilde aus vier Halbinseln, die durch tiefe, ausgeprägte Golfe völlig voneinander getrennt sind, sodass die ersten portugisischen Seefahrer Sulawesi für eine Inselgruppe hielten.

Die längste und schmalste Halbinsel ist Sulawesi Utara oder Nordsulawesi. Infolge der Isolation von der übrigen Insel sind die einheimischen Minahasa eher der Außenwelt als dem übrigen Indonesien zugewandt. Die Nähe zu den Philippinen im Norden hat sich immer stark ausgewirkt und zu vielen sprachlichen und kulturellen Verbindungen geführt. Die Halbinsel selbst ist gebirgig und vulkanischen Ursprungs und dicht bewachsen. Nordsulawesi liegt auf einer der Verwerfungen des Feuerrings und ist mit Vulkangipfeln übersät – einige wie der 1584 m hohe Lokon sind noch aktiv. Die Bewohner von Nordsulawesi sind stolz auf ihre Gewässer, was bei einer so reichen Küste nicht verwundert. Die Halbinsel ist von ausgedehnten Korallenriffen umgeben, die beim Bunaken/Manado Tua Marine Park im äußersten Nordwesten der Halbinsel besonders reich und vielfältig sind.

Die Überschneidung der interkontinentalen Strömungen des Indischen und Pazifischen Ozeans brachte die Wissenschaftler zu dem Schluss, dass die Region Sulawesi zum Kern der marinen Biodiversität gehört. 1990 dokumentierte ein Meeresbiologe der Universität Guam bei der Insel Bunaken, der Hauptinsel des Meeresparks, über 150 Gattungen Steinkorallen. Gesamtuntersuchungen weisen für Indonesien 3000 Fischarten aus gegenüber 2000 bei den Philippinen und gut 1300 bei Palau. Mit wachsendem Abstand von Sulawesi nimmt die Zahl der Arten ab und erreicht mit 125 bei den Osterinseln ihr Tief. Anfang der 1990er-Jahre stellten Wissenschaftler in den Riffen Nordsulawesis über 90 Prozent lebende Korallen fest, mehr als bei anderen Riffen der Erde. Untersuchungen von Dr. Allen White ergaben 1992, dass die Zahl der endemischen Arten hier größer ist als im System der Philippinen und des Großen Barriereriffs.

Das Tauchen in Nordsulawesi kreist um Manado, die Provinzhauptstadt und das dem Bunaken/Manado Tua Marine Park am nächsten gelegene Bevölkerungszentrum. Seit Aufnahme der Direktflüge von Singapur ist die Zahl der Tauchschulen und Resorts an der Küste und auf Bunaken selbst von 3 im Jahr 1992 auf über 15 gestiegen. Der Flughafen ist vom Stadtzentrum mit dem Wagen gut zu erreichen.

Die Straße zwischen dem Festland und der Insel Lembeh an der Südostspitze der Halbinsel bei Bitung ist als Refugium seltener Meereslebewesen bekannt. Die Lembehstraße ist das Mekka der beherzten Taucher und führenden Unterwasserfotografen aus aller Welt. Die Inseln Sangihe und Talaud hoch im Norden haben ebenfalls hervorragende Tauchgebiete, die momentan nur mit Kreuzfahrtschiffen von Manado zu erreichen sind.

Bunaken

Der Bunaken Manado Tua Marine Park umfasst die Inseln Bunaken, Siladen, Nain, Montehage und Manado Tua mit einer Wasserfläche von 75 265 ha. Vom Festland durch einen über 1400 m tiefen Meeresgraben getrennt, fördert häufiger nährstoffreicher Auftrieb das Wachstum von Phytoplankton. Das versorgt seinerseits das Zooplankton mit seinen zahlreichen

Abkömmlingen aus dem Reich der Tiere und Korallenriffe. Alle Inseln sind von einer nur 1–7 m tiefen Riffzone umgeben, die danach senkrecht zu einem Sockel in etwa 60 m abstürzt.

Die fünf Inseln im Park sind sehr verschieden. Die Hauptinsel Bunaken hat eine tiefe, ruhige Bucht mit reichem Korallenbewuchs; die Fauna auf dem Riffdach, am Rand und der Wand dieser Bucht ist außergewöhnlich, die zu *dem* Tauchgebiet von Manado geworden ist. Die Leiter des Aquariums von Vancouver waren so beeindruckt, dass sie einen Schautank ihrer tropischen Gallerie den Wänden von Bunaken nachempfanden. An der Westseite von Bunaken gegenüber Manado Tua liegt eine 3 km lange Wand, die senkrecht auf über 90 m abfällt. Enorme Wassermengen strömen durch diesen Kanal ein und aus und mit ihnen pelagische Arten, die vom Riff leben. Adlerrochen, Regenbogen- und andere Stachelmakrelen sowie Tunfische patrouillieren an der Steilwand. Hier fesselt das Labor der Schöpfung den furchtlosen Besucher mit der Überfülle des Lebens zwischen Riesenschwämmen, rosa, grünen und goldenen Fächer- und Peitschenkorallen. Gelbe Pyramiden-Falterfische hüllen den Taucher oft in Sekunden wie ein Heuschreckenschwarm ein. Die Weichkorallen an einer riesigen Höhle suchen ihresgleichen in der Welt.

Wie ein für Vulkane typischer Kegel scheint Manado Tua aus dem Meer aufzuragen und ist die höchste Insel des Parks. Obwohl bewohnt, durchstreifen wilde schwarze Affen die tropische Vegetation, die fast die gesamte Insel bedeckt. Ein schmales Saumriff rund um die Insel stürzt mehrere hundert Meter in die Tiefe. Anhand von Satellitenbildern entdeckten Meereskundler jüngst einen Meeresgraben an der Nordostecke von Manado Tua. Dort tauchen manchmal Schwärme von Barrakudas, Stachelmakrelen, Schwarzspitzenhaien und Hundezahn-Tunfischen aus der Tiefe auf. An der Wand wachsen mächtige Tonnenschwämme. Die einst an den Überhängen und Grotten häufigen Napoleon-Lippfische sind nur noch selten zu sehen.

Siladen ist eine kleine Insel östlich von Bunaken, im Besitz des Gelehrten John Rihasia, nach dessen Theorie die Menschen im Südpazifik wie Fidschi und Salomonen von den Bewohnern Nordsulawesis abstammen. Schnelle Strömungen an der Westwand begünstigen ein Gebiet mit riesigen Korallenbäumen und Schwämmen. Auf dem Riffdach finden sich Unmengen von Röhrenaalen und Geistermuränen.

Nördlich von Bunaken liegt Montehage, die größte der fünf Inseln, von Mangroven und einem Saumriff umgeben. Die Nordwestwand fällt ebenfalls steil ab und ist starken Strömungen ausgesetzt. Hier ist im tieferen Wasser mit Hammerhaien und Barrakudaschwärmen zu rechnen. Steinkorallen ohne Ende, wie ich sie in Asien nie besser erlebt habe, findet man auf dem Riffhang von Nain, der dem Festland entferntesten Insel. Ein Saumriff umgibt eine blaue Lagune voller vielfältigster Wirbelloser.

Die abwechslungsreiche, spektakuläre Unterwasserwelt des Meeresparks beeindruckt selbst weit gereiste Taucher. Leuchtend blaue Füsiliere, Tunfische, Schulmeister, in Seeanemonen spielende Anemonenfische, bunte Papagei-, Falter- und Fledermausfische, blaue

Weichkorallen an der Westseite der Insel Bunaken, wo die Riffwand steil zu einem Band in 40 m und dann ins Bodenlose abfällt. Bei 30 m nimmt der Steinkorallenbewuchs ab, und Weichkorallen bedecken Grotten und Überhänge. Dieses Gebiet ist das farbenprächtigste im Bunaken Meerespark.

Haarsterne sitzen häufig an Riffhängen und Wänden, wo sie in der Strömung filtrieren, so auch an den Riffen von Bunaken.

Seesterne, einige Seeschlangen, Napoleon-Lippfische, Farne und Fächerkorallen, Riesenmuscheln, orange und rote Korallen und gelb leuchtende Schwämme sind Teil dieser Wunderwelt der Natur.

Die besten Tauchgebiete

Bunaken Manado Tua Marine Park

20 Manado Tua – Panguilingan

Dieses Gebiet an der Nordostecke des erloschenen Vulkans Manado Tua bietet das aufregendste Tauchen im Meerespark. Im blauen Wasser stehen Barrakudas und andere pelagische Arten, und hin und wieder stoßen Großaugen-Stachelmakrelen auf ahnungslose Fische vor.

Das Riff fällt steil auf 32 m ab, wo eine Wand beginnt, die vollständig mit Korallenbäumen, Gorgonien, tellerartigen Schwämmen und Korallenkolonien bedeckt ist. Vor der Wand und auf dem Korallenhang trifft man oft auf Stachelmakrelen, Adlerrochen, Tunfische, Regenbogen-Stachelmakrelen und Weißspitzen-Riffhaie. Der flache Teil bietet reichlich Weichkorallen, Seeanemonen, Peitschenkorallen und Schwämme. Dieses Gebiet besticht durch blaues Wasser und reges Fischleben.

21 Bunaken: Lekuan II

Dies ist das Vorzeigegebiet des Meeresparks. Es liegt an der Südküste von Bunaken bei Depan Kampung. Das Riffdach fällt bei Ebbe trocken, aber die Steilwand stürzt auf über 40 m. Dies ist eins von drei Gebieten an diesem zutage liegenden Saumriff, die gemeinsam Lekuan genannt werden. Das flache Riffdach ist ideal zum Schnorcheln. Weiter unten gliedern Grotten, Canyons und Spalten die Wand. An der Riffkante steigen und fallen Tausende von Fahnenbarschen zwischen Geweihkorallen, und Gelbe Pyramiden-Falterfische tummeln sich im blauen Wasser.

Wie die meisten Gebiete von Südbunaken hat auch dieses ausgiebigen Stein- und Weichkorallenbewuchs. Es gibt verschiedene Schwämme und auch zahllose große und kleine Gorgonien. Es ist ein guter Platz für große Fische, und an der Wand finden sich größere pelagische und Riffarten zahlreich ein. Oft weidet ein kleiner Schwarm Büffelkopf-Papageifische die Steinkorallen ab.

Stachelmakrelen sind gut vertreten, vor allem Großaugen- und Gold-Stachelmakrelen. Auch Rote und Gelbkopf-Schnapper sind zahlreich. Nasendoktoren und Doktorfische sind seltener, Riesen-Zackenbarsche und große Langmaul-Pinzettfische häufig, desgleichen Langflossen-Fledermausfische, Trompeten-, Feilen-, Koffer- und Igelfische. Große Gelbflossen- und die häufigeren Hundezahn-Tunfische sind oft zu sehen, ebenso verschiedene Barrakuda-Arten. Haie sind seltener zu sehen, Weißspitzen-, Schwarzspitzen- und Graue Riffhaie allerdings schon.

22 Bunaken: Mandolin

An der Südwestküste gegenüber Manado Tua fällt das Riff fast senkrecht auf über 60 m. Vom Ufer erstreckt sich 200–300 m ein breites, flaches Riffdach, ein Paradies für Schnorchler. Wer Glück hat, begegnet Delfinen und Orcas. Das Riffdach ist mit Weich- und Steinkorallen überwuchert. Horn- und Peitschenkorallen filtern an der Wand in der Strömung, die auch einige große pelagische und Schwarmfische anlockt. Stachelmakrelen, Barrakudas, Schnapper, Nasendoktoren und Doktorfische kommen häufig vor. Vor dem Riff sieht man oft Tunfische, darunter gewaltige Hundezahn-Tunfische. Auch Riesen- und andere Zackenbarsche sind gut vertreten, außerdem gibt es verschiedene Kaiserfische. Das Gebiet beherbergt auch Gelbe Pyramiden-Falterfische, so konzentriert wie nirgends sonst in Indonesien; auch andere Falterfische sind vorhanden. Imperator- und Blaumasken-Kaiserfische sind häufig. Es gibt Drückerfische, vor allem Leoparden- und Picasso-Drückerfische. Auch große Weißspitzen-Riffhaie, etwa 1 m lange Gebänderte Seeschlangen, Muränen, kleinere Tunfische und Meeresschildkröten sind oft zu sehen.

Lembehstraße

Die mehr als 40 Tauchgebiete an der 16 km langen Lembehstraße sind zumeist Fleckenriffe auf Sandhängen. Es ist die Welt des Sonder- und Wunderbaren. Am Nordende der Straße gibt es zwar bescheidene Korallenwiesen, im Mittelpunkt steht aber die »Jagd mit der Lupe«; die Oberflächen mit der Lupe absuchen, um scheue Lebewesen wie Mimikrykraken, Pfeffers Prachtsepien, Harlekingarnelen, Wunderpus und Asselspinnen zu entdecken. Der Aufmarsch ungewöhnlicher Fische ist beeindruckend. Obwohl das Wasser für die Tropen relativ kalt ist, kann man ganzjährig tauchen.

*Zwerg-Seepferdchen (*Hippocampus bargibanti*) sind wegen ihrer Größe von nur 3–10 mm bisher der Aufmerksamkeit entgangen (oben). Tagsüber kann man Feuerfische vor Grotten und Spalten finden, nachts lauern sie oben auf dem Riff vorbeischwimmenden Fischen auf (unten).*

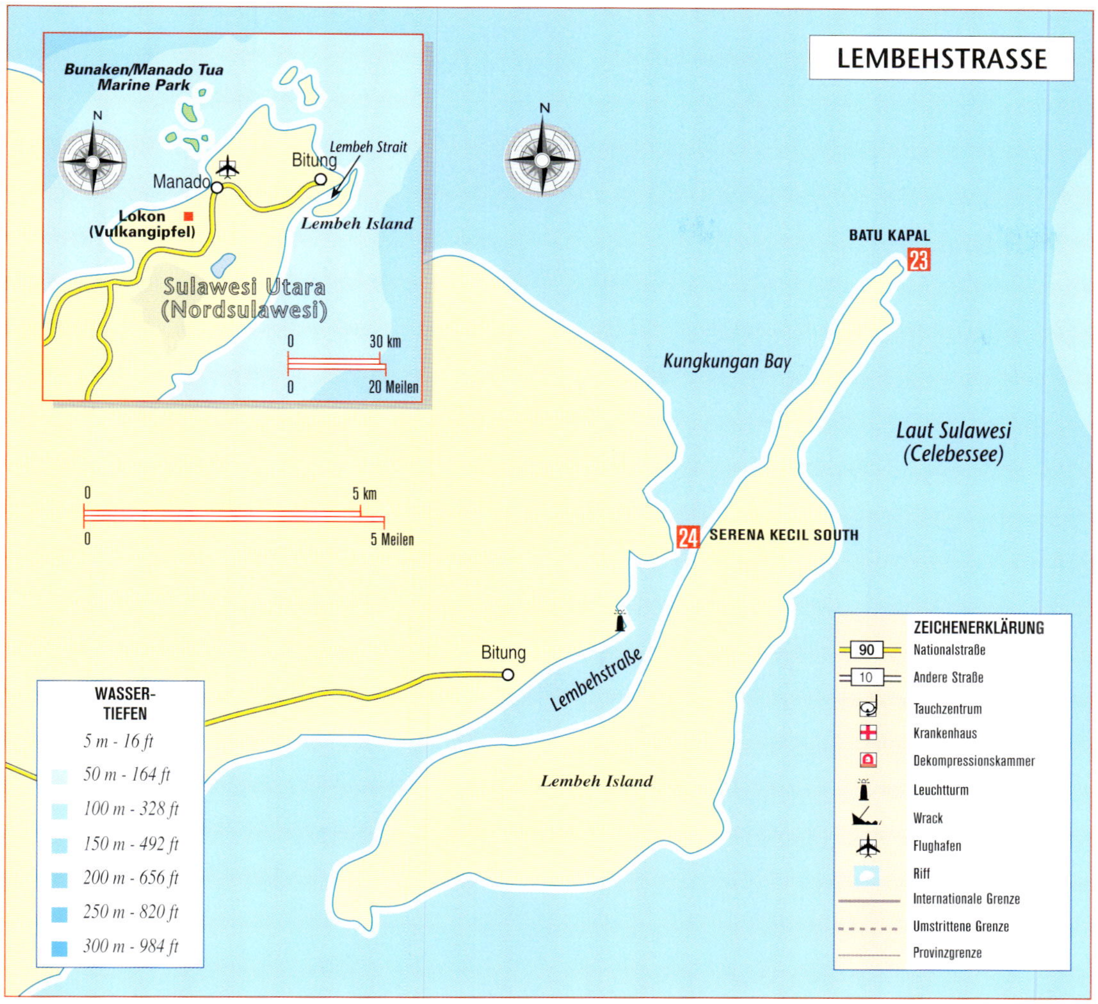

Krötenfische, die festgewachsenen Schwämmen ähneln, haben ein relativ großes Maul und einen Magen, der sich ausdehnen und Beute ihrer doppelten Körpergröße fassen kann. Sie sind Meister der Tarnung.

23 Batu Kapal

Was Fische angeht, ist dies eines der besten Gebiete in Nordsulawesi. Batu Kapal am Nordende des Sulawesi-Lembeh-Kanals bietet Tieftauchen an einem großen Felsen vor der Küste von Lembeh. Der Tauchgang beginnt in 24 m am Fuß von Batu Kapal und folgt einem Grat nach Nordosten zu einem hohen Pfeiler in 36 m. Es gibt viele Blöcke und Pfeiler, Hauptattraktion ist aber der Grat, hinter dem große pelagische Arten Schutz vor der Strömung finden.

Das Gebiet weist einen vielfältigen Korallenbewuchs auf, vor allem Weich- und Plattenkorallen. An Fischen sieht man Stachelmakrelen, Hundezahn-Tunfische, Barrakudas, Graue und Weißspitzen-Riffhaie, gelegentlich einen Walhai sowie die üblichen Riffarten. Bei starker Strömung ist das Gewimmel von Fischen an diesem Felsen atemberaubend.

24 Serena Kecil South

Dieses Gebiet an der Südseite von Serena Kecil ist die Dämmerzone der sonderbaren und seltenen Geschöpfe mit einem Nachtleben wie sonst nirgends in Indonesien. Der flache Riffhang mit Korallenblöcken und Felsen läuft in 18 m aus. Zwischen einigen größeren Korallenflecken liegen Sandflächen, und in den markanten Blöcken und Felsen sind zahllose Verstecke zu erkunden. Am besten bewegt man sich langsam vorwärts, sonst entgehen einem die vielen kleinen Attraktionen.

Octokorallen, Blasenkorallen, Seeanemonen, Blumenkohl- und Peitschenkorallen sind häufig. Man sieht die üblichen Rifffische, aber die nachtaktiven Riffbewohner sind das Besondere – Kurzflossen-Zwergfeuerfische, Schaukelfische, Bärtige Drachenköpfe sowie Seespinnen, Anemonenkrabben, Schwamm-Wollkrabben, Einsiedlerkrebse und zahllose andere kleinere Krabben. Unter den vielen Langusten sind auch große Bärenkrebse. Es gibt Griffelseeigel, Muränen auf Beutefang, schlafende Papageifische, Nacktschnecken und Plattwürmer. Vor dem Riff trifft man auf Blaupunkt-Stechrochen und Weißspitzen-Riffhaie sowie schöne junge Spitzkopf-Fledermausfische. Auch Krötenfische und Zwergseepferdchen sind zu sehen.

Bali

Michael Aw

Bali gilt als eine der Trauminseln Asiens – jedes Jahr bevölkern Tausende von Besuchern die Strände an der Südküste, und eine gut funktionierende Touristenindustrie versorgt diesen Ansturm. Es locken die Strände, die üppige Tropenlandschaft im Inselinneren und die reiche kulturelle Tradition der Balinesen. Wegen der über eine Million Besucher pro Jahr machen viele Taucher einen Bogen um Bali. Dennoch gehört Tauchen vor Bali zum Besten, was es weltweit gibt.

In der Fülle der verschwenderischen Riffe lebt eine ebenso vielfältige Fauna. Von allen klassischen Rifffischen gibt es hier genug: Papagei-, Halfter- und Kaiserfische, Zackenbarsche, Kröten-, Lipp- und Feuerfische sowie Aale, um nur einige zu nennen. Tulamben Bay an der Nordostküste bietet ein Erlebnis, das einem Tauchgang in ein lebendes Museum gleicht. Der Ichthyologe Robert Myers aus Guam hat hier in nur sechs Tagen 649 Fischarten erfasst.

Der Fischbestand Balis beschränkt sich nicht auf Riffbewohner. Dank des reichen Auftriebs im Indischen Ozean sind in den balinesischen Gewässern auch die verschiedensten pelagischen Arten zu Hause – Tunfische, Makrelen, Bonitos, Barrakudas und verschiedene Haiarten. Rochen sind in vielen Gebieten häufig, vor allem bei Nusa Penida, wo sich besonders viele große Tiefwasserfische aufhalten. Vor den Küsten der Insel findet man die verschiedensten Meeressäuger wie Delfine, Bryde-Wale und Manatis, die allerdings wirklich selten sind.

Bali in den Kleinen Sundainseln liegt mitten in der südlichsten Inselkette Indonesiens zwischen Java und Lombok. Die Südküste der Insel berührt den östlichsten Rand des Indischen Ozeans, die Nordküste grenzt an die Javasee. Die Inseln Penida, Lembongan und Cenida liegen dicht beieinander direkt vor der Südostküste Balis. Die Bandungstraße trennt nicht nur diese Inseln vom Festland, sie ist auch Teil der Wallace-Linie, einer imaginären Grenze zwischen den Floren und Faunen Südostasiens und Australasiens. Die Natur ist demnach hier ganz anders als bei Bali und Java. Eindrucksvolle Kliffe, die bis zu 200 m aufragen, weisen markante Schichtenreihen auf. Das trockene Klima hat bizarre, karge Landschaften entstehen lassen.

Auch wenn es an der schmalsten Stelle des Kanals nur 11 km bis Bali sind, liegt die Insel doch in jeder Hinsicht außerhalb der realen Welt. Die Region wird ununterbrochen von gewaltigen Wassermassen zwischen dem Indischen Ozean und der Javasee durchströmt. Tiefer, eisiger Auf- und Abtrieb und starke Strömungen versorgen die Riffsysteme mit allen Nährstoffen. Für den Unerfahrenen kann das Tauchen gefährlich werden, dem geschulten Taucher beschert es jedoch Adrenalinschübe ohne Ende. Über Jurassic Point, eines der besten Tauchgebiete Balis, schreibt ein Veranstalter: »Ein Ort, wo Sie den besten, schlechtesten oder letzten Tauchgang Ihres Lebens machen können.« Wenn die richtigen Umstände zusammentreffen, wird Tauchen bei Lembongan und Penida fast surreal. Ganz oben an der Nordwestspitze der Insel liegt Pulau Menjangan, das 1978 das erste international bekannte Tauchgebiet Balis wurde. Die Insel gehört zum Nationalpark Bali Barat und bietet einige der besten Wandtauchgänge Indonesiens.

Die fünf Haupttauchgebiete in Bali sind Nusa Dua und Sanur; Padang Bai und Candidasa; Nusa Penida; Tulamben und Menjangan. Jedes Gebiet ist einzigartig und für Anfänger wie Fortgeschrittene geeignet. Eine der besten Möglichkeiten ist ein Bali-»Safaripaket« bei einer der führenden Tauchschulen.

1 *Liberty Wrack*, Tulamben

Nur 30 m vor Tulamben im Nordosten Balis liegt das Wrack der *USAT Liberty*. Das 100 m lange Schiff wurde 1942 etwa 15 km südwestlich von Lombok von einem japanischen U-Boot torpediert und von den beiden Zerstö-

Secret Bay vor Gilimanuk ist für viele junge Meerestiere die einzige Zuflucht vor den starken Strömungen der Balistraße (oben links).
Tulamben Bay liegt geschützt und palmengesäumt am Mt. Agung, dem höchsten Berg Balis. Dort befinden sich einige der besten Tauchgebiete Indonesiens (oben rechts).

rern *HNLMS Van Ghent* und *USS Paul Jones* in Schlepp genommen. Da die *Liberty* bedenklich Wasser aufnahm und um die Ladung zu bergen, wurde sie erfolgreich auf den Strand von Tulamben gesetzt. Beim Vulkanausbruch 1963 wurde sie ins Meer zurückgeworfen, liegt fast parallel zum Ufer und ist heute Indonesiens Tauchmaskottchen. Der Rumpf ist auseinander gebrochen, das Heck Richtung Strand, der Bug Richtung Meer, sodass man eigentlich gar nicht richtig von Eindringen sprechen kann. Doch Teile des Laderaums sind noch intakt, und man hat stellenweise doch das Gefühl, sich im Schiff zu befinden. Der Metallrumpf ist vollkommen korallenüberkrustet, aber vieles ist noch im Detail zu erkennen, wie das Buggeschütz.

Aber weder das Wrack noch die Geschichte zieht Taucher aus aller Welt an, sondern das dichte, reiche Meeresleben. Das Schiff feiert die Vielfalt der marinen Biodiversität Indonesiens, wenngleich das leichte Tauchen und die geringe Tiefe von nur 5–30 m viel zur Popularität des Wracks beitragen. Hauptanziehungspunkt beim Wrack sind die unglaublich arten- und zahlreichen Fische. Feldwebelfische, Mondsichel-Junker und Nasendoktoren betteln die Taucher oft regelrecht an. Größere Fische wie Büffelkopf-Papageifische, Napoleon-Lippfische, Orientalische Süßlippen, Kaninchenfische und verschiedene Zackenbarsche stehen manchmal frei im Wasser und geben ein ideales Fotomotiv ab. Am äußeren Rand gibt es zwar nur ein paar Steinkorallen, doch der Oberbau ist mit Weichkorallen, Gorgonien, schwarzen und grünen Korallenbäumen, Hydrozoen und bunten Schwämmen überwuchert. Das noch intakte Geschütz in 28 m ist ganz mit sessilen Tieren und Gorgonien überkrustet. In 30 m ist das Riff voller roter Peitschenkorallen, großer Tonnenschwämme und zahlreicher Grundel-

Vor dem Strand von Tulamben gibt es einen Schwarm junger und adulter Großaugen-Stachelmakrelen, die Taucher oft umkreisen.

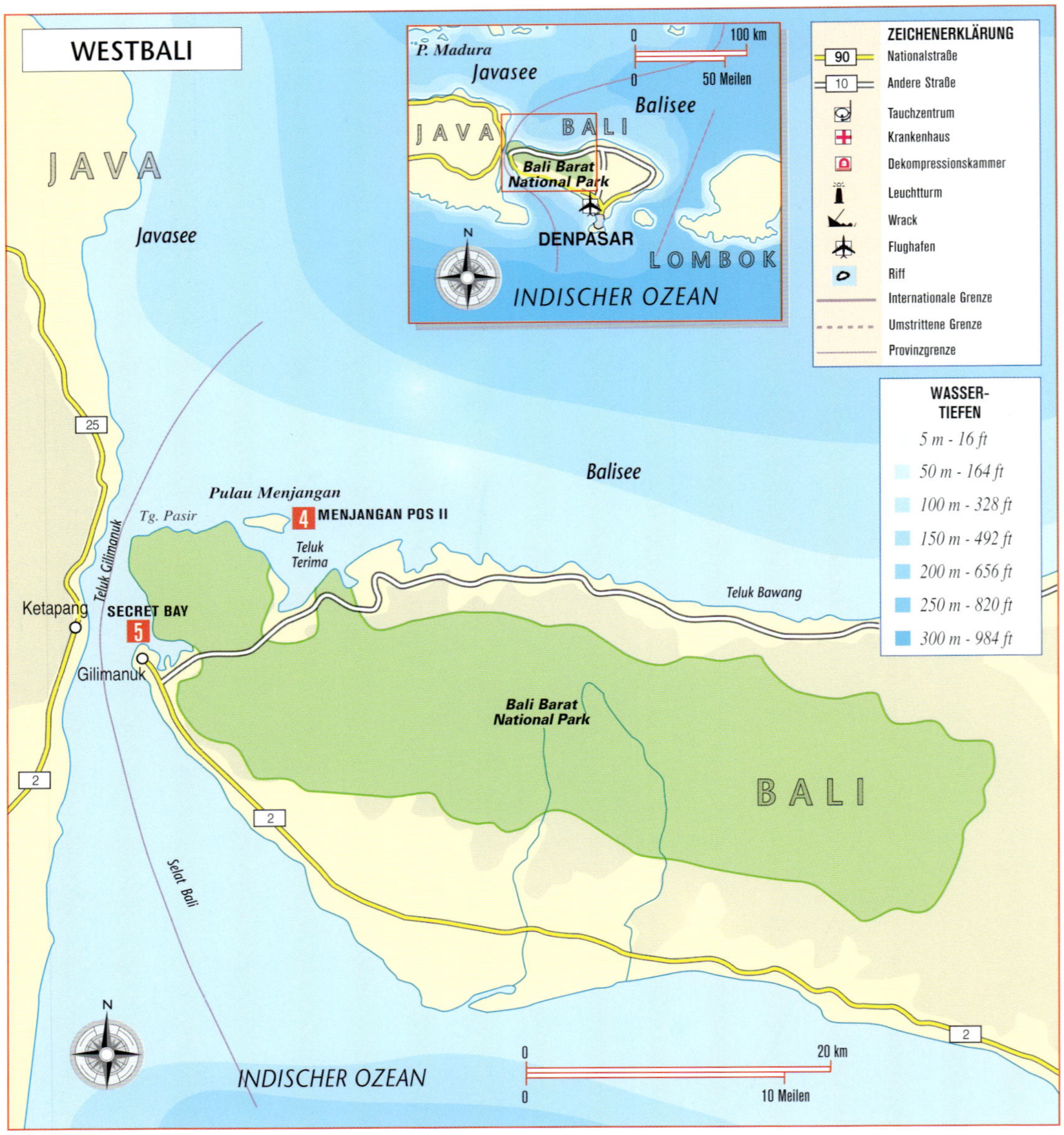

Schnorchler haben in diesem Teil der Welt, der als Zentrum der Biodiversität gilt und wo die Arten von Pazifischem und Indischem Ozean aufeinander treffen, viel zu sehen.

arten. Selbst Schnorchler können das Wrack erkunden – der Bug liegt ganze 30 m vom Ufer entfernt, stark mit Schwämmen und Seescheiden verkrustet und ist eine Zuflucht für zutrauliche Fische.

2 Fantasy Wall – Tulamben Bay

Am Ostende der Tulamben Bay, unterhalb des Tempels, stürzt eine Wand fast von 0 auf über 60 m ab. Sie ist der Maßstab für Wandtauchen. Die ganze Wand ist mit großen Tonnenschwämmen, Korallenbäumen und überdimensionalen Gorgonien bedeckt, eine davon über 3 m hoch und mit Langnasen-Büschelbarschen und gelben Riffbarschen bevölkert. In den vielen Grotten und Spalten sieht man Stachelaustern, Braune Zäpfchenkorallen, Krabben und Garnelen vereint mit Husarenfischen, Juwelen-Zackenbarschen, Schleim- und Skorpionsfischen. Die Wand beherbergt auch schwer zu entdeckende und zu fotografierende Arten wie den Augenfleck-Mirakelbarsch (*Calloplesiops altivelis*) mit dem falschen Augenfleck. Auch Mondfische, Hammer- und Walhaie sind hier schon gesichtet worden.

Ein Nachttauchgang ist ein Muss. Man steigt auf 30 m ab, wendet sich zur Wand, schaltet die Lampe aus und wartet. Unvermittelt tauchen Millionen winziger grüner Kugeln auf, die sich blinkend hin und her bewegen. Das sind die Blitzlichfische, die ein Leuchtorgan unter den Augen haben.

3 Jurassic Point – Lembongan

Bei Jurassic Point sieht man zwischen August und November voraussichtlich Mondfische. Die Riffterrasse beginnt bei 10 m, fällt steil auf 25–30 m und läuft in einem sanften Hang bis 600 m aus. In 30 m stößt man auf Pfeiler und Felsblöcke. Vor der Riffterrasse ähnelt das Gelände dem an der Oberfläche, ist jedoch endlos mit bunten, untersetzten Weichkorallen bedeckt. Das quirlige Leben am Riff lockt viele Zackenbarsche, Haie, Tunfische, Adlerrochen und Hunderte von Meyen-Stechrochen, die sich hier gelegentlich paaren. Weil der Kanal so eng ist, kreuzen die pelagischen Arten vor der Wand in Reichweite der Taucher in der kräftigen Strömung. *Die* Attraktion sind die Mondfische, die sich hier des Öfteren in 20–40 m Tiefe zeigen. Diese 3–4 m großen Sonderlinge sehen wie eine fliegende Untertasse mit zwei Flügeln an der falschen Stelle aus. Zwei große Flossen oben und unten, ein scheibenförmiger gallertiger Körper, große Glupschaugen und ein kleines Maul lassen sie unkoordiniert erscheinen, wie eine Witzfigur. Mondfische gehören zur Familie der *Molidae*, sind reine Meerestiere und leben von Quallen und Plankton. Sie sind unwirklich, groß und wirken träge, aber eine ungeschickte Bewegung, und sie sind wie der Blitz verschwunden. Mit Mondfischen zu schwimmen ist ein surreales Erlebnis, das nie langweilig wird.

4 Menjangan Pos II – Nordwestbali

An der Südostecke von Pulau Menjangan liegt das Vorzeigetauchgebiet des Naturschutzgebiets, mit spektakulärem Korallenbewuchs und Fischreichtum an einer abgewinkelten Wand. Die mit einem Steilhang beginnende Wand fällt an mehreren Stellen senkrecht ab, wo das Riff durch Vorsprünge und Spalten stärker zerklüftet ist. Der Korallenbewuchs gehört mit zum besten in indonesischen Gewässern. Die Steinkorallen sind ausgedehnt, werden aber von den Weichkorallen übertroffen; überall auf dem Abhang sind Tonnen- und andere Schwämme zu sehen. Der Bereich der Riffwand ist übersät mit roten und gelben Gorgonien.

Dieses Gebiet ist, wie alle bei Menjangan, ein Beispiel für den arten- und individuenreichen Fischbestand. Vom kleinen Fahnen- und Nixenzwergbarsch bis zum mächtigen Tunfisch ist hier alles versammelt. Doktor- und Nasendoktorfische sind stark vertreten, vor allem der Blauklingen-Nasendoktor. Es gibt verschiedene Drückerfische und sowohl Spitzkopf- als auch Teira-Fledermausfische. Große Gefleckte und andere Kofferfische bewegen sich unbeholfen durch das Riff, vorbei an Wolken von Falter- und Feuerfischen. Kaninchenfische sind verbreitet, Kaiserfische noch mehr, und die gesamte Riffwand ist mit bunten Nacktschnecken besetzt.

5 Secret Bay – Menjangan

Jenseits der Straße von Gilimanuk, wo die Fähre nach Java abgeht, liegt die Straße zum Eingang in die Dämmerzone des Tauchens in Indonesien. Secret Bay ist einfaches Küstentauchen, aber das Wasser ist wegen der nahen Kaltwasserströmungen, die durch regelmäßigen Auftrieb und die Gezeiten in die Bucht gelenkt werden, ungewöhnlich kalt. Nährstoffreiches kaltes Wasser vermischt sich im Seegras- und Mangrovenbereich und macht ihn zu einer Kinderstube für Tiere aus Pazifik und Indischem Ozean. Viele Arten kommen nur hier vor. Das Gebiet unterscheidet sich mit nur 6 m Tiefe und einem schwarzen, mit Beerentang und anderen Pflanzen bedeckten Sandboden von allen anderen in Bali. Der geschulte Beobachter ist sofort in seinem Element: Seepferdchen, Indische Rotfeuer-, Geisterpfeifen- und Blattfische, Schlangenaale, Steinfische, Nacktschnecken, Grundeln, Leierfische, Seeigel, ausgefallene Kardinalfischarten und Anglerfische. Letztere sind hier besonders häufig – vier Arten: Rückenfleck-, Sargasso-, Rundflecken-Anglerfisch und eine noch nicht benannte Art. Vor allem bei Ebbe ändern die seltenen Geschöpfe das Bild der Makrofotografen und werben für das Detail. Auch Naturschützer schweben im siebten Himmel.

Meeresschildkröten sind durch Wilderei und Zerstörung des Lebensraums weltweit vom Aussterben bedroht.

Zylinderrosen sind über den weiten schwarzen Sandhang verstreut. Sie und andere Kleinlebewesen sind gegen den schwarzen Sand besser zu erkennen.

Komodo und Alor

Michael Aw

Komodo

Die Inselgruppe Komodo scheint mit ihrer wildnisartigen Savannenlandschaft einer anderen Welt und Zeit anzugehören. Obwohl Komodo nur 370 km östlich von Bali zwischen den Inseln Sumbawa und Flores liegt, ist es untypisch für die tropischen Inseln Indonesiens. Das für das Gebiet charakteristische trockene Klima mit jährlichem Niederschlag von etwa 800 mm begünstigt eine extrem karge, wellige Landschaft, in der hier und da ein paar Lontar-Palmen stehen. Die enormen Wassermengen, die zwischen zahllosen schützenden Buchten und Inseln zwischen Indischem Ozean und Floressee hin und her strömen, machen das Gebiet zum idealen Ort für den unerschrockenen Taucher.

Auf den Inseln ist *Varanus komodoensis* zu Hause, ein Riesenwaran, der wie ein Dinosaurier läuft und drohend grunzt. Der Komodowaran ist die größte Echse der Welt. Als ein holländischer Flieger Anfang des 20. Jahrhunderts von 4 m langen Drachen in einer Urwelt berichtete, wurde er wohl für etwas überspannt gehalten. Erst als der holländische Offizier Van Steyne 1912 dem Zoologischen Garten Bogor zwei Kadaver brachte, bestimmte der Direktor das Tier offiziell als *Varanus komodoensis*. Heute leben vielleicht noch 3000 dieser urgeschichtlichen Warane in freier Wildbahn. Weil sie nur hier vorkommen, setzten sich schon 1915 Wissenschaftler für ihren Schutz ein. 1977 wurden Komodo und Umgebung in das UNESCO-Projekt »Man and Biosphere« aufgenommen. Dieses weltweite Programm soll die Vielfalt der Pflanzen, Tiere und Mikroorganismen unserer Biosphäre bewahren.

Obwohl Komodo mitten im indonesischen Archipel liegt, sind die Inseln zwischen Sumbawa und Flores ganz anders als die anderen tropischen Inseln Indonesiens. Die geringen Niederschläge haben ein sehr karges Gelände mit einigen Lontar-Palmen entstehen lassen (oben).

Durch diese Auszeichnung ermutigt, gründeten örtliche Stellen 1980 den Komodo Nationalpark, um die biologische Vielfalt der Gegend zu schützen, vor allem den Lebensraum dieser letzten Drachen. Der Park hat eine Fläche von 75 000 ha und umfasst auch umliegende Inseln, Buchten und Mangrovensümpfe. Größte Insel mit 34 000 ha ist Komodo, gefolgt von Rinca mit 20 000 ha, Padar, Nusa Kode, Motang, mehreren kleineren Inseln und dem Schutzgebiet Wae Wuul auf Flores. Auch 112 500 ha der umliegenden Wasserfläche fallen unter die Zuständigkeit der Parkranger. Die Landschaft mit ihren exotischen Berghängen, die mit Pflanzen der Trockensavanne und Dornengestrüpp bedeckt sind und einen enormen Kontrast zu den leuchtend weißen Stränden und dem blauen Wasser bilden, das über die Korallenriffe brandet, regt die Fantasie an.

Eingehende Untersuchungen lassen vermuten, dass die hiesigen Riffe zu den produktivsten der Welt gehören, was auf den Auftrieb und die hohe Sauerstoffanreicherung durch die starken Gezeitenströme zurückgeht, die durch die Sapestraße ziehen. Unterhalb von Komodo liegen einige der letzten unberührten Korallenriffe, die selbstredend zu den reichsten dieses Planeten gehören.

Naturschützer haben das Tauchen in diesen Gewässern damit verglichen, sich mitten unter den Weißschwanzgnus in der Serengeti zu befinden. Die marine Biodiversität umfasst eine unvorstellbare Vielfalt an Wirbellosen, über 1000 Fischarten und 250 Arten riffbildende Korallen, wobei ständig neue Arten hinzukommen. 1991 wurde der Komodo Nationalpark in die Liste des Weltkulturerbes aufgenommen.

Obwohl Komodo bekannt für starke Strömungen und die eindrucksvolle Auswahl an pelagischen Fischen ist, gibt es viele geschützte Buchten, submarine Riffe und Riffhänge mit unberührtem Korallenbewuchs, seltenen Lebewesen und Myriaden prachtvoller Rifffische. Ein solches Tauchgebiet liegt in der geschützten Bucht von Big Fat Rock, wo Unmengen von Fledermausfischen zu sehen sind. An der meerwärtigen Felsseite stehen Barrakudaschwärme, und in 30 m stößt man auf große Mengen

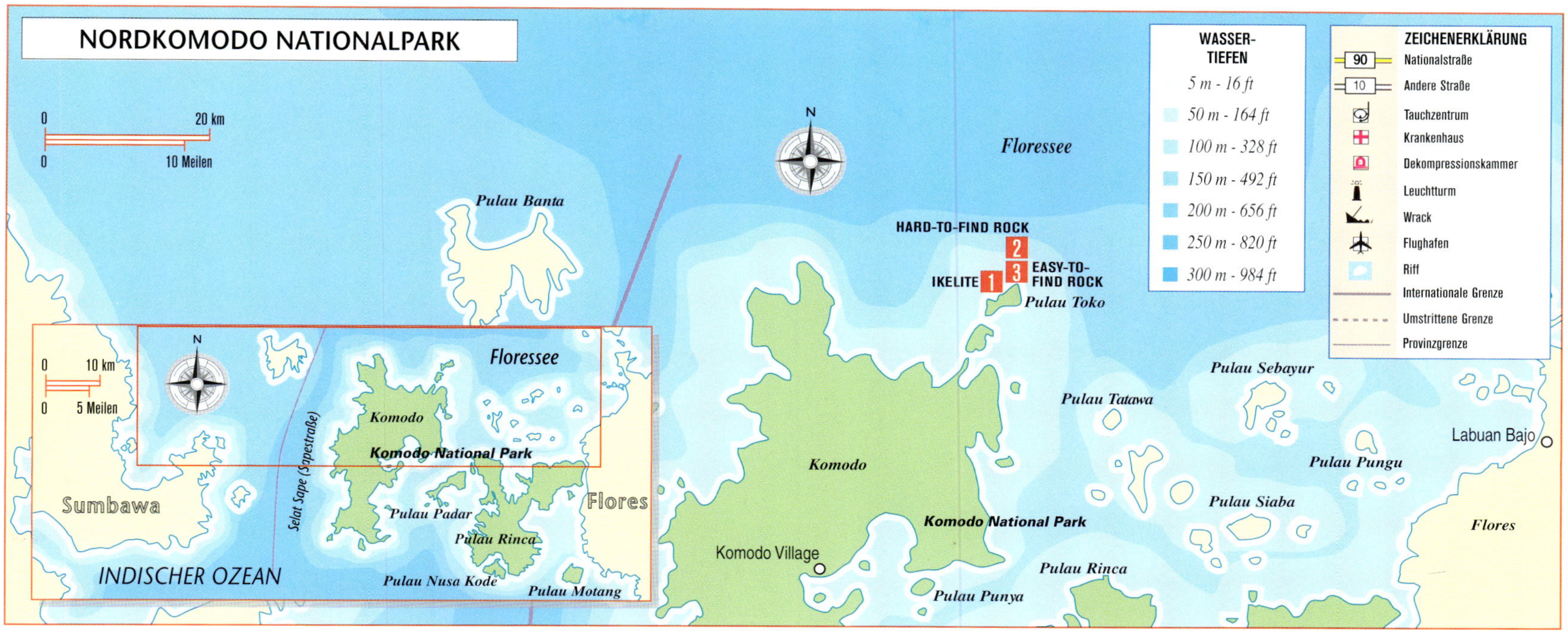

Schwarzgepunkteter Süßlippen. Korallen und Schwämme klammern sich an jeden freien Flecken, andere leben symbiotisch oder parasitär. An jedem Band und Spalt tummeln sich Hunderte von Kaiser- und Falterfischen. In einer Geweihkoralle in 10 m tollen Riffbarsche. Aber trotzdem gilt es aufzupassen. Einige Gebiete sind nichts für Ängstliche. Dort gibt es starke Strömungen, Auf- und Abtrieb und Wirbel. Das Tauchen unter derartigen Bedingungen erfordert ein erhöhtes Maß an Wachsamkeit und Vorbereitung.

Unangenehm beim Tauchen vor Komodo ist, dass die Wassertemperatur zwischen 30 °C im Norden und frischen 19 °C in Südkomodo schwankt. Im Norden beträgt die Sicht 25–30 m, aber nach Süden zu leidet sie zunehmend unter dem nährstoffreichen Wasser des Südpolarmeers. Der häufige Auftrieb macht das Wasser kälter und grün, sodass die Sicht zuweilen auf 5 m zurückgeht. Aber es lohnt sich trotzdem; das kalte Wasser bringt reiches Meeresleben mit sich, ein Merkmal des Tauchens bei Komodo. Cannibal Rock ist so ein Ort, ein Felsen, der 25 m steil abfällt. Gorgonien, Orgelpfeifenkorallen, Schwarze Korallen wie Bäume, orange Schwämme und Teppiche aus roten, blauen, grünen und gelben Haarsternen schmücken den Hang, und Hunderte dekorativer Gobelins aus Rifffischen hängen im Wasser. In 20 m ist der Fels von einem Garten aus Schwämmen und schneeweißen Korallenbäumen umgeben, die sich mit Langnasen-Büschelbarschen schmücken. Am Riffhang findet man Seeäpfel und eine hellrote Seegurke. Orange, blaue, gelbe und weiße Kröten- und Geisterpfeifenfische mischen sich unter die üppigen Pflanzen, und überall sieht man farbenprächtige Nacktschnecken, Haarsterne, Manteltiere, Weichkorallen, Seeanemonen und Schwämme. Einige Gebiete in Nordkomodo sind zwar mit Tagesfahrten von Labuan Bajo auf Flores zu erreichen, am besten ertaucht man sich Komodo aber mit einem Kreuzfahrtschiff von Bali aus.

1 Ikelite Reef

Ikelite Reef am Rand von Pulau Toko ist ein Felsen, der aus 50 m bis knapp unter die Oberfläche aufragt. Das Fisch- und Korallenleben ist gewaltig – Schwärme von Barrakudas, Süßlippen und Stachelmakrelen. Das Gebiet ist bekannt als Sammel- und Brutplatz für Zackenbarsche. Aus der ganzen Umgebung kommen die Zackenbarsche hierher, um sich fortzupflanzen, wahrscheinlich weil zwei sich vermischende Strömungen hier Spermien und Eier am wirksamsten verwirbeln und ausbreiten. Meistens gleiten hier auch ein oder zwei Mantas umher, dazu einige seltene Skorpionsfische wie der gelbe Schaukelfisch. Außer Sichtweite, die stattliche 25 m und mehr beträgt, halten sich oft auch Delfine auf.

Hard-to-Find Rock 2 und Easy-to-Find Rock 3

Hard-to-Find Rock (HTF) und Easy-to-Find Rock (ETF) liegen bei Pulau Toko. Meeresleben und Geländeform sind bei beiden ähnlich. Nur ein Felsen ragt aus dem Wasser, der andere liegt auch bei Ebbe unter Wasser. Bei HTF wurden

Geschützt vor den Nesselzellen der Seeanemone, wird dieser Anemonenfisch wahrscheinlich sein ganzes Leben bei dieser Anemone verbringen.

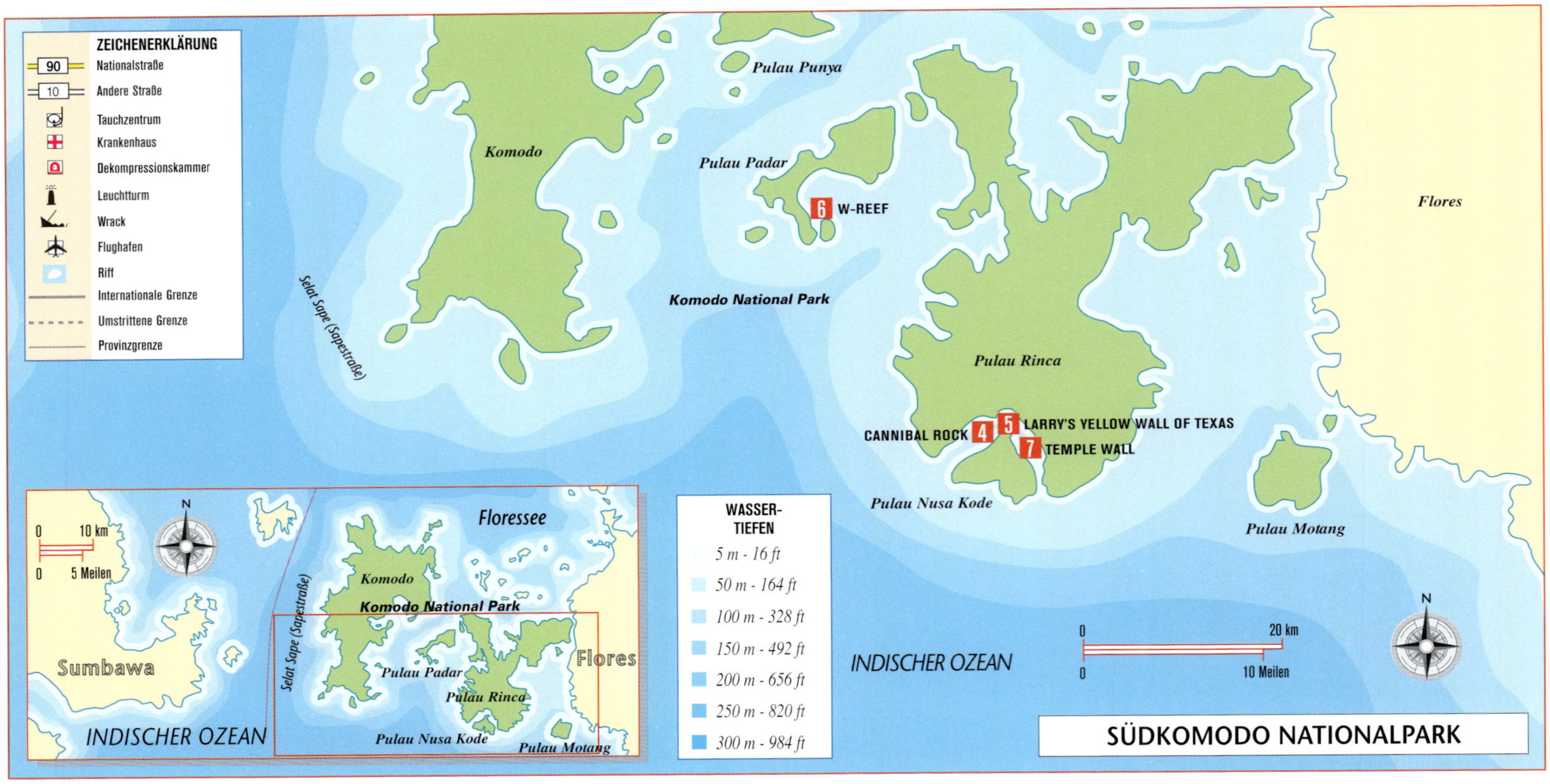

die ersten Zwergseepferdchen Indonesiens entdeckt, und sie sind noch immer da. Dort gibt es auch einige herrliche rosa Schaukelfische. Meistens halten sich in beiden Gebieten Schwärme ansässiger Spatenfische auf. An der Westseite von ETF steht normalerweise ein stattlicher Barrakudaschwarm. Die Riffkante fällt, typisch für Nordkomodo, von etwa 5 m auf 45 m ab. Sie ist völlig überwachsen mit Krusten bildenden Schwämmen, Manteltieren, Peitschenkorallen und Korallenkolonien. Hier laichen auch Napoleon-Lippfische, Meyen-Stechrochen und Süßlippen. An der meerwärtigen Seite sind oft Walhaie und Mantas zu sehen.

4 Cannibal Rock

Cannibal Rock vor der Insel Rinca, einer der spektakulärsten Orte des Komodo Nationalparks, gilt bei weit gereisten Tauchern als eines der besten Gebiete überhaupt. Wiesen bunter Haarsterne beherbergen Krötenfische, Sepien, seltene Nackt- und andere Schnecken. Von 5 m bis über 35 m birgt Cannibal Rock eine Fülle kleiner Meeresschmuckstücke. Man sieht Geisterpfeifenfische, Feuerseeigel, Colemans Partnergarnelen, Zebrakrabben, gelbe, weiße und rosa Zwergseepferdchen (*Hippocampus bargabanti*, Teufelsrochen und überdimensionale Spanische Tänzerinnen.

5 Larry's Yellow Wall of Texas

Dieses Gebiet an der Südseite von Rinca hat seinen Namen von den vielen gelben Weichkorallen, gelben Krusten bildenden Schwämmen und gelben Krötenfischen. Hier scheint alles irgend etwas Gelbes an sich zu haben. Die Wand fällt fast senkrecht auf über 50 m ab. Bei etwa 35 m geht sie in einen spektakulären

Seeäpfel, nur in kälteren tropischen Gewässern vorkommende hellrote Seegurken sind in Südkomodo häufig. Die attraktive Art, eine Verwandte der Seesterne, filtert mit ihren Tentakeln Nahrung aus der Strömung (links oben).

*Langnasen-Büschelbarsche (*Oxycirrhites typus*) sind in 15 bis 30 m zwischen den Schwarzen Korallenbäumen von Komodo zu finden (links).*

Cannibal Rock, Südkomodo, fällt steil auf 25 m ab und hat Gorgonien, Korallen, Schwämme, Haarsterne und dekorative Rifffische zu bieten.

Überhang über, der von oben bis unten von Wirbellosen und Fischen wimmelt.

Der flache Hang hier ist mit großen Tonnenschwämmen gesprenkelt, in denen die kleinen rosa Sangia-Krabben mit den blutroten Augen zu Hause sind. Die Wand zieht sich endlos hin, manchmal ein kurzes Stück von einem Korallenhang markiert. Die Strömung ist kaum ein Problem. Fast überall, meistens jedoch nachts, findet man hier Spanische Tänzerinnen. Aufgrund ihrer Lage in der Straße zwischen Rinca und Nusa Kode ist die Wand immer vor jedem Wetter aus jeder Richtung geschützt.

Haarsterne und Haarsternkrabben, Krötenfische, Imperator-Partnergarnelen, Tiefseegarnelen, schlafende Haie, Orang-Utan-Krabben und Stachelmakrelen sind immer zu finden. Die Farbenpracht begeistert jeden Fotografen. Trotz des Auftriebs und der Gezeitenströmungen ist die Yellow Wall ganzjährig gut zugänglich.

6 W-Reef

W-Reef besteht aus mehreren Pfeilern bei der Insel Padar. Das flachste Riff beginnt bei etwa 4 m, das tiefste in 25 m. Der Name geht auf die Felsen zurück, die unter Wasser ein großes W bilden. Große Hundezahn-Tunfische, Rochen und Mantas sind hier häufig zu sehen. Nacktschnecken gibt es in großer Zahl, es wimmelt von Krötenfischen, und die Gorgonien bieten den Zwergseepferdchen Schutz. In einer kleinen Höhle bei den Seepferdchen soll es die weltweit größte Ansammlung von Muränen geben, die dort neben Ammenhaien ruhen. W-Reef hat für jeden etwas – von eigenartigen Kleinlebewesen bis zu großen pelagischen Fischen, die in der Tiefe vor der Wand lauern. Die Strömungen sind sehr stark, man taucht daher am besten bei Halbmond. Bei Voll- oder Neumond (Spring- und Nipptide) sind die Strömungen unberechenbar.

7 Temple Wall

Der lange Tunnel in 30 m Tiefe an der Temple Wall von Rinca führt durch eine interessante Felsformation. Die Wand ist vollständig mit bunten Weichkorallen und Haarsternen bedeckt. Ein Schwarm ansässiger Süßlippen steht vor den gewaltigen Basaltplattformen, die einem das Gefühl vermitteln, in einem Tempel zu tauchen. Die Wand gleicht einem Kaleidoskop orangefarbener Becherkorallen und rosa, roter und gelber Seescheiden. In dem Gebiet herrscht starke Dünung.

Alor

Die Inselgruppe Alor, knapp 50 km nördlich von Zentraltimor, gehört zu den kaum erschlossenen Gebieten Indonesiens. Das Fortkommen im trockenen, rauen, gebirgigen Inneren ist beschwerlich. Diese natürliche Barriere hat die vielen Inselstämme untereinander und nach außen isoliert. Die nur 100 000 Einwohner sind in über 50 Stämme gespalten, jeder mit seiner eigenen Sprache.

Die Küste der Insel ist leichter zugänglich; Motorboote umfahren die schwierigen Landpassagen. Die Insel hat herrliche Strände, und riesige Riffe harren der Taucher. Die Gezeiten schieben gewaltige Wassermassen durch die enge Straße zwischen Alor und der Nachbarinsel Pantar im Westen. Die zerklüftete Küste und kleine Inseln im Kanal machen das Navigieren gefährlich. Die unberechenbaren Strömungen stellen ziemlich hohe Anforderungen

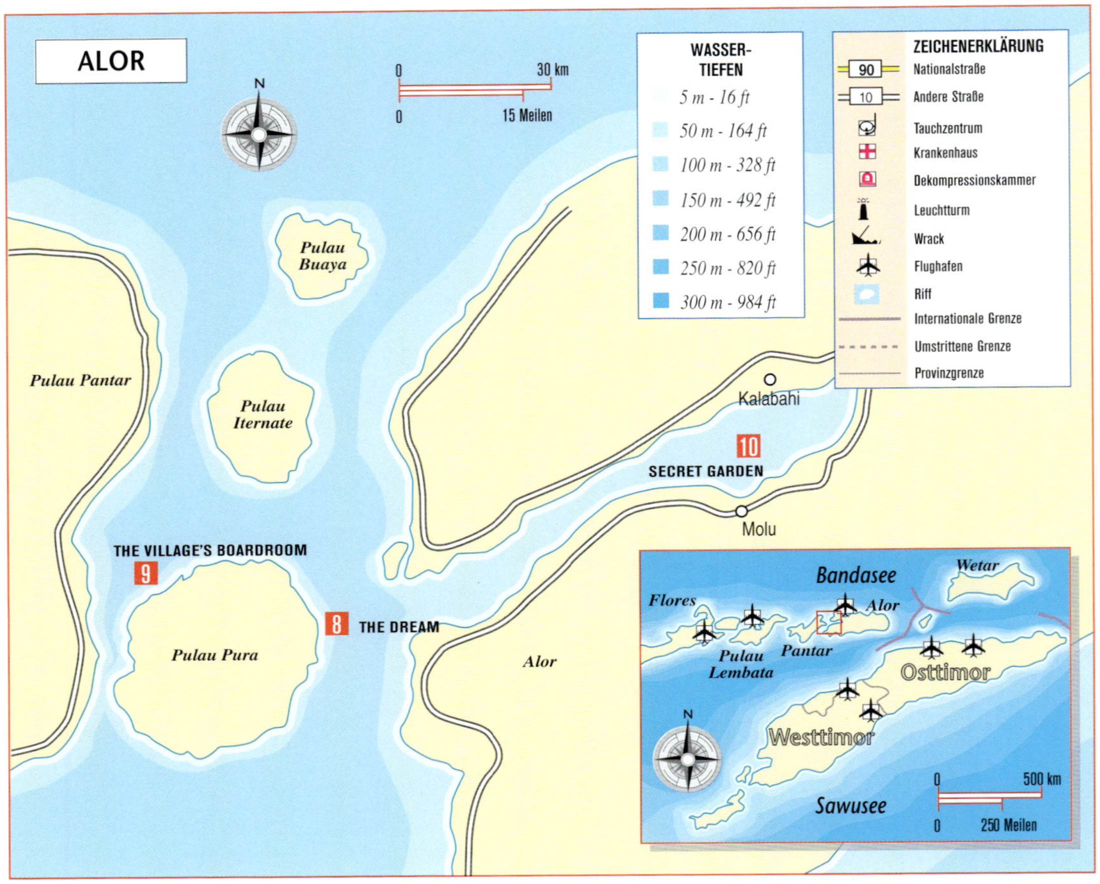

Die Strömung unter The Dream ist so stark, dass selbst große Fische eingeschüchtert sind. Die Unberechenbarkeit der Strömungen verlangt den Tauchern alles ab.

an die Taucher. Die kalten, nährstoffreichen Tiefenströmungen der Savusee treffen auf tropische Gewässer der Bandasee, was zu Thermoklinen und Planktonblüten und manchmal verminderter Sicht führt. Sie schaffen aber gleichzeitig paradiesische Bedingungen für das vielfältigste Meeresleben der indonesischen Inseln.

Drei unterschiedliche Geländetypen sind zu erkunden: submarine Meeresrücken, äußere Saumriffe, Hänge und Wände sowie das Brackwasser der Buchten. Vor den tiefen Riffen patrouilliert oft eine stattliche Zahl Grauer Riffhaie, während Schwärme von Hundezahl-Tunfischen und Regenbogen-Stachelmakrelen, Schleier aus Gold-Stachelmakrelen, Spanischen Makrelen und Doktorfischen die Saumriffe umlagern. Büffelkopf-Papageifische benagen Korallen und Krusten bildende Algen, und in der Strömung schwirren Unmengen kleiner, dekorativer Rifffische, die die Korallen an den Riffwänden und -plateaus fast verfinstern. Oft muss man durch Barrakudaschwärme schwimmen, um die Haie zu sehen. Bei fast jedem Tauchgang erlebt man große pelagische Arten, mit farbenprächtigen Weichkorallen und Gorgonien überwucherte Wände und freundliche Kraken. Drei Gebiete setzen Maßstäbe für das Tauchen in Indonesien – Secret Garden, Dream und Village's Boardroom bei den Inseln Pulau Buaya, Ternate und Pura zwischen Alor und Pantar.

8 The Dream

The Dream ist nichts für Anfänger oder Ängstliche. Die submarinen Riffsysteme im Kanal zwischen Pura und Alor sind wie Hindernisse bei einem Flipper, zwischen denen hindurch gewaltige Wassermassen fließen und unberechenbare Strömungen erzeugen, die selbst großen Fischen Respekt einzuflößen scheinen. Zweimal zog uns der Abtrieb zum »Abyss«, einer senkrechten Wand. Wir mischten uns kurz unter Tunfische, Delfine, Haie und Stachelmakrelen, bis wir merkten, dass eine andere Strömung uns ins offene Meer zog. Hand über Hand kletterten wir aus 60 m in flacheres Wasser, und immer wieder wurde jemand vom Sog der Strömung aus der Wand gezerrt.

Der Tauchpionier Karl Muller zählt diesen Tauchgang zu den fünf besten seiner langen Laufbahn. Haie, Hundezahn-Tunfische, Gelbschwanz- und Große Barrakudas zeigen sich in jeder Zahl und Größe. Sie kommen dicht heran, vielleicht angelockt durch die unzähligen Schwarmfische am Riff – Schnapper, Blaue Drückerfische, Nasendoktoren, Doktorfische und Füsiliere –, manchmal scheint es mehr Fische als Wasser zu geben.

Napoleon-Lippfische, Rochen und Riesen-Zackenbarsche, über 2 m lang und massig wie ein Kleinwagen, sind ebenfalls oft hier zu sehen. Das Riff ist dicht mit Schwämmen, Rankenfüßern und Korallen bedeckt – vor allem Zäpfchenkorallen. Die starke Strömung zwingt die Korallen jedoch, dicht am Riff zu wachsen. Der Korallenbewuchs ist nicht höher als 20 cm, reicht hier jedoch den Hang hinunter bis zur Sichtgrenze in etwa 70 m. Aufgrund des Riffprofils eignet sich dieses Gebiet nur für erfahrene Taucher.

9 The Village's Boardroom

An der Nordwestküste von Pura fällt eine Steilwand bis in über 70 m. Sie ist mit Grotten und Überhängen durchsetzt, Erstere vor allem zwischen 10 m und 18 m, und mit herrlichen Korallen bewachsen. Der Blockhang nah bei der Küste an der Innenseite der Wand ist völlig mit Korallen bedeckt, und im gesamten Gebiet gibt es große Tonnenschwämme. Die Korallen sind zumeist Weichkorallen, vor allem in den Grotten und Überhängen. Die Rifffische sind arten- und zahlreich; die üblichen kleineren Arten sind gut vertreten, die größeren Schwarmfische jedoch im Übermaß, mit Schwärmen von Füsilieren, Doktorfischen, Stachelmakrelen und Schwarzen Schnappern überall. Auch große Süßlippen sind in beachtlicher Konzentration zu finden, wie Haie, Weißspitzen-Riffhaie inbegriffen.

Von ganz besonderem Reiz sind hier jedoch die in der Bucht lebenden Menschen. Wenn ihnen der Sinn danach steht, kommen sie dort zusammen, Erwachsene und Kinder, spielen, schwimmen und tauchen zwischen den Korallenriffen, die diese Familien seit Generationen ernähren. Sie sind von einer kindlichen Unbefangenheit gegenüber den Tauchern. Nicht selten tauchen sie frei und posieren unter Wasser für die Fotografen in ihrer vollen Montur.

10 Secret Garden

Drei Kokospalmen erheben sich in diesem Gebiet am dunklen Wasser der Kalabahi-Bucht auf der Insel Alor. Zwischen 15 m und 30 m Tiefe ist die Fläche von einem Wald gelber, weißer, grüner und schwarzer Korallenbäume, Tonnenschwämmen, roter Weichkorallenbäume, Geweihkorallen und krustierender sessiler Tiere bedeckt. Gezeitenströmungen führen planktonreiche Wassermassen herbei und begünstigen Filtrierer in enormer Dichte, und in den bereits übervölkerten Behausungen beziehen Larven Quartier.

Unter den Wedeln der drei Palmen tummeln sich höchst sonderbare, in anderen Korallenriffen seltene Geschöpfe. Große und kleine Tiere belegen jeden nur denkbaren Raum – Seeanemonen beherbergen Anemonenfische, Porzellankrabben und durchsichtige Garnelen, Haarsterne sind mit Saugnapffischen, Garnelen und Furchenkrebsen besiedelt, auf jedem Ast der Hornkorallen sitzen Kaurischnecken, auf den Peitschenkorallen territoriale Grundeln. David Doubilet, bekannter UW-Fotograf bei *National Geographic*, tauchte bei seinem Besuch auf Alor zehn Tage lang täglich zweimal.

Leuchtende Feilenmuscheln sind nur in den äußersten Ecken von Grotten, Spalten und dunklen Plätzen zu finden. Die rote Membran scheint im Licht der Taucherlampe rhythmisch zu leuchten.

Philippinen

Jack Jackson

Die Philippinen besitzen einen Schatz an Korallenriffen, viele mit starker Strömung und pelagischen Arten. Warmes Wasser und beste Sicht sind die Norm. Sie liegen in einer Region, wo sich nach Meinung der Wissenschaftler die meisten Meeresorganismen des Pazifiks entwickelt haben. Einige sehr flache Riffe weisen Ausbleichungen auf. Die von Menschen beschädigten Riffe erholen sich seit dem Verbot abträglicher Fangmethoden.

Die meisten Riffe haben bessere Bedingungen, als nur für *muck diving* nötig sind. Wer genau hinsieht, entdeckt aber ungewöhnliche Geschöpfe. Wegen der guten Tauchbedingungen hat man diese Möglichkeiten jedoch bisher weitgehend übersehen. In Puerto Galera, Malapascua und Anilao kann man Zwergseepferdchen, Flughähne, Harlekin-Geisterpfeifenfische, Clown-Anglerfische und Harlekingarnelen beobachten. Schiffswracks sind das Besondere bei Subic Bay und im Gebiet vor Busuanga/Coron. Walhaie können in der Saison fast überall auftauchen.

Hauptstrand und Holzhütten im Club Noah Isabelle. Es ist die einzige Unterkunft auf Apulit in der Taytay Bay von Palawan, wo Fischen jetzt verboten ist und große Fische häufig sind (oben links). Auslegerboote (Bancas) am Alona Beach – so wie die größeren, mit denen verschiedene Tauchgebiete angefahren werden (oben rechts).

Die Insel Pandan, ein marines Schutzgebiet vor Sablayan an der Westseite der Insel Mindoro, bietet Tauchen vom seichten Korallengarten bis zum Steilabfall. Sie ist nur 32 km oder 90 Minuten vom Apo Reef entfernt (nicht zu verwechseln mit der Insel Apo vor der Insel Negros). Apo Reef, früher berühmtestes Tauchziel der Philippinen, erholt sich langsam vom Sprengstofffischen. Die starken Strömungen sorgen für viele Haie, Meeresschildkröten und Mantas.

Der philippinische WWF erforscht im Club Paradise auf Dimakya nördlich von Busuanga Dugongs, die auch vor Nordpalawan zu finden sind. Boracay und die meisten Resorts auf und vor Negros, Cebu und Bohol haben, was das Taucherherz begehrt. Die Insel Malapascua, ein neues verträumtes Ziel vor der Nordspitze von Cebu, ist für seine Mantas (zwischen Juni und Januar) und ganzjährig für seine Fuchshaie bekannt, die dort wahrscheinlich eine Putzerstation haben. Das Ganzjahresgebiet hat auch bei Makrofotografen einen Namen.

Nordpalawan hat zwei erstklassige Umweltresorts, El Nido im Westen und Club Noah Isabelle im Osten. Letzterer liegt auf der Insel Apulit in einem Gebiet mit Fischfangverbot in der Taytay Bay. Man spielt noch nicht in der ersten Tauchliga, aber dank der Fangbeschränkungen gibt es viele ungewöhnlich große Napoleon-Lippfische, Zackenbarsche und Stachelmakrelen.

In Moalboal hat man westlich von Copton Point einen Flugzeugrumpf für die Taucher versenkt.

Südleyte bietet bei Tancaan Point und der Insel Limasawa fast alles. Einige Gebiete können für erfahrene Taucher mit Tiefe und Strömungen aufwarten. Riesige Korallengärten, viele Fische, Seeschlangen und Meeresschildkröten machen es zu einem beliebten Gebiet.

Liloan Point, Santander, am Südende von Cebu, ist bei japanischen Tauchern besonders beliebt. Dort ermöglicht die Strömung lange Strömungstauchgänge mit Weißspitzen-Riffhaien. Im offenen Meer ziehen die Inseln Sumilon und Siquijor wieder Taucher an. Sumilon bietet interessante Wände und reichlich Fische, Siquijor große Tonnenschwämme, gesunde Steinkorallen und noch mehr Fische. Die Insel Apo zwischen Siquijor und Negros ist Meeresschutzgebiet. Weißspitzen-Riffhaie, Büffelkopf-Papageifische, Stachelmakrelen, Picasso-Drückerfische, Meeresschildkröten, Mantas, eine große Anemone City und Riesenmuscheln sind nur einige der Attraktionen.

Die abgelegenen Riffe in der Sulusee, wie Tubbataha, bieten bestes Tauchen, starke Strömungen und eine Fülle pelagischer und Riff-fische, ferner Geigenrochen und Mantas. Der dunkle Vulkansand auf Camiguin gibt ein falsches Bild von der schönen Insel mit vielfältigen Tauchmöglichkeiten, Meeresschildkröten und seltenen Schneeflocken-Seifenbarschen. An der Nordspitze von Mindanaos Zamboanga del Norte ist Dakak eines der schönsten Resorts der Philippinen, leidet aber unter den Abu-Sayyaf-Terroristen. An der Ostseite von Mindanao liegen im Golf von Davao vor dem Pearl Farm Resort zwei japanische Wracks aus dem Zweiten Weltkrieg. In den Gewässern südlich des Resorts und der Sarangani Bay südlich von General Santos City befinden sich einige der besten Korallengärten der Welt, ein Teil der Bucht leidet jedoch unter Ablagerungen von Fischzuchtanlagen. Unten im Südwesten der Philippinen kann man im Sulu-Archipel gut zwischen dynamitgeschädigten Riffen tauchen, wegen der Abu Sayyaf-Terroristen gegenwärtig aber nicht. Die Inseln vor Jolo bieten das beste Tauchen in dieser Region, dazu das Wrack einer chinesischen Dschunke; die Riffe bei Tawi-Tawi weisen die größten Korallenschäden auf.

Die großen Tauchzentren veranstalten Nitrox- und technische Tauchkurse.

Nordphilippinische Tauchgebiete

Die Insel Luzon wird von heimischen Tauchern sehr geschätzt, nur Besucher haben noch Schwierigkeiten. La Union am Golf von Lingayen nördlich von Manila ist ein aufstrebender Ferienort. Seit dem Abzug der amerikanischen Streitkräfte aus Subic Bay sind die Wracks für Taucher zugänglich. Anilao südlich von Manila ist ein gutes Tauchgebiet, auch für die Jagd mit der Lupe und Makrofotografen.

La Union

Hauptattraktion in La Union sind die amerikanischen Panzer, die bei **Fagg Reef** [1] nördlich von Poro Point am Ende des Zweiten Weltkriegs versenkt wurden. Drei liegen in 40 m Tiefe beieinander, ein vierter 20 m östlich.

Beliebt sind auch **Caves** [4] am Research Reef und **VOA** [2] (das Riff bei der Relaisstation der Voice of America). **Robert's Reef** [3] beginnt an der Spitze südlich von VOA. **14-Mile Reef (Big Reef)** [5] bietet wegen der starken Strömungen fast alles.

Subic Bay

Trotz häufig schlechter Sicht durch starken Regen und Eruptionen des Mount Pinatubo ist Subic Bay doch so geschützt, dass man bei jedem Wetter dort tauchen kann. Die Sicht bei den großen Wracks ist außen zwar trüb, innen aber gut, und die Wracks sind gut zu betauchen, normal und technisch. Die besseren Tauchwracks sind unter Wasser ausgebojet worden, damit die Fischer sie nicht so leicht finden können. Die Bucht steht unter Aufsicht, um Diebstahl auf den Wracks zu unterbinden, und Veranstalter wie Taucher benötigen eine Genehmigung. Trotzdem haben einige Einheimische schon das ein oder andere Wrack verbotenerweise geplündert. An den Stränden nisten noch Meeresschildkröten.

Das Wrack der ***Oryoko Maru*** [6], 400 m westlich vom Alava Pier, ist wegen der Schifffahrt gesprengt worden. Die Trümmer bilden jetzt ein künstliches Riff mit vielfältigem Meeresleben. Die ***Seian Maru*** [7] zwischen Alava Pier und Nordende der Startbahn liegt in 27 m auf Backbord. Man kann gut in die großen Laderäume vordringen. Das Meeresleben ist gut.

Der leichte Weltkrieg-I-Kreuzer ***USS New York*** [8] wurde 1941 geflutet und liegt jetzt in 27 m westlich der *Seian Maru*. Besonders beeindrucken die 20-cm-Geschütze, die noch am Ort und intakt sind. Weichkorallen, Schwämme und Hydrozoen, Feuer- und Drückerfische, Schwarzgepunktete Süßlippen, Blaupunkt-Stechrochen, Füsiliere, Fledermausfische und Zackenbarsche gibt es im Überfluss. Zwischen

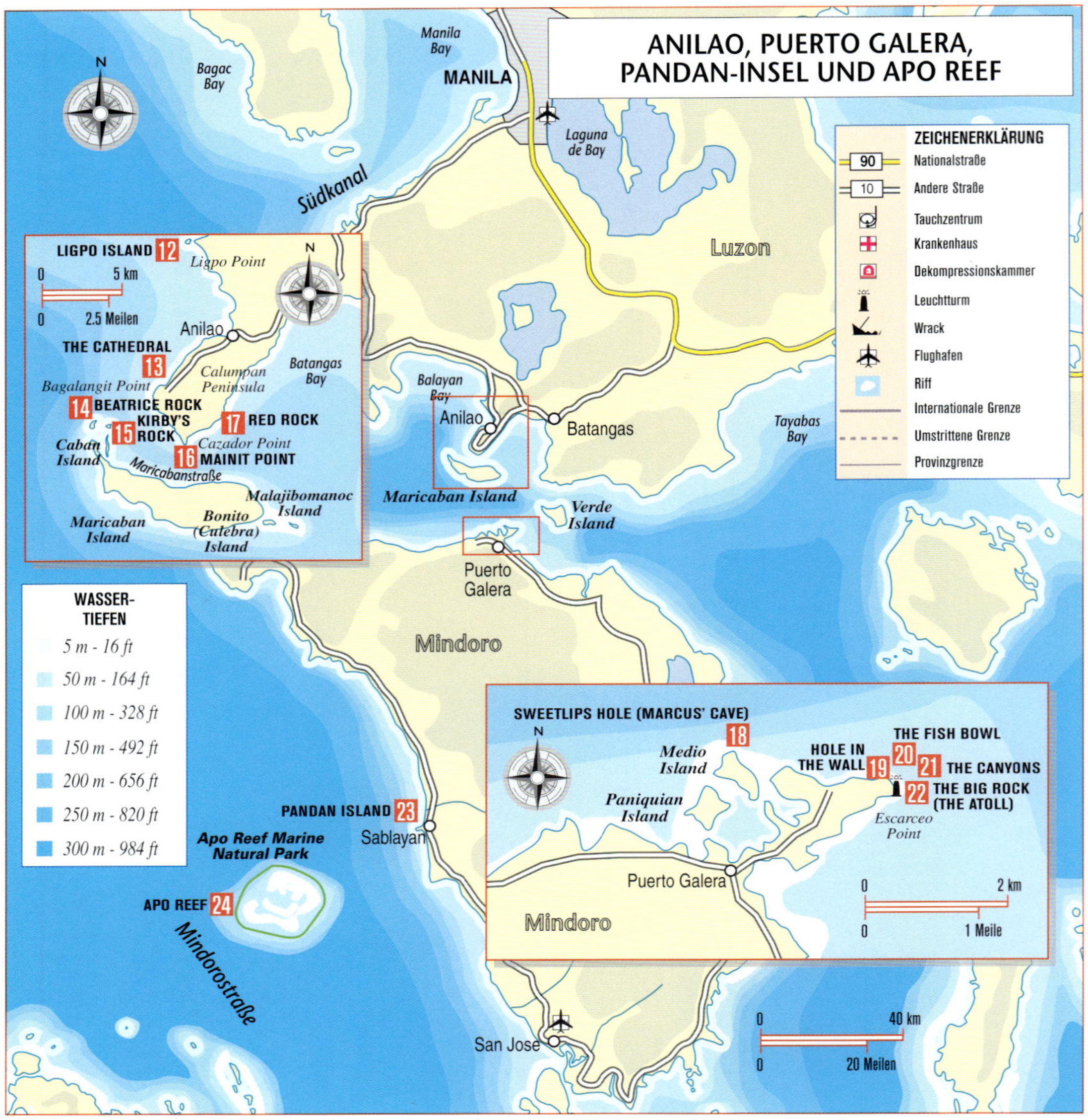

Südende der Startbahn und Grande Island liegt in 35 m aufrecht ein **Landing Craft** (Landungsboot) [9]. Der Frachter ***El Capitan*** [10] liegt bei der Markierungsboje des inneren Kanals der Ilanin Bay auf Backbord. Das Kanonenboot ***San Quintin*** [11], das die Spanier 1898 fluteten, um sich gegen amerikanische Angriffe zu schützen, befindet sich zwischen Grande und Chiquita Island.

Anilao

Aufgrund seiner Nähe zu Manila (124 km) ist Anilao ein beliebtes Ziel für Tages- und Wochenendausflügler. Getaucht wird zumeist an Korallenhängen, kleinen Steilstufen und flachen Korallengärten auf Sand. Es wimmelt von kleineren Fischen und Wirbellosen. Es gibt einige marine Schutzgebiete. Tauchen kann man fast überall gut, stellenweise jedoch bei starken Strömungen.

Ligpo Island [12], westlich von Ligpo Point und in einem Tauchgang leicht zu umrunden, ist bei Strömung nichts für Anfänger. An der Ostseite gibt es einen kleinen Dropoff und eine Grotte, an der Westseite einen Guyot mit Steilhängen. Pelagische Arten sind häufig. **The Cathedral** [13] vor Bagalangit Point ist ein marines Schutzgebiet und wahrscheinlich das bekannteste philippinische Tauchgebiet. Man hat dort Korallen angesiedelt, und es wimmelt dank Fütterungen von Fischen. In 15 m hat Expräsident Fidel Ramos ein Kreuz errichtet. Hier gibt es alles, auch große Krötenfische. **Mainit Point** [16], auf Karten Cazador Point, ist Strömungen und Wind ausgesetzt. Felsen ragen aus dem Wasser und bilden kleine Dropoffs von 5 m bis über 30 m. Das Meeresleben ist arten- und zahlreich, mit Weißspitzen-Riffhaien in einer Grotte. Beim **Red Rock** [17], an der Ostseite der Halbinsel Calumpan, gibt es einen Korallenhügel. **Beatrice Rock** [14], am Nordende der Maricabanstraße, sind mehrere kleine Dropoffs, die von 5 bis 27 m breiten Kanälen getrennt sind. Man sieht große Tonnenschwämme, Schwarze, Weich- und Steinkorallen, Seeanemonen mit Anemonenfischen, Meeresschildkröten, Blaugeringte Tintenfische, Nacktschnecken, Seesterne und Rifffische in Massen.

Kirby's Rock [15], an der Nordostseite der Insel Caban, ragt aus dem Wasser. Auf der Küstenseite fällt das Riff auf 5 m ab und steigt dann zur Küste hin an, mit gutem Korallenbewuchs, Fischen und Kleinlebewesen. Auf der meerwärtigen Seite fällt der Fels in einer Wand 20 m ab und läuft dann im Sand mit Korallenblöcken aus. Die Wand weist reiches Meeresleben auf, darunter Gorgonien, Feder- und Spiralröhrenwürmer, Nacktschnecken, Plattwürmer und Seegurken.

Die Inseln Bonito (Culebra) und Malajibomanoc sind marine Schutzgebiete mit Korallenblöcken auf Sandhängen, die von 6 m auf 24 m absteigen.

Puerto Galera

Puerto Galera, südlich von Anilao auf der Insel Mindoro, ist aus gutem Grund das betriebsamste Tauchziel der Philippinen. Bis auf ganz große Haie bietet es alles, was Taucher wünschen, vom Tauchen für Anfänger über hochkarätiges Strömungstauchen bis zu Tieftauchgängen und Begegnungen mit großen Meeresbewohnern. In den letzten Jahren wurden mehrere Schiffe für Taucher versenkt, technisches Tauchen hat Fuß gefasst und man hat Rekordtiefen erreicht. Den Makrofotografen war die Region bereits bekannt, aber einige Veranstalter haben genauer hingesehen und das entdeckt, was die Freunde der Jagd mit der Lupe begeistert – u.a. Krötenfische, Geisterpfeifenfische und Harlekingarnelen. Seit Gründung der meeresbiologischen Station der Universität wird das Gebiet wissenschaftlich erforscht, und das UNESCO-Projekt Man and Biosphere erklärte es 1974 zum Meeresschutzgebiet.

Verde-Kanal

Von den zahllosen guten Tauchgebieten können hier nur einige genannt werden. Direkt vor dem Batangas-Kanal empfiehlt sich **Sweetlips Hole (Marcus' Cave)** 18 dem technischen Taucher mit Tiefenerfahrung. Sweetlips Hole liegt in 45 m Tiefe, wo man ansässige Fledermausfische und Süßlippen beobachten kann. Bei Marcus' Cave ruhen in 50 m Weißspitzen-Riffhaie auf dem Sand, andere Fische treten in Schwärmen auf. In der Höhle befindet sich ein Gedenkstein für Marcus, obwohl er nicht beim Tauchen starb.

Bei **Hole in the Wall** 19, westlich von Escarceo Point, nutzen Taucher die Strömung und steigen mehrere Wandstufen zum Loch in der Wand in 12 m ab. Das Loch ist mit bunten Schwämmen und Haarsternen bedeckt und wimmelt von Rifffischen. **The Fish Bowl** 20, nordöstlich von Escarceo Point, ist ein fortgeschrittener Tauchgang in eine Senke in 40 m, wo Weißspitzen- und Graue Riffhaie, Tunfische, Regenbogen-Stachelmakrelen, Orientalische Süßlippen und Schwärme anderer Fische zu beobachten sind. Das nahe **The Canyons** 21 ist für erfahrene Taucher, die am Hole in the Wall vorbeischwimmen, über mehrere kleine Dropoffs mit Weichkorallen und Schwämmen jagen und zwei kleinere Canyons auf dem Weg zum großen passieren, wo es von Sechsbinden-, Pfauen- und Imperator-Kaiserfischen u.a. wimmelt. Die Taucher werden schließlich zu einem 1,5 m großen Anker gespült, wo sie sich sammeln können, bevor sie sich von der Strömung weitertreiben lassen und nach diesem rasanten Strömungstauchgang im offenen Meer dekomprimieren. **The Big Rock** (The Atoll) 22, südöstlich von Escarceo Point, ist ein 15 m breiter atollförmiger Fels, der von 33 m bis 21 m aufragt und viele Fische aufweist, auch Feuerfische und Blaupunkt-Stechrochen.

Pandan Island 23 und Apo Reef 24

Weiter südlich vor der Westküste von Mindoro liegt die zum Meerespark erklärte Insel Pandan, ein weiteres Spitzentauchgebiet mit 80 Prozent Korallenbewuchs.

Die Insel Pandan ist nur 32 km vom Apo Reef entfernt, einem großen Schutzgebiet im offenen Meer mit allem, von guten Korallen bis zu großen Haien. Die ganze Nordostseite des Riffs besteht aus Dropoffs und Überhängen, wo sich Haie und große Fische sammeln. Die Nord-, Ost- und Südseite bieten Steilwände mit Meeresschildkröten und pelagischen Arten einschließlich Mantas.

Visayas

Visayas, eine große Inselgruppe in den Zentralphilippinen, ist für ruhige Gewässer, mit Palmen gesäumte, weiße Sandstrände und ganzjähriges Tauchen bekannt.

Boracay, Carabao und Maniguin Island

Der White Sand Beach von Boracay, nördlich der Insel Panay, wurde vom *BMW Tropical Beach Handbook* zum besten Strand der Welt erklärt. Das Tauchgebiet ist ebenbürtig und bietet Weich-, Leder-, Peitschen-, Zäpfchen-, Schwarze und Steinkorallen, Tonnenschwämme und Fische im Überfluss samt Haien, Mantas, Meeresschildkröten und Seeschlangen. Die nahen Inseln Carabao im Norden und Maniguin im Südwesten sind gleich gut.

Nordwestlich von Guiniuit Point, der Nordwestspitze von Boracay, sind **Yapak I** 26 **und II** 25 Favoriten der Tauchlehrer. Eine Wand mit quirligem Meeresleben ragt bis 30 m auf. Im offenen Meer sieht man Napoleon-Lippfische, Graue und Weißspitzen-Riffhaie, manchmal auch Bogenstirn-Hammerhaie, Mantas und Adlerrochen. An der Südseite von **Crocodile Island** 27 liegt eine 60 m lange, von 7 m auf 25 m abfallende Wand mit üppigen Weichkorallen und Gorgonien. **Laurel I** 28 an der Nordostseite der Laurel-Insel, kann Weichkorallen, Braune Zäpfchenkorallen sowie zahllose Fische und Wirbellose vorweisen. **Buruanga** 30 und **Black Rock** 31 vor der Westseite der Insel Panay sind hervorragend. **West Wall** 29, an der Südwestseite der Insel Carabao, hat eine 200 m lange Wand. **Maniguin Island** 32, 48 km süd-

Die Brücke des Panzerkreuzers USS New York. *Er lief 1897 vom Stapel, wurde 1911 in* USS Saratoga *und 1917 in* USS Rochester *umgetauft und im Dezember 1941 in der Subic Bay geflutet.*

westlich von Boracay, bietet kompakte Riffe und ein reiches Meeresleben mit Büffelkopf-Papageifischen, Adlerrochen, Langusten und Höhlen mit schlafenden Weißspitzen-Riff- und Ammenhaien.

Cebu – Malapascua Island

Die Insel Malapascua vor der Nordspitze von Cebu mausert sich als Gebiet für den Makrobereich und für Makrofotografen sowie als Putzstation für Fuchshaie. Das nahe Schutzgebiet von **Gato Island** 33 bietet alles, von Seepferdchen über Krötenfische und Seeschlangen bis zu Bambooshارks und größeren Haien, dazu spektakuläre Höhlen und Felsen. Der Tafelberg **Monad Shoal** 34 ragt aus der Tiefe bis auf 15 m auf, lockt viele große Fische und Haie an, vor allem aber Fuchshaie (insbesondere Mai bis Januar). An imposanten Überhängen und Wänden sieht man Tunfische, Stachelmakrelen und Barrakudas.

Cebu – Mactan Island und nahe Inseln, Talong und Capitancillo Island

Durch den Flughafen Mactan wurde **Mactan Island** 37 zum modernsten Feriengebiet der Philippinen. Die besseren Resorts fördern den Schutz des Meeres und die professionelle Haltung. Die besseren Tauchgänge sind an Steilabfällen mit einigen Grotten. Starke Strömungen sind die Norm. Bei der Insel Mactan wird noch mit Harpune gefischt, aber **Capitancillo** 35, **Talong** 36 und **Cabilao Island** 52 haben ein gutes Meeresleben.

Cebu – Moalboal und Panagsama Beach

Panagsama Beach 38 liegt an der Südwestküste von Cebu, 3 km von Moalboal entfernt. Bis auf die Inseln Badian und Green sind fast alle Unterkünfte relativ billig. Bei Panagsama Beach und den Inseln Badian und **Sunken** 40 kann man gut tauchen, die Hauptattraktion ist jedoch **Pescador Island** 39 draußen im Meer. Diese Insel aus Korallenkalk, nur 100 m^2 groß und 6 m hoch, ist ein Mikrokosmos all dessen, was gut in der Region ist. Das schmale Korallenriff fällt leicht auf 3–9 m und dann als Wand senkrecht auf 40 m ab. Hier gibt es fast alles: Grotten, Spalten und Überhänge sind mit Braunen Zäpfchen-Korallen, bunten Weichkorallen und Gorgonien bedeckt. Auf den Schwämmen sitzen Schlangenseegurken. Es wimmelt von Süßlippen, Doktorfischen, Schnappern, Füsilieren, Fahnenbarschen, Korallenwelsen, Mönchsfischen, Stachelmakrelen, Riffbarschen und Halfterfischen. In größerer Tiefe trifft man Napoleon-Lippfische und Weißspitzen-Riffhaie. Hier und am Strand sind oft Walhaie zu sehen.

Liloan Point 41 bei Santander an der Südspitze von Cebu hat starke Strömungen. Am besten taucht man westlich von Liloan Point. An den Sandhängen mit großen Felsen und Korallenblöcken ist Strömungstauchen bis hinunter auf 25 m angesagt. Die Rifffische sind arten- und zahlreich, Blaupunkt-Stechrochen und Röhrenaale häufig, Mantas zeigen sich von März bis Juni. Die **Wall of Death** 42 weiter draußen vor Liloan Point, eine 60 m hohe Wand mit starken Strömungen, ist erfahrenen Tauchern vorbehalten.

43 Sumilon Island

Das erste marine Schutzgebiet der Philippinen nimmt die ganze Westseite der Insel Sumilon ein. Das Riffdach fällt über ein Dropoff in 18 m auf Sand in 35 m ab, bietet gute Stein- und Schwarze Korallen, Gorgonien und kleine Grotten. Es gibt viele Jungfische. Die Ost- und Südseite sind Sandhänge mit Korallenblöcken; das Meeresleben umfasst Röhrenaale, Seeschlangen, Meeresschildkröten und Mantas. Die Strömung kann stark sein.

44 Danjugan Island – Negros

Das philippinische Riff- und Regenwaldprojekt wurde 1994 zum Schutz der Insel Danjugan geschaffen. Die kleine Insel vor der Westküste der Insel Negros wurde erworben, Freiwillige entfernten fremde Arten an Land und förderten die Regeneration der Arten im Meer. Es gibt eine Fülle von Bäumchen-Weichkorallen, Gorgonien und Schwämmen und große Flächen mit Steinkorallen, außerdem die seltene Rotgestreifte Seewalze (*Thelenota rubrolineata*). In Schwärmen treten Kaiser-, Falter- und Wimpelfische, Riffbarsche, Halfterfische, Stachelmakrelen, Füsiliere, Nasendoktoren und Drü-

*Bei der Pescador-Insel vor Moalboal wachsen verschiedene Steinkorallen. Im Bild hauptsächlich Salatkorallen (*Montipora*).*

ckerfische auf. Überall Seeanemonen mit Anemonenfischen, auf dem Sand Seesterne und Seegurken. Auch Suppen- und Echte Karettschildkröten sind zu sehen.

Dumaguete/Sibulan – Negros

Vor Sibulan ragt von 23 bis 13 m der Tafelberg **Tacot** 45 auf, der große pelagische und Rifffische anzieht. Es gibt einige große Gorgonien, Korallenblöcke, Acropora-Tischkorallen und zahlreiche Haarsterne. Südöstlich von Sibulan, bei **Calong-Calong Point** 46, fällt das Riff mit seinen Korallenblöcken auf 2,5 km von 4 m auf 24 m ab und geht dann in Sand über. Weich- und Steinkorallen sind artenreich vertreten, auch einige Gorgonien und Tonnenschwämme. Man sieht die meisten lokalen Rifffische, auch Kugelfische und Blaupunkt-Stechrochen. Beide Gebiete haben starke Strömungen.

Apo Island – Negros

Apo Island vor Negros, nicht zu verwechseln mit Apo Reef vor Mindoro, ist eine der vielen Erfolgsgeschichten philippinischen Tauchens. 1997 endete hier der zerstörerische Fischfang. Mitarbeiter der Silliman-Universität richteten mit den Einheimischen marine Management-ausschüsse ein, die Meeresschutzgebiete auswiesen. Die Einheimischen beugen weiteren Riffschäden durch Fischer und Taucher innerhalb und außerhalb des Schutzgebiets vor. Taucher und Schnorchler müssen sich registrieren lassen, eine kleine Gebühr zahlen, dürfen keine Handschuhe tragen und mit höchstens 15 Mann tauchen (inklusive 3 Tauchführer). Die *Bancas* (Boote) müssen, wo vorhanden, die festen Liegeplätze benutzen und dürfen nur in ausgewiesenen Gebieten ankern. Größere Boote müssen Liegeplätze anlaufen.

Bei **Rock Point** 49 herrscht reges Fischleben, samt Anemonenfischen in Seeanemonen. Das Schutzgebiet östlich davon ist eine Mischung

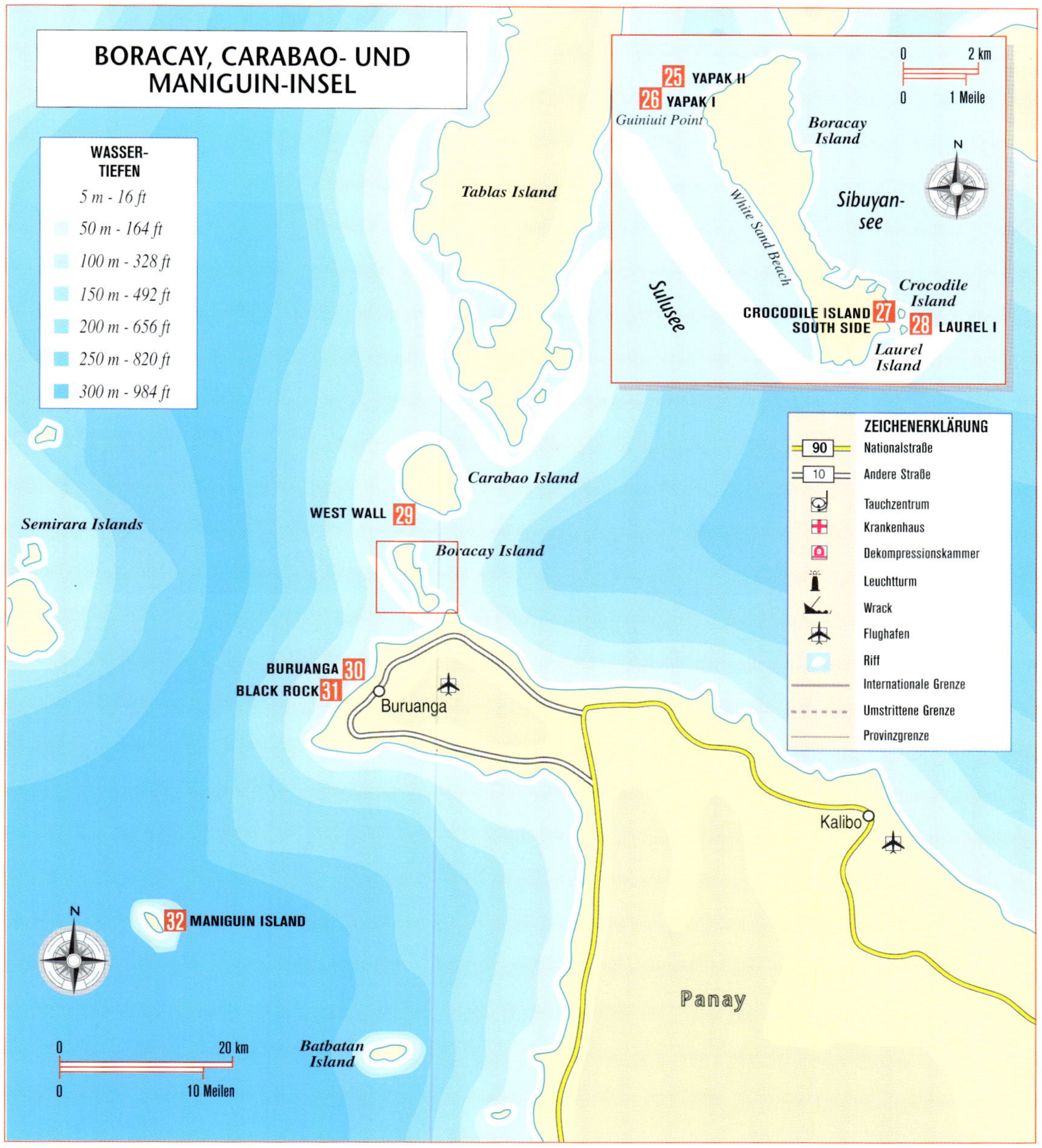

*Die seltene Rotgestreifte Seegurke (*Thelenota rubrolineata*) kann fast einen Meter lang werden.*

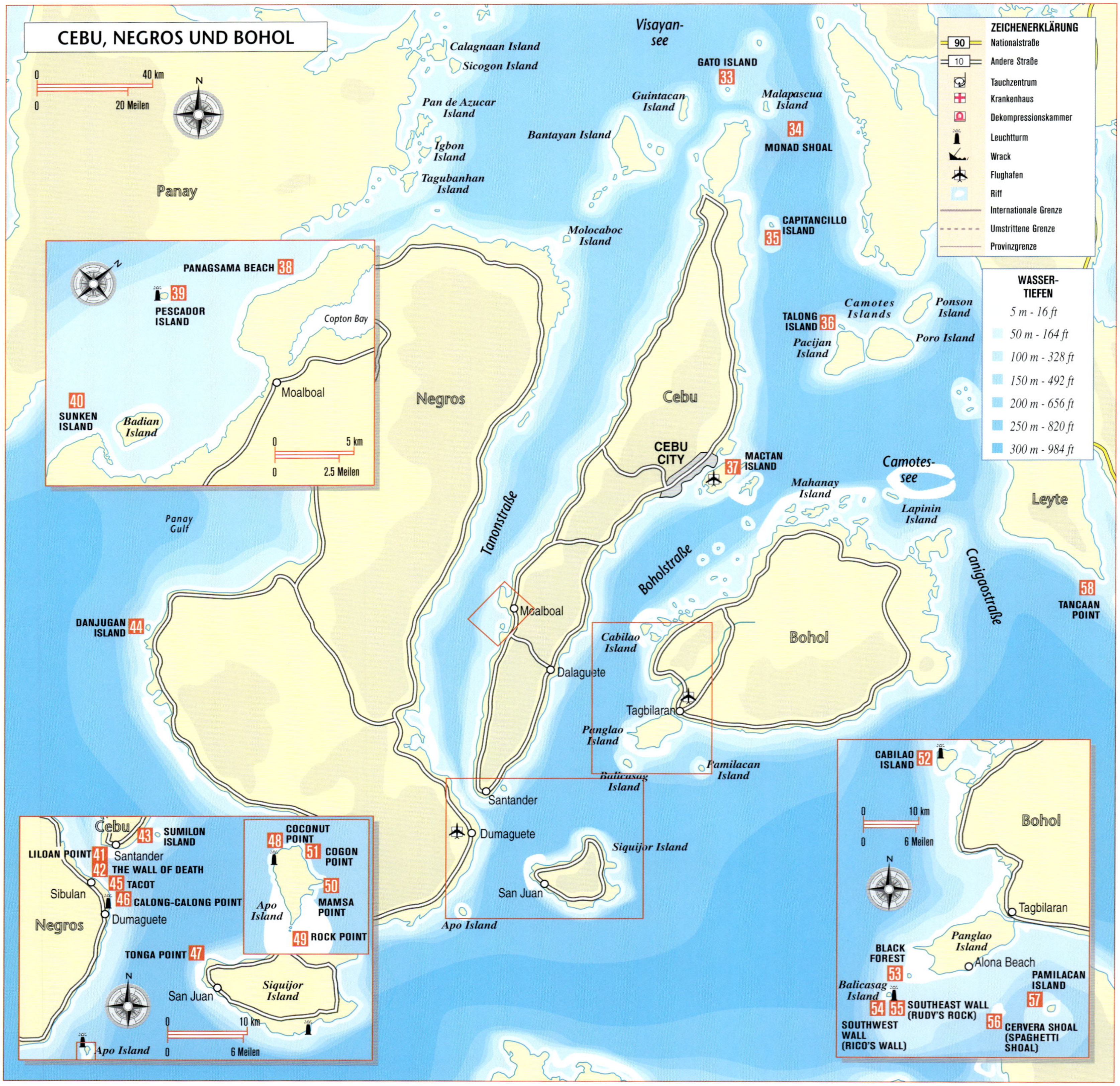

aus Wänden, Hängen mit Korallenblöcken und Sandflächen mit Schwarzen Korallen. An der Westseite sind Muscheln angesiedelt worden, und häufig sind Meeresschildkröten und Mantas zu sehen. **Mamsa Point** 50 fällt auf 25 m ab, mit einer Mischung aus Stein-, Peitschen- und Schwarzen Korallen sowie regem Fischleben. Südlich von Olo Point fällt **Cogon Point** 51 auf 20 m ab. Es folgt eine überhängende Wand bis 30 m mit guten Stein- und Zäpfchenkorallen und reichem Fischleben. Am Hang von Olo Point gibt es auch Weißspitzen-Riffhaie und Stachelmakrelen. **Coconut Point** 48 hat am Hang bis 40 m meistens starke Strömung, die Barrakudas, Süßlippen, Stachelmakrelen, Tunfische, Zackenbarsche, Doktorfische, Füsiliere, Drücker-, Kaiser- und Falterfische, Muränen, Feuer- und Skorpionsfische, Vlamings Nasendoktoren und Weißspitzen-Riffhaie anzieht.

Siquijor Island

Die Insel Siquijor bietet großartiges Tauchen, aber das Landen an den stellenweise flachen

Stränden kann problematisch werden. Es gibt große Korbschwämme, gesunde Steinkorallen, und es wimmelt von Fischen.

Am Nordende des Südwestarms von Siquijor hat **Tonga Point** 47 einen Hang bis 12 m, dann einen Dropoff hinunter auf über 40 m mit einer Grat-Rinnen-Formation, *Acropora*-Tisch- und Salatkorallen sowie Gorgonien. Im Meer vor San Juan ist es ähnlich, nur dass es dort auch Geistermuränen gibt.

Panglao Island, Alona Beach, Balicasag Pamilacan und Cabilao Island – Bohol

Vor der Südwestspitze von Bohol ist die Koralleninsel Panglao mit dem Festland bei Tagbilaran durch einen Damm verbunden. Sie ist für ihre ruhigen Strandhotels bekannt, vor allem am Alona Beach. Im offenen Meer haben die Inseln Balicasag, **Pamilacan** 57 und **Cabilao** 52 hervorragende Tauchgebiete. Sie bieten abwechslungsreiches Tauchen mit flachen Korallengärten, vor allem aber Steilwände mit Grotten und Spalten, die unzählige Fische und Wirbellose beherbergen. Draußen in der starken Strömung sieht man große pelagische Arten, Mantas, Bogenstirn-Hammerhaie und Walhaie. Die ungewöhnlich großen Tauchboote fahren bis zur Insel Camiguin und Southern Leyte.

Balicasag, 6 km südwestlich von Panglao, ist ein Tauchmikrokosmos erster Güte. Südlich der Boje vor dem Balicasag Dive Resort liegen 400 m Meeresschutzgebiet. Senkrechte Wände in starker Strömung bedeuten gesunde Riffe mit pelagischen Arten wie Bogenstirn-Hammerhaien und Walhaien. **Southwest Wall (Rico's Wall)** 54 hat einen Korallengarten auf einem von 7 m auf 11 m abfallenden Schelf, dann eine Wand bis auf 35 m. Am Ostende schwärmen Großaugen-Stachelmakrelen, wo dieser Tauchgang auf **Rudy's Rock** 55 trifft. Die Southeast Wall (Rudy's Rock) ist sehr ähnlich, nur gibt es hier auch Suppenschildkröten. Der Nordosthang **Black Forest** 53 ist ein rasanter Strömungstauchgang, wo unterhalb 30 m Wälder von Schwarzkorallen stehen.

15 km östlich von Balicasag steigt der submarine Tafelberg **Cervera Shoal** 56 bis auf 12 m auf. Der Name geht auf die schwarzweißen Seeschlangen (*Laticauda colubrina*) zurück, daher auch die Bezeichnung Snake Island.

Die Nordwestseite von **Pamilacan Island** 57, 23 km östlich von Balicasag, bietet Strömungstauchen in üppigem Meeresleben samt Mantas.

Cabilao Island 52, westlich von Bohol, kann einen berühmten Tieftauchgang vor der Nordwestspitze mit Bogenstirn-Hammerhaien (Dezember und Januar) vorweisen. Auf beiden Seiten der Südwestspitze herrscht quirliges Meeresleben mit Gorgonien, verschiedenen Schwämmen, Geistermuränen (*Rhinomuraena quaesita*) und Röhrenaalen (*Heteroconger hassi*).

Southern Leyte

Southern Leyte, ein neues Tauchziel der Philippinen, hat schöne Korallengärten und Dropoffs. Erstere sind zumeist in ursprünglichem Zustand oder werden mit zunehmender Tiefe immer besser. Da Tauchen hier noch neu ist, sind die Fische neugierig. Der 3 km lange Korallengarten an der Westseite von **Tancaan Point** 58 bietet fünf verschiedene Tauchgänge. Für Fotografen kann die Strömung zu stark sein, für Taucher kaum. Es wimmelt von Fischen und Wirbellosen, samt riesigen Seeschlangen und Walhaien (von November bis Juni).

*Ein Schwarm Großaugen-Stachelmakrelen (*Caranx sexfasciatus*), wo Rudy's Rock und Rico's Wall zusammentreffen.*

Region Palawan

Busuanga, Coron und Coron-Wracks – Calamian Islands und Festland Palawan

Viele Jahre waren die Wracks bei der Insel Busuanga, vor allem die der Coron Bay, eines der bestgehüteten Tauchgeheimnisse der Philippinen, weil Coron schwer zu erreichen war. Jetzt ist die Anfahrt aber kein Problem mehr. Das Gebiet ist mit japanischen Wracks aus dem Zweiten Weltkrieg übersät. Die meisten sind Versorgungs-, keine Kriegsschiffe, und viele sind jetzt in taucherfreundlichen Tiefen gefunden worden. Starke Strömungen sind selten.

Die Insel Coron ist landschaftlich reizvoll, mit imposanten Kalkklippen, kleinen abgelegenen Buchten und Süßwasserseen. Außer Kreuzfahrtschiffen bietet der Süden den Tauchern recht preiswerte Unterkünfte, das Club Paradise im Norden hat dagegen luxuriöse Resorts.

Es zählt nicht nur Wracktauchen, auch wenn die meisten Taucher deswegen kommen. **Dimakya Island** [59] hat ein sehr gutes Hausriff. Im **Cayangan Lake** [70], der von einer heißen Quelle gespeist wird, leben Meer- und Süßwassertiere. Unten wird es ziemlich heiß. **Gunter's Cathedral** [73] ist eine reizende, verborgene Grotte mit einem Eingang unter Wasser für erfahrene Taucher.

Manchmal kann man, wie bei der **Fondeado Island** [90], Pfeilschwänze entdecken – lebende Fossile einer Millionen Jahre alten Art.

Wracks und Gebiete von Coron

Vor dem Strand an der Ostseite der Insel Malajon liegt das **Black Island Wrack** [61] aufrecht auf dem abfallenden Sandhang. Der Bug befindet sich in 32 m Tiefe, das Heck in 20 m. In dem 45 m langen Schiff unbekannter Herkunft wimmelt es von Klein- und größeren Rifffischen.

Am äußeren Rand der Perlenfarm der Lusteveco Company südlich von Concepción auf Busuanga liegt das Concepción-Wrack, das eine Zeit lang für die *Taiei Maru* gehalten wurde, aber wohl die ***Okikawu Maru*** [62] ist. Dieser Tanker, der leicht nach Backbord neigt, ist gut zu betauchen. Das Hauptdeck liegt in 16 m, die Maximaltiefe beträgt 26 m. Korallen, Schwämme und Fische sind gut vertreten, auch Feuer- und Skorpionsfische.

Die ***Akitsushima*** [63] ist unter den Wracks von Coron eines der wenigen echten Kriegsschiffe. Dieser 148 m lange Flugboottender liegt zwischen den Inseln Lajo und Manglet in 38 m Tiefe auf Backbord, das Steuerbord in 20 m. Man kann mit etwas Sorgfalt in das Schiff eindringen, das Vorhaben ist aber wegen der Tiefe anspruchsvoll. Im Rumpf verbergen sich große Zackenbarsche, davor findet man Schwärme von Barrakudas, Tunfischen und Schnappern.

Am Südende der Insel Lusong liegt im Flachwasser das Wrack eines **Gunboat** [64]. Das Heck ragt bei Ebbe aus dem Wasser. Der Name des Wracks zwischen den Nordenden der Inseln Lusong und Tangat ist nicht bekannt. Der 137 m lange Frachter [65] liegt in 25 m auf Steuerbord, Backbord in 12 m. Ein schöner Tauchgang; der Rumpf ist backbord mit großen Salatkorallen, Schwarzen Korallen und Seeanemonen samt Anemonenfischen bewachsen. Unter den vielen Fischen sind auch Goldfleck-Kaninchenfische. Südlich dieses unbekannten Wracks liegt der 158 m lange japanische Frach-

Sicherheit

Das Gebiet Busuanga/Coron hat keine Terroranschläge erlebt und liegt wohl auch zu weit nördlich. Vorsichtshalber wurden jedoch die Sicherheitsmaßnahmen verstärkt. El Nido und Club Noah Isabelle weiter im Norden arbeiten mit Polizei, Küstenwache und Streitkräften der Philippinen zusammen, um die Sicherheit bei den Resorts, Tauchgebieten und Flugplätzen zu gewährleisten. Man steht miteinander in Funkkontakt, der Club Noah Isabelle hat außerdem ein Radarerfassungssystem eingerichtet.

Das Wrack eines hölzernen Fischerboots im Flachwasser südlich vom Eingang zum Cayangan Lake. Es ist mit Korallen und Schwämmen verziert, die im warmen Wasser schnell wachsen.

*Ein Feuerfisch (*Pterois volitans*) bezieht, von der Sonne beschienen, Stellung bei der Jagd zwischen den Aufbauten des* Black Island-Wracks*, an dem es von Jungfischen der richtigen Größe wimmelt.*

ter ***Kogyo Maru*** 66 in 34 m auf Steuerbord, Backbord in 22 m. Südlich der *Kogyo Maru* sitzt das 147 m lange japanische Kühlschiff ***Irako*** 67 fast aufrecht in 42 m Tiefe, das Hauptdeck in 34 m. Das Eindringen ist wegen der Tiefe anspruchsvoll, aber die Aufbauten bieten Weichkorallen, Schwämme und ein reges Fischleben.

Das Wrack westlich des Südwestendes der Insel Tangat ist jetzt identifiziert. Es ist die ***Olympia Maru*** 68, ein 137 m langer japanischer Frachter, der in 25 m auf Steuerbord liegt, Backbord in 12 m. Dies ist ein gutes Objekt für Anfänger im Wracktauchen, das zudem ein reiches Meeresleben bietet. Das 40 m lange **East Tangat Wrack** 69 ist noch nicht identifiziert. Es liegt an der Südostseite der Insel Tangat, teilweise geborgen und nach Steuerbord geneigt auf einem Sandhang, das Heck in 22 m, die Bugspitze in 3 m.

Die zerfallenden Überreste eines **hölzernen Fischerbootes** 71 liegen in 12 m Tiefe ein paar hundert Meter südwestlich der Eingangsbucht zum Cayangan-See auf der Insel Coron. Das 35 m lange Schiff ist voller Meeresleben und ideal für erste Tauchversuche.

Cayangan Lake 70 ist ein von einer heißen Quelle gespeister Süßwassersee, von der Mitte der Nordwestseite von Coron 30 m landeinwärts. Er ist mit leichter, kurzer Kletterei zu erreichen; eventuell muss man wegen der Ausrüstung zweimal laufen. Getaucht wird in Süßwasser, das beim Abstieg immer heißer wird. Am Rand, wo sich Meer- und Süßwasser mischen, sieht man Barrakudas, Goldfleck-Kaninchenfische, Schnapper, Korallenwelse sowie verschiedene Garnelen und Schalentiere.

Ein paar hundert Meter nordwestlich von Calis Point, der Südspitze von Coron, liegt ein guter **Coral Garden** 72. **Gunter's Cathedral** 73 befindet sich nord-nordöstlich von Calis Point. Von einer weiten, offenen Höhle in den Kalkkliffen führt ein schmaler, dunkler Kanal am Boden zur Höhle. Die Taucher schwimmen an Langusten und Kaurischnecken vorbei auf einen Lichtschein zu und kommen am Grund einer 20 m hohen Kammer heraus, durch deren großes Deckenloch Sonnenstrahlen dringen. Anfänger sollten von außen eine Sicherheitsleine anbringen, weil leicht Bodensatz aufgewirbelt wird, was das Zurückfinden erschwert.

Am Nord- und Südende von **Delian Island** 74, 5 km ost-nordöstlich von Calis Point, lässt sich gut im Flachwasser über Korallengärten mit vielen kleinen Riff- und Jungfischen tauchen und schnorcheln. **Framjee Bank** 75, 19 km östlich von Bocao Point, dem äußersten Südosten von Busuanga, ist eine Bank im 5 m tiefen Wasser und daher nicht einfach zu fin-

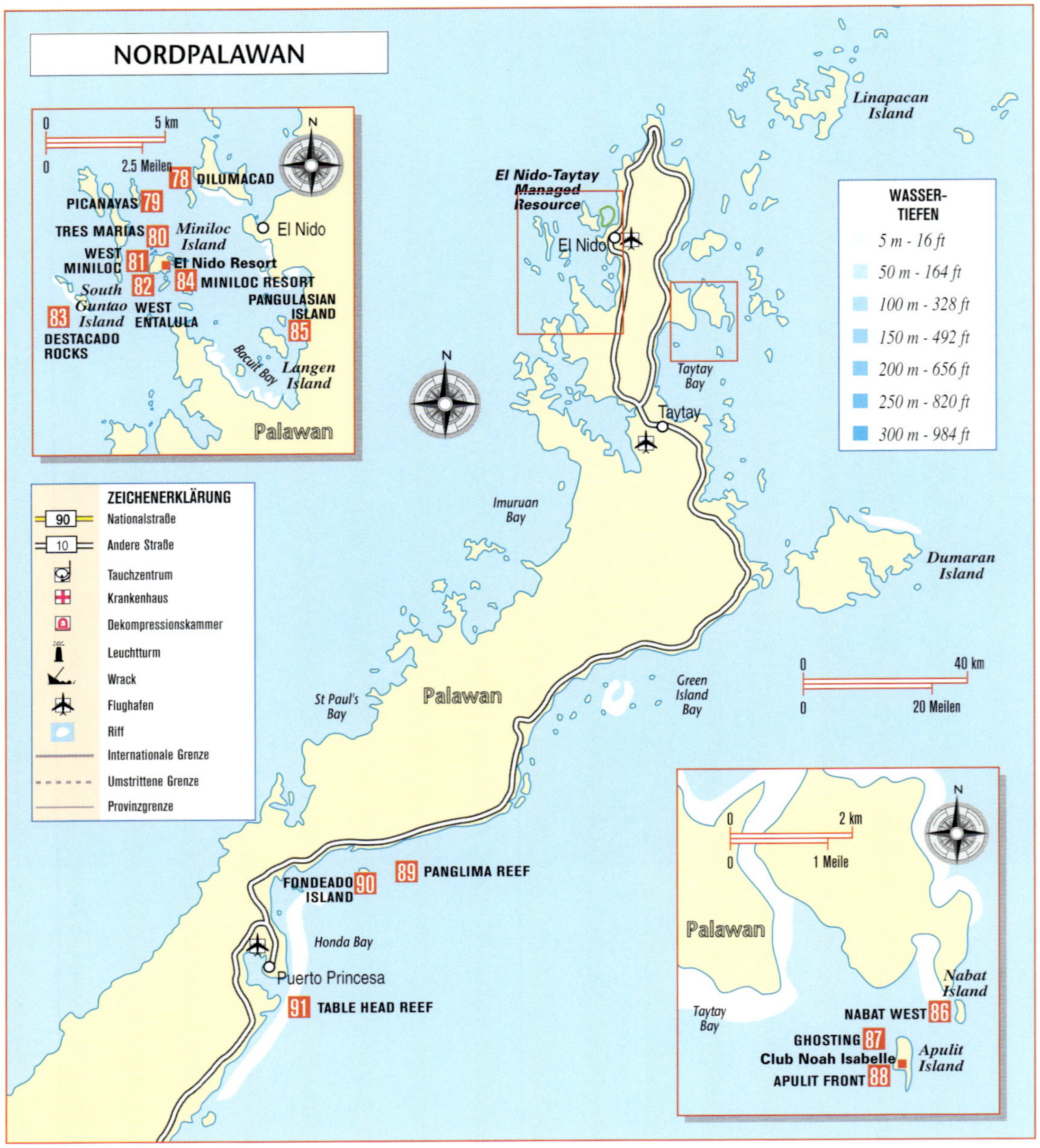

den. Die Korallen sind kärglich, aber bei starker Strömung kommen pelagische Arten zum Fressen. Haie, Tunfische, Regenbogen- und andere Stachelmakrelen sind häufig. 37 km südöstlich von Coconogon Point, dem nordöstlichsten Punkt von Busuanga, kann man an der West-, Süd- und Ostseite des südlicheren von zwei 50 m hohen Felsen gut tauchen, den **Brown (Butulan) Rocks** [76]. Sie liegen 2 km südlich der Inseln Bantac, Calanhayaun und Lubutglubut. Die Felsen sind ein Brutplatz für Sepien, gelegentlich zeigen sich Bogenstirn-Hammerhaie. Riffhaie und Geigenrochen findet man an der Westseite von **Tara Island** [77], 29 km nordöstlich von Coconogon Point.

Ein besonderes Taucherlebnis ist auch die *Kyokuzan Maru* oder **Dimilanta Wrack** [60], weil sie nah bei der Insel Dimilanta liegt. Der 152 m lange japanische Frachter liegt fast aufrecht in 43 m Tiefe mit von 22 m auf 28 m abfallendem Hauptdeck. Er ist intakt und gut zu betauchen. Von der Ladung in einigen Laderäumen geht ein milchiger Dunst aus. Der philippinische WWF untersucht die Dugongs bei der **Club Paradise's Dimakya Island** [59].

Nordpalawan

Die philippinische Regierung erklärte Bacui Bay 1991 zum Meeresschutzgebiet. 1998 wurde das Gebiet erweitert und umfasst nun auch Teile von Taytay auf der anderen Seite von Palawan. Es heißt jetzt El Nido-Taytay Managed Resource, eine besondere Schutzzone. Es ist ein Versuch, eines der nach Meinung vieler Naturschützer letzten ökologisch intakten Gebiete der Philippinen zu schützen.

Bacuit Bay, Nordwestpalawan – El Nido

El Nido an der Nordwestspitze von Palawan ist nach den Nestern der Salanganen (*Collo-*

*Einer der vielen großen Getarnten Zackenbarsche (*Epinephelus polyhekadion*) der Taytay Bay. Sie ernähren sich hauptsächlich von Krebsen und kleinen Fischen.*

*Eine Korallenlandschaft aus Bäumchen-Weichkorallen, Gorgonien (*Melithaea squamata*) und einem Haarstern.*

calia fuciphaga) in den Spalten der Kalkkliffe benannt. Aus diesen Nestern (spanisch *nido*) wird Schwalbennestersuppe gemacht. Kleinunternehmer bauten die ersten Resorts, doch erst die Ten Knots Development Corporation erschloss die Region unter dem Namen El Nido Resorts touristisch. Sie kaufte andere Häuser auf und hat heute exklusive Resorts auf Miniloc, Pangulasian und Langen. Diese hochpreisigen Resorts bieten über 20 Tauchgebiete vom sanften Hang bis zur Steilwand, wo schon Meeresschildkröten, Delfine, Wale, Walhaie und Mantas gesichtet worden sind.

Die Insel Miniloc hat einen markierten Tauchpfad, den die Universität Edinburgh an der Südostseite der Insel angelegt hat. Die Tiefe reicht von 12–25 m. Fischfütterungen gibt es in 18 m vor dem **Miniloc Resort** 84 mit an Menschen gewöhnten Zackenbarschen, Stachelmakrelen und Büffelkopf-Papageifischen. Es gibt Dropoffs von 24 m auf 33 m mit großem Fischbestand bei **West Miniloc** 81 und von 24 m auf 36 m bei **West Entalula** 82. Riffe in 15 m Tiefe wie **Picanayas** 79 sind häufig. **Dilumacad** 78 hat in 12 m eine Höhle, in die zwei Taucher gleichzeitig schwimmen können. **Destacado Rocks** 83, an der Westseite der Insel South Guntao, ist mit 45 m der tiefste Tauchgang in der Bacuit Bay. An der Südspitze von **Pangulasian Island** 85 herrscht reges Meeresleben, und bei **Tres Marias** 80, nordwestlich von Miniloc, sieht man oft Meeresschildkröten und Mantas.

Taytay Bay, Nordwestpalawan – Club Noah Isabelle

Club Noah Isabelle, ein exklusives Resort auf der Insel Apulit, das auch Tauchen anbietet, spendet einen Prozentsatz seiner Einnahmen für verschiedene Umweltprogramme und den Schutz der Dugongs. Die Kunden sind, wie bei El Nido, überwiegend aus Südasien, und die Leihausrüstung des Resorts richtet sich nach der geringeren durchschnittlichen Körpergröße. Wer sehr große Füße hat, sollte seine eigenen Flossen mitbringen.

Das Fischfangverbot innerhalb einer Meile um Apulit hat sich auch auf die Gebiete außerhalb dieser Zone ausgewirkt, denn größere und Speisefische sind häufig. Bei **Apulit Front** 88, 140 m südlich des Resort-Bootssteges, werden Fische gefüttert, was große Napoleon-Lippfische, Afrikanische Forellenbarsche, Pfauen- und Juwelen-Zackenbarsche, Stachelmakrelen und Unmengen kleiner Fische anlockt. **Ghosting** 87, westlich des Weststrandes, ist ein 6–15 m tiefes Riff, das sich vom Sprengstoff erholt und erstaunlich viele Fische vorzuweisen hat. Westlich von **Nabat Island** 86 reichen steile Felswände bis auf den Sand und beherbergen alles von Nacktschnecken über Gorgonien bis zu großen Fischen. Obwohl hier gefischt werden darf, gibt es große Stachelmakrelen, Napoleon-Lippfische, Büffelkopf-Papageifische, Feuer-, Kugel-, Kaiser-, Falter- und Fledermausfische, Schnapper und Soldatenfische.

Puerto Princesa – Zentralpalawan

Bei Puerto Princesa werden zumeist Tauchanfänger unterrichtet. **Fondeado Island** 90 und **Panglima Reef** 89 im Norden sowie **Table Head Reef** 91 im Süden haben Hänge, die zu kleinen Dropoffs abfallen, und gelegentlich starke Strömung.

Sulusee und Mindanao

In der Sulusee gibt es unzählige Riffe und Inseln mit traumhaften Tauchmöglichkeiten.

Viele Gebiete sind nur mit Kreuzfahrtschiffen zu erreichen, einige nur vier Monate im Jahr, aber große Tiere sind garantiert. Am bekanntesten zum Tauchen sind die Tubbataha-Riffe 182 km südöstlich von Puerto Princesa auf Palawan, die mit dem Jessie Beazley Reef den Tubbataha Reef National Marine Park bilden.

Die Sulusee – Jessie Beazley Reef – Tubbataha Reefs – Basterra Reef – Arena Island – Cavili Island und Calusa Island

Die Tubbataha-Riffe bestehen aus zwei großen Riffen, mit inneren Lagunen und durch einen 7 km breiten Kanal getrennt. Bei Ebbe fallen ein paar Sandbänke trocken. Auf der South Islet steht ein solarbetriebener Leuchtturm. Das Wrack der *Delson* liegt hoch und trocken auf dem Riff östlich vom Leuchtturm. Jessie Beazley Reef liegt 23 km nordwestlich der North Islet, Basterra Reef 93 km südwestlich der South Islet, an der Ostseite hoch und trocken das Wrack der *Oecanic*. Arena Island liegt 89 km nordöstlich der Tubbataha North Islet, **Cavili Island** [103] 9 km nordöstlich von **Arena Island** [104], **Calusa Island** [102] 19 km west-nordwestlich von Cagayan Island. All diese Riffe steigen aus großer Tiefe steil empor und wimmeln von Fischen. Die Strömungen sind stark und ändern häufig die Richtung. Achten Sie deshalb darauf, dass Sie sich nach dem Auftauchen dem Boot, das Sie aufnimmt, bemerkbar machen können.

Jessie Beazley Reef [92] hat einen schönen von 5 m auf 10 m abfallenden Korallenhang, dann eine Wand bis 40 m. Das Riffdach ist mit Salat- und Lederkorallen bedeckt und wimmelt von kleinen Rifffischen. Die Wände bieten alles, von riesigen Gorgonien über Tonnenschwämme und Bäumchen-Weichkorallen bis zu Weißspitzen-, Schwarzspitzen- und Grauen Riffhaien, dazu zahllose große Fischschwärme.

Auf der North Islet des Tubbataha Reef lockt die **North Face** [93] mit Sandhang und Korallenblöcken bis 15 m, der dann als Wand in die Tiefe stürzt zu Geigenrochen, Leopardenhaien und Mantas. **East Face** [96], **Southwest Corner** [94] und **Southeast Corner** [95] sind ähnlich, mit großen Gorgonien und Weichkorallen ab 30 m. Das vielfältige Meeresleben bietet u.a. echte Riesenmuscheln, Leoparden-Seegurken und Gewöhnliche Ammenhaie.

Auf der South Islet des Tubbataha Reef fallen **North and Northeast Ends** [97] auf 10–20 m ab

*Schwarm-Wimpelfische (*Heniochus diphreutus*) am Basterra Reef. Die Adulten fressen schwarmweise am Grund Zooplankton, die Juvenilen betätigen sich manchmal als Putzerfische bei größeren Fischen.*

*Diese violette oder purpurne Feuerkoralle (*Distichopora violacea*) kann leicht nesseln. Man findet sie in Spalten oder unter Überhängen in starker Strömung.*

und gehen in Steilwände über. **South, Southeast** und **Southwest Ends** 98 sind ähnlich, haben aber größere flache Riffdächer.

Basterra Reef ist sehr klein, ähnelt dem Jessie Beazley Reef, hat aber noch mehr Fische. Am **North End** 99, das beim Wrack der *Tristar B* beginnt, gibt es einen sanft bis 10 m abfallenden Hang, dann eine Wand ins Bodenlose. Beim Wrack sind die Korallen dynamitgeschädigt, aber viele Fische suchen hier Schutz, und 50 m weiter ist das Riff wieder intakt. **East Face** 101 hat bessere Steinkorallen, **South Wall** 100 ebenfalls, und dazu noch zahllose pelagische Besucher.

Die Inseln Calusa, Cavili und Arena sind nicht so abgelegen und haben kleinere Dropoffs. Die Riffdächer weisen Dynamitschäden auf, die Dropoffs sind dagegen noch intakt.

Camiguin Island

Die Insel Camiguin liegt vor der Nordwestküste Mindanaos, wird aber meistens von den Visayas und dortigen Veranstaltern angelaufen. Sie ist eines der schönsten Ziele der Philippinen mit heißen Quellen und sieben Vulkanen. Die meisten Strände sind aus dunklem Vulkansand. Die mit einem Umweltpreis ausgezeichnete ursprüngliche Insel wurde 2001 von einem Wirbelsturm verwüstet. Flache Riffe wurden beschädigt, tiefere Korallen, Fische und Wirbellose blieben aber unbehelligt.

White Island 105, nordwestlich der Hauptinsel, ist ein großes Riff nahe der gleichnamigen sichtbaren Sandbank. An dem von 6 m auf 26 m abfallenden Hang mit Stein- und Weichkorallen sieht man neben Scharen von Fischen den seltenen Schneeflocken-Seifenbarsch.

Westlich von Camuguin liegen mehrere Gebiete dicht beieinander: **Tangub Bay** 106, **Tangub Hot Springs** 107, **Old Volcano** 108, **Sunken Cemetery** 109 und **Canyons** 110. Es sind Mondlandschaften, Vulkangestein auf dunklem Sand. Es gibt einen Hang von 3 m hinunter auf 35 m mit vielen Fischen, Seesternen, Meeresschildkröten und nachts mit Spanischen Tänzerinnen.

Südöstlich von Camiguin fällt **Kabila** 111 von 3 m auf 35 m ab. Das Meeresleben ist vielfältig. **Mantigue (Magsaysay) Island** 112 bietet kleine Wände voller Korallen und Fische. **Jigdup Reef** 113, nördlich von Mantigue, hat einen Hang mit Bändern von 3 m bis 35 m an der Ostseite. An der Westseite fällt eine Wand von 3 m auf 40 m, mit Grotten, regem Fischleben und Mantas von Dezember bis März.

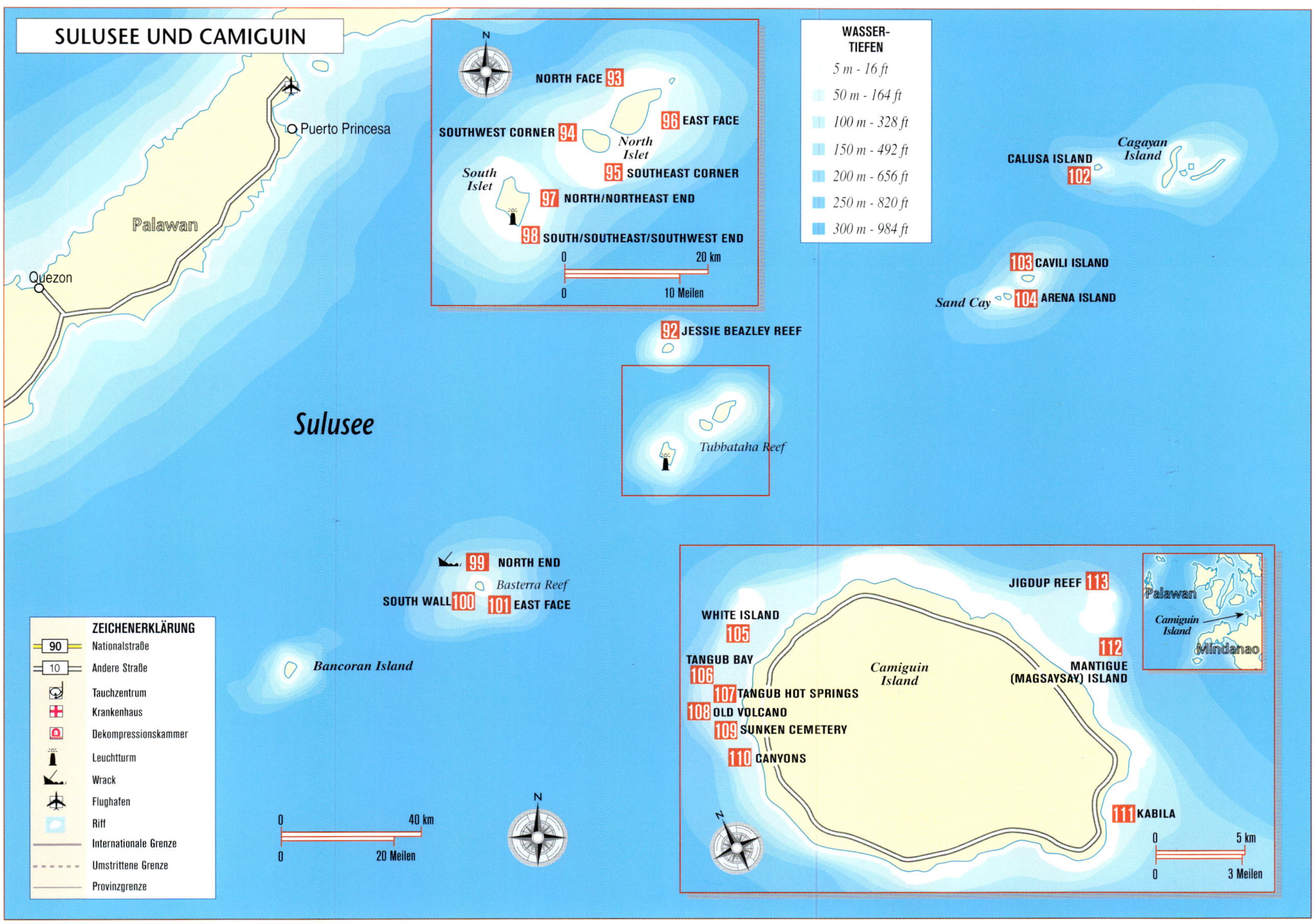

Mindanao

Mindanao ist nach Luzon die zweitgrößte Insel der Philippinen, beliebt zum Trekken, wegen ihrer malerischen Seen und interessanten Stämme. Es hat Spannungen mit muslimischen Gruppen und terroristische Aktivitäten gegeben, die Sicherheit ist aber erheblich erhöht worden.

Dakak

Dakak hat vor Dapitan Bay einige Tauchgebiete an der Küste und bei **Liuay Rock** 121, die gut für Anfänger sind. Die besseren Gebiete liegen aber bei **Tagolo Point** 120 und den Inseln und Riffen vor der Küste.

Bei der Insel Silinog fällt das Riff auf über 40 m ab. Die Westseite mit sanften Hängen und Korallenbüschen bietet Wirbellose, Kaiser- und Falterfische, Schnapper und Zackenbarsche. An der Ostseite liegen **Cesar's Reef** 117 im Norden und **Octopus Wall** 118 im Süden. Für erfahrene und technische Taucher gibt es **Conrad's Wrack** 119, ein alter Liniendampfer in 55–40 m Tiefe.

Die Sandhänge mit Korallenblöcken der Insel Aluguay fallen auf über 40 m. Die Untiefen im Westen sind ideal für Anfänger und Makrobeobachtungen. An der Ostseite herrschen bei **Eskuelahan** 114 und **Romy's Reef** 115 starke Strömungen.

Der Nordosten des **Challenger Reef** 116, das bis auf 38 m aufragt, ist mit seinem regen Meeresleben nur für erfahrene Taucher. **Tagolo Point** 120 fällt auf über 40 m und zieht mit seinen starken Strömungen pelagische Arten an.

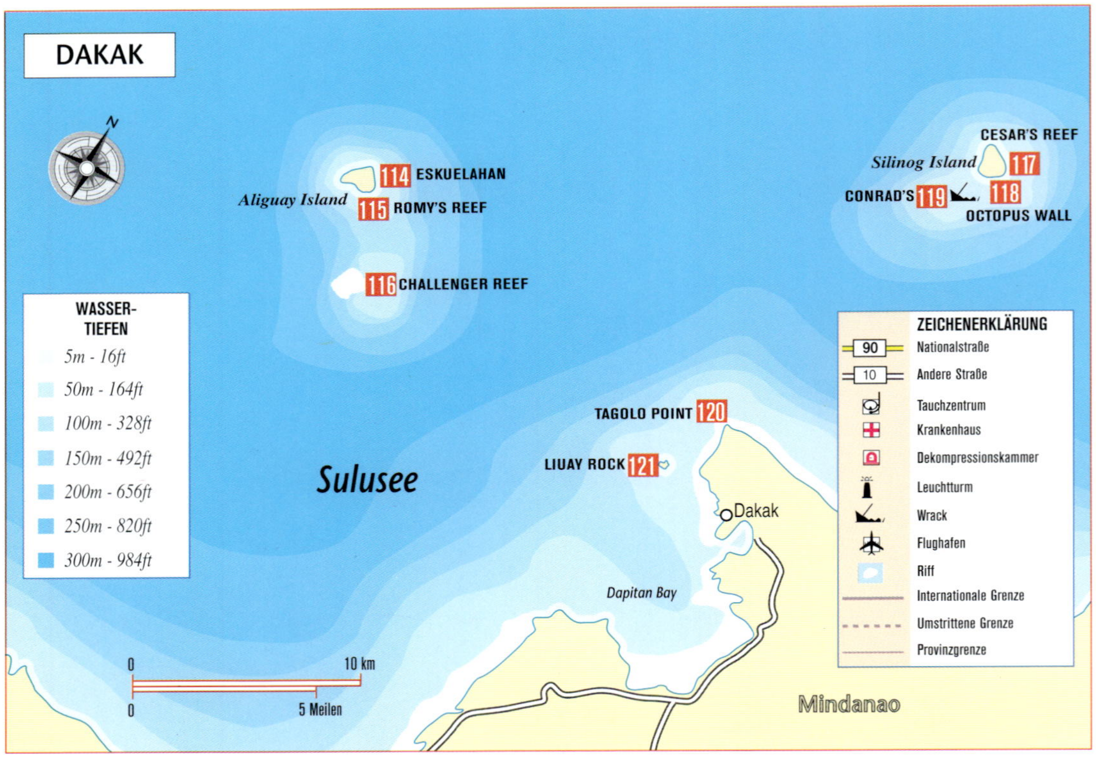

Davao Pearl Farm

Vor dem Pearl Farm Beach Resort liegen zwei Wracks aus dem II. Weltkrieg 122 123, zu denen man nur als Gast des Resorts tauchen darf. Die Inseln Malipano und Talicud bieten weitere Tauchmöglichkeiten.

Pearl Farm

Die äußere Boje am Pearl Farm-Steg markiert einen japanischen 40-m-Frachter, der in 35 m auf Sand liegt, für erfahrene Taucher ein leichtes Ziel. Die innere Boje am Steg markiert einen 35-m-Frachter, der in 28 m auf der Seite liegt. Beide Wracks weisen reiches Meeresleben auf.

Mansud Wall 125 an der Südwestseite der Insel Talicud ist eines der besten Gebiete im Golf von Davao. Der Hang fällt leicht auf 10 m und dann auf Sand in 30 m, mit reichem Korallen- und Fischbestand einschließlich Schnepfenmesserfischen, Seeschlangen und Röhrenaalen. An der Südostseite von Talicud liegt **Coral Gardens** 124, ein 4 km langer Streifen, der sanft bis 5 m abfällt und Meeresschutzgebiet ist.

*Eine Familie Westlicher Clownfische (*Amphiprion ocellaris*) über ihrer Wirtsanemone (*Heteractis magnifica*), die sich mit der Abenddämmerung schließt.*

General Santos

Sarangani Bay hat viele gute, fast unberührte Tauchgebiete. Es gab vereinzelt Sprengstofffischerei, auch Ablagerungen von Fischfarmen, aber weite Gebiete sind noch ursprünglich. Für viele Gebiete braucht man eine Genehmigung und einen Torschlüssel, da der Zugang über Privatgelände führt.

An der Westseite der Bucht hat **Lautengco** 129 einen auf 10 m abfallenden Hang, dann stürzt das Riff ins Bodenlose. Weiter unten sind die Stein- und Weichkorallen gut. Es gibt große Gorgonien, Haar- und Seesterne und einen artenreichen Fischbestand. **Partridge (Tampuan) Point** 130 und **Tampuan Wall** 131 sind ähnlich, mit ebenfalls gutem Fisch- und Korallenbestand.

Im Osten der Bucht, nördlich von Tango Point, hat **North Kapatan** 126 einen Hang mit Sandrinnen und Korallenblöcken bis unter 40 m, dazu reiches Fischleben und *Notodoris minor*, die kleinen Neonsternschnecken. **South Kapatan** 127 ist ähnlich, mit verschiedenen Seesternen und Nacktschnecken. **Tango Glan** 128, südlich von Tango Point, hat einen steileren Hang und mehr Porenkorallen.

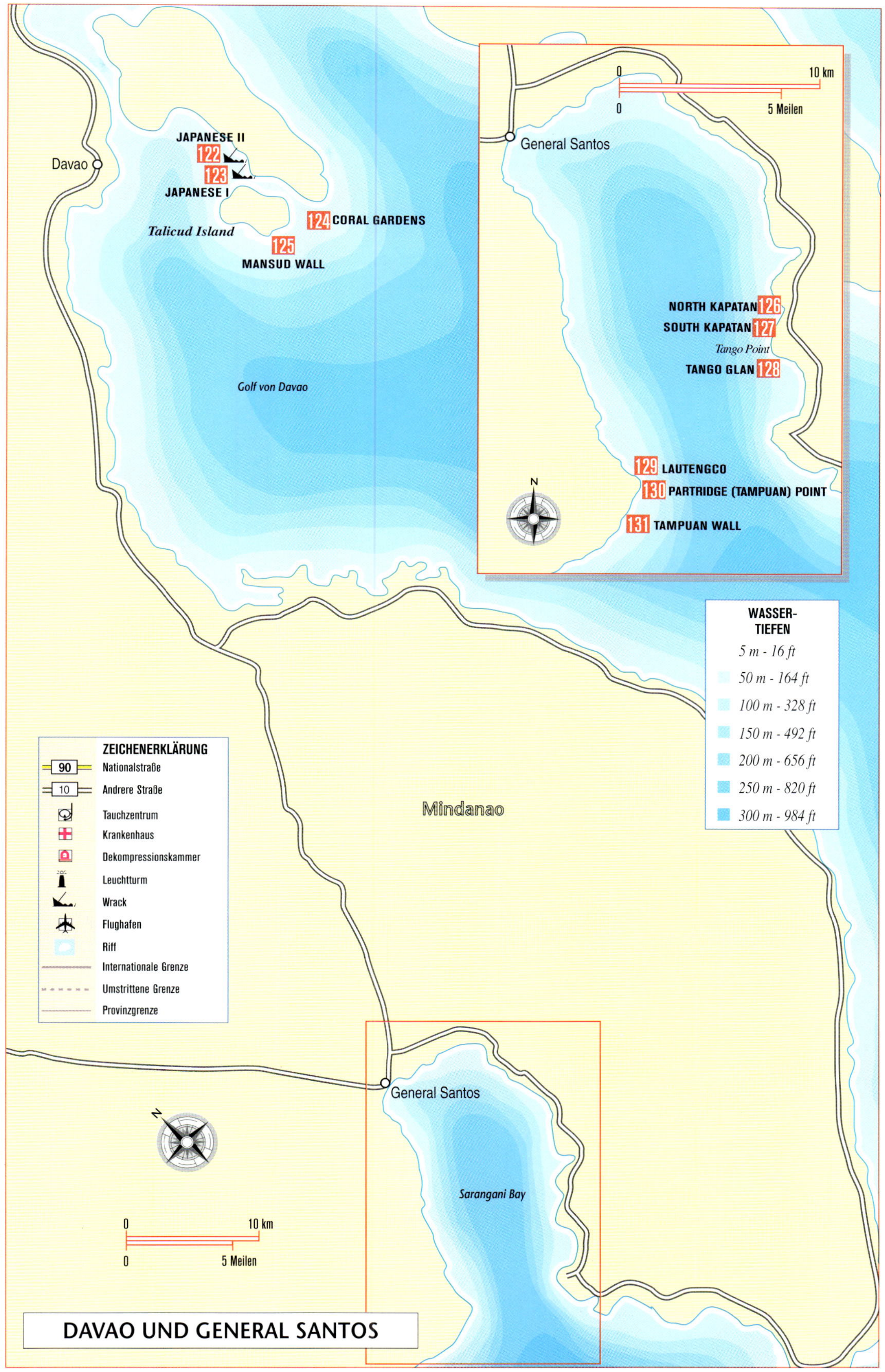

Mikronesien

Michael Aw

In den Weiten des Westpazifiks sind über 4 849 000 km² 148 Inseln verstreut, mit einer Fläche von zusammen nur 1153 km². Mikronesien im Osten der Philippinen umfasst die Inseln der Republik Palau, Guam, die Föderierten Staaten von Mikronesien (Yap, Chuuk, Pohnpei und Kosrae), die Nördlichen Marianen bis hinüber zu den Marshall-Inseln.

Die mikronesischen Inseln sind klein, aber ungeheuer verschiedenartig. Die größte ist Guam mit 541 km², gefolgt von Babelthuap (Palau) mit 396 km² und Pohnpei mit 334 km².

Geologisch ist Mikronesien so verschieden und mannigfaltig wie seine Kulturen, Traditionen und Geschichte. Guam und Palau sind die freien Gipfel eines submarinen Rückens, der aus dem Marianengraben aufsteigt. Kosrae, Pohnpei und Weno (Chuuk) sind Vulkaninseln, Yap ist ein emporgehobener Abschnitt des asiatischen Kontinentalschelfs, der zufällig in das Gebiet driftete. Weil die meisten Inseln so weit voneinander entfernt sind, sind sie wie Oasen, Refugien, in denen Planktonlarven sich ansiedeln und entfalten können. Sie sind gleichzeitig »Motels« oder Boxenstopps für pelagische Tiere wie Hochseehaie, Orcas und Wale, die den Pazifik durchqueren.

Die geologischen Ausbildungen gewähren auch weit reichende Tauchmöglichkeiten – von Blue Holes, Höhlensystemen über und unter Wasser, emporgehobenen marinen Seen, Felsen, Inseln und abyssischen Wänden bis zur versunkenen Stadt Nan Madol, einer archäologischen Stätte auf einem Korallenriff und Überbleibsel der geheimnisvollen Kultur von Pohnpei. Die Region blieb vom Zweiten Weltkrieg nicht unverschont. Die mikronesischen

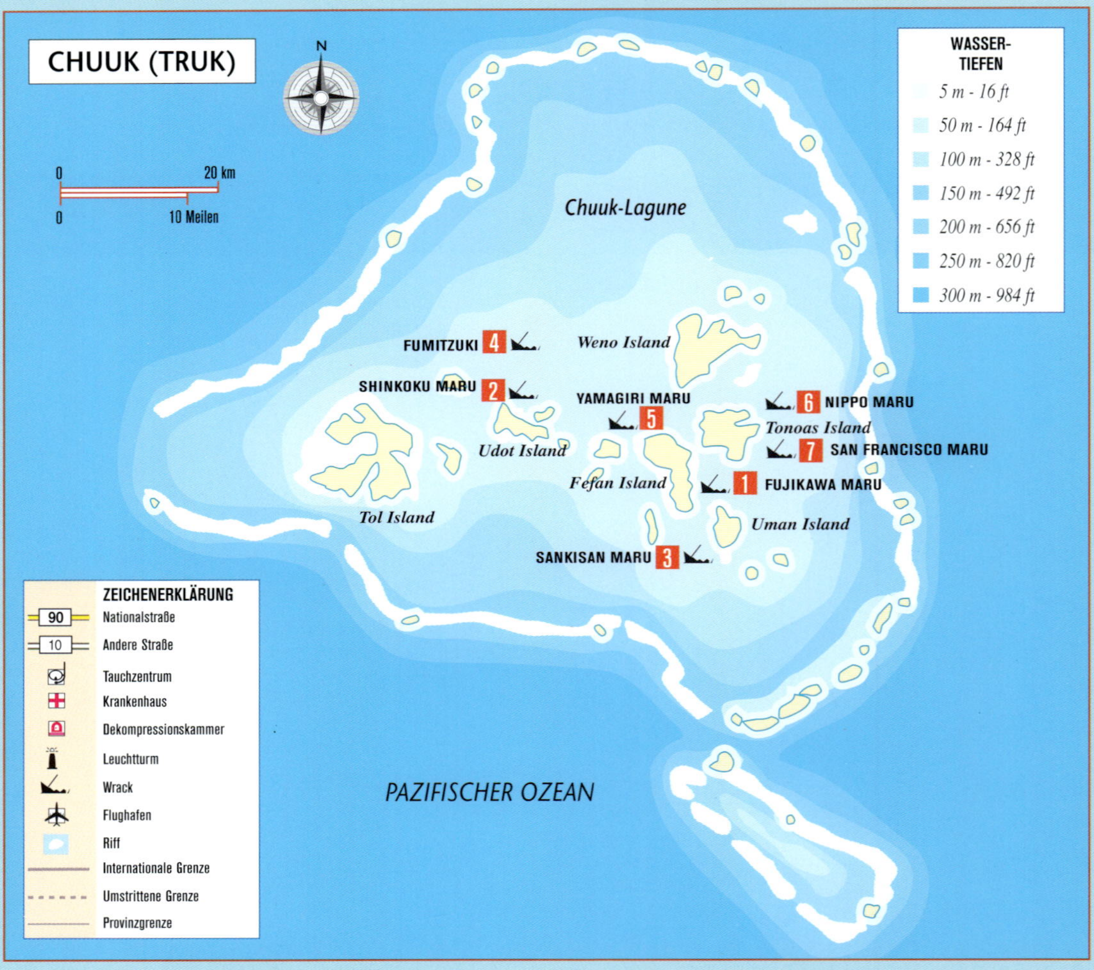

Chuuk sollte man mit einem Führer erkunden. In der tropischen Vegetation schlummert vieles, was an den Zweiten Weltkrieg erinnert (oben links). Die Rock Islands, etwa 200 über die 80 km große Lagune zwischen Koror und Peleliu verstreute Eilande, sind ein Geflecht aus Buchten und Kanälen, ideal für die Erkundung per Kajak (oben rechts).

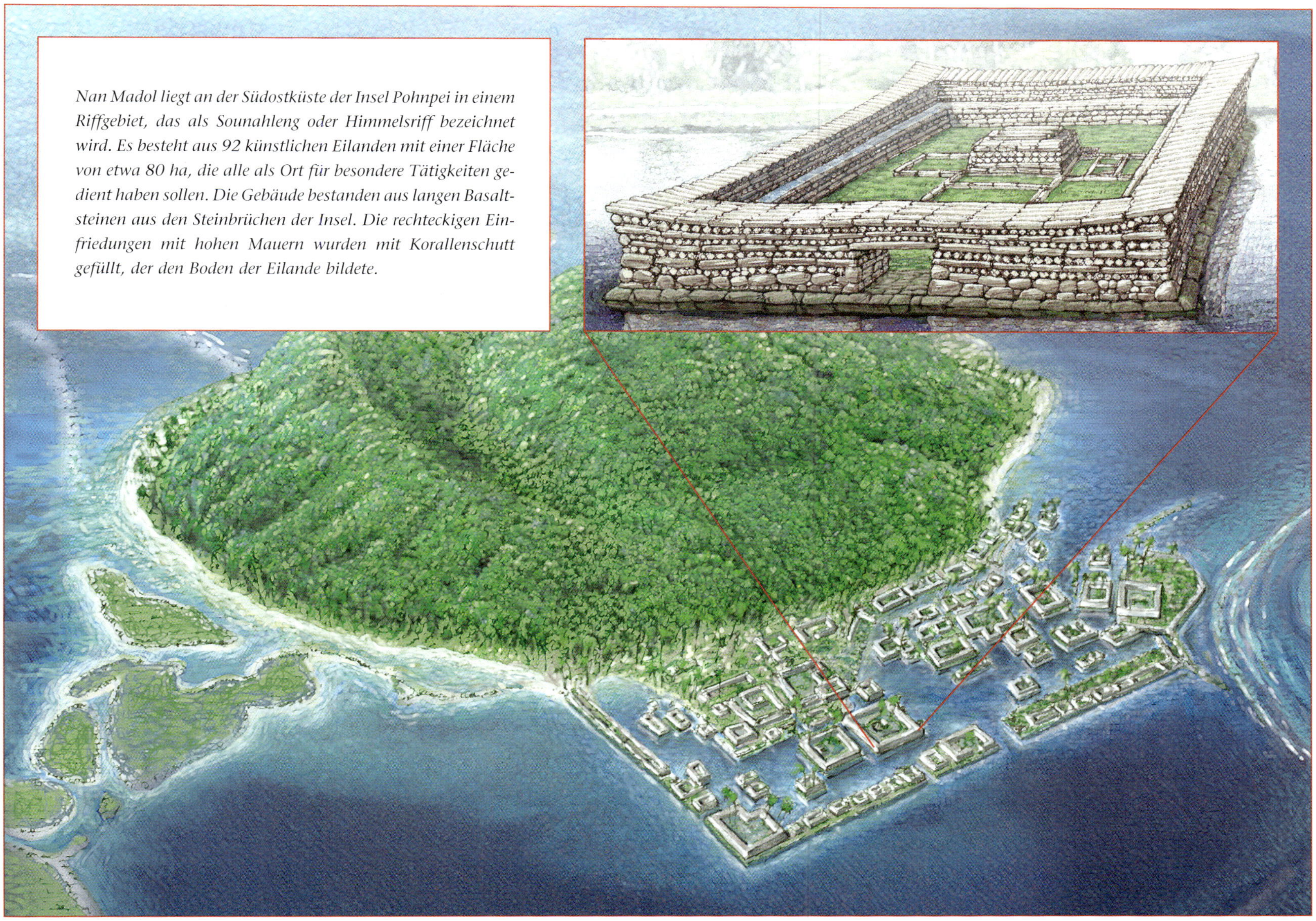

Nan Madol liegt an der Südostküste der Insel Pohnpei in einem Riffgebiet, das als Sounahleng oder Himmelsriff bezeichnet wird. Es besteht aus 92 künstlichen Eilanden mit einer Fläche von etwa 80 ha, die alle als Ort für besondere Tätigkeiten gedient haben sollen. Die Gebäude bestanden aus langen Basaltsteinen aus den Steinbrüchen der Insel. Die rechteckigen Einfriedungen mit hohen Mauern wurden mit Korallenschutt gefüllt, der den Boden der Eilande bildete.

Inseln dienten Amerikanern und Japanern als Militärbasen. Da die meisten Kämpfe Seegefechte waren, findet man auf und bei fast jeder Insel Wracks von Schiffen und Flugzeugen. Die Operation Hagelsturm, eine amerikanische Offensive vom 17. Februar 1944, hinterließ Hunderte japanischer Wracks in der großen Lagune von Chuuk. Wenigstens den Tauchern hat der schreckliche Krieg eine Schatztruhe hinterlassen. Die Unterwasserwelt Mikronesiens mit ihrer Fülle üppiger Tropeninseln hält Entdeckungen für ein ganzes Leben parat.

Chuuk (Truk)

Chuuk ist ein Synonym für legendäres Wracktauchen. Dieser Friedhof auf dem Meeresgrund ist die Hinterlassenschaft des verheerenden amerikanischen Luftangriffs »Operation Hagelsturm«. Am 17./18. Februar 1944 luden Flugzeuge von neun Flugzeugträgern ohne Pause ihre Bomben ab. Die Japaner verloren 260 Flugzeuge, fast 60 Schiffe und Tausende von Soldaten, die Amerikaner nur 26 Flugzeuge. Die in zwei Tagen versenkten 180 000 Schiffstonnen waren ein grausiger Rekord.

In den anschließenden fünfeinhalb Jahrzehnten verwandelte der Indopazifik mit seinem tropischen Wasser, dem reichen Meeresleben und den Gezeitenströmungen diese Kriegskolosse in das wohl beste künstliche Riff der Welt. Die Geisterflotte von Truk ist wieder auferstanden, dient aber nun einem anderen Zweck – U-Boote, japanische Zeros, Bomber, Zerstörer und Begleitschiffe. Wie ein guter Wein werden sie mit den Jahren immer besser. Die Geschütze tragen jetzt Girlanden aus Schwämmen, Manteltieren und Hydrozoen in einem Farbenmeer von Korallen. Auf den Panzern an Deck der *San Francisco Maru* in 55 m Tiefe leuchten weiße Korallenblüten (*Clavulariidae*).

Die sieben besten Wracks

Der Frachter ***Fujikawa Maru*** [1] ist der Bote unter den Wracks in Chuuk. Dwarsbalken, Ladebäume und ein in den Himmel ragender Mast sind mit Korallen überwuchert. In den Laderäumen liegen Ersatzteile für Jagdflugzeuge. Bug- und Heckgeschütze sind noch am Platz.

Tiefe: 9 m zum Schornstein, 18 m zum Deck, 34 m zum Grund. Länge: 133 m.

Der Tanker ***Shinkoku Maru*** [2] ist fraglos das Paradestück der Lagune. Der Rumpf ist von vorne bis hinten mit farbenprächtigen Weichkorallen bewachsen. Es gibt einen Operationstisch, eine Küche und menschliche Überreste.

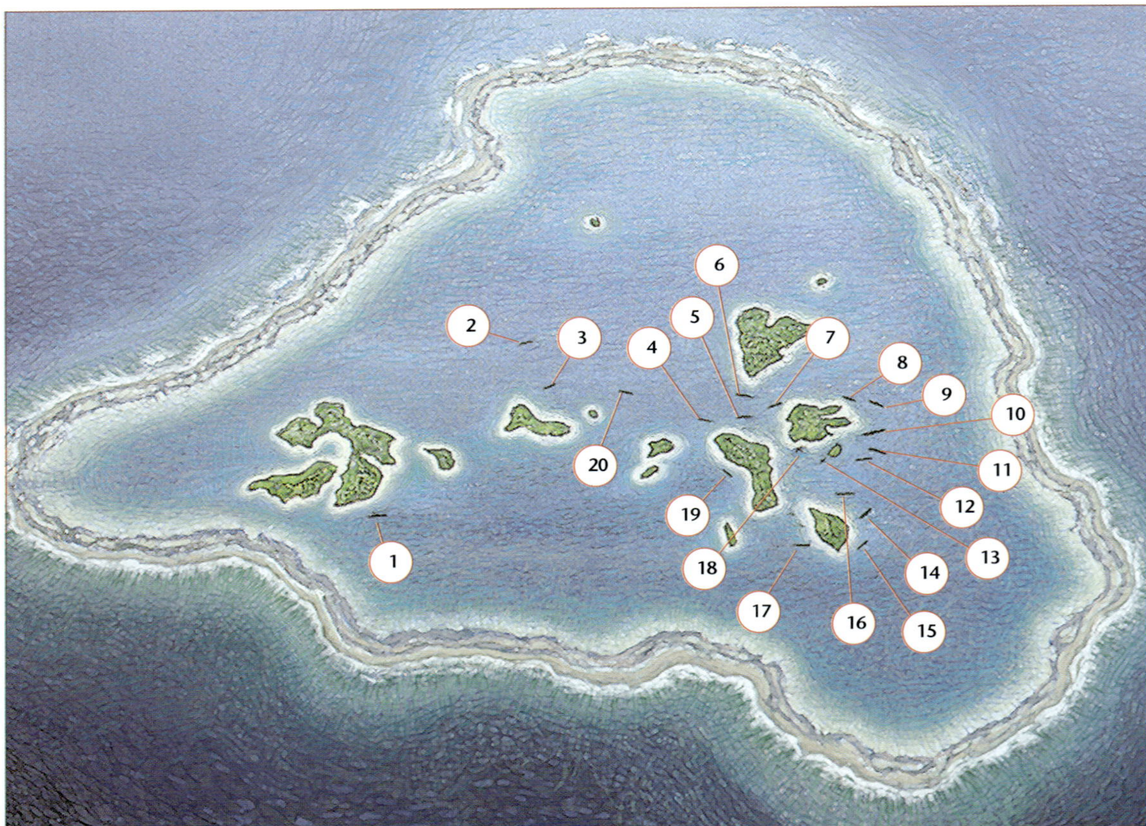

SCHLÜSSEL

1	Hanakawa Maru
2	Fumitzuki Maru
3	Shinkoku Maru
4	Kansho Maru
5	169 U-Boot
6	Yamagiri Maru
7	Heian Maru
8	Nippo Maru
9	Momokawa Maru
10	San Francisco Maru
11	Hoki Maru
12	Fujikawa Maru
13	Unkai Maru
14	Rio De Janeiro
15	Gosei Maru
16	Unkai Maru
17	Sankisan Maru
18	Betty Bomber
19	Kiozumi Maru
20	Shotan Maru

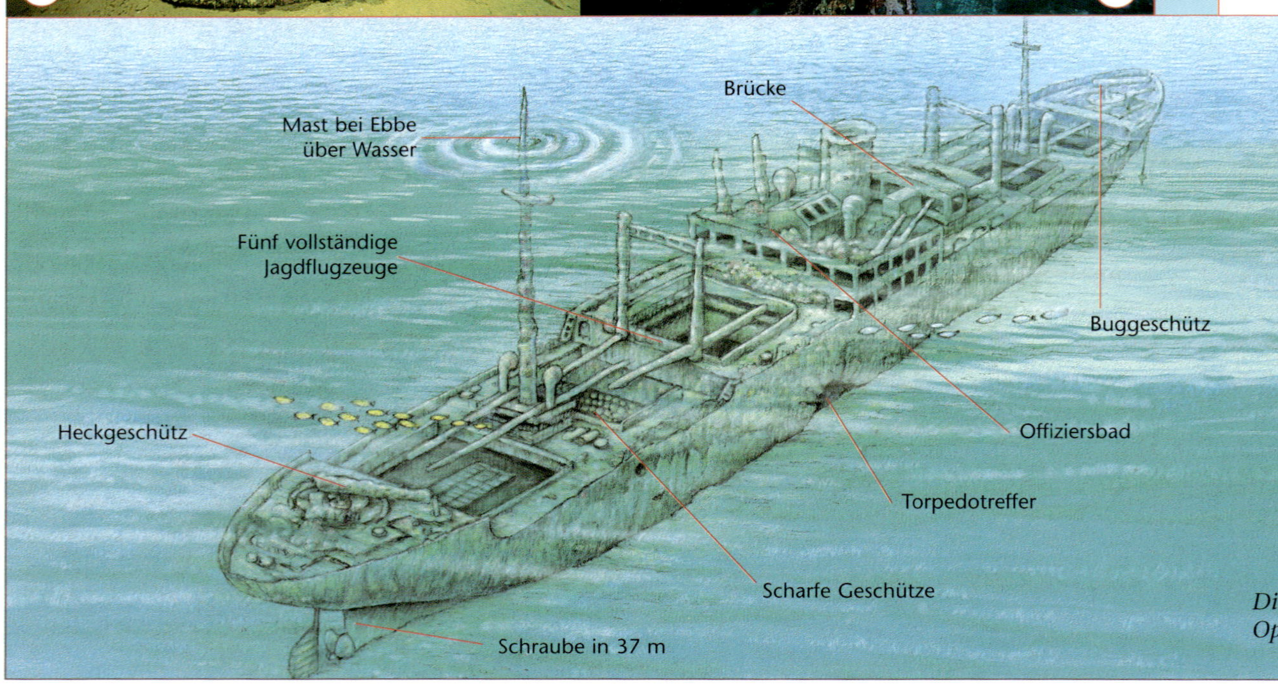

Verdrängung: 6 938 t
Länge: 133 m
Breite: 18 m
Maschinen: Diesel
Höchstgeschw.: 16 Knoten
Stapellauf: 15. April 1939
Besatzung: 48

Die Fujikawa Maru *wurde bei der Operation Hagelsturm 1944 versenkt.*

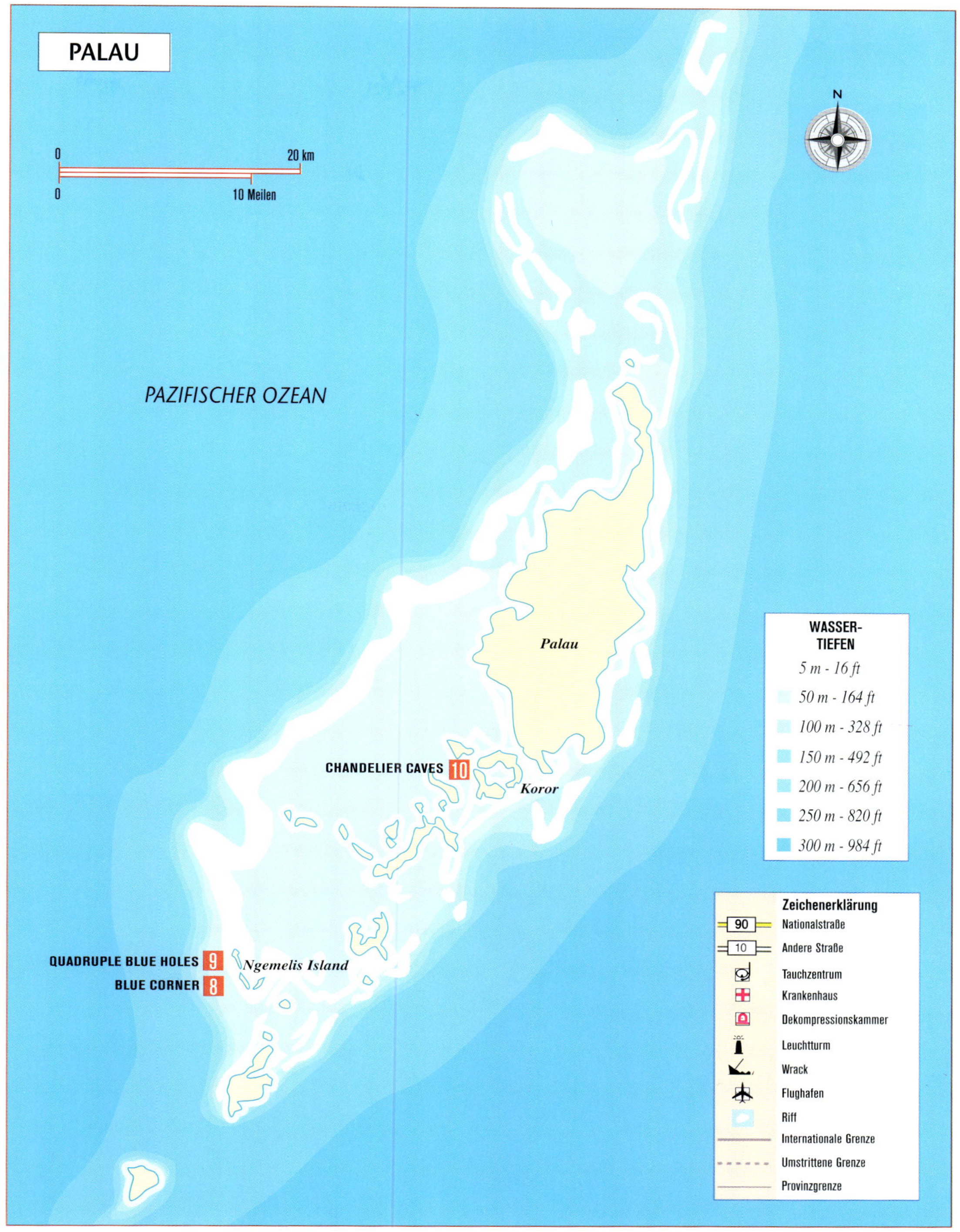

Die Buggeschütze sind einmalig. Die Endbereiche versinken unter langen Peitschenkorallen und Millionen von Glasbarschen und Kardinalfischen. Dieses Wrack sollte man nicht versäumen.

Tiefe: 12 m zum Buggeschütz und zur oberen Brücke, 38 m zur Schiffsschraube.

Der Frachter ***Sankisan Maru*** 3 hat den schönsten Fockmast. Er ist komplett mit Steinkorallen, schlaffen Weichkorallen und Schwämmen überkrustet. Es wimmelt von Schleimfischen, Büschelbarschen und geheimnisvollen blauen Lippfischen. Der vordere Abschnitt ist erstaunlich gut erhalten, von der Brücke bis zum Heck wurde das Schiff völlig weggerissen. Ein ideales Wrack für den zweiten oder dritten Tag.

Tiefe: 3 m zur Dwarssaling des Fockmasts, 15 m zum Deck, 24 m zum unteren Bug.

Der Zerstörer ***Fumitzuki*** 4 ist ein echtes Kriegsschiff, das in seiner Blütezeit 37 Knoten lief. Die Waffen für Geschütze und Torpedowerfer sind noch am Platz. Ein interessantes Wrack in recht gutem Zustand. Der Bewuchs auf den Davits ist üppig. Auf einem Geschützdeck liegen Gasmasken, Geschirr und Kugeln.

Tiefe: 38 m zum Grund, 30 m zu den Aufbauten. Länge: 103 m.

Das Heck des Frachters ***Yamagiri Maru*** 5 ist mit purpurnen Bäumchen-Weichkorallen geschmückt, und um die Schraube schwärmen Glasbarsche. Der Blick von unten auf das backbord liegende Schiff mutet fast surreal an. Das 220 m lange Wrack war Munitionsschiff für Japans Superschlachtschiff *Musahi*. Die größten im Pazifik-Krieg benutzten Granaten (46 cm) liegen auf diesem Wrack. Im Laderaum 5 befinden sich Dampfwalzen.

Tiefe: 15 m bis Steuerbord, 34 m zum Grund. Länge: 133 m.

Der Frachter ***Nippo Maru*** 6 ist eines der faszinierendsten Wracks in der Lagune für den, der sich für Militaria interessiert. Auf dem Hauptdeck befinden sich drei Geschütze und Panzer. Für den Neugierigen gibt es weitere Geschütze, LKWs, Funkgeräte, halbkuglige Strandminen, Säureflaschen und Granaten. Der Quallenbestand beim Wrack ist gewaltig. Das Schiff sitzt aufrecht, aber leicht nach Backbord geneigt. Aufgrund der Tiefe ist es erfahrenen Tauchern vorbehalten.

Tiefe: 24 m zur Brücke, 35 m zum Deck und 38 m zum Laderaum. Länge: 107 m.

Der Frachter ***San Francisco Maru*** 7 gehört aus drei Gründen zu den meistfotografierten Wracks der Lagune: es liegt tief, das Wasser ist klar und die drei Panzer an Deck geben vor der Brücke ein großartiges Motiv ab. Der vordere Laderaum ist voller Minen, im Frachtbereich stehen Schützenpanzer. Der vordere Mast ist interessant bewachsen.

Tiefe: 45 m zum Deck, 52 m zum Heck und 58 m zum vorderen Laderaum. Länge: 118 m.

Palau

Die Pracht Palaus, das ganz dicht am Kern der Biodiversität, dem indo-australasischen Archipel, liegt, erstrahlt überwiegend unter Wasser. Im Korallenriff gibt es über 1500 Fischarten und eine ähnliche Vielfalt an Korallen. Riffdächer stürzen abrupt über 2000 m tief. Blue Holes, riesige Höhlen und ein immenser Bewuchs mit sessilen Arten sind im klaren Wasser bei durchschnittlich 40 m Sicht gut zu-

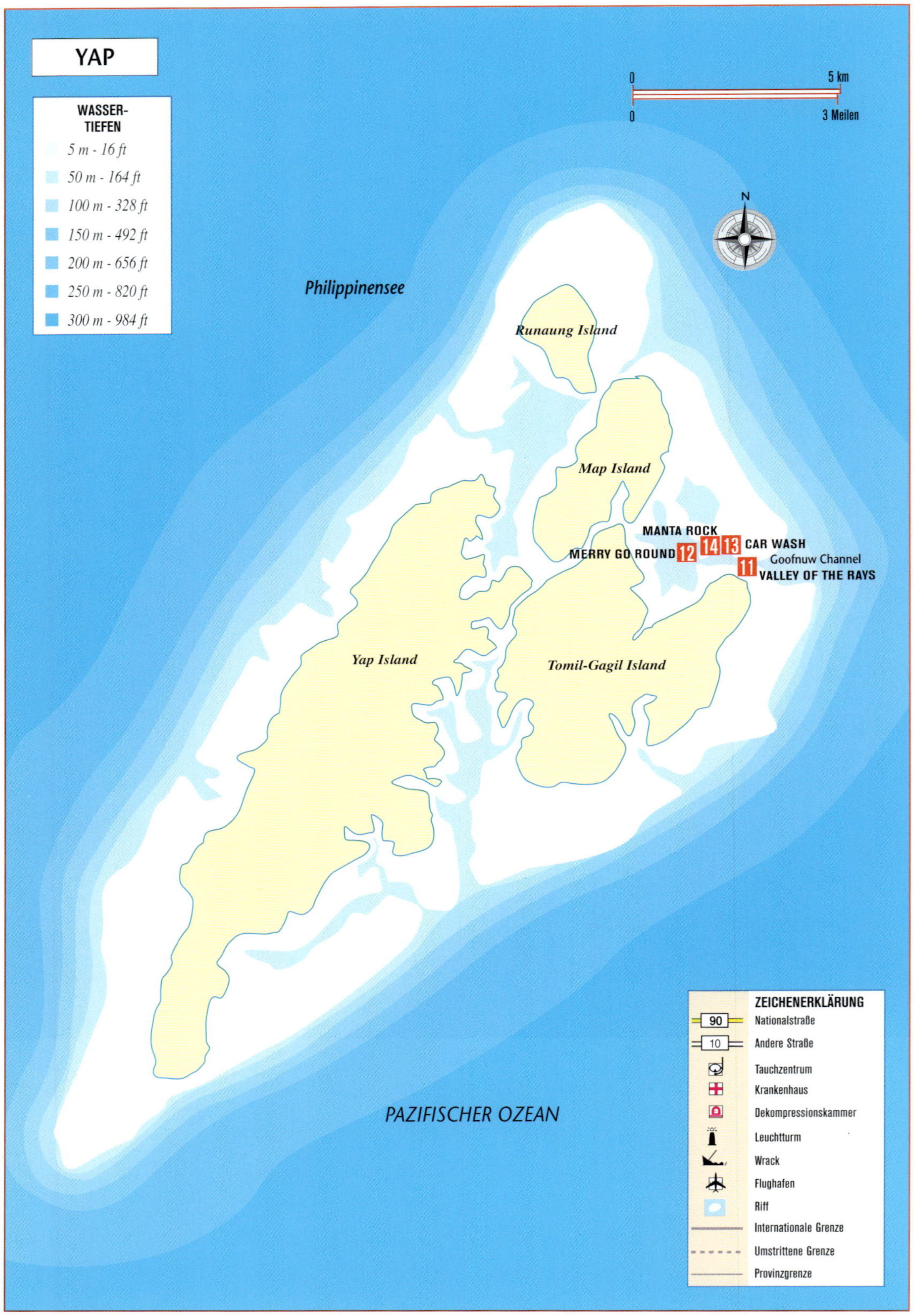

gänglich. Am Treffpunkt der drei großen Meeresströmungen der Erde kommen unzählige Haie, Mantas, Adlerrochen, Meeresschildkröten, Delfine und wandernde pelagische Arten zusammen.

Binnenseen, die über schmale Kanäle mit dem Meer verbunden sind, sind Brutplätze für Haie, Quallen, Krokodile und seltene Lebewesen. Emporgehobene Salzwasserseen, in denen Unmengen nicht nesselnder Quallen leben, sind mit wenigen Schritten durch tropischen Regenwald zu erreichen. Auch geflutete, mehrkammrige Höhlen sind leicht erreichbar.

8 Blue Corner

Blue Corner ist ein dreieckiges, flaches Vorgebirge, das 45–70 m ins tiefe Wasser ragt. Dieses weltberühmte Gebiet vor dem Rand der Insel Ngemelis bietet Abenteuertauchen pur. Starke Strömungen versorgen Weichkorallen und Gorgonien am äußeren tieferen Rand des Vorgebirges mit Nahrung und ziehen Schwärme pelagischer Arten an. In dem haiaktiven Gebiet wimmelt es von Napoleon-Lippfischen, Zackenbarschen, Barrakudas, Weißspitzen-Riffhaien, Meeresschildkröten, Stachelmakrelen, Muränen, Mantas und riesigen Meyen-Stechrochen, und auch Halfterfische sind vertreten. Vor allem bei Strömung ist alles in Bewegung. Das Riffdach über der großen Fläche beginnt in etwa 12 m, ragt ins Meer hinaus und stürzt dann als Wand rasch ab. Gorgonien und Plattenkorallen sind allgegenwärtig.

9 Quadruple Blue Holes

Gleich hinter Blue Corner an derselben Wand führen vier senkrechte Schächte aus 1,5 m Tiefe hinunter zu mehreren großen Höhlen, die zum Meer hin offen sind. Der Abstieg durch einen dieser Kamine ist ein grandioses Erlebnis. Das Licht zerfällt in ein Spektrum von Türkis- bis Saphirblau und löst sich schließlich unten in der Dunkelheit auf. Obwohl bei 28 m der erste Ausstieg ist, zieht es die meisten Taucher zum zweiten in 38 m Tiefe. Der Boden ist sandig, und oft streifen Leopardenhaie durch die Gänge. Der Aufstieg erfolgt außen an der Wand, und bei entsprechender Strömung ist man im Nu bei der Blue Corner.

10 Chandelier Caves

Die Chandelier Caves, für die meisten Taucher zugänglich, waren vor Jahrtausenden, als der Meeresspiegel sehr viel niedriger war, trockene Höhlen. Die vier miteinander verbundenen Kammern unter einer Felsinsel liegen fast direkt gegenüber von Sam's Dive Tours. Der Eingang ist in etwa 8 m Tiefe. Der kurze Tunnel führt in eine große Kammer mit einer Decke voller Stalaktiten und klarem Wasser.

In den tieferen Nischen sind die Kammern voll funkelnder Heliktiten, zarte Kalkkristalle, die sich im klaren Wasser spiegeln. Selbst im Licht der Lampen wird man oft getäuscht, bis man auftaucht und sich in luftgefüllten Kam-

Das Wracktauchen in Mikronesien bietet Militärausrüstung und Waffen wie LKWs, Panzer und Funkgeräte.

Sepien findet man meist über Geweihkorallen schweben, zwischen denen sie ihre Eier gut verstecken können.

mern findet, in denen es von glitzernden Steingebilden tropft. Wer mag, sollte bis in die letzte Kammer schwimmen, wo die Höhle steil ansteigt und man stehen kann, Kopf und Schultern über dem Wasser. Wer die Ausrüstung ablegt, kann durch einen engen Gang in eine völlig trockene Kammer gelangen.

Yap

Touristen zieht zum Teil die Kultur nach Yap, vor allem aber die außergewöhnlichen Tauchgebiete, wo man riesigen Mantas direkt in die Augen blicken kann. Ansonsten sieht man Mantas seltener und kann schon gar nicht mit ihnen schwimmen. In Yap hat jedoch der erste Tauchveranstalter einige Putzerstationen entdeckt, wo man Mantas jeden Tag aus nächster Nähe beobachten kann. Bis zu vier Tiere warten zuweilen in einer Schlange, um sich von kleinen Lipp- und Falterfischen die Parasiten von der Unterseite ablesen zu lassen. Es ist ein fesselndes Schauspiel, wenn diese majestätischen Geschöpfe fast reglos im Wasser schweben und von den dienstbaren Geistern im Riff bedient werden. Nicht selten sieht man zwölf dieser bis zu 4 m großen Tiere im Formationsflug vorbeigleiten.

Goofnuw Channel: Valley of the Rays 11, Car Wash 13, Manta Rock 14

Der Goofnuw Channel ist die erste Adresse für Mantas. Im Kanal gibt es zwischen 15 m und 22 m drei Putzerstationen. **Merry Go Round** 12 liegt am Ende des Kanals, beherrscht von einem mächtigen Block mit Salatkorallen. Die Sicht ist meistens schlecht, aber man sieht die Mantas diesen Korallenfleck oft unermüdlich umkreisen. Car Wash und Manta Rock sind Korallenpfeiler, die bis 10 m unter die Oberfläche aufragen. Bei Ebbe versammeln sich hier viele Mantas. Die Felsen bieten guten Schutz vor dem Gezeitenstrom, der 7 km/h erreichen kann. Die Mantas sind zwar die Hauptattraktion, aber auch die Geweihkorallen auf dem Riffhang sind sehenswert. Auch Weißspitzen-Riffhaie, Kraken und Meeresschildkröten gehören zu den Bewohnern. Die beste Zeit zum Tauchen ist morgens.

Melanesien

Andy und Angie Belcher

Melanesien umfasst die westpazifischen Inseln, den großen Halbbogen von Papua-Neuguinea über die Salomonen, Vanuatu und Neukaledonien bis nach Fidschi. Es ist ein Gebiet mit weit verstreuten Inselgruppen – mehr als 2000 Landsplitter, die zusammen kaum die Fläche des kleinsten europäischen Landes ausmachen.

Die melanesischen Inseln spiegeln die geologische Vielfalt der Region, die vom seichten Korallenatoll mit Riffketten bis zu Platten aus Vulkangestein mit Bergen reichen, die Feuer speien.

Melanesien sitzt rittlings auf dem Pazifikrand, einer Vulkankette, die durch die Kollision von Pazifischer und Australischer Platte entstanden ist und daher oft seismische Aktivität erlebt. Aber nicht nur Vulkantätigkeit hat diese Inseln erschüttert. Im Zweiten Weltkrieg war das Gebiet das Schlachtfeld der Amerikaner und Japaner, und die Wracks aus dieser Zeit liegen noch in den jetzt friedlichen Gewässern, ein Unterwassermuseum für Taucher.

Salomonen. Tropische Wolken über der Kennedy-Insel, bei der John F. Kennedy Zuflucht suchte, als sein Patrouillenboot PT109 im Zweiten Weltkrieg aufgeschlitzt wurde (oben links).
Die Hide Away-Insel ruht wie ein Edelstein auf dem samtenen Untergrund des blau getönten Meeres (oben rechts).

Melanesien rührt aus dem griechischen *melas* für schwarz und *nesos* für Inseln her (die Bewohner waren dunkelhäutiger als die Polynesier im Osten). Frühe Wanderungen über den Pazifik und spätere Besiedlung haben zu einer Vielfalt von Kulturen geführt.

Fidschi hat eine gefestigte Tauch-Infrastruktur, verschiedenste Unterkünfte und Pauschalangebote. In Neukaledonien und Vanuatu mischen sich französische Lebensart und melanesischer Zauber, und die Salomonen sind der Traum der Wracktaucher.

Fidschi

Wenn es eine Eigenschaft gibt, die für Fidschi steht, dann die Freundlichkeit. *Bula*, diesen herzlichen, aufrichtigen Gruß hört man auf den Inseln wieder und wieder. Fidschi besteht aus den zwei großen Inseln Viti Levu und Vanua Levu, die von über 300 kleineren Inseln und Atollen in einem System aus Barriereriffen umgeben sind. Fidschi, am Ostrand Melanesiens gelegen, markiert die Nahtstelle zwischen Melanesien und Polynesien. Auch die Inder stellen einen großen Bevölkerungsanteil; die Briten brachten sie als Plantagenarbeiter ins Land. Die zentrale Lage im Pazifik hat die Fidschiinseln zu einem Knotenpunkt für Handel und Reisende gemacht.

Die bekannten Tauchgebiete der Inseln ballen sich zumeist, weil sie an gemeinsamen submarinen Plateaus oder Atollen liegen. Es sind mehr als 1000 Fischarten registriert, mehrere hundert Korallen und Schwämme sowie unzählige Krebse, Weichtiere, Seeanemonen, Würmer und andere Wirbellose. Das Tauchen ist vielfältig. Einige Gebiete mit Steilwänden und starken Strömungen überlässt man am besten erfahrenen Tauchern, aber es gibt auch endlose flache Saumriffe und geschützte Lagunen für den Anfänger.

Forschung und Naturschutz

Viele fidschianische Tauchveranstalter betreiben Meeresforschung und Naturschutz. Sie messen Wassertemperaturen, Salzgehalt und Strömungen oder sammeln Riffexemplare für medizinische Zwecke. Beqa Divers überwacht Pläne der Kupfermine Namosi, Rückstände in den Beqa-Kanal einzuleiten, außerdem bereits bestehende Abwässerleitungen im Gebiet Suva/Levuka. Die Veranstalter sind in ständigem Gespräch mit Meeresbiologen und dem Fischereiministerium über nachhaltige Fischaufzucht und Veränderungen für die Riffe oder Tiere.

Auf Kadavu wird an Projekten für drei Meeresparks gearbeitet, die für die Gebiete bei Namalatta, Astrolabe und Cape Washington geplant sind.

Nordfidschi

Farbe, Größe und Fülle der Weichkorallen sind sensationell – das Ergebnis starker, nährstoff-

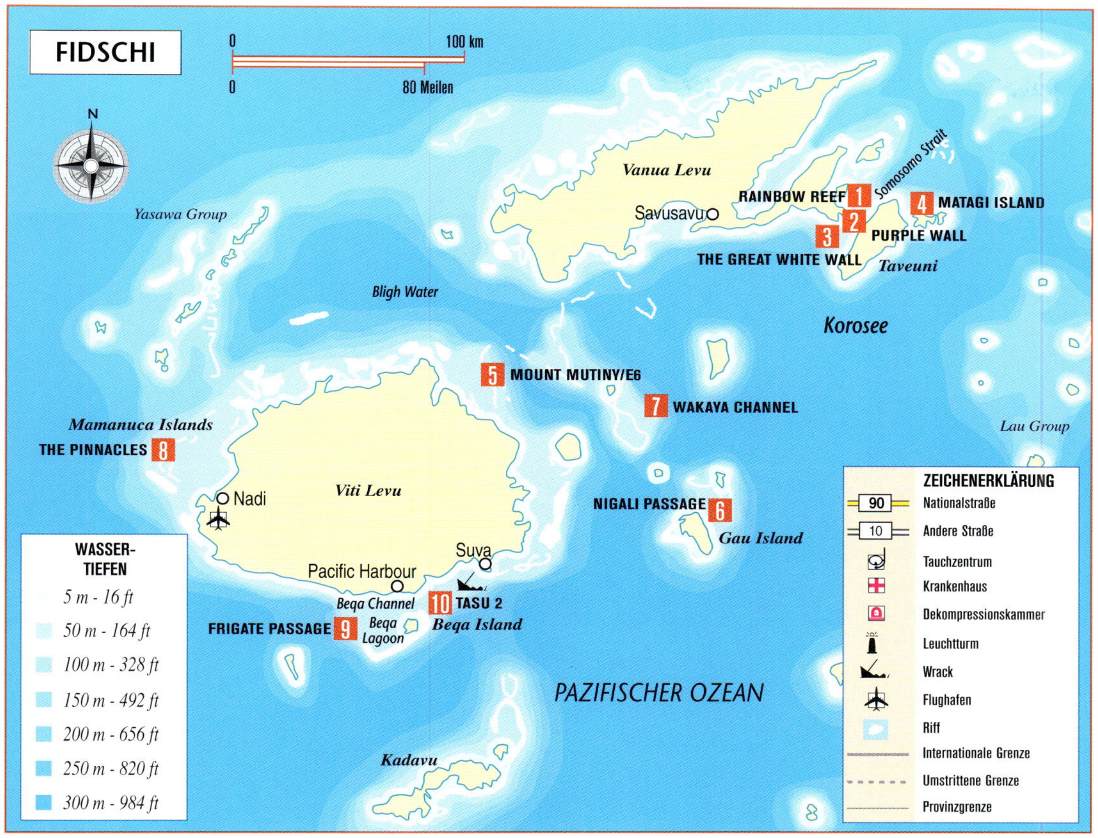

reicher Strömungen in der Somosomostraße zwischen Vanua Levu und Taveuni, die Fidschi den Ruf der Weichkorallenkapitale der Welt eingebracht haben. Rainbow Reef, **Purple Wall** 2 und Great White Wall sind mit dem Boot von Uferzentren zu erreichen.

Taucher, vor allem UW-Fotografen, lockt die herrliche Natur nach Taveuni. Die drittgrößte Fidschiinsel ist 40 km lang und auch als Garden Island bekannt. Ihrem Namen wird sie als Heimat der meisten Vogelarten der Inseln und der Tagimaucia gerecht. **Mataga Island** 4, 5 Minuten mit dem Boot von Taveuni, ist ein beliebter Landstützpunkt für Taucher.

Rainbow Reef 1 ist mit dem Boot 20 Minuten von Taveuni entfernt. Trotz einiger Strömungen kann man gut schnorcheln. Das 30 km große Riff reicht bis in die Somosomostraße zwischen Taveuni und Vanua Levu.

The Great White Wall 3 bietet Tauchen bei starken Strömungen, sodass man sofort absteigen muss. Die Sicht liegt bei 20–30 m, die Tiefe bei 30 m. Die Wand fällt auf 60–80 m, also weit mehr, als für Sporttaucher zu empfehlen ist.

Die Somosomostraße verengt sich abrupt, und das mit bis zu 6 km/h durch diesen Engpass strömende Wasser wird durch mehrere Riffe weiter eingeengt, eins davon das Rainbow Reef. Nach einem Abstieg von etwa 10 m schwimmen die Taucher durch einen Tunnel am Riffdach, der sich mit leuchtend weißen Weichkorallen, Gorgonien, Haarsternen und Wolken winziger oranger Fahnenbarsche schmückt. Wenn sie in 24 m Tiefe aus dem Durchgang kommen, zieht die Strömung die Taucher eine senkrechte, mit weißen Weichkorallen verhüllte Wand entlang. Wichtig ist, den Tauchgang zu beginnen, wenn die Strömung dreht, damit die Taucher die Wand entlangtreiben und dann relativ leicht zum Boot zurückschwimmen können.

Zentralfidschi

Der tiefe Kanal zwischen den beiden Hauptinseln wird durch zwei Barriereriffe geteilt. Passatwinde, Strömungen und Nährstoffreichtum ergeben einen aufregenden Tauchgang. Pfeiler, umströmte Riffpassagen und Brocken in kleinen Lagunen bilden ein noch immer weitgehend unerforschtes Riffsystem. Mount Mutiny, Nigali Passage und der **Wakaya Channel** 7 sind ein paar der Topgebiete.

Mount Mutiny 5, auch E6 genannt, liegt in Bligh Water zwischen Viti Levu und Vanua

Die Grotten von Kadavus Garten sind für Freunde des Schönen. Wände, Dropoffs und Riffkorridore bieten Auswahl ohne Ende (oben).
Die Korallenblöcke der Beqa-Lagune sind mit Tunnels und Öffnungen durchsetzt, die unter Korallen aller Art und Farben ersticken (unten).

Levu. Dieser Tafelberg steigt aus 914 m Tiefe auf und ragt bei Ebbe soeben aus dem Wasser. Es ist ein Tauchgang im offenen Meer vom Kreuzfahrtschiff aus, mit etwas Strömung und ausgezeichneter Sicht. Die Tiefe beträgt durchschnittlich 20 m. Ein halbmondförmiger, mit Gorgonien und Weichkorallen geschmückter Durchgang führt zur Cathedral/Sistine Chapel. Je nach Tageszeit fallen Lichtbündel durch die Löcher in den Korallenbauten. Bei Fotografen ist das Gebiet sehr beliebt. Hammerhaie, Tunfische und andere pelagische Arten durchforsten die Umgebung dieses Tafelbergs.

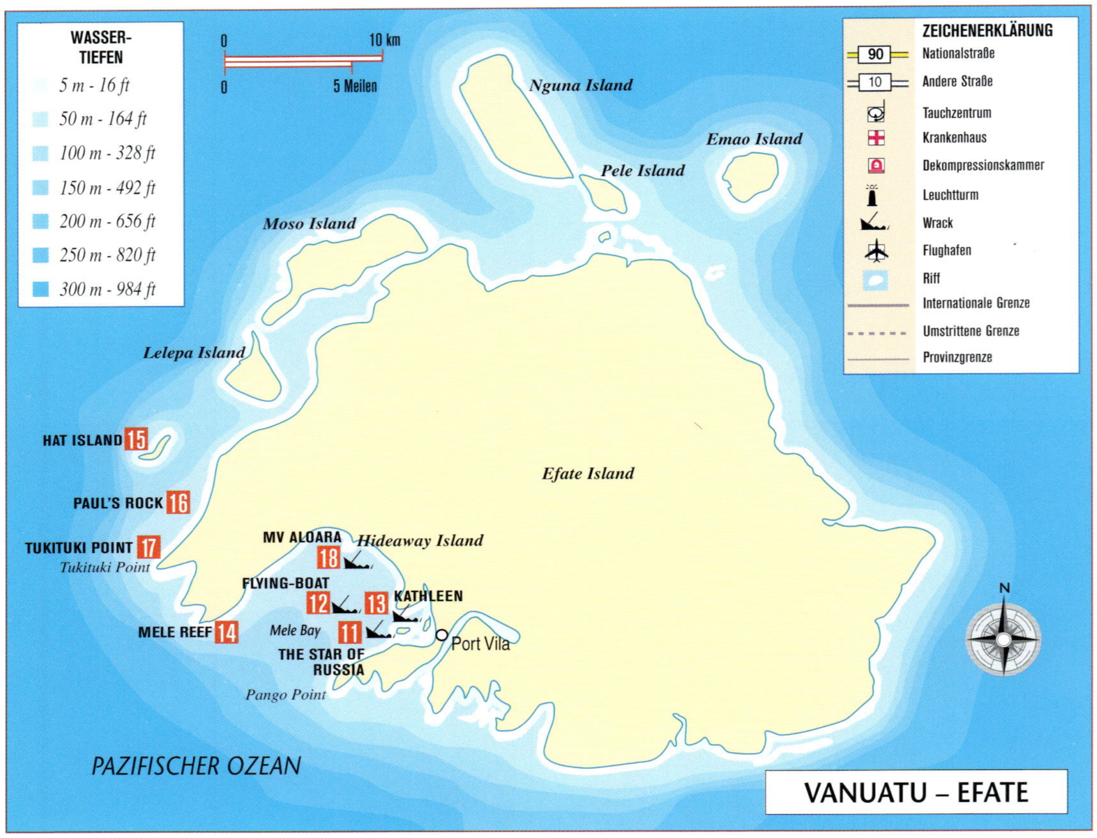

Gotham City, eine kurze Bootsfahrt von der Plantation-Insel entfernt, wimmelt von Rifffischen, die den Tauchern in der Hoffnung folgen, gefüttert zu werden.

Die Yasawa-Gruppe im Westen und die Lau-Gruppe im Osten dieser Gegend sind der Tummelplatz von Tauchkreuzfahrtschiffen. Die Taucher erleben unberührte Gebiete und besuchen alte Dorfgemeinschaften, wo sie an lokalen Ritualen teilnehmen können, vor allem der Kawa-Zeremonie. Ein Besuch der Fidschiinseln ohne Kawa ist undenkbar. Dieses berauschende Getränk aus den zerstoßenen Wurzeln der Kawa-Pflanze »sieht aus wie schmutziges Wasser und schmeckt wie dreckige Socken«, so eine Beschreibung. Beim Besuch der pilzförmigen Inseln im kristallklaren Wasser der Fulaga-Lagune in der Lau-Gruppe hat sich schon mancher Taucher gefragt, ob er nicht der betörenden Wirkung von zu viel Kawa erlegen ist.

Nigali Passage 6 liegt vor der Insel Gau. Die Anfahrt erfolgt mit dem Kreuzfahrtschiff. Je nach Gezeiten herrscht leichte Strömung. Es ist Strömungstauchen in etwa 24 m Tiefe. Die Passage führt Wasser vom Meer in eine seichte Lagune. Je stärker die Strömung, desto reichhaltiger das Fischleben. Am besten lässt man sich von der Strömung hinaus in tiefere, ruhigere Gewässer treiben. Dort findet man den Cabbage Patch, eine große Fläche mit den Namen gebenden Blumenkohl(cabbage)korallen. Barrakudas, Graue, Weißspitzen- und Schwarzspitzen-Riffhaie sind hier ansässig.

Südfidschi

Die Beqa-Lagune vor der Südküste von Viti Levu ist eines der bekanntesten Tauchgebiete in Südfidschi. Starke Strömungen drängen durch die Kanäle und bringen Schwärme pelagischer Fische mit. In der Lagune liegen große Korallenblöcke, deren viele Tunnel mit prächtigen Weichkorallen geschmückt sind.

Die ***Tasu 2*** 10, ein gefluteter Frachter, liegt 48 km westlich von Suva. Die Tauchschiffe starten in Pacific Harbour. Das Gebiet hat geschütztes Flachwasser, gute Sicht und wenig Strömung. Die Tiefe beträgt durchschnittlich 15 m. Das Wrack liegt in 20 m. Obwohl viel von der ursprünglichen Ausstattung fehlt, bieten die Reling und Sprossen großartige Motive, ebenso die Schraube und das Ruder, die sich in den weißen Sand gebohrt haben.

The Pinnacles 8 liegen bei den Mamanuca-Inseln. Die Anfahrt erfolgt mit dem Boot von den Resorts auf Plantation, Castaway oder Musket Cove. Man kann fast immer tauchen. An der Oberfläche sind Strömungen möglich, die Sicht liegt bei 15 m. Die Durchschnittstiefe des Tauchgangs beträgt 15–20 m, maximal 24 m. Ein Korallenblock ragt bis 6 m unter die Oberfläche auf, oben überwuchert von Seeanemonen mit Anemonenfischen. Der kleine Durchgang an der Basis ist neu.

Frigate Passage 9 liegt am Südwesteingang zur Beqa-Lagune. Die Anfahrt erfolgt mit dem Boot von der Insel Beqa oder von Pacific Harbour. Die Sicht beträgt oft über 20 m. Zwei große Korallenblöcke im Zugang zur Passage sind mit Tunnels und Grotten durchsetzt, die gut zu erkunden sind. Im Kanal herrscht reger pelagischer Verkehr.

Vanuatu

Vanuatu, früher Neue Hebriden, besteht aus vier Hauptinseln und einer Kette kleinerer Inseln. Die 13 000 km² Land reichen vom mächtigen, mit Regenwald bedeckten Vulkankegel bis zur niedrigen Koralleninsel mit tiefen Naturhäfen. Es gilt als eines der kulturell vielfältigsten Länder der Erde. Es wird Englisch, Französisch und Bislama gesprochen, ein sehr eigenwilliges Englisch. »Mi laikem daiva long Vanuatu tumas« heißt, »ich tauche sehr gern in Vanuatu«.

Das Tauchen ist noch auf die zwei größten Inseln Espiritu Santo und Efate mit der verträumten Hauptstadt Port Vila beschränkt. Im Hafen von Port Vila liegen drei trotz oft mäßiger Sicht viel betauchte Wracks. Die ***Star of Russia*** 11 ist ein gut zugänglicher Dreimaster von 1875 in 30 m Tiefe. In 40 m liegen ein **Flugboot aus Sandringham** 12 und das geflutete Handelsschiff ***Kathleen*** 13 in 35 m.

Mehrere ausgebojete Gebiete beim **Mele Reef** 14, eine knappe halbe Stunde von Port Vila, sind bei fast jedem Wetter geschützt. Die Platten- und Geweihkorallen machen es zu einem bei Anfängern und Fotografen beliebten Gebiet. Bessere Sicht und aufregenderes Gelände findet man nahe dem Eingang zur Bucht bei Pango Point. In den Gewässern bei den Inseln vor Nordefate liegen ein intaktes Jagdflugzeug, U-Boot-Netze, Bojen und andere Gerätschaften. **Hat Island** 15 und Paul's Rock (eins der besten Naturschutzgebiete von Vanuatu) sind ebenfalls bei Tauchern beliebt.

Paul's Rock 16 ist ein Tafelberg, der aus 70 m bis auf 1 m unter die Oberfläche aufsteigt, 800 m vor Nordefate. Zugang erfolgt mit dem Boot, getaucht wird bei fast allen Bedingungen, die Sicht beträgt 10–20 m. Die Tiefe liegt im Schnitt bei 20 m, maximal bei 70 m. Geboten werden Gorgonientunnel, Durchgänge und reges Fischleben.

Die ***MV Aloara*** 18 liegt 550 m vor der Insel Hideaway, Port Vila, Efate. Das 30 m lange Handelsschiff wurde 2001 versenkt, um ein künstliches Riff zu schaffen. Das Boot liegt am Rand eines Riffs auf der Seite. Zugang ist mit einem kleinen Boot bei den meisten Bedingungen möglich. Die Sicht beträgt 20–30 m, leichte Strömung ist möglich. Durchschnitts- und Maximaltiefe betragen 20 bzw. 25 m.

Tukituki Point 17 bietet ein Labyrinth aus Canyons, in die mittags die Sonne Vorhänge aus Licht zaubert.

Die Tauchveranstalter in Port Vila geben sich mit den Riffen große Mühe. So haben sie bestimmte Areale als inoffizielle Schutzgebiete ausgewiesen, was für das Meeresleben reiche Früchte trägt.

Die meisten Vanuatu besuchenden Taucher zieht es nach Espiritu Santo, der größten Insel des Archipels. Hier war James A. Michener im

Verführerisch hängen Korallen vom verschatteten Bug der SS President Coolidge, *die vor der Insel Espiritu Santo liegt.*

Million Dollar Point ist das Paradies für Historiker. Kriegsgerät bedeckt Tausende von Quadratmetern über und unter Wasser.

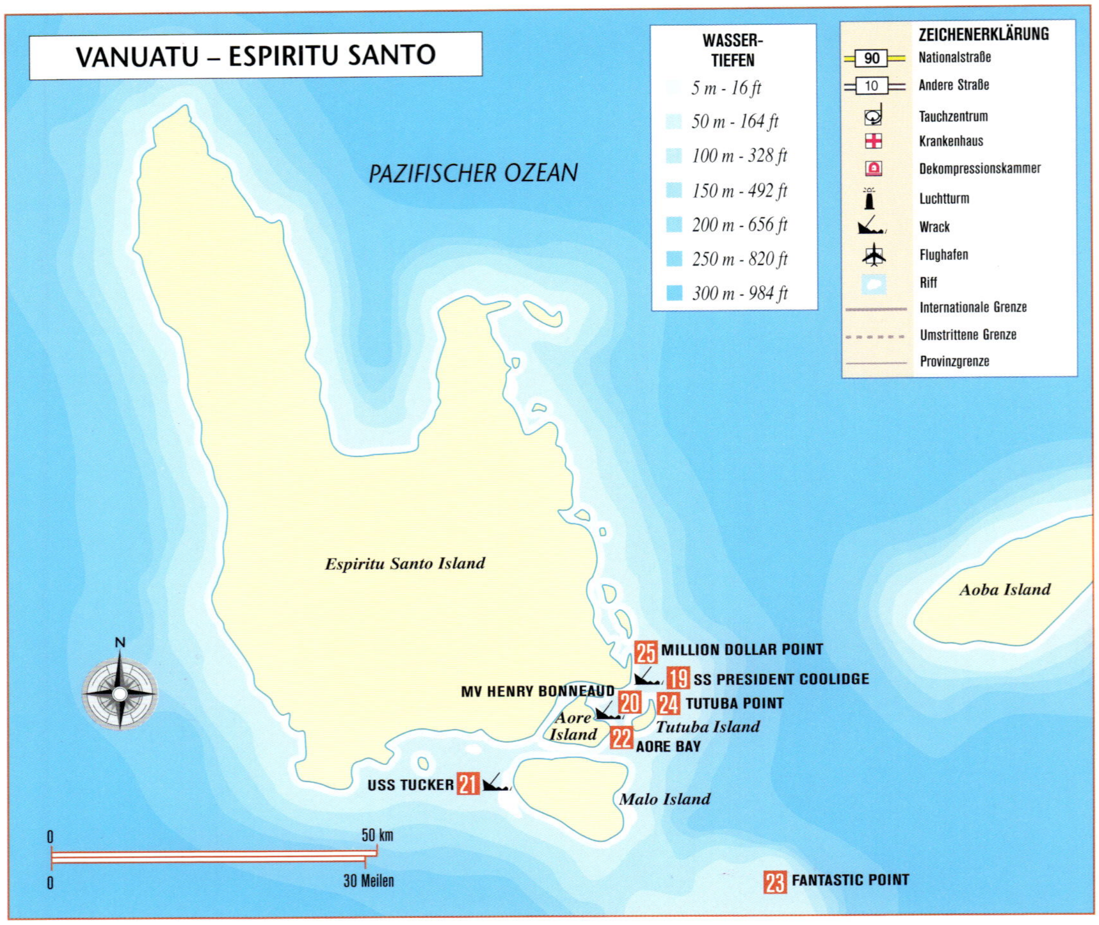

Ein Taucher über dem Paul's Rock. Dieser allein stehende Guyot 800 m vor der Küste gilt als eines der besten marinen Schutzgebiete von Vanuatu.

Zweiten Weltkrieg stationiert und bekam Anregungen für sein Buch *Tales of the South Pacific*.

Hauptattraktion von Espiritu Santo ist das Wrack der ***SS President Coolidge*** 19, das größte, leicht zugängliche Wrack der Welt. Der 22 350-t-Luxusliner war 200 m lang und 25 m breit. Er wurde im Krieg zum Truppentransporter umgebaut, lief im Kanal auf zwei Minen und anschließend auf Grund. An dem riesigen Wrack sind mehrere Liegeplätze markiert, die schnellen und leichten Zugang gewähren.

Taucher sollten vor einem Urlaub in Santo Kurse in Tief- und Wracktauchen nehmen. Die Wracks der ***MV Henry Bonneaud*** 20 und ***USS Tucker*** 21 und auch viele schöne Steinkorallenriffe wie **Aore Bay** 27, **Fantastic** 23 und **Tutuba Point** 24 garantieren Abwechslung.

Die ***President Coolidge*** 19 in Santo Harbour wurde 1983 zum Vanuatu Marine National Park erklärt. Der Zugang ist vom Ufer und vom Boot möglich. Getaucht werden kann bei fast allen Bedingungen, das Wrack versandet allerdings leicht. Die Tiefe beträgt im Schnitt 35–45 m, maximal 60 m.

Das Wrack bietet auch außen sehr viel, aber die meisten wollen wenigstens einmal hineintauchen. Besonders beliebt sind »The Lady« in 45 m Tiefe, eine Wandplatte aus Porzellan, die einmal den Rauchsalon schmückte, der Maschinenraum in 48 m und der Swimmingpool in 56 m.

Das Schiff liegt auf Backbord. Der Bug befindet sich in 20 m Tiefe, das Heck in 70 m. Man muss immer damit rechnen, Schlamm aufzuwirbeln. Das Wrack ist ein Labyrinth aus Gängen und Abteilungen, die selbst den erfahrensten Taucher verwirren können. Meistens wird zwischen Bug und Brücke in etwa 40 m getaucht. Das Promenadendeck ist noch mit Kriegstrümmern übersät. Gewehre, Bajonette, Helme und Gasmasken liegen noch dort, wo sie vor über einem halben Jahrhundert zurückgelassen wurden. LKWs, Jeeps, Flakgeschütze und Granaten liegen aufgegeben in den Laderäumen. Die *President Coolidge* ist erfahrenen Tauchern vorbehalten und darf nur mit einem Führer angegangen werden.

Million Dollar Point 25 liegt im Santo Harbour und ist vom Ufer aus erreichbar. Die Sicht liegt bei 10–15 m, getaucht werden kann fast immer. Durchschnitts- und Maximaltiefe betragen 10 bzw. 40 m. Es liegen LKWs, Bulldozer, Boote und Kriegsmaterial herum, in dem sich zahllose kleine exotische Meereslebewesen häuslich eingerichtet haben.

Bei Kriegsende wurde überschüssiges Kriegsgerät einfach versenkt, in den Hafen gefahren oder geschmissen. Die verrosteten Überreste liegen vom Strand bis in 40 m Tiefe verstreut. Man kann wunderbar herumstöbern und fotografieren, vor allem Makroaufnahmen.

Salomonen

Die Salomonen bestehen aus sechs dicht bewaldeten vulkanischen Hauptinseln und über 800 kleineren Inseln ringsum, von denen nur rund ein Drittel bewohnt ist. Im Zweiten Weltkrieg war die Hauptinsel Guadalcanal ein strategisch wichtiger Punkt im Kampf der Amerikaner gegen die Japaner im Pazifik. Die Kämpfe in der Luft und zur See haben Hunderte von Schiffs- und Flugzeugwracks an Land

Mittags fallen Lichtschleier durch die Löcher oben im Riff und erfüllen das Innere mit magischem Licht. Bei den Salomonen und Vanuatu ist so etwas oft zu sehen.

und im Meer hinterlassen. Einige der besten Wracktauchgebiete liegen bequem in Ufernähe und haben ein unglaublich vielfältiges Meeresleben angezogen. Viele Wracks liegen im Flachwasser und sind damit auch Schnorchlern zugänglich, andere in Tiefen jenseits der für Sporttaucher sicheren Grenzen.

Tragischerweise werden Teile der Marovo-Lagune von Holzfällunternehmen bedroht, die alles kahl schlagen, um Rosen- und Ebenholz abzubauen. Neben dem Raubbau an der Natur verschlammt in der Regenzeit in die Lagune gespülter Sand die Mangroven und Korallen. An anderer Stelle fangen ausländische Boote in großen Mengen Kleinfische und bedrohen so die Nahrungsgrundlage der größeren Arten. Andererseits wird sanfter Tourismus gefördert.

Den besten Zugang haben Taucher in den drei Hauptgebieten Guadalcanal, Marovo-Lagune und Gizo.

Guadalcanal

Wegen Landungsfragen liegt das Tauchen bei Guadalcanal auf Eis. Wenn die Gebiete um Guadalcanal zugänglich sind, eignen sie sich für Anfänger und erfahrene Taucher. ***Bonegi One*** [26], ***Bonegi Two*** **(*Kinugawa Maru*)** [27] und die ***Ruiniu*** [28] sind drei japanische Transporter, die nach Treffern noch an Land liefen, um die Ladung zu retten. Der Bug liegt jeweils im Flachwasser, das Heck zwischen 30 m und 40 m. Die vielen Fische und der üppige Korallenbewuchs auf diesen Kriegsrelikten bieten ein nachdenkliches Nebeneinander von Leben und, manchmal gewaltsamem, Tod.

Ernsthafte technische Taucher können jetzt einige der tieferen Wracks im Iron Bottom Sound aufsuchen, wie dieser Schiffsfriedhof nach den Kämpfen bei Guadalcanal heute heißt. Viele Wracks liegen für Sporttaucher zu tief, doch der Truppentransporter ***John Penn*** [29], 36 m tief an der günstigsten Stelle, kann mit einem lokalen Tauchführer betaucht werden. Eine schwer bewaffnete ***B17*** [30], ein **Kaperschiff** [31] und ein ***I-23*** **U-Boot** [32], die vom Ufer zu erreichen sind, sowie die Möglichkeit, noch unentdeckte Wracks zu finden, machen Guadalcanal zu einem Paradies für Wracktaucher.

Russel-Inseln/ Marovo-Lagune

Die Russel-Inseln sind ein Muss für Kreuzfahrtschiffe, die die Marovo-Lagune anlaufen, die zweitgrößte Lagune der Welt. Diese nur mit dem Schiff erreichbaren, tropisch dicht bewachsenen Vulkaninseln steigen aus der bodenlosen Tiefe auf. Stellenweise kann das Schiff an Pflanzen festmachen, ansonsten wird vom Beiboot getaucht.

Die Tauchgebiete sind aufregend und vielseitig, mit Einschnitten, Canyons, Grotten und Strömungen. Die Strömungen begünstigen den Korallenbewuchs, und im scheinbar uninteressanten Korallenschutt bei den schlammbedeckten Kriegswracks (etwa beim White Beach)

Ein Leichentuch aus Korallen bedeckt dieses Jagdflugzeug, das in 10 m Tiefe vor dem Ende der Startbahn des Flugplatzes von Seghe in der Marovo-Lagune liegt.

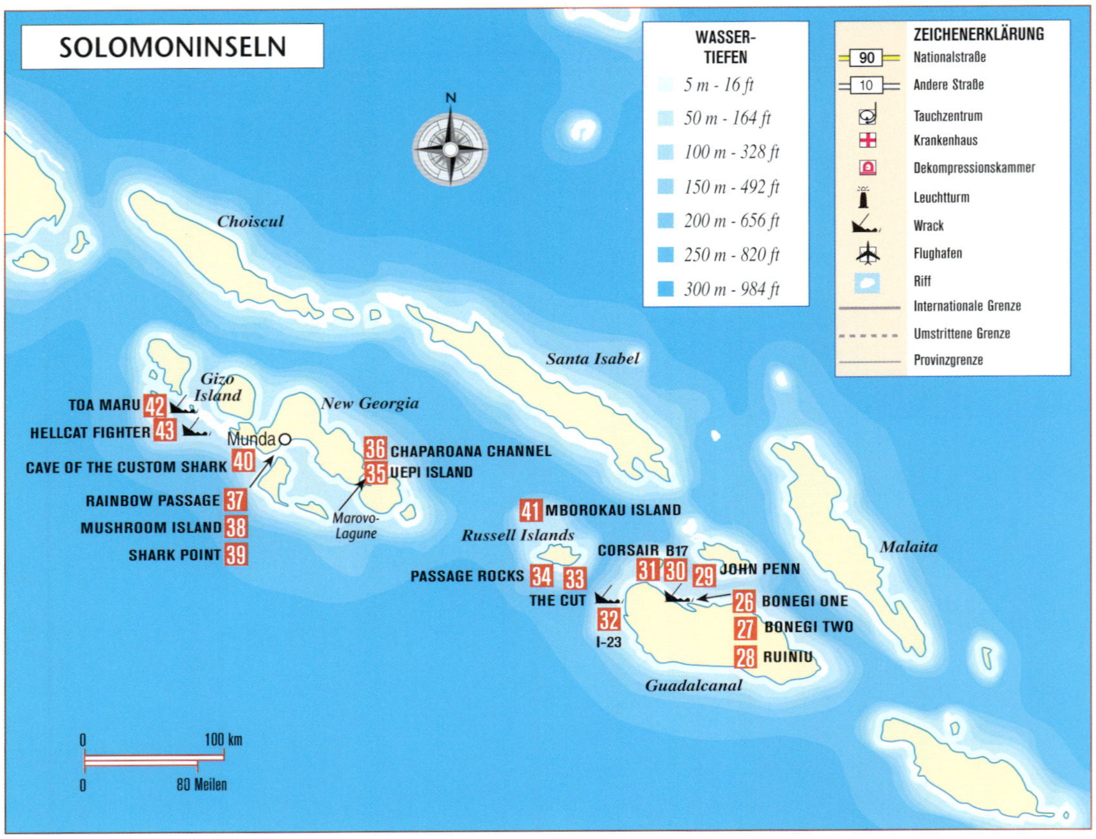

Von Kugeln durchsiebt, landete dieser B17-Bomber im Flachwasser vor Honiara. Die schweren Maschinengewehre zielen noch auf einen unsichtbaren Feind.

ist das bizarre Meeresleben zu Hause, das den Makrofotografen entzückt.

Die Sicht kann außergewöhnlich sein, allerdings gibt es Schwankungen je nach Jahreszeit, Korallenlaichen oder Planktonblüte. Die Fische sind art- und zahlreich, mit Schwärmen von Barrakudas und Stachelmakrelen. Es ist fast unmöglich, ein Gebiet besonders hervorzuheben.

The Cut [33], ein 5 m breiter, etwa 100 m in die Insel Leru getriebener Spalt, ist per Kreuzfahrtschiff erreichbar. Am besten taucht man mittags, wenn die Sonnenstrahlen von oben einfallen. Am Ende der Schneise taucht man in einem Dschungel auf und ist von Vogelgezwitscher und Insektengesumm umgeben. In diesem geschützten Gebiet liegt die Sicht bei 15–30 m und die durchschnittliche Tiefe bei 10–12 m, die maximale Tiefe bei 16 m.

Uepi Island [35], ein Korallenriff in der Marovo-Lagune, hat ein vielfältiges marines Ökosystem und bietet malerisches Tauchen von Land. Es gibt viele Korallengärten, Dropoffs, Bänder und Rinnen. Der **Chaparoana Channel** [36] zwischen Uepi und einer kleineren Insel ist eine Autobahn für Haie, Rochen, Meeresschildkröten und gelegentlich sogar Wale. Die Region Marovo ist auch für die ausgezeichneten Ebenholzschnitzereien bekannt, die »Spirit of Solomon«.

Weiter westlich in der Roviana-Lagune liegt Munda. Hier lebten einst die Kopfjäger von Roviana, und es gibt noch viele Überbleibsel und Artefakte. Die Namen der Tauchgebiete dieser Region sind Programm: **Rainbow Passage** [37], **Mushroom Island** [38] und **Shark Point** [39].

Die **Cave of the Custom Shark** [40] liegt bei der Insel Dnokendnoke in der Roviana-Lagune und ist mit einem kleinen Boot in 30 Minuten von Munda zu erreichen. Die Sicht an der Doline kann nach starkem Regen nachlassen. Die Durchschnittstiefe beträgt 15 m, die Wand fällt am meerwärtigen Höhlenausgang auf 800 m ab.

Es ist ein Tauchgang durch eine Süßwasserdoline hinaus ins Meer auf der anderen Seite der Insel. Die Taucher steigen in einem klaren

Süßwasserpool auf der Insel 15 m ab. Der Schacht wird weiter und führt um eine Biegung, die gerade so breit ist, dass man dem störenden Stalagmit ausweichen kann. Gerade wenn das Licht schwindet und Klaustrophobie aufkommen will, taucht ein blauer Schimmer auf, der Ausgang.

Mborokau Island 41, auch Mary Island genannt, liegt zwischen den Russell-Inseln und der Marovo-Lagune. Die Sicht kann außergewöhnlich sein, tauchen kann man fast immer. Die Durchschnittstiefe liegt je nach Gebiet zwischen 5 m und 15 m.

Es wimmelt von Fischen, insbesondere von Stachelmakrelen und Barrakudas. Auch an die Makrofotografen ist gedacht mit Harlekin-Geisterpfeifenfischen und Tarnkrebsen.

Passage Rocks 34 bei den Russell-Inseln ist mit dem Kreuzfahrtschiff erreichbar. Die Strömung kann stark sein, und man taucht am besten an der Leeseite. Die Tiefe beträgt im Schnitt 20 m.

Diese beiden Eilande sitzen auf einer vulkanischen Tischplatte in 10 m Tiefe. In 25 m bedecken rosa Gorgonien und gelbe Weichkorallen die Wandüberhänge. Immer sind Rochen, Haie und Fischschwärme zugegen. Bei den Korallenblöcken auf dem Plateau tummeln sich Tausende blauer und gelber Füsiliere.

Gizo

Das Staunen über Gizo beginnt mit der Landung auf einem schmalen Inselchen, das nur aus einer Landebahn besteht, und endet erst, wenn man in 18 m Tiefe auf einer Naturbank der Grand Central Station sitzt. Dort können Taucher das hastige Hin und Her von Haien, Rochen und Bernsteinmakrelen in einer turbulenten Unterwasserstadt beobachten. Gizo, in der Westprovinz, ist von Lagunen, Vulkaninseln und Buchten umgeben und bietet herrliches, leichtes Tauchen an Wracks, Riffen und Wänden. Fast alle Gebiete sind 15–20 Minuten vom Kai entfernt. Das Meeresleben ist rege und ursprünglich. Besonders beliebt sind die Wracks der ***Toa Maru*** 42 und des kleinen Hellcat-Jägers.

Die *Toa Maru* ist von Gizo mit dem Boot zu erreichen und liegt in einer ganzjährig betauchbaren Bucht. Die Sicht beträgt 15–20 m, die Tiefe durchschnittlich 20–25 m, maximal 37 m.

Der 140 m lange japanische Transporter liegt auf Steuerbord, der Bug in 12 m, das Heck in 37 m. Vor dem großen Laderaum liegen Reisweinkrüge, Gasmasken, Bajonette und sogar ein umgestürzter Panzer. Die geführten Tauchtouren führen durch die Brücke, an der Kombüse mit den riesigen Woks und Herden vorbei in den gewaltigen Maschinenraum und in den Geschirrraum, wo Stapel von Tellern und Tassen unter einer Siltschicht verschwinden.

Der **Hellcat-Fighter** 43 liegt im Flachwasser bei einer kleinen Insel. Er ist mit dem Boot in einer Stunde von Gizo zu erreichen. Die Sicht liegt bei etwa 10 m. Die Tiefe beträgt durchschnittlich 10 m, maximal 12 m.

Dieser noch intakte Jäger landete nach dem Abschuss 1943 in einem Graben. Es ist ein leichter Genusstauchgang, auch für Schnorchler geeignet. Taucher lassen sich gern im Cockpit sitzend fotografieren. Umgeben ist das Flugzeug von Blumenkohl- und Geweihkorallen.

Das Aufregende an Melanesien ist weniger das, was man kennt, sondern das, was noch zu entdecken ist. Unerforschte Riffe, unentdeckte Wracks und noch unbekanntes Meeresleben erwarten den aufgeschlossenen Taucher.

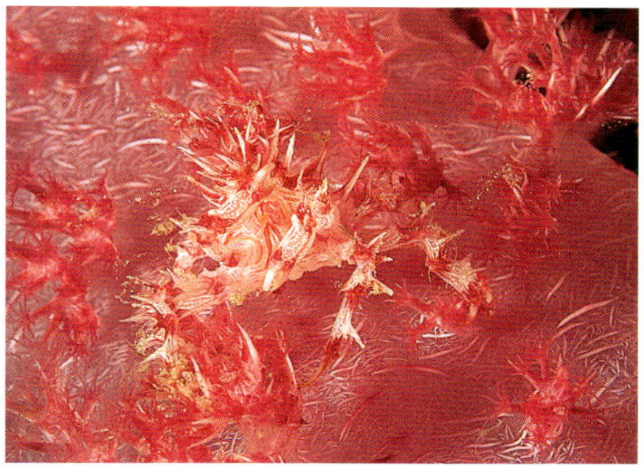

Die farbenprächtige Nacktschnecke Nembrotha kubaryana *hat viele Farbvarianten (oben). Diese Krabbe* (Hoplophrys oatesii) *ahmt Färbung und Linien des Weichkorallenbewuchses auf Kriegstrümmern in White Beach, Marovo-Lagune, nach (unten).*

Papua-Neuguinea

Bob Halstead

Als die Europäer den Pazifik und Asien erkundeten, einnahmen und kolonisierten, wurde Papua-Neuguinea weitgehend übersehen. Seine abweisenden Bergketten mochten sagenhafte Schätze versprechen, doch die Berge erhoben sich über Küsten mit undurchdringlichem Dschungel und waren durch kriegerische Bewohner und tückische Riffe geschützt, die beide für tödliche Überraschungen gut waren.

Was die frühen Seefahrer an Papua-Neuguinea so abschreckte, reizt die heutigen erlebnishungrigen Besucher. Das Land ist eines der letzten noch weitgehend unberührten Gebiete. Aber nicht landschaftliche Öde oder unwirtliches Klima haben Papua-Neuguinea seine Ursprünglichkeit bewahrt, sondern die Üppigkeit und der Überfluss, die es unzugänglich machten. Die Natur schlug über die Stränge und brachte Gebirge, Vulkane, Flüsse, sumpfige Ebenen, Regenwald und Korallenriffe in solcher Fülle hervor, dass es den Europäern schwer fiel, sie zu zähmen und zu überleben. Selbst die Einwohner, deren Vorfahren vor etwa 50 000 Jahren aus Asien gekommen sein sollen, sind überwiegend getrennt voneinander geblieben, sodass sich über 800 Sprachen und ein buntes Gemisch eigenständiger Kulturen entwickelten.

Milne Bay. Die Saumriffe dort grenzen oft an tiefes Wasser und haben leichte Strömungen parallel zum Ufer (oben links).
Küstennahe Riffe wie dies bei der Milne Bay können komplexe Kanäle und Dropoffs aufweisen. Tauchgänge bieten oft Begegnungen mit Haien und pelagischen Arten (oben rechts).

Eine die Taucher interessierende Eigenart der Riffe ist das bis dicht an das Ufer reichende tiefe Meer. Landwinde sorgen für ruhige See und Auftrieb, sodass diese Riffe ein vielfältiges Meeresleben fördern. In den klaren, geschützten Gewässern gedeihen Korallen, wie sie an ausgesetzten Barriereriffen niemals überleben könnten. Gorgonien und Weichkorallen erreichen oft gewaltige Ausmaße, und am Riffrand patrouillieren große pelagische Fische.

Seichte Sand- oder Seegrasflächen in Strandnähe, die zum Teil rasch in tiefes Wasser abfallen, bieten fantastische Makrobeobachtungen und die Chance, die dort hausenden bizarren Meereslebewesen zu entdecken.

Abseits vom Festland und der großen Inseln liegen zahllose kleine Inseln und Riffe, viele davon unbewohnt und unkartiert. Obwohl sie dem Wetter stärker ausgesetzt sind, bieten sie meistens ganzjährig eine Sicht von über 40 m. Einige bekommen so viele Nährstoffe, dass Weichkorallen, riesige Gorgonien und Peitschenkorallen wachsen können. Sie kommen tiefer als ihre küstennahen Verwandten vor, meistens in Tiefen zwischen 20 m und 50 m.

Neben den herrlichen Riffen sind Hunderte von Wracks über das Meer verstreut. Es sind Schiffe, U-Boote und Flugzeuge, viele in hervorragendem Zustand, einige perfekte Zeitzeugen, die jetzt in ein Korallenwunderland verwandelt sind. Noch viel ist zu entdecken. Viele Flugzeug- und Schiffswracks – und natürlich Riffe – in Papua-Neuguinea sind noch nie betaucht worden. Kaum ein Jahr vergeht ohne bedeutende Entdeckungen.

Carl's Ultimate, Eastern Fields

Eastern Fields ist ein Meereskorallenriff 167 km südwestlich von Port Moresby. Die Tauchgebiete sind nur mit Kreuzfahrtschiffen erreichbar. Wie die meisten echten Meereskorallenriffe bietet es überragende Sicht, unberührte Korallen und reichlich große Fische samt Haien.

Carl's Ultimate 1 liegt im Nordeingang zur Eastern Fields-Lagune und ist Gezeitenströmungen ausgesetzt. Die äußere Spitze ist zu grottenartigen Gängen ausgewaschen, die voller rosa Weichkorallen sind, und das ganze Riff ist mit Gorgonien und Bäumchen-Weichkorallen geschmückt. Der Fischbestand ist überwältigend, samt einigen prächtigen Riesen- (*Epinephelus lanceolatus*) und Kartoffel-Zackenbarschen (*E. tukula*).

Man sollte auf die Gezeitenströmungen achten und das Boot strömungsabwärts am Riff festmachen. Nicht ankern! Die Taucher können dann mit dem Beiboot strömungsaufwärts

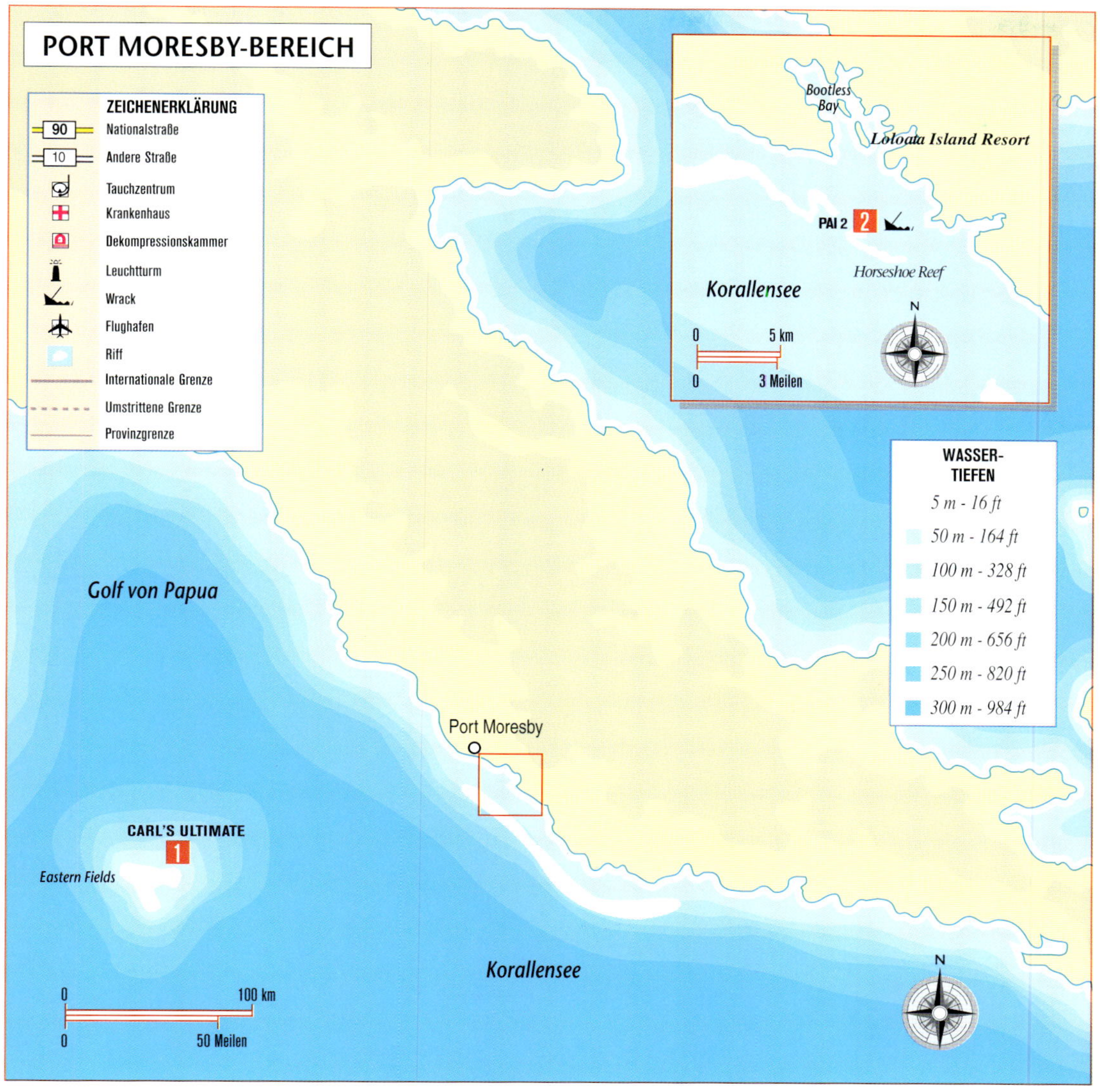

*Die Höhlenpassagen von Carl's Ultimate sind ein beliebter Durchschlupf für Schwarze Stachelmakrelen (*Caranx lugubris*) und Taucher (oben). Eine Taucherin umrahmt von bunten Weichkorallen auf der Leiter des Wracks der* PAI 2*, eines versenkten Fischtrawlers am Horseshoe Reef (unten).*

am Riffrand abgesetzt werden. Das Riffdach ist nur 7 m tief, das Wasser um das wurstförmige Riff über 40 m. Man sollte den Tauchgang so planen, dass man vom Riffende mit der Strömung im flacheren Wasser zurück zum Boot treibt oder schwimmt.

Die Navigation ist aufgrund der Form und Abgelegenheit des Riffs einfach. Eine leichte hereinkommende Strömung ist vorzuziehen, Zeiten maximaler Strömung sollte man meiden. Das Riff wimmelt von kleineren Tieren, auch der erst kürzlich beschriebene, nur aus dem Korallenmeer bekannte Zwerglippfisch *Pseudocheilinus ocellatus* ist zu sehen.

Das Wrack der *PAI 2*, Port Moresby

Port Moresby bietet Tauchern ein besonders reiches exotisches Meeresleben, und das äußere Barriereriff liegt nur wenige Kilometer im Meer. Es gibt zahlreiche Wracks, üppige Riffe mit Dropoffs, Riffdurchgänge und faszinierendes *muck diving*.

Das beliebteste Gebiet liegt vor der Bootless Bay, 15 Minuten vom Flughafen und Sitz des Loloata Island Resort. Das Horseshoe Reef an der äußeren Barriere hat sehr gute geschützte Tauchgebiete, so das **Wrack der *PAI 2*** 2, ein gefluteter Fischtrawler. Das Wrack liegt in 30 m dicht beim Riff, das bei Ebbe mit der Wasseroberfläche abschneidet. Das Wrack, aufrecht und Masten sowie Ruderhaus noch intakt, beherbergt viele zutrauliche Fische wie Kupfer-Schnapper (*Lutjanus argentimaculatus*) und Sattel-Forellenbarsche (*Plectropomus laevis*). Die Masten sind mit bunten Bäumchen-Weichkorallen überzogen. Rotstreifen-Fahnenbarsche (*Pseudanthias fasciatus*), die eigentlich nur in tieferem Wasser vorkommen, umschwärmen das Wrack.

Boote können an einem festen Liegeplatz beim Wrack anlegen, wo man zu den Aufbauten und Masten in 15 m absteigt. Die Strömungen sind zumeist leicht und beherrschbar. Die Sicht schwankt, beträgt aber nach Durchtauchen einer trüben Oberflächenschicht oft 25 m.

3 Banana Bommie, Milne Bay

Dieses fantastische Riff hat jetzt am 5 m tiefen Dach einen Liegeplatz. Boote sollten nicht ankern. Im Idealfall herrscht leichte Strömung von Westen. Manchmal kann die Strömung jedoch bis 4 km/h zulegen, dann sollte man nicht tau-

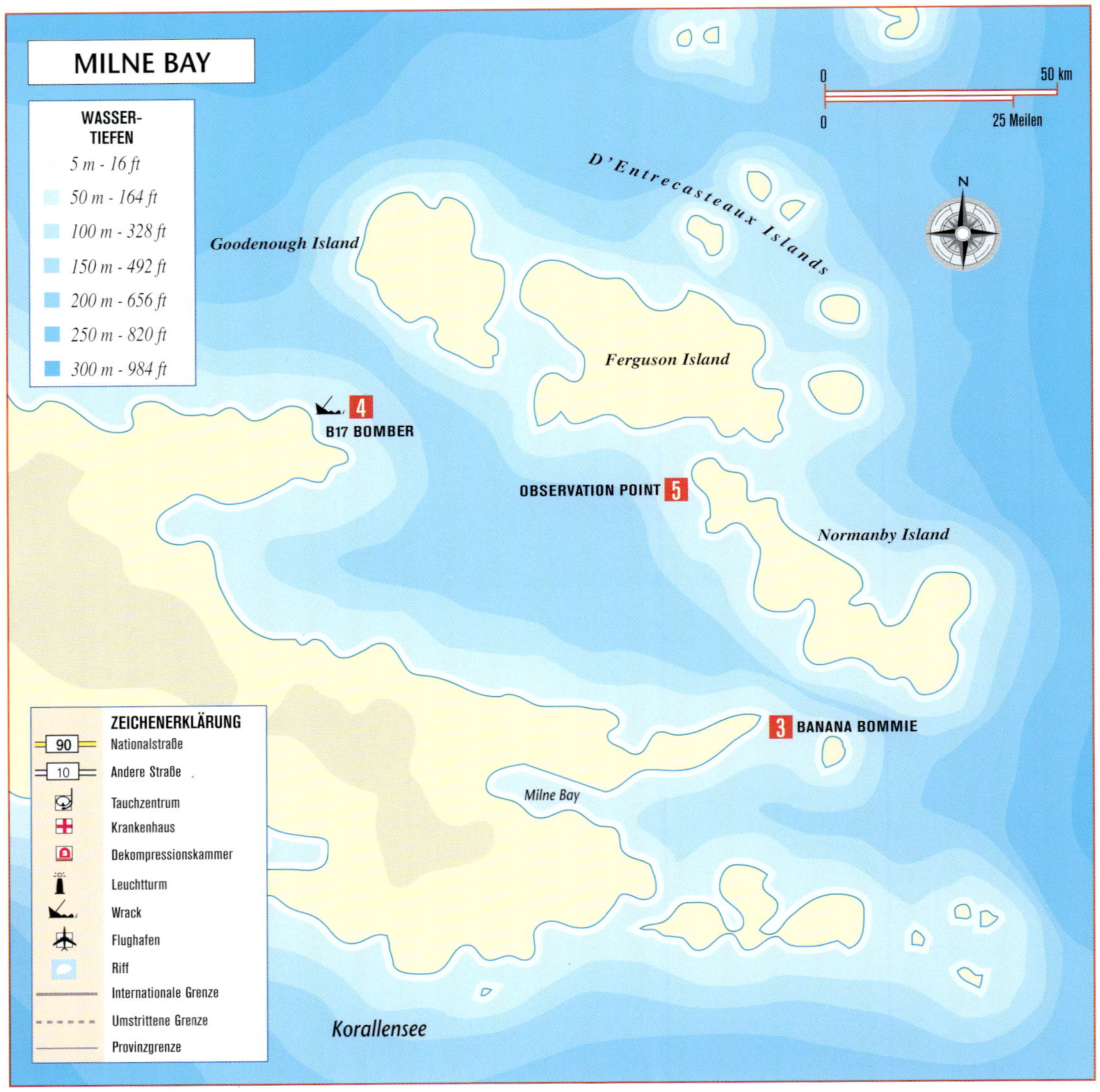

Umspült von einer ständigen Strömung, versinkt Banana Bommie unter Korallen, Haarsternen und Fischen (oben).
Das Turmgeschütz eines B17-Bombers aus dem Zweiten Weltkrieg im tiefen Wasser. Es ist in perfektem Zustand. Durch die Seitenfenster kann man ins Cockpit blicken (unten).

chen. Zu bedenken ist auch, dass die Strömung über dem Riffdach sehr viel stärker ist, als man sie weiter unten am Riffhang empfindet.

Die Westseite fällt steil zu einem Sandboden mit einzelnen kleinen Korallenblöcken in 27 m ab. Ein Heer großer Röhrenaale lebt im Sand, und am Sandhang zum Riff sieht man einige Rotgestreifte Seewalzen (*Thelenota rubrolineata*), die wegen der leuchtenden Farben bei Fotografen so beliebt sind.

Seitlich ist das Riff voller Schwarzer Korallen, Gorgonien, Weichkorallen, Haarsterne, Seeanemonen und unzähliger Fische. Die häufigen Juwelen-Zackenbarsche (*Cephalopholis miniata*) haben keine Angst vor Tauchern. Paddelbarsche (*Cromileptes altivelis*) sind eine Rarität.

An der Ostseite kann man in den seltenen Fällen tauchen, wenn die Strömung von Osten kommt. Sie ist jedoch nicht so reich wie die Westseite.

Am Riffrand weiden Schwärme von Fahnenbarschen das Plankton ab, ein wunderbarer Anblick.

4 *B17* Bomberwrack, Blackjack, Milne Bay

Das Gebiet ist starken Südost- und Nordwestwinden ausgesetzt, und häufig herrscht eine Südostströmung. Man sollte nur bei guten Bedingungen tauchen.

Am besten steigt man direkt zum Flugzeug ab und schwimmt einmal über das ganze Wrack. Die rechte Höhenflosse ist nach oben gebogen und weist zum Ausgang des Tauchgangs, einem Riffhang, der zu einer senkrechten Wand führt, an der man langsam und sicher aufsteigen kann. Die Wand ragt bis 3 m unter die Oberfläche auf. Dieser Tieftauchgang erfordert Deko-Stopps, weist häufig Strömung auf und ist erfahrenen Tauchern vorbehalten. Man kann bis auf 40 m absteigen, der Sandboden liegt aber in 48 m. Die Sicht kann bei guten Verhältnissen 40 m betragen. Das Wrack ist bestens intakt; Geschütze und andere Artefakte sind noch zu sehen. Taucher sollten nicht in den Rumpf vordringen, wo lose Kabel herumhängen. Das Cockpit kann durch die offenen Seitenfenster besichtigt werden. Am Flugzeugheck dreht sich noch ein MG auf der Lafette. Gelegentlich sieht man einen Riesen-Zackenbarsch. Beim Wrack gibt es hervorragende Rifftauchgänge, vor allem am Südosteingang zum Kanal, in dem es liegt. Wer sich

»Tauchen mit der Lupe« – Muck Diving

Muck Diving, von Bob Halstead in Papua-Neuguinea geprägt, erfolgt zumeist auf schlammigem oder sandigem Boden oder auch auf Korallenschutt. Bei konzentriertem Beobachten entdeckt man kleine, oft bunte oder sonderbare Geschöpfe, die sich kaum vom Untergrund abheben. Nachdem die Taucher die Möglichkeiten erkannt hatten, entdeckten sie bald Tiere, die sie bisher in der Lembehstraße, auf Borneo und den Philippinen nicht gesehen hatten. Oft lag es an der so guten Sicht, bei der niemand auf die Idee gekommen war, nach solchen Kleinlebewesen zu suchen.

Meistens braucht man einheimische Hilfe, um diese Tiere zu finden. Oft ist ein Vergrößerungsglas angebracht für die winzigen kommensalen Garnelen und Krabben auf größeren Tieren sowie die Grundeln und Zwergseepferdchen auf den Gorgonien.

nicht für tiefe Wracks interessiert, kann an der Wand beim Wrack tauchen.

5 Observation Point, Milne Bay

Eines der berühmtesten Gebiete der Milne Bay für *muck diving*. Boote können am Sandhang im Kanal zwischen der Spitze an der Nordwestecke der Normanby-Insel und der kleinen Insel ankern. Die freundlichen Dorfbewohner haben Unterkünfte für Taucher errichtet. Das Gebiet ist bei jedem Wetter geschützt und besonders bei Südostwind geeignet. Manchmal herrscht leichte Strömung. Die Sicht hängt vom Wetter ab, schwankt aber zwischen 8 m und 30 m.

Dies ist kein Hochglanzgebiet, bietet aber die Möglichkeit, ungewöhnliches Meeresleben zu entdecken. An einem Korallenriff gibt es im Flachwasser Seegras und Mangroven. Ein mit Haarsternen, Laub und anderen Resten übersäter steiler Sandhang schließt sich an. In der Mitte bei etwa 40 m sieht man Seefedern und Weichkorallen. Hier leben Tiere, die man sonst nicht an Korallenriffen findet: Geisterpfeifenfische, Sandpfeile, Schnepfenmesserfische, Kurzflossen-Zwergfeuerfische (*Dendrochirus brachypterus*), Kraken, Sepien, Skorpionsfische, Helmschnecken, Krötenfische, Feuerseeigel und junge Fledermausfische. Hier wurde eine neue Sandpfeilart entdeckt, *Trichonotus halstead*, benannt nach dem Autor und seiner Frau.

Das Aussehen der Tiere variiert stark, immer aber bieten sich großartige Motive für Nahaufnahmen. Hier wurde auch ein Meerwasserkrokodil gesichtet und fotografiert, *Crocodilus porosus*, und die BBC filmte hier sich paarende Pfeffers Prachtsepien.

6 Kimbe Island Bommie, Kimbe Bay

Die Kimbe-Insel liegt mitten in der Kimbe Bay, etwa eine Bootsstunde vom Walindi Resort.

*Observation Point, ein Ort für Muck Diving, gibt seine Schätze nur dem genauen Beobachter preis. Dieser Sandtaucher (*Trichonotus halstead*) ist nach dem Autor und seiner Frau benannt (oben). Über den Schädeln in dieser Höhle der Milnes Bay haben sich Stalaktiten gebildet. Wahrscheinlich waren es geschichtliche Kriegstrophäen (unten).*

Der Korallenblock liegt dicht bei der Insel und ist durch einen Liegeplatz markiert. Die Spitze des Blocks ist in 27 m Tiefe. Das Gebiet ist wetterabhängig und bei starkem Südostpassat oder Nordwestdünung schwer zu betauchen.

Die Sicht erreicht oft 50 m. Am besten taucht man bei leichter Strömung, wenn die Fische zum Fressen kommen. Am Riff, das mit Stein- und Weichkorallen und Gorgonien geschmückt ist, wimmelt es von Leben. Vom Pfeiler reichen einige Grate in für Taucher unzugängliche Tiefen. Dies ist, je nach Strömung, einer der besten

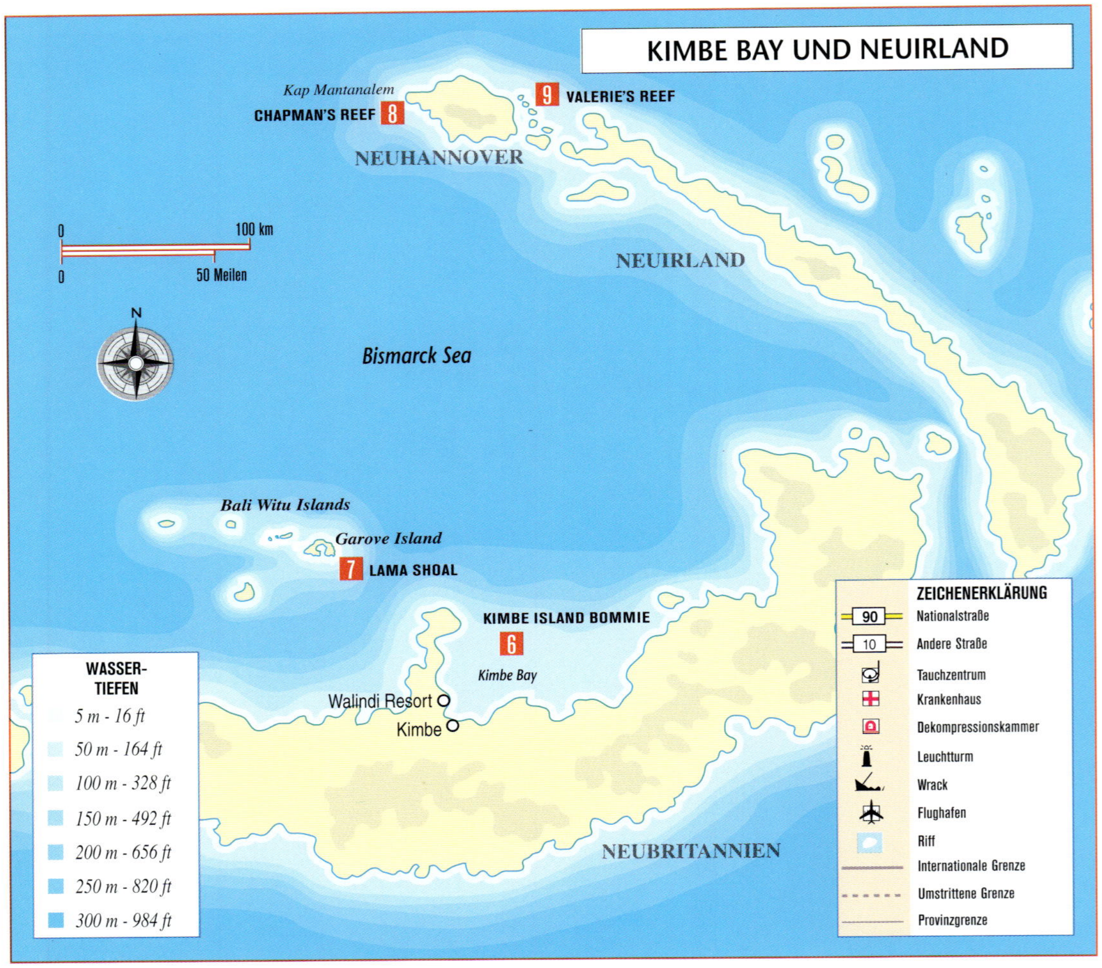

*Lama Shoal ist außergewöhnlich fischreich. Weite Bereiche sind jedoch mit Korallenanemonen (*Discosoma sp.*) bedeckt, die man nicht berühren sollte.*

Plätze der Region, um große Fische zu beobachten. Wenn sie an ruhigen Tagen nicht da sind, bleibt immer noch die großartige Landschaft.

Wale und Delfine werden oft in der Gegend gesichtet, und Taucher haben auch schon Orcas erlebt und gefilmt.

7 Lama Shoal, Neubritannien

Lama Shoal, knapp 2 km östlich der Garove-Insel in der Bali Witu-Inselgruppe, bietet außergewöhnliche Fischspektakel. Nach dem Abstieg zum Riffdach sollten die Taucher gegen die Strömung zu der Seite schwimmen, die der Strömung ausgesetzt ist, wo Schwärme von Barrakudas und Großaugen-Stachelmakrelen zu sehen sind. Hundezahn-Tunfische patrouillieren inmitten anderer Rifffischschwärme am Dropoff. Hin und wieder sind Haie zu sehen. Über dem Riff schwärmen Prinzess-Fahnenbarsche (*Pseudanthias smithvanizi*), Feuerfische sind häufig.

Die Sicht ist meistens hervorragend – mindestens 40 m. Am Hang, der über 50 m abfällt, gibt es große Schwarze Korallen, Peitschenkorallen und Tonnenschwämme. Riffdach und oberer Hang sind von einem kleinen, braunen, anemonenartigen Geschöpf bedeckt, einer riesigen Kolonie Korallenanemonen, die für Taucher gefährlich sind. Diese Tiere fangen ihre Beute nicht durch Nesseln, sondern umhüllen sie mit ihrem Mantel, der die Gestalt einer Kugel annimmt, die oben eine kleine Öffnung hat. Schwimmt ein Beutetier in die Öffnung, schließt sie sich, und das Tier ist gefangen. Korallenanemonen sind für Taucher gefährlich, weil sie mit ihrem kräftigen Abwehrstachel einen Lycraanzug durchdringen können. Werden die Tiere gestört, produzieren sie eine weiße Masse, Akontien, die Nesselzellen enthält. Das Nesseln kann Folgesymptome wie Neuritis hervorrufen. Berühren Sie diese Tiere nicht!

Das Gebiet ist starken Südostwinden ausgesetzt, ansonsten aber gut geschützt und lohnend, vor allem abends, wenn das magische Treiben der Fische beginnt.

8 Chapman's Reef, Neuhannover

Chapman's Reef liegt direkt südlich der Insel Ao beim Kap Matanalem, Neuhannover. Es hat einen unglaublichen Dropoff mit Barrakudaschwärmen und Massen pelagischer Fische. Oft herrscht starke Strömung, meist aus Südost, mit der erfahrene Taucher aber umgehen können. Am teilweise exponierten Riff gibt es jedoch Dünungswellen, sodass man bei Wind nicht anlegen kann. Die Sicht kann 50 m erreichen. Das Riffdach liegt in 10 m, der Dropoff geht auf unter 50 m.

Parallel zum Ufer verläuft ein Kammriff mit tiefen seitlichen Hängen und einem mächtigen Dropoff am Ostende. Der Trick besteht darin, dann über den Dropoff zu gehen, wenn auch die Strömung es tut. Hat der Taucher die Riffkante überwunden, ist er vor der Strömung weitgehend geschützt. Haie und Riesen-Zackenbarsche kreuzen zwischen Fischschwärmen. Pelagische Arten jagen in der Abenddämmerung. Das Riff ist mit Weichkorallen überzogen, den Sturz hinunter wachsen Gorgonien. Befindet sich das Boot dicht am Rand, schwimmt man am besten rasch zur Nordseite des Kamms, wo ein Rückwirbel den Taucher zum Dropoff bringt. Über die Kante zu kommen, ist der schwierigste Teil.

Manchmal wird vom Schlauchboot getaucht, das die Taucher strömungsaufwärts am Rand absetzt. Die Strömung ist weitgehend unberechenbar, bei Nipptide aber meistens stärker als bei Springtide. Tagsüber lässt die Strömung meistens einmal nach, dann kann man sich unter den Barrakudaschwarm am Riffdach mischen, der den Taucher umkreist. Ein tiefer Spalt voller Fische zieht sich über den Rücken am Ostende.

9 Valerie's Reef Kavieng

Am Valerie's Reef gibt es eine residente Population Silberspitzenhaie (*Carcharhinus albimarginatus*). Das Riff ist nach Valerie Taylor benannt. Boote können über einem abfallenden 12 m tiefen Steinkorallenriff festmachen. Liegt das Boot fest, kann man die Haie unter sich beobachten, die zum Boot kommen, wenn es im Umkreis des Riffs festmacht.

Die besten Bedingungen herrschen bei leichter Südostströmung und leichtem Wind. Dünungswellen sind möglich. Die Sicht ist hervorragend, außer nach starkem Regen. Das Riff fällt auf unter 40 m ab.

Früher wurden hier Haie gefüttert, was jetzt nicht mehr nötig ist. Graue Riffhaie sind noch nicht gesichtet worden. Einmal kam ein Großer Hammerhai (*Sphyrna mokarran*) zum Köder, woraufhin die Silberspitzenhaie sofort verschwanden. Die Zahl der Haie ist in den letzten Jahren wegen illegalen Jagens zurückgegangen. Ein paar große Haie sind dem Gebiet aber treu geblieben. Diese Haie sind nicht aggressiv, solange kein Köder ausgelegt ist. In diesem außergewöhnlichen Tauchgebiet haben Taucher die seltene Gelegenheit, in klarem Flachwasser in Tuchfühlung mit großen Haien zu kommen. Die Haie bleiben lange, sodass man zum Boot direkt über sich zurückkehren kann, um einen neuen Film einzulegen und dann wieder zu tauchen. Von Schnorcheln ist abzuraten.

*Ein Taucher wird bei Stillwasser über dem Rücken von Chapman's Reef von einem Schwarm Querbänder-Barrakudas (*Sphyraena qenie*) umringt.*

Ostaustralien

Michael Aw

Aus der Luft sieht das Große Barriereriff, als eins der sieben natürlichen Weltwunder bezeichnet, wie eine Halskette um die Nordküste von Queensland aus. Es ist die einzige aus dem Weltall sichtbare biologische Lebensgemeinschaft des Planeten und das längste Riffsystem der Erde. Ein unregelmäßiges Labyrinth aus Grün und Blau, von Sandbänken und bewaldeten Inseln unterbrochen, das sich über 2000 km erstreckt und diese Barriere zum komplexesten und größten Korallenriffsystem der Welt macht.

Trotzdem führt der Name etwas in die Irre. Es ist eine Barriere, aber kein durchgehendes Riff. Es besteht aus 2800 Einzelriffen, Sandbänken und über 900 kontinentalen und Koralleninseln mit einer Gesamtfläche von 34 Millionen ha. Ein unglaublich arten- und zahlreiches Meeresleben trägt dieses ökologische Wunderland. Es ruht auf einem flachen Plateau, das im Nordabschnitt 50 bis 80 km vor der Küste liegt und dann in den Tiefen der Korallensee versinkt. Der größte Teil dieses riesigen Ökosystems bleibt für die Massen unzugänglich und von menschlichen Einflüssen unberührt. Die vielfältigen Habitate beherbergen über 450 Korallenarten, über 1500 Fischarten, Tausende Arten von Wirbellosen wie Würmer, Krebse, Stachelhäuter, Weichtiere und Schwämme. 23 Meeressäuger, 16 Seeschlangenarten und sechs der sieben Meeresschildkröten leben ebenfalls hier. Auf den tropischen Sandbänken und Inseln des Riffs brüten Zug- und residente Seevögel, und Dugongs und Wale nutzen das Gebiet als Zuflucht, zur Paarung und als Nahrungsgrund. 2008 hat man tief im Süden vor Queensland einen jungen Walhai gesichtet. In jüngster Zeit hat das Riff erheblich unter der Korallenbleiche gelitten.

Die Heron-Insel am Südende des Großen Barriereriffs ist ein perfektes Beispiel für Barriereriff-Ökologie. Das Resort ist die ideale Plattform für Taucher, Schnorchler und Familienferien (oben links).

Die Lizard-Insel dient OceanNEnvironment Australia als Basis für Meeresforschung (oben rechts).

Umweltschutz

Aufgrund des erhöhten Bewusstseins der Komplexität und Anfälligkeit dieser Barriere und der Einwirkungen durch den Menschen erließ die Commonwealth-Regierung 1975 den Great Barrier Reef Marine Park Act. Ziel waren Schutz und kontrollierte Nutzung der Riffe durch die Schaffung ausgewiesener Zonen. Heute verwaltet die Great Barrier Reef Marine Park Authority den Komplex, der in die Abschnitte Far Northern, Cairns, Central und Mackay/Capricorn aufgeteilt ist. Es gibt Gebiete für Tourismus, kommerziellen Fischfang und wissenschaftliche Forschung, Gebiete für allgemeine Nutzung, die alle kommerziellen Aktivitäten außer den Abbau von Mineralien zulässt, den marinen Nationalpark, wo das Entfernen von Meeresorganismen eingeschränkt, begrenztes Fischen jedoch erlaubt ist, und Gebiete für Schutz und wissenschaftliche Forschung, die nur von Wissenschaftlern betreten werden dürfen. Man arbeitet mit der James Cook Universität und dem australischen Institut für Meereswissenschaft zusammen. Der Park ist weltweit der Maßstab für das Management von Riffsystemen.

Die Bedeutung des Großen Barriereriffs für das Leben auf der Erde wurde durch seine Anerkennung als UNESCO-Weltkulturerbe unterstrichen. Östlich vom Großen Barriereriff liegen die Riffe, unbewohnten Inseln und Sandbänke der Korallensee, von denen viele über 300 km von der Küste Australiens entfernt sind. Die Korallensee mit einer Fläche von fast 2,5 Millionen km^2 birgt Hunderte einzelner Riffe, Atolle, Sandbänke und submariner Tafelberge. Viele davon ragen Tausende von Metern bis knapp unter die Oberfläche auf.

Das Riffsystem der Korallensee unterscheidet sich von dem des Großen Barriereriffs. Die Riffdächer, die dem Pazifik ausgesetzt sind, weisen keinen ausgedehnten Korallenbewuchs auf. Die vielen submarinen Riffe ziehen Schwarm- und Einzelfische in großer Zahl an. Topografisch umfasst die Korallen-

see spektakuläre Wände, steile Dropoffs und abgelegene Guyots, aber auch flache Gärten und sanfte Hänge. Im kristallklaren Wasser mit einer durchschnittlichen Sicht von über 40 m scheint ein Taucher vor einer mit Gorgonien geschmückten Steilwand wie in Luft zu schweben. Die Korallensee bietet eine Fülle von Gorgonien, Peitschen- und leuchtend gelben Weichkorallen. Haie und pelagische Arten sind allgegenwärtig, und auch mit Wirbellosen wie Nacktschnecken, Seeanemonen, dazu ungewöhnlichen Tropenfischen und riesigen Fischschwärmen kann man rechnen. Bei so viel Pracht und klarem Wasser muss der Taucher auf die Tiefe und die Grundzeit achten.

Das Große Barriereriff ist dagegen ein gewaltiger flacher Bereich, im Schnitt nur 15–30 m tief und 80–160 km breit. Mit den Gezeiten strömen täglich enorme Wassermassen durch das System. Die schnellen Strömungen bewirken manchmal, dass die Sicht nur noch 10 m beträgt.

Zugang

Viele Tauchgebiete sind nicht nur sehr gut, sondern auch mit Tagestouren von Cairns und den Whitsunday-Inseln zu erreichen. Fraglos ist ein Kreuzfahrtschiff die beste Option für ernsthafte Taucher, die das Große Barriereriff erkunden wollen. Im Allgemeinen stehen bei Kreuzfahrten von Cairns und Townsville die GBR-Stationen Cod Hole, Pixie Pinnacles, Temple of Doom und das Wrack der *Yongala* auf der Reiseroute.

Das Sporttauchen in Queensland, vor allem um Cairns, Port Douglas und Townsville, ist eine regelrechte Industrie, durch Gesetze überwacht und mit einem hohen Standard der Sicherheitskontrollen. Da die meisten Riffe 16 bis 300 km vor der Küste liegen, wird überwiegend vom Boot oder Ponton getaucht. Die meisten größeren Orte an der Küste von Queensland sind auf Tauchfahrten zum Großen Barriereriff eingerichtet.

*Ein Juwelen-Zackenbarsch verbirgt sich zwischen Korallen vor einem Fotografen, den er für einen Harpunenfischer hält. Nur 5 Prozent des Großen Barriereriffs sind Schutzgebiet (oben). Feldwebelfische (*Abudefduf spp.*) suchen bei Steinkorallen Schutz. Viele Korallenkolonien im Barriereriff fallen bei Ebbe trocken (unten).*

Bei einigen Tagesausflügen, die mit Katamaranen in Cairns, Port Douglas und Townsville angeboten werden, werden auf der Hin- und Rückfahrt Videos über das Riff gezeigt. Die meisten Zentren veranstalten geführte Schnorcheltouren sowie allgemeine Schnorchel-, Sporttauch- und Einführungskurse. Einige Veranstalter bieten naturkundliche Tauchkurse an. Meeresbiologen halten regelmäßig Vorträge zu

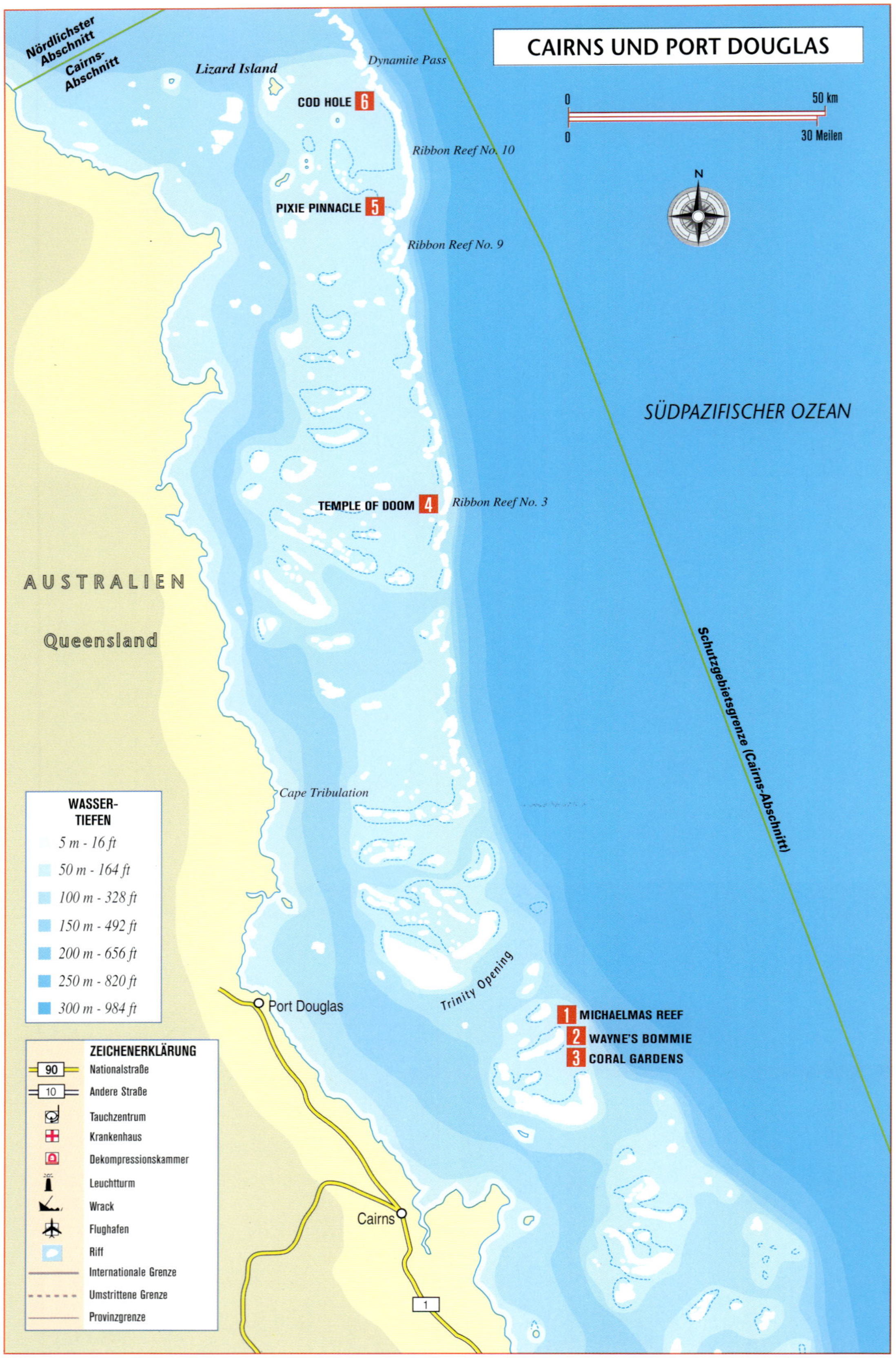

Themen ihres Fachs. Mehrtägige Fahrten zur Korallensee und den Ribbon Reefs unternehmen über 50 Schiffe von Cairns, Airlie Beach, Townsville, Port Douglas und Gladstone. Selbst wer sein ganzes Leben am Großen Barriereriff und in der Korallensee tauchen würde, sähe nur einen kleinen Teil.

Cairns und Port Douglas

Cairns ist das Tor zum Großen Barriereriff. Hunderte von Veranstaltern bieten Tauchurlaub im Resort und Kreuzfahrten an, die alle von Cairns oder Port Douglas ausgehen. Sie unterscheiden sich im Komfort, der Exklusivität und dem Preis und reichen von ein- bis zu zehntägigen Fahrten in die Korallensee. Einige mit Tagesfahrten von Cairns zu erreichende Gebiete sind sehr gut, aber die Topgebiete liegen im Nordabschnitt des Great Barrier Reef Marine Park. Nördlich von Cairns bilden die Ribbon Reefs eine Kette aus zehn Korallenwällen, die sich über eine Strecke von 160 km von der Lizard-Insel bis fast zum Kap Tribulation erstrecken.

Die Auswahl an berühmten Gebieten ist groß, etwa Pixie Pinnacle, The Temple of Doom und Dynamite Pass, aber viele schöne Gebiete werden kaum »regelmäßig« von Schiffen angelaufen, und man kann fast überall Halt machen und fantastisch tauchen. Die Korallenbauten reichen von Beeten mit riesigen Plattenkorallen über einzelne Pfeiler mit arten- und zahlreichen Fischen bis zu Wänden und Kanälen für perfektes Strömungstauchen sowie Höhlen, Canyons und flachen Korallengärten. Sehr gut erlebt man das Große Barriereriff auf einer kurzen Kreuzfahrt zu den Ribbon Reefs. Ein Angebot ist eine vier- bis fünftägige Fahrt jeden Dienstag und Freitag ab Cairns. Die Freitagsfahrt schließt das Osprey Reef ein, das für die vielen Haie berühmt ist, und mehrere Tauchgänge am weltberühmten Cod Hole. Im Winter kann man bei den Ribbon Reefs sogar mit Zwergwalen schwimmen. Die Gebiete außen am Großen Barriereriff haben natürlich eine bessere Sicht als die Sauminseln und Fleckenriffe nahe beim Festland.

Topgebiete

1 Michaelmas Reef

Etwa 45 km nordöstlich von Cairns bietet Michaelmas ausgedehnten Korallenbewuchs und mehrere Pfeiler, an denen pelagische Arten Fresspausen einlegen. Tunfische und Stachelmakrelen sind häufig zu sehen. Die üppig mit Gorgonien und Weichkorallen bedeckten Riffe sind beliebt. Tausende von Seevögeln nisten auf den Sandbänken dort. Direkt beim Riff gibt es einige schöne Korallengärten und viele Pfeiler. **Wayne's Bommie** 2 besteht aus Dutzenden von Pfeilern, die unter Fischen verschwinden. Man findet Riesenmuscheln, scheue Sepien, Meeresschildkröten, Weißspitzen-Riffhaie, Blaupunkt-Stechrochen und sogar Mantas. Bei **Coral Gardens** 3 stehen weitere Pfeiler, die die verschiedensten pelagischen Fische anlocken. Taucher stoßen regelmäßig auf Hundezahn-Tunfische, Spanische Makrelen, Juwelen-Zackenbarsche, Napoleon-Lippfische, Schwärme von Füsilieren und Barrakudas sowie Riffhaie. Die Pfeiler sind mit kleinen Grotten durchsetzt und schön mit Korallen bewachsen. Kleine Rifffische sind allgegenwärtig, und in den Korallen verbergen sich viele Wirbellose.

4 Temple of Doom

Der Temple of Doom, ein massiver Pfeiler an der Westseite des Ribbon Reef No. 3, ist eins der fischreichsten Tauchgebiete der Welt. Er hat über 30 m Durchmesser und ist als das Aquarium des Barriereriffs bekannt. Sobald man ins Wasser steigt, ist man von Gelbflossen-Meerbarben, Blauflossen-Makrelen, Blaustreifen-Schnappern, Füsilieren, Tunfischen, Makrelen, Barrakudas und Juwelen-Zackenbarschen umringt. Es wimmelt von Leben. Das Riffdach ist reich mit Geweihkorallen bedeckt. Hier fand *Metamorphosea* statt, der weltweit erste Tauchgang, der 1995 24 Stunden lang den Lebenszyklus an einem Korallenriff dokumentierte. Der Pfeiler fällt steil auf 30 m ab, der Hang ist reichlich mit Gorgonien, Schwarzen Korallenbäumen, Peitschenkorallen, Schwämmen und schönen Weichkorallen bedeckt. Einige kleine Bänder gliedern den Pfeiler und schaffen ein Habitat für Muränen und Langusten. Auch Weißspitzen-Riffhaie, Süßlippen, Zackenbarsche, Stech- und Adlerrochen sind oft zu sehen.

5 Pixie Pinnacle

Pixie Pinnacle, 165 km nördlich von Port Douglas am Kanal zwischen Ribbon Reef No. 9 und No. 10, ist ein großer, mit bunten Gorgonien überzogener Korallenblock, der pralles Riffleben birgt. Es ist eines der berühmtesten Tauchgebiete der Welt, in dem sämtliche Bewohner des Großen Barriereriffs zu finden sind. Taucher sollten unbedingt die vielen Überhänge und Grotten erkunden, mit denen der Pfeiler durchsetzt ist – alle voll gepackt mit stachligen Weichkorallen, Hydrozoen, Zäpfchenkorallen und kleinen Gorgonien. Der Pfeiler steigt von 40 m bis fast unter die Oberfläche auf, wo er nur noch einen Durchmesser von 15 m hat.

Die Wände sind steil und mit Korallen, Seeanemonen, Peitschen-, Weichkorallen und Gorgonien überzogen. Zwischen den Haarsternen, Peitschenkorallen und Gorgonien schwärmen und fressen rosa Fahnenbarsche in der Strömung. An Fischen sieht man Feuerfische, Zacken- und Büschelbarsche, Lipp-, Falter-, Kardinal-, Husaren-, Feilen- und Kaiserfische. Riffhaie, Adlerrochen, Barrakudas, Barrakuda-Schnapper, Füsiliere, Makrelen und Fledermausfische kreuzen am Pfeiler. Nach Einbruch der Dunkelheit, im Licht der Lampen, erscheint Pixie Pinnacle noch farbenprächtiger. Viele kleine Riffbewohner tauchen auf – Plattwürmer, Fangschreckenkrebse, Korallenkrabben, Weichtiere, Seespinnen, Scherengarnelen und Nacktschnecken. In die farbenprächtigen Korallen und Grotten schmiegen sich Papageifische, Füsiliere, Meeresschildkröten und Falterfische.

6 Cod Hole

Cod Hole, ein 10–25 m breites Fleckenriff am Nordende des Ribbon Reef No. 10, ist berühmt für seine stürmischen Kartoffel-Zackenbarsche. Sobald Taucher ins Wasser steigen, sind sechs bis zwölf 100-kg-Exemplare zur Stelle, um sich von Hand füttern zu lassen. Dabei haben die Barsche immer ein Auge auf den Tauchführer, der oft etwas Besonderes zu bieten hat. Manch-

Meerbarben sammeln sich in Schwärmen über dem Riff am Temple of Doom.

*Koloniebildende Anemonen (*Amphianthus sp.*) sind meist auf abgestorbenen Peitschenkorallen und Wracks im tieferen Wasser zu finden.*

Wale beim Großen Barriereriff

Kleiner Zwergwal

Die Ribbon Reefs sind eine Kette gewundener Korallenbauten am äußeren Rand im Norden des Großen Barriereriffs. Die von 1–10 durchnummerierten Riffe können bis 25 km lang sein, sind aber selten breiter als 500 m. Auf der meerwärtigen Seite stürzt das Riff mehrere hundert Meter in die Tiefe, während es auf der anderen Seite sanft in flache Senken mit üppigen Korallengärten und Felsen abfällt.

Die Kleinen Zwergwale besuchen die Ribbon Reefs zwischen Juni und Juli, wo es zu häufigen Kontakten mit Schnorchlern kommt. Auch wenn sie kleiner als im Nordatlantik sind, ist eine Begegnung mit Walen unter Wasser immer ein unvergessliches Erlebnis. Walforscher müssen diese Art noch einordnen, anscheinend eine Unterart des typischen Zwergwals *Balaenoptera acutorostrata*.

Der größte Zwergwal am Großen Barriereriff maß bisher 9 m, im Schnitt sind sie aber nur etwa 5 m lang. Weibchen sind rund einen Meter länger und wiegen 6–7 t. Sie gehören zur Unterordnung *Mysticetes* der 78 bekannten Arten der *Cetaceae*, wie die Wale und Delfine wissenschaftlich heißen. Zwergwale sind Furchenwale. Typisch sind eine markante Kopfleiste und die spitze, dreieckige Schnauze mit dem breiten, ringsum verlaufenden Unterkiefer, der den Eindruck ständigen Lächelns vermittelt. Der kräftige Körper hat eine mehrere Zentimeter dicke Schicht Isolierfett (Blubber). Wie Delfine nutzen auch die Zwergwale Töne zur Wahrnehmung ihrer Umwelt, von Nahrung, Freunden und Feinden. Da große Ohren unter Wasser nutzlos wären, nimmt ihr Schädel Tonschwingungen direkt auf, wie auch bei anderen Cetaceen.

Obwohl unsere Kleinen Zwergwale den größeren Vettern in Form und Aussehen ähneln, gibt es doch einige Unterschiede. Die äußere Flipperhälfte ist dunkelgrau bis schwarz, die innere fast weiß. Am Flipperansatz befindet sich im Schulterbereich ein weißer Fleck. Der Bereich zwischen Mund und Flippern ist dunkelgrau bis schwarz. Der Kopf ist oben deutlich heller als andere Körperpartien, was nur bei den »kleinen« Zwergwalen so sein soll.

Wale führen ein beschwerliches Leben. Sie leben zwar im Meer, müssen aber zum Atmen an die Oberfläche kommen. Sie sind umgeben von Leckerbissen aller Art, haben aber keine Zähne. Zwergwale sind Bartenwale; statt Zähnen haben sie 200–300 Paare Bartenplatten, die vom Oberkiefer herabhängen. Die Kehle der Zwergwale kann sich enorm ausweiten; sie nehmen tonnenweise Wasser auf, das normalerweise voller Krill und kleiner Schwarmfische ist. Noch niemand hat die »kleinen« Zwergwale in australischen Gewässern fressen sehen. Auch über ihr Tauchvermögen weiß man nichts.

Wir wissen jedoch, dass die »kleinen« Zwergwale bevorzugt in der Südhemisphäre leben. Man hat sie bei Australien, Neuseeland, im Süden Südamerikas und bei Neukaledonien, aber auch in subantarktischen und antarktischen Gewässern angetroffen. Vielleicht folgen sie den gleichen Wanderwegen zwischen den Nahrungsgebieten im Südpolarmeer und den Tropen, aber das ist nicht sicher.

Nach Peter Arnold vom Museum of Tropical Queensland, einem Fachmann für Zwergwale, sieht man sie im australischen Winter vom Swains Reef im Süden bis zur Lizard-Insel im Norden. Begegnungen sind jahreszeitlich und erfolgen vermutlich zu 80 Prozent im Juni und Juli, häufig an der Südwestecke des Ribbon Reef No. 3, gemeinhin als Steve's Bommie und Temple of Doom bezeichnet.

mal kommt es beim Gerangel um das Fressen zu Rempeleien untereinander und mit den Tauchern, denn auch Gelbgefleckte Muränen, andere Zackenbarsche und Napoleon-Lippfische wollen etwas abhaben. Vorsicht, denn die Zackenbarsche verschlingen im Eifer des Gefechts auch mal einen Handschuh, die man bei diesem Tauchgang ohnehin nicht tragen sollte. Die Zackenbarsche sind aber auch zutraulich, wenn man sie nicht füttert. Das Riff weist aber auch sonst viele Rifffische, Rochen, Riffhaie und Wirbellose auf. Oft ziehen pelagische Arten vorbei; Makrelen, Tunfische und Riesen-Zackenbarsche sind häufige Besucher. Cod Hole ist das Vorzeigegebiet des Großen Barriereriffs.

Nördliche Korallensee

Blaues, kristallklares Wasser ist das Markenzeichen der Korallensee. Man hat unter Wasser den Eindruck, endlos weit zu sehen. Das Meeresleben ist grandios, genauso wie die malerische Landschaft. Mancher hält die Korallensee für das beste Tauchgebiet überhaupt – mit 1000 m hohen Dropoffs, Pfeilern in Häuserblockgröße, unzähligen Höhlen, riesigen Gorgonien und Weichkorallen, Haien, Mantas und Schwärmen pelagischer Fische. Die Riffe im Norden der Korallensee sind völlig anders als die im Süden. Es gibt vor allem mehr Haie, aber weniger Seeschlangen. Die Riffe sind die Spitzen alter Berge, die seit langem vom steigenden Meer bedeckt sind. Einige bilden große Lagunenbecken, andere sind einfach nur aufragende Korallentürme, alle stürzen jedoch sehr schnell in die Tiefe.

7 8 Holmes Reef

Die Riffbauten des Holmes Reef liegen, zweigeteilt, nur 220 km östlich von Cairns. Sie sind ein gutes Beispiel für die Korallensee und mit einem Tagesausflug zu erreichen. Sie bestehen aus East und West Holmes und zwei kleinen Sandbänken, die bei Ebbe trocken fallen. Ansonsten steigen steile Hänge und senkrechte Wände aus 1500 m auf, und die flachen, geschützten Lagunen sind mit Höhlen, Tunnels und Grotten durchsetzt. Bei Strömung ist ein Tauchgang bei der **Golden Wall** 9 – eine mit gelben Schwämmen und Weichkorallen überwucherte Steilwand – Nervenkitzel pur, wenn man an der Wand vorbeifliegt, die bei bester Sicht im blauen Nichts verschwindet. Mächtige Gorgonien zieren die Wände. Mantas, Meeresschildkröten, pelagische Schwärme, Haie und gelegentlich sogar ein Walhai sind hier zu sehen. **Nonki** 10 ist ein relativ einfacher Tauchgang mit drei riesigen, von 30 m bis 5 m aufsteigenden Pfeilern. Die Pfeiler haben Überhänge und Grotten, und alles ist mit sessilen Tieren und Weichkorallen überzogen. Bunte Gorgonien kämpfen mit üppigen Steinkorallen um Platz, die den gesamten Pfeilerhang bedecken.

11 Herald Cays

Die Herald Cays, 100 km südöstlich des Holmes Reef, sind zwei Sandinseln, auf denen seltene Seevögel zu Hause sind, darunter Seeschwalben und Fregattvögel. Umgeben ist dieses Doppelriff von steilen Dropoffs, zwischen denen eine geschützte Lagune liegt. Die Dropoffs sind bepackt mit zarten Hydrozoen,

*Mehrere Karoffel-Zackenbarsche (*Epinephelus tukula*) von bis zu 100 kg kommen, um sich von Hand füttern zu lassen, sobald Taucher beim Cod Hole ins Wasser steigen.*

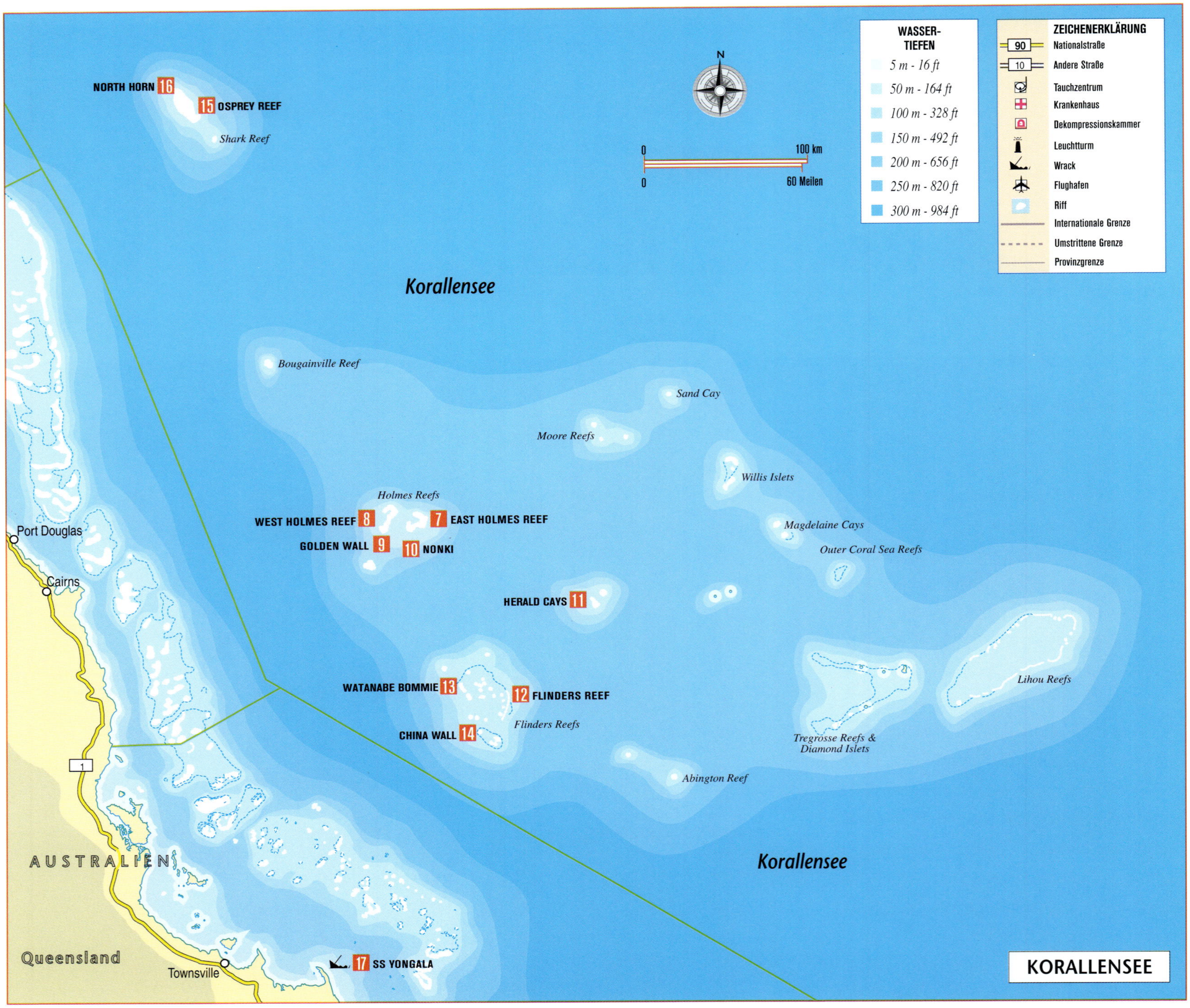

Zäpfchenkorallen, Schwarzen Korallenbäumen, grünen Weichkorallen, orangefarbenen Gorgonien, Peitschenkorallen, Schwämmen und Steinkorallenflächen. Es wimmelt von Rifffischen, und Schwärme pelagischer Fische, Zackenbarsche, Napoleon-Lippfische und Adlerrochen lassen sich sehen. Riffhaie sind ständige Begleiter, und in den Höhlen schläft gelegentlich ein Weißspitzen-Riffhai. Herald Cays ist auch Nistplatz von Suppenschildkröten, die hier in den letzten Monaten des Jahres ihre Eier ablegen. Hunderte von Schildkröten kommen für eine Nacht an Land. Die Jungen schlüpfen im Januar. Herald Cays wird kaum besucht und ist ein Genuss für Taucher, die sich auch an den Schönheiten des Großen Barriereriffs und der Korallensee über Wasser freuen.

12 Flinders Reef

Flinders Reef, eines der größeren Riffsysteme der Korallensee, besteht aus einer Ansammlung von Riffen auf einer Fläche von 66 x 26 km. Wegen seiner Nähe zu Townsville (220 km) ist es das beliebteste Riff der Korallensee. Es hat viele Seiten mit Korallenbauten, Sandbänken und zwei Inseln knapp über dem Wasser, die Seevögel, Meeresschildkröten und Einsiedlerkrebse beherbergen. Die Gebiete bieten vieles, von 1 000-m-Wänden und Pfeileransammlungen bis zu Korallengärten und aus der Tiefe aufragende Guyots. Graue, Schwarzspitzen- und Silberspitzen-Riffhaie, Barrakudas, Großaugen-Stachelmakrelen, Rochen, aber auch Sepien, Seehasen und Weißmaulmuränen sind zu sehen. Kleine Korallenblöcke in den Lagunen beherbergen Papagei-, Drücker- und Kugelfische, Napoleon-Lippfische, Juwelen-Zackenbarsche, Grundeln, Schleimfische und verschiedene Weichtiere und Seesterne.

An der Westseite von Flinders liegt **Watanabe Bommie** 13, ein Riesenpfeiler, der so viel Meeresleben wie kaum ein anderer in der Korallensee aufweist. Er ist mit herrlichen Korallen überkrustet, die Taucher locken aber auch Schwärme von Barrakudas, Großaugen- und Regenbogen-Stachelmakrelen, Juwelen-Zackenbarsche, Hundezahn-Tunfische, Doktorfische und Massen von Füsilieren. Manchmal befindet man sich mitten in einem Wirbel aus Haien und Stachelmakrelen, die die Füsiliere durch das Gewimmel silbriger Barrakudas jagen. **China Wall** 14 ist ein weiteres aufregendes Tauchgebiet bei den Flinders. Die Wand ist mit Weichkorallen, Schwämmen, Gorgonien, Haarsternen und kleinen Steinkorallen überzogen. Mit großen Fischen wie Tunfischen, Makrelen, Regenbogen- und Dickkopf-Stachelmakrelen ist immer zu rechnen.

North Horn und Osprey Reef

Osprey Reef 15 liegt 160 km ost-nordöstlich der Lizard-Insel in der Korallensee. Das Riff ist 21 km lang und kann mehr als 30 m Sicht und 1000 m hohe Steilwände vorweisen. Für viele ist es der Gipfel des Rifftauchens. Hier sind nicht nur die größten und farbenprächtigsten Weichkorallen der Welt zu finden, das große Riffsystem hat auch eine gesunde Haipopulation und das **North Horn** 16, ein 12–45 m tiefes Riffschelf, das Abenteuer mit Haien verspricht. Oft sind fünf oder sechs ansässige Weißspitzen-Riffhaie zur Stelle. Im tieferen Wasser sieht man zwischen den Felsen des Öfteren Silberspitzenhaie, wenn man Glück hat auch Hochsee-Weißspitzenhaie, Große Hammerhaie, Fuchshaie und den einen oder anderen Tigerhai. Bei North Horn nehmen auch die meisten Kreuzfahrtschiffe ihre Haifütterungen vor. Eine Besonderheit am Riff sind die Hammerhaie. Im Winter und Frühjahr sind vor der Wand höchstwahrscheinlich große Schulen zu sehen. Neben Haien sind auch zutrauliche Kartoffel-Zackenbarsche, Schwärme von Stachelmakrelen und Barrakudas am Schelf zu Hause. Oft sieht man Adlerrochen und Mantas. Und wenn man etwas anderes als große Fische sehen möchte, sind da die riesigen Weichkorallen im tieferen Wasser.

17 Wrack der *Yongala*

Die *SS Yongala* ist fraglos Queenslands bester Wracktauchgang, ein Passagier- und Frachtdampfer, der 1911 in einem Wirbelsturm sank. Das Wrack verdankt seine Beliebtheit vor allem dem ungeheur dichten Meeresleben auf dem Schiff, das nach den Bestimmungen des GBR Marine Park und des Historic Shipwreck Act des Commonwealth von 1976 geschützt ist. Das Wrack ruht in 30 m auf dem Grund, nur 24 km vor der Küste, ist von Townsville leicht zu erreichen und durch den festen Liegeplatz auch gut zu finden. Das Schiff liegt auf Steuerbord, der Bug am tiefsten in 33 m. Der Abstieg zum Wrack durch Schichten unzähliger Kleinfische und Süßlippen ist ein überwältigendes Erlebnis. Das Deck in 15 m ist von sessilen Organismen überkrustet, Seeanemonen mit Anemonenfischen, und man ist von Zackenbarschen, Seeschlangen und Meyen-Stechrochen umgeben. Große Austern kleiden das Innere und die Unterseite des Wracks aus, und auf dem Sand liegen haufenweise die Schalen toter Muscheln. Der ganze Rumpf ist mit massigen Schwämmen und Korallen überwuchert. Das 110 m lange Wrack ist offenbar zu einer Oase in der Wasserwüste geworden. Für viele Taucher ist die *Yongala* einer der besten Tauchgänge überhaupt. Aufgrund der Nähe zur Küste werden Tauchfahrten allerdings oft wegen schlechter Bedingungen an der Oberfläche abgesagt, und die *Yongala* macht süchtig – einmal reicht nicht.

Wracks sind nach den Bestimmungen des GBR Marine Park und des Historic Shipwreck Act von 1976 geschützt.

Neuseeland

Wade Doak

Tauchen ist in Neuseeland eine der vielen spannenden Freizeitaktivitäten. Die verschlungene Küste des Landes ist fast so lang wie die des Festlands der Vereinigten Staaten, das Land hat aber nur vier Millionen Einwohner. Die Tauchgebiete reichen von den Poor Knights-Inseln im Norden bis zu den spektakulären Fjorden im Südwesten. Einige gute Tauchgebiete sind nur eine Autostunde von Auckland entfernt. Die Wassertemperaturen reichen vom Gefrierpunkt im Winter in den südlichen Fjorden bis zu 24 °C im Hochsommer in den nördlichen Buchten. Auf jeden Fall braucht man einen Schutzanzug.

Die meisten Besucher ziehen trotz der Wirbelstürme wohl die warme Jahreszeit vor, im Winter locken dagegen erstklassige Skipisten.

Es laufen Bemühungen, zehn Prozent der Küstengewässer zu absoluten Schutzgebieten zu erklären. Danach würde selbst das Füttern von Fischen streng bestraft.

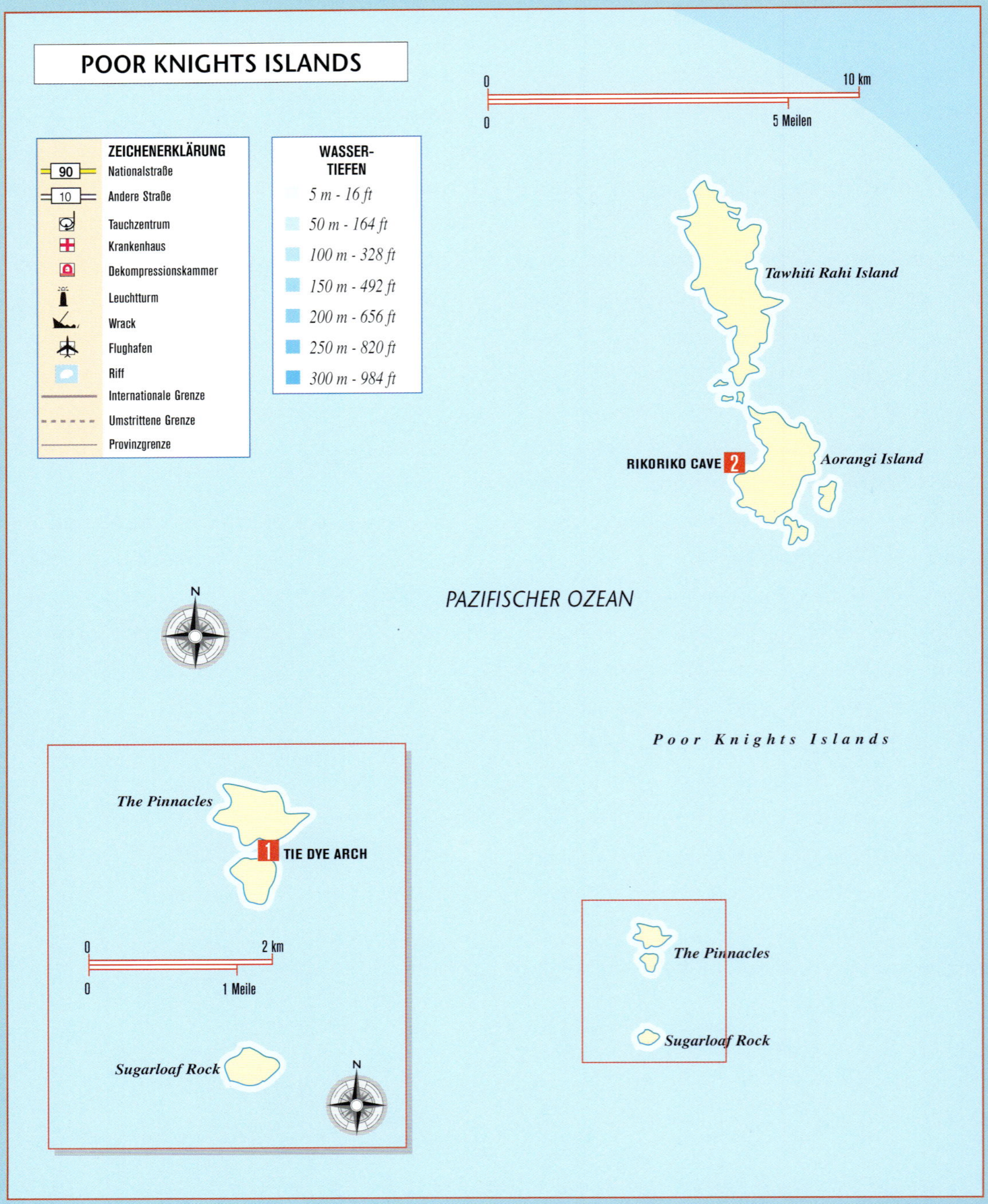

Eine Yacht passiert bei der Einfahrt nach South Harbour vor der Insel Aorangi einen Bogen im Vulkangestein (oben links).
Die zerklüfteten Inseln sind Schutzgebiet, Landen ist ohne vorherige Genehmigung streng verboten. Man will 10 Prozent der Küstengewässer schützen (oben rechts).

Poor Knights-Inseln

Die unbewohnten Poor Knights-Inseln, 23 km vor der Nordinsel, bieten großartiges Tauchen in einem Schutzgebiet. Die Hauptinselgruppe ist 5 km lang und 800 m breit. Sie besteht aus abgeflachten, steilen, dicht bewaldeten Vulkanfelsen und beherbergt Vögel in großer Zahl. Betreten ist nur mit vorheriger Genehmigung erlaubt. Die Inseln bieten einigen außergewöhnlichen Tieren Schutz, wie der Tuatera – einer Brückenechse, die nur auf den Inseln vor Neuseeland vorkommt –, und einigen Rieseninsekten. Die Inseln sind auch der einzige Nistplatz einer Sturmvogelart, die aus der Arktis hierher kommt. Zwischen den Tauchgängen können die Taucher den Waldvögeln lauschen, müssen aber hin und wieder vor riesigen Wetas, monströsen Heuschrecken, in Deckung gehen.

Die Poor Knights-Inseln sind vor 10 Millionen Jahren entstanden, als vor der Ostküste der Nordinsel ein Vulkan ausbrach. Als die Lava abkühlte, formten Gaseinschlüsse, heißes Wasser und Dampf unter Hochdruck die Landschaft zu einem Gewirr aus Gängen, Grotten und Kuppeln. Mit der Zeit und steigendem Meeresspiegel zersetzte das Meer das Vulkangestein und wusch es aus. Hier kann man seltsamen Wesen wie Riesensalpen begegnen, einem durchsichtigen, an einer Seite offenen schwimmenden Fass, das so groß ist, das ein Taucher darin herumschwimmen könnte.

In den Gewässern der Poor Knights leben mehr Fischarten als im übrigen Neuseeland; sie sind erstaunlich groß und zutraulich, eine Mischung aus subtropischen und gemäßigten Arten, darunter Korallenfische, Kelpfische (*Chironemus marmoratus*), Riffbarsche, Lipp- und Skorpionsfische sowie fünf Muränenarten.

Meistens fahren die Taucher täglich von Tutukaka an, Gruppen können aber auch über Nacht bleiben. Tutukaka, 30 Autominuten von Whangarei, ist auch das Tor zu einem beliebten Surfgebiet, kleinen geschützten Buchten und abgelegenen Stränden, Mangroven und der malerischen Matapouri Bay.

1 Tie Dye Arch

Bei den Pfeilern gibt es unter Wasser einen Durchgang, den man beim doppelten Spitzbogengang betritt. Das Meer strömt ständig durch eine Halle, die sechs Stockwerke hoch ist. Jeder Zentimeter der gewölbten Decken, Wände und massigen Blöcke am Grund gleicht einem irrwitzigen Bezug aus winzigen Mäulern – Meeresleben in reinster Form. Oft bevölkern Fische die Halle bis an ihre Grenzen, und im Sommer kreuzen Stechrochen vor den Eingängen.

2 Rikoriko Cave

Rikoriko ist eine der größten Meereshöhlen der Welt, eine 60 m große, halb mit Wasser gefüllte Kugel. Der röhrenförmige Eingang könnte eine

Im tieferen Wasser gibt es Schwämme, und nachtaktive Mosaikmuränen finden tagsüber Schutz in Spalten, die von Haarsternen, Moostierchen und Korallenbauten umgeben sind (oben).
Bei klarem Wasser und ausreichend Durchlichtung gedeiht Kelp zwischen aufgerichteten Schwämmen und anderen Filtrierern (rechts).

Yacht aufnehmen. Wenn man in nur 10 m Tiefe nach hinten in die Höhle schwimmt, lässt das Licht rasch nach, bis es so dunkel wie im Meer in 100 m Tiefe ist. Wenn die Augen sich an das Dämmerlicht gewöhnt haben, sieht man Rifffische in Mengen, Wände voller Gorgonien, gelbe Krustenanemonen und Putzergarnelen. In den äußersten Winkeln lebt ein kleiner, salatgrüner solitärer Polyp, dessen Habitat normalerweise in sonnenlosen Regionen in 2000 m Tiefe liegt.

Die Poor Knights haben neben ihren vielen submarinen Höhlen und Steilwänden noch mehr zu bieten. Zwischen den Inseln sorgen sandige Alleen und steile Pfeiler für optimale Bedingungen für Rifffische: ständige, leichte Strömungen aus den Tropen, Schutz vor Wellentätigkeit, und sonnendurchflutete Pflanzendschungel. Viele Taucher ziehen Pflanzenwälder den Korallenriffen vor, weil ein Riff ohne die Anmut und Farbe der Meerespflanzen zu einer »baumlosen« Einöde werden kann.

3 Fjordland – Südwestneuseeland

Fjordland gehört zu den sonderbarsten Tauchgebieten. Eine Welt versunkener, U-förmiger Täler, 200 km tief zerklüftete Küste und eine der nassesten Gegenden der Erde mit bis zu 9000 mm Niederschlag pro Jahr. In jeden Fjord fließt ein bis zu 10 m tiefer Fluss. Eine tanninhaltige, kalte Oberflächenschicht verdeckt eine warme, kristallklare Dämmerwelt, in der von 10 m bis hinunter auf 50 m Schwarze Korallen wachsen. Man springt vom Boot in prickelnd kaltes Bier – wo Süßwasser auf Meerwasser trifft, schimmert es ölig. Man wundert sich – die Sicht steigt auf 30 m, und vom Meer kommt ein warmer Schwall. Es ist eine Welt auf der Kippe, in der es von Fischen wimmelt, und so absonderlich, dass es ein Riff auf einem fremden Planeten sein könnte.

Rote Korallen, Seefedern und Unmengen Schwarzer Korallen, wie große weiße Apfelbäume, dickstämmig, verzweigt, und auf jedem Stamm kräftig gemusterte Schlangensterne. Pinguine, Robben, neugierige Große Tümmler – in Fjordland taucht man an einem der letzten Orte der Erde, wo sich die Lebensmuster seit der letzten Eiszeit vor 10 000 Jahren kaum geändert haben.

Das Meeresleben ist äußerst vielfältig, mit vielen Wirbellosen, vor allem Schwarzen Korallenbäumen. Ruhige Bedingungen an den Steilwänden erleichtern den Zugang zum sessilen Leben. Große Tümmler sieht man das ganze Jahr.

Kleinen Blauen Pinguinen begegnet man das ganze Jahr, Dickschnabel-Pinguinen von Juli bis Dezember. In den meisten Fjorden gibt es Robben, denen Taucher im Dezember und Januar aber aus dem Weg gehen sollten.

Seefedern und Tiefwasserarten kann man in tauchbaren Tiefen erleben.

Goat Island Meeresschutzgebiet in Leigh

Seitdem Goat Island 1977 zum Meeresschutzgebiet erklärt wurde, geht es bergauf. Nur 90 Autominuten nördlich von Auckland bietet es das beste Küstentauchen von Neuseeland – ein Tor zum Meer mit seinem quirligen Leben, unglaublich zutraulichen Fischen, riesigen Langusten und wogenden Kelpwäldern.

Große Schnapper sind die Herren an der Spitze der lokalen Nahrungskette, mit kräftigen Kiefern, silbrigen Kiemenplatten und stachligen Rückenflossen. Mitten unter ihnen bewegen sich Streifenflosser (*Girella tricuspidata*), silbrige schlanke Kahawai (*Arripus trutta*), Drückerfische, Blaue Maomao (*Scorpis violaceus*) und Lippfische mit Zähnen wie Ratten. Ein

80 km nördlich der Poor Knights liegt in einer geschützten Bucht bei den Cavalli-Inseln die Rainbow Warrier, *eine Weihestätte für Taucher und ein Tadsch Mahal der Prachtanemonen.*

*Prachtanemonen (*Corynactis haddoni*) bilden Kolonien gleichfarbiger Exemplare, weil sie sich ungeschlechtlich durch Knospung vermehren (aber auch geschlechtlich). Ein lohnendes Objekt für Fotografen.*

Zur Freude der Fotografen bevölkern kleine, neugierige und muntere Dreiflosser verschiedener Arten die Tauchgebiete von Neuseeland. Männchen, die das Nest bewachen, vertreiben sogar Taucher.

Kelpfisch klammert sich mit den Brustflossen an den Fels. Ein blauer Sandbarsch (*Parapercis colias*) macht, zum Angriff bereit, einen Buckel.

Man kann im tieferen Wasser bei **Sponge Garden** 4 tauchen, die Pflanzendschungel beim **Waterfall** 5 erkunden oder die **Caves** 6 an der Nordspitze der Goat Island, wo Delfine auf Beute lauern. Aber wo immer man taucht, ist man von Fischen umgeben. Wer Fische beobachten will, findet hier alles.

Das Meeresleben ist vielfältig, samt reichlich Wirbellosen. Es wimmelt von Rifffischen. Delfine und Orcas sind Durchreisende.

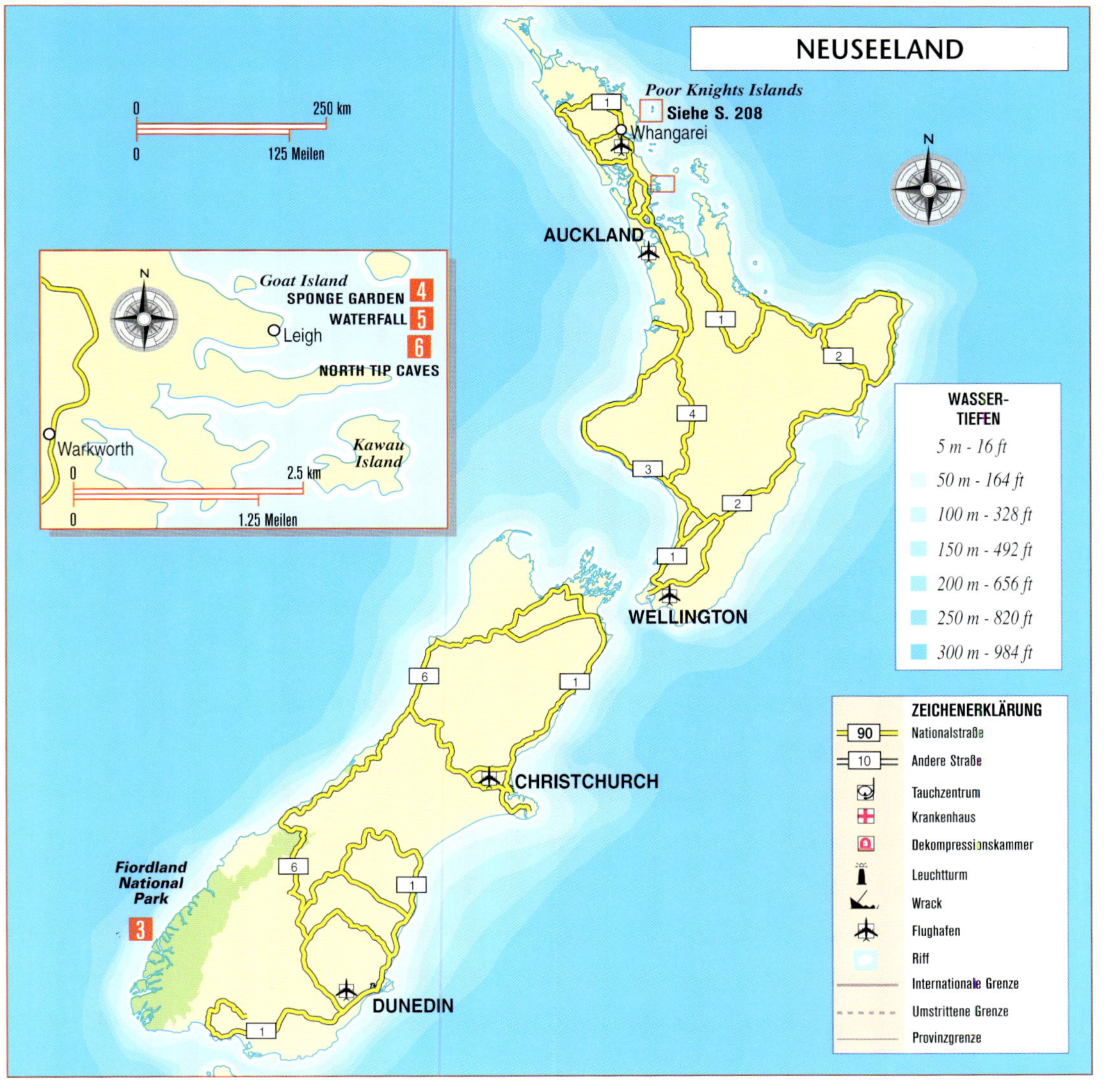

Westküste USA

Lawson Wood

Catalina Island, Kalifornien

Catalina Island, wenige Fährminuten vor Long Beach in Südkalifornien, gehörte früher der Familie Wrigley (Kaugummi). Die zerklüftete, abgelegene Insel ist ein Außenposten für eine Herde Büffel, während auf den kleinen Felsinseln ringsum Kalifornische Seelöwen zu Hause sind. Die Insel ist praktisch zweigeteilt und nur durch eine Landenge verbunden. Das Dorf im Norden ist Two Harbors und hat keine befestigten Straßen. Der Zugang erfolgt zumeist per Boot. Der Hauptort ist Avalon am Südostende. Auf der Insel geht es eher locker zu. Das an einer geschützten Bucht liegende recht malerische Dorf wird vom alten Casino aus den 1930er-Jahren beherrscht, das nie wirklich als Casino genutzt wurde. Die Unterwasserszenen in der Ziegelei am Eingang sind außergewöhnlich und sicher vom reichen Meeresleben ringsum inspiriert.

Die Tauchgebiete sind vielfältig. Vorherrschendes Merkmal ist der Kelp, das Gelände hat

Das alte Casino am Nordende der Bucht beherrscht Avalon Bay und die Insel Catalina. Die im Winter ruhige Bucht wimmelt im Sommer von Ausflugsbooten. Der Casino Point Marine Park verspricht dem Fotografen reiche und leichte Ausbeute (oben).

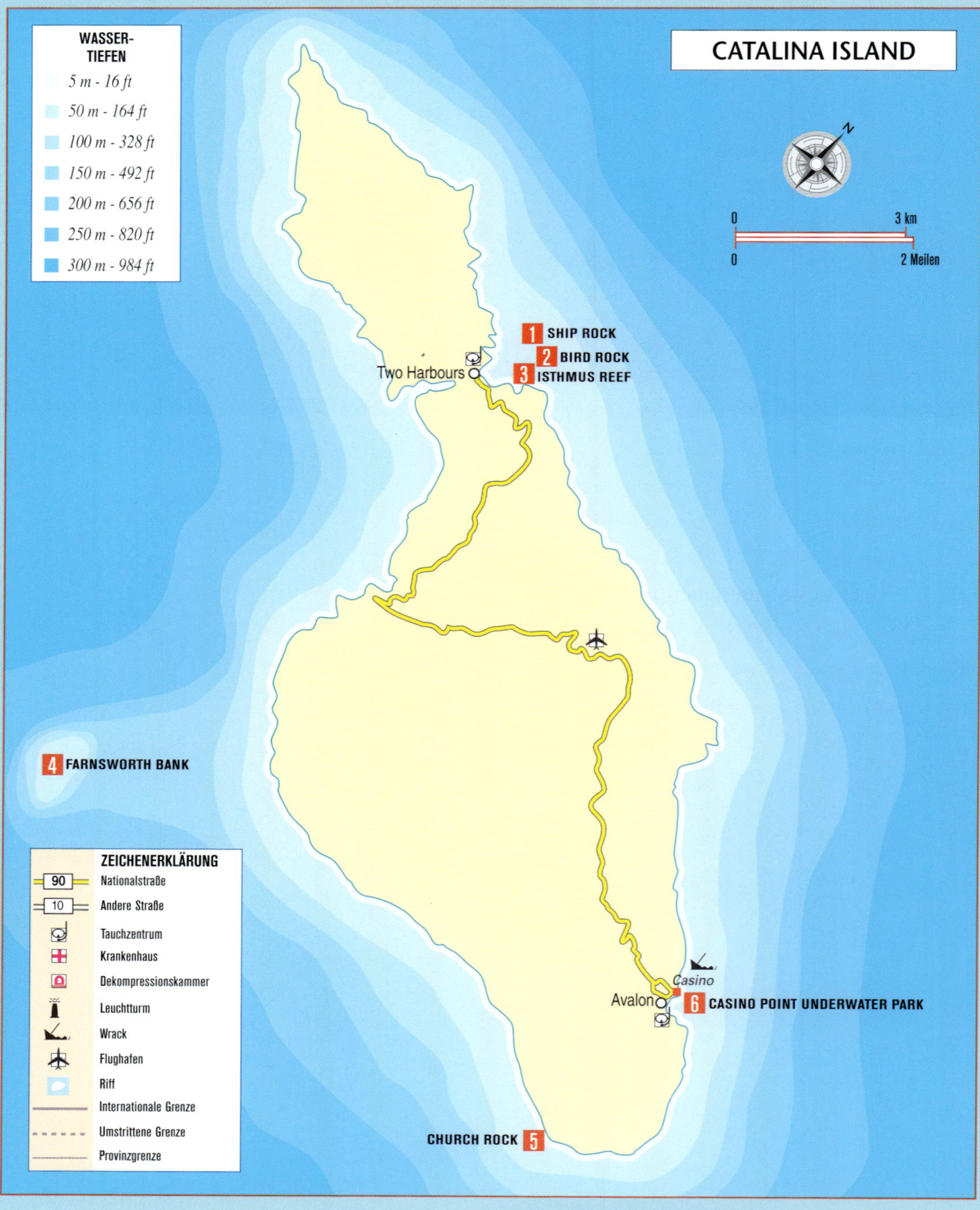

aber Bogen, Senken, Canyons, Wracks und Steilwände. Nördlich von Two Harbors gibt es mehrere Gebiete bei küstennahen Felsen. **Ship Rock** 1 ist beliebt, vor allem die Nordwand, die 36 m bis zum sandigen Meeresboden mit einigen Engelhaien abfällt. An der Innenseite ist ein Gewirr aus Felsen, Senken und Canyons – herrlich für Fotografen, aber man verliert leicht die Orientierung. An den Wänden prangen Gorgonien, und man sieht Kraken und große Zackenbarsche. An der Oberfläche ist Wachsamkeit gefragt, da im Sommer reger Bootsverkehr herrscht.

Bird Rock 2, guanobedeckt und etwas »anrüchig«, hat eine ausgezeichnete Wand und einen nach Süden ragenden Felssporn. Der Kelp oben weicht bald großen bunten Gorgonien, Nacktschnecken und der prachtvollen Catalina-Grundel mit ihrem leuchtend blauen Kopf und dem roten Körper.

Das nahe **Isthmus Reef** 3 reicht fast bis an die Oberfläche. Man taucht am besten bei ruhiger See, wenn das Dach mit dem Kelp besser zu sehen ist. Das Riff im offenen Meer bietet Seelöwen, Schafskopfbrassen, Langusten, Klippenbarsche und an den unteren Hängen Katzenhaie und große Rochen. An der Oberfläche sind außergewöhnliche Quallen und pelagische Manteltiere zu sehen.

Die **Farnsworth Bank** 4 im Westen der Insel ist bei kalifornischen Tauchern für ihr abwechslungsreiches Meeresleben inmitten dieser Pfeiler bekannt. Mit Strömung ist zu rechnen, und es wird ringsum rasch tief.

Am südlichsten Punkt liegt **Church Rock** 5, den Wogen ausgesetzt und am Zusammenfluss der starken Strömungen zwischen San-Pedro- und Santa-Barbara-Kanal. Große Blöcke bieten Schutz vor der schlimmsten Dünung; hier findet man auch Langusten, Schafskopfbrassen und die allgegenwärtigen Garibaldi-Barsch (*Hypsypops rubicundus*).

Casino Point Underwater Park 6 im Norden von Avalon bietet einen üppigen Kelpwald, Begegnungen mit großen Rochen und kleinen Haien, hin und wieder Seelöwen, Unmengen farbenprächtiger Fische und Nacktschnecken im Dutzend. Man kann vom Ufer einsteigen, es gibt sogar Schließfächer zum Verstauen persönlicher Dinge. Der Tauchshop am Ort stellt Wägelchen für den Transport der Tauchflaschen zur Verfügung oder bringt sie zum gewünschten Ort. Auch die Hotels befördern die Ausrüstung.

Blickt man vom Ufer auf den Meerespark, bedeckt der Kelp die Wasserfläche wie eine dicke Decke. Im Februar und März ist der Wald noch licht, und neue Triebe sprießen an den Spitzen. Gemächlich schwimmen kleine Fischschwärme zwischen dem Blattwerk, und gelegentlich kann ein Stech- oder Zitterrochen das Schutzgebiet durchqueren. Im Meerespark gibt es ein paar kleine Wracks und ausgesuchte Maschinenteile, die mit purpurfarbenen Algen überwuchert sind, aber die Kelpwälder sind die Hauptattraktion. Dieser Kelp (*Macrocystis pyrifera*) hat große mehrgliedrige Haftorgane, dünne Stiele und oben große Blattspreite und Gasblasen, die für den Auftrieb der Algen sorgen. Unter guten Bedingungen kann er sich über 60 m ausbreiten und pro Tag 60 cm in die Höhe wachsen. Der hindurchschwimmende Taucher fühlt sich wie in einem Wald auf dem Festland.

Sieht man sich den Kelp genauer an, entdeckt man Schnecken, Nacktschnecken, Seeigel, Seegurken, Kelpfische und die allgegenwärtigen, orangefarbenen Mitglieder der Riffbarsche, die Garibaldi. Diese so neugierigen Fische hat man immer vor sich, und sobald man anhält, um sie etwas näher zu betrachten, sind sie da.

Catalina Island und der Casino Point Marine Park gelten als ideale Gebiete für UW-Fotografen, in denen man mit wenig Mühe viel auf den Film bannen kann.

Im Frühjahr findet man Quallen meistens im Kelpwald, da die zweijährliche Planktonblüte neues Leben in die Unterwasserwelt bringt (oben).
Der Kelpwald bei Church Rock im Süden hat Lichtungen wie ein Landwald, wo die neugierigen Garibaldis zu Hause sind (unten).

Baja California Sur

Lawson Wood

Taucher denken bei Mexiko meistens an ein karibisches Tauchziel, doch die Pazifikküste übertrifft die Karibik, was das Tauchen und die Vielfalt des Meereslebens angeht, deutlich. Weniger Menschen frequentieren weniger Tauchzentren, die Tauchgebiete werden daher nicht so stark beansprucht, und auch der Naturschutz ist besser durchführbar. Während große Teile der Pazifikküste der Meeresdünung ausgesetzt sind, ist der geschützte Golf von Kalifornien ideal zum Tauchen. Man sieht Wale, Mantas, Schulen von Hammerhaien, Meeresschildkröten und erlebt einige der nördlichsten Korallenriffe des Pazifiks.

Der lange Landfinger, der vor der Westküste Mexikos von Kalifornien nach Süden weist, wird Baja genannt und schließt einen gewaltigen Streifen des Pazifiks fast völlig ein, den Golf von Kalifornien. Der Golf hat Verbindung zum Pazifik und eine sehr alte zur Karibik, bevor der zentralamerikanische Isthmus entstand. Viele Meeresarten sind endemisch, andere kommen in beiden Meeren vor, wie die Orange Zäpfchenkoralle (*Tubastrea coccinea*). An den isolierten Guyots wie El Bajo kommen Taucher häufig in den Genuss von 200 oder mehr Hammerhaien und Tausenden von Stachelmakrelen auf einmal, die sie pausenlos umkreisen. Das Meeresleben ist verschwenderisch, das Tauchen eine Mischung aus Mittelmeer, Karibik und Atlantik, auch wenn es ständig an die Karibik erinnert.

Der Weg nach Norden führt die Taucher vorbei an der Isla Espiritu Santo, durch Schwärme von Spinnerdelfinen, vorbei an riesigen Mantas, die sich bei einigen abgelegenen Pfeilern, Los Islotes, an der Oberfläche tummeln. Das kann man als zweiten Tauchgang des Tages einplanen. Diese Pfeiler weit draußen im Meer beherbergen den größten Brutplatz für die braunen Kalifornischen Seelöwen in Mexiko. Es gibt weitere kleinere Brutplätze auf der nahen Insel Espiritu Santo und am Cabo San Lucas, der Südspitze von Baja.

1 El Bajo

El Bajo ist einer von drei submarinen Tafelbergen, der bis 25 m unter die Oberfläche aufragt. Der Pfeiler ist auf allen Seiten mit großen Gorgonien und Schwämmen bedeckt, die den Eindruck machen, als wären sie vom ständigen Zerren der Gezeiten, die an den Pfeilern vorbeijagen, seltsam platt gedrückt worden. Am Grund verläuft der Gezeitenstrom in die entgegengesetzte Richtung, was eine ausgeprägte Halokline mit einer Änderung der Wassertemperatur und des Salzgehalts zur Folge hat. Man kann wunderbar mitten unter Schwärmen von Kaiserfischen, Barrakudas, Kugel- und Kaninchenfischen tauchen. Auch Langnasen-Büschelbarsche sind zu sehen.

2 Los Islotes

Den besten Kontakt zu Seelöwen in Mexiko bekommt man bei Los Islotes. Das geht das ganze Jahr, und oft sind viele Boote und Einheimische da, die zu den Inseln fahren, um in ruhigen, sicheren Gewässern zu schnorcheln. Bei einem der letzten Tauchgänge beobachteten wir Seelöwenbullen, die ihren Harem bewachten und drohend auf uns zukamen. Aber solange wir den Ruheplätzen der Weibchen nicht zu nahe kamen, ließen sie uns in Ruhe und sogar mit den Jungen spielen. Die ausgelassenen Youngster robbten über die glatt polierten Felsen zu ihren Tauchplattformen und stürzten sich zu uns ins Wasser, zupften an unseren Flossen und versetzten uns in Angst und Schrecken, wenn sie um uns herumtobten. Sie schossen direkt auf das Gesicht zu, bleckten die Zähne und drehten in einer Wolke aus Luftblasen ab. An Land ziemlich unbeholfen, scheinen sie sich im Wasser zusammenfalten zu können und vollführen die halsbrecherischsten Kunststücke bei irrwitzigem Tempo, sodass wir uns mit unseren Schwimmkünsten recht tollpatschig vorkamen.

Bei Cabo San Lucas stößt der Pazifik auf den Golf von Kalifornien. Das Meeresleben in den Gewässern ist besonders reich (oben links).

Los Islotes im Norden von La Paz beherbergen die größte Seelöwenpopulation Mexikos. Das einst mit dem Festland verbundene Gelände ist heute Schutzgebiet (oben rechts).

Los Islotes ist ein gewaltiger, in der Mitte erodierter Felssporn, sodass praktisch in Höhe des Meeresspiegels eine Plattform mit Felsblöcken an beiden Seiten entstand. Die Gesteinshaufen sind mit Guano von nistenden Möwen, Fregattvögeln und einigen Pelikanen bedeckt. Der östliche, mit einzelnen Kakteen gekrönte Haufen ist steiler und von einem massiven Tunnel durchschnitten. Für Boote ist er nicht befahrbar, aber ideal für Taucher, da das Wasser hier nur 15 m tief ist. Neben der Plattform ist es nur 6 m tief und der beste Platz zum Spielen mit den Seelöwen. Das Gelände ringsum bietet große Felsblöcke, die alle von kleinen Korallen, Gorgonien, Nacktschnecken, bunten Schleimfischen und Seesternen umgeben sind. Am felsigen Ufer gibt es wenige große Fische.

Bunte Fischschwärme sind üblich an den äußeren Guyots, wo starke Strömungen nährstoffreiches Wasser in den Golf von Kalifornien bringen (oben). Zutraulich und neugierig kommen Seelöwen, um mit den Tauchern zu spielen, vor allem Junge, die an Flossen knabbern oder Taucher bei den Brutplätzen »torpedieren« (links).

Meerechsen, die einzigen Echsen, die im Meer leben können, sind überall auf den Galapagosinseln anzutreffen. Mit den Nasenlöchern verbundene Drüsen erlauben das Ausscheiden von Salz (oben links). Am imposanten Bogen der Darwin-Insel wimmelt es von Vögeln, unter Wasser von Fischen (oben rechts).

Das Goldene Dreieck

Jack Jackson

Das goldene Dreieck der Taucher besteht aus Ecuadors Galapagosinseln, den nur mit dem Kreuzfahrtschiff erreichbaren Cocos-Inseln von Costa Rica und Kolumbiens Malpelo-Insel vor der Westküste Mittelamerikas. Trotz der Lage am Äquator treffen tiefe, kalte Strömungen diese Vulkanberge, das Oberflächenwasser ist relativ warm, aber die Strömungen unter mehreren Thermoklinen sind erstaunlich kalt. Wenn sie auf die Tafelberge stoßen, steigen sie auf und befördern Nährstoffe aus der Tiefe nach oben. Diese Nährstoffe ziehen kleinere Arten an, die ihrerseits die größeren Arten anlocken, ihre Fressfeinde, die wiederum ein mannigfaltiges pelagisches Leben ermöglichen. Cocos und Malpelo haben kaum Korallen, die man zudem meiden muss, aber an den vulkanischen Felsen darf man sich festhalten, um nicht abgetrieben zu werden.

Die Galapagosinseln bestehen aus 13 großen, 6 kleineren Inseln und 70 Eilanden und Felsen im Humboldt-Strom, in dem die Wassertemperatur auf 10 °C sinken kann. Dieser Strom vermischt sich hier mit mehreren wärmeren Strömungen und bringt Arten gemäßigter und warmer Gewässer hervor. Die Inseln sind für viele endemische Pflanzen- und Tierarten berühmt. Ecuador erklärte die Galapagosinseln 1935 zum Naturschutzgebiet. 1986 wurde das Galapagos Marine Resources Reserve zum Schutz der umliegenden Gewässer gegründet, 1998 wurde die Inselgruppe zum Weltkulturerbe der UN ernannt.

Die Inseln Cocos und Malpelo liegen im Äquatorial-Gegenstrom. Die Cocos-Insel ist 8 km lang, hat an der Nordküste zwei natürliche Häfen und ist von Pfeilern umgeben. 1982

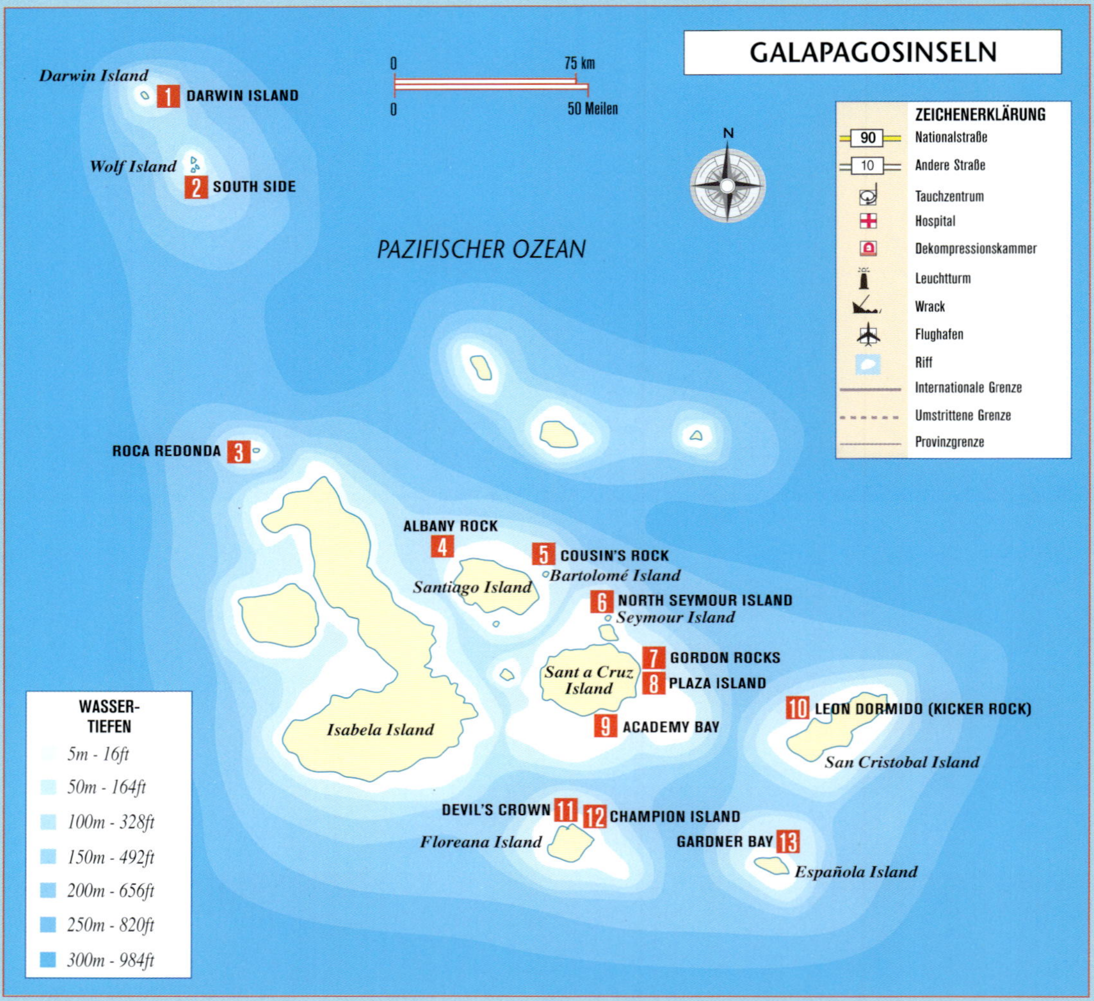

wurde die Insel zum Nationalpark ernannt und ist ein weiteres wichtiges Sammelbecken für einheimische Arten. Malpelo ist kaum mehr als eine mächtige Felsspitze, die von kleineren Spitzen umgeben ist. An beiden Orten sind große Dünungswellen häufig.

Alle drei Inseln sind nur etwas für erfahrenere Taucher, die raue See und starke, rasch wechselnde Strömungen gewohnt sind. Bei der Planung einer Tauchfahrt sollte man daran denken, dass die Tauchgebiete oft unterschiedliche Namen haben.

Galapagos

Die Galapagosinseln liegen 1000 km westlich von Ecuador. Das Allround-Tauchgebiet bietet Schwärme von Hammerhaien, vor allem bei den Inseln Wolf und Darwin. Die Mischung aus kalten und warmen Strömungen beschert den Gewässern der Galapagosinseln Arten, die in kalten und warmen Gewässern endemisch sind, außerdem kann man Hammer- und Galapagos-Haie, Mantas, Walhaie und das Zusammensein mit Seelöwen erleben. Manchmal wird an Felsen getaucht, die einsam aus dem Meer ragen. Die Fahrten zwischen den Tauchgebieten sind zuweilen ziemlich lang. Die meisten Inseln haben mehrere Namen.

Im goldenen Dreieck sind die abgelegenen Inseln Wolf und Darwin die wichtigsten Tauchgebiete, da sie wärmeres Wasser und die meisten Hammerhaie aufzuweisen haben. Diese Inseln werden vom Humboldt-Strom am wenigsten berührt, vor Darwin gibt es sogar ein paar Plattenkorallen. Auch Galapagos-Seelöwen, Galapagos-Haie, Pottwale und Mondfische sind zu sehen. Die Strömungen sind manchmal unberechenbar, starker Abtrieb häufig. Roca Redonda ist berüchtigt für starke Strömungen und Abtrieb. In der Targus Cove der Isabela-Insel gibt es einen 1,2 m großen Seestern (*Luidia superba*), auf Bartolomé Galapagos-Pinguine. Cousin's Rock kann u.a. Schwarze Korallen vorweisen.

Darwin [1], die nördlichste Insel, liegt nordwestlich der Insel Wolf. Der Arch, wo es von Seevögeln wimmelt, ist unter Wasser ein noch imposanterer Anblick als über Wasser. Die Wände des untermeerischen Sockels stürzen in die Tiefe – ein Magnet für Fische. An der Oberfläche schwimmen Delfine und gelegentlich ein Walhai. Zahllose Bogenstirn-Hammerhaie finden sich ein. In 18 m hat der Arch an der Meerseite eine natürlich Aussichtsplattform. Hier trifft man mehr Warmwasserfische, wie Halfterfische, als vor den Inseln weiter südlich, wo das Wasser kälter ist. Des Weiteren sieht man hier Galapagos-Haie, Adlerrochen, Suppen- und Echte Karettschildkröten. Das Gebiet um die Darwin-Insel ist ungeschützt, Ankermöglichkeiten gibt es kaum, die See kann rau sein, und die starken Strömungen wechseln schnell.

Die Wolf-Insel besteht aus einer großen und zwei kleineren Inseln. Das Haupttauchgebiet liegt an der **South Side** [2] der Insel, wo ein Geröllhang 45 m auf Sand mit prallem Meeresleben abfällt. In Gruppen ziehen Bogenstirn-Hammerhaie über das Riff vom flachen ins tiefere Wasser. Außerdem gibt es viele Doktor-, Falter- und Kugelfische, Galapagos-Haie, Mantas, Adlerrochen, Meeresschildkröten und Seelöwen. Die Strömungen sind unberechenbar und wechseln rasch. Die Sicht kann zwischen 9 m und 30 m schwanken.

Nordwestlich der Isabela-Insel ragt **Roca Redonda** [3] aus dem Meer, im Wasser umschwirren Barrakudas, Seelöwen und Rifffische den Taucher. Bei starken Strömungen und Abtrieb stößt man in 6–15 m Tiefe auf Hammer- und Galapagos-Haie. An der Südseite der Insel strömen Gas und Wasserdampf aus dem sandigen Meeresboden. Nordwestlich der Insel Santiago fallen die West- und Ostseite von

Der seltsam anmutende Rotlippen-Fledermausfisch mit beinartigen Anhängen und einhornähnlicher Nase kriecht und hüpft wie ein Frosch.

Die Blaugebänderte Galapagosgrundel ruht, wie die meisten Grundeln, bei Spalten am Grund, in die sie sich zurückziehen kann.

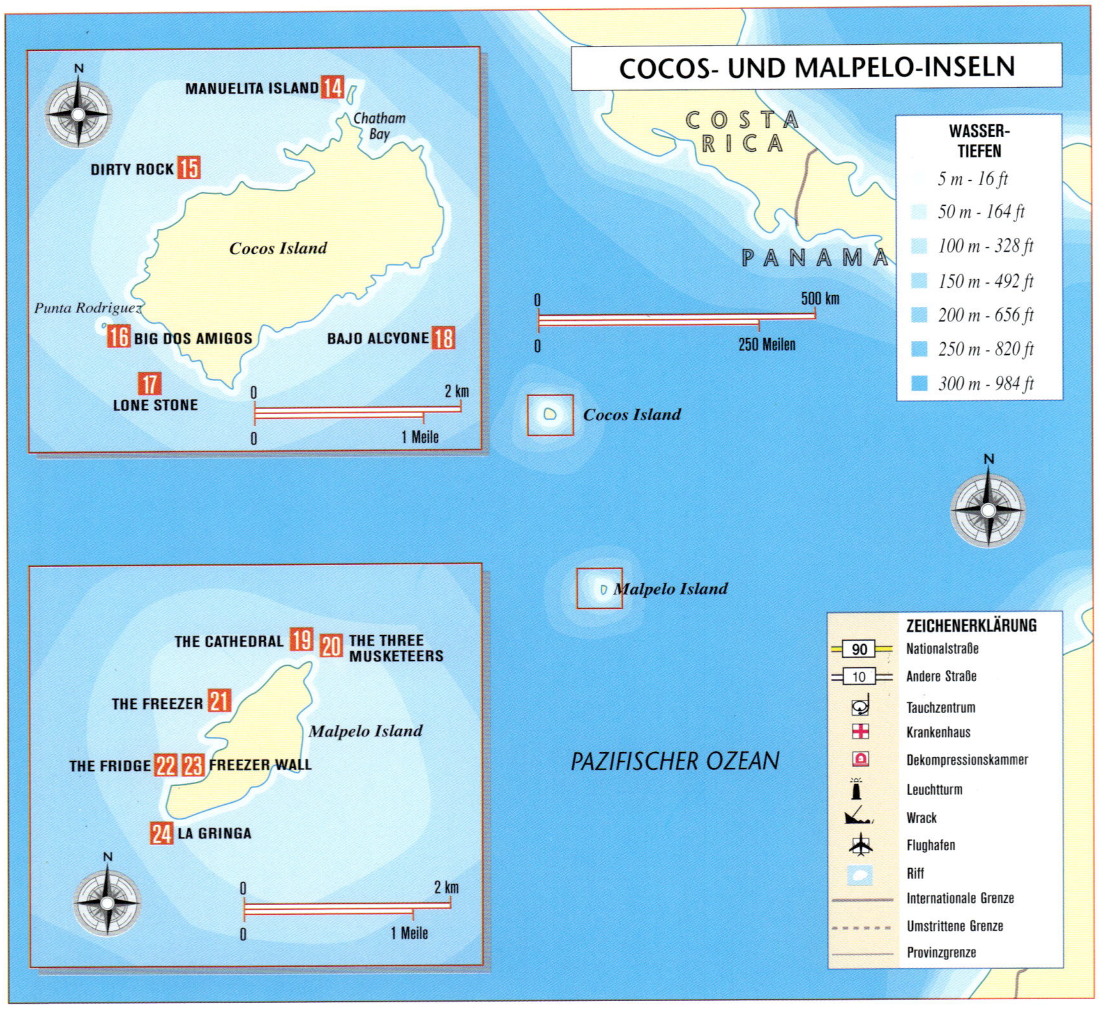

*Sternen-Kugelfische (*Arothron meleagris*) sind schlechte Schwimmer, die sich mit rudernden Flossen fortbewegen.*

Albany Rock 4 allmählich auf Sand in 45 m ab; das Fischleben ist ähnlich. Östlich der Insel Santiago ist die Insel Bartolomé beliebt, da hier die nördlichsten endemischen Galapagos-Pinguine vorkommen, die 12 m tief tauchen. Nördlich von Bartolomé liegt **Cousin's Rock** 5, ein kleiner Felsen, 9 m hoch und gut 100 m lang. Er bietet aufregendes Tauchen mit Seelöwen, Riff- und Hammerhaien, Adlerrochen und Mantas.

Nördlich der Insel Santa Cruz liegt **North Seymour Island** 6, wo man Röhrenaale findet und es bei starker Strömung von Fischen wimmelt. Nordöstlich von Santa Cruz gibt es bei **Gordon Rocks** 7 einen 90 m großen Vulkankrater. Die wechselnden Strömungen sind oft nur etwas für erfahrene Taucher. Das reiche Meeresleben umfasst schlafende Meeresschildkröten, Schwarze Korallen und Stechrochen. **Plaza Island** 8, südlich von Gordon Rocks, verspricht einfaches Tauchen im Flachwasser mit Seelöwen. Veranstalter auf Santa Cruz fahren mehrere Tauchgebiete bei der **Academy Bay** 9 an.

Bei **Leon Dormido** 10, westlich von San Cristóbal, gibt es viele Muränen. Die Insel Floreana hat mehrere Tauchgebiete: **Devil's Crown** 11 und **Champion Island** 12 mit spektakulärem Meeresleben. **Gardner Bay** 13 vor der Insel Española wartet mit Seelöwen und vielen Fischen auf.

Cocos-Inseln

Tauchen bei den Inseln Cocos und Malpelo verspricht Fischtreiben vor senkrechten Granitwänden. Dort wimmelt es von großen Fischen, aber das Besondere sind die Hunderte von Hammerhaiweibchen, die sich tagsüber in der starken Strömung aufreihen und abends zum Fressen aufbrechen. An großen Fischen sieht man außerdem Walhaie, Mantas, Teufelsrochen und auch Rudel von Adler- und Marmorierten Torpedorochen. Junge Weißspitzen-Riffhaie sind überall. Man steigt rasch auf 15–25 m ab, sucht einen Spalt im Gestein, keilt sich fest und wartet, dass die Fische kommen.

Die Cocos-Insel liegt 600 km vor dem Festland. Starke Strömungen gibt es vor allem dort, wo Leben herrscht, wie Alcyone, Dirty Rock oder Manuelita-Insel. Alle Arten werden hier sehr groß. Weißspitzen-Riffhaie sind überall, aber die meisten Taucher wollen die vielen Bogenstirn-Hammerhaie sehen. Getaucht wird zumeist zwischen 18 und 30 m, manchmal 40 m. In Scharen tauchen die Bogenstirn-Hammerhaie aus dem Blau auf, schwimmen gelassen vorbei, verschwinden, ein Pulk nach dem anderen, 20, 50 ja Hunderte von Tieren auf einmal. Hammerhaie erschrecken vor lauten Atemluftblasen. Deshalb werden auf Kreuzfahrtschiffen Rebreather-Kurse angeboten, damit man näher an die Fische herankommt. Die übrigen Bewohner wie Gelbflossen-Tunfische, Schnapper, Zackenbarsche, Muränen, Trompeten- und Krötenfische, Rotlippen-Fledermausfische, Wal- und Buckelhaie, Seglerfische, Mantas, Teufels- und Adlerrochen, Seiden- und Galapagos-Haie sowie Delfine stört das nicht. Teufelsrochen wollen manchmal von Tauchern wie von Putzerfischen gerieben werden. Alle Riffspalten sind voller Fische, die sich vor der Strömung und Feinden verbergen.

Oft sieht man Stachelmakrelen und andere Arten in dicht gedrängten Haufen, wenn sie von Haien, Delfinen und Tunfischen angegriffen werden. Dann ist Vorsicht geboten, da Haie im Jagdfieber nach allem schnappen.

Nordöstlich von Cocos, nordwestlich der Chatham Bay, liegt **Manuelita Island** [14] mit einer Steilwand und tiefen Felsblöcken an der Westseite sowie Plattenkorallen im Flachwasser im Osten. Weißspitzen-Riffhaie und Marmorierte Torpedorochen sind förmlich übereinander gestapelt, und Bogenstirn-Hammerhaie kommen in 14–45 m dicht heran, um sich putzen zu lassen. **Dirty Rock** [15] vor der Nordwestecke von Cocos hat einen Südhang mit mächtigen Blöcken. Ein 100 m breiter Kanal trennt den Fels von mehreren Pfeilern mit üppigem Fischbestand, Adlerrochen, Mantas, Marmorierte Torpedorochen und Schwärme von Stachelmakrelen inbegriffen.

Big Dos Amigos [16], südwestlich von Cocos, vor Punta Rodriguez, hat einen 14 m hohen Bogen und einen 18 m hohen Pfeiler vor der Südostseite. Regenbogen-Stachelmakrelen, Schnapper und Stachelmakrelen schwärmen durch den Bogen, und Hunderte von Hammerhaien kreuzen in 20–35 m zwischen dem Eiland und dem Pfeiler. **Lone Stone** [17], südöstlich von Big Dos Amigos, bietet ebenfalls ein reges Fischleben mit vielen Teufelsrochen und vereinzelten Marmorierten Torpedorochen.

Bajo Alcyone [18], ein Guyot südöstlich von Cocos, der bis 25 m unter die Oberfläche reicht, ist eines der besten Gebiete für Hammerhaie und die meisten anderen großen Fische.

Malpelo-Inseln

Die Malpelo-Inseln, 500 km vor der Westküste Kolumbiens und 1980 zum Nationalpark erklärt, sind eine Ansammlung zerklüfteter, aus dem Meer ragender Gipfel. Ein Gipfel, 3 x 0,4 km groß, ist deutlich größer als die anderen, hat aber einen unsicheren Ankerplatz. Um die Insel sieht man immer wieder Bogenstirn-Hammerhaie und Seidenhaie. Hier kommt auch ein bisher nicht bestimmter Hai vor. Er ähnelt einem Sandhai, ist aber größer und hat größere Augen. Man hat bis 6 m lange Weibchen entdeckt. Er gilt als eine Variante des Kleinzahn-Sandtigerhais (*Odontaspis ferox*).

Die Strömungen schwanken, sodass es einmal ganz ruhig ist, während die Taucher beim nächsten Mal vielleicht gegen die Felsen getrieben werden.

Die Tauchgebiete bei Malpelo ähneln denen von Cocos, aber die See kann rauer sein. Hier tummeln sich Hunderte von Muränen, große Schnapper, Zackenbarsche und Mantas. Bei den **Three Musketeers** [20], einer Gruppe von Pfeilern vor dem Nordende von Malpelo, gibt es einige Tunnel und Höhlen. In der größten von ihnen, **The Cathedral** [19], wimmelt es von Fischen, samt Kleinfischen und Weißspitzen-Riffhaien. Die Wassertemperatur unter den Thermoklinen kommt in den Gebietsnamen an der Nordseite der Insel zum Ausdruck: **The Freezer** [21], **The Fridge** [22] und **Freezer Wall** [23]. Bei **La Gringa** [24] reihen sich Bogenstirn-Hammerhaiweibchen tagsüber in der starken Strömung vor der Wand auf.

Einsiedlerkrebse veranlassen Calliactis-Anemonen oft, sich auf ihrer Schale anzusiedeln. Wechselt der Krebs die Schale, bringt er die Anemonen dazu, mit umzuziehen (oben).
Tubastrea- *und* Dendrophyllia-*Korallen sind nicht lichtabhängig (unten).*

Das Karibische Meer

Jack Jackson

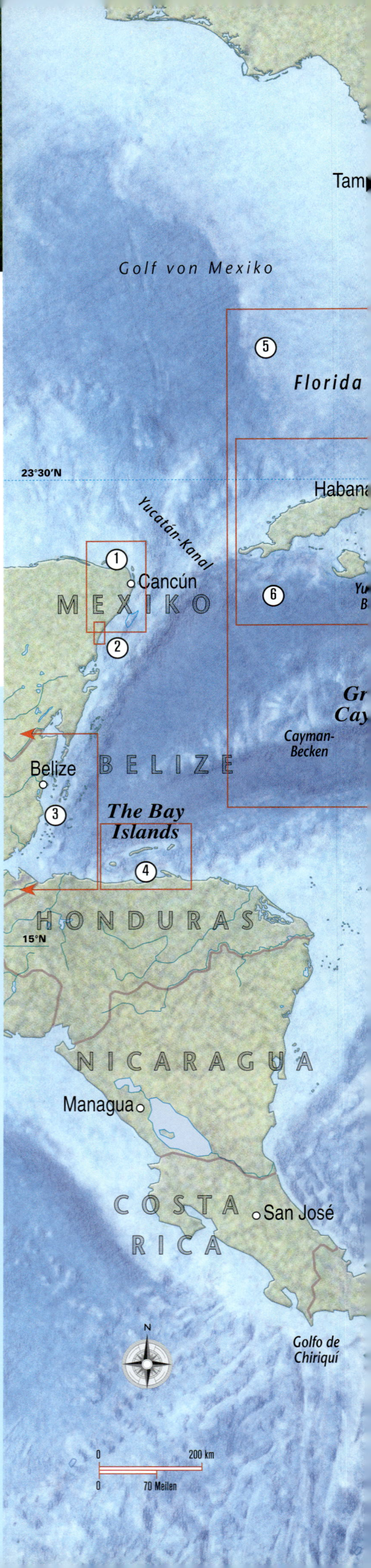

Verglichen mit den Ozeanen ist das subozeanische Becken der Karibik im Westatlantik winzig. Es hat eine Fläche von 2 754 000 km^2 und liegt zwischen 9° und 22° nördlicher Breite sowie 89° und 60° westlicher Länge. Im Norden wird es von den Großen Antillen begrenzt – Kuba, Haiti, Dominikanische Republik, Jamaika und Puerto Rico –, im Süden von den Küsten Panamas, Kolumbiens und Venezuelas. Im Westen bildet die Halbinsel Yukatan mit Mexiko, Guatemala, Belize, Honduras, Nicaragua und Costa Rica die Grenze, im Osten die Kleinen Antillen, die sich von den Jungfern-Inseln im Nordosten bis nach Trinidad und Tobago vor der Küste Venezuelas erstrecken.

Ozeanographen sprechen bei der Karibik gern vom Antillisch-Karibischen Meer, das mit dem Golf von Mexiko das Mittelamerikanische Meer bildet. Es war im Paläozoikum vermutlich mit dem Mittelmeer verbunden, von dem es sich trennte, als der Atlantische Ozean entstand. Die Verbindung zum Pazifik ging verloren, als Südamerika mit Mittelamerika verschmolz und die Landenge von Panama sich schloss. Das veränderte die Strömungen in der Karibik und im Nordatlantik erheblich und schränkte die Artenzahl in der Karibik ein.

Die meisten Inseln sind von Korallenriffen umsäumt und haben leichte Strömungen. Die Inseln und Verbindungsrücken zur Ostkaribik verhindern den Austausch von Tiefenwasser aus dem Atlantik, die Gezeiten sind folglich schwächer, die Sicht ist gut. Die Region hat eine differenzierte Infrastruktur, mildes tropisches Klima, ideale Bedingungen für Anfänger und Genusstaucher, kulturelle Vielfalt und eine gelassene Einstellung zum Leben.

Die Inseln sind mal gebirgig und vegetationsreich, mal flach und trocken, das Tauchen variiert jedoch kaum. Die Inseln am Atlantik haben an den Atlantikküsten mehr pelagische und größere Arten. Stärkere Strömungen ermöglichen genussvolles Strömungstauchen etwa bei Cozumel und Tobago; die Passatwinde sorgen auf der Windseite von Aruba, Bonaire und Curaçao für raue See.

*Ein Trompetenfisch (*Aulostomus maculatus*) und ein Schwarm Blauer Doktorfische (*Acanthurus coeruleus*) über einem Korallenriff. Trompetenfische können sich farblich ihrem Hintergrund anpassen (oben).*

SCHLÜSSEL ZU DEN KARTEN
1 Mexiko – Die Maya-Riviera S. 225
2 Mexiko – Cenoten S. 227
3 Belize S. 228
4 Honduras – Die Bay-Inseln S. 231
5 Kuba und Umgebung S. 233
6 Westkuba S. 234
7 Ostkuba S. 235
8 Cayman-Inseln – Grand Cayman S. 239
9 Cayman-Inseln – Little Cayman und Cayman Brac S. 240
10 Puerto Rico S. 245
11 Dominica S. 247
12 Niederländische Antillen – Aruba S. 249
13 Niederländische Antillen – Bonaire S. 251
14 Niederländische Antillen – Klein Bonaire S. 253
15 Niederländische Antillen – Curaçao S. 255
16 Britische Jungfern-Inseln S. 257
17 Amerikanische Jungfern-Inseln S. 258
18 Die Bahamas S. 261
19 Bahamas – Die nördlichen Inseln S. 263
20 Bahamas – Die südlichen Inseln S. 265
75°W
VEREINIGTE STAATEN VON AMERIKA
Miami
Floridastraße
Grand Bahama
Abaco
BAHAMAS
Eleuthera
Andros
Cat Island
Great Exuma
Long Island
Great Bahama Bank
Nicholas-Kanal
Old Bahama-Kanal
Mayaguana Passage
Caicos Passage
Caicos-Inseln
Turks-Inseln
TURKS- UND CAICOS-INSELN
Sargosso-see
Nördlicher Wendekreis
NORD-ATLANTISCHER OZEAN
KUBA
Große Antillen
CAYMAN-INSELN
Cayman-Graben
JAMAIKA
Kingston
Jamaika-Kanal
Windward Passage
HAITI
Port-Au-Prince
Santo Domingo
DOMENIKANISCHE REPUBLIK
Mona Passage
PUERTO RICO
Puerto Rico-Graben
Jungfern-Inseln
St Croix
Leeward-Inseln
ANTIGUA UND BARBUDA
ST. KITTS UND NEVIS
Guadeloupe Passage
Dominica Passage
DOMINICA
Windward-Inseln
Kleine Antillen
St. Lucia-Kanal
ST. LUCIA
St Vincent Passage
ST. VINCENT UND DIE GRENADINEN
BARBADOS
GRENADA
Tobago
TRINIDAD UND TOBAGO
Trinidad
Karibisches Meer
Venezuela-Becken
Kolumbianisches Becken
Niederländische Antillen (Kleine Antillen)
Aruba
Curaçao
Bonaire
Golf von Venezuela
Bonaire-Graben
Cariaco-Graben
Barranquilla
Maracaibo
Caracas
Panama-Kanal
Panamá City
Golf von Darién
PANAMA
Golfo de Panamá
VENEZUELA
KOLUMBIEN
Bogotá
GUYANA
BRASILIEN
NORDPOLARMEER
Nord-amerika
Europa
Asien
Nördlicher Wendekreis
ATLANTISCHER OZEAN
Karibisches Meer
Äquator
Afrika
Südlicher Wendekreis
Süd-amerika
INDISCHER OZEAN
PAZIFISCHER OZEAN

Thementauchen (Tauchen mit Rochen, Haien oder Delfinen) ist zwar gefragt, aber die Riffe sind Hauptanziehungspunkt, und vor vielen Inseln hat man Schiffe und Flugzeuge als künstliche Riffe versenkt. Auch einige »Schatzschiffe« aus der spanischen Kolonialzeit hat man entdeckt, als die reichste Seehandelsmacht der Welt Piraten, Seegefechten und Stürmen zum Opfer fiel.

Das Klima in der Karibik ist tropisch, doch es gibt je nach Höhe der Berge, der lokalen Strömungen und Passatwinde regionale Abweichungen. Die Niederschläge schwanken zwischen 254 mm pro Jahr auf Bonaire und 8 890 mm in der Gegend von Dominica. Die Nordost-Passatwinde beherrschen das Gebiet mit Durchschnittsgeschwindigkeiten von 15–30 km/h.

In der Nordkaribik und dem Golf von Mexiko kommt es jahreszeitlich zu hurrikanartigen Stürmen, im Süden jedoch kaum. Der genaue Weg eines Hurrikans ist zwar unberechenbar, die meisten entstehen jedoch bei den Kapverdischen Inseln im Ostatlantik und nehmen den Weg der Passatwinde in die Karibik und den Golf von Mexiko. Hurrikansaison ist Juni bis November, am häufigsten sind sie im September. Die Karibik erlebt weniger Hurrikane als der Golf von Mexiko oder der Westpazifik, wo sie Taifun genannt werden.

Die Gezeiten in der Karibik und im Golf von Mexiko sind gemischt (täglich und halbtäglich) und weit schwächer als im Atlantik, zumeist unter 1 m. Von Hurrikanen ausgelöste Wogen können den Meeresspiegel lokal um 1 m ansteigen lassen.

Topographie

Die größte Tiefe erreicht die Karibik mit 7686 m im Cayman-Graben, der zwischen Kuba und Jamaika von Ost nach West verläuft.

Im Inneren ist die Karibik tektonisch inaktiv, an den Rändern allerdings nicht. Durch die wechselseitigen Einwirkungen der Krustenplatten kommt es häufig zu Vulkantätigkeit und Erdbeben, da an die längliche Platte des Karibischen Meers im Westen und Osten Subduktionszonen grenzen, wo andere Platten sich unter die karibische Platte schieben. Der Nordostrand der Cocos-Platte läuft 95–200 km vor der Küste parallel zur Pazifikküste. Diese Platte stößt an den Südwestrand der karibischen Platte, deren Nordrand durch Verwerfungszonen markiert ist, die sich durch Südguatemala bis zum Cayman-Graben erstrecken. Im Norden und Nordwesten ist die amerikanische Platte relativ stabil und hat die Ansammlung von Kalkstein auf der Halbinsel Yukatan zugelassen. Der Ostrand der Cocos-Platte ist in Kontakt mit dem Panama-Block der Nazca-Platte. Die Cocos-Platte bewegt sich gegenüber der karibischen Platte mit einer Geschwindigkeit von 10 m pro Jahrhundert nach Nordosten, was nach erdgeschichtlichen Maßstäben sehr schnell ist.

Am Ostende der Karibik markieren die Vulkaninseln des Inselbogens der Kleinen Antillen den Rand, wo der Boden des Nordatlantiks unter die karibische Platte gleitet.

Das Karibische Meer ist in fünf Meeresbecken unterteilt, die durch submarine Rücken und Erhebungen voneinander getrennt sind – Yukatan-, Cayman-, Kolumbien-, Venezuela- und Grenada-Becken. Das Yukatan-Becken wird durch den Yukatan-Kanal zwischen Kuba und der Halbinsel Yukatan vom Golf von Mexiko getrennt. Es hat eine Schwellentiefe (die Tiefe des submarinen Rückens zwischen Becken) von etwa 1600 m. Im Süden wird das Cayman-Becken teilweise durch den Cayman-Rücken vom Yukatan-Becken getrennt, ein schmaler Rücken von Guatemala bis zum südlichen Kuba. Dieser Rücken ragt bei den Cayman-Inseln aus dem Meer. Weiter südlich bildet die Nicaragua-Schwelle einen weiten dreieckigen Rücken mit einer Schwellentiefe von 1220 m, der von Honduras und Nicaragua nach Hispaniola verläuft. Er trennt das Cayman-Becken vom Kolumbien-Becken und ragt bei Jamaika aus dem Meer. Das Kolumbien-Becken wird in der Nordhälfte durch den Beata-Rücken teilweise vom Venezuela-Becken getrennt, doch diese beiden Becken sind durch die Aruba-Gap in über 3960 m Tiefe miteinander verbunden. Im Osten trennt der Aves-Rücken, der am Südende gespalten ist, das Venezuela-Becken vom kleinen Grenada-Graben, dessen Ostgrenze die Inseln des Antillenbogens bilden.

Strömungen

Sauerstoffreiches nordatlantisches Tiefenwasser fließt unter der Windward Passage zwischen Kuba und Haiti in die Karibik. Dann teilt es sich und füllt in etwa 1980 m Tiefe das Yukatan-, Cayman- und Kolumbien-Becken. Dieses karibische Bodenwasser strömt auch ins Venezuela-Becken und bringt sauerstoffreiches Wasser in 1800–2990 m Tiefe. Subantarktisches Zwischenwasser fließt unter der Anegada Passage in 490–1000 m Tiefe in die Karibik. Am Antillenbogen blockieren die geringen Schwellentiefen das antarktische Bodenwasser, sodass die

Die Westindischen Inseln

Die Westindischen Inseln erstrecken sich über gut 3200 km von Kuba fast bis zur Nordküste Südamerikas. Diese im Wesentlichen in Große und Kleine Antillen unterteilte Inselkette trennt das Karibische Meer vom Atlantik. Andere Inseln der Region sind isolierte Gruppen am kontinentalen Rand der Antillen – u.a. die Bahamas, Trinidad und Tobago und die Niederländischen Antillen.

Gestalt und Ausrichtung der Großen Antillen, von Kuba, Jamaika, Hispaniola und Puerto Rico sind durch eine alte Gebirgskette vorgegeben, die von Mittelamerika durch die Karibik lief. Reste dieser Kette finden sich in den Blue Mountains von Jamaika, der Sierra de los Órganos und der Sierra Maestra auf Kuba sowie dem Duarte Peak, 3170 m, in der Dominikanischen Republik, die höchste Erhebung in der Karibik.

Bodentemperatur der Karibik bei 4 °C liegt, gegenüber knapp 2 °C im Atlantik.

Oberflächenströmungen gelangen vor allem durch die Kanäle und Passagen der Südantillen in die Karibik. Der Guiana-Strom und Teile des Nord-Äquatorialstroms fließen fast ungehindert an St. Lucia vorbei. Der Passatwind drückt diese Wasser durch den Yukatan-Kanal in den Golf von Mexiko. In der Westkaribik und dem Golf von Mexiko zwingt der Passatwind das Oberflächenwasser nach Norden, fort vom Festland, und sorgt für nährstoffreichen Auftrieb.

Das vom Wind getriebene Oberflächenwasser staut sich im Yukatan-Becken und Golf von Mexiko auf und führt zu einem höheren durchschnittlichen Meeresspiegel als im Atlantik. So entsteht ein hydrostatischer Kopf, der als Haupttriebkraft hinter dem Golfstrom gilt.

Der Golfstrom wird vom westwärts fließenden Nord-Äquatorialstrom gespeist, der von Nordafrika zu den Westindischen Inseln zieht. Letzterer teilt sich vor der Nordostküste Südamerikas in die Karibische Strömung, die ins Karibische Meer und durch den Yukatan-Kanal in den Golf von Mexiko fließt, und in den Antillenstrom, der in den Norden und Osten der Westindischen Inseln fließt. Die Karibische Strömung fließt durch die Floridastraße als Floridastrom zurück in den Atlantik. Diese schnelle Strömung wird durch die untermeerische Great Bahama Bank nach Nordosten umgelenkt, vereint sich mit dem Antillenstrom und fließt etwa parallel zur Ostküste Nordamerikas zum Kap Hatteras. Dort bildet ein Teil des Golfstroms einen Gegenstrom, der nach Süden fließt und dann nach Westen, um sich wieder mit dem Golfstrom an der Küste Floridas und der Karolinen zu vereinen.

Dank des Klimas und Freizeitpotenzials ist die Karibik zu einem der wichtigsten Ziele für Winterurlauber und Kreuzfahrer geworden. Kapitalmangel und begrenzte Rohstoffvorkommen haben auf den meisten Inseln große industrielle Vorhaben vereitelt, auch wenn es hier und da Erdöllager oder -förderung gibt. Der Schiffsverkehr durch den Panama-Kanal durchquert die Karibik. Es kommt also zu den üblichen Ölverschmutzungen und gelegentlichen Schiffskatastrophen.

Die Karibik leidet, wie alle anderen Meere auch, unter Verschmutzung, Ablagerungen und Überfischen, aber in geringerem Maß. Viele Inseln bemühen sich, ihre Umwelt zu bewahren.

*Feuerkorallen (*Millepora spp.*) haben zahlreiche Nesselzellen, die nackte Haut beim Menschen schmerzhaft reizen. Die betroffene Fläche mit Essig einreiben, das neutralisiert nicht aktivierte Nesselzellen (oben).*
*Ein Gepunkteter Ritterfisch (*Equetus punctatus*). Diese Fische bewohnen abgelegene Riffbereiche unter Bändern und großen Trümmern oder kleine Grotten, die sie nur nachts zum Fressen verlassen (unten).*

Mexiko

Lawson Wood

Die Halbinsel Yukatan trennt das Karibische Meer vom Golf von Mexiko. Die Insel **Cozumel** 1 liegt 30 km südöstlich von Cancún auf der Halbinsel. Die kleine Insel weist die größte Konzentration an Tauchzentren auf, was die Umwelt zwangsläufig belastet. Naturschutzmaßnahmen werden oft von der bloßen Zahl der Taucher in diesen Gebieten konterkariert. Alle Gebiete vor dieser Insel bieten Strömungstauchen, sind also nicht für Anfänger geeignet.

Cancún wird oft übersehen, obwohl man in diesem Ferienort sehr gut Tauchen lernen kann. Es ist auch ein idealer Ausgangspunkt, um Yukatan zu erkunden. Rifftauchen ist an der Küste immer noch sehr beliebt, doch dieser exponierte Küstenstreifen ist zum Tauchen häufig zu rau (das geschützte Cancún und Westcozumel ausgenommen). Man hat jedoch ein alternatives Tauchziel entdeckt.

2 Cancún

Die Ufer von Cancún weisen die nördlichsten Korallenriffe der Westkaribik auf, zum Teil geschützt durch die Isla Mujeres und die Isla Contoy im Norden und Cozumel ein paar Kilometer weiter im Südosten, das als die einzige Karibikinsel Mexikos gilt.

Die meisten Taucher bleiben auf Cozumel. Cancún wird wegen seiner flachen, geschützten Bucht zwischen der Stadt und der Isla Mujeres meistens übergangen. Die Bucht ist maximal 9 m tief, die äußeren Riffe laufen in 17 m aus. Es gibt praktisch nur Strömungstauchen in leichter Strömung. Das Riff besteht tatsächlich aus altem Korallenkalk, was ein Beleg dafür ist, dass dieser Bereich einmal trockenes Land war. An der nördlichen Verbreitungsgrenze der Korallenpolypen in der Westkaribik und dem Golf von Mexiko gibt es außer Elchgeweih-, Geweih-, Stern- und Hirnkorallen kaum Steinkorallen. Gorgonien dominieren. Bunte Schwämme fallen ins Auge, auch zahlreiche Algenarten, die Papagei-, Lipp- und Schleimfischen, Grundeln, Kaiser- und Falterfischen ein idea-

*Die Xcaret-Lagune auf Yucatán liegt am Ende eines unterirdischen Flusses, der ins Meer mündet, wo jetzt ein Resort errichtet worden ist (oben links). Die Isla Mujeres hat herrliche Sandstrände und liegt nur wenige Bootsminuten nördlich von Cancún. Die seichten Riffe beherbergen einige der größten Fischpopultionen der Karibik (oben rechts). Der Korallen-Krötenfisch (*Sanopus splendidus*) ist eine nur hier vorkommende Art (rechts).*

Ein typischer Höhleneingang in Quintana Roo in das gewaltige Labyrinth aus Cenoten, die das Gebiet durchziehen. Dieses Süßwassertauchen wird immer beliebter (oben).

Dieser junge Karibische Riffkalmar (Sepioteuthis sepioidea) *ist nachts in flachen Riffen zu finden, wo er Garnelen und kleine pelagische Fische jagt. Man kann sich ihnen gut nähern, sofern man sie nicht direkt anleuchtet (Mitte).*

Diese Grüne Muräne und die Rotweiß-gebänderte Scherengarnele leben in symbiotischer Gemeinschaft im Riff, wo die Garnele die Muräne putzt und dafür Schutz erhält und abfallende Nahrung findet (unten).

Von der großen Höhle der Gran Cenote gehen kilometerlange Gänge ab, die mit den verschiedensten Gebilden geschmückt sind, die das kristallklare Süßwasser bewahrt hat (oben).
Am Eingang zur Car Wash Cenote liegt viel Abfall von umgestürzten Bäumen und Laub, den man meiden sollte, da er leicht aufwirbelt und die Sicht trübt (unten).

les Zuhause bieten. An diesen flachen Riffen findet man einige der farbenprächtigsten Fische der gesamten Karibik.

Unter den Tauchschülern und Erstbesuchern von Cancún sind viele, die die Karibik von einer anderen Seite kennen lernen wollen. Alle Tauchschulen bieten Anfängerkurse an. Die größten Veranstalter und die mit der meisten Werbung sind allerdings nicht immer unbedingt die besten.

Isla Mujeres

Viele, die die Isla Mujeres erstmals bei einem Tagesausflug besuchen, bleiben beim nächsten Mal länger. Die Inselbewohner sind ungezwungen, und am Nordstrand kann man sogar oben ohne sonnen. Die flachen Riffe um Isla Mujeres wimmeln von Leben. Dass viele Riffe im Flachwasser liegen, scheint die Fische nicht abzuhalten. Bei **Manchones** 3 4 ist Schnorcheln besonders beliebt; es ist gerade so tief, dass man die Korallen nicht berührt. Die Riffe haben viele verwinkelte Rinnen und Canyons, in denen die Taucher Fische beobachten können. Das Gebiet ist bei Veranstaltern der Isla Mujeres und aus Cancún gleichermaßen beliebt.

Isla Contoy

Isla Contoy liegt an der Nordgrenze der Korallendistribution in den Golf von Mexiko. Das lange, flache Riff, das von der Isla Mujeres nordwärts zur Isla Contoy läuft, heißt **Ixlache Reef** 6 und bietet einige gewaltige Hirnkorallen. Dichtbei liegt ein weiteres flaches Riff, **Los Galeones Hundidas** 5 in nur 4,5 m tiefem Wasser, wo die verstreuten Überreste mehrerer alter Schiffe liegen sollen.

Sämtliche Tauchzentren bieten PADI-Kurse und nehmen sich all Ihrer Tauchfragen an. Cancún gilt allgemein eher als normaler Ferienort, weniger als Tauchziel, aber ich habe nirgendwo so viele Fische wie an den flachen Riffen und Miniwänden der geschützten Bucht zwischen Isla Mujeres und Cancún gesehen.

Cenoten

Unter dem scheinbar massiven Kalkstein der Halbinsel Yukatan liegt ein gewaltiges Netz aus

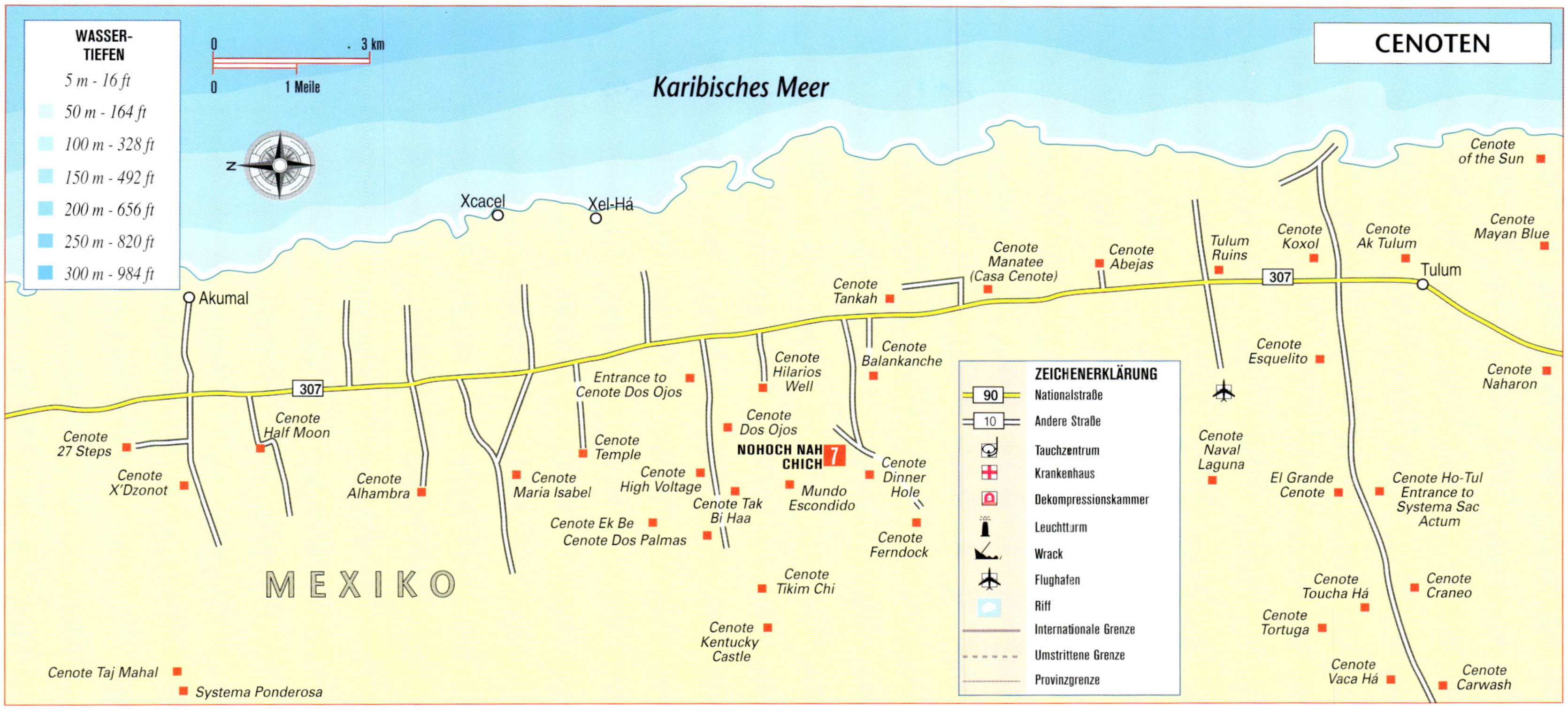

Höhlen, die größtenteils seit Jahrtausenden überflutet sind. Dank neuer Techniken und Tauchausrüstung hat das Vordringen in diese Höhlensysteme unter Wasser Neuland erschlossen.

Vor 65 Millionen Jahren lag die gesamte Halbinsel Yukatan unter Wasser. Während der letzten Eiszeit sank der Meeresspiegel und legte ein Hochplateau aus weichem, porösem Kalkstein trocken. Das Grundgestein dieses Plateaus ist vulkanischen Ursprungs, aber wir können nur die oberen Schichten aus altem Korallenkalk erkunden. Dieser mächtige, poröse Schelf besteht aus Sedimentgestein, abgestorbenen Korallen, Muscheln und aufgelöstem Kalk, der bei ihrer Zersetzung übrig geblieben ist. Der Kalkstein, aus dem die Halbinsel besteht, stammt aus dem Pleistozän und Holozän. Dieses Kalkgrundgestein ist erosionsanfällig, und tropische Regenstürme haben, zusammen mit saurem Regen von benachbarten Vulkanen, im Lauf der Jahrhunderte riesige unterirdische Höhlen und Quellen geschaffen.

Eine Cenote ist die eingestürzte Decke eines unterirdischen Höhlensystems und kann als Fenster im Dschungelboden zu den kristallklaren unterirdischen Flüssen angesehen werden, die die gesamte Halbinsel durchziehen. Auf Yukatan hat man 80 bis 90 Cenoten entdeckt, von denen die meisten bis zu einem gewissen Grad erforscht sind. Am berühmtesten ist **Nochoch Nah Chich** 7, im *Guiness-Buch der Rekorde* seit 1992 als größtes unterirdisches Höhlensystem der Welt geführt. Rund 50 Cenoten liegen am Akumal-/Tulum-Korridor und sind gut kartiert, aber noch nicht restlos erforscht. Der Name Cenote ist vom Maya-Wort tzonot abgeleitet, das »Brunnen« oder »Doline« heißt. Cenoten waren nicht nur die wichtigsten Wasserquellen, sondern auch heilige Orte, wo Opfer und andere Rituale vorgenommen wurden. Bei mehreren bedeutenden Orten wie Chichen Itza beteten die Mayas zum Regengott Chac. Seit Anfang der 1980er-Jahre sind über 160 km der unterirdischen Gänge aufgenommen.

Bei der Gran Cenote und vielen anderen Cenoten warnen Schilder, ohne geeignete Schulung und Ausrüstung weiterzuschwimmen.

Westkaribik

Lawson Wood

Das Tauchen vor dem westkaribischen Barriereriff ist interessant, da mehrere Atolle, Inseln und Nationen involviert sind. Jede Gruppe ist anders. Die meisten haben Tourismus, aber es gibt auch nicht betauchte Riffbereiche, die nur mit Kreuzfahrtschiffen zu erreichen sind.

Belize änderte seinen Namen Britisch Honduras, als es 1981 von Großbritannien unabhängig wurde. Die noch überwiegend englisch sprechende Bevölkerung sind die Nachkommen jamaikanischer Sklaven. Die Hauptbranchen an Land sind noch immer Forstwirtschaft, Zuckerrohr und Orangen, während auf den Inseln Fischfang und Tourismus betrieben werden. Das Land zwischen Mexiko im Norden und Guatemale und Honduras im Süden scheint für das Tauchen wie geschaffen: Das zweitgrößte Barriereriff der Welt ist nur wenige Kilometer vom Festland entfernt, und es gibt drei Korallenriffe (Turneffe Island Atoll, Lighthouse Reef und Glover's Reef).

Cochine Grande vor den Bay Islands von Honduras, wo Mantas und andere große pelagische Fische zu sehen sind (oben links).

Die Bay Islands von Honduras sind für die Ansammlung an Wirbellosen bekannt. Viele Küstendörfer sind nur per Boot zu erreichen und nicht durch Straßen verbunden (oben rechts).

Belize

Turneffe-Atoll

Turneffe-Island-Atoll ist eines der wichtigsten biologischen Systeme in der Karibik, mit üppigen Mangroven, litoralen Palmenwäldern und unberührten Korallenriffen, wo man scheue Manatis und verspielte Delfine erleben kann. Freiwillige von Coral Cay Conservation sammeln Daten und erfassen Wälder, Lagunen und Riffe des Turneffe-Atolls. Das ist Teil eines nationalen Projekts zum Schutz und der nachhaltigen Nutzung der überragenden Biodiversität des Atolls. Das Turneffe-Atoll ist das größte der drei Korallenatolle in Belize und das einzige, das großflächig Mangroven aufweist. Getaucht wird am südlichsten Punkt, **The Elbow** [1]. An der geschützteren, flachen Westseite gibt es gute Plätze für Anfänger. An der Südostecke warten anspruchsvollere Tauchgänge im Gezeitensog und Strömungen.

Im Süden der flacheren Gebiete liegt ein künstliches Riff, die ***Sayonara*** [2]. Das ehemalige Passagier- und Frachtschiff wurde 1985 versenkt und liegt, nach Steuerbord geneigt, in maximal 15 m Tiefe. Da es aus Holz ist, zerfällt es rasch; von einer Erkundung im Inneren wird abgeraten. Man sieht großartige Wirbellose, schöne Gorgonien und Schwämme.

Lighthouse Reef und The Blue Hole [3]

Lighthouse Reef, 65 km östlich von Belize City und ursprünglich Eastern Reefs genannt, ist nach dem Leuchtturm auf Half Moon Cay benannt. Das Riff ist am weitesten vom Festland entfernt und für die überdurchschnittlich gute Sicht bekannt. Das Besondere an diesem Atoll ist jedoch das gewaltige Blue Hole mitten in der Lagune. Es ist fast kreisrund, hat 300 m Durchmesser und ist 124 m tief. Berühmt wurde es durch Jacques Cousteaus Expedition 1970. Es gibt zwei enge Zufahrten durch das sehr flache Außenriff. Die seichteste der inneren Stalaktitenhöhlen beginnt in 43 m Tiefe; sie stammt aus der Zeit, als das Meer während der letzten Eiszeit vor 15 000 Jahren 105 m niedriger stand. Lighthouse Reef hat sehr schöne Steinkorallen und Gorgonien, die sich jedoch gegen die wuchernden Algen und Schwämme durchsetzen müssen.

Honduras

Die Bay Islands

Die Bay Islands vor Honduras bestehen aus acht Inseln und 65 Sandriffen. Fantastisch

Im Blue Hole am Lighthouse Reef treffen Taucher in 50 m Tiefe auf z.T. 12 m lange Stalaktiten (oben).
Besenschwanz-Feilenfische (Aluterus scriptus) *sind tagsüber ziemlich scheu. Nachts kann man sich ihnen gut zwischen Gorgonien und Federhornkorallen nähern (unten).*

*Der Karibische Rubinsaugfisch (*Arcos rubiginosus*) ist bei Nachttauchgängen in Cayos Cochinos fast immer zu finden, sonst aber selten in der Karibik (oben).*
*Die Weißgefleckte Fadenschnecke (*Pauleo jubatus*) ist von Mai bis September auf verschiedenen Federhornkorallen zu finden (unten).*

taucht man auch vor den drei nördlichen Inseln, die zum selben Barriereriff gehören, das parallel zur zentralamerikanischen Küste läuft. Die drei Hauptinseln **Utila** 4, **Roatan** 5 und **Guanaja** 6 liegen 64 km nördlich von Honduras. **Cayos Cochinos** 8 liegt näher am Festland. Es hat eine senkrechte Wand, deren bis 6 m aufragender Kamm einen flachen Korallengarten schützt. Es gibt auch einige submarine Tafelberge mit immer vielen pelagischen Arten wie Hochsee-Drückerfischen.

Die eng mit den Mayas verwandten Payan-Indianer führten die Landwirtschaft ein und trieben Handel mit benachbarten Gebieten. All das änderte sich, als Kolumbus auf seiner vierten Entdeckungsfahrt 1502 nach Guanaja kam und die Insel Pinien-Insel nannte. In den Folgejahren wurden viele Inselbewohner versklavt. Honduras bedeutet so viel wie tiefes Meer. Der Ort Savanna Bight auf Guanaja war ein Piratenversteck, und Port Royal auf Roatan 1792 Schauplatz eines besonders brutalen Überfalls. Englische Siedler führten die Landwirtschaft wieder ein, und schottische Schiffbauer und Fischer bauten den Handel wieder auf. Anfang des 19. Jahrhunderts überließen die Briten Honduras die Inseln. Sprache und Gewohnheiten passen sich allmählich dem Spanischen an, da Festlandshonduraner auf die Inseln ziehen, um dort zu arbeiten und das Inselleben zu genießen.

Das reiche Meeresleben – vor allem große Zackenbarsche, Muränen, Stachelmakrelen, Mantas und Walhaie, die in anderen Gebieten der Karibik selten werden – und eine Sicht von über 30 m machen die Inseln für Taucher attraktiv.

7 *Jado Trader*

Der Frachter *Jado Trader* wurde 1987 gezielt als künstliches Riff versenkt. Das Wrack liegt auf Steuerbord bei einem gesunden Riff 2 km südlich vor Guanaja in 33 m Tiefe, für Taucher gelten also klare Tiefen- und Zeitbeschränkungen. Spieren, Masten und Takelwerk des weitgehend intakten Schiffs ragen rechtwinklig vor und bieten Gorgonien und langen bunten Schwämmen guten Halt. Die Masten ziehen schwarmweise kleine Fische an, auf die Kaiser-, Papagei- und Lippfische Jagd machen. Auch standorttreue Fische wie Muränen sind häufig. Die gesamten Aufbauten, Deck und Winschen sind mit Algen und Schwämmen überkrustet, deren Farben im Schein der Taucherlampen leuchten. Unten am Rumpf sind

Langusten und große, neugierige Zackenbarsche zu Hause.

Das Wrack liegt weit vor der Küste in einem Gebiet mit Gezeitenströmung, sodass ein überdurchschnittlich reiches Meeresleben vorhanden ist. Man trifft immer auf größere Gruppen Stachelmakrelen und Barrakudas, die Jagd auf die kleineren Fischarten machen.

8 Cayos Cochinos

Die elf kleinen Sandriffe von Cayos Cochinos sind von einem Saumriff und einem weiteren Barriereriff umgeben, die den üppig bewachsenen Inseln guten Schutz bieten. Die innere Lagune, ideal zum Wandtauchen, hat eine weite Sandfläche mit Sandreißen und Korallencanyons, die alle in nur 3 m Tiefe am Riffkamm zusammenlaufen. Die Wand fällt fast senkrecht auf 36 m und läuft dann steil in die Tiefe aus, wo Mantas und Hammerhaie gesichtet worden sind. Wenn man an der Wand entlang nach Südwesten schwimmt, kommt man zu einem schmalen Pfeiler, der aus der Tiefe aufragt. Im Kanal zwischen dem Pfeiler und dem Riff drängen sich Gorgonien, Kreolen-Lippfische und fressende Papageifische.

Vor der Wand ist ein Manta eventuell so interessiert, dass er sich eine halbe Stunde dort herumtreibt, die Taucher umkreist und das aufsteigende Plankton frisst. Die Gorgonien sind in gutem Zustand, und einige der Seil- und Tonnenschwämme erreichen gewaltige Dimensionen. Flamingozungen, Saugfische und verschiedene Nacktschnecken siedeln auf diesen Gorgonien und erfreuen den Taucher, wenn er sie entdeckt.

Die seichtere Sandfläche und das anschließende Riff sind ideal zum Nachttauchen, weil das Flachwasser ausgiebige Erkundungen ohne Zeitstrafen erlaubt. Es gibt riesige Spinnenkrabben (*Mithrax spinosissimus*), Skorpionsfische, Langusten und Garnelen in zahllosen Varianten. Am Rand der Sandfläche sind auch Krötenfische zu sehen. Sie benutzen die Unterseite von Korallenblöcken als Resonanzboden, und ihr Quaken ist unter Wasser über weite Entfernungen zu hören.

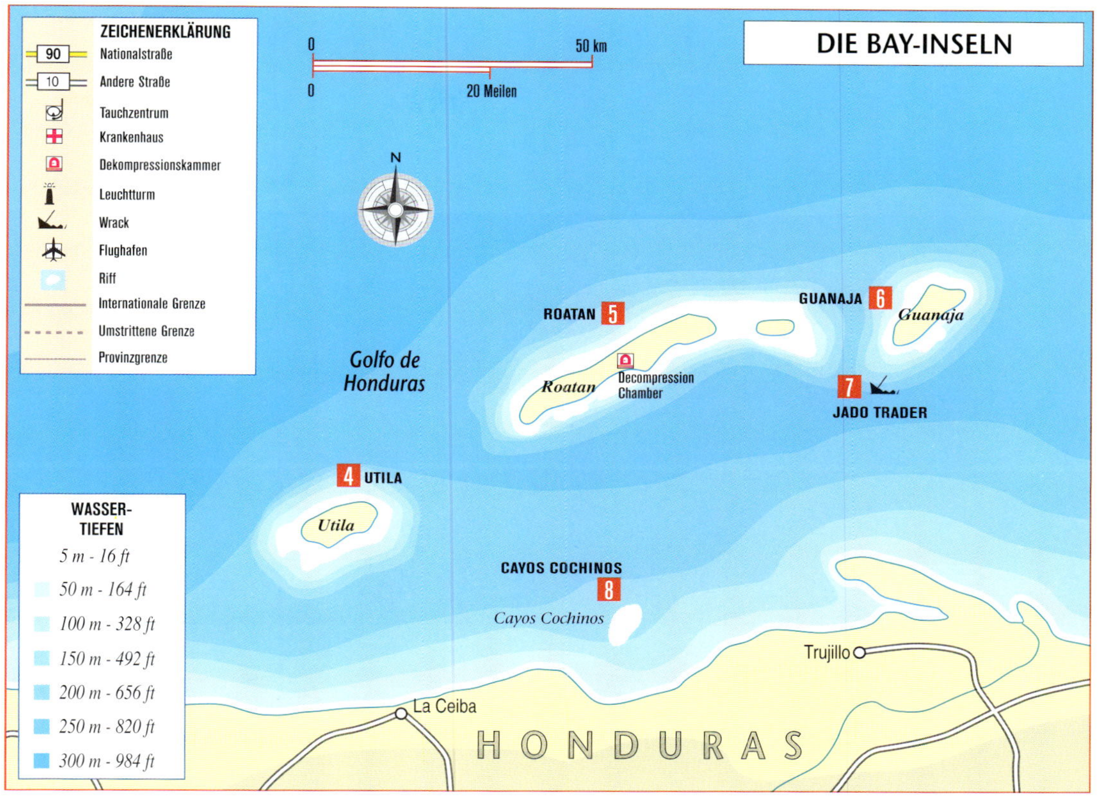

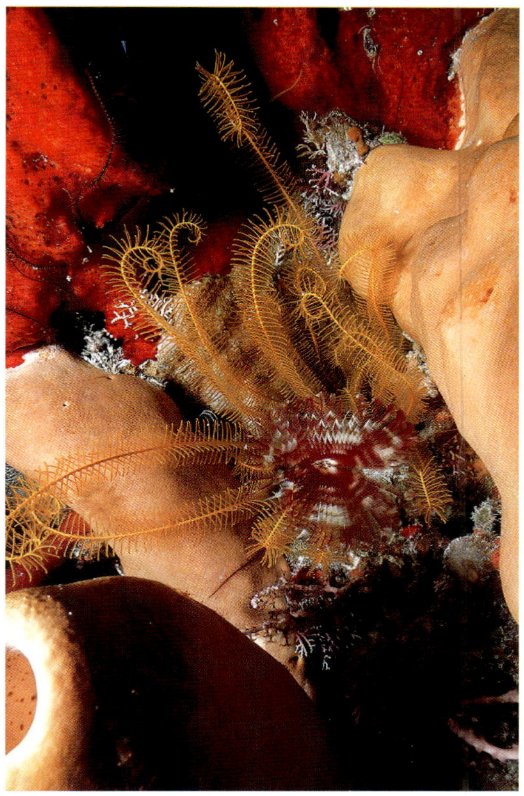

Goldfedersterne (Davidaster rubiginosa) *sind recht häufig. Sie scheuen die Sonne und kommen nur nachts heraus.*

Bunter Schwämme sind typisch für westkaribische Riffe und beherbergen die verschiedensten Tiere wie diese zarten Seescheiden.

Die kubanische Karibikküste. Der Strand und die Tiefwassermole in Playa Ancon bieten für alle Wassersportler etwas (oben links).

Die kubanische Atlantikküste. Der 20 km lange weiße Sandstrand von Varadero war eines der ersten touristisch erschlossenen Strandgebiete (oben rechts).

Kuba

Jack Jackson

Kuba liegt 145 km südlich von Florida zwischen Jamaika und den Bahamas. Seine 5746 km lange Küste, die im Norden vom Atlantik, im Süden vom Karibischen Meer und im Westen vom Golf von Mexiko umspielt wird, wimmelt von Fischen und ist hinsichtlich des Meereslebens wahrscheinlich das ergiebigste Tauchziel der gesamten Karibik.

Die Isla de la Juventud ist zwar Kubas bekanntestes Tauchgebiet, Investoren haben jedoch auch in anderen Gebieten, wo man gut tauchen kann, Tophotels errichtet. Diese Hotels – aber auch die Einführung eines Bootes, das in ein schwimmendes Hotel umgewandelt wurde; die Kreuzfahrtschiffe, die den Meerespark von Los Jardines de la Reina erschließen – haben das Tauchen in Kuba fest auf der internationalen Tauchkarte verankert.

Es gibt weit mehr Tauchgebiete als hier beschrieben, und einzelne Veranstalter haben für viele von ihnen auch ihre eigenen Namen.

[1] Havanna

An der kubanischen Atlantikküste bietet Havanna gutes Tauchen bei Playas del Este im Osten und im Norden von Marina Hemingway, das westlich von Havanna liegt. Ausländische Besucher probieren es selten aus, aber nahe der Hauptstadt kann man gut an Schelfen tauchen, die stufenweise sehr tief abfallen. Außerdem gibt es einige Wracks.

Varadero

Varadero, 140 km östlich von Havanna, hat viele Tauchgebiete und Ausflüge zur Playa Girón an der karibischen Küste gegenüber vorzuweisen. Es ist eines der ältesten Feriengebiete, auf Tauchen spezialisiert, und hat über 30 Tauchgebiete. Etwa 20 km westlich liegen einige Gebiete vor Matanzas, aber **Playa Coral** [2] gehört zu den beliebtesten. Das Gebiet weist mehrere Rinnen auf, die zu einer Wand in 2–8 m abfallen, wo man Elchgeweih- und Geweihkorallen, Schwämme, Gorgonien und Schwarze Korallen im tieferen Wasser sehen kann. An Fischen sind auch Flöten- und Trompetenfische vertreten. Es gibt über 30 Korallenarten bis hinunter auf 20 m und mehrere Höhlen in 8–10 m Tiefe.

Cueva de Saturno [3], 18 km südwestlich von Havanna im Landesinneren, sind mehrere mit Meer- und Süßwasser überflutete Höhlen, in denen Stalagmiten, Stalaktiten und blinde Garnelen zu finden sind. Nur geschulte Höhlentaucher sollten in die hinteren Kammern vordringen. Das Wasser ist kalt, man braucht daher einen Nasstauchanzug.

Nördlich von Punta Hicacos liegen mehrere Wracks. Das 102 m lange **Russische Patrouillenboot** [4] (*barco patrullero*) liegt in 28 m Tiefe, die 40 m lange ***Coral Negro*** [5] und der 36 m lange Schlepper ***Remocador*** [6] in 20 m. Ein **Russisches AN-24-Flugzeug** [7] liegt in 15 m, die ***La Cohetera*** [8] in 18 m.

Nordöstlich von Cabezo del Cayo und Cayos Blancos ist die 40 m lange **Barco Hundido** [9], auch *Neptuno* genannt, ein beliebtes Tauchziel, weil das Gebiet nicht tief ist. Das Wrack liegt in nur 10 m Tiefe, die Sicht und das Meeresleben sind gut.

Cayo Coco

Cayo Coco, 100 km nordöstlich von Ciego de Ávila, ist mit dem Auto über einen 27 km langen Damm zu erreichen. Es hat ziemlich neue Hotels an weißen Sandstränden und spektakuläre Tauchmöglichkeiten. Es waren noch nicht viele Taucher hier, sodass man noch oft auf Riff- und Ammenhaie trifft. **La Jaula** [10], nördlich von Cayo Coco, hat vier etwas verschiedene Gebiete; der Meeresboden ist mit Gorgonien, Rinden- und Peitschenkorallen bedeckt, dazwischen einige Steinkorallen und großer Fischreichtum.

Santa Lucía

Santa Lucía, 180 km nordöstlich von Camagüey, bietet schöne Riffe und Wracks mit vielen pelagischen Arten, samt Adler-, Stechrochen und Mantas.

Haupttauchgebiet in Santa Lucía ist das ***Mortera*-Wrack** [11]. Das spanische Handelsschiff sank 1896 nördlich von Bahia de Nuevitas und liegt in 27 m Tiefe. Es ist inzwischen vollkommen besiedelt; an Fischen sind auch Stierhaie zu sehen.

Escalón [12], nordöstlich von Bahia de Nuevitas, ist ein Sandstreifen mit reichem Meeresleben oben an einem Dropoff in 20 m. Nördlich von Santa Lucía liegt **Poseidon 2** [13], ein Korallengarten auf einem Band in 18 m, nach dem der Boden auf 30 m abfällt.

Guardalavaca

Guardalavaca hat Wracks, Wände, Höhlen und Terrassen. Neben dem Tauchen gibt es noch andere Attraktionen. Nordwestlich von Bahia de Vita liegt **Cadena** [14], ein Tauchgang zum Meeresleben an einer versunkenen Kette in 20 m. Nordwestlich von Guardalavaca bietet **Corona** [15] eine bunte Wand mit Seil- und Krustenschwämmen zwischen 20 m und 40 m. Zum reichen Fischbestand gehören auch Schwarzspitzen-Riffhaie. Nordöstlich von Guardalavaca ist **Aquarium** [16] ein weiteres von vielen Gebieten mit reichem Fischbestand in 10–15 m.

Santiago de Cuba

Am Ostende von Kubas Karibikküste, 863 km östlich von Havanna, bietet die Region Santiago de Cuba über 70 Tauchgebiete und ein reiches Meeresleben zwischen Kanälen, Höhlen und Wracks. Abseits vom Wrack der *Cristóbal*

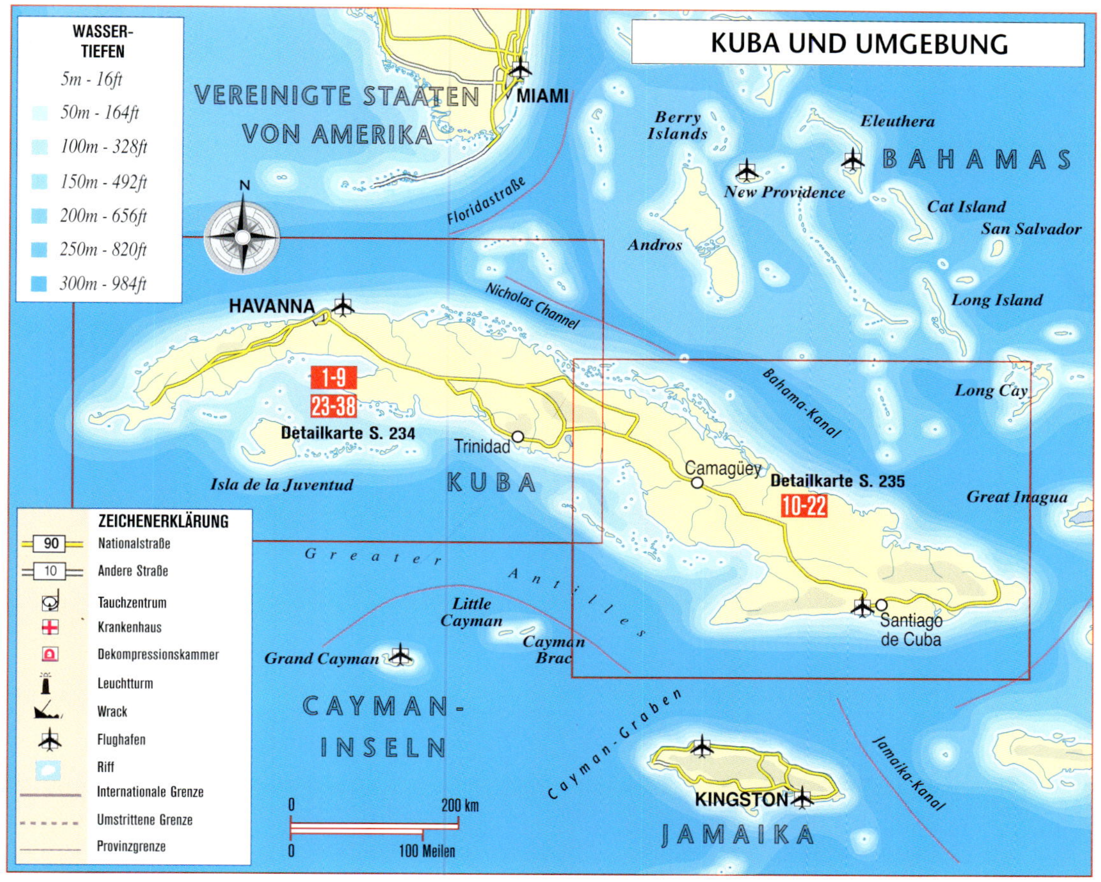

*Der Indigo-Hamlet (*Hypoplectrus indigo*) ist ein scheuer und recht seltener Zackenbarsch, der in Bodennähe von kleinen Fischen und Krebsen lebt (oben).*

*Der Blaue Doktorfisch (*Acanthurus coeruleus*) wechselt, wie viele andere Fische, mit dem Alter die Farbe (unten).*

Ein erwachsener weiblicher Ampel-Papageifisch (Sparisoma viride). *Die Zähne der Papageifische sind zu schnabelartigen Platten verschmolzen, mit denen sie den Algenfilm von Steinkorallen oder Fels schaben, einige wenige ernähren sich von Blattalgen oder lebenden Steinkorallen.*

Colón fällt die Riffplattform auf 35 m und dann in über 1 000 m Tiefe ab – es gibt folglich neben dem quirligen Meeresleben am schmalen Riffdach viele pelagische Arten. Wo das Riff in die Tiefe stürzt, sind große Fische zu sehen, doch die Hauptattraktion ist das spanische Kriegsschiff ***Cristóbal Colón*** 17, dicht am Ufer vor La Plata. Das Wrack liegt unten am Hang in 30 m.

Los Jardines de la Reina

Los Jardines de la Reina südlich von Ciego de Avila ist eine Kette von 250 unbewohnten Korallenriffen, die sich 80 km vor der Küste über 160 km erstrecken. Es ist ein Meerespark, der Zugang daher beschränkt, kommerzielles Fischen verboten. Neben kleinen Fischen gibt es Atlantische Riesenzackenbarsche, Schwärme von Tarpons und Stachelmakrelen sowie Seiden-, Schwarzspitzen-Riff- und Stierhaie. Der Nationalpark Los Jardines de la Reina kann 50 unberührte Tauchgebiete vorweisen, die größtenteils gegen Wind und Strömungen geschützt sind, und viele sind noch zu entdecken.

Es gibt Hunderte von kleinen mangrovengesäumten Riffen. Es wimmelt von Rifffischen samt Barrakudas, Zackenbarschen und Haien.

Cabezo de Coral Negro 18 ist für Schwarzspitzen-, Stier- und gelegentlich auch Seidenhaie bekannt. Südöstlich von Cayo Anclitas liegt **La Cueva del Pulpo** 19, das für große Pfeilerkorallen, eine Höhle und seine Riesen-Zackenbarsche berühmt ist. **Meseta de los Meros** 20 ist besonders durch seine Zackenbarsche bekannt gewor-

*Federgorgonien (*Pseudopterogorgia bipinnata*) wachsen in einer Ebene mit Haupt- und Nebenzweigen (rechts).*
*Gelbe Röhrenschwämme (*Aplysina fistularis*) sind in tiefem Wasser länger, ohne den geweihartigen Wuchs des Flachwassers (ganz rechts).*

Amerikanische Bürger reisen nach Kuba

Wegen des US-Embargos gegen Kuba können Amerikaner, die Kuba auf eigene Kosten besuchen, legal kein Geld auf Kuba ausgeben. Amerikanischen Bürgern ist es gesetzlich nicht verboten, nach Kuba zu reisen, sofern sie es im Rahmen eines Programms mit Komplettbegleitung und -bürgschaft tun. Die amerikanischen Taucher umgehen das Problem seit Jahren dadurch, indem sie eine im Voraus bezahlte Inklusivreise weder über einen amerikanischen noch kubanischen Veranstalter buchen. Die Einreise erfolgt zumeist über Cancún, Toronto, Panama, Nassau und Montreal, es geht aber auch über die Cayman-Inseln, Jamaika und Costa Rica.

Nachdem die US-Behörden jahrelang ein Auge zugedrückt haben, geht die Regierung Bush jetzt schärfer vor. Wenn Amerikaner auf diesem Weg nach Kuba reisen, sollten sie darauf achten, dass die kubanischen Zollbehörden das Visum stempeln, nicht den Pass. Bei der Rückkehr in die USA sollten sie auf Nachfragen nicht angeben, dass sie Kuba besucht haben. Bei allen anderen Formularen sollten sie ihren Veranstalter fragen, bevor sie etwas ausfüllen.

*Säulenkorallen (*Dendrogyra cylindrus*). Die Säulen entspringen einer Basis und sind auf flachen oder leicht geneigten Böden zu finden.*

den. Westlich von Cayo Anclitas liegt **Avalon** 21 mit großem Fischreichtum, der seinerseits Schwarzspitzen-, Stier- und viele Seidenhaie anzieht. Südlich von Cayo Caballones liegt **Pipin** 22 mit Sandsenken zwischen Hirn- und Sternkorallen auf einem sanften Abhang in 15–22 m.

Cienfuegos, Guajimico und Trinidad

Die Gebiete von Cienfuegos, Guajimico und Trinidad bestehen aus Labyrinthen kleiner Wände und Sandsenken, die mit Schwämmen und Gorgonien besetzt sind. Der bewachsene Meeresboden beherbergt Rifffische, Langusten, Garnelen, Nacktschnecken und Krabben. Zu den Fischarten gehören Muränen, Gestreifte Zackenbarsche, Blaue Doktorfische, Königin-Drückerfische und Schnapper; häufig vertreten sind auch Korallenkrabben.

Die Küste Trinidads hat 21 Tauchgebiete und eines der längsten Korallenriffe in Kuba, das für seine Schwarzen Korallen und Walhaie bekannt ist. **Blue Canyon** 23, westlich von Trinidad, ist der größte mehrerer Kanäle, der zu einem Dropoff mit reichem Meeresleben in 20–30 m absteigt.

Guajimico hat 16 Tauchgebiete. Eins davon ist **El Naranjo** 24 mit farbenfrohen Salat- und Feuerkorallen, Gorgonien und vielen Schnapperarten in 7 m Tiefe.

Camaronero I* und *II 25 sind zwei gezielt versenkte Fischerboote in 10–25 m Tiefe. Nordwestlich der Wracks ist **El Laberinto** 26, ein Labyrinth aus Sandrinnen, Korallenblöcken und Gorgonien in 10–27 m. Nördlich davon liegt **El Coral** 27 mit einem 7 m hohen Korallenpfeiler.

Cienfuegos hat 30 Tauchgebiete mit ruhigem Wasser und großen Riffen, deren tiefe, breite Kanäle von 10 auf 40 m abfallen. **La Corona** 28, südlich von Playa Rancho Luna, hat schmale, über 10 m tiefe Korallenkanäle, die abrupt zu einem Sandplateau mit vielen Gorgonien und großen Fischen abfallen.

Playa Girón

Playa Girón (Bahia de Cochinos) nordöstlich von Cayo Largo wartet mit Dropoffs, Gorgonien, Schwämmen, Barrakudas, Tarpons, Zackenbarschen und Wracks auf. Es gibt 14 Tauchgebiete, einige mit steilen Dropoffs, verschiedenen pelagischen Arten und einer Binnenhöhle. An der Ostseite der Bahia de Cochinos bietet **Punta Perdiz** 29 einen guten Dropoff bei 18 m und ein reiches Meeresleben zwischen 10 und über 40 m. Die Binnenhöhle **El Brinco Cave** 30, nordwestlich von Playa Girón, sollte nur mit lokalem Führer betaucht werden. Dort gibt es blinde Fische, aber keine Stalaktiten und Stalagmiten.

Cayo Largo

Cayo Largo, größte Insel im Archipel de los Canarreos, hat viele flache Korallengärten, aber die besten Wände beginnen oft erst unter 30 m. In den Canyons tummeln sich die Rifffische, und an den Wänden sieht man Riffhaie. Einige Dropoffs beginnen bei 6 m und stürzen ins Bodenlose. Tunnel mit Stachelmakrelen, Tarpons, Zackenbarschen und Suppen- wie Echten Karettschildkröten sind häufig. Cayo Largo hat über 30 Tauchgebiete. **Acuario** 31, südöstlich von Faro los Ballenatos, ist ein weiteres Gebiet mit Fleckenriffen und Löchern sowie art- und zahlreichen Fischen in 12–15 m. **Las Rabirruvias** 32, südwestlich von Playa Sirena, bietet Korallenblöcke und Gorgonien auf Sand in 5–8 m.

33 Isla de la Juventud

Die Isla de la Juventud zieht die meisten Taucher an. Dieser Bereich, ein flacher Riffkamm mit Höhlen, Spalten, Canyons und Dropoffs in den Golf von Mexiko, besitzt eines der ältesten Meeresschutzgebiete der Welt. Von Kubas besten Tauchgebieten liegen viele an seiner Süd-

*Eine Flamingozunge (*Cyphoma gibbosum*) auf einer Gorgonie. Die Schnecken ernähren sich von diesen Gorgonien.*

*Der Blaue Vasenschwamm (*Callyspongia plicifera*) mit dem kunstvoll verschlungenen Äußeren wächst allein, zu zweit oder dritt.*

*Korallensteinkrabben (*Carpilius corallinus*), oft nur nachts aktiv, sind vor Playa Ancon auch tagsüber zu sehen.*

westküste. Tauchstützpunkt ist das Hotel El Colony an der Küste westlich von Siguanea, aber die Tauchgebiete reichen vom Kap Francés bis zum Point Pedernales und schließen die 6 km lange, so genannte Piratenküste ein. Alles ist durchorganisiert, der Restaurantkomplex zum Essen, die fast 60 markierten Tauchgebiete, von denen die meisten einen festen Anlegeplatz haben, um Ankerschäden zu vermeiden. Die Fische sind zahlreich und zutraulich, vor den vorherrschenden Ost-Südostwinden geschützt, und die Strömungen sind minimal. Einige Gebiete liegen in 30 m mit Tälern, die auf 50–80 m abfallen. Die Riffe sind mit Gorgonien, Seefedern, Rindenkorallen, Becherschwämmen, Röhren-, Vasen- und Braunen Krustenschwämmen bedeckt.

Die Tarponschwärme machen kaum Platz, wenn man hindurchschwimmt. Barrakudas, Regenbogen-Stachelmakrelen, Trompetenfische, Rote Schnapper, Schulmeister und Gelbschwanz-Schnapper folgen den Tauchern überallhin. Langusten, Korallenkrabben und Grüne Muränen gibt es reichlich, und auf dem Sand sieht man Stechrochen. Zu den unzähligen zutraulichen Fischen gehören Blaustirn-Kaiser, Sargasso-Drückerfische, Blaue Doktorfische, Falterfische, Süßlippen, Zackenbarsche, Spanische Schweinslippfische, Papageifische und Besenschwanz-Feilenfische.

Nord-nordöstlich von Kap Francés liegen drei Wracks, die gut besiedelt sind.

María la Gorda

María la Gorda, ein Biosphärenreservat der UNESCO, 300 km westlich von Havanna an der karibischen Küste, hat einen der bestgeschützten Riffbereiche in Kuba. Die meisten Tauchgebiete liegen in Ufernähe. Sie sind bekannt für Korallen, Gorgonien, Schwämme, Schnapper, Barrakudas, Adler- und Stechrochen, und von September bis November sind Walhaie zu sehen. Hier befinden sich 39 der besten Tauchgebiete Kubas, einige allerdings jenseits für Sporttaucher tauglicher Tiefen.

Ancla del Pirata [34] ist nach einem Anker aus dem 18. Jahrhundert benannt, der in 15 m Tiefe liegt; **Las Tetas de Maria** [35] nach der Gesteinsformation, die vom Land aufs Meer ragt. Sandige Kanäle und große Korallenblöcke sind die markantesten Merkmale dieses Gebietes.

Nordwestlich von Las Tetas de Maria liegt **El Salón de Maria** [36], eine Höhle mit typischen Schwämmen in 20 m. Es gibt drei Eingänge. Nordwestlich von El Salón de Maria liegt **El Amirante** [37], ein Dropoff, der in 27 m beginnt und mit großen Schwämmen, Gorgonien und Schwarzen Korallen bewachsen ist. Das reiche Fischleben umfasst auch Tarpons, Kaiserfische, Süßlippen, Zackenbarsche und gelegentlich einen Walhai. **El Faraón** [38] auf der Ostseite von Bahia de Corrientes ist für einen 2 m großen Tonnenschwamm oben an einem Dropoff in 20 m bekannt. Das Meeresleben ist rege, in 35–40 m wachsen Schwarze Korallen.

Cayman-Inseln

Lawson Wood

Die Cayman-Inseln, ursprünglich durch eine jetzt überflutete Gebirgskette mit Kuba verbunden, wurden 1503 von Christoph Kolumbus entdeckt. Die drei von Korallen gekrönten früheren Berge mitten in der Karibik sind Grand Cayman, Cayman Brac und Little Cayman. Die Inseln, noch immer eine britische Kronkolonie, unterstehen britischem Recht, haben aber eine eigene Währung, den Cayman-Dollar, der neben dem US-Dollar gilt.

Jede Insel hat ihr Gesicht und selbstverständlich großartige Tauch- und Schnorchelmöglichkeiten. Grand Cayman ist mit 32 km die größte der drei Inseln. Berühmt ist »das beste 3,5-m-Tauchen der Welt« in Stingray City, wo Tausende von Touristen schon mit klopfendem Herzen Stechrochen mit der Hand gefüttert haben. Ein Bereich, die nur 1 m tiefe Sandbar, ist der ideale Platz, um mit diesen großartigen Geschöpfen zusammen zu sein, die »den Menschen beigebracht haben«, sie mit Häppchen zu füttern. Den Cayman-Graben kann man mit einem Tieftauchboot bis in 300 m erkunden.

Little Cayman hat an der Bloody Bay Wall und Jackson Bight herrliche Wände mit gewaltigen Höhlen und Sandreißen, die die umgebenden Korallenblöcke teilen (oben links).
An der Sandbar kann man sich im sicheren, seichten Wasser mit Amerikanischen Stechrochen abgeben (oben rechts).

Bei Cayman Brac, 120 km nordwestlich, liegt eine russische Fregatte, die 1996 als künstliches Riff versenkt wurde. Nur 11 km entfernt ist Little Cayman, wo es das beste Wandtauchen der Karibik geben soll.

Der Cayman-Graben, das tiefste untermeerische Tal der Karibik, reicht bis dicht an die Südküste dieser Inseln. Er ist für die überdurchschnittlich gute Sicht verantwortlich, weil die Schwebepartikel rasch absinken, sodass man im Flachwasser herrlich schnorcheln und tauchen kann. Grand Cayman steht auf dem Fahrplan aller Kreuzfahrtschiffe in der Karibik, und Hunderttausende kommen jedes Jahr, um auf diesen Trauminseln zu tauchen, zu schnorcheln, zu schwimmen, Bankgeschäfte zu erledigen, einzukaufen oder einfach auszuspannen.
Die Cayman-Inseln, die bei Sporttauchern einst als erste Adresse galten, haben wegen der Schäden, die der Hurrikan Iwan 2004 angerichtet, hat und auch wegen einiger unvernünftiger Entscheidungen lokaler Behörden und Tourismusberater, die einige Taucher abgewiesen und mehrere beliebte Tauchzentren geschlossen haben, bei den Tauchern an Beliebtheit eingebüßt. Der eine oder andere Taucher zieht Orte vor, die erschwinglicher und nicht perfekt erschlossen sind.

Die Umweltbehörde betreut die Meeresparks und hat im Umkreis der Inseln über 250 ständige Anlegeplätze eingerichtet. Die Anlegeplätze für Tauchboote und Yachten wechseln jährlich, damit die Korallen sich erholen und die Umweltbelastung durch die Touristen verteilt wird. Die Behörde hat auch die sachgerechte Säuberung der russischen Fregatte überwacht, bevor diese vor dem Greenhouse Reef im Norden von Cayman Brac versenkt wurde, und betreut auch ständig die Meereshabitate bei den Inseln. Getaucht und geschnorchelt wird überwiegend von Tagesbooten aus, die zumeist nur 10 bis 20 Minuten Anfahrt zu den Gebieten haben. An den Anlegeplätzen kann immer nur ein Boot festmachen. Erfahrene Taucher können jedoch Ausrüstung leihen und an mehreren Stellen vom Ufer aus tauchen und so den zeitlichen Beschränkungen der Tauchschulen entgehen.

Grand Cayman

Im Innern der Lagune und geschützt durch die berühmte Nordwand von Grand Cayman, liegen zwei der legendären Tauchgebiete der Welt. **Stingray City** [1] und sein Gegenstück **The Sandbar** [2] sind schon im *National Geographic* abgehandelt worden und bekannt durch Filme, Videos und Zeitschriften. Die Sandbar ist bei Touristen am beliebtesten, weil hier auch diejenigen, die nicht tauchen wollen oder können, im nur 1 m tiefen Wasser das Füttern der Stechrochen erleben können.

Die Stechrochen hier sind Amerikanische Stechrochen (*Dasyatis americana*). Es gibt mehrere große Gruppen unter den insgesamt etwa 250 Tieren, die sich im Lauf vieler Jahre daran

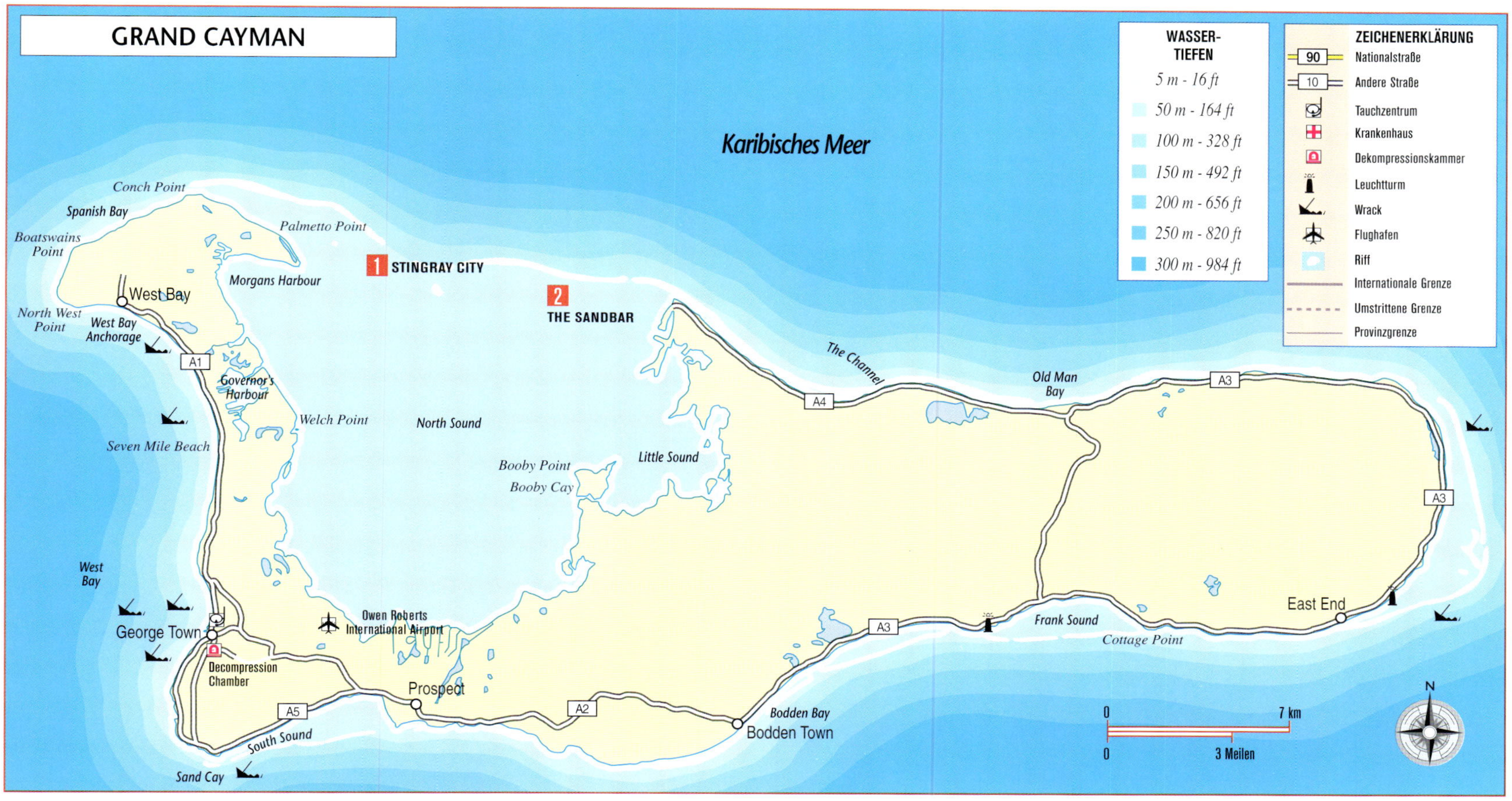

gewöhnt haben, von Hand gefüttert zu werden. Sie können den Geruch von Nahrung im Wasser erkennen und auch die Motorengeräusche von Booten zuordnen, die Futter bringen. Stechrochen haben keine Zähne, sondern zwei raue Knochenplatten. Man füttert sie wie ein Pferd, den Fischköder auf der flachen Hand. Es kommt öfter vor, dass ein Rochen den Spender beim Füttern mit seinen »Flügeln« umfängt. Sobald die Fütterung beendet ist, kehren die Stechrochen sofort zu ihrem normalen Fressverhalten zurück und suchen auf Sandflächen nach kleinen Krebsen und Weichtieren. Schon Hunderttausende von Touristen haben diese Mischung aus Natur und Unterhaltung erlebt, angelockt durch die Interaktion mit diesen erstaunlichen Geschöpfen der Natur.

Little Cayman

Bloody Bay Wall 3 und **Jackson Bight** 4, im Norden von Little Cayman, stehen hoch im Kurs. Im Südwesten liegt der Riffkamm nur 6 m tief, und die Wand stürzt mehrere hundert Meter senkrecht ab. Das Riffdach besteht aus Ortstein – das alte Korallenufer, auf dem sich einige Gorgonien und Steinkorallen angesie-

*Ballanemonenkorallen (*Pseudocorynactis caribbeorum*) haben orangefarbene, kugelförmige Tentakelspitzen. Fälschlicherweise werden sie oft als Anemonen bezeichnet.*

*Großaugige Selare (*Selar crumenophthalmus*) treten im April/Mai oft in Riesenschwärmen auf, wenn sie von Delfinen und Tunfischen umzingelt und heftig attackiert werden.*

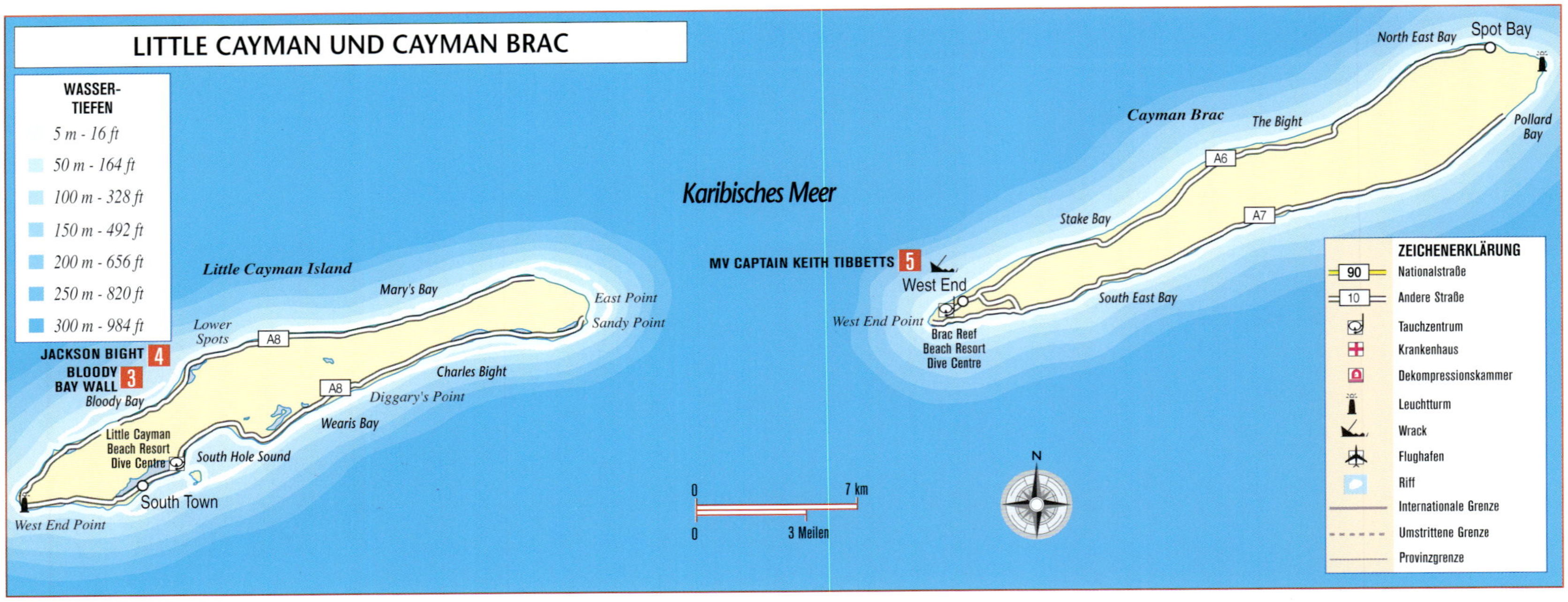

delt haben, aber mit einem arten- und zahlreichen Fischbestand.

Wenn man am Riffkamm nach Nordosten schwimmt, wird die Wand verwinkelter und an einigen Stellen stark unterhöhlt, was sie zum idealen Habitat für Schatten liebende Tiere wie Husarenfische, Spinnenkrabben und Langusten macht. Zur Jackson Bight hin macht der Ortstein einer weiten, sanft abfallenden Lagune mit Sandboden Platz, die vom Außenriff geschützt ist. Hier ist das Riff von mehreren Höhlen, Sandreißen und Canyons durchbrochen, die die sandige Lagune mit der senkrechten äußeren Felswand verbinden.

Besonders aufregend ist in diesem Gebiet der regelmäßige Auftritt von Adlerrochen, die mit ihrer spitzen Schnauze im Sand nach Krebsen suchen. Der gefleckte Rücken und der lange, peitschenartige Schwanz unterscheiden die anmutigen Tiere von den weit kleineren, bodenbewohnenden Amerikanischen Stechrochen, die ebenfalls häufig auf diesen Sandflächen anzutreffen sind.

*Eidechsenfische (*Synodus saurus*) sind an den seichten Riffen häufig, lauern aber im Sand versteckt auf Beute (links Mitte).*
*Im Frühsommer sind Langstachel-Igelfische (*Diodon holocanthus*) oft paarweise oder in kleinen Gruppen zu sehen, wenn sie ihr Paarungsritual vollführen (links).*

Auf den flacheren Schuttflächen am Grund der inneren Miniwand sind Segelflossen-Blennis zu Hause, die erbittert ihre Wohngänge verteidigen. Auf kleineren Steinen sitzen Korkenzieheranemonen mit den dazugehörigen Pistolenkrebsen. Letztere haben ihren Namen von dem Knall, den sie mit einer ihrer Scheren erzeugen, wenn sie angreifen oder sich verteidigen. In den seichteren Korallenschluchten leben auch zahllose Silberfische, die sich hier von Juli bis September versammeln, in beweglichen Riesenschwärmen, um sich vor den größten Riffräubern zu schützen – Stachelmakrelen, Tarpons und Barrakudas.

*Große Barrakudas (*Sphyraena barracuda*) sieht man beim Tauchen fast immer. Der Schatten der Tauchboote lockt sie an. Oft sind sie die ersten Fische, denen Taucher begegnen (oben).*
*Die Spinnenkrabbe (*Mithrax spinosissimus*) klettert nachts auf die wogenden Gorgonien. Sie erreicht eine Spannweite von über einem Meter (unten).*

Cayman Barc

Die ***MV Captain Keith Tibbetts*** [5] war 100 m lang, 13 m breit und hatte 110 Mann Besatzung. Sie war im Kalten Krieg in Kuba stationiert, aber nie in Scharmützel verwickelt. Als die UdSSR sich 1992 auflöste, übernahm die neu geschaffene Russische Republik die Einsatzkontrolle über den alten sowjetischen Stützpunkt auf Kuba. Aufgrund wirtschaftlicher Schwierigkeiten war die Basis jedoch finanziell nicht zu halten und wurde 1993 mit allen Schiffen in der Karibik aus dem Verkehr gezogen.

Als das Schiff 1996 versenkt wurde, blieb Jean-Michel Cousteau in kompletter Taucherausrüstung an Bord, als es sank. Später berichtete er: »... Angst kam nicht auf, so etwas wollte ich immer schon machen, und die Vorbereitungen, um sicherzustellen, dass nichts passierte, waren akribisch. Was einen Augenblick für Angst sorgte, war, als die Aluminiumaufbauten an zwei Stellen aufplatzten und der Wohnbereich mit einem lauten Knall aufbrach...«

Der Hauptteil des Rumpfs ist nur leicht nach Steuerbord geneigt und sitzt perfekt auf einem Sandhang, der über die Wand vor dem Nordufer von Cayman Brac fließt. Auf beiden Seiten sind gesunde Korallenriffabschnitte mit mächtigen Tonnenschwämmen. Der Bug ist inzwischen fast abgebrochen und stärker geneigt, aber jetzt sieht das Schiff viel eher wie das Wrack aus, das es geworden ist, nicht wie ein altes Schiff, das man für die Touristen versenkt hat. Diese ehemalige Kriegsmaschine, die heute komplett mit schönen Gorgonien, Steinkorallen und Schwämmen bewachsen ist, ist jetzt eine Verlängerung des gesunden Riffs und das Zuhause unzähliger Fische und Wirbelloser.

Blick in die Tiefe

Bisher hatten fast nur Wissenschaftler Gelegenheit, die Tiefen der Meere zu erkunden. Dass Touristen auch einmal in diesen Genuss kommen könnten, schien undenkbar. Das 6,6 m große *Atlantis Research Submersible* in George Town, Grand Cayman, kann zwei Passagiere 300 m tief in den Cayman-Graben bringen. Das Abenteuer beginnt eine halbe Stunde vor dem Start mit einer Dia-Show über die bevorstehende Tauchfahrt. Ernüchternd ist, wenn der Kapitän erklärt: »Wenn ich sterbe, drücken Sie diesen Knopf und atmen Sie hier durch.« Passagiere und Kapitän blicken durch ein 1 m großes und 6 cm dickes Fenster.

Diese Dämmerwelt birgt Meeresarten, die man selten sieht. Da das Wasser Licht absorbiert, verschwindet Rot zuerst, danach allmählich die anderen Farben, bis alles nur noch blaugrau ist. In 100 m Tiefe werden die starken Halogenscheinwerfer eingeschaltet, und der Schwammgürtel erstrahlt in seiner ganzen Farbenpracht mit leuchtenden Rot- und Gelbtönen. Viele der tieferen Schwämme und einige Korallen ernähren sich vom »Meeresschnee«, der aus dem Flachwasser in die Tiefen des Cayman-Grabens sinkt. In 240 m Tiefe dringt das Licht der Scheinwerfer 100 m weit vor. Auf riesigen alten Kalksteinquadern sitzen eigenartig geformte Haarsterne, ein entfernter Verwandter der vorgeschichtlichen Seelilien, und große Pfeilkrabben. Überraschenderweise sind in diesen Tiefen kaum Fische, die das Licht der Scheinwerfer zum Jagen nutzen würden. Der Schutt auf den Hängen besteht aus Sand und den Skelettresten der Meerestiere aus Jahrtausenden. Wer das Abenteuer liebt, sollte sich dieses atemberaubende Erlebnis nicht entgehen lassen.

Anmerkung zum Maßstab:
Einige der kleineren Arten sind aus Gründen der Erkennbarkeit vergrößert.

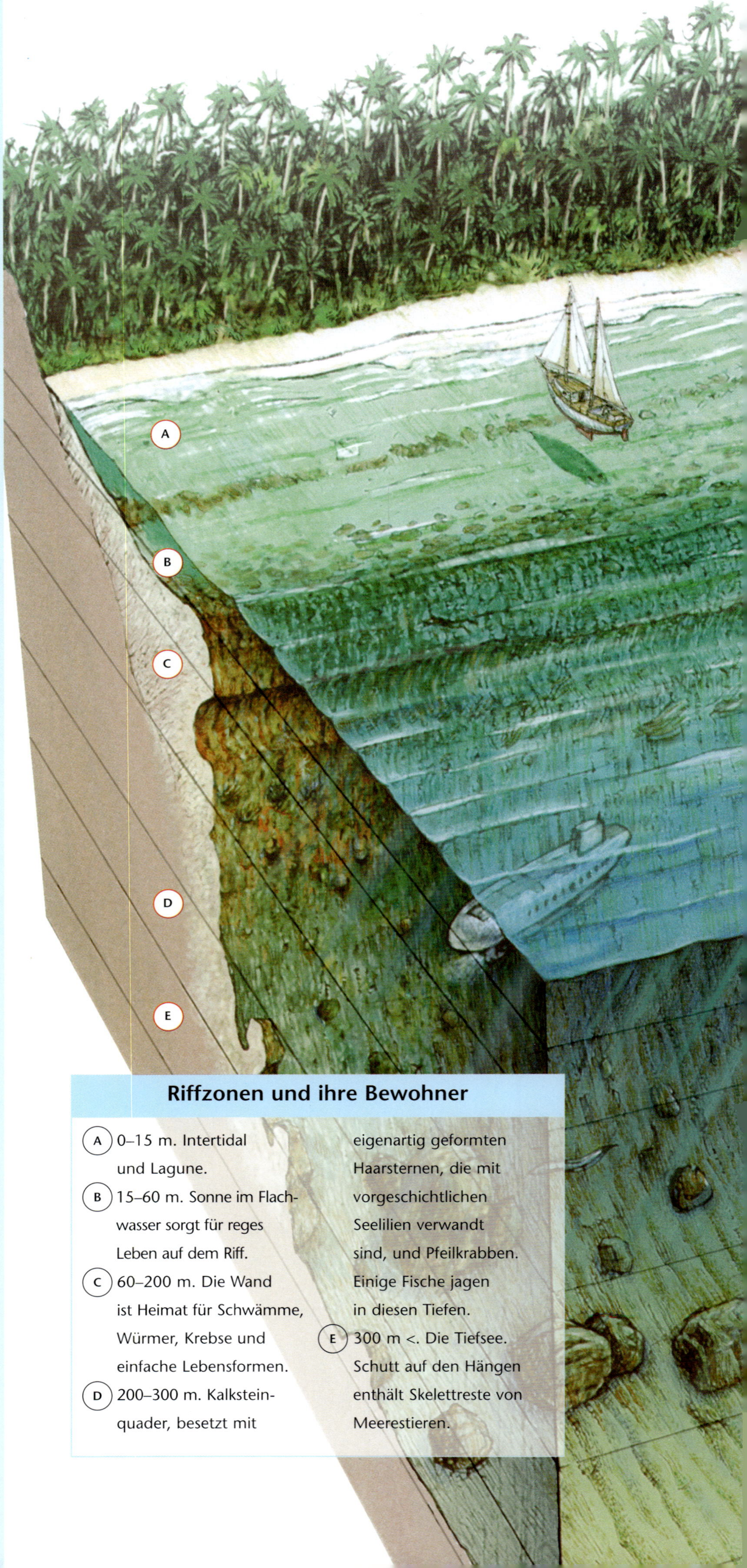

Riffzonen und ihre Bewohner

- (A) 0–15 m. Intertidal und Lagune.
- (B) 15–60 m. Sonne im Flachwasser sorgt für reges Leben auf dem Riff.
- (C) 60–200 m. Die Wand ist Heimat für Schwämme, Würmer, Krebse und einfache Lebensformen.
- (D) 200–300 m. Kalksteinquader, besetzt mit eigenartig geformten Haarsternen, die mit vorgeschichtlichen Seelilien verwandt sind, und Pfeilkrabben. Einige Fische jagen in diesen Tiefen.
- (E) 300 m <. Die Tiefsee. Schutt auf den Hängen enthält Skelettreste von Meerestieren.

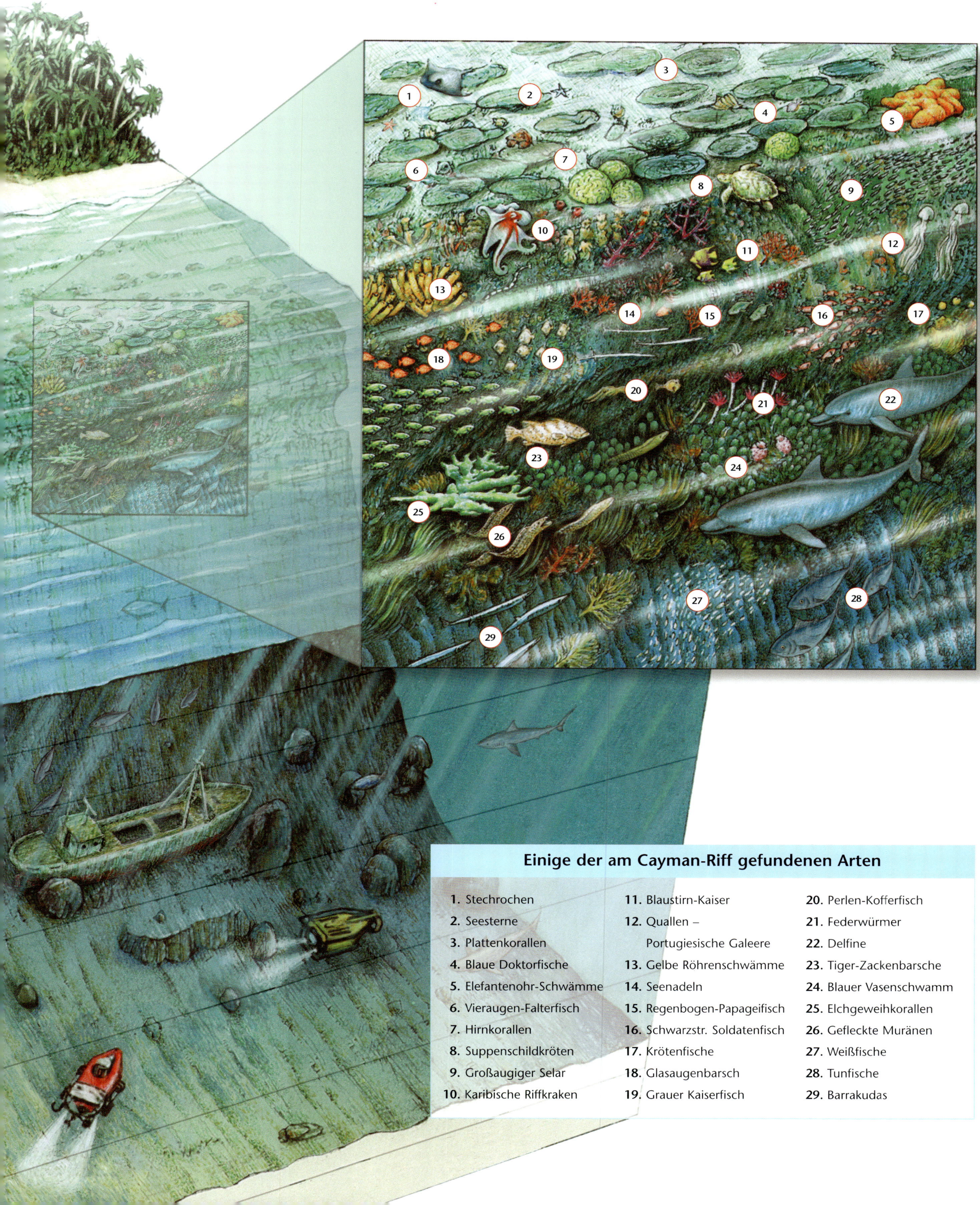

Einige der am Cayman-Riff gefundenen Arten

1. Stechrochen	**11.** Blaustirn-Kaiser	**20.** Perlen-Kofferfisch
2. Seesterne	**12.** Quallen – Portugiesische Galeere	**21.** Federwürmer
3. Plattenkorallen		**22.** Delfine
4. Blaue Doktorfische	**13.** Gelbe Röhrenschwämme	**23.** Tiger-Zackenbarsche
5. Elefantenohr-Schwämme	**14.** Seenadeln	**24.** Blauer Vasenschwamm
6. Vieraugen-Falterfisch	**15.** Regenbogen-Papageifisch	**25.** Elchgeweihkorallen
7. Hirnkorallen	**16.** Schwarzstr. Soldatenfisch	**26.** Gefleckte Muränen
8. Suppenschildkröten	**17.** Krötenfische	**27.** Weißfische
9. Großaugiger Selar	**18.** Glasaugenbarsch	**28.** Tunfische
10. Karibische Riffkraken	**19.** Grauer Kaiserfisch	**29.** Barrakudas

Puerto Rico

Jack Jackson

Puerto Rico, im Norden vom Atlantik und im Süden vom Karibischen Meer begrenzt und etwa 1600 km von Miami entfernt, umfasst einen Archipel, der aus der Hauptinsel Puerto Rico und einigen kleineren Inseln und Sandbänken besteht.

Puerto Rico kann beinahe die tiefste Stelle im Nordatlantik aufweisen – den Puerto Rico-Graben. Der Graben, der etwa 120 km nördlich der und fast parallel zur Nordküste der Insel verläuft, ist ungefähr 1750 km lang und 200 km breit. Die tiefste Stelle im Atlantischen Ozean, das Milwaukee-Tief, liegt in 8380 m Tiefe in diesem Graben, etwa 160 km nordwestlich von Puerto Rico.

Puerto Rico hat mehr als 100 Tauchgebiete, von Korallengärten für Anfänger bis zu tiefen Wänden für erfahrenere Taucher. Die besten Tauchmöglichkeiten gibt es an den Riffen und Inseln vor der West- und Ostküste.

Zwei Taucher mit Kaiserfisch als Silhouette in einer Korallenspalte, La Parguera (oben).

Mona Island

Mona Island [1], die Galapagosinseln der Karibik, ist ein Naturschutzgebiet mit gesunden Riffen und einem vielfältigen Meeresleben 66 km westlich von Mayagüez im Westen Puerto Ricos. Die Zahl der Touristen ist begrenzt, die fünfstündige Bootsfahrt kann ungemütlich werden, es gibt keine touristischen Einrichtungen und nachts keinen Zugang zu den Niststränden der Meeresschildkröten. Sofern man nicht auf einem Kreuzfahrtschiff ist, muss man die Fahrt als Campingtour planen und eine Genehmigung einholen.

Die Riffe sind die ursprünglichsten von Puerto Rico, und die Sicht unter Wasser kann 46 m betragen. Es gibt über 200 Rifffischarten, Delfine, Wale und Haie. Am Süd- und Westufer sind die Riffe besonders gut zugänglich.

Wände mit Höhlen beginnen in 6 m und verlieren sich dann in der Tiefe. Die Tauchgebiete sind tief, die Strömungen können unberechenbar sein, es ist also nur etwas für den erfahreneren Taucher.

Desecho Island

Desecho Island ist sehr viel zugänglicher, aber die Nordwestseite, wo man am besten taucht, erfordert ruhige Bedingungen. Die Insel ist nicht so schön wie Mona Island, liegt aber nur 19 km westlich der Küstenstadt Rincón und hat 24 fast immer zugängliche Tauchgebiete. Über die bunten, mit Schwämmen bedeckten Riffe gehen tiefe Strömungen, und das Meeresleben reicht von Rifffischen bis zu pelagischen Jägern.

Vor **Candyland** [2], mit Korallenhügeln und farbenfrohen Riffen mit Gorgonien, Salatkorallen und Schwämmen, die Rifffischen Schutz bieten, kann man tauchen, wenn es an der Nord- und Westseite der Insel nicht möglich ist. Das oben flache Riff mit Sandflächen, die allmählich auf 24 m abfallen, bietet zwischen Gorgonien und Vasenschwämmen vielfältige Steinkorallen. Korallenblöcke, Stern-, Hirn-, Blüten- und Becherkorallen sowie Flächen mit Säulenkorallen beherbergen zahllose Rifffische: Prinzess- und Ampel-Papageifische sowie Langmaul-Pinzettfische mischen sich unter Schwarze Drückerfische, Schwärme von Süßlippen und Gelbschwanz-Schnapper stehen über dem Riff, und Trompetenfische warten zwischen den Gorgonien auf eine vorbeischwimmende Mahlzeit.

Red Beach oder Playa Caracas im National Wildlife Refuge Vieques (oben links).
San Juan, benannt nach San Juan Bautista, Johannes dem Täufer (oben rechts).

Leuchtende Buchten

Phosphoreszieren (Biolumineszenz) ist in tropischen Gewässern häufig und in Puerto Rico eine große Touristenattraktion.

In der Phosphorescense Bay, bei den Einheimischen Bahía Fosforescente, leuchten Millionen fluoreszierender Dinoflagellaten *(Pyrodinium bahamense)* auf, wenn sie aufgewirbelt werden, und hinterlassen eine unheimliche blau-weiße Leuchtspur. Am besten erlebt man diese Erscheinung bei einer organisierten Bootsfahrt. In Parguera gibt es zwei leuchtende Buchten, Bahía Monsio José und Bahía La Parguera. La Parguera wurde als die beste Bahía Fosforescente von Puerto Rico gepriesen, doch leidet das Schauspiel unter zunehmender Bautätigkeit und Verschmutzung. Am eindrucksvollsten ist es heute in einer mondlosen Nacht vor Vieques Island in der Mosquito Bay.

La Parguera

La Parguera am Südwestrand von Puerto Rico bietet eine lange Wand mit vielen Tauchmöglichkeiten. Die Wand ist nicht durchgehend, sondern läuft etwa parallel zur Küste, vom Küstendorf La Parguera bis Ponce, und steigt mit Hängen und Dropoffs von 18 m auf 37 m ab, bevor sie in der Tiefe verschwindet.

Fallen Rock 3, 45 Minuten vor La Parguera, ist eines der gesuchtesten Tauchgebiete der Region. Vor Tausenden von Jahren stürzte ein großer Teil eines untermeerischen Vorgebirges in die Tiefe und hinterließ einen tiefen, V-förmigen Einschnitt. Dieser Tieftauchgang mit seinen Steilabfällen ist nur etwas für erfahrenere Taucher. Das Riffdach liegt in 20 m Tiefe, fällt aber auf gut 30 m ab. Neben Süßlippen, Schulmeistern und Büschelbarschen sieht man pelagische Besucher wie Pferdeaugen-Makrelen, Barrakudas und Gefleckte Adlerrochen.

Vieques und Culebra Island

Im Osten von Puerto Rico liegen zwei kleinere Inseln mit guten Tauchmöglichkeiten – Vieques und Culebra. Im Meeresschutzpark von Culebra versichert man, dass die Tauchgebiete geschützt sind. Diese Inseln, die zu den spanischen Jungferninseln gehören, sind mit dem Flugzeug oder einer einstündigen Bootsfahrt von Fajardo oder Humacao zu erreichen und bei Schnorchlern wie Tauchern beliebt.

Vieques ist 34 km lang und 5 km breit und liegt etwa 13 km östlich vom puertoricanischen Festland. **Angel Reef** 4, 3 km südwestlich von Esperanza, ist eins von mehreren flachen Tauchgebieten mit fast ursprünglichen Korallen und vielen Rifffischen wie Kaiser- und Lippfischen an einem Riff in 12–18 m Tiefe; auch zwei alte spanische Anker sind zu bestaunen.

Culebra, 11 km lang und 5 km breit, ist ein Mini-Archipel aus 23 Inseln mit Niststränden von Meeresschildkröten und liegt 27 km östlich von Puerto Rico und 15 km nördlich von Vieques. Da keine Flüsse ins Meer fließen, kann die Sicht 30 m und mehr betragen, und der Fischreichtum ist bemerkenswert.

Cayo Raton 5 kann von sich behaupten, dass man dort die meisten Fische von Puerto Rico sieht. Das halkreisförmige Riff beginnt flach und fällt dann auf 18 m ab. Es gibt unter anderem zahllose Blaustirn-Kaiser, Falter- und Papageifische sowie Pferdeaugen-Makrelen.

Dominica

Jack Jackson

Das Commonwealth Dominica ist die größte der Inseln über dem Wind. Dominica ist 47 km lang und maximal 28 km breit und hat eine Fläche von 751 km^2. Es ist eine gebirgige Insel mit Steilwänden an der Küste und Vulkangipfeln im Landesinneren. Der vulkanische Ursprung der Insel ist unter Wasser sichtbar, wo heiße Quellen durch den Meeresboden emporsprudeln.

Getaucht wird bei Dominica zumeist an der karibischen Seeseite der Insel. Die aufregenderen Gebiete liegen im Süden. Die Tauchgebiete sind selten überlaufen, und die Korallen wachsen an Felsblöcken und -wänden, weniger an Korallenriffen. Starker Regen ist häufig, was, zusammen mit Zuflüssen von Flüssen, die Sicht mindern kann, aber da das Wasser meist tief ist, gibt sich das schnell. Der Vulkansand auf Dominica ist überwiegend dunkel, sodass das Wasser dunkel und tief erscheint, was vielerorts aber nicht der Fall ist.

Blick auf Roseau, die Hauptstadt von Dominica (ganz oben links).
Ankernde Privatyachten. Sie sind in Schutzgebieten nicht zugelassen (ganz oben rechts).
Fische bei Champagne, wo geothermale Gasblasen aus dem Meeresboden aufsteigen (oben).

Die Gewässer um Dominica sind geschützt: im Norden gibt es den Cabris Meeresschutzpark, der Meerespark von Salisbury wartet auf Rechtsschutz, und im Süden der Insel liegt der Soufriere Meerespark von Scott's Head. Besucher müssen eine Gebühr zahlen, und die meisten Tauchgebiete haben Liegeplätze. Privat- und Charteryachten dürfen nicht anlegen. Das Tauchen in den Gewässern von Dominica muss über eine Tauchschule erfolgen.

Der Norden

Toucari Caves [1] in der Toucari Bay bietet viele Bögen, Durchlässe und Tunnel mit Schwarzstreifen-Soldatenfischen, Glasbarschen und gelegentlichen Krötenfischen. Taucher steigen über zwei große Blöcke in 12 m Tiefe ab, dann auf 27 m, bevor sie umkehren. Hier wurden schon Gefleckte Adlerrochen und Meeresschildkröten gesichtet. Aus dem Meeresboden steigen Blasen auf, und überall sind Fische.

The Middle

Tarou Point, auch **Rodney's Rock** [2] genannt, 2,9 km nördlich der Hauptstadt Roseau, hat vielfältige Steinkorallen, Gorgonien, Schwämme, Fischschwärme und Kleinlebewesen aufzuweisen. Im höchstens 15 m tiefen Wasser gibt es kleine Höhlen und Überhänge mit Langusten, Bärenkrebsen, Krabben und Muränen. Die Steilwände am Ufer und große Felsen vor der Küste sind mit Tonnenschwämmen und Gorgonien bedeckt. Auf dem Sand mit Seegras sieht man langstachelige Seeigel, Seegurken, Stechrochen und gefleckte Schlangenaale. Die Wände sind mit Korallen und Schwämmen überzogen, zwischen denen Kraken, Krötenfische, Seepferdchen, Feldwebelfische, Süßlippen, Fledermausfische und Schnapper leben. Dies Gebiet ist als Nachttauchgang beliebt.

Der Süden

Im Süden liegen gegenüber der Hauptstadt Roseau, südlich von Scott's Head und dem Südwestende der Insel, 25 Tauchgebiete, die Hälfte davon in der geschützten Soufriere Bay. Dort befindet sich auch der Soufriere Meerespark.

Champagne [3] ist das nördlichste Tauchgebiet im Soufriere Meerespark von Scott's End. Aus dem heißen Sand am Meeresboden und Felsspalten steigen Gasblasen auf. Es ist flach, man kann schnorcheln und meint, dank der warmen aufsteigenden Blasen in Champagner zu schwimmen. Die Blasen sind im ufernahen Flachwasser; erkunden Sie also zuerst das Riff und beenden Sie den Tauchgang bei den

Ein karibischer Riesenschwamm beim Laichen. Xestospongia muta kommt an Korallenriffen in mehr als 10 m Tiefe häufig vor (oben).

Blasen. Außer Fischen gibt es verschiedene Schwämme.

Dangleben's Pinnacles [4] südöstlich von Champagne gibt es Pfeiler, die man in 24 m Tiefe umkreisen kann. Von Süden können Taucher zur Spitze eines Pfeilers in 8 m absteigen und dann südwärts zu einem sandigen Tal mit Kieferfischen, Pfauenbutten, Seepferdchen und Krötenfischen schwimmen. Neben Elefantenohr- und Tonnenschwämmen gibt es Grüne Muränen, Kreolen-Lippfische, Gelbschwanz-Schnapper, Stachelmakrelen und Tunfische.

Die Karibik hat wenig echte Wände, doch **L'Abym (The Deep)** [5], die zu **La Sorciere (The Sorceress)** [6] führt, ist eine davon, voller Schwämme, Schwarzer Korallen, Gorgonien, Gelbschwanz-Schnapper, Kreolen-Lippfische, Regenbogen-Stachelmakrelen, Seepferdchen, Skorpionsfische, Meeresschildkröten und einzelner Barrakudas. Die Wand fällt mehr als 30 m ab, ist in 15 m aber genauso interessant, mit Tunfischen, Stachelmakrelen, Stechrochen und Meeresschildkröten. Die massive Wand eignet sich für Taucher aller Kategorien. Der Einstieg liegt an einer sandigen Felsplatte in 8 m Tiefe mit minimaler Strömung.

Das Tauchen bei Scott's Head ist aufregender als im Norden, mit oft tieferen Tauchgängen und Dropoffs und unterschiedlichen Strömungen. Die Sicht ist generell gut, und es gibt viele Schwarmfische. **Scott's Head Pinnacle** [7] ist eins der bekanntesten Tauchgebiete Dominicas. Man überquert eine flache, korallenverkrustete Felsformation und kommt zum Pfeiler selbst. In nur 11 m Tiefe teilt ein malerischer Durchlass den Pfeiler und führt zu einer Steilwand an der Innenseite des Vulkankraters, die auf über 60 m abstürzt. Im Durchlass, der von der Atlantikseite starken Strömungen ausgesetzt ist, tummeln sich meist Schwarzstreifen-Soldatenfische, Süßlippen und Langusten.

Weiter östlich, am Südende der Insel in der Martinique Passage zum Atlantik, liegen exponierte Tauchgebiete wie **The Village** [8] und **The Suburbs** [9] für erfahrenere Taucher an Tagen mit wenig Wind. The Village sind dicht bewachsene, verstreute Felsen über einem für Sporttaucher zu tiefen Abfall, bietet aber Schwarze Korallen, Schwärme Schwarzer Drückerfische, Barrakudas, Meeresschildkröten, Stechrochen, Kreolen-Lippfische, Kaiser- und Fledermausfische, Stachelmakrelenen, Gorgonien, Tonnenschwämme, Seepferdchen, bunte Haarsterne und pelagische Besucher. The Suburbs sind Felsen auf einer Fläche in 15 m Tiefe mit stark bewegtem Wasser. Es gibt Gorgonien und große Tonnenschwämme und das gleiche reiche Meeresleben wie bei The Village.

Niederländische Antillen

Jack Jackson

Die ABC-Inseln Aruba, Bonaire und Curaçao liegen außerhalb des Hurrikangürtels und sind damit Ganzjahresziele. Die Veranstalter auf Aruba erlauben keine Solotauchgänge, die Habitat Resorts auf Bonaire und Curaçao tun es, und Tauchpauschalen enthalten sowohl Boots- als auch unbegrenztes Küstentauchen. Im Herbst ist die Korallenlaiche auf allen drei Inseln ein Großereignis. Der Hurrikan Lenny zog im November 1999 nördlich an den ABC-Inseln vorbei, sorgte aber für raue See an den normalerweise geschützten Küstenabschnitten. Neben Schäden an Booten und Molen verlor Aruba etwas Sandstrand, auf Bonaire wurden einige Häuser am Meer beschädigt. Einige Gebiete auf Klein Bonaire büßten ihre Anlegeplätze ein. Die Schäden sind inzwischen behoben. Im bis 6 m tiefen Wasser hat man Korallen aufgehäuft, um viele juvenile Arten zu schützen. Die Tauchlehrer berichten von einem deutlich regeren Meeresleben in diesen Gebieten.

Die Brandung an der Windseite von Aruba hat acht natürliche Brücken in den Kalkstein gefräst. Die Andicuri-Brücke, 8 m hoch und 30 m lang, ist die größte (oben links).

Curaçao ist die größte ABC-Insel und für Taucher am abwechslungsreichsten. Santa Martha Bay bietet geschützte Ankerplätze (oben rechts).

Aruba

Aruba hat die besten Strände und ist die amerikanischste der drei Inseln. Sie bietet zahlreiche andere Aktivitäten und ist ideal für Partner, die nicht tauchen, und für Familien. Die Riffe an der Leeseite (Süden) fallen leicht von 5 auf 18 m ab und dann mit 40–60° weiter zum sandigen Meeresboden mit Korallenblöcken in 30–40 m. Die Westküste ist seichter und reicht, bis auf Malmok Reef, von 11 bis 18 m. Die Veranstalter haben oft eigene Namen für die Tauchgebiete.

Aruba hat einige Naturschutz- und Säuberungsprogramme, Vertäubojen und einen Meerespark. Einige Taucher meiden die Hochsaison der Kreuzfahrtschiffe im Dezember und Januar, wenn viele Gebiete überlaufen sind.

Südöstlich vom Leuchtturm ragt das **California Wrack** 1 bis 9 m unter die Oberfläche, inmitten großer Korallengebilde und zahlloser Rifffische samt Riesen-Zackenbarschen, Barrakudas und einigen Haien. Es liegt jedoch in rauer See und starken Strömungen und eignet sich daher nicht für Neulinge.

Vor Arashi Beach liegt in 10 m das **Arashi Airplane** 2, eine zweimotorige Beechcraft. Die Propeller sind abgefallen, aber die Kabine ist voller Schwarmfische. Außen tummeln sich Feldwebelfische, Stachelmakrelen, Meerbarben, Süßlippen, Kaiser-, Falter-, Papagei- und Kugelfische.

Der 120 m lange deutsche Frachter ***Antilla*** 3 erfordert mehrere Tauchgänge. Sie wurde 1940 vor Malmok Beach versenkt und liegt in 18 m, nach Backbord geneigt, das Steuerbord teilweise über Wasser. Der Rumpf ist mit Wirbellosen geschmückt, an Fischen sieht man u.a. Feldwebel- und Papageifische, Muränen, Trompetenfische, Schnapper, Blaustirn-Kaiser, Zackenbarsche und viele Schwarmfische. Der Tanker ***Pedernales*** 4 wurde 1942 vor Hadicurari Beach torpediert, die Reste liegen verstreut in 8 m Tiefe.

Vor **Oranjestad Harbour** 5 neigt sich der Hang leicht von 12 auf 30 m, vorbei an Hirnkorallen, Schwämmen und Gorgonien, Grünen Muränen, Franzosen-Kaiserfischen, Gefleckten Adlerrochen, Stechrochen, Seepferdchen und einem alten Lotsenboot. **Sonesta Airplane** 6, eine Convair-400, liegt vor der Insel Sonesta in 15 m. Türen und Inneneinrichtung des Flugzeugs wurden größtenteils entfernt, man kann also gut eindringen; die Propeller sind noch am Platz. Das Gebiet beginnt in 5 m, das Riff setzt sich bis hinunter auf 30 m fort.

Östlich von **Skalahein** 7 liegt das großartige Wrack des 75 m langen Frachters ***Jane Sea*** 8, der als künstliches Riff versenkt wurde. Das Schiff liegt aufrecht, die Schraube in 29 m. Am Rumpf sieht man Braune Zäpfchen- und Feuerkorallen sowie rote und rosa Krustenschwämme, an der Steuerbordseite Schwarze Korallen. Das Wrack zieht Schwarmfische an, und ringsum findet man Hirnkorallen und

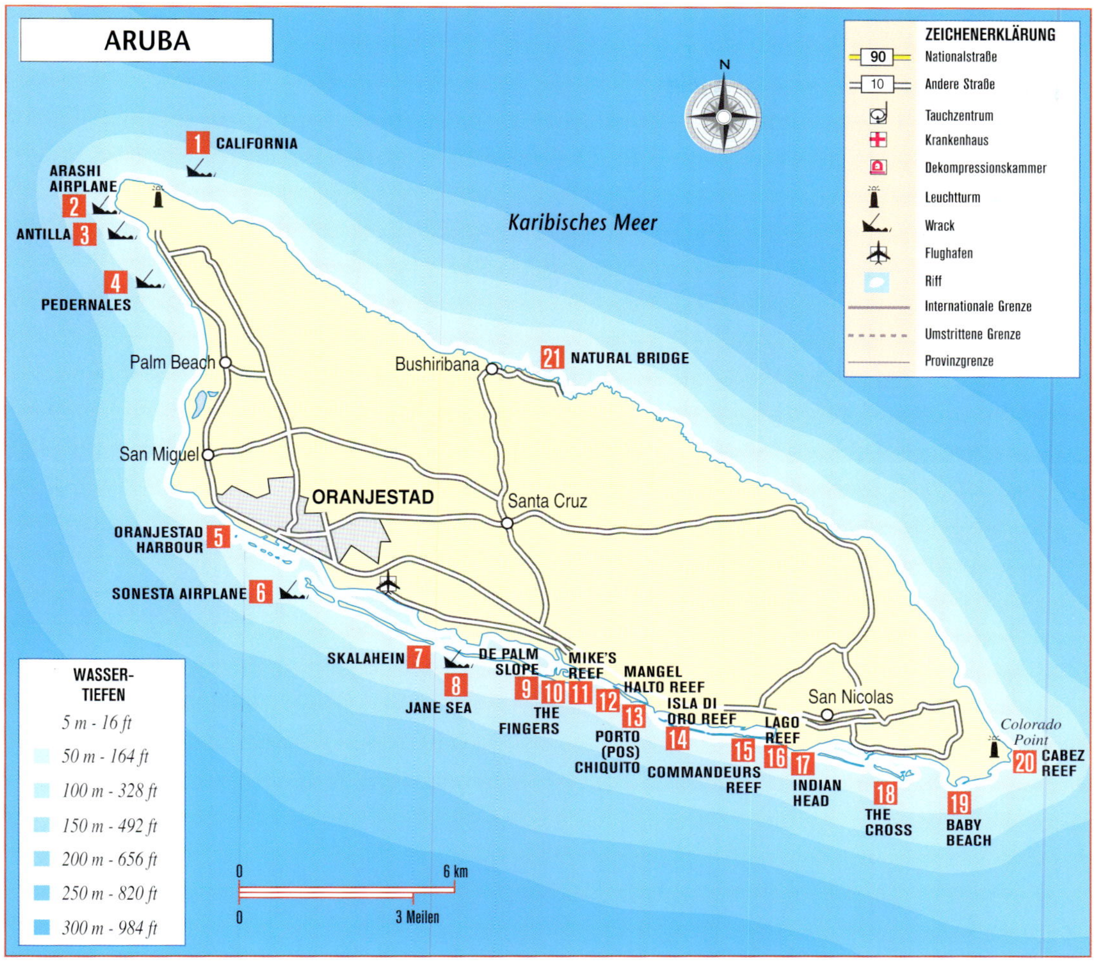

Gorgonien. **De Palm Slope** [9] vor De Palm Island bietet gutes Küstentauchen von 5 m bis in tiefes Wasser. **Mike's Reef** [11], südöstlich von **The Fingers** [10], ist einer der besten Rifftauchgänge bei Aruba. Ein Felsengarten von 8 bis hinunter auf 27 m ist von Hirn- und Sternkorallen, Gorgonien und bunten Schwämmen beherrscht. Das rege Fischleben umfasst auch Regenbogen-Stachelmakrelen. **Mangel Halto Reef** [12] fällt steil von 5 auf 34 m ab und bietet Seepferdchen. **Porto (Pos) Chiquito** [13], bietet abwechslungsreiches Küstentauchen bis in 25 m bei großem Fischreichtum. Der Zugang vom Ufer ist leicht. Es wird regelmäßig zum Nachttauchen genutzt, gern auch, um die Korallenlaiche im September und Oktober zu beobachten.

Isla di Oro Reef [14] vor Saveneta ist ähnlich wie Mangel Halto. **Commandeurs Reef** [15] fällt von 12 m in die Tiefe; es bietet Blatt- und Salatkorallen und ein reiches Fischleben. **Lago Reef** [16] ist eins von Arubas tiefsten Tauchgebieten mit schönen Korallen, Gorgonien, Schwämmen, Seeanemonen sowie zahllosen Krebsen und Fischen bis hinunter auf 37 m. **Indian Head** [17] ist nach einem Korallenblock benannt, der einem Kopf ähnelt.

The Cross [18] hat gute Korallenblöcke, verschiedene Gorgonien, Peitschenkorallen und reges Fischleben bis hinunter auf 18 m. Auf dem Grund steht ein 3 m hoher Gedenkstein. **Baby Beach** [19] fällt von 6 auf 18 m ab; große Elchgeweih- und Salatkorallen bieten Krabben, Langusten und Kraken ein gutes Versteck. **Cabez Reef** [20], südlich von Colorado Point, hat raue See und starke Strömungen. Erfahrene Taucher können Bernsteinmakrelen, Barrakudas, Regenbogen-Stachelmakrelen und viele Rifffischarten erleben.

Bei **Natural Bridge** [21], vor der größten Naturbrücke bei Bushiribana können erfahrene Taucher bei ruhigem Wetter an der Windseite der Insel tauchen. Beim Abstieg auf 33 m sind mächtige Blöcke sowie Feuer-, Hirn- und Sternkorallen, Schwarze Korallen, Gorgonien, Rinden- und Peitschenkorallen und große Tonnenschwämme zu sehen.

»Leewärts« und »Luvwärts« bei den ABC-Inseln

Die Begriffe »Lee« (englisch »leeward«) und »Luv« (»windward«) gaben bei den Seefahrern zunächst nur die geographische Position einer Insel in Bezug auf den üblichen Ankunftspunkt europäischer Schiffe in der Karibik an – bei Dominica oder Martinique. Im Britischen Empire erhielten die Begriffe später eine politische Bedeutung, die noch immer gilt – Saba, Sint Eustatius und Sint Maarten (der Südteil von Saint Martin) sind die Leeward-Inseln.

Bei den Niederländischen Antillen ist man sich nicht einig, welche Inseln zur Lee- bzw. Luv-Gruppe gehören. Bei den Einheimischen sind Aruba, Bonaire und Curaçao Leeward-Inseln, die drei nördlichen Inseln Saba, Sint Eustatius und Sint Maarten Windward-Inseln.

Bonaire

Bonaire wetteifert mit Grand Cayman und Cozumel um den Platz als das karibische Ziel für amerikanische Taucher und ist auch im marinen Naturschutz führend. Die ganze Insel ist geschützter Meerespark. Zwei Bereiche sind als Meeresschutzgebiet ausgewiesen, wo nicht getaucht werden darf: nördlich von Boca Kayon bis Boca Slagbaai sowie westlich von Karpata. Lac Bay ist wegen der Mangroven und Seegraswiesen geschützt. Stark genutzte Tauchgebiete werden sporadisch gesperrt. Taucher müssen einen Orientierungskurs mitmachen und eine Meeresparkplakette kaufen. Die Plakette ist ein Jahr gültig und nicht übertragbar. Die Insel selbst hat ein durchdachtes Straßensystem – gelb gestrichene Steine bezeichnen den Zugang zu Küstentauchgebieten. Auch

Die Kabine des Arashi-Flugzeugwracks bei Aruba ist ein Paradies für Fische, vor allem Schulmeister und Franzosen-Grunzer (oben).
Eine Winsch auf dem Wrack der Jane Sea *bei Aruba, eingehüllt in verschiedene bunte Korallen, Schwämme und Schwärme von Feldwebelfischen (Mitte).*
*Gelbrand-Riffbarsche (*Chromis multilineata*) am Wrack der* Antilla *bei Aruba. Rückenflosse und Schwanz haben einen gelben Rand (unten).*

Tauchboote fahren mehrmals täglich die Gebiete an. Dies ist die einzige Möglichkeit, in den Gebieten von Klein Bonaire zu tauchen.

Bei Bonaire wird zumeist an der windgeschützten Süd- und Westküste getaucht. Die Küste besteht aus Korallenschutt oder Sandstränden bis zu einem Dropoff in 5–12 m und dann hinunter auf über 40 m. Im Zentrum des Südabschnitts zwischen Punt Vierkant und Salt Pier liegt ein Doppelriff, **Alice in Wonderland** [42]. Der Riffabhang neigt sich leicht zu einem sandigen Kanal in 20–30 m, dann gibt es ein zweites Riff auf der anderen Seite. Auf Klein Bonaire herrschen Pfeiler und steile Riffabhänge vor. Auf der Windseite der Insel (Osten) gibt es ein Schelf und dann einen Dropoff 12 m vom Ufer entfernt, der zu einem Korallenschelf in 30 m abfällt und dann weiter zum Meeresboden. Die See ist hier meistens rau, beruhigt sich aber oft im Oktober oder November.

Eins der beliebtesten Tauchgebiete auf Bonaire liegt unter dem Stadtpier in der Hauptstadt Kralendijk. Wegen des Schiffsverkehrs ist eine Genehmigung erforderlich.

Festland Bonaire

Die meisten Tauchgebiete von Bonaire liegen an der geschützten Süd- und Westküste. Das seichte Riffdach ist vollgepackt mit Elchgeweih-, Stern-, Feuer- und Geweihkorallen, Gorgonien, Rinden- und Peitschenkorallen sowie mit Nacktschnecken, Seepferdchen, Mondflundern, Kaiser- und Falterfischen, Meerbarben, Trompeten- und Kugelfischen, Schwarzen Drückerfischen und Spanischen Schweinslippfischen. An den Dropoffs sieht man Hirn- und Sternkorallen, Elefantenohr-, Tonnen- und Röhrenschwämme, Zackenbarsche, Süßlippen, Koffer- und Lippfische, Schnapper und Papageifische und weiter unten pelagische Arten. Im Schatten wachsen *Tubastrea*-Korallen.

Bei **Playa Bengé** [22] an der Nordwestküste von Washington Slagbaai Park herrschen starke Strömungen. Im Flachwasser wachsen Stern-, Geweih- und Feuerkorallen und große Gorgonien. Der Dropoff ist eine lange Passage hinaus auf 40 m mit Tiger-Zackenbarschen und Stechrochen. Nördlich des tauchfreien Schutzgebiets bietet **Boca Slagbaai** [23] sechs Betonkopien von Kanonen, die für den Film *Shark Treasure* versenkt wurden. Es gibt Barrakudas, Tarpons, Weißflecken-Feilenfische und den Kalifornischen Butterfisch *Palometa simillima*. Am Südende der Bucht liegen zwei echte Kanonen. Der Dropoff beginnt in 12 m und fällt auf 40 m ab; man sieht Pferdeaugen-Makrelen, Tiger-Zackenbarsche und Schulmeister.

Nördlich von Kralendijk bietet **Karpata** [24] ein Grat-Rinnen-System von 10 m bis hinunter zum Sand in 30 m. Wenn die Taucher nach Osten schwimmen und den Dropoff erkunden, stoßen sie auf einige Anker und großartiges Meeresleben. **La Dania's Leap** [25] ist eine der wenigen Steilwände von Bonaire mit zahlreichen Canyons und Sandreißen. **Rappel** [26] vor Devil's Mouth ist eines der besten Tauchgebiete von Bonaire mit großen Gorgonien und Sternkorallen und unzähligen Nacktschnecken im Flachwasser. 70 m südlich der Anlegestelle bietet eine Höhle Zackenbarschen Schutz. **Ol' Blue** [27] liegt direkt vor einem langen Korallenstrand, westlich von **1000 Steps** [28]. Ein Schelf läuft in 6 m Tiefe 90 m ins Meer, reich mit Meeresleben bedeckt. Der Dropoff reicht von 10 m bis auf 45 m hinab. Vor dem südlichsten Sendemast von Radio Netherlands neigt sich bei **1000 Steps** ein sanfter Hang mit Steinkorallen und Gorgonien auf 10 m. Dann fällt ein Dropoff auf 40 m zu Schwärmen von Schulmeistern ab. Hier sieht man Echte Karettschildkröten, Mantas, Delfine und Walhaie. **Weber's Joy** [29] ist ein Favorit bei UW-Fotografen. Der flache Riffschelf mit gesunden Korallen und vielen Fischen fällt von 13 auf 40 m.

Barcadera [30], gegenüber der Meeresparkverwaltung, **Andrea II** [31], nördlich hinter der Entsalzungsanlage, **Andrea I** [32] und **Petrie's Pillar** [33] sind gute Gebiete für Neulinge. Beim **Cliff** [34], vor den Hamlet Villas, nördlich von Captain Don's Habitat, führt ein Kanal durch Elchgeweihkorallen zu einem Schelf mit Gorgonien und Steinkorallen. Der Dropoff geht als kleine Wand von 9 auf 22 m hinab und läuft dann als Sandhang mit reichem Fischbestand in 40 m aus. **La Machaca** [35], das Hausriff bei

BONAIRE
WASSER-TIEFEN
5 m - 16 ft
50 m - 164 ft
100 m - 328 ft
150 m - 492 ft
200 m - 656 ft
250 m - 820 ft
300 m - 984 ft
Noordpunt
PLAYA BENGÉ 22
BOCA SLAGBAAI 23
Rincón
Karpata
Devil's Mouth
KARPATA 24
25
26 RAPPEL
LA DANIA'S LEAP
27
OL' BLUE
1000 STEPS
28
29
WEBER'S JOY
Bonaire Marine Park Headquarters
BARCADERA 30
ANDREA II 31
ANDREA I 32
PETRIE'S PILLAR 33
CLIFF 34
Hato
LA MACHACA 35
Klein Bonaire
KRALENDIJK TOWN PIER 36
CALABAS REEF 37
KRALENDIJK
Saint Franciscus (Francisco) Hospital
Karibisches Meer
Detailkarte S. 253
N
0 2 km
0 1 Meile
LIGHTHOUSE POINT 38
PUNT VIERKANT 39
HILMA HOOKER 40
ANGEL CITY 41
ALICE IN WONDERLAND 42
SALT PIER 43
SALT CITY 44
RED SLAVE 45
ZEICHENERKLÄRUNG
90 Nationalstraße
10 Andere Straße
Tauchzentrum
Krankenhaus
Dekompressionskammer
Leuchtturm
Wrack
Flughafen
Riff
Internationale Grenze
Umstrittene Grenze
Provinzgrenze

Captain Don's Habitat, ist nach einem Wrack benannt. Den meisten Rifffischen, die man in Bonaire sieht, begegnet man auch hier.

Kralendijk Town (North) Pier [36] ist nur 9 m tief. An den Pierstützen sind viele kleine Wirbellose und anderes Meeresgetier zu Hause. An Fischen sieht man u.a. junge Franzosen-Kaiserfische, Krötenfische, Gemeine Trommel- und Seifenfische.

Calabas Reef [37] ist ein weiteres gutes Gebiet mit regem Meeresleben. Der Dropoff beginnt in 9 m und läuft in 27 m aus. **Lighthouse Point** [38] vor dem Punt Vierkant Leuchtturm ist ein sandiger Abhang. Man sieht viele Gorgonien, Peitschen- und Federhornkorallen, dazu Geweih- und Sternkorallen und großartiges Fischleben bis in 30 m. **Punt Vierkant** [39] nördlich der Sendemasten von Trans World Radio markiert den Beginn des Doppelriffs, das zum Komplex von Alice in Wonderland gehört. In den vielen Tauchgebieten hier findet man fast alles.

Die 72 m lange ***Hilma Hooker*** [40] wurde mit Marihuana an Bord aufgebracht und 1984 nördlich von **Angel City** [41] versenkt. Sie liegt in 30 m am Fuß des Riffhangs auf Steuerbord, der höchste Punkt ragt bis 18 m unter die Oberfläche. Die Pfähle des **Salt Pier** [43] sind wie beim Town Pier mit Korallen und Schwämmen bewachsen und bieten vielen Jungfischen Schutz. **Salt City** [44] im Süden gehört noch zum Doppelriff und bietet Steinkorallen, Palometas, Sand-Torpedobarsche, Röhrenaale und gelegentlich Adlerrochen und Meeresschildkröten.

Südlich vom Salt Pier sieht man regelmäßig Meeresschildkröten. Die See wird rauer und die Strömung stärker, wenn man sich der Südspitze der Insel nähert. **Red Slave** [45] vor der südlichen Gruppe der Sklavenhütten ist nur für erfahrene Taucher und bietet ein reiches Fischleben mit großen pelagischen Arten.

Klein Bonaire

Die Gebiete von Klein Bonaire werden vom Boot betaucht, auch wenn viele dicht am Ufer liegen, wenn man bereits auf der Insel ist. Die meisten eignen sich gut zum Schnorcheln und sind sich bis auf kleine Unterschiede beim Gelände und dem Fischleben ähnlich.

*Elefantenohr-Schwämme (*Agelas clathrodes*) können 2 m groß werden. Der Fisch ist ein Brasilianischer Georg (*Stegastes fuscus*) (oben).*
*Ein Schwarm Gelbstreifengrunzer (*Haemulon chrysargyreum*) sucht Schutz zwischen den Pfosten des Town Piers von Kralendijk auf Bonaire (unten).*

Sampler [46] ist das nördlichste Gebiet von Klein Bonaire. Der Boden im Flachwasser ist überwiegend sandig mit Finger-, Hirn- und Senfhügelkorallen, dazu Papageifische, Franzosen-Kaiserfische und Schnapper. Der Dropoff beginnt bei 12 m mit Gorgonien, Schwämmen, Steinkorallen, Gefleckten Muränen, Trompeten- und Kofferfischen, Weißflecken-Feilenfischen, Soldaten- und Husarenfischen sowie Stachelmakrelen bis in 40 m. Im Westen bieten **Knife** [47] und **Leonora's Reef** [48] Flachwasser mit Elchgeweihkorallen, Gelbflossen-Silberlingen, Bermuda-Blaufischen und Gelbstirn-Kieferfischen.

Die Tauchgebiete an der Südwestecke von Klein Bonaire können mit denen der übrigen Karibik mithalten. **Ebo's Special** [49] ist ein Mikrokosmos all dessen, was beim Tauchen in Bonaire gut ist. Der Dropoff beginnt in 8 m und läuft in der Tiefe aus. Der Hang ist mit Gorgonien, Schwämmen und Schwarzen Korallen bewachsen und beherbergt unzählige Fische. Bei **Carl's Hill** [50] an der Nordwestspitze fällt eine Wand bis zum Sandboden in 22 m und läuft in 45 m aus. Im Flachwasser gibt es Elch-

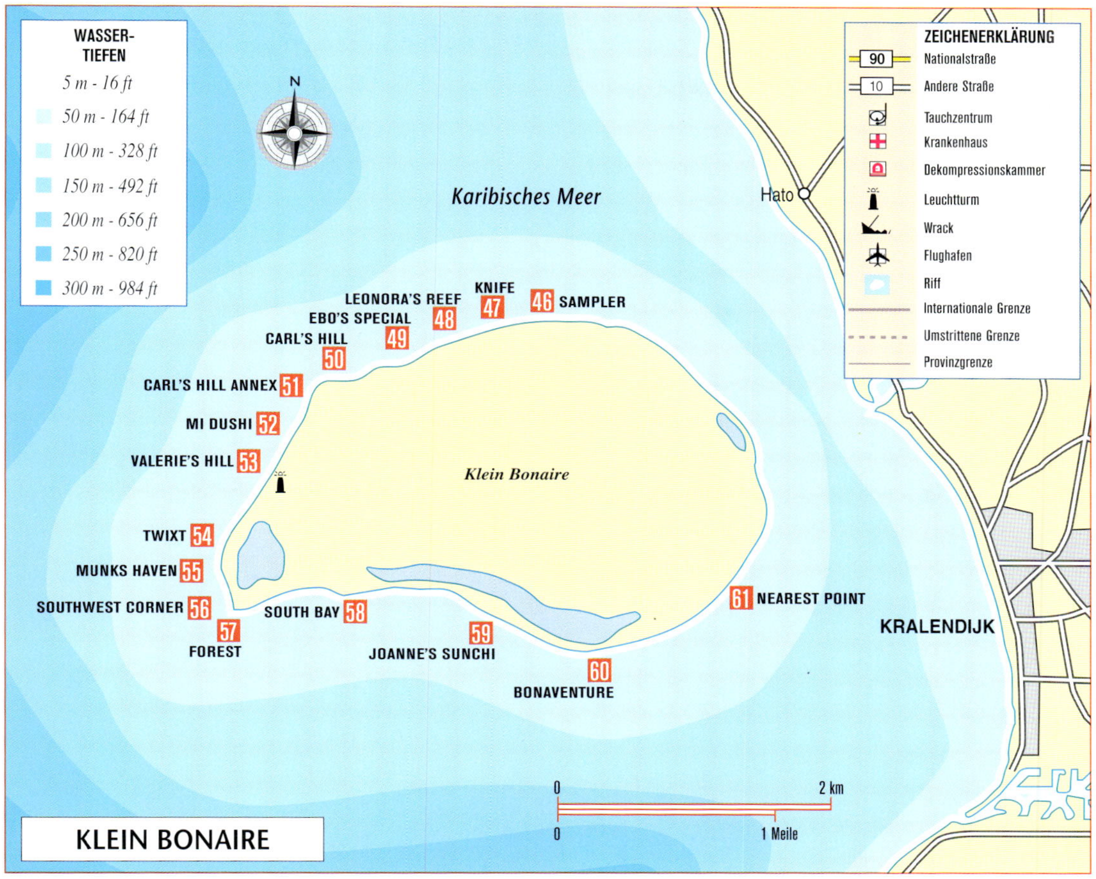

*Ein Tagesboot an einer festen Anlegestelle über Schlitzporen-Strauchgorgonien (*Plexaurella nutans*). Sie werden groß, haben dicke Stängel und kleine Zweige.*

geweih- und Säulenkorallen und Fische im Überfluss. **Carl's Hill Annex** 51 bietet auch Seepferdchen. **Mi Dushi** 52 hat ein reges Fischleben, **Valerie's Hill** 53 viele Schwämme und Schwarze Korallen. Beim Leuchtturm können Taucher Probleme mit der Strömung bekommen, die allerdings nicht so stark wie bei Munks Haven oder Southwest Corner ist. Der flache Schelf weist üppigen Steinkorallen- und Gorgonienbewuchs auf, der Dropoff kurze Sternkorallen in Pilzform und viele Fischarten samt Atlantischen Riesenzackenbarschen. Unter die Geweih- und Sternkorallen von **Twixt** 54, **Munk's Haven** 55 und **Southwest Corner** 56 mischen sich Gorgonien und Schwämme in starker Strömung. Der fischreiche Dropoff fällt steil von 12 m zum Sand in 37 m ab. **Forest** 57 und **South Bay** 58 sind ähnliche Gebiete. **Joanne's Sunchi** 59 bietet Sandreißen, Röhrenschwämme und gutes Fischleben. In **Bonaventura** 60 sieht man Zebramaul- und Langschnauzen-Seepferdchen. In **Nearest Point** 61 wachsen auf dem Sand üppige Gorgonien. Der Dropoff beginnt in 13 m, im tieferen Wasser mit Schwarzen Korallen und regem Fischleben. Die Tauchgebiete nah beim Festland sind besonders geschützt und haben große Steinkorallen.

Curaçao

Curaçao, die europäischste der drei Inseln, bietet unter wie über Wasser mehr Abwechslung. Willemstad mit seiner Kolonialarchitektur, dem Christoffel National Park, Restaurants, Casinos und Wassersport wird nicht tauchende Begleiter für sich einnehmen.

Curaçao ist deutlich größer als Aruba und Bonaire, die Tauchschulen außerhalb von Willemstad liegen daher meistens an der dem Wind abgekehrten Küste und fahren nur die Gebiete im Umkreis von 15 Bootsminuten an. Wer weiter abseits tauchen möchte, kann ein Fahrzeug mieten und vom Ufer aus tauchen.

Das typische Saumriff besteht aus einem flachen Riffschelf in 5–12 m, einem Dropoff mit 45°-Hang oder weniger und anschließendem Sand, der in der Tiefe ausläuft. Das Riff ist in der Mitte und im Osten der Insel stellenweise steiler. Küstentauchen ist im Norden besser; im

Küstentauchen und Diebstahl

Tauchveranstalter besorgen auf Wunsch Fahrzeuge für diejenigen, die vom Ufer aus tauchen möchten. Die bevorzugten Fahrzeuge sind Pickups mit Platz für vier Personen. Taucher sollten nur das mitnehmen, was sie im Wasser brauchen. Es ist nicht ratsam, beim Tauchen Wertsachen in einem unbeaufsichtigten Fahrzeug zu lassen. Einige Küstenabschnitte auf Curaçao sind nur über Privatgelände zu erreichen; dann ist eine geringe Gebühr zu zahlen.

Süden sind die Dropoffs steiler und bis 40 m tief und meist weniger als 150 m vom Ufer entfernt. Die Korallenvielfalt ist groß; es sind etwa 50 hermatypische Arten bekannt.

Die gesamte Westseite der Insel von Noordpunt bis Oostpunt ist ein großes Tauchgebiet. Das Stück von West Point bis zum Leuchtturm am Kap Saint Marie heißt Bando Aboa Underwater Park, das von Bullen Bay bis zum Princess Beach Hotel Central Curaçao Underwater Park. Es sind keine offiziellen Parks, doch das Stück vom Princess Beach bis East Point ist zum Curaçao Underwater Park erklärt worden.

Die Bedingungen in den Nordwestgebieten sind ruhig. Der Südosten ist Meer und Strömungen stärker ausgesetzt, aber frühmorgens kann es ruhiger sein. Die Hauptgebiete am Ufer sind mit nummerierten weißen Steinen gekennzeichnet, ähnlich den gelben auf Bonaire.

Die Riffe bei Curaçao erleben weniger Taucher und sind topographisch etwas vielfältiger als bei Bonaire, aber die Fauna ist weitgehend gleich. Blauflecken-Flötenfische kommen im Flachwasser häufiger vor. Die Dropoffs beginnen in 5–12 m und fallen auf über 40 m ab. Weiter unten werden die Steinkorallen, Schwämme und Gorgonien dichter und bieten Langusten, Gebänderten Garnelen, Spiralröhrenwürmern und anderen Wirbellosen Schutz.

Bei guten Bedingungen ist **Watamula** 62 Curaçaos bestes Rifftauchgebiet. Der Meeresboden fällt leicht ab und ist mit Stern- und Hirnkorallen, Gorgonien, Seeanemonen, Vasen-, Korb- und Röhrenschwämmen bedeckt, die zahllosen Fischen und Wirbellosen Schutz bieten. Die Tiefen liegen bei über 40 m.

Playa Kalki 63 heißt auch Alice in Wonderland. Der Boden fällt leicht ab, ab 9 m ähnelt er wogenden, korallenbedeckten Hügeln. In etwa 18 m gibt es Gorgonien und Sternkorallen, ab 30 m Plattenkorallen. **Playa Jeremi** 64 beim Landhuis Jeremi bietet leichtes Küstentauchen, gut geschützt und ideal zum Nachttauchen. Am Grund in 5 m entdeckt man Karibik-Flughähne.

Playa Lagun 65 ist eins der Topgebiete der Insel. Es hat mehrere Grotten und einen 45°-Dropoff in 10 m, der zu einem zweiten mit regem Meeresleben in 45 m abfällt. Vor der Spitze südlich von **Santu Pretu** 66 wetteifern Mushroom Forest und **The Cave** 67 mit Watamula um das beste Gebiet der Insel. Es gibt einen Dropoff, doch das Hauptinteresse gilt dem Küstenschelf in 12–15 m, wo die Korallenblöcke vom inkrustierenden Meeresleben wie im Farbenrausch überwuchert sind. Man sieht u.a. Meeresschildkröten und Ammenhaie. Gleich am Ufer liegt in 6 m **The Cave** mit einem riesigen Eingang. Glasbarsche flitzen durchs Wasser, Zäpfchenkorallen überkrusten die Decke und Bärenkrebse kriechen umher.

Rediho 68 und **Black Coral Garden** 69 vor San Nicolas sind ungeschützt, die Bedingungen daher manchmal rau. Der Dropoff fällt von 12 m steil in tauchfeindliche Tiefen. Es gibt einen ganzen Wald von Schwarzen Korallen und großen Fischreichtum. Meeresschildkröten sind häufig, Mantas und Walhaie seltener. Bei **Lower House** 70 fällt ein üppiger Hang von 9 m auf Sand in 40 m ab. Langusten und Gepunktete Ritterfische sind oft zu sehen. **The Valley** 71 bei Port Marie Beach ist ein weiteres Topgebiet – zwei parallele gesunde Riffe,

*Ein Taucher vor mächtigen Blocksternkorallen (*Monastrea annularis*) im Gebiet Watamula bei Curaçao. Es wetteifert mit Mushroom Forest um das schönste Tauchgebiet von Curaçao (oben).*
*Ein Taucher blickt in das Ruderhaus des Wracks der Superior Producer. Das Ruderhaus ist innen mit orangefarbenen Becherkorallen (*Tubastrea coccinea*) bewachsen (rechts).*

dazwischen ein Tal, wo ein vielfältiges Riffleben herrscht, Ammenhaie inbegriffen. Gleiches gilt für **Saint Marie (Rif)** 72 vor Habitat Curaçao.

Light Tower 73 und **Seldom** 74, beiderseits vom Kap Saint Marie, sind für erfahrene Taucher. Der Dropoff ist ein Steilhang ab 7 m, und die starken Strömungen begünstigen das gesunde Meeresleben.

Bei **Kaap Mal Meeuw** 76, südlich von **Snake Bay** 75, kann es rau zugehen, aber die Strömung an der Wand sorgt für gesundes Meeresleben. Vor **Blue Bay** 77 stürzt **The Wall** 78 steil von 9 m in die Tiefe zu Salat- und Schwarzen Korallen, Gorgonien, Meeresschildkröten und Adlerrochen. Bei **Piscadera Playa Largu** 79 kann man im September/Oktober Schwämme beim Laichen beobachten.

Westlich vom Hafeneingang liegt das Wrack der ***Superior Producer*** 80 in 34 m. Teile des Rumpfs und das Innere des Ruderhauses sind mit orangefarbenen Zäpfchenkorallen und bunten Krustenschwämmen überzogen.

Vor Jan Thiel liegen mehrere Topgebiete. **Sandy's Plateau** 81 und **Boca di Sorsaka** 82 bieten dichten Korallenbewuchs und vielfältiges Fischleben. **Kabes di Baranka** 83 und **Caracas Bay Lost Anchor** 84 bei Caracas Bay haben eine Wand, die zu einem Band in 33 m abfällt und dann im tieferen Wasser bei vielen pelagischen Arten ausläuft. **Tugboat** 85 ist ein kleines Wrack. Mit 45° fällt ab 9 m ein Dropoff ab. Bei **Kathy's Paradise** 86 und **Smokey (Punt'i Sanchi)** 87 vor der Fuik Bay herrschen starke Strömungen.

Am East Point (Punt Kanon) gibt es einige exponierte Gebiete mit starken Strömungen, für erfahrene Taucher, aber lohnend. Bei **No Way** 88 liegt in 3 m eine spanische Kanone. Die kleine, unbewohnte Insel Klein Curaçao, fast zwei Stunden südöstlich von Curaçao, kann weitere Topgebiete vorweisen.

Jungfern-Inseln

Lawson Wood

Die Jungfern-Inseln, nach der heiligen Ursula und ihren 11 000 Jungfrauen benannt, wurden von Christoph Kolumbus 1493 entdeckt. Die Inseln liegen 95 km östlich von Puerto Rico und 1800 km südöstlich von Miami. Besiedelt wurden sie ursprünglich von Ciboney-, Arawak- und Carib-Indianern. Die Eingeborenen wurden von den Spaniern in ihrem Goldrausch ausgerottet. In der Folgezeit waren die Inseln umkämpft und wurden von niederländischen, dänischen, britischen, französischen und spanischen Erforschern, Piraten, Plantagenbesitzern und Quäkern besiedelt.

Die Jungfern-Inseln, vor allem wegen der sicheren Buchten und Ankerplätze in generell flachen, sporttaucherfreundlichen Gewässern bekannt, werden mehr und mehr zu einem der beliebtesten Tauchziele in der Karibik. Ihre geographische Lage trägt wahrscheinlich am meisten zur Vielfalt des Meereslebens bei diesen Inseln bei, denn der Golfstrom fließt zwischen den Inseln hindurch, an den Bajamas vorbei, weiter zu den Bermudas in den Ostatlantik. Die Inselgruppe ist in zwei eigenständige Bereiche geteilt: im Norden die britische Kronkolonie der Britischen Jungfern-Inseln mit etwa 60 Inseln, von denen 16 bewohnt sind; im Süden die Amerikanischen Jungfern-Inseln, ein nicht eingegliedertes Territorium der USA mit drei Haupt- und 65 angeschlossenen Inseln.

St. John, Amerikanische, und Tortola (hinten), Britische Jungfern-Inseln, sind durch einen engen Kanal getrennt (oben links).
Die Indians genannte Felsengruppe im Sir Francis Drake-Kanal ist flaches Tauchgebiet, aber nur mit dem Boot zu erreichen (oben rechts).
Das Wrack der RMS Rhone *bei der Salt Island ist zerbrochen, ein Teil im Tiefen, einer im Flachen (rechts).*

Die Britischen Jungfern-Inseln

Die Britischen Jungfern-Inseln scharen sich um den Sir-Francis-Drake-Kanal und sind aus Granit – nur Anageda im Norden ist eine echte Koralleninsel. Die Inseln, einst ein gewaltiges unterirdisches Gebirgsplateau, gruppieren sich um eine weite, seichte Bucht, die für Segler und Sporttaucher ideal ist. Geschichten von verborgenen Schätzen lockten in den Anfängen der Kolonisierung Spekulanten aus aller Welt in den einstigen Schlupfwinkel von Piraten wie Henry Morgan, Sir John Hawkins und Blackbeard.

Tortola ist zwar die Hauptinsel, doch getaucht wird in vielen Fällen auf den umliegenden Inseln Ginger, Cooper, Salt (wo das Wrack der *Rhone* liegt), Dead Chest, Peter und Norman. Im Norden von Tortola liegen die Inseln Jost van Dyke, Guana, Great Camanoe, Dogs (nach dem Bellen der ausgerotteten Karibik-Mönchsrobben benannt), Mosquito, Eustatia, Necker und Beef mit dem internationalen Flughafen. Im Nordosten liegt die Koralleninsel Anegada, die auf dem Nordrand des heute versunkenen Vulkans entstanden ist. Auf das Konto des Barrierriffs der besonders dünn besiedelten Insel gehen über 300 Schiffswracks, von denen Bert Kilbride viele erforscht hat, der ehemalige Wrackverwalter der Inseln.

Die für die Nationalparks zuständige Behörde hat seit 1989 über 200 Anlegeplätze eingerichtet, was die Ankerschäden in den Tauchge-

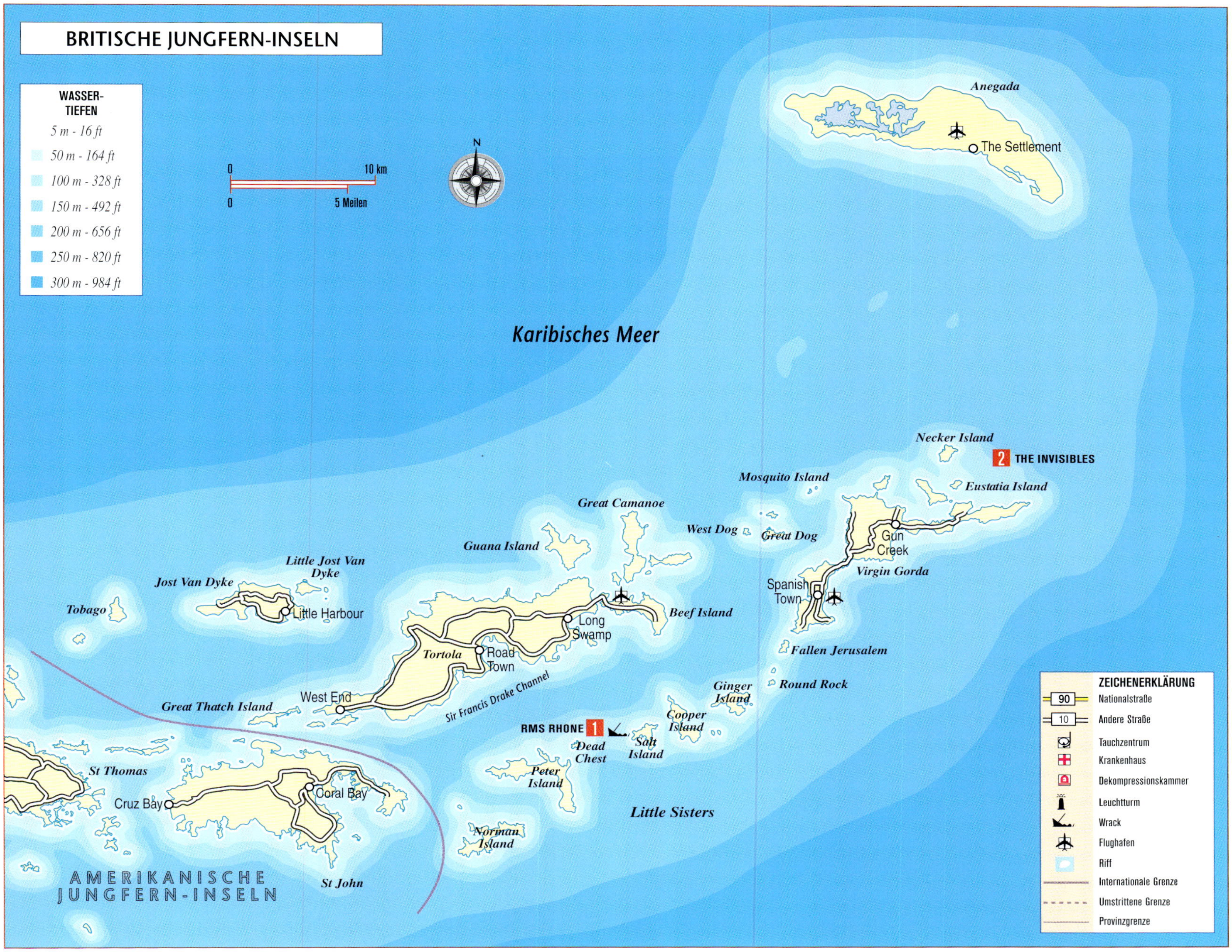

bieten reduziert hat. Heute gilt für alle Tauchboote und Privatyachten: Wer zuerst kommt, mahlt zuerst, wobei die Bootsgröße bestimmt, welchen Anlegeplatz man nimmt.

1 Wrack der *RMS Rhone*

Die 95 m lange *RMS Rhone* lief 1865 vom Stapel und galt als eins der besten Atlantikschiffe mit Stahlrumpf ihrer Zeit. Bei einem schweren Hurrikan im Oktober 1867 verlor sie den Hauptanker und die Ketten, wurde auf die Felsen bei Salt Island geworfen und brach auseinander; nur wenige überlebten.

Der vordere Teil des Rumpfs und der Bugspriet liegen auf Steuerbord in 27 m Tiefe. Das Deck ist verrottet, nur noch die Spanten sind übrig, also leichte Arbeit für Taucher. Es sind immer Schwärme von Schnappern und Süßlippen um das Schiff. Die Grundzeit ist wegen der Tiefe zwar begrenzt, es ist aber ein fantastischer Tauchgang. Das Heck liegt rechtwinklig zur Küste, die Schiffsschraube und Reste des Achterstevens in knapp 6 m Tiefe. Ein Teil des Rumpfs bildet eine kleine Höhle, wo sich lichtempfindliche Husarenfische und große Zackenbarsche verstecken. Taucher können die ganze Schraubenwelle und das Getriebe abschwimmen. Abseits der beiden Hauptteile, aber in Verlängerung des Hecks, liegen der große Kesselblock und Teile des Mitteldecks, jetzt mit farbenfrohen Rinden- und Peitschenkorallen bedeckt. Der flache Wrackbereich ist vor allem nachts beliebt, weil er Tausende von Wirbellosen wie Kalmare, Kraken, Nacktschnecken, Schnecken, Krabben und Garnelen beherbergt.

Die *Rhone* zählt heute weltweit zu den Top Ten unter den Wracks, und das gesamte Gebiet ist zum nationalen Meerespark erklärt worden – der erste der Britischen Jungfern-Inseln. Das Gebiet hat viele Anlegestellen; das Wrack ist bei allen Tauchschulen ein begehrtes Ziel.

Virgin Gorda

The Invisibles 2 liegen östlich der Necker Island und gehören zum Eustatia-Riff, das in seinem weiteren Verlauf schließlich Teil der Südseite des Horseshoe Reef wird. Letzteres ist das drittgrößte Barriereriff der Karibik und

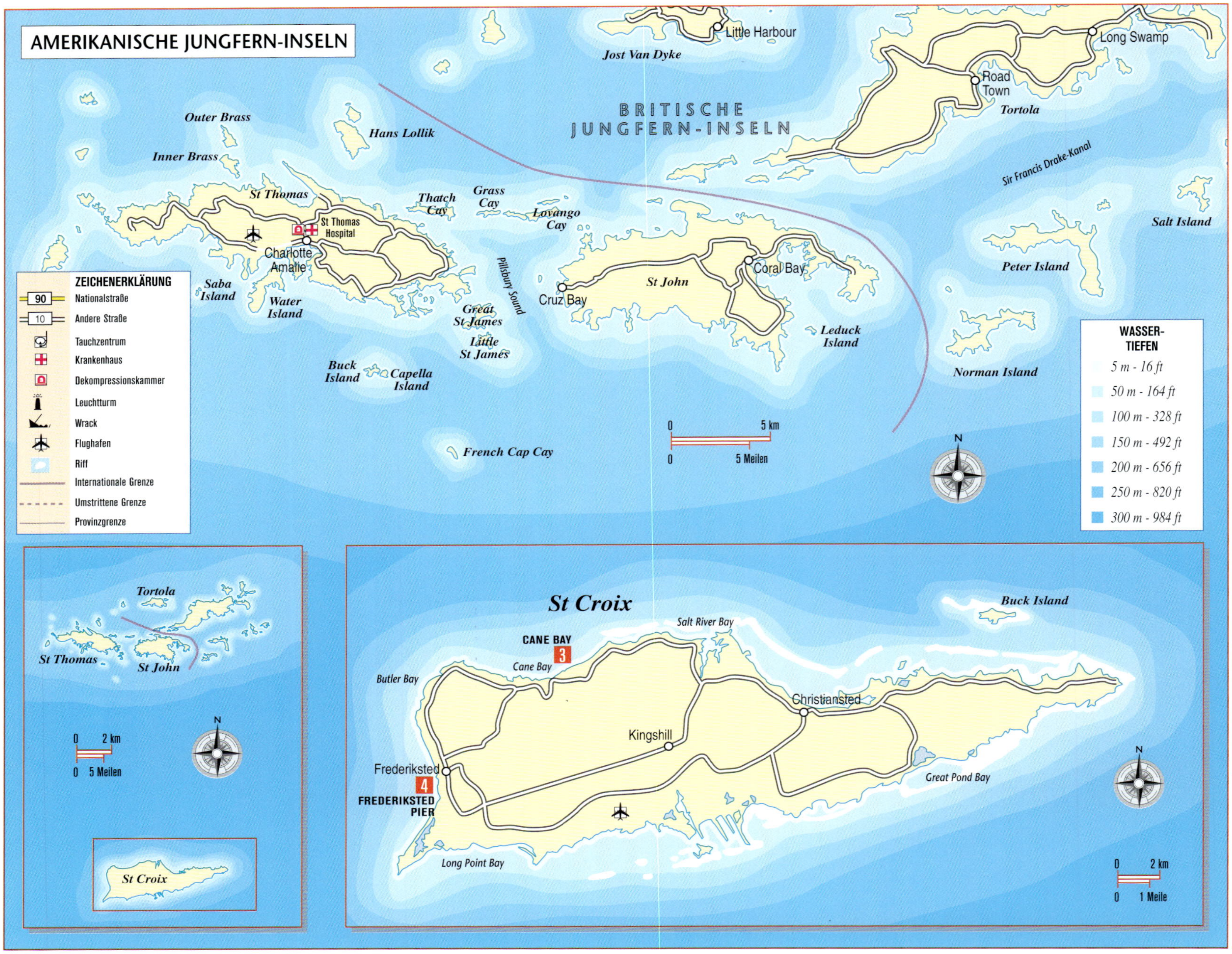

letzte Ruhestätte Hunderter von Schiffen. Es sind nur ein paar Granitgipfel inmitten eines Haufens mächtiger, abgeschliffener Granitblöcke. Die meisten Tauchschulen finden das Gebiet nur, indem sie nach den Wellen Ausschau halten, die sich über den Felsen brechen. Zahllose Grotten, Rinnen und Überhänge sind entstanden. Große Korallen gibt es zwar kaum, doch jeder Fleck verschwindet unter großen Stachelaustern und bunten Krustenschwämmen. An den Unterseiten leuchten Sternkorallen, die mit ihren orangefarbenen und gelben Polypen an dieser ausgesetzten Stelle vorbeitreibendes Plankton fangen. Nördlich der Granitblöcke tummelt sich meistens ein Riesenschwarm Spatenfische, immer jedoch im offenen Wasser rund 100 m vor dem Ufer und deshalb wahrscheinlich von den meisten Sporttauchern nicht zu sehen.

Die Amerikanischen Jungfern-Inseln

Diese Inseln, früher Dänische Westindische Inseln, wurden 1917 für 25 Millionen Dollar von den USA gekauft. Die nördlichen Inseln St. John und St. Thomas liegen einige Kilometer südöstlich von Tortola und gehören zur selben Inselgruppe wie die Britischen Jungfern-Inseln.

St. Thomas ist die Hauptstadt und touristische Hauptinsel. Tausende von Schiffen legen jährlich im Hafen von Charlotte Amalie an. Thatch Cay im Norden ist die größte Satelliteninsel, aber auch die Inseln Outer und Inner Brass, Saba, Water, Birsk, Capella und Great St. James sind bei Tauchern beliebt. St. John ist am kleinsten und wenigsten modernisiert – zwei Drittel der Insel sind Nationalpark. Die größten küstenfernen Eilande oder Riffe sind Leduck, Congo Cay und Grass Cay.

Die meisten Einwohner von St. Croix haben entweder mit Tourismus oder Erdöl zu tun, den Nachfolgern des Zuckerrohrs aus dänischen Siedlertagen. Die Hauptstadt Christiansted liegt im Nordosten an einer Bucht, in der sich, geschützt vom Long Reef, die Yachten drängen. Der nahe Nationalpark Buck Island bietet exzellente Strände. In Frederiksted, der ande-

Viele der flachen Küstenriffe sind aus Granit, von Wellen ausgewaschen und mit kleinen Korallen und Schwämmen bedeckt (links).
*Unter den Granitblöcken findet man Schatten liebende Fische wie Franzosen-Grunzer (*Haemulon flavolineatum*) (rechts).*

ren größeren Stadt an der Westküste, kann man vor dem alten Pier gut tauchen.

St. Croix

25 Fahrtminuten westlich von Christiansted liegt **Cane Bay** [3], das vor allem von Einheimischen besucht wird. Strände sind am Nordufer von St. Croix nicht so präsent und meistens nur ein schmaler Streifen, bevor man die erhöhte Plattform der alten Küste erreicht. Das flache Riffdach ist ein klassisches Grat- und Rinnenriff, in dessen lange Korallenfinger Sand und Rinnen mit Korallenschutt eingestreut sind, ideal für Gelbstirn-Kieferfische, Karibik-Flughähne und Mondflundern. Die Korallen sind hier nicht umwerfend, doch wenn man zum Außenriff gut 100 m vom Ufer entfernt kommt, werden sie größer, die Schwämme üppiger, und es gibt weniger störende Algen. Das Cane Bay-Gebiet ist bekannt für die Vielfalt seiner Gorgonien. Wer genauer hinsieht, entdeckt, dass sie eines der häufigsten Weichtiere der Karibik beherbergen, die Flamingozunge und ihren weit selteneren Vetter, die Fingerabdruck-Porzellanschnecke *Cyphoma signatum*.

Wichtigster Ort an der geschützten Westküste von St. Croix ist Frederiksted. Vor dem **Frederiksted-Pier** [4] kann man sehr gut tauchen. Einheimische Taucher haben die Bauabfälle gesammelt und im Schatten zwischen den Pfeilern aufgehäuft. Dort findet man die ansässigen Seepferdchen, Krötenfische, jungen Franzosen-Kaiserfische und Gepunkteten Ritterfische. Die zunächst uninteressant scheinenden Haufen am neuen Pier liegen inzwischen unter einer dünnen Schicht Schwämme, Manteltiere und kleiner Korallen.

Diese neue Anlage hat den alten Pier ersetzt, der als bester Piertauchgang in der Karibik galt. Der alte Pier wurde beim Bau des neuen weitgehend zerstört; es blieben nur drei von der Hauptanlage unabhängige Dalben übrig. Bei diesen Pfählen tummelt sich das meiste Meeresleben. Der Zugang erfolgt direkt vom Ufer oder bis 19 Uhr vom Pier, dann werden die Tore für Fahrzeuge geschlossen. Die Tiefe beträgt nur um die 6 m; es ist außerdem eins der besten Nachttauchgebiete. An den alten Piers gab es Ballkorallenanemonen (*Pseudocorynactis caribbeorum*), Schwammwollkrabben, Hunderte von Langusten und Kraken wie nirgends sonst, oft drei oder vier auf einen Quadratmeter. Kofferfische, Blaue Doktorfische, Seifenfische und Rote Tanzgarnelen sind allgegenwärtig. Beim Run auf die Superriffe und -wracks der Karibik wird oft vergessen, dass die nüchternen und oft hässlichen Bauten, die wir über Wasser sehen, unter Wasser geheime Gärten verbergen, die nur darauf warten, entdeckt zu werden.

Die Bahamas

Lawson Wood

Die Bahamas, 1492 von Christoph Kolumbus entdeckt, liegen genau auf dem nördlichen Wendekreis und nur 30 Flugminuten südöstlich von Florida. Aus der ursprünglichen Bezeichnung »Bajamar« (flaches Meer) von Kolumbus wurde am Ende Bahama. Berühmt wurden die Inseln durch die James-Bond-Filme, da die meisten Unterwasserszenen dort gedreht wurden. Die als Requisiten verwendeten Wracks liegen bei Nassau, einige der Höhlen in der Exuma-Kette.

Während der letzten Eiszeit waren die Bahamas die Spitze eines Plateaus, das über 90 m aus dem Meer ragte. Als das Eis schmolz, stieg das Wasser und überflutete das Plateau. Das meist nur wenige Meter tiefe Plateau wird von einem tiefen Graben gespalten, der »Tongue of the Ocean«, der durch die Hebung tektonischer Platten entstanden ist. Viele der flachen Inseln sind mit Höhlen voller Stalagmiten und Stalaktiten übersät.

Obwohl die Bahamas nicht in der Karibik liegen, werden sie mit ihr in Verbindung gebracht, gelten als eins der weltweit besten Tauchgebiete und sicher als die Nummer eins, wenn es um Haie geht. Die meisten kennen die Bahamas von den jeweiligen Ferienorten, dabei umfassen sie über 700 Inseln, 2500 kleine Sandriffe und sind über rund 260 000 km^2 Meer verteilt. Die größeren Inseln New Providence, Andros und Grand Bahama bieten mit das abwechslungsreichste Tauchen der Karibik. Viele Taucher halten jedoch die kleineren Inseln im Süden für die besten. Sie bieten senkrechte Wände, anspruchsvolles Strömungstauchen und sogar Begegnungen mit größeren Säugetieren – etwa wenn von Dezember bis Februar die Buckelwale wandern. Weil die Riffe parallel und die Tauchgebiete so nah liegen, wird das Tauchen in drei Tiefenbereiche unterteilt, um den verschiedenen Standards der Taucher gerecht zu werden. Getaucht wird meistens vormittags mit zwei Flaschen und nachmittags mit einer. Man fährt also für zwei Tauchgänge mit einem Boot hinaus, morgens gegen 8.30 Uhr, und kehrt um die Mittagszeit zurück. Der erste Tauchgang des Tages ist der tiefste, danach kommt ein mittleres Gebiet und ein flaches (oder Übungs-) Gebiet am Nachmittag.

Bimini, nordöstlich der Bahamas und Florida am nächsten, bietet Zügeldelfine und die submarinen Felsformationen, die als Atlantis Road bekannt geworden sind (oben links).
Die Überreste des einstigen Frachters Sapona, *der 1926 auf Grund lief (oben rechts).*

Die nördlichen Inselgruppen

Grand Bahama

Grand Bahama hat ein gemischtes Gelände mit einem alten Kalksteinfundament und wogenden kleinen Hügeln mit strauchartiger Vegetation. Beim Flug über die Insel verblüfft die Farbe des Wassers, das von Helltürkis bis fast zum Schwarz der runden Dolinen an Land reicht, oder zum Grün der seichten Graswiesen, die ins Indigo vor der Wand umkippen, wo meistens getaucht wird. Alle Tauchzentren auf Grand Bahama bearbeiten dasselbe Stück Südküste, und alle Gebiete sind durch Muringbojen gesichert, um Ankerschäden zu verhindern.

Unter diesen strauchbedeckten Hügeln liegt einer der größten Schätze der Insel – unterirdische Brunnen, ähnlich den Cenoten in Mexiko. Diese unterirdischen Gänge werden gegenwärtig von Rob Palmers Blue Hole Foundation erforscht und kartiert.

Die Riffe an der Südküste von Grand Bahama sind klassische Grat-Rinnen-Systeme – das Ergebnis jahrtausendelanger Einwirkung von Wind und Wellen. Ein zweites inneres Barriereriff, ähnlich dem Riffaufbau bei den Bermudas, schützt die Inseln vor den schlimmsten Auswirkungen der Stürme.
Erfahrene Haitaucher können nach wie vor ohne Käfig von einem Kreuzfahrtschiff mit Tigerhaien tauchen, einige Veranstalter sind jedoch gegen diese Praxis.

Ein Veranstalter auf Grand Bahama bietet Tauchen mit Tigerhaien im sicheren Käfig, und zwar bei **Tiger Beach** [1] 32 km vor der Küste von West End. Dieser Veranstalter bedient sich

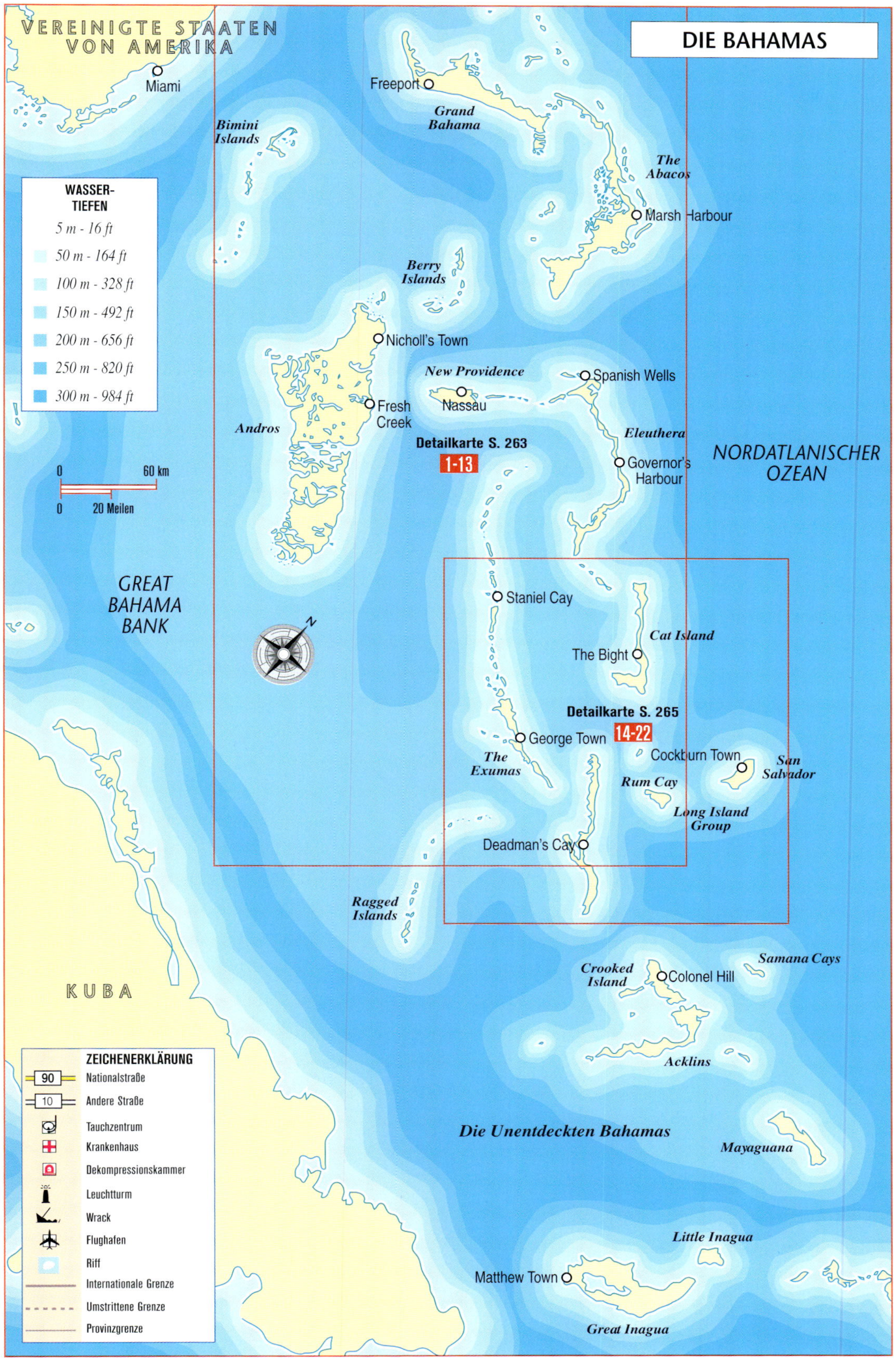

des sogenannten Hookah-Tauchens, bei dem jeder Taucher durch einen langen Schlauch mittels eines Kompressors mit Luft versorgt wird; man muss also kein Tauchbrevet besitzen, um teilnehmen zu können. Weil man keine Tauchflaschen braucht, kann man sich im Käfig besser bewegen und fotografieren. Die Tauchboote fahren vom Yachthafen des Old Bahama Bay Resort beim West End zum Tiger Beach etwa 40 km westlich von Freeport.

Die meisten Tauchgebiete sind nur eine kurze Bootsfahrt vom Yachthafen in Freeport entfernt. Von dort können Besucher auch hautnah Große Tümmler erleben. Bei **Dolphin Dive** [2] kann

Gesellige Federwürmer (Bispira brunnea) *sind kleine Fächer, die massiert am Fuß von Gorgonien wachsen. Sie lieben durchlichtetes, bewegtes Flachwasser (oben).*

Blockhirnkorallen (Colpophyllia natans)*, einer der wichtigen Riffbauer der Bahamas, bevorzugen kälteres, nährstoffreiches Wasser (unten).*

man gemeinsam mit diesen Meistern des Meeres in ihrem Element tauchen.

An mehreren Stellen wird die Interaktion mit Haien angeboten. Bei dieser Art des Tauchens können Taucher gegen Bezahlung auf dem Meeresgrund sitzen und zusehen, wie diese verleumdeten Geschöpfe gestreichelt und von Hand gefüttert werden. Hier sehen die Taucher im Wesentlichen nur unbeteiligt zu, wie karibische Riffhaie von erfahrenen Haibändigern im Kettenanzug gefüttert werden.

Im **Hydro Lab (Shark Junction)** 3, nur 10 Bootsminuten vom Dock entfernt, werden täglich Haie gefüttert. Vor jeder Aktion werden die Taucher eingehend informiert und auf die Gefahren der Handfütterung großer Raubtiere hingewiesen.

Eine Haifütterung auf Grand Bahama ist für viele Taucher die erste Gelegenheit, diese Raubtiere zu erleben, wenn sie von erfahrenen Haibändigern gefüttert werden.

Bimini

Bimini, als Tor zu den Bahamas bezeichnet, liegt nur 79 km östlich von Miami. Es besteht aus den beiden Hauptinseln Nord- und Südbimini, ein paar Felsriffen und einigen großen Sandflächen, wo Sportfischer Gemeine Dornhaie fangen. Über die Frühgeschichte Biminis und die Indianer (Lucayan, Taino und Arawak) ist wenig bekannt. Hartnäckig hält sich die Geschichte von der Entdeckung einer alten Straße unter Wasser, die zu Atlantis gehören soll; sie beruht auf der säulenartigen Anordnung in 6 m Tiefe, die aus der Luft deutlich zu erkennen ist. Der spanische Forscher Juan Ponce de Leon suchte auf Südbimini den Jungbrunnen. Realisten können Hemingways beliebten Aufenthalt, The Complete Angler, in der Hauptstadt Alice Town auf Nordbimini besuchen.

Getaucht wird viel bei den seichten Innen- und Sandriffen, wo einige der größten Fischschwärme der Bahamas zu Hause sind und man bei jedem Tauchgang Riff-, Ammenhaie und Barrakudas sehen kann. Die Veranstalter bieten zwei muntere Unterwassererlebnisse an. Nordwestlich von South Cat Cay am Südende der Inselkette von Bimini liegt **Tuna Alley** 4, das nur mit dem Boot erreichbar ist. Es ist exponiert und gezeitenabhängig und hat Strömung. Bei **The Victories** 5, 3 km südlich von Tuna Alley, muss man mit Wogen und Gezeitenströmungen rechnen.

Andros

Besonders interessant für Taucher dürfte die Ostküste von Andros mit dem drittlängsten Barriereriff der Welt sein, das 225 km parallel zur Küste verläuft. Die massive, fast unüberwindbare innere Barriere aus Elchgeweihkorallen fängt die ganze Wucht der Unwetter und stürmischen See auf. Die Taucher wollen aber den äußeren Rand erleben. Er stürzt 1800 m in die »Tongue of the Ocean« mit Canyons, Sandreißen, Höhlen, Grotten und Blue Holes.

Auf Andros gibt es die meisten Blue Holes der Bahamas. Es sind zumeist riesige runde Senken im Kalksteinboden, die zu submarinen Höhlen voller Stalagmiten und Stalaktiten führen. Das **Ocean Blue Hole** 6 auf Nordandros ist besonders bekannt. Beim Einstieg in die düstere Welt des grün getönten schwefligen Wassers können die Taucher den Schwefel durch die Maske schmecken. Dies sind flache Blue Holes innerhalb des inneren Barriereriffs und tiefe Dolinen auf der Insel, die praktisch alle zusammenhängen und größtenteils noch nicht erforscht sind. Unter den extremen Bedingungen dieser Erkundungen sind schon einige Taucher ums Leben gekommen. Der Rat qualifizierter Führer ist unerlässlich. Rob Palmers Blue Hole Foundation auf Grand Bahama kann hier weiterhelfen.

Small Hope Bay Lodge und Dive Resort nördlich von Fresh Creek gehören seit 1960 zu den Pionieren bei der Erforschung der Blue Holes.

Besonders aufregend und ernsthaft ist das Tauchen bei der **United States Naval Buoy** 7, einer Boje, mit der die U-Boote und Übungen der NATO verfolgt werden. Die Boje ist in 1800 m auf dem Meeresboden verankert. Der Reiz des Tauchgangs liegt nicht nur in der Tiefe und dem Tauchen im offenen Meer, sondern auch darin, dass man höchstwahrscheinlich Seidenhaien (*Carcharhinus falciformis*) begegnet. Die Boje hat 6 m Durchmesser, und die flache Unterseite ist mit Algen überwachsen. Das zieht pelagische Fische an, die die Algen fressen, kleine Organismen landen dort im Planktonstadium ihres Lebens und werden von größeren Tieren erbeutet und so setzt sich die Nahrungskette fort, bis die Haie auftreten. Die Haie werden durch die Vibrationen des Verbindungskabels angelockt, wenn die Strömung durch diesen tiefen Graben zieht. Dieses außergewöhnliche Erlebnis im offenen Meer ist erfahrenen Tauchern vorbehalten.

New Providence (Nassau)

Das Tauchen an der Südküste der Insel New Providence ist abwechslungsreich. Neben den zahllosen Wracks, von denen viele als Requisiten in Hollywood-Filmen gedient haben, bietet die Insel Gelegenheit, unter relativ kontrollierten Bedingungen mit Haien zu tauchen.

Die Bahamas sind nach einer langen Eingewöhnung einer großen Zahl vor allem Karibischer Riffhaie (*Carcharhinus perezi*) zum weltweit bedeutendsten Ziel der »Haitaucher« geworden. Die Haie sind zwar das Rückgrat der Tauchbranche auf den Inseln, aber auch die Wände sind fantastisch, weil der Rand des Kontinentalschelfs in ziemlich flachem Wasser in nur 12 m beginnt. Es ist deshalb nicht nötig, wie in anderen Gegenden der Bahamas, tiefe, zeitlich begrenzte Tauchgänge zu unternehmen, nur um am Rand der Wand pelagische Fische in großer Zahl zu erleben. Taucher kommen an jedem Tag des Jahres zu dieser 1800-m-Wand. Das Südufer war Schauplatz in dem Film *Flipper*. Es gibt Dropoffs, Fische im Überfluss und mit Wracks übersäte Riffe, von denen viele schon als Requisiten in Filmen aufgetaucht sind.

Die **James Bond Wracks** 8, südlich von Clifton Point, liegen zwar dicht am Ufer, sind aber nur mit dem Boot zu erreichen. Man taucht meistens recht geschützt.

Eleuthera

Eleuthera, von den Einheimischen Cigatoo genannt, ist, wie man jetzt weiß, der Geburtsort der Bahamas. Harbour Island, für die Einheimischen Brisland, ist die älteste Siedlung und ursprüngliche Hauptstadt der Bahamas. Harbour Island wurde gegründet, noch bevor die Vereinigten Staaten eine Nation wurden. Getaucht und geschnorchelt wird sehr viel an der exponierteren Seeseite der Insel und innerhalb des schützenden Barriereriffs vor dem Norden der Insel. Dieses Riff ist 11 km lang und wird The Devil's Backbone, Rückgrat des Teufels, genannt, weil die Korallenkämme an vielen Stellen bis dicht unter die Oberfläche reichen und schon vielen Schiffen zum Verhängnis geworden sind.

Wendet man sich auf der Insel nach Süden, kommt man zur Hauptsiedlung Governor's Harbour, mit eigenem Flugplatz, einer geschützten Bucht und einem kinderfreundlichen Resort. Im äußersten Süden vor der Steilwand südlich von Bannerman Town erstreckt sich ein Riff nach Südosten, vorbei an Little San Salvador bis zur Cat Island. Little San Salvador ist an die Princess Cruise Line verkauft worden,

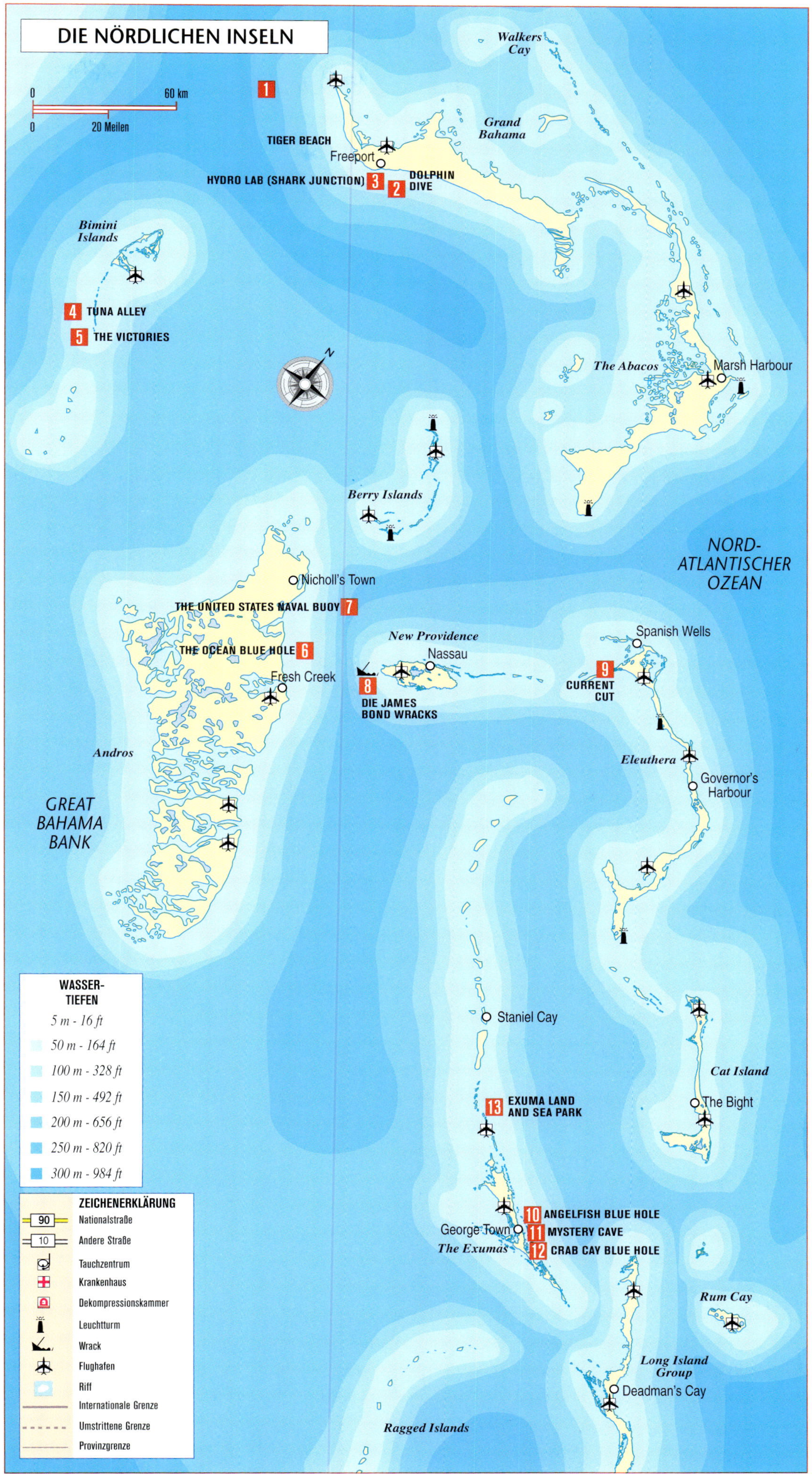

*Gähnende Krötenfische (*Antennarius multiocellatus*) sind dank ihrer Form und Färbung fast unsichtbar (oben).*
*Die Bahamas sind für die kleinen Schwärme der Grauen Kaiserfische (*Pomacanthus arcuatus*) an den Innenriffen bekannt (unten).*

und Laufkundschaft ist nicht gern gesehen. Für das Tauchen an diesen unberührten Riffen und Wänden ist ein Kreuzfahrtschiff am geeignetsten.

Der bekannteste Tauchgang hier ist kein Tauchgang im herkömmlichen Sinn, und es gibt kaum Korallen. **Current Cut** [9] ist eine Jagd mit einem starken Gezeitenstrom über den Meeresgrund. Die Taucher steigen zweieinhalb Stunden vor oder nach dem Hoch- oder Niedrigwasser ins Wasser. Zwischen den beiden Inseln gibt es keine Korallen, aber viele große Fische wie Adlerrochen und Schwarzspitzen-Riffhaie. Die Strömung ist so schnell und der Tauchgang so kurz, dass man zwei- oder dreimal ins Wasser kann.

Exumas

Gegenüber George Town, der Hauptstadt der Exumas, liegt die Stocking Island mit einem über 7 km langen Barriereriff. Das Riff ist ursprünglich, aber ziemlich flach und den Herbststürmen ausgesetzt. Anziehungspunkt ist aber vor allem das Tauchen in den Blue Holes. **Angelfish Blue Hole** [10], im Schutz von Stocking Island, ist ein senkrechter Schacht hinunter auf 29 m, wo er sich rechtwinklig verzweigt. In der Nähe liegt **Mystery Cave** [11] mit vielen bereits erkundeten Kilometern. **Crab Cay Blue Hole** [12] beginnt in nur 4 m Tiefe. Im Norden der Inselkette befindet sich der **Exuma Land and Sea Park** [13]. Auf den 285 km^2 sind große Flächen mit Geweih- und Elchgeweihkorallen, Mangrovenwälder, wo die Jungfische aufwachsen, und zahlreiche Blue Holes, Höhlen und Grotten. An die nördlichen Inseln des Meeresparks grenzt eine seichte Sandbucht, wo Gewöhnliche Dornhaie gejagt und Muscheln gesammelt werden. Am Ostufer kommt der Kontinentalschelf bis dicht ans Land und bietet spektakuläre, ursprüngliche Tauchgebiete, in die sich nur selten ein Kreuzfahrtschiff verirrt.

Die südlichen Inseln

Cat Island

Cat Island liegt mitten in den Bahamas, nordwestlich von San Salvador. Die Insel ist 79 km lang und gilt als eine der schönsten der Bahamas; die Klause auf dem Mount Alverina ist mit 62 m der höchste Punkt der Kette. Das Kloster wurde von Vater Jerome erbaut. Ihren Namen erhielt die Insel wahrscheinlich von Arthur Catt, einem Zeitgenossen des berüchtigten Piraten Edward »Blackbeard« Teach, der die Insel zwischen seinen Raubzügen anlief. Außerdem leben dort viele Wildkatzen, eine Hinterlassenschaft der Spanier. Es ist eins der am wenigsten betauchten Gebiete der Bahamas. Getaucht wird meistens an der Südküste in der Cutlass Bay, zwischen Columbus Point im Osten und **Devil's Point** [14] im Westen. Die Riffwand beginnt in nur 15 m Tiefe und stürzt hinab, mit Rinnen, Canyons, Kaminen und Durchlässen. Jungfräuliches Gebiet vom Feinsten.

San Salvador

San Salvador, 320 km ost-südöstlich von Nassau und südöstlich von Cat Island, ist die Insel, auf der Christoph Kolumbus am 12. Oktober 1492 bei seiner ersten Reise landete. Guanahani, wie sie bei den Arawak-Indianern heißt, ist nur 20 km lang und 8 km breit. Das Wasser ist kristallklar, flach und ruhig, die Wände zumeist ursprünglich und senkrecht. In allen Gebieten gibt es Anlegestellen, um Ankerschäden zu vermeiden. Besonders reizvoll sind natürlich die äußeren Steilwände mit Gebieten wie **The Telephone Pole** [15], **Devil's Claw** [16] und **Double Caves** [17], die außergewöhnliches Tauchen bieten.

Die meisten Gebiete liegen 5–15 Minuten südlich vom Riding Rock Marina. In einigen wird man von geselligen Gestreiften Zackenbarschen (*Epinephelus striatus*) begrüßt. Wer Zackenbarschen direkt in die Augen blicken möchte, ist hier richtig. Diese Fische, die den Umgang mit Menschen gewohnt sind, posieren sogar für Schlange stehende Fotografen. Die Gebiete an den äußeren und Westwänden weisen gewaltige Sandreißen, Höhlen und tiefe Spalten im Riff auf, dazu elegante Gorgonien und überall massenhaft Fische. An den äußeren Wänden winden sich Hunderte von Drahtkorallen in die Tiefe. Scharen Schwarzer Stachelmakrelen mischen sich unter die Bermuda-Blaufische. Fast in Reichweite folgen sie den Tauchern fast überall hin. Hier sind auch Tiefseegarnelen zu Hause. Bei Double Caves sind regelmäßig Hammerhaie zu sehen.

Conception Island

Conception Island [18], mitten im Dreieck aus Long Island im Westen, Cat Island im Norden und Rum Cay im Süden gelegen, ist

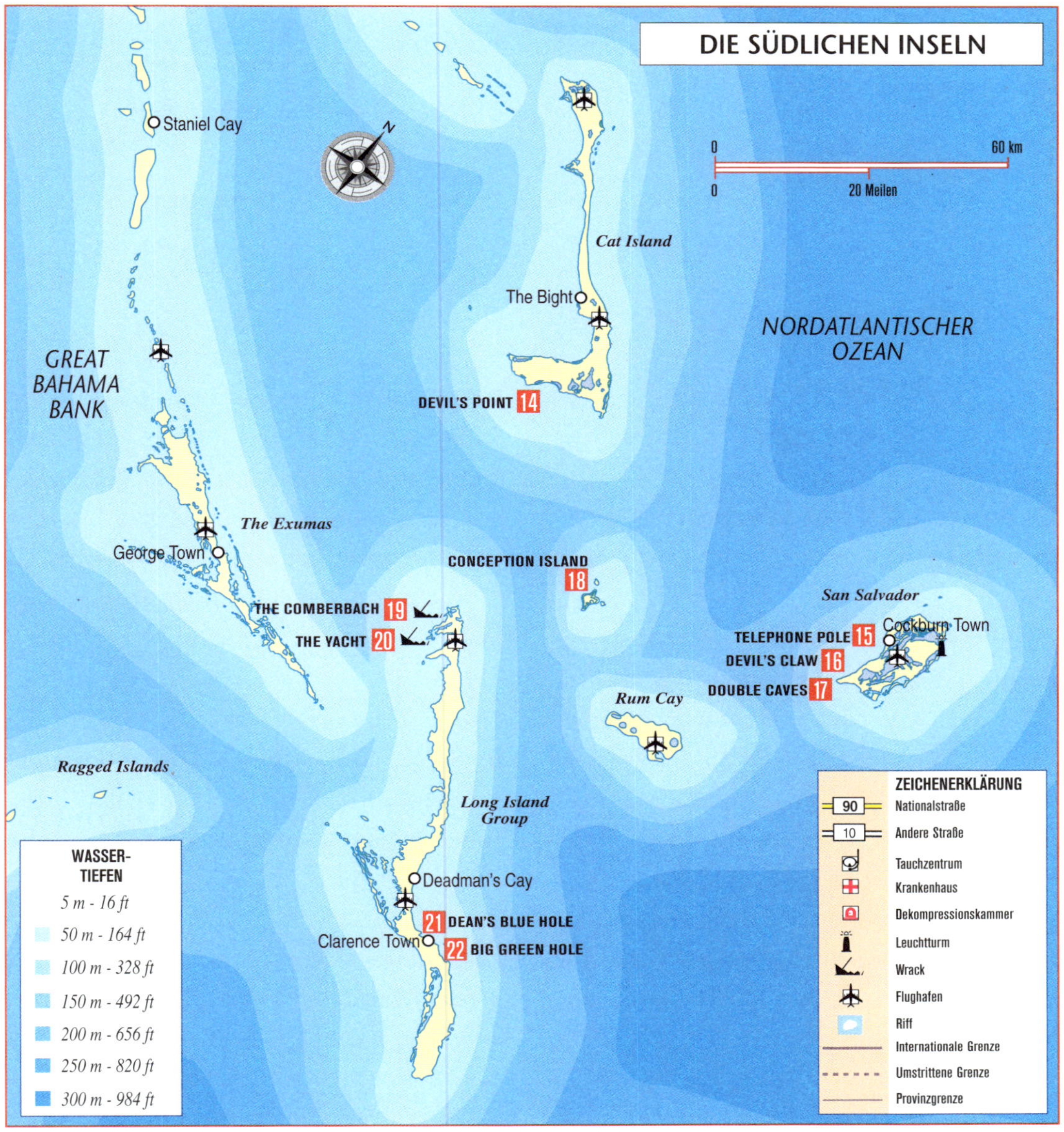

unbewohnt und vom Bahamas National Trust zum marinen und terrestrischen Tierschutzgebiet erklärt worden. Die Wände rings um die Insel stürzen senkrecht in die Tiefe, und auf der Insel brüten einige Meeresschildkröten.

Taucher können diese abgelegene Insel jetzt von Long Island erreichen. Die Fahrt dauert zwei bis vier Stunden, je nach Boot und Wetter, also ein Tagesausflug. Die Wandtauchgänge sind zwar tief, aber die Riffkante ist mit Höhlen und Tunnels durchsetzt, in denen sich im Sommer Ährenfische drängen, die von Barrakudas, Stachelmakrelen und Tunfischen gejagt werden. In jeder Gorgonie scheinen sich Flamingozungen und winzige Feilenfische zu verstecken.

Long Island

Long Island, im Südosten der Exuma-Kette gelegen, ist 106 km lang. Die 35 kleinen Gemeinden sind durch den frisch asphaltierten Queen's Higway verbunden.

Die Korallen in Ufernähe sind bei Long Island nicht besonders gut. Es gibt jedoch ein hervorragendes Wrack, die ***Comberbach*** 19, ein 30 m langer Frachter mit Stahlrumpf, der bei Exumas und Long Island verkehrte. Er wurde in den 1980er-Jahren versenkt und beherbergt seitdem viele Schnapper, Süßlippen und Papageifische, die die Algen, Korallen und Schwämme abweiden, die jetzt das Wrack überwuchern. Der Maschinenraum ist zugänglich, ebenso die Laderäume, in deren vorderem Teil ein schrottreifer VW-Lieferwagen liegt. In der Nähe der *Comberbach* liegen die Reste einer **Yacht** 20, die bei einem der letzten Hurrikane zerstört wurde. Allmählich bemächtigt sich ihrer das Meer mit verschiedenen Algen, Korallen und Hydrozoen, die den Rumpf besiedeln.

Die wogenden Hügel der Insel stürzen an der exponierten Ostseite in die Brandung, im Westen fallen sie sanft zu einer massiven Sandbank ab, die bis hinüber zu den Exumas reicht. **Dean's Blue Hole** 21, auf der Atlantikseite der Insel, liegt auf Privatgelände, der Zugang ist also eingeschränkt, aber wer die Chance erhält, sollte zugreifen. Das **Big Green Hole** 22 in Lochaber, südlich von Clarence Town, lohnt einen Besuch, und sei es nur wegen der Strände. Im Süden gibt es einige sehenswerte alte Kirchen.

Long Island ist eher Zwischenstation für Taucher auf Conception Island und das Haitauchen, das hier vor 20 Jahren begann.

Anhang

Atlantischer Ozean

Ostküste USA mit Westküste Floridas

Klima

Das Klima in diesem riesigen Gebiet reicht vom gemäßigten Norden bis zum fast karibischen Süden. Im Nordosten der USA können die Temperaturen von November bis April unter null sinken. Floriday Keys und Bermuda sind subtropisch, mit Temperaturen von 18–23 °C im Winter, bis 30 °C im Sommer. Die Zeit der Hurrikane an der Küste von North-Carolina und bei den Florida Keys geht von August bis Dezember, bei den Bermudas von Juni bis November.

Beste Reisezeit

In allen Gebieten taucht man am besten im nördlichen Sommer, die Hurrikansaison ist problematisch. In North-Carolina und weiter südlich einschließlich Bermuda kann man ganzjährig tauchen. Der Nordatlantik kann sehr rau werden, aber bei den Bermudas gibt es überall Wracks, und man kann fast immer auf den windgeschützten Inselseiten tauchen.

Anreise

Die nördlichen Wracks erreicht man u.a. von Atlantic City, New Jersey, New York und Massachusetts, die Wracks von North-Carolina u.a. von Morehead City, Beaufort, Wilmington und Hatteras. Die Florida Keys erreicht man über Miami, die Bermudas direkt von Europa oder über die USA.

Wassertemperaturen

Im Norden kann die Temperatur bei Wracks wie der *Andrea Doria* bei 7 °C liegen und steigt selten über 15 °C im Spätsommer. Vor North-Carolina reicht sie von 13 °C im Winter und Frühjahr bis 26 °C im Spätsommer. Bei den Florida Keys kann sie von Dezember bis März 22 °C betragen, von April bis November bis 29 °C. Auf den Bermudas reicht sie von 18 °C im Januar bis 30 °C im August.

Sicht

Im Norden ist die Sicht schlecht, im Golfstrom generell gut – über 15–30 m. Ebbe und aufgewirbelter Sand können die Sicht stellenweise verschlechtern.

Zustand des Meereslebens

Bei den Wracks im Norden gibt es Kaltwasserarten und Langusten. North-Carolina hat sowohl Kaltwasser- als auch tropische Arten, die mit dem Golfstrom nach Norden gewandert sind. Florida Keys und Bermudas bieten viele tropische Arten.

Tauchtiefen

Die Wracks im Norden liegen relativ flach bis tief, einige unter 60 m. Die meisten Wracks in North-Carolina liegen zwischen 24 m und 46 m – die *Bibb* in 30 m, die *Duane* in 28 m. Die meisten Wracks der Bermudas liegen im Flachwasser, zumeist nicht unter 30 m.

Dekompressionskammern

Auf dem amerikanischen Festland gibt es einige Einrichtungen, auf den Bermudas eine Kammer im King Edward VII Memorial Hospital, Paget, Bermuda. Tel. 236 2345.

Schnorcheln

Bei den Wracks nicht, vor den Florida Keys und Bermudas beliebt.

Praktische Tauchtipps

Die Wracks im Norden sind nur für sehr erfahrene Taucher, die übrigen auch für Durchschnittstaucher; die tieferen Wracks setzen jedoch mehr Schulung voraus.

Alle Veranstalter bieten umfassende Einrichtungen, Tauchkurse und Leihausrüstung, die größeren auch Nitrox- und Tech-Tauchen.

Großbritannien

Klima

Das Wetter ist wechselhaft, die Lufttemperaturen unterliegen dem Windchill. Mai bis September ist Sommer, Oktober bis April Winter. Trockentauchanzüge sind die Regel, im Sommer gelegentlich dicke Halbtrockentauchanzüge.

Beste Reisezeit

Ganzjährig, wenn geschützt, im Sommer aber nur in Gebieten im offenen Meer. Im Sommer kann die hoch stehende Sonne weiter ins Wasser vordringen.

Anreise

Ein gutes Netz aus internationalen Flügen, Straßen und Fähren garantiert, dass alle Gebiete leicht zu erreichen sind.

Wassertemperaturen

Die Wassertemperatur reicht von 2–8 °C im Winter bis 9–18 °C im Sommer, je nach Tiefe. Die Westküste ist meistens am wärmsten, die Temperaturen sind im Spätsommer am höchsten.

Sicht

Mit 2–20 m allgemein schlecht, abhängig von Gebiet und Wetter.

Zustand des Meereslebens

Viele sehr gute Gebiete mit vielfältigen Meerespflanzen und Bodenbewohnern wie Seeanemonen, Krebsen und Nacktschnecken, kleinen Fischschwärmen, die an den Felsen oder in Spalten Schutz vor der Strömung suchen, und vielen pelagischen Arten. Es gibt einige exotische Besucher im Golfstrom und ein paar eingeführte fremde Arten.

Tauchtiefen

Vom Flachwasser bis in Tiefen, die jenseits des für Sport- oder Tech-Tauchen Zulässigen liegen. Zu tief tauchen ist ein häufiges Problem, tauchen Sie also mit Kopf.

Dekompressionskammern

Es gibt viele Dekompressionskammern in Großbritannien, die meisten in Küstennähe, aber auch einige im Landesinneren, unter Umständen auch für Fälle, die nichts mit dem Tauchen zu tun haben.

Schnorcheln

Wegen Gezeitenströmungen und schlechter Sicht überwiegend nicht zu empfehlen.

Praktische Tauchtipps

Beim Tauchen sollte man immer Vorsicht walten lassen, auch an ruhigen Sommertagen. Die Gezeiten können tückisch sein, und das Wetter kann rasch umschlagen. Die meisten Tauchgänge erfordern Stillwasser und sollten mit Blick auf lokale Gezeiten und Wetter geplant werden. Befolgen Sie beim Tauchen vom Boot die Ratschläge des Bootsführers, denn er kennt sich meistens besser aus.

Die Tauchschulen haben die übliche Einrichtung und Ausrüstung; alle Boote führen die notwendige Sicherheitsausrüstung mit. Taucher sollten nicht ohne angemessene Übung im Trockentauchanzug tauchen.

Wer im Winter in Seen oder Steinbrüchen taucht, sollte über Probleme und Anforderung an die Ausrüstung beim Tauchen im kalten Wasser Bescheid wissen.

Schottland

Scapa Flow

Klima

Das Wetter ist aufgrund der exponierten Lage wechselhaft. Scapa Flow ist im Frühsommer nebelanfällig, wenn das Land sich erwärmt, das Meer aber noch etwa 7 °C kalt ist.

Beste Reisezeit

Das Wasser ist im August bis Oktober wärmer, allerdings ist dies auch die Zeit der Algenblüte. Aber auch wenn die Sicht dann vielleicht schlechter ist, gibt es doch mehr Licht und das Wasser ist wärmer.

Anreise

Täglich verkehrt eine Fähre von Scrabster auf dem schottischen Festland nach Stromness, dem Zentrum für Scapa-Flow-Taucher. Außerdem fliegt British Airways täglich von Edinburgh und Aberdeen nach Kirkwall.

Sicht

Die beste Zeit ist im Winter (Dezember bis März) nach der Planktonblüte. Im Burra-Sund bei den Blockadeschiffen ist es ganzjährig am klarsten, weil dort die Gezeiten die Schwebeteilchen im Wasser forttragen. Einziger Nachteil ist allerdings die begrenzte Tauchzeit bei Stillwasser von nur etwa 20 Minuten.

Tauchtiefen

Die Blockadeschiffe liegen in rund 15 m, die deutschen Kriegsschiffe ab etwa 36 m Tiefe.

Dekompressionskammern

Wählen Sie die 999 und verlangen Sie die Küstenwache. Sie werden automatisch zur nächsten Kammer durchgestellt.

Cathedral Rock

Beste Reisezeit

Juni und Juli, nach der Planktonblüte im Frühjahr, sind die beste Zeit, um Seevögel zu beobachten und unter den haushohen Klippen von St. Abbs Head zu tauchen.

Anreise

Die A1 hinauf bis nach Schottland fahren, dann die zweite Straße rechts durch die Eyemouth zur Coldingham Road, der A1107. Am Dorfplatz von Coldingham scharf nach rechts, dem Schild nach St. Abbs folgend. Vor dem Dorf gabelt sich die Straße. Zum Hafen von St. Abbs rechts halten. St. Abbs ist nur 7 km von der A1 entfernt.

Sicht

Normalerweise 6–15 m. Von November bis März ist die Sicht meist am besten, gelegentliche Winterstürme können das jedoch ändern.

Tauchtiefen

Küstengebiete durchschnittlich 8–14 m.

Südafrika/Weißhaie

Klima

Aus der Antarktis kommen kalte Strömungen bis zur Westküste. Von November bis Februar ist Sommer, von Mai bis Juli Winter. Die Haitauchgebiete haben mediterranes Klima mit Niederschlägen im Winter.

Beste Reisezeit

Zum Tauchen mit Weißhaien bei Seal Island April bis September. Für Makohaie Oktober bis Mai.

Anreise

Viele Linienflüge mit South African Airways. Die meisten großen Gesellschaften fliegen regelmäßig Kapstadt oder Johannesburg an, von wo man Anschluss nach Kapstadt hat.

Wassertemperaturen

Weißhaie: 13–19 °C. Mako- und Blauhaie: 18–23 °C.

Sicht

Weißhaie: 2–15 m. Mako- und Blauhaie: 10–30 m und mehr.

Zustand des Meereslebens

Weißhaie, Robben und viele kleine Fischarten. Bei Tauchgängen mit Mako- und Blauhaien kann man auch Tunfische und andere große pelagische Arten sehen.

Tauchtiefen
Weißhaie: Käfigtauchen kurz unter der Oberfläche. Mako- und Blauhaie: bis 15 m.

Dekompressionskammern
Die nächste Kammer befindet sich in Simon's Town, 20 Minuten vom Tauchgebiet enfernt.

Schnorcheln
Nur bei Trips zu Mako- und Blauhaien. Bei Weißhaien nur Sporttauchen.

Mittelmeer

Spanien (Medas-Inseln)

Klima
Im Frühjahr windig und kühl mit viel Regen. Durchschnittstemperaturen von Juni bis Oktober 25 °C.

Beste Reisezeit
Juni bis September, wenn leichte, warme Landwinde herrschen. Es ist allerdings ein Ganzjahresgebiet, und wenn es wenig regnet, ist das Wetter normalerweise ideal zum Tauchen.

Anreise
Es gibt keine Direktflüge nach Estartit. Die meisten Besucher fliegen nach Barcelona, Gerona oder Perpignan, alle nur etwa eine Fahrstunde von Estartit entfernt.

Wassertemperaturen
Um die 20 °C, es empfiehlt sich also ein dicker Nass- oder ein Trockentauchanzug. Die Temperatur sinkt im Mittelmeer auch im Winter nie unter 10 °C.

Sicht
Der Tor (Fluss) entscheidet über die Sicht bei den Inseln. Die besten Monate mit dem wenigsten Regen sind Juni bis September.

Zustand des Meereslebens
Hervorragend für Edelkorallen und Begegnungen mit großen Zackenbarschen.

Tauchtiefen
Alle Tiefen möglich, im Durchschnitt aber 25 m und weniger.

Dekompressionskammern
In La Estartit.

Schnorcheln
Vor den Medas-Inseln sehr gut, da es in Küstennähe große Fischschwärme und Zackenbarsche gibt.

Praktische Tauchtipps
Die Tauchzentren sind auf große Gruppen eingestellt, Leihausrüstung daher sehr gut. Tauchkurse werden in verschiedenen Sprachen angeboten und nach den Standards der großen Tauchverbände durchgeführt.

Malta, Gozo, Comino

Klima
Im Sommer sehr heiß, durchschnittlich 30 °C. Aus dem Norden kann Wind kommen, kaum Regen, kurze aber heftige Schauer im September ausgenommen.

Beste Reisezeit
Mai bis Ende September, Höchsttemperaturen 30–34 °C, fast 13 Stunden Sonnenschein pro Tag, sich also entsprechend schützen. Über die Kraft der Sonne täuscht oft ein leichter Nordwestwind hinweg, vor allem im Spätjahr, wenn der *Majjistral* am stärksten ist. Der Nordostwind heißt *Grigal*, der nördliche Tramuntana verursacht die gelegentlichen Winterstürme. Der warme *Schirokko* aus der Sahara macht die See oft an den Südufern rau; dann wird am Nordufer getaucht.

Anreise
Air Malta fliegt praktisch alle großen europäischen Städte an. Andere Flug- und Chartergesellschaften fliegen ebenfalls nach Malta. Der Transfer nach Gozo ist per Hubschrauber oder mit der regulären Fähre möglich.

Wassertemperaturen
Die Temperaturen liegen von Oktober bis April zwischen 17 °C und 28 °C. Im November sinken die Temperaturen bis auf 14 °C im Januar und Februar, wo man dickere Nass- oder sogar Trockentauchanzüge braucht.

Sicht
Durchschnittlich über 45 m bei tieferen Gebieten im offenen Meer. Im Flachwasser der Buchten liegt die Sicht bei etwa 12 m.

Zustand des Meereslebens
Sehr gut für Wirbellose und Seepferdchen. Kaum große Fischschwärme, was jedoch präsent ist, ist zutraulich.

Tauchtiefen
Im Schnitt über 30 m, aber da fast immer vom Ufer aus getaucht wird, gibt es für jedes Können die richtige Tiefe.

Dekompressionskammern
In Matta und Gozo, Telefon 196 Hyperbaric Unit.

Schnorcheln
In Ufernähe kann man sehr gut schnorcheln, was viele Einheimische tun, sodass beliebte Gebiete überlaufen sein können.

Praktische Tauchtipps
Kurse werden in vielen Sprachen angeboten; die Voraussetzungen zum Tauchenlernen sind ideal. Das Beste ist die Unterwasserwelt mit vielen Höhlen und Grotten.

Besucher benötigen eine maltesische Tauchgenehmigung. Wer kein CMAS** – oder ein entsprechendes Brevet – hat, muss immer mit einem in Malta registrierten Lehrer tauchen und sich eventuell einem ärztlichen Test unterziehen.

Beim Tourismusministerium sind 28 Tauchschulen angemeldet. Andere, vor allem deutsche, operieren saisonal von Hotels aus.

Rotes Meer

Israel und Jordanien

Klima

Im Winter warm und trocken, aber kalte Perioden möglich. Durchschnittstemperatur 20 °C. Im Sommer heiß und trocken, um 35 °C.

Beste Reisezeit

Ganzjahresgebiet, beste Zeit jedoch im Sommer von Juni bis August. Hochsaison für Buchungen ist Oktober bis April.

Anreise

Der Flughafen Eilat kann nur kleine Maschinen abfertigen. Einige Taucher fliegen nach Tel Aviv und fahren weiter nach Eilat; Charterflüge gehen jedoch zum Militärflugplatz in Ovda, 40 Autominuten von Eilat entfernt. Andere Taucher reisen über Akaba in Jordanien. In Jordanien steigen die Taucher nach Akaba in Amman um, aber da die Grenze Eilat/Akaba jetzt offen ist, kann die Reise über Israel billiger sein. Ägypten hat kürzlich den Flughafen Ras el Naqb erweitert und bedient Tabe und Nuweiba auf Sinai, von wo Taucher nach Israel gelangen können, aber der ägyptische Zoll in Taba kann Schwierigkeiten machen.

Wassertemperaturen

Im Sommer durchschnittlich 25 °C, im Winter 19 °C.

Sicht

Wegen Industrie und Häfen in diesem Küstenabschnitt durchschnittlich geringer als sonst im Roten Meer.

Zustand des Meereslebens

Überraschend gut. Die Fische empfinden Taucher nicht als Bedrohung und sind deshalb zutraulich. Das Schwimmen mit Delfinen am Dolphin Reef in Israel ist ein Erlebnis.

Tauchtiefen

Überwiegend Flachwasser.

Dekompressionskammern

Israel – Yoseftal Hospital, Eilat. Tel. +972(0)8 6358023.

Jordanien – Princess Haya (Bint El-Hussein) Hospital im Zentrum von Akaba. Tel. +962(0)3 2014111.

Schnorcheln

Im Flachwasser hervorragend, ebenso bei den Delfinen im Dolphin Reef.

Praktische Tauchtipps

Gut austariert sein, um keine Korallen zu beschädigen, und irgendetwas zum Schutz gegen Feuerkorallen und nesselnde Hydrozoen tragen. Israelische Behörden verbieten inzwischen die Annäherung an Korallen, was frisch gebackene Tauchlehrer zu wörtlich nehmen können. Ohrentzündungen sind häufig. Benutzen Sie nach dem Tauchen etwas zum Trocknen der Ohren.

Nordägypten

Klima

Im Winter meistens warm und trocken, bei durchschnittlich 20 °C, auf dem Wasser aber kalt und windig, daher ist ein Trocken-, Halbtrocken- oder dicker Nasstauchanzug zu empfehlen. Im Sommer heiß und trocken, bei durchschnittlich 35 °C; auf dem Wasser kann es sehr stark winden, wo dann ein Nasstauchanzug angebracht ist. Auf einer Tauchkreuzfahrt ist man nur an Land der Hitze ausgesetzt.

Beste Reisezeit

Hier wird das ganze Jahr getaucht, aber im Mai bis September ist es am besten. Die Hochsaison für Buchungen ist Oktober bis April.

Anreise

Es gibt internationale Flughäfen in Ras Nusrani (Scharm el-Scheik) für den Sinai und in Hurghada für Hurghada und El Gouna. El Gouna hat zudem einen kleinen Flugplatz. In Scharm el-Scheik und Hurghada landen direkte Charter- und Anschlussflüge aus Kairo. Ägypten hat kürzlich den Flughafen Ras el Naqb erweitert, um Nordsinai mit Charterflügen zu versorgen.

Wassertemperaturen

Im Sommer circa 25 °C, im Winter 19 °C.

Sicht

Die Sicht bei Saum- oder küstennahen Riffen beträgt mindestens 20 m, sofern Strömungen keinen Silt aufwirbeln. Über tiefem Wasser sind 30–40 m üblich.

Zustand des Meereslebens

Sehr gut, eine hohe Dichte an Stein- und Weichkorallen, Gorgonien, andere Wirbellose, Riff- und pelagische Fische.

Tauchtiefen

Vom Flachwasser bis in Tiefen, die jenseits des für Sport- oder Tech-Tauchen Zulässigen liegen. Erfahrene Taucher finden häufig 30–40 m.

Dekompressionskammern

Es gibt Dekompressionskammern in Dahab beim Dahabeya Hotel, Scharm el-Scheik gegenüber dem Marinehafen, im El Gouna Hospital nördlich von Hurghada und im Naval Hospital in Hurghada.

Schnorcheln

Fast überall, außer wo Haie vorkommen, die einen Schnorchler an der Oberfläche für einen Fisch in Not halten könnten.

Praktische Tauchtipps

Überall gut austariert sein, um keine Korallen zu beschädigen, und irgendetwas zum Schutz gegen Feuerkorallen und nesselnde Hydrozoen tragen. Nachts sind Feuerfische ein zusätzliches Problem. Im Roten Meer sind Ohrinfektionen häufig. Benutzen Sie nach dem Tauchen etwas zum Trocknen der Ohren.

Südägypten

Klima

Im Sommer an Land heiß und feucht, auf dem Wasser aber starke Winde möglich. Ein dünner Nasstauchanzug ist gut, auf dem Boot sollte man warme Sachen bei sich haben. Wer mit dem Boot unterwegs ist, ist nur an Land der Hitze ausgesetzt. Im Winter ist es an Land angenehm warm, aber auf dem Wasser kalt; zwischen Port Safaga und Kosseir ist dann ein Trocken-, dicker Nass- oder Halbtrockentauchanzug empfehlenswert. The Brothers Islands, Elphinstone Reef, Daedalus Reef, Geziret Zabargad, Rocky Islet und St. Johns haben im Sommer durch die Winde eine angenehme Temperatur, aber im Wasser reicht ein dünner Nasstauchanzug.

Beste Reisezeit

Saum- und küstennahe Riffe sind ganzjährig zu betauchen, am besten aber im Mai–September. Hochsaison für Buchungen ist Oktober–April.

Bei The Brothers Islands, Daedalus Reef, Geziret Zabargad, Rocky Islet und St. Johns taucht man am besten von Mai bis Juli. Im August und September ist Charterzeit, aber die See kann rau sein. Bei Elphinstone taucht man am besten von April bis September.

Anreise

Es gibt zwei Routen, je nach Ziel. Die mehrtägigen Fahrten zu den Inseln und Riffen im offenen Meer müssen in Hurghada oder dem neuen Port Ghalib International Marina in Marsa 'Alam beginnen. Nach Hurghada gibt es Charter- oder Anschlussflüge über Kairo; der Flughafen liegt auf halbem Weg zwischen Hurghada und Port Safaga. Wer weiter nach Süden will, nimmt eine Asphaltstraße. Für die Veranstalter unten im Süden gibt es Charter- und Anschlussflüge über Kairo nach Marsa 'Alam.

Wassertemperaturen

Zwischen Port Safaga und Kosseir sind es im Sommer etwa 25 °C, im Winter 19 °C.

Im Süden an der sudanesischen Grenze sind es im Sommer an der Küste im Schnitt 28 °C, an den Saumriffen 30 °C; im Winter kann die Temperatur auf 23 °C sinken.

Bei The Brothers Islands, Elphinstone Reef, Daedalus Reef, Geziret Zabargad, Rocky Islet und St. Johns liegt der Durchschnitt im Sommer bei 27 °C.

Sicht

Mindestens 20 m an Saum- oder küstennahen Riffen, sofern Strömungen bei Wracks keinen Silt aufwirbeln; über tiefem Wasser sind es häufig 30–40 m.

Zustand des Meereslebens

Sehr gut, eine hohe Dichte an Stein- und Weichkorallen, Gorgonien, anderen Wirbellosen, Riff- und pelagische Fischen. An den Riffen im Meer sind verschiedene Haie zu sehen.

Tauchtiefen

Vom Flachwasser bis in Tiefen, die jenseits des für Sport- oder Tech-Tauchen Zulässigen liegen. Erfahrene Taucher finden häufig 30–40 m.

Dekompressionskammern

Es gibt Dekompressionskammern im El Gouna Hospital nördlich von Hurghada, in Scharm el-Scheik gegenüber dem Marinehafen, im Naval Hospital in Hurghada und im Ecolodge Shagra Village in Marsa Shagra.

Schnorcheln

Fast überall, außer wo Haie vorkommen, die einen Schnorchler an der Oberfläche für einen Fisch in Not halten könnten.

Praktische Tauchtipps

Überall gut austariert sein, um keine Korallen zu beschädigen, und irgendetwas zum Schutz gegen Feuerkorallen und nesselnde Hydrozoen tragen. Nachts sind Feuerfische ein zusätzliches Problem. Im Roten Meer sind Ohrinfektionen häufig. Benutzen Sie nach dem Tauchen etwas zum Trocknen der Ohren.

Die Veranstalter führen nur das Nötigste an Ausrüstung mit, man sollte also am besten selbst alles an Ausrüstung und Ersatzteilen bei sich haben – Medikamente, Batterien und Filme.

Sudan

Klima

Angenehm warm und trocken im Winter, wo jedoch die Landwinde sehr stark sein können; man sollte also warme Sachen an Bord haben. Im Sommer kann es an Land mit 47 °C unangenehm heiß werden, auf dem Wasser ist es dagegen angenehm, aber feucht. Im Winter sind dünne Nasstauchanzüge am besten, im Sommer ein Lycra-Tauchanzug.

Beste Reisezeit

Im Sudan wird das ganze Jahr getaucht. Die meisten von Port Sudan aus operierenden Kreuzfahrtschiffe fahren nur im Winter, wo es auf See aber sehr rau und windig sein kann. Die beste Zeit ist Mai bis Juli und September. Meiden Sie den August, dann bringt Regen in Äthiopien schlechtes Wetter.

Anreise

Man nimmt am besten ein Kreuzfahrtschiff ab Ägypten. Flüge sind ein Lotteriespiel. Fliegen Sie möglichst über Kairo nach Port Sudan, nicht nach Khartoum. Am besten fliegt man von Jeddah in Saudi-Arabien, aber das können *nur* Saudis und dort arbeitende Ausländer.

Wassertemperaturen

Im Sommer durchschnittlich 28 °C, im Winter 27 °C. Stellenweise können es 30 °C sein, wo es einem dann unmenschlich heiß vorkommt.

Sicht

Man kann mit mindestens 20 m rechnen, sofern Strömungen bei Wracks nichts aufwirbeln. Über tiefem Wasser sind es häufig 30–40 m.

Zustand des Meereslebens

Die größte Artendichte und -vielfalt im Roten Meer findet man im Sudan, mit schönen Rifffischen, Stein- und Weichkorallen sowie Gorgonien. Da nicht in großem Stil kommerziell gefischt wird, sind viele pelagische Arten zu sehen, vor allem Haie.

Tauchtiefen

Tauchen ist vom Flachwasser bis in Tiefen möglich, die jenseits des für Sport- oder Tech-Tauchen Zulässigen liegen. Erfahrene Taucher finden häufig 30–50 m.

Dekompressionskammern

Es gibt Kammern in Jeddah, die den meisten Freizeittauchern aber nicht zur Verfügung stehen. Die nächste, ohne größere Probleme zugängliche Kammer befindet sich in Ägypten nördlich von Marsa'Alam im Ecolodge Shagra Village in Marsa Shagra. Tauchen Sie also defensiv.

Schnorcheln

Fast überall, außer wo Haie vorkommen, die einen Schnorchler an der Oberfläche für einen Fisch in Not halten könnten.

Praktische Tipps

Überall gilt, gut austariert sein, um keine Korallen zu beschädigen, und irgendetwas zum Schutz gegen Feuerkorallen und nesselnde Hydrozoen tragen. Nachts sind Feuerfische ein zusätzliches Problem. Im Roten Meer sind Ohrinfektionen häufig. Benutzen Sie nach dem Tauchen etwas zum Trocknen der Ohren.

Alles, was man wahrscheinlich braucht, sollte man mitnehmen, auch Medikamente. Die Veranstalter führen keine Ausrüstung mit, und es gibt keine Tauchshops. Batterien und selbst Toilettenpapier können für Monate nicht erhältlich sein.

Indischer Ozean

Ostafrika

Klima

Tansania hat nur zwei Jahreszeiten: Trocken- und Regenzeit. Meistens ist es trocken, sonnig und heiß. Im März und April machen schwere Regenstürme die Straßen oft unpassierbar.

Anreise

Einige Gesellschaften fliegen Tansania an, u.a. South African Airways, Tanzania Airways, British Airways und Gulf Air. Der Flughafen liegt bei der Hauptstadt Dar es Salaam. Beim Kilimandscharo ist ein neuer Flughafen entstanden, den KLM betreibt.

Dekompressionskammern

Es gibt eine Dekompressionskammer in Mombasa, die jährlich von der US-Marine überprüft wird.

Seychellen

Klima

Der Südostmonsun weht von Mitte Mai bis Oktober, aber meistens nur leicht. Die stärksten Niederschläge gibt es im Dezember und Januar, die heißesten Monate sind März und April. Die Temperaturen liegen bei durchschnittlich 27 °C.

Beste Reisezeit

Vom Wetter her ist Mai bis Dezember die beste Zeit, in die allerdings auch die Planktonblüte fällt. Die geringere Sicht wird jedoch wettgemacht durch die größere Chance, Walhaie und Mantas zu sehen.

Anreise

British Airways und Air Seychelles fliegen regelmäßig von London nach Mahé.

Wassertemperaturen

Im Durchschnitt 29 °C. Sie schwankt jedoch mit der Planktonblüte im Frühjahr und Herbst, wenn die Temperaturen weit über 30 °C erreichen und zur Korallenbleiche führen können.

Sicht

In Küstennähe um die 25 m. Bei den Guyots und Inseln im offenen Meer kann die Sicht bei über 45 m liegen.

Zustand des Meereslebens

Die Seychellen haben stark unter dem Phänomen El Niño/Südliche Oszillation gelitten, und viele Weich- und Lederkorallen sind eingegangen. Die Korallenriffe sind nicht sonderlich berühmt, aber die Korallen an den küstenfernen Granitblöcken haben sich gut erholt, und der Fischbestand ist so hoch wie nie. Die meisten Tauchgebiete sind nur 10–20 Bootsminuten vom Ufer entfernt.

Walhaie

Die beste Zeit für Walhaie ist der November, wenn sich viele Tiere im küstennahen Flachwasser einfinden und im Planktonreichtum schwelgen.

Tauchtiefen

In Küstennähe 12–15 m, im offenen Meer über 30 m.

Dekompressionskammern

In Victoria auf Mahé.

Schnorcheln

Bei allen Inseln hervorragend. Die Seychellen sind ein hochkarätiges Ziel mit reichem, mühelos zugänglichem Meeresleben.

Praktische Tauchtipps

Für alle Kategorien ist gesorgt; erstklassige mehrsprachige Tauchkurse.

Tschagos

Klima

Der Tschagos-Archipel liegt südlich des Äquators, hat also tropisches Klima. Meistens leichte Nordwestwinde von Oktober bis April, im Mai bis September stärkere Südostwinde. Schwere tropische Wirbelstürme sind selten.

Beste Reisezeit

Von Januar bis April sind die Bedingungen am ruhigsten. Der Juli ist ebenfalls relativ ruhig. Privatyachten kommen jederzeit, bei Nordwestmonsun im nördlichen Indischen Ozean (November bis April) fahren die meisten jedoch nur durch.

Anreise

Hinkommen ist schon die halbe Miete. Gegenwärtig sind laut anglo-amerikanischem Verteidigungsabkommen in Tschagos keine kommerziellen Aktivitäten erlaubt, also auch keine Tauchcharter. Es gibt also nur zwei Wege: eine wissenschaftliche Expedition mitmachen oder selbst organisieren, oder privat mit einer Yacht hinfahren.

Wassertemperaturen

Das Wasser ist beständig warm, zwischen 27 °C und 31 °C. Ein Nasstauchanzug ist nicht nötig, aber ein dünner Neopren- oder Lycra-Anzug ist bei längeren oder Wiederholungstauchgängen sicher angenehm und schützt vor Kratzern und Nesselungen.

Sicht

Die Sicht an den Riffen ist normalerweise sehr gut. In den Atollen kann sie zuweilen auf 10 m sinken, aber außerhalb der Atolle beträgt sie in der Regel 30 m und mehr.

Zustand des Meereslebens

Rifffische und Wirbellose sind arten- und zahlreich vertreten. Es sind fast 800 Rifffischarten bestimmt. Der Korallenreichtum ist im zentralen Indischen Ozean beispiellos. Die Korallenbleiche von 1998 hat zwar Spuren hinterlassen, die Erholung ist aber auf gutem Weg.

Tauchtiefen

Getaucht wird an Korallenriffen, die fast bis an die Oberfläche reichen. Außen an den Atollen fallen die Riffe ins Bodenlose. Über die Tauchtiefe bestimmt also weitgehend der Taucher selbst. Es gibt allerdings keine Dekompressionskammern (das Militär in Diego Garcia hat eigene Einrichtungen, für Zivilisten ist die nächste Kammer jedoch auf den Malediven). Man sollte entsprechend defensiv tauchen.

Hospital und Dekompressionskammern

Keine Einrichtungen für Zivilisten. Die Einrichtungen auf dem US-Militärstützpunkt von San Diego stehen nicht zur Verfügung. Das nächste kleine Krankenhaus ist auf Hithadu im maledivischen Addu-Atoll, 480 km weiter nördlich. Das nächste gut ausgestattete Krankenhaus befindet sich auf Malé (Malediven), die nächste Dekompressionskammer beim Bandos Island Resort. Beide liegen über 950 km nördlich von Tschagos.

Schnorcheln

Das Schnorcheln bei den Korallenriffen ist märchenhaft. Besonders attraktiv sind die Rifffische.

Praktische Tauchtipps

Es gibt keine Einrichtungen. Man muss alles zum Tauchen Notwendige mitbringen, Ersatzteile und Werkzeug, Medikamente, persönliche Dinge und Lebensmittel.

Mauritius

Klima

Mauritius hat maritimes Tropenklima mit nur zwei Jahreszeiten – Sommer und Winter –, die zudem nur geringe Unterschiede aufweisen. Im Sommer (November bis April) können die Temperaturen auf bis zu 35 °C klettern, was zusammen mit der hohen Luftfeuchtigkeit sehr unangenehm werden kann. Im Winter (Mai bis Oktober) liegt der Durchschnitt bei angenehmen 25 °C, die Luftfeuchtigkeit ist geringer, die Nächte sind kühler.

Beste Reisezeit

Auf Mauritius wird das ganze Jahr getaucht. Die besten Monate sind Oktober und November – allgemein am trockensten und außerhalb der normalen Wirbelsturmzeit, in der die herrschenden Winde Probleme bereiten können.

Anreise

Die Tropeninsel Mauritius ist nur per Schiff oder Flugzeug zu erreichen. Air Mauritius, SAA, Air France, British Airways, Condor, Emirates und Singapore Airlines haben Linienflüge nach Mauritius.

Wassertemperaturen

Die Wassertemperaturen schwanken zwischen 20 °C und 28 °C. Ein dünner Nasstauchanzug ist empfehlenswert. Bei Tauchgängen am Dropoff können die Temperaturen unter 20 °C sinken, je nach Tiefe.

Sicht

In der Lagune kann die Sicht 20 m betragen, am Dropoff sinkt sie auf 5–15 m, je nach Tiefe.

Zustand des Meereslebens

Mauritius liegt im äußersten Süden der Tropen und hat deshalb kein so reiches und farbenfrohes Meeresleben wie die näher am Äquator gelegenen Tropeninseln. Trotzdem hat es seinen stattlichen Anteil und kann Tauchern einiges bieten.

Tauchtiefen

Die meisten Tauchgänge auf Mauritius liegen zwischen 18 und 25 m, einige gehen auf 40 m und mehr hinunter. Letztere sind sehr erfahrenen Tauchern vorbehalten.

Dekompressionskammern

Die Insel hat nur eine Einrichtung bei der paramilitärischen Einheit der Special Mobile Force in Vacoas in der Nähe von Port Louis.

Schnorcheln

Ist überall innerhalb der Lagune möglich, die die Insel umgibt. Je näher man dem Barriereriff und dem Dropoff dahinter kommt, desto reicher wird das Meeresleben. Man muss aber unter Umständen weit schwimmen.

Praktische Tauchtipps

Auf Mauritius gibt es 23 Tauchzentren, alle bei der Mauritius Scuba Diving Association registriert, alle mit professionellen Mitarbeitern und Räumlichkeiten in Hotels oder Resortanlagen. Alle bieten Leihausrüstung und haben Tauchboote für Fahrten zu den Dropoffs. Auf der Insel gibt es alle notwendigen Einrichtungen.

Mosambik

Ponta da Barra

Klima

Tropisch, Regenzeit im Sommer von November bis April. Im Winter (Mai bis Oktober) kaum niedrigere Temperaturen. Die Temperaturen reichen von 15 °C bis über 32 °C.

Beste Reisezeit

Ein Ganzjahresgebiet, auch wenn Mantas und Walhaie nur Sommergäste sind.

Anreise

Wöchentlich gibt es zwei Linienflüge von Johannesburg (Südafrika) nach Inhambane. Gäste werden abgeholt und mit Autos zu den Hotels am Strand von Barra und Tofo gebracht. Wer mit dem Auto fahren möchte: nach Barra sind es von Jahannesburg fast 1000 km, von Maputo 400 km auf annehmbaren Straßen.

Wassertemperaturen

Die Temperaturen reichen von kühlen 21 °C im Winter bis 29 °C im Sommer.

Sicht

Die Sicht über den Riffen hängt ganz von den Meeresströmungen ab, die mit den von Wetterfronten erzeugten Winden die Küste Südafrikas entlangziehen. Die Nordwinde bringen die Planktonblüten, die Südostwinde das blaue Wasser.

Zustand des Meereslebens

Es ist das für die tropischen Riffe des Indischen Ozeans typische Meeresleben, das jedem etwas bietet, von großen Haien und Mantas bis zu Grundeln, Muscheln und kleinen Fischen. Die Küste wird von Walhaien und Mantas aufgesucht; an einem der Riffe gibt es sogar eine Putzstation für Mantas. Die Mangroven bieten einmalig vielfältige Meeresbewohner, und wer Glück hat, sieht sogar ein oder zwei Dugongs.

Tauchtiefen

Bei den ufernahen Riffen ist es nur 6 m tief, bei den tiefsten – Giant Castle – sind es über 35 m.

Dekompressionskammern

Für leichtere Verletzungen gibt es ein Krankenhaus in Inhambane, aber beide Tauchhotels bringen Patienten zum nächsten Krankenhaus in Nelspruit oder zur Dekompressionskammer in Richards Bay (beide in Südafrika). Es ist aber eine Einmannkammer, sodass man eventuell nach Durban ausweichen muss.

Schnorcheln

Die geschützte Bucht erlaubt großartiges Schnorcheln in nur 3–5 m, am meisten aber sieht man, wenn man mit den Gezeiten durch die Mangroven driftet.

Praktische Tauchtipps

Es gibt mehrere Hotels, Campingplätze, Unterkünfte für Selbstversorger und Rucksacktouristen, aber nur zwei Tauchhotels – eins in Ponta da Barra, das andere in Praia do Tofo. Beide Häuser sind voll ausgestattet und haben eine Tauchschule.

Es gibt Tauchgebiete für jedes Können. Die Veranstalter bieten Tauchkurse, verleihen Ausrüstung und füllen Flaschen. Vorkehrungen gegen Malaria sind ratsam.

Bazaruto-Archipel

Klima

Typische tropische Sommerregen von Dezember bis März. Temperaturen fallen im Winter auf 15 °C und erreichen im Sommer 32 °C.

Beste Reisezeit

Der Archipel ist ein Ganzjahresgebiet, wenngleich die Wintermonate von März bis September kältere Nächte und klaren Himmel bringen.

Anreise

Am besten fliegt man bis Vilankulo. Im Moment gibt es pro Woche zwei Linienflüge ab Maputo und vier ab Johannesburg. Der Transfer zu den Inseln erfolgt mit Kleinflugzeugen oder Booten.

Wassertemperaturen

Reichen von kalten 22 °C bis 28 °C im Sommer.

Sicht

Wechselt je nach Dünung und Strömung.

Zustand des Meereslebens

Viele tropische Arten des Indischen Ozeans leben an diesen Riffen. Im offenen Meer sieht man pelagische Fische, in den seichten Kanälen zwischen den Inseln eventuell die scheuen Dugongs. An den Riffen sind sechs Meeresschildkrötenarten zu Hause.

Tauchtiefen

Die inselnahen Riffe sind nicht tiefer als 10 m, Cabo San Sebastian erreicht 30 m und mehr.

Dekompressionskammern

Im Notfall werden Gäste in ein Krankenhaus im südafrikanischen Nelspruit oder Johannesburg gebracht. Die nächste Dekompressionskammer ist in Richards Bay, auch in Südafrika. Es ist jedoch eine Einmannkammer, sodass man eventuell nach Durban ausweichen muss.

Schnorcheln

Bei den Inseln und geschützten Buchten kann man herrlich schnorcheln.

Praktische Tauchtipps

Es gibt Tauchgebiete für jedes Können. Vorkehrungen gegen Malaria sind ratsam. Alle Hotels auf den Inseln von Benguerra und Bazaruto haben komplett ausgestattete Taucheinrichtungen und -schulen.

Ponta do Ouro

Klima

Tropisch, Regenzeit im Sommer von November bis April. Die Temperaturen fallen im Winter (Mai bis Oktober) leicht. Sie reichen von 15 °C im Winter bis über 32 °C im Sommer.

Beste Reisezeit

Ponta do Ouro ist ein Ganzjahresgebiet. Die ansässigen Delfinherden sind an der Küste oft zu sehen, Walhaie fast den ganzen Sommer (September bis März); auch Haie wie der Stier- und Silberspitzenhai sind Sommergäste.

Anreise

Ponta do Ouro liegt nur wenige Kilometer nördlich der südafrikanischen Grenze an einem Autoparkplatz. Alle Veranstalter bieten ein »meet-and-greet«-System an. Alternativ können Fahrer mit Geländewagen die Sandstraßen erproben. Obwohl Maputo mit der Fähre (falls sie fährt) nur 120 km weiter nördlich liegt, und über Land nur 175 km, braucht selbst ein Geländewagen auf der miserablen Straße bis zu sechs Stunden. Die Alternative nach Ponta ist ein Kleinflugzeug. Beiderseits der Grenze gibt es je einen kleinen Flugplatz.

Wassertemperaturen

Sie können von kühlen 22°C im Winter bis 28°C im Sommer reichen.

Sicht
Die Sicht über den Riffen hängt ganz von den Meeresströmungen ab, die mit den von Wetterfronten erzeugten Winden die Küste Südafrikas entlangziehen. Ein Südwestwind bringt kristallklares Wasser vom offenen Meer, ein Ostwind wirbelt den Sandboden auf und verringert die Sicht auf 10 m.

Zustand des Meereslebens
Typisch für die tropischen Riffe des Indischen Ozeans, die jedem etwas bieten, von großen Haien und Mantas bis zu Grundeln, Muscheln und kleinen Fischen. Die Küste wird von Walhaien und Delfinen aufgesucht.

Tauchtiefen
Die ufernahen Riffe sind nur 10 m tief, das tiefste Riff – Pinnacles – erreicht mehr als 40 m.

Dekompressionskammern
Am nächsten und besten zu erreichen sind Krankenhaus und Dekompressionskammer in Richards Bay, Südafrika, 250 km südlich von Ponta do Ouro. Es ist jedoch eine Einmannkammer, sodass man eventuell nach Durban ausweichen muss.

Schnorcheln
Die Bucht bei Ponta ist geschützt und hat gute Schnorchelgebiete; hier werden sogar einige »Poolsitzungen« beim Tauchtraining abgehalten.

Praktische Tauchtipps
Mindestens acht Tauchveranstalter arbeiten von den Stränden von Ponta do Ouro und Malongane aus, alle gut ausgestattet, um die internationale Kundschaft zu versorgen.

Es gibt Tauchgebiete aller Schwierigkeitsgrade. Die Veranstalter bieten Tauchkurse, verleihen Ausrüstung und füllen Flaschen, auch Trimix. Vorkehrungen gegen Malaria sind ratsam.

Sodwana/Aliwal Shoals/ Protea Banks

Klima
Subtropisch mit heißfeuchten Sommern. Die Winter sind angenehm kühl.

Beste Reisezeit
Man kann grundsätzlich das ganze Jahr gut tauchen, von April bis Juni oft sogar sehr gut.

Anreise
Linienflüge nach Johannesburg, Südafrika, dann weiter nach Durban. In Johannesburg kann man ein Auto mieten und zur Sodwana Bay fahren.

Wassertemperaturen
Durchschnittlich 23–25 °C.

Sicht
Allgemein gut, aber im Sommer kann heftiger Regen die Sicht bei Aliwal Shoal trüben.

Zustand des Meereslebens
Größtenteils hervorragend. Haie, Wale, Delfine, Meeresschildkröten, spektakuläre Fische und Wirbellose in großer Zahl.

Tauchtiefen
In Sodwana Bay und Aliwal Shoal sind flache und tiefere Tauchgänge möglich.

Dekompressionskammern
Die nächste Kammer ist in Richards Bay. Es ist aber eine Einmannkammer, sodass man eventuell nach Durban ausweichen muss. In Sodwana besteht ein Nottransportdienst. Für Aliwal/Protea ist die nächste Kammer in Durban.

Schnorcheln
Bei der Sodwana Bay kann man gut in Mabibi und Adlams schnorcheln. Gegenwärtig fahren aber nur Tourveranstalter diese Gebiete an.

Praktische Tipps
Für Sodwana Bay empfehlen sich Vorkehrungen gegen Malaria.

Malediven

Klima
Die Malediven liegen im Monsungürtel des nördlichen Indischen Ozeans und haben ziemlich komplexe Wettermuster. Es gibt zwei Jahreszeiten, einen Nordostmonsun (*Iruvai*) und einen feuchteren Südwestmonsun (*Hulhagu*). Von Mai bis November kommt der Wind vorwiegend aus Südwest und bringt im Schnitt 215 mm Niederschlag und 208 Stunden Sonne im Monat. Mitte Dezember dreht der Wind nach Nordost; diese Jahreszeit bringt durchschnittlich 75 mm Regen und 256 Stunden Sonne im Monat. Tagsüber ist es feuchtheiß mit Temperaturen um 25–30 °C und 60–70 Prozent Luftfeuchtigkeit.

Beste Reisezeit
Bei den Malediven wird ganzjährig getaucht, aber man muss die jahreszeitlichen Unterschiede kennen, denn das Wetter hat großen Einfluss auf die Strömungen, die sich ihrerseits auf die Sicht auswirken. Auf den Malediven gibt es keine Zuflüsse von Land, der saisonale Regen hat daher kaum Einfluss auf die Sicht. Die stabilste Zeit ist während des Nordostmonsuns. Der Mai ist am feuchtesten.

Anreise
Die meisten Maledivengäste kommen mit dem Flugzeug. Einige internationale und Chartergesellschaften fliegen den Hulule International Airport auf der Insel Malé an.

Wassertemperaturen
Liegt im Schnitt bei 28 °C bei Nordostmonsun und kann bei Südwestmonsun um ein oder zwei Grad fallen. Thermokline sind selten, kommen jedoch manchmal bei Nordostmonsun in den Kalmen vor (April).

Sicht
Wird durch die Strömungen stark beeinflusst. Bei Nordostmonsun, wenn Wind und Strömungen aus Nordosten kommen, herrscht gute Sicht von 30–40 m an der Ostseite der Atolle, aber nur 20 m Sicht an der Westseite. Bei Südwestmonsun (Wind und Strömungen kommen aus Südwesten) herrscht gute Sicht von 30–40 m an der Westseite der Atolle, aber nur 20 m Sicht an der Ostseite. Bei kabbeliger See kann die Sicht zurückgehen.

Zustand des Meereslebens

Reiches Meeresleben mit über 700 häufigen Fischarten; viele andere sind noch zu bestimmen. Die wirbellosen Arten werden auf mehrere Zehntausend geschätzt. Bei den Malediven wird nicht in großem Stil kommerziell gefischt; die lokalen Fischer fangen noch mit der Angelrute.

Tauchtiefen

Am besten ist das Riffleben in 5–25 m Tiefe. Die maledivische Regierung hat die Tauchtiefe generell auf 30 m begrenzt.

Dekompressionskammern

Eine Privatklinik betreibt eine Kammer im Bandos Island Resort im Nordmalé-Atoll. Im Kuramathi Island Resort im Nordari-Atoll gibt es ebenfalls eine Kammer. Die medizinischen Einrichtungen sind gut, aber teuer – man sollte sich also seine Versicherungsunterlagen ansehen.

Schnorcheln

Schnorcheln bei den Malediven ist herrlich, und viele Ferieninseln haben eigene, vom Strand gut erreichbare Hausriffe. Schnorchler sollten an die Strömungen denken und vor dem Schnorcheln mit den Mitarbeitern der Tauchzentren die Bedingungen besprechen.

Praktische Tauchtipps

In den seichten Lagunen der Malediven kann man wunderbar tauchen lernen. Es kommt häufig zu Ohrentzündungen, denen man jedoch vorbeugen kann, wenn man die Ohren nach jedem Tauchgang mit Süßwasser ausspült und dann gut trocknet.

Die Strömungen können zuweilen stark sein, sodass es sich empfiehlt, Tauchflaggen o.Ä. mitzuführen. Ausrüstung kann man in allen Tauchzentren ausleihen, Nasstauchanzüge aber nicht überall. Einige Resorts und die besseren Kreuzfahrtschiffe bieten inzwischen Nitrox an.

Phuket/Mergui/Andamanen

Klima

Der Südwestmonsun bläst von Mai bis Oktober. Die dann starken Winde und Niederschläge aus dem Südwesten machen die meisten Gebiete in den Andamanen unzugänglich. Das Gegenteil gilt bei Nordostmonsun, der von November bis April weht, der eigentlichen Tauchsaison.

Wassertemperaturen

Die Wassertemperaturen schwanken zwischen 27°C und 31°C. Beim Tauchen im offenen Meer ist schützende Kleidung normalerweise nicht erforderlich; mancher Taucher trägt allerdings einen dünnen Lycra-Anzug zum Schutz gegen Nesseltiere. Viele Taucher tragen einen 3 mm starken Nasstauchanzug, wenn sie bei Ausflügen mit dem Kreuzfahrtschiff in weit vom Land gelegenen Gebieten tauchen, weil es in diesen Gebieten unerwartete kalte Strömungen oder Thermokline geben kann, die das Wasser zum Teil um ganze zehn Grad abkühlen können.

Sicht

In der bevorzugten Jahreszeit kann die Sicht in der Andamanensee von 5 m bis über 30 m reichen.

Zustand des Meereslebens

Die Region besitzt ein ungemein vielfältiges Meeresleben. Die Korallen sind spektakulär, sowohl die Stein- als auch die Weichkorallen, die das blaue Wasser mit leuchtenden Farben und fantastischen Formen beleben und unzählige Fische einladen, zwischen ihren Ästen Schutz und Nahrung zu suchen. Anmutige Riesen wie Mantas und Walhaie sind oft neben anderen Hochseefischen zu sehen; Barrakudas, Tunfische, Stachelmakrelen und Makrelen sind häufige Besucher. Die vielen Steinkorallenriffe beherbergen Riffbewohner aller Größen, von winzigen Wirbellosen bis zur Riesenmuräne.

Tauchtiefen

Die Tauchtiefen reichen von 5 m bis zu 1000-m-Dropoffs an Stellen wie Barren Island in den Andamanen. Durchschnittlich liegen sie jedoch zwischen 20 und 40 m.

Schnorcheln

Es gibt eine große Auswahl an Gebieten zum Schnorcheln, meist über Steinkorallengärten, die selten vom Strand zu erreichen sind. Bootsfahrten sind daher die Regel.

Phuket

Beste Reisezeit

Die beste Zeit ist die Trockenzeit zwischen Oktober und Mai, wenn es heiß und sonnig und das Meer im Allgemeinen ruhig ist und die Wassertemperatur zwischen 27 °C und 31 °C liegt.

Anreise

Der Flughafen von Phuket ist direkt von mehreren Orten in der Region zu erreichen. Für den, der von weiter anreist, gibt es täglich 14 Inlandsflüge von Bangkok nach Phuket. Der Flug dauert 75 Minuten. Nach der Ankunft in Phuket muss man auf ein Taxi oder einen Minibus direkt zum jeweiligen Kreuzfahrtveranstalter umsteigen.

Wassertemperaturen

Die Wassertemperaturen schwanken von Oktober bis Mai zwischen 27 °C und 31 °C.

Dekompressionskammern

Die nächste Dekompressionskammer befindet sich auf der Insel Ko Phuket.

Praktische Tauchtipps

Das internationale und heimische Verkehrsnetz ist gut, auf der Straße, der Schiene und in der Luft. Tauchveranstalter konzentrieren sich um die PADI-Organisation, vom Einmannbetrieb bis zur 5-Sterne-Einrichtung. Man kann Tauchfahrten und Ausflüge bei der Ankunft buchen, es empfiehlt sich aber, im Voraus zu buchen. In den Geschäften sind Markenausrüstung und Ersatzteile zu kaufen.

Mergui

Beste Reisezeit

Die Trockenzeit von Oktober bis Mai ist heiß und sonnig, das Meer generell ruhig, und die Durchschnittstemperatur liegt bei 28 °C.

Anreise
Alle Fahrten gehen im Hafen von Kaw Thaung auf Victoria Point ab, das man von Ranong an der Westküste Thailands erreichen kann. Ranong ist per Flugzeug direkt von Bangkok oder mit dem Auto von Phuket zu erreichen, der Flughafen von Phuket direkt von mehreren Orten in der Region. Wer bereits in Thailand ist, kann täglich zwischen 14 Flügen vom Flughafen Bangkok wählen. Der Flug dauert 75 Minuten. In Phuket muss man auf ein Taxi oder einen Kleinbus zum jeweiligen Veranstalter umsteigen. Am besten vereinbart man vorher, sich vom Tauchveranstalter am Flughafen abholen zu lassen.

Wassertemperaturen
Von Oktober bis Mai ist das Meer allgemein ruhig, die Durchschnitttemperatur liegt bei 28 °C.

Dekompressionskammern
Die nächste Kammer befindet sich in Phuket.

Praktische Tipps
Die Zugangsbedingungen sind jahreszeitlich verschieden. Am besten erkundigt man sich vor der Abreise beim Tauchveranstalter.

Andamanen

Beste Reisezeit
Von Anfang Januar bis Mai ist das Meer normalerweise ruhig, die Durchschnittstemperatur 28 °C. Der Himmel ist klar, die Sonne scheint häufig.

Anreise
Es gibt zwei Möglichkeiten, auf die zu Indien gehörenden Inseln zu kommen. Kreuzfahrtschiffe verkehren direkt ab Ko Phuket in Südthailand. Die Überfahrt dauert etwa 40 Stunden. Alternativ kann man über Kalkutta oder Madras fliegen; der Flug dauert von beiden Städten etwa zwei Stunden.

Dekompressionskammern
Die nächsten Dekompressionskammern befinden sich auf Ko Phuket, Thailand.

Praktische Tipps
Für die Einreise nach Indien braucht man ein Visum, das die indischen Botschaften ausstellen. Für die Andamanen braucht man ein eigenes Visum – es wird automatisch bei der Ankunft in Port Blair ausgestellt. Weitere Auskünfte erteilt Ihnen die indische Botschaft.

Westaustralien

Klima
Die nördlichen Regionen bis zum Ningaloo Reef sind tropisch, die Landtemperaturen im Schnitt zwischen 28 °C und 32 °C.

Im Sommer kann es an Land stellenweise über 38 °C heiß werden. Der Süden ist mit Temperaturen um 20 °C gemäßigt.

Beste Reisezeit
Cocos- und Weihnachts-Inseln: ganzjährig. Scott Reef, Seringapatam, Rowley Shoals: August bis November. Ningaloo Reef: April bis November. Rottnest Island: Oktober bis Juni. Geographe Bay und *HMAS Swan*: November bis Juni. Albany und Esperance: November bis Juni.

Anreise
Cocos- und Weinachts-Inseln: Internationale Flüge von Jakarta, Inlandsflüge von Perth. Scott Reef, Seringapatam und Rowley Shoals: Inlandsflüge von Perth nach Broome, von dort weiter mit dem Schiff. Alle anderen Orte: mit dem Auto oder Flugzeug ab Perth.

Wassertemperaturen
Cocos-, Weihnachts-Inseln, Seringapatam und Scott Reef: um 28 °C. Rowley Shoals, Ningaloo: 26 °C. Rottnest Island und Geographe Bay: 20 °C. Albany und Esperance: 18 °C.

Sicht
Um die 20 m.

Zustand des Meereslebens
Gut, viele ursprüngliche Korallenriffe und Wirbellose gemäßigter Gewässer.

Tauchtiefen
Von der Oberfläche bis über für Sport- und Tech-Tauchen unzulässige Grenzen hinaus. 0–25 m reichen, um die meisten interessanten Dinge zu sehen.

Dekompressionskammern
Fremantle, Perth.

Schnorcheln
Überall.

Praktische Tauchtipps
Es gibt überall Taucheinrichtungen. Western Australian Tourism Commission, Tel.: (++61-1300)361 351.

Pazifischer Ozean

Malaysia

Klima
Ganzjährig tropisch, warm und feucht. Die Temperatur sinkt selten unter 20 °C, außer in der Höhe, und liegt tagsüber im Schnitt bei 26–30 °C.

Monsunwinde beeinflussen das Klima, aber starke Winde sind selten. Taifune erreichen das Land nicht, deshalb nennt man Borneo auch Land unter dem Wind. Nur die nördliche Ostküste der Malaiischen Halbinsel und Layang Layang schließen die touristischen Einrichtungen in der Monsunzeit.

Beste Reisezeit
Jede Region hat zwei Jahreszeiten, die trockenere und die so genannte Monsunzeit, die in Malaysia richtigerweise die feuchtere Zeit heißt.

Die trockenere Zeit an der Westküste der Malaiischen Halbinsel ist November bis März, die feuchtere April bis Oktober. An der Ostküste ist die feuchtere Zeit November bis März, die trockenere April bis Oktober. An der Westküste Sabahs ist es im Juni bis Dezember am feuchtesten, von Januar bis März am trockensten. In Layang Layang kann das Wetter jederzeit schlecht sein, am besten ist es von April bis September. Bei den Inseln um Pulau Sipadan kann man ganzjährig tauchen, aber von Mai bis Oktober ist es am ruhigsten und trockensten. August ist Hochsaison für heimische Urlauber und nistende Meeresschildkröten.

Anreise

Um zur Malaiischen Halbinsel zu kommen, fliegt man am besten nach Kuala Lumpur, von wo Inlandsflüge nach Pulau Tioman (direkt) oder der nächsten Stadt gehen zur Weiterfahrt per Auto und Fähre zu anderen Inseln.

Nach Ostmalaysia fliegt man über Kota Kinabalu, von dort weiter nach Layang Layang. Für Pulau Sipadan und andere Inseln vor Semporna nimmt man Inlandsflüge nach Tawau. Von Tawau kann man einen Hubschrauber nehmen oder per Auto nach Semporna reisen, und dann mit dem Schnellboot zu den Inseln. Mit Ziel Lankayan nimmt man einen Inlandsflug nach Sandakan, dann weiter mit dem Schnellboot. Nach Labuan kommt man mit der Fähre von Kota Kinabalu und mit dem Flugzeug.

Wassertemperaturen

25 °C über tiefem Wasser in der kühleren Jahreszeit, bis 31 °C in der wärmeren Zeit, im Flachwasser sind 30 °C häufig.

Sicht

Bei guten Bedingungen kommt die Sicht bei Layang Layang und Sipadan an die 60 m heran und liegt selten unter 30 m. Bei Labuan, Pulau Perhentian, Pulau Lang Tengah und Pulau Tioman schwankt die Sicht zwischen 3 m und 30 m. Bei Pulau Aur, Pulau Redang und Pulau Tenggol sind es oft über 30 m.

Zustand des Meereslebens

Vielfältig und reich. Die Fische sind oft zutraulich und neugierig. Große pelagische Fische sieht man sogar in Ufernähe.

TAUCHTIEFEN

Die Riffe bei Layang Layang und Pulau Sipadan fallen in für Sporttaucher nicht ratsame Tiefen. Tauchen Sie defensiv.

Dekompressionskammern

Dehampressionskammern gibt es auf der Malaiischen Halbinsel in/bei: Lumut Naval Base, Lumut, Perak, Center for Woundcare and Hyperbaric Medicine Ipoh, Perak und Kuantan Naval Base, Kuantan und Pahang. In Ostmalaysia gibt es eine Kammer in Labuan. In Singapur wende man sich an das Naval Medicine and Hyperbaric Centre oder das Tan Tock Seng Hospital.

Schnorcheln

Gute Möglichkeiten vom Ufer oder im Flachwasser über Korallenriffen.

Praktische Tauchtipps

Bis auf Layang Layang und Sipadans Turtle Cavern bietet Malaysia entspanntes Tauchen für alle Schwierigkeitsgrade. Bei Layang Layang sind starke Strömungen möglich. Führen Sie eine Signal- oder Taucherboje bei sich, um Ihr Boot auf sich aufmerksam machen zu können.

Alle Veranstalter bieten Tauchkurse an und verleihen Ausrüstung.

Indonesien

Klima

Zwei Jahreszeiten – Regenzeit von November bis März und Trockenzeit von April bis Oktober. Im Juli und August kann es recht windig werden. Die Durchschnittstemperatur liegt ganzjährig zwischen 27 °C und 31 °C.

Beste Reisezeit

April bis Juni und Oktober.

Wassertemperaturen und Sicht

Das Wasser im Bunaken/Manado Tua-Meerespark ist zumeist ruhig und bietet ideale Voraussetzungen für Freizeittaucher und Anfänger; die Sicht von 12–30 m können auch Schnorchler genießen. Die Bedingungen sind hervorragend, die Sicht liegt bei 15–30 m, die Wassertemperatur meist bei 26–27 °C.

Praktische Tauchtipps

Der Durchschnittstaucher fühlt sich im Badeanzug vielleicht ganz wohl, aber ein dünner Neopren- oder Lycra-Anzug ist doch vorzuziehen, nicht zuletzt wegen der vielen Hydrozoen. Nacht- und Wiederholungstaucher werden einen 3-mm-Nasstauchanzug zu schätzen wissen.

Philippinen

Klima

Tropisch, 23–36 °C mit ausgeprägten Jahreszeiten. Die Trockenzeit geht von November bis Februar, die Regenzeit von Juni bis Oktober. Dann können in der Nordhälfte des Landes Taifune auftreten.

Beste Reisezeit

Fast überall ganzjährig, außer im hohen Norden. April und Mai sind im gesamten Archipel zuverlässig ruhig. Im Dezember bis Juni ist Hochsaison. An den Tubbataha-Riffen taucht man nur von März bis Ende Juni gut.

Anreise

Flug zum Ninoy International Airport (Manila) oder Mactan International Airport (Cebu), dann mit Inlandsflügen zu allen größeren Zielen, auch Puerto Princesa, wo man das Schiff zu den Tubbataha Reefs nimmt. Viele Orte haben gute Fährverbindungen.

Wassertemperaturen

25°C in der kühleren Zeit, bis 31 °C.

Sicht

Allgemein hervorragend, bei Flut über 40 m.

Zustand des Meereslebens

Vielfältig und reich. An den Riffen im offenen Meer sieht man große pelagische Arten.

Tauchtiefen

Viele küstenferne Riffe gehen in Tiefen, die das für Sport- und Tech-Tauchen Zulässige überschreiten. Tauchen Sie defensiv.

Dekompressionskammern

Kammern gibt es in der Freeport Zone in Subic Bay, im AFP Medical Center in Manila und im VISCOM Station Hospital in Cebu. Transporthilfen leistet AFP Search & Rescue Facilities in Metro Manila.

Schnorcheln
Gute Möglichkeiten vom Ufer oder im Flachwasser über Korallenriffen sowie von Booten oder Beibooten.

Praktische Tauchtipps
Im offenen Meer sind in den Philippinen überall starke Strömungen möglich, vor allem bei Springtiden. Bei den Tubbataha Reefs sollten Anfänger mit erfahrener Begleitung tauchen. Führen Sie eine Signalboje oder Tauchflagge bei sich, ein Signalhorn und eine alte CD als Sonnenreflektor, mit denen Sie Ihr Boot auf sich aufmerksam machen können.

Alle Veranstalter bieten Tauchkurse in mehreren Sprachen an und verleihen Ausrüstung. Auf Kreuzfahrtschiffen gibt es normalerweise keine Kurse und nur begrenzt Leihausrüstung. Stellen Sie sich darauf ein.

Mikronesien

Klima
Tropisch, kaum jahreszeitliche Schwankungen. Die Temperaturen reichen von 25 °C bis 30 °C. Trockenzeit ist von Januar bis Mai, Taifunzeit von August bis Dezember.

Beste Reisezeit
Im August bis November sollte man Mikronesien meiden; die meisten Inseln liegen im pazifischen Taifungürtel mit oft schweren Stürmen, Zyklonen und gewaltigen Dünungswellen.

Anreise
Per Flugzeug von Guam, Palau oder Manila.

Wassertemperaturen
28–30 °C.

Sicht
In der Truk-Lagune von 12 m bei Ebbe bis über 30 m bei Flut, je nach Gezeiten und Standort in der Lagune. Bei Yap und Palau sind über 30 m möglich.

Zustand des Meereslebens
Schwarmfische und Wirbellose. Weich- und Steinkorallen überwuchern die Wracks.

Tauchtiefen
Truk-Lagune: Tauchen zumeist in 12–24 m. Einige Wracks liegen in 30–46 m. In Yap betragen die Tiefen um 15 m, in Palau ab 30 m.

Dekompressionskammern
Die nächste Kammer befindet sich in Guam. Die Kammer in Truk ist meistens nicht betriebsbereit, man arbeitet aber daran.

Schnorcheln
Bei mehreren Wracks in Truk kann man schnorcheln, viele sind aber nur für Taucher. Gute Möglichkeiten auch an den Riffen in Palau.

Praktische Tauchtipps
In der Truk-Lagune ist es meistens ruhig, mit Möglichkeiten für jedes Können. An vor allem tiefen Wracks sollten sich nur erfahrene Taucher mit lokalem Führer versuchen. Die Sicht in den Yap-Kanälen ist gegen Ende der Flut am besten. In Palau hängen die Bedingungen von der Stärke der Strömung und davon ab, ob die Taucher Riffhaken verwenden.

Melanesien

Klima
Melanesien ist riesengroß, das Klima in den einzelnen Inselgruppen folglich unterschiedlich. Insgesamt ist es tropisch mit Tagestemperaturen zwischen 25 °C und 32 °C, die nachts um 2–3 Grad fallen. Die Tagestemperaturen sind wegen der kühlenden Seewinde selten extrem.

Beste Reisezeit
April bis Oktober ist generell die beste Zeit für die Inseln. Januar bis März sind am feuchtesten, im November bis März ist Monsun- oder Regenzeit mit Zyklonen, die sich in der Korallensee bilden und Kurs auf Vanuta und Neukaledonien nehmen.

Anreise
Viele große Gesellschaften fliegen von Australien und Neuseeland internationale Flughäfen in Suva (Fidschi), Honiara (Salomonen) und Port Vila (Vanuatu) an. Die Länder bieten Inlandsflüge zu weiteren Inseln an. Mit Kreuzfahrtschiffen lassen sich wunderbar abgelegene Gebiete besuchen.

Wassertemperaturen
Die tropischen Gewässer sind im Schnitt 27 °C warm, wenngleich es durch Strömungen und Jahreszeit Abweichungen gibt.

Sicht
Kann 50 m betragen, in seltenen Fällen auch nur wenige Meter. Rechnen Sie mit 25–30 m. Die beste Sicht herrscht im Allgemeinen bei Tauchgebieten im offenen Meer.

Zustand des Meereslebens
Das Meeresleben in Melanesien ist überragend, farbenfroh, exotisch und birgt die Chance, noch unbekannte Arten zu entdecken.

Tauchtiefen
Von flachen Riffdächern bis in Tiefen jenseits des für Sporttaucher Zulässigen. Die schönsten Farben zeigen die Korallen im Flachwasser. Viele Wracks liegen in tieferen Gewässern.

Dekompressionskammern
Es gibt kleine Kammern in Suva (Fidschi) und Port Vila (Vanuatu). Am besten, man versucht, sie gar nicht erst in Anspruch zu nehmen.

Schnorcheln
Man kann fast überall schnorcheln; die meisten flachen Riffe bieten gute Korallen und Fischreichtum. Ein Lycra-Anzug ist angeraten, sowohl gegen Korallenschnitte und Nesseln als auch gegen Sonnenbrand.

Praktische Tauchtipps
Lycra- oder dünne Nasstauchanzüge sind anzuraten. Ohrentzündungen kommen häufig vor. Es empfiehlt sich ein Mittel zum Trocknen der Ohren. Besucher der Salomonen und von Vanuatu sollten unbedingt Vorkehrungen gegen Malaria treffen. Magen-Darmprobleme sind möglich. Möglichst nur Flaschenwasser trin-

ken. Nehmen Sie eine umfassende Erste-Hilfe-Ausrüstung und nötigenfalls Medikamente mit.

Aufenthaltsgenehmigungen für maximal 30 Tage werden bei der Ankunft ausgestellt, gültigen Pass und Tickets vorausgesetzt.

Die meisten Veranstalter verlangen ein Tauchbrevet oder Logbuch als Nachweis für die Qualifikation.

Papua-Neuguinea

Klima

Das Küstenklima der Insel schwankt stark. Die Regenzeit dauert normalerweise von Januar bis März, der Südostpassat bläst von Mai bis November. Tauchen ist ganzjährig möglich, da die meisten Gebiete geschützt und küstennah sind. Zyklone sind sehr selten, da Papua-Neuguinea zu dicht am Äquator liegt.

Beste Reisezeit

Getaucht wird ganzjährig. Am ruhigsten und wärmsten ist es im November bis Mai, das Wasser ist von Juni bis November am klarsten. Die Regenzeit geht von Januar bis März, wo es stürmisch werden kann, Milne Bay ausgenommen, wo es im August und September am feuchtesten ist. Die Wettermuster ändern sich jedoch von Jahr zu Jahr und sind schwer vorherzusagen. In den meisten Gebieten kann man das ganze Jahr sehr gut tauchen.

Zyklone beeinträchtigen das Tauchen in Pappua-Neuguinea kaum, das weitgehend außerhalb des Zyklongürtels liegt. In Gebieten am Rand der Korallensee kann es jedoch ruppig werden, wenn im Süden ein Zyklon wütet.

Anreise

Air Niugini fliegt direkt von Singapur, Manila und Australien nach Port Moresby. Von Port Moresby gibt es täglich Flüge in die wichtigsten Landeszentren.

Air Niugini erlaubt zusätzlich 20 kg Freigepäck – 40 kg für internationale Passagiere. Das sollte man beim Kauf der Tickets prüfen und beim Einchecken reklamieren, falls man es braucht.

Wassertemperaturen

Reichen von Höchstwerten um 29 °C im Dezember und Januar bis zu Tiefstwerten um 25 °C im Juli und August im Süden von Papua-Neuguinea und steigen auf 30 °C bzw. 27 °C in nördlichen Gewässern.

Sicht

Die Sicht beträgt im Allgemeinen über 30 m bei den meisten beliebten Gebieten. Sie kann durch Regen lokal beeinträchtigt werden, aber nur vorübergehend. »Jagen-mit-der-Lupe«-Gebiete haben eventuell schlechtere Sicht, ansonsten beträgt sie zumeist über 50 m.

Zustand des Meereslebens

Das Meeresleben von Papua-Neuguinea ist außerordentlich arten- und zahlreich, und die Riffe sind von ungewöhnlicher Güte.

Tauchtiefen

Tieftauchen ist in Papua-Neuguinea möglich, weil das tiefe Wasser dicht bis an die Küste reicht. Überwiegend wird jedoch oberhalb von 30 m an Riffen getaucht, die in nicht einmal 10 m tiefes Flachwasser abfallen.

Dekompressionskammern

In Port Moresby.

Schnorcheln

Ausgezeichnete Möglichkeiten an den geschützten Saumriffen an der Küste und den vielen kleinen Inseln überall im Land.

Praktische Tipps

Passagiere mit gültigem Pass und Transit- oder Rückflugticket erhalten bei der Ankunft für 25 K ein 60-Tage-Visum. Visa für einen längeren Aufenthalt sollten vor der Abreise beschafft werden. Der Ticketpreis enthält die *Departure Tax*, aber jetzt ist vor der Abreise in Moresby eine Flughafenservice-Steuer von 30 K zu entrichten.

Kurzbesuchern wird eine Malariaprophylaxe empfohlen. Sprechen Sie mit Ihrem Arzt. Tragen Sie nachts Kleidung, die nach Möglichkeit Moskitostiche verhindert, und benutzen Sie Insektenabwehrmittel. Nehmen Sie, wenn Sie tauchen, Ohrentropfen auf Alkoholbasis gegen Infektionen, waschen Sie Schürfwunden von Korallen aus und behandeln Sie sie mit antibiotischer Salbe. Eine Tauchversicherung ist unerlässlich.

Wunderbare Menschen, Kunst, Kultur, landschaftliche Schönheit, fantastisches Tauchen. Laufen Sie nicht nachts oder allein durch Städte, vermeiden Sie unangemessene Kleidung und großtuerisches Verhalten.

Großes Barriereriff

Beste Reisezeit

Wer besonders klares Wasser und mit Zwergwalen schwimmen will, sollte im Juli bis September fahren, sonst von März bis Anfang Dezember.

Anreise

Cairns ist das Tor, das u.a. von Quantas, Malaysian Airlines, Singapore Airlines und Continental angeflogen wird.

Praktische Reisetipps

Was man bei einem Tagesausflug zum Großen Barriereriff mitnehmen sollte: Handtuch, Badehose/anzug, Sonnenhut und -creme, Sonnenbrille, leichte Schuhe für Inseln oder heißes Deck, Kreditkarte und Bargeld, Kamera und genügend Filme, Kleidung zum Wechseln.

Achten Sie beim Buchen des Ausflugs darauf, was inbegriffen ist. Kleiden Sie sich leicht und bequem. Lassen Sie Pass und Wertsachen im Hotelsafe. Jeder Riffbesucher muss eine geringe Rifftaxe für die Erhaltung des Riffs zahlen. Wenn Sie leicht seekrank werden, nehmen Sie vorher ein Mittel, auch wenn Sie nicht wissen, ob Sie seekrank werden. Wenn Sie seekrank werden, keine Angst. Sobald Sie am Riff sind, ist es ruhig, und das Übel geht meistens vorbei. Das beste Mittel gegen Seekrankheit ist, gut zu frühstücken, sich im Freien aufzuhalten, den Blick auf den Horizont zu richten und sich geistig zu beschäftigen. Auch beim Schwimmen verschwindet Seekrankheit schnell.

Neuseeland

Poor Knights

Klima
Im Winter (Juni bis Oktober) kühl, feucht und windig. Von Januar bis März oft sehr trocken.

Beste Reisezeit
Ganzjährig, aber von Dezember bis Mai ist das Wasser wärmer. Im Frühjahr (August-November) ist das Wasser kalt, das Meeresleben aber interessant – man sieht z.B. Papierboote und Riesensalpen.

Anreise
Es gibt Flüge von Europa nach Auckland. Man nimmt einen Mietwagen nach Tutukaka oder fliegt nach Whangarei. Bei den meisten Reisen wird der Transfer vom lokalen Flughafen arrangiert. Tauchboote brauchen für die Überfahrt etwa eine Stunde.

Wassertemperaturen
Zwischen 14 °C und 23 °C. Von Januar bis Mai ist es am wärmsten.

Sicht
20–50 m. Hängt von der Planktonblüte ab, die im Frühjahr stärker und häufiger ist. Am besten von Januar bis Juli.

Zustand des Meereslebens
Äußerst vielfältig – viele Wirbellose, vor allem Nacktschnecken. See an Steilwänden ruhig, das inkrustierte Leben dort deshalb gut zu beobachten. Die Rifffische sind zahlreich, groß und zutraulich. Man sieht Adler- und Stechrochen, Muränen und Delfine.

Tauchtiefen
10–50 m.

Dekompressionskammern
Die nächste Kammer für Poor Knights und Goat Island ist in Devonport, Auckland, für Fjordland in Christchurch.

Schnorcheln
Ausgezeichnet. Man kann paarweise schnorcheln. Bei einigen Bootsverleihern Kajaks.

Praktische Tauchtipps
Tauchbrevet erforderlich. Leihausrüstung in Tutukaka. Tauchführer auf den meisten Booten.

Fjordland

Klima
Vier Jahreszeiten an einem Tag, ganzjährig.

Juni–September ist Winter, dann weniger Wind, die Tage sind kurz, es regnet weniger. Herrliches Tauchen, in strengen Wintern auch Eistauchen in kleineren Fjorden möglich.

Von November bis Februar ist Sommer, dann mehr Regen und Wind und lange Tage.

Beste Reisezeit
Ganzjährig gut, aber das Wasser ist im Sommer 2 bis 4 Grad wärmer. Für Nachttauchen ist der Winter besser.

Anreise
Es gibt Flüge von Europa nach Auckland und Anschlussflüge nach Queenstown oder Invercargill. Von beiden Flugplätzen fahren täglich Busse nach Manapouri oder Te Anau. Es gibt auch Leihwagen. Gruppen können Kleinbusse mieten. Ein Reiseveranstalter organisiert die Fahrt von Te Anau oder Manapouri zum Milford- oder Doubtful-Sund, wo Boote liegen. Die Bootsfahrt dauert zwei bis drei Stunden.

Wassertemperaturen
Zwischen 10 °C und 15 °C, von Januar bis März am wärmsten. Die Temperaturen ändern sich auch bei Regen: Eine Süßwasserschicht ist kälter als Salzwasser.

Zustand des Meereslebens
Das Meeresleben ist sehr vielfältig, mit vielen Wirbellosen, vor allem Schwarze Korallen. Die See ist an Steilwänden ruhig, das inkrustierte Leben dort ist deshalb gut zu beobachten.

Große Tümmler sind das ganze Jahr zu sehen, vor allem im Doubtful- und Dusky-Sund, manchmal auch im Milford-Sund.

Pinguine: Zwergpinguine sind immer zu sehen, Dickschnabelpinguine von Juli bis Dezember.

In den meisten Fjorden gibt es Robben. Im Dezember/Januar sollte man nicht mit Robben tauchen.

Besonderheit: Seefedern – Tiefwasserarten in Tauchtiefen zu sehen.

Tauchtiefen
10–50 m.

Schnorcheln
Außergewöhnlich.

Praktische Tauchtipps
Tauchbrevet erforderlich. Ausrüstung kann in Te Anau, Dunedin und Invercargill geliehen werden. Nur ein Tauchboot hat komplette Leihausrüstung an Bord. Tauchführer auf nur zwei Booten. In Milford sind U-Boot-Fahrten bis 180 m Tiefe möglich.

Meeresschutzgebiet Goat Island, Leigh

Klima
Im Winter (Juni–Oktober) kühl, feucht und windig. Von Januar bis März oft trocken.

Beste Reisezeit
Ganzjährig, aber das Wasser ist von Dezember bis Mai wärmer.

Anreise
Flüge von Europa nach Auckland. Mit dem Mietwagen 90 Minuten bis Leigh im Norden.

Wassertemperaturen
Zwischen 14 °C und 22 °C. Januar bis Mai am wärmsten.

Sicht
5–15 m. Hängt von der Planktonblüte ab, die im Frühjahr stärker und häufiger ist. Am besten von Februar bis Juni.

Zustand des Meereslebens

Sehr vielfältig; viele Wirbellose, vor allem Nacktschnecken. Rifffische sind zahlreich, groß und zutraulich. Delfine und Orkas ziehen durch.

Tauchtiefen

3–10 m.

Schnorcheln

Hervorragend. Tauchen vom Strand. Fahrten mit Glasboden-Booten möglich.

Praktische Tauchtipps

Leihausrüstung in Auckland und Leigh.

Catalina Island

Klima

Im Sommer heiß, aber von Westen Wind möglich.

Beste Reisezeit

Februar bis Oktober – wenn der Kelp wächst. Taucher sind normalerweise vor Stürmen vom Pazifik geschützt.

Anreise

Flug mit allen großen Gesellschaften nach Los Angeles. Man braucht nur etwa eine Stunde zum Catalina-Express-Fährterminal auf Long Beach. Ein Taxi ist am besten.

Wassertemperaturen

Normalerweise um 20 °C, dicker Nass- oder Trockentauchanzug wird empfohlen.

Sicht

Im Allgemeinen 15–30 m.

Zustand des Meereslebens

Grandiose Kelpwälder, Robbentummelplatz.

Tauchtiefen

Durchschnittlich 15 m.

Dekompressionskammern

In Long Beach und San Diego.

Schnorcheln

Sehr gut im Flachwasser mit Kelpwäldern.

Praktische Tauchtipps

Kaltes Wasser, deshalb 7-mm-Nass- oder Trockentauchanzug erforderlich.

Mexiko Baja California

Klima

Wind aus Norden möglich, sonst aber durchschnittlich 25 °C.

Beste Reisezeit

Von November bis Februar sind die jungen Robben am verspieltesten und neugierigsten, und da das Wasser kälter ist, ist es auch klarer. Bei der ruhigeren See im März und April geht die Sicht bei den Inseln und Guyots zurück, doch das ist die beste Zeit, um Mantas, Walhaie und Wale zu beobachten.

Anreise

Es gibt Direktflüge von fast allen großen Flughäfen, vor allem von Mexiko-Stadt und Los Angeles.

Wassertemperaturen

Kühl bei 18–21 °C.

Sicht

Die Robben werden im Juni geboren, was mit der besten Sicht am Ende der Planktonblüte zusammenfällt. Bei den Guyots beträgt die Sicht meistens über 50 m.

Zustand des Meereslebens

Ideal, um große pelagische Arten wie Wale und Mantas zu sehen, aber auch für Begegnungen mit Robben.

Tauchtiefen

Bei den Guyots alle Tiefen möglich, im Flachwasser aber um die 15 m.

Dekompressionskammern

In La Paz.

Schnorcheln

Ideal, um Seelöwen bei Los Islotes zu sehen.

Praktische Tauchtipps

Für jeden etwas.

Goldenes Dreieck

Klima

Galapagos ist subtropisch und hat zwei Jahreszeiten mit einem fließenden Übergang. Die Trockenzeit, Garua, reicht von Juli bis Dezember. Garua bezieht sich auf den Nebel, der um diese Zeit oft in der Höhe hängt; die Lufttemperatur liegt bei 26 °C. Die wärmere oder feuchte Zeit, wenn die Lufttemperatur oft über 30 °C steigt, reicht von Januar bis Juni, wobei März und April allgemein am feuchtesten sind.

Cocos und Malpelo sind tropisch, haben viel Regen und zwei Jahreszeiten. Die Cocos-Insel hat im Schnitt 2540 mm Niederschlag, Malpelo 1060 mm. Auf Meeresniveau kann die Lufttemperatur an der Küste 32 °C erreichen, auf See ist sie jedoch niedriger. Die Trockenzeit sorgt bei der langen Fahrt zu den Inseln für ruhigere See, und man sieht mehr Seidenhaie und Teufelsrochen. Es gibt einige Bogenstirn-Hammerhaie, aber nicht so viele wie in der Regenzeit. In der Regenzeit kann die lange Fahrt hinaus zur Insel rau werden.

Beste Reisezeit

Galapagos: Von Dezember bis März/April ist die See am ruhigsten, es ist aber auch feuchter. Im Oktober/November ist das Wasser besonders klar.

Cocos und Malpelo: November-Mai für die Trockenzeit, Juni-November für die Regenzeit, Juli/August für die meisten Hammerhaie.

Anreise

Galapagos: Die Schiffe starten bei den Inseln San Cristobal oder Baltra, die Flüge gehen über Quito oder Guayaquil.

Cocos und Malpelo: Flug nach San José, dann mit dem Auto nach Puntarenas, von dort mit dem Schiff zur Cocos-Insel. Malpelo-Reisende fliegen nach Golfito und gehen dort aufs Schiff. Ein Kreuzfahrtschiff fährt die Cocos- und Malpelo-Inseln auf einer Tour an.

Wassertemperaturen

Galapagos: Von Januar bis Mai am wärmsten, 22–28 °C, von Juli bis November mit 16–22 °C am kühlsten.

Cocos und Malpelo: 25–28 °C an der Oberfläche. Unter den Thermoklinen kann die Temperatur auf 15 °C sinken.

Sicht

9–24 m in der Regenzeit; 20–30 m in der Trockenzeit. Die Sicht kann sich auf einem Tauchgang durch starke Strömungen ändern.

Zustand des Meereslebens

Größere Tiere sind reichlich vertreten; wenig Korallen bei Cocos und Malpelo, die Fische sind daher die Hauptattraktion.

Tauchtiefen

Galapagos: 5–24 m; Cocos-Insel: 18–40 m; Malpelo-Inseln: 0–40 m.

Dekompressionskammern

Es gibt keine Dekompressionskammern, tauchen Sie also mit Bedacht. Für Galapagos-Taucher ist die nächste Kammer auf der Marinebasis San Eduardo in Guayaquil, für deren Benutzung man bezahlen muss. Für Cocos und Malpelo befindet sich die nächste Kammer in Panama City.

Schnorcheln

Galapagos: Endlose Möglichkeiten. Pinguine, Meerechsen, Meeresschildkröten, bunte Fische, Rochen und Haie sind nur einige der Tiere, die man beim Schnorcheln sieht.

Cocos und Malpelo: Vorsicht in der Nähe von Ködern.

Praktische Tauchtipps

Vor allem für fortgeschrittene oder starke Taucher. Führen Sie eine Signalboje o.Ä., ein Signalhorn oder eine Pfeife und eine alte CD als Sonnenreflektor bei sich, um Ihr Boot auf sich aufmerksam machen zu können. Ohrinfektionen sind häufig, benutzen Sie deshalb ein Mittel zum Trocknen der Ohren. Nehmen Sie warme Kleidung für das Schiff mit. Wer nicht fotografiert, wird Handschuhe schätzen, um sich bei Strömung am Fels festzuhalten. Für die lange Schiffsreise sollte jeder etwas gegen Reisekrankheiten mitnehmen, auch wenn er/sie normalerweise nicht seekrank wird.

Bei allen Zielorten läuft man meistens auf Lavagestein.

Karibik

Mexiko

Klima

Die beste Zeit ist November bis Juni, dann geht man den Hurrikanen aus dem Weg.

Beste Reisezeit

April bis August und Dezember bis Februar sind die besten Monate, außerhalb der Hurrikansaison.

Anreise

Cancún wird von allen großen Gesellschaften angeflogen. Fliegen Sie direkt nach Cancún und setzen Sie nach Cozumel über, oder fliegen Sie über Miami und Houston direkt nach Cozumel.

Wassertemperaturen

Sinkt selten unter 27 °C. Nasstauch- oder Lycra-Anzug ist angebracht, aber nach dem Tauchen friert man. In den Wintermonaten sollte man deshalb warme Sachen mitnehmen.

Sicht

Die Sicht in der seichten Bucht liegt im Schnitt bei 12–25 m.

Zustand des Meereslebens

Wunderbare Schwämme bei Cozumel und große Fischschwärme vor Nordcancún.

Tauchtiefen

In der Isla Mujeres Bay maximal 15 m, bei Cozumel nur Strömungstauchen vor der Wand, die in unzulässige Tauchtiefen stürzt.

Dekompressionskammern

Auf Cozumel.

Schnorcheln

Ausgezeichnet vor den flachen Riffen beim Meerespark Chankanaab und bei Xcaret auf der Halbinsel.

Praktische Tauchtipps

Für Anfänger ist die Isla Mujeres Bay geeigneter, für erfahrene Taucher wegen der starken Strömungen Cozumel.

Belize

Klima

Mit durchschnittlich 26 °C das Jahr über und selten mehr als 32 °C ist das Klima subtropisch. November bis Mai sind die trockensten Monate, der Wind kommt vorwiegend aus Ost.

Beste Reisezeit

Die beste Zeit ist November bis Juni, um die Hurrikane zu meiden, aber es kann heiß sein.

Anreise

Continental, Taca und American Airlines fliegen regelmäßig von zentralen US-Flughäfen wie Houston, Los Angeles und Miami, aber auch Flüge von Südamerika, San Pedro Sula in Honduras und von Puerto Rico. Einige Inlandsflüge erfolgen mit kleinen Maschinen, bei denen es Probleme mit dem Freigepäck geben kann. Beschränken Sie sich daher beim Packen.

Wassertemperatur

Durchschnittlich 26 °C.

Sicht

Allgemein zwischen 30 m und 50 m. Die meisten Tauchgänge erfolgen weitab von der Küste und Regenzuflüssen, die die Sicht verschlechtern können.

Zustand des Meereslebens

An den äußeren Riffen sehr gut.

Tauchtiefen
Unterschiedlich und für jedes Können, aber sehr tief in den Blue Holes.

Dekompressionskammern
Die nächste Kammer steht in Belize City; von den äußeren Atollen gibt es einen Hubschrauber-Notdienst. Hilfe unter der Telefonnummer 90. Die Dekompressionskammer in Honduras befindet sich auf Roatan. Tauchgäste werden gebeten, einen Dollar pro Tag für die Wartung der Kammer zu zahlen. Telefon und Fax (504)45-15-15; (DAN) Divers' Alert Network, Telefon (919) 648-8111.

Schnorcheln
Gut an den flachen Riffen innerhalb der geschützten Lagunen.

Praktische Tauchtipps
Für jeden Taucher etwas.

Reisetipps
Belize City ist Ausgangspunkt für die Erkundung der vielen alten Maya-Ruinen im ganzen Land. Optisch am eindrucksvollsten ist Lamanai am Ufer der neuen River-Lagune. Nur 62 km von Belize City entfernt sind die Ruinen von Altun-Ha. Es gibt zahlreiche Naturparks, die den einen oder anderen Besuch lohnen, etwa Rio Bravo Conservation, mit 100 000 ha der größte in Belize.

Das Institut für Meereswissenschaften auf Roatan liegt beim Anthony's Key Resort und hat ein meereskundliches Museum und täglich Delfinvorführungen.

Besuchen Sie die Naturparks von Roatan mit ihren Wasserfällen und Dschungelpfaden, wo es heiß und stickig sein kann, wo man sich aber in den Pools der Wasserfälle abkühlen kann.

Kuba

Klima
Halbtropisch mit zwei Jahreszeiten, von Dezember bis März bis 26 °C, im Juli und August bis 32 °C. Luftfeuchtigkeit und Niederschläge sind im September und Oktober am höchsten. Hurrikane sind selten, aber zwischen August und November möglich.

Beste Reisezeit
Tauchen ist ganzjährig möglich, auch wenn die See im Winter etwas rauer ist. Die Piratenküste ist geschützt, dort kann man selbst bei starkem Regen tauchen. Februar bis Mai gehören zu den besten Monaten, Regenzeit ist Mai bis Oktober.

Anreise
Direktflüge nach Havanna sind von Europa, Kanada, Mexiko und Südamerika möglich. Eingeschränkte Flüge gibt es ab Miami. Die Maschinen kommen am neuen, hochmodernen International Terminal an. Charterflüge aus Europa bedienen oft direkt die größeren Ferienanlagen.

Ein 25-Minuten-Flug im Turbojet verbindet Havannas heruntergekommenes altes Inlandsterminal mit dem Rafael Cabrera Mustelier Airport in Nueva Gerona, von wo es 40 km mit dem Auto zum El Colony Hotel Diving Complex sind.

Wassertemperaturen
Im Sommer durchschnittlich 28 °C, im Winter 24 °C.

Sicht
Generell sehr klar – über 30 m.

Zustand des Meereslebens
Vielfältig und reich, zutrauliche Fische.

Tauchtiefen
Im Allgemeinen flach, generell weniger als 30 m, aber einige Gebiete erfordern kurze Dekostopps, und andere erreichen Tiefen, die für Sporttaucher nicht in Frage kommen. Tauchen Sie mit Vernunft.

Dekompressionskammern
Havanna
La Havanna Hyperbaric Medical Center
Hospital Naval »Dr Luis DiazSoto«
Havana del Este,
Telefon 7 973266
Gerona
Hospital General Docente,
Heroes del Baire
Avenue 39 Nueva Gerona
Isla de la Juventud
Telefon 61 23012
Cárdenas (Near Varadero)
Hospital »Julio Arietegui«
Centro de Medicina Subacuatica
Carretera de Cardenas, Km 2
Cárdenas
Matanzas
Telefon 5 22114
Santiago de Cuba
Hospital Militar »Castillo Duany«
Punta Blanca
Santiago de Cuba
Telefon 2 6471
Isla de la Juventud
Hotel El Colony
Carretera de la Siguanea, Km 41
Colony
Isla de la Juventud
Telefon 9 8240

Schnorcheln
Ein Paradies für Schnorchler aller Stufen, aber am besten schnorchelt man in den Tauchgebieten, die nur mit dem Boot zu erreichen sind.

Praktische Tauchtipps
Tauchen wird in Kuba überwiegend gelassen angegangen und bietet für alle Schwierigkeitsgrade etwas, die tieferen Tauchgänge ausgenommen. Überall gibt es großzügige Einrichtungen, Tauchkurse und Leihausrüstung.

Praktische Reisetipps
Die meisten Steckdosen sind amerikanisch, zwei flache Stifte, 110 Volt/60 Hz. Einige neuere Hotels haben aber 220 Volt/50 Hz, und einige haben beides. Erkundigen Sie sich also bei der Rezeption, bevor Sie elektrische Geräte benutzen.

Cayman-Inseln

Klima

Die Cayman-Inseln haben das Glück, das ganze Jahr schönes Wetter zu haben, was sie ihrer Lage abseits aller größeren Landmassen und dem Einfluss des Meeres ringsum verdanken. Im Sommer betragen die Lufttemperaturen im Durchschnitt zwischen 27 °C und 32 °C, die nur im kurzen Winter auf gut 20 °C fallen. Im September und Oktober zur Zeit der Hurrikane kann es sehr stürmisch werden.

Beste Reisezeit

Die Tauchveranstalter der Cayman-Inseln erklären stolz, dass man bei ihnen an jedem Tag des Jahres tauchen kann und wegen der Größe der Inseln immer ein geschütztes Ufer findet, selbst bei schlechtestem Wetter, und dabei immer sicher ist. Von Mai bis September ist es aber vielleicht doch am besten zu tauchen.

Anreise

Elf Fluggesellschaften fliegen planmäßig die Cayman-Inseln an. Die nationale Gesellschaft Cayman Airways fliegt je nach Jahreszeit drei- oder viermal täglich ab Miami. Andere US-Gesellschaften fliegen die meisten Zentralflughäfen und andere karibische Inseln an. British Airways bietet einen Direktflug von London nach Grand Cayman an, und Cayman Airways und Island Air bedienen täglich die Inseln Little Cayman und Cayman Brac.

Wassertemperatur

Ganzjährig durchschnittlich 27 °C.

Sicht

Ganzjährig durchschnittlich über 30 m.

Zustand des Meereslebens

Sehr gut, vor allem bei Nachttauchgängen. Große Vielfalt an Wirbellosen und natürlich die Stechrochen.

Tauchtiefen

Erster Tauchgang 30 m, zweiter Tauchgang am Tag 18 m.

Schnorcheln

Sehr gut, vor allen Küstenorten, da das Riff direkt am Ufer beginnt.

Dekompressionskammern

Cayman Hyperbaric Services,
George Town Hospital,
PO Box 1675GT,
Grand Cayman and Faith Hospital Cayman Bral.
Das sind kleine Kammern; schwere Fälle werden nach Miami gebracht.

Praktische Tauchtipps

Für jeden Taucher etwas. Es gelten strenge Umweltauflagen.

Puerto Rico

Klima

Durchschnittstemperatur im Winter 23 °C, im Sommer 29 °C. Die Passatwinde kühlen die Küstenstädte, die Temperatur sinkt, je höher man in die Berge kommt. Mai bis Oktober doppelt so viel Regen, Niederschläge an der Nordküste doppelt so hoch wie an der Südküste. Zwischen August und Oktober häufig Hurrikane, Puerto Rico meist jedoch nicht so stark betroffen wie Jamaica, Kuba und die Kleinen Antillen.

Beste Reisezeit

Gibt es nicht, außer man will die Hurrikane vermeiden. Touristische Hochsaison Dezember bis April, das hat jedoch vor allem mit dem Klima auf dem amerikanischen Festland zu tun. In der Nebensaison (Mai bis November) meidet man den Rummel, aber dann ist Hurrikan-Zeit.

Anreise

Direktflüge von den meisten amerikanischen und europäischen Flughäfen zur karibischen Drehscheibe in San Juan. Je nach Zielort Weiterflug zu lokalen Flughäfen oder Anschlussflüge.

Wassertemperaturen

Durchschnittlich 25–27 °C.

Sicht

18–24 m in Festlandnähe, bei den Inseln im offenen Meer aber besser.

Zustand des Meereslebens

Arten- und zahlreich, zutraulich.

Tauchtiefen

Von Flachwasser bis in für Sporttaucher nicht ratsame Tiefen.

Dekompressionskammern

Puerto Rico Medical Center
Puerto Rico Medical Services Administration
PO Box 2129
San Juan
Telefon (rund um die Uhr) +787 390 3243

Hyperbaric Medicine

#133 Dr. Gonzales Street
Isabela
PO Box 00662

Praktische Tipps

Strom: 110 Volt/60 Hz.

Dominica

Klima

Dominica hat ein für die Karibik sehr feuchtes Wetter mit einem ganzjährig feucht-heißen Klima. Durchschnittstemperatur tagsüber bei 28 °C. Juli bis Oktober sind die feuchtesten Monate und die hurrikanreichsten.

Beste Reisezeit

Am wenigsten Regen gibt es von Januar bis Mai; dann sind die Niederschläge kürzer.

Anreise

Die Insel hat zwei Flughäfen, wo Maschinen von anderen karibischen Orten landen. Einmal Melville Hall Airport (DOM) an der Nordostküste, etwa 45 Minuten mit dem Auto von Portsmouth. Dann Canefield Airport (DCF), etwa 15 Minuten von Roseau an der Südwest küste. Die Landebahnen beider Flughäfen sind kurz und nur für kleinere Kurzstartflugzeuge von Antigua, Barbados, St. Lucia, St. Maarten, Guadeloupe, Martinique oder Puerto Rico geeignet. Zwischen Dominica und Guadeloupe bzw. Martinique verkehren Fähren.

Wassertemperaturen
Durchschnittlich 27 °C.

Sicht
Durchschnittlich 24 m.

Zustand des Meereslebens
Arten- und zahlreich, so gut wie an anderen Orten der Karibik.

Tauchtiefen
Meistens weniger als 30 m, einige Gebiete jedoch mit Tiefen, die für Sporttaucher nicht ratsam sind.

Dekompressionskammern
Inzwischen gibt es eine Dekompressionskammer im Princess Margaret Hospital in Roseau.

Praktische Tauchtipps
Alle Tauchgebiete sind für den Durchschnittstaucher geeignet, ausgenommen die vor dem Süden der Insel.

Praktische Tipps
Strom: 220/240 Volt/50 Hz.

Niederländische Antillen

Klima
An den meisten Tagen Sonne, außer von Dezember bis Februar. Die steten Passatwinde erzeugen das übrige Jahr ein trockenes Wüstenklima, wobei August–Oktober die heißesten Monate sind. Die tiefsten Temperaturen liegen bei 24 °C. Die Höchstwerte übersteigen selten 32 °C, der Durchschnitt beträgt 28 °C mit einer kühlenden Briese.

Beste Reisezeit
Die geschützten Westküsten der ABC-Inseln erlauben ganzjähriges Tauchen. An exponierteren Stellen taucht man im Sommer und Herbst am besten.

Anreise
KLM fliegt direkt ab Amsterdam. Von London, Gatwick, gibt es Charterflüge nach Aruba. Amerikanische Gesellschaften fliegen von mehreren nord- und mittelamerikanischen Plätzen nach Aruba und Curaçao, mit Anschlussmöglichkeiten nach Bonaire. Lokale Gesellschaften verbinden Curaçao und Bonaire. American Eagle fliegt jetzt von San Juan (Puerto Rico) nach Bonaire, Air Jamaica verkehrt zwischen Bonaire und Curaçao. Zwischen Bonaire und Curaçao verkehrt jetzt auch zweimal täglich eine schnelle Fähre, die Taucher benutzen können, ohne nach dem Tauchen 24 Stunden warten zu müssen.

Wassertemperaturen
24 °C in der kühlen Jahreszeit, ansonsten durchschnittlich 27 °C.

Sicht
Allgemein sehr klar – über 30 m.

Zustand des Meereslebens
Vielfältig und reich, zutrauliche Fische.

Tauchtiefen
Oft flach, allgemein weniger als 40 m, doch Dropoffs und Wände können tiefer hinuntergehen.

Dekompressionskammern
Auf Aruba gibt es keine Einrichtungen – Patienten werden nach Curaçao gebracht.
Bonaire:
Saint Franciscus (Francisco) Hospital,
Kaya Soeur Bartola, Kralendijk, Tel. 114.
Curaçao:
The Saint Elisabeth Hospital (St Elisabeth Gasthuis) im Distrikt Otrobanda von Willemstad verfügt über die beiden Dekompressionskammern der Insel.
St. Elisabeth Hospital,
Telefon 599 9 625100/624900
Dekompressionskammer
Telefon 599 9 637457/637288

Schnorcheln
Alle drei Inseln sind ein Paradies für Schnorchler jeden Schwierigkeitsgrads.

Praktische Tipps
Bis auf die windigen Nord- und Nordostküsten ist Tauchen auf den ABC-Inseln meistens locker und für jedes Können (Tieftauchgänge ausgenommen). In einigen Gebieten gibt es leichte Strömungen, die etwas Erfahrung erfordern.

Alle Veranstalter bieten großzügige Einrichtungen, Tauchkurse und verleihen Ausrüstung. Die größeren bieten auch Nitrox- und Tech-Tauchen.

Jungfern-Inseln

Klima
Die Temperaturen sind niedriger als sonst in der Karibik, im Durchschnitt zwischen 20 °C und 30 °C. Es kann ein kühler Wind gehen.

Beste Reisezeit
Die Jungfern-Inseln sind ganzjährig ein ideales Ferienziel mit recht ausgeglichenem Klima, das von den Passatwinden der Kleinen Antillen profitiert. Von September bis Januar besteht ein Hurrikanrisiko, das den Urlaub jedoch selten beeinträchtigt. Die Sommer sind heiß und feucht mit Temperaturen über 30 °C. Vorsicht vor Sonnenbrand, vor allem auf dem Tauchboot. Man sollte immer einen Sonnenhut tragen und Sonnencreme mit einem hohen Schutzfaktor benutzen.

Anreise
Es gibt regelmäßige Flüge von allen amerikanischen Zentralflughäfen wie Miami, Houston, Chicago etc. direkt nach St. Croix und St. Thomas. British Airways/Caledonian fliegt ab London Gatwick. Wegen der Größe des internationalen Flughafens auf Beef Island in den Britischen Jungfern-Inseln gehen jedoch alle Flüge über San Juan in Puerto Rico, mit Anschluss durch American Eagle.

Wassertemperatur
Durchschnitt 24 °C, Nasstauchanzug mit Haube empfohlen.

Sicht
Wasserqualität im Mai bis September am besten.

Zustand des Meereslebens
Arten- und zahlreiche Wirbellose, vor allem Kalmare und Kraken.

Tauchtiefen
15–25 m.

Dekompressionskammern
Die regionale Dekompressionskammer befindet sich im St. Thomas Hospital in Charlotte Amalie.
Telefon (809) 776 8311
Notfalltelefon 922

Schnorcheln
Gut, in Ufernähe, aber Sicht leidet darunter.

Praktische Tauchtipps
Für Taucher aller Klassen, aber das Wasser ist kälter als sonst in der Karibik.

Praktische Reisetipps
Mieten Sie auf Virgin Gorda ein kleines Skiff mit Motor zum Saba Rock, der Heimat des legendären Wrackjägers und späteren Piraten Bert Kilbride.

The Baths auf Virgin Gorda sind ein Haufen einfach gigantischer Granitblöcke, die zwischen hohen Palmen an einem herrlichen Strand ins Meer stürzen.

Besuchen Sie auf St. Croix das Steeple Building, das eine sehenswerte Sammlung indianischer Artefakte beherbergt, und das Wim Great House, ein eigenartiges ehemaliges Gutshaus, das hervorragend renoviert wurde.

Fort Christian auf St. Thomas stammt aus der Zeit der Ankunft der Dänen in den 1660er-Jahren und hat ein sehr gutes Museum.

St. John bietet viel Sehenswertes, nicht zuletzt einen Nationalpark.

Bahamas

Klima
Juli bis Oktober ist Hurrikanzeit mit den stärksten Niederschlägen. Juli und August können trotzdem sehr belebt sein, buchen Sie also rechtzeitig, vor allem für das Haitauchen und die Delfine.

Beste Reisezeit
Für Taucher ist November bis Juni die beste Zeit, die trockensten Monate. Dann besteht auch kaum Hurrikangefahr, aber es kann heiß sein.

Anreise
Nassau wird von allen großen Gesellschaften über die Zentralflughäfen angeflogen. Die meisten Taucher kommen aus den USA und werden vermutlich über Miami anreisen. Bahama Air verbindet die gesamte Inselkette mit Nassau.

Wassertemperatur
Dank der Lage mitten im Golfstrom beträgt die Wassertemperatur ganzjährig im Schnitt um die 27 °C.

Sicht
Allgemein um über 50 m, in den küstennahen flachen Gebieten aber deutlich weniger.

Zustand des Meereslebens
Der beste Platz für Begegnungen mit Haien und Delfinen in der ganzen Karibik.

Tauchtiefen
Durchschnitt 25 m, aber auch sehr tiefe Gebiete.

Dekompressionskammern
Bahamas Hyperbaric Centre,
PO Box CB-10981, Nassau.

Schnorcheln
Gut in Küstennähe, aber besser vom Tauchboot, wenn es flache Riffe anfährt.

Praktische Tauchtipps
Für Taucher aller Kategorien, Wasser ruhig und geschützt.

Register

Fett gedruckte Seitenzahlen beziehen sich auf Fotos und Abbildungen.

Wracks

Meeresleben

Glossar

Abstiegsleine – Eine Leine mit einem Gewicht, die einen Gegenstand auf dem Meeresgrund markiert oder zur Orientierung beim Auf- und Abstieg dient.

Ahermatypische Korallen – Korallen, in deren Polypengewebe keine symbiotischen Algen vorkommen.

Algen – Einfache Fotosynthesepflanzen.

Allesschneider – Schere oder Messer, das die meisten Angelschnüre und Netze, ja sogar dünnen Stahl durchtrennen kann.

Aqualunge – Unterwasser-Atemgerät.

Atemregler – Ein Gerät, das den Druck der Atemgase in der Tauchflasche auf den Druck des Wassers verringert, das den Körper des Tauchers auf Höhe seiner Lunge umgibt (Umgebungsdruck), sodass er die Gase einatmen kann.

Atoll – Eine Gruppe von Riffen und Inseln, die eine zentrale Lagune umschließen und an den Außenseiten in die Tiefe stürzen.

Auslassventil – Ein Ventil, mit dem man Luft aus Trockentauchanzügen oder Tarierjackets ablässt.

Bora – Ein kräftiger, böiger Nordwind in der nördlichen Adria.

Breite (geographische) – Der Winkelabstand eines Ortes auf der Erdoberfläche vom Äquator in Grad, nach Norden oder Süden; der Breitengrad des Äquators ist 0.

Caissonkrankheit – Druckluftkrankheit, die durch den raschen Druckabfall beim Aufstieg verursacht wird; Stickstoff (oder Helium, wenn es verwendet wird) im Blut und den Körpergeweben bildet Bläschen, die den Blutkreislauf blockieren können. Der Name rührt daher, dass Brückenbauer, die unter Wasser in wasserdichten Kammern, so genannten Caissons, arbeiteten, sich diese Krankheit zuzogen.

C-Card/Internationales Tauchsportbrevet – Ein Ausweis, der belegt, dass der Besitzer bestimmte Leistungsstandards eines anerkannten Tauchsportverbands erfüllt. Einige Tauchveranstalter möchten auch ein aktuelles Logbuch sehen, um sich ein Bild über die Erfahrung des Tauchers seit der Prüfung zu machen, und ob der oder die Betreffende Tauchpraxis hat.

Coriolis-Kraft – Die Ablenkung eines Körpers infolge der Erdrotation, in der südlichen Hemisphäre nach links, in der nördlichen nach rechts.

Dekompressionstabelle – Eine Tabelle mit Zeiten- und Tiefenangaben, mit deren Hilfe man die Grenzen für sicheres Tauchen und eventuell erforderliche Dekostopps berechnen kann.

Dekompressionstauchgang – Ein Tauchgang, der einen oder mehrere Dekostopps erfordert, damit gelöste Gase kontrolliert entweichen können.

Dekostopp – Eine oder mehrere Pausen beim Aufstieg, damit der im Körper befindliche überschüssige Stickstoff (oder Helium, wenn es verwendet wird) entweichen kann.

Dropoff – Steilhang mit 60–85° Gefälle.

Enriched Air Nitrox (EANx) – Jedes Gemisch aus Sauerstoff und Stickstoff, das mehr oder weniger Sauerstoff als die normale Luft enthält. Normalerweise sind es Gemische, die mehr Sauerstoff als die normale Luft enthalten.

Erste Stufe – Der Teil des Atemreglers, der den Druck des Gases in der Tauchflasche auf einen Druck verringert, den die zweite Stufe braucht.

Familie – Eine Gruppe verwandter Gattungen mit gemeinsamen Eigenschaften.

Finimeter – Ein Druckmesser, der über den Druck anzeigt, wie viel Atemluft sich noch in der Tauchflasche befindet.

Freier Aufstieg – Ein rascher Aufstieg eines Tauchers in einem Notfall, wobei er kräftig ausatmet, um ein Platzen der Lunge zu vermeiden.

Gegenlunge – Der versiegelte flexible Beutel, der sich aufbläht, wenn der Taucher ausatmet, und zusammenfällt, wenn er einatmet. Da der Beutel als Speicher für die Atemgase des Tauchers fungiert, kann seine Lage innerhalb des Atemkreislaufs großen Einfluss auf die Leichtigkeit des Atmens haben.

Gibli – Ein trockenheißer nordafrikanischer Wind aus Süd-Südost.

Gondwana – Ein Superkontinent, der im Paläozoikum in der Südhemisphäre bestanden und das heutige Afrika, Südamerika, Australien, Antarktis und die indische Halbinsel umfasst haben soll.

Grat-Rinnen-System – Die typische Bildung von Rillen, die an äußeren Riffwänden durch das hin- und zurückfließende Wasser entstehen. Die Grate und Rinnen entstehen durch Erosion.

Guyot – Ein submariner Tafelberg mit flacher Spitze.

Haboob – Ein heftiger jahreszeitlicher Sturm im Sudan, der Sand aus der Wüste heranführt.

Heliktiten – Krüppelformen von Stalaktiten, die Zweigen ähneln.

Heliox – Ein Atemgas, das nur aus Helium und Sauerstoff besteht. Es wird verwendet, um einer Stickstoffnarkose vorzubeugen und die Auswirkungen der Sauerstofftoxizität zu kontrollieren, indem man den Stickstoff eliminiert und den Sauerstoffanteil im Atemgas verringert.

Hermatypische oder riffbildende Korallen – Korallen mit symbiotischen Algen im Polypengewebe.

Inflator – Auch Power-Inflator genannt, ein Einwegventil an einem Niederdruckschlauch, das das Aufblasen des Tarierjackets oder Trockentauchanzugs mit Atemgas über die erste Stufe des Atemreglers ermöglicht.

Kamin – Ein steiler, schmaler Spalt in einer Riffwand.

Kamsin – Ein trockenheißer Süd-Südostwind in Ägypten, der im März, April und Mai in Abständen 50 Tage lang weht und Sand aus der Wüste heranführt (*kamsin* heißt auf Arabisch 50).

Knoten – Einheit für die Geschwindigkeit in der See- und Luftfahrt; entspricht einer Seemeile pro Stunde.

Kohlenstoffdioxidpatrone – Eine kleine Hülse mit Kohlenstoffdioxid (CO_2) für das einmalige Aufblasen des Tarierjackets an der Wasseroberfläche.

Kommensalen – Organismen, die ohne wechselseitigen Vorteil mit anderen Organismen in Gemeinschaft leben.

Kompressor – Eine mehrstufige Pumpe, mit der Tauchflaschen oder Luftbanken mit Druckluft gefüllt werden.

Konsole – Eine Vorrichtung, die an den Finimeter angeschlossen wird und ermöglicht, mehrere Instrumente gleichzeitig anzubringen.

Krustenkorallen – Eine Korallenkolonie, die auf dem Substrat eine dünne Schicht bildet.

Länge (geographische) – Der Winkelabstand eines Ortes auf der Erdoberfläche vom internationalen Nullmeridian nach Osten oder Westen, gemessen in Grad östlicher oder westlicher Länge.

Levanter – Ein starker Ostwind am Mittelmeer, der durch die Straße von Gibraltar weht.

Logbuch – Eine Aufzeichnung der Tauchgänge, die auch darüber Auskunft gibt, welche Art von Tauchgängen man seit der Tauchprüfung bewältigt hat.

Meridian (geographisch) – Eine jener imaginären Linien auf der Erdoberfläche rechtwinklig zum Äquator, die Nord- und Südpol verbinden, bezeichnet durch Längengrade von 0° in Greenwich bis 180° jeweils nach Osten und Westen.

Mistral – Ein heftiger, kalter Nordwind, der über Südfrankreich zum Mittelmeer weht, hauptsächlich im Winter.

Mundstück – Teil des Atemreglers oder Schnorchels, das die Verbindung zum Mund des Tauchers herstellt.

Nematozysten – Nesselzellen bei Quallen und anderen Hohltieren, die einen oft widerhakenbewehrten oder giftigen Spiralschlauch enthalten, der zur Abwehr oder zum Beutefang ausgeschleudert wird.

Notaufstieg – Ein rascher, gefahrenbedingter Aufstieg durch Aufblasen des Tarierjackets oder des Trockentauchanzugs.

Notflasche – Eine kleine Tauchflasche, die zum Aufblasen in Notfällen an vielen Tarierjackets angebracht ist.

Oktopus - Ein zweiter Atemregler zur Sicherheit, der im Notfall benutzt wird, um die Atemluft mit einem anderen Taucher zu teilen.

O-Ring – Ein Dichtungsring, der in eine Vertiefung passt und einen luft- oder wasserdichten Abschluss herstellen soll.

Paläozoisch – Auf eine erdgeschichtliche Zeit verweisend, die vor 600 Millionen Jahren begann, etwa 375 Millionen Jahre dauerte und durch die Entwicklung mariner und terrestrischer Pflanzen und Tiere gekennzeichnet war.

Partialdruck – Der Druck eines bestimmten Gases in einem Gasgemisch.

Pfeiler – Ein relativ schmales, senkrechtes Riffgebilde mit einem Gipfel.

Pleistozän – Bezeichnung für die erste Epoche des Quartärs (die jüngste erdgeschichtliche Periode), die etwa 990 000 Jahre dauerte und durch großräumige Vergletscherung in der Nordhemisphäre und die Entwicklung des Menschen gekennzeichnet war.

Rebreather – Ein unabhängiges Gerät zur Rückführung und Regulierung von Atemgasen, um die Tauchzeit zu verlängern und geräuschlos zu tauchen. Bei einem Rebreather mit geschlossenem Kreislauf wird das dadurch erreicht, dass auf chemischem Weg Kohlenstoffdioxid entfernt und so viel Sauerstoff zugeführt wird, dass der Sauerstoffpartialdruck konstant bleibt. Bei diesem Rebreather-Typ entweicht kein Gas, außer beim Aufstieg. Dieses System hat den Vorteil, den vorhandenen Sauerstoff bestmöglich zu nutzen. Der Nachteil liegt in der komplizierteren Elektronik und Mechanik. Bei den meisten Systemen mit halb geschlossenem Kreislauf wird bei jedem Atemzug ein Teil der Atemluft ins Wasser abgegeben, das Kohlenstoffdioxid wird aus dem verbleibenden Atemgas entfernt, dem gereinigten Gas wird Sauerstoff zugeführt, und der Taucher atmet das Gasgemisch erneut ein.

Reststickstoff – Die Menge an aufgenommenem Stickstoff, die nach einem Tauchgang vermutlich im Körper des Tauchers bleibt.

Sandreiße – Eine abfallende Rinne an einem Riff, die als Rutsche für Sand und anderen Schutt dient.

Sandriff – Inseln aus Sand, der sich auf einem Korallenriff angesammelt hat. Sie unterscheiden sich von Inseln, die nicht von Riffen herrühren.

Sauerstofftoxizität – Physiologische Schädigung, die daraus resultiert, dass Sauerstoff mit einem überhöhten Partialdruck eingeatmet wird. Es gibt zwei Primärtypen. Erstens den, der aus langer Einwirkung erhöhten Sauerstoffpartialdrucks resultiert, der so genannte Loraine-Smith-Effekt, der in erster Linie die Lunge und Atemwege schädigt. Der zweite Typ resultiert aus kurzer Einwirkung zu hohen Sauerstoffpartialdrucks und wird Paul-Bert-Effekt oder ZNS-Toxizität genannt; typisch für ihn sind Konvulsionen.

Saumriff – Ein Riff, das eine Insel oder Küste umschließt.

Schelf – Ein Sockel, der fast waagerecht aus einer Riffwand herausragt.

Schirokko – Ein heißer, drückender Wind, der oft Staub oder Regen bringt und von der Nordküste Afrikas das Mittelmeer und Teile Südeuropas bestreicht.

Seemeile – Die Länge einer Minute geographischer Breite (Bogenminute) – konkret 1 852 m.

Signalboje – Eine sehr gut sichtbare Tauchboje in Form eines Schlauchs oder einer Wurst, die nur bei Bedarf gesetzt wird.

Signalboje – Eine Tauchboje, die nur im Bedarfsfall gesetzt wird. Tauchflaggen erfüllen einen ähnlichen Zweck.

Stalagmit – Ein kegelartiges Gebilde, das vom Boden einer Höhle nach oben wächst, aus Kalkspat u.a. besteht, der durch Tropfwasser von der Höhlendecke oder von Stalaktiten abgelagert wird.

Stalaktit – Ein kegelartiges Gebilde, das von der Decke einer Höhle hängt und aus Kalkspat u.a. besteht, der sich durch Tropfwasser abgelagert hat, das durch den darüber liegenden Kalkstein gesickert ist.

Stickstoffnarkose – Eine Beeinträchtigung der geistigen Prozesse eines Tauchers durch zu viel Stickstoff im Körpergewebe. Die Wirkung der Stickstoffnarkose beim Taucher ähnelt dem Betrunkensein und nimmt mit der Tiefe zu.

Symbiose – Zwei verschiedene Organismen leben in enger Gemeinschaft zum gegenseitigen Nutzen zusammen.

Tarierjacket – Eine Weste, mit der Taucher den Auftrieb unter Wasser regulieren können, die man aber auch an der Oberfläche aufblasen und als Rettungsweste benutzen kann. Die Tarierweste wird normalerweise über einen Inflatorschlauch mittels der ersten Stufe direkt aus der Hauptflasche aufgeblasen. Das kann aber auch mit einer Notflasche geschehen oder, wenn sich der Taucher an der Oberfläche befindet, mit einer Kohlenstoffdioxidpatrone, die allerdings nur einmal benutzt werden kann und dann ersetzt werden muss.

Tauchboje – Eine Boje, mit der Taucher ihre Position markieren.

Tauchplaner – Eine Zeiten- und Tiefentabelle, mit der man die Grenzen für sicheres Tauchen berechnet, vor allem bei Wiederholungstauchgängen.

Tektonische Platten – Jedes der vielen fast starren Stücke des äußeren Teils der Erde, bestehend aus der Erdkruste und dem obersten Mantel. Sie sollen die Erdoberfläche bilden und sich langsam gegeneinander verschieben. An ihren Grenzen kommt es zu seismischer, vulkanischer und tektonischer Aktivität.

Tethysmeer – Ein großes Meer, das im späten Paläozoikum zwischen Laurasia und Gondwana lag, d.h. bevor die Kontinente ihre jetzige Lage erreichten.

Tiefenmesser – Ein Instrument, das den Wasserdruck misst und auf diesem Weg anzeigt, wie tief der Taucher sich unter der Wasseroberfläche befindet.

Trimix – Eine Atemgasmischung zumeist aus Sauerstoff, Stickstoff und Helium. Der Anteil der einzelnen Gase ändert sich entsprechend den Anforderungen, die der Tauchplan vorgibt.

Vendaval – Starker Westwind am Mittelmeer, der durch die Straße von Gibraltar weht.

Verdünnungsgas (Rebreather) – Das Gas, das in einem Rebreather mit geschlossenem Kreislauf verwendet wird, um das Volumen im Atemkreislauf auszugleichen, wenn der Taucher in größere Tiefen vordringt und die Gase im Atemkreislauf komprimiert werden. Je nach Rebreather und Tauchart kann Luft, Nitrox, Trimix oder sogar Heliox als Verdünnungsgas verwendet werden.

Wände – Eine Riffwand, die sich der Falllinie nähert und entweder überhängend oder unterhöhlt sein kann.

Weichtiere – Tiere vom Stamm *Mollusca*, z.B. Schnecken, Sepien, Austern und Muscheln, deren Mitglieder einen weichen Körper und für gewöhnlich eine harte Schale haben.

Wirbellose – Ein Tier, das keine Wirbelsäule hat.

Zeitmesser – Ein Zeitmessgerät, das entweder manuell oder dann aktiviert wird, wenn es ins Wasser kommt, damit Taucher wissen, wie viel Zeit seit dem Einstieg verstrichen ist.

Zooxanthellen – Die zahlreichen gelbbraunen Algen oder Pflanzen, die auch als Dinoflagellaten bekannt sind und als Symbionten im Zytoplasma vieler mariner Wirbelloser existieren.

Zweite Stufe – Der Teil des Atemreglers, der den Druck der Gase von der ersten Stufe weiter auf den Umgebungsdruck des Wassers auf Höhe der Lunge des Tauchers reduziert, sodass das Gas problemlos eingeatmet werden kann.

Die Autoren

Jack Jackson

Jack Jackson, Taucher, Expeditionsleiter, Autor und Fotograf, hat weltweit in zahllosen Tauch- und Reisezeitschriften publiziert, aber auch in Zeitungen und Magazinen wie *Vogue* und *Harpers & Queen*. Er wurde als Zweiter mit dem Fellowship of the Royal Photographic Society in Underwater Nature Photography ausgezeichnet. Seit 1970 ist er Fellow der Royal Geographic Society. In Deutschland wurden seine Bücher in der Edition Naglschmid beim Delius Klasing Verlag veröffentlicht.

Charles Anderson

Der Meeresbiologe Dr. Charles Anderson lebt und arbeitet seit 1983 auf den Malediven. Überall auf der Welt taucht er auf der Suche nach ungewöhnlichen Fischen und Nacktschnecken. Er ist der Autor von sieben Führern über das Meeresleben der Malediven, Sri Lankas und Indonesiens.

Lawson Wood

Lawson Wood ist seit 1965 Sporttaucher und seit über 30 Jahren UW-Fotograf. Er ist Gründungsmitglied der Marine Conservation Society sowie Gründer und Vorsitzender von Schottlands einzigem Meeresschutzgebiet. Lawson wurde für seine UW-Fotografie als Erster von der Royal Photographic Society und dem British Institute of Professional Photographers ausgezeichnet. Er ist auch Fellow der Royal Geographical Society. Lawson ist Verfasser von 26 Tauchbüchern, darunter das ausgezeichnete *Top Dive Sites of the Caribbean*. Heute lebt er auf Cayman Brac.

Bob Halstead

Bob Halstead taucht seit 1968, kaufte sich im selben Jahr eine Unterwasserkamera und qualifizierte sich 1970 als NAUI-Tauchlehrer. 1973 gründete er auf Papua-Neuguinea das erste Sporttauchunternehmen. 1986 folgte das erste Kreuzfahrtschiff der Insel. Halstead hat über 8 000 Tauchgänge hinter sich und mehrere Meerestierarten entdeckt, darunter den 1996 nach ihm benannten Fisch *Trichonotus halstead*. Er hat zahlreiche Artikel und Bücher über das Tauchen und Meeresleben von Papua-Neuguinea geschrieben.

Michael Aw

Michael Aws Arbeiten zu Umweltfragen und der Naturgeschichte sind in *BBC Wildlife, Asian Geographic, GEO, Nature Focus, Action Asia, Times, Asia Week* sowie zahlreichen Unterwassermagazinen erschienen. Für seine Fotografie ist er vielfach von internationalen Gesellschaften ausgezeichnet worden, u.a. beim Nikon International Photo Contest und als BBC Photographer of the Year. Bei zwei Dokumentarfilmen über Korallenriffe am Großen Barriereriff und den Malediven hat er Regie geführt. All das hat seinen Niederschlag in Büchern und einem Videofilm für *National Geographic* gefunden. Aw hat mehrere naturgeschichtliche Bücher über Fische, Korallen und Wirbellose verfasst, darunter *Underwater Jungles, Celebrate the Sea, Beneath Bunaken, Dreams from a Rainbow Sea, Tropical Reef Fishes, Tropical Reef Life* und *Staghorn Corals*.

Wade Doak

Wade Doak wurde 1940 in Neuseeland geboren. Ein Schatz veranlasste ihn, 1969 *The Elingamite & its Treasure* zu schreiben. Seitdem erforscht er die Unterwasserwelt, Fische und die Meeresökologie. 19 weitere Bücher folgten. 1975 hatte er die erste Begegnung mit Delfinen. Mit Gesten brachte ein Delfin Doak ein neues Manöver bei. Als er es nachahmte, waren sechs Delfine zur Stelle, die es synchron wiederholten. Seitdem beschäftigt er sich mit den geistigen Fähigkeiten von Meerestieren und welche Art von Beziehung Cetaceen zum Menschen suchen. Vier Bücher über Cetaceen entstanden. Er unternahm drei große Unterwasser- und anthropologische Expeditionen in die Südsee, über die er zwei Bücher schrieb. Darin kam er von der Erforschung des Haiverhaltens zum Leben eines Volkes, das Haigeister verehrt.

Andy und Angie Belcher

Andy und Angie Belcher sind freie Fotografen und Bildjournalisten und auf Action, Abenteuer und Wasser in Neuseeland und dem Südpazifik spezialisiert. Sie haben zahlreiche Preise gewonnen, darunter 1997 als British Wildlife Photographer of the Year. Sie haben ihr eigenes Unternehmen, Legend Photography, das Fotos über Unterwasser, Tiere und Abenteuer für Zeitschriften, Bücher und Werbung bereitstellt. Sie leben mit ihren Kindern in Maketu.

Ann Storrie

Ann Storrie, 1953 in Perth geboren, ist Tierlaborantin in der medizinischen Forschung. Sie unterrichtet Tierpflege am Bentley TAFE College in Perth und ist freie UW-Bildjournalistin. 1982 begann sie mit dem Tauchen. 1984 gründete sie die Western Australian Underwater Photographic Society. Ihre Artikel sind in *Scuba Diver, Sportdiving in Australia and the South Pacific* u.a. erschienen. Sie hat Gastvorträge bei Tagungen wie dem Scuba Expo Congres und dem Filmfestival in Melbourne gehalten. Sie ist Koautorin mehrerer Bücher wie *Marine Life of Ningaloo Marine Park and Coral Bay, Wonders of Western Waters, The Swan River Estuary and Marine Park sowie Beneath Busselton Jetty*. Auch beim Delius-Klasing-Titel *Indischer Ozean: Die schönsten Tauchreviere* hat sie mitgearbeitet.

Alan Mountain

Alan Mountain ist Kommunikations- und Entwicklungsberater. Er taucht seit über 35 Jahren und befasst sich besonders mit UW-Fotografie, der Unterwasserumwelt und ihrer Erhaltung. Ein besonderes Verhältnis hat er zu Mauritius, dessen Wandlung vom unsicheren, unterentwickelten Land nach der Unabhängigkeit zu einem Trendsetter unter den Entwicklungsländern er miterlebt hat. Dabei hatte er auch Gelegenheit, die vielfältigen Tauchmöglichkeiten der Insel und die wohltuende Gastfreundschaft ihrer Bewohner kennen zu lernen.

Bruce und Judy Mann

Bruce und Judy Mann haben an der Rhodes University im südafrikanischen Grahamstown Ichthyologie studiert. Heute arbeiten sie für den südafrikanischen Verband für meeresbiologische Forschung in Durban. Judy leitet das Ausbildungszentrum. Bruce arbeitet als Wissenschaftler im Forschungsinstitut, vor allem über Fischforschung und marine Schutzgebiete. Sie setzen sich sehr für den Schutz der Meere ein und gehen nebenher auch gerne tauchen und fischen.

Chris und Monique Fallows

Chris und Monique Fallows haben sich auf Meerestierfotografie spezialisiert, vor allem auf Weißhaie. Chris beschäftigt sich seit zehn Jahren mit Weißhaien und hat an über 25 Dokumentarfilmen mitgearbeitet – für *National Geographic*, BBC, Discovery, CBS u.a. Sie wollen die Öffentlichkeit über die Bedeutung der Haie im Ökosystem informieren und sie als großartige Alpharaubtiere zeigen. Chris hat auch eine Ökotourismus-Firma in False Bay, Südafrika, die auf Weißhaiexpeditionen und Tauchen mit Mako- und Blauhaien spezialisiert ist.

Rob Bryning und Sam Harwood

Rob Bryning und Sam Harwood haben über 14 Jahre Erfahrung mit ihren beiden Kreuzfahrtschiffen in den Malediven. Rob hat einen Faible für Unterwasservideos, Sam ist leidenschaftlicher Fotograf. Gemeinsam haben sie als Führer für BBC-Tierfilme und viele andere Medienproduktionen agiert. Sie sind die Autoren des *Dive Guide to the Maldives* von Globetrotter, waren am *Indischer Ozean: Die schönsten Tauchreviere* beteiligt und haben mit Bild und Text weltweit publiziert. Bryning und Harwood gehört Maldives Scuba Tours Ltd. und Scuba Tours Worldwide in Großbritannien.

Stefania Lamberti

Die in Mailand geborene Stefania Lamberti ist seit zehn Jahren vielfach ausgezeichnete Tierfilmproduzentin, Autorin und Fotografin. Sie hat sich mit den wildesten Plätzen in Afrika sowie dem Indischen Ozean und seinen Inseln beschäftigt. Ihre Erfahrung und Arbeit hat sich in mehreren Büchern und Zeitschriftenartikeln sowie vielen naturgeschichtlichen Dokumentarfilmen in Zusammenarbeit mit *National Geographic* und *Discovery Channel* niedergeschlagen. Stefania Lamberti betreibt in Johannesburg eine TV-Produktionsfirma, The Wildside Aquavision. Ihre Begeisterung für die Unterwasserwelt ist ungebrochen.

Paul Lees

Paul Lees, erfahrener Tauchlehrer, hat mehrere führende Tauchschulen in Thailand gemanagt. Als Autor und Fotograf arbeitet er regelmäßig für Tauchzeitschriften und war auch bei *Indischer Ozean: Die schönsten Tauchreviere* beteiligt. Er leitet den Tauchberatungsservice Divelink Thailand mit Sitz in Phuket.

Mark und Charlotte Durham

Mark und Charlotte Durham waren an dem 11-monatigen transafrikanischen Tauchprojekt »divethedream.com« beteiligt. Diese Website wurde ein Tauchführer, live und online, der Fragen über Tauchgebiete, -zentren und Meeresschutz von Kapstadt bis Nordkenia dokumentierte. Vorher hat Mark ein großes Wassersportgeschäft in London geleitet, gleichzeitig aber als freier kommerzieller Taucher, UW-Fotograf und Dekompressionskammer-Assistent gearbeitet. Er war auch als Fischereibeobachter im Südatlantik an Bord eines Langleinenschiffs und im Nordatlantik bei den Grand Banks tätig. Charlotte, PADI-Tauchlehrerin, tat sich 1996 mit Mark zusammen.

Bildnachweis

Das Copyright bleibt bei folgenden Fotografen und/oder ihren unten aufgeführten Agenten. Schlüssel für die Position der Abbildungen: o = oben, ol = oben links, om = oben Mitte, or = oben recht, u = unten, ul = unten links, um = unten Mitte, ur = unten rechts, l = links, r = rechts, m = Mitte. (Bei Seiten mit nur einer Abbildung oder Seiten, auf denen alle Fotos vom selben Fotografen stammen, ist keine Abkürzung angegeben.)

AB.......Andy Belcher
AM......Alan Mountain
BH.......Bob Halstead
BM......Buddy Mays
CA ......Dr. R. Charles Anderson
CB.......Chris Butler
CF.......Chris Fallow
CO......Corbis / SF = Stephan Frink
DAK....Danja Kohler
DK ......Dennis King
EI ....Eilat Images.com
ENI......Enlightenment Images
GG......Gary Gentile
GI........Gallo Images / T = Taxi / HL = Harvey Lloyd / S = Stone
GT ......Graham Teague
IB ....Image Bank / GAR = Guide A. Rossi
JS JStockphotol JR = Jrroman, EN = Engamon, CM = Cara Maria, WA = Walt Adams
JJ ....Jack Jackson
JR ....Jeff Rottman
LO.......Lesley Orsen
LP ....Linda Pitkin
LT........Lochman Transparencies / AS = Alex Steffe, CB = Clay Bryce, CR = Col Roberts, EB = Eva Boogard, GT = Geoff Taylor
LW ......Lawson Wood
MA......Micheal Aw
MJF .....Martyn J Farr
OI ....Oceanic Impressions / MS = Mark Strickland
PA ....Photo Access / P = Patrick Wagner
PP ....Peter Pinnock
RG ......Roger Grace
SIL.......Struik Image Library
SE ....Sea Pics.com / RB = Rowan Byrne, JB = Jonathan Bird
VD ......Visual Diving / BC = Bert Chauvel
WHS ...Waterhouse Stock / SF = Stephen Frink
WT......World Travel

1		MA	62	m	DK	110	ur	LP	158		VD/BC	220	ol	LP
2–3		OI/MS	62	u	DAK	112	ol	LP	159–160		MA	223	o	LW
4–5		LW	64	l	DK	112	or	PP	161		VD/BC	223	u	JJ
6		PP	64	r	JJ	114		MA	162–163		MA	224		LW
10		LT/CB	65		DK	116	ul	AM	164–178		JJ	225	o	MJF
13		PP	67	l+r	LP	116	m	MA	180–182		MA	225	m+u	LW
18	ol	LP	68–70		JJ	117		MA	185		WHS/SF	226	o	MJF
18	om	LT/EB	72	l+r	JJ	118		OI/MS	186–190		AB	226	u	LW
18	or	JJ	73–79		JJ	121	ul+um	LP	191	o	PP	227		MJF
19	ul, um	JJ	80		PP	121	ur	OI/MS	191	u	AB	228	ol	GT
19	ur	MA	82	o	MA	122–126		OI/MS	192		OI/MS	228	or	LW
20		LP	82	u	PP	128		LT/CR	193	o	OI/MS	229	o	GT
22		LW	83	o	AM	129		LT/EB	193	u	AB	229	u	LW
24		CF	83	u	OI/MS	130	ol	LT/EB	194–199		BH	230		LW
26	ol	CF	84–87		PP	130	or	LT/CB	200	ol	MA	231		GT
26	om	GG	88	ol	LO	131		LT/CB	200	or	LT/AS	232–235		JJ
26	or	LW	88	or	LW	133		LT/GT	201	o	MA	236		
27		GG	89 &91		LW	135		BH	201	u	LT/EB	237	ol	LP
28	ol	GI/T/HL	92–93	ol	CA	136		LT/AS	203	ul	MA	237	om	LP
28	or	IB/GAR	94–95		AM	137	ol+om	MA	203	ur	LT/PN	237	or	JJ
31	o+u	GG	96	ol	PP	137	or	JJ	204–205		MA	238–241		LW
32–36		LW	96	or	SIL	138–141		JJ	207		AB	244	ol	JS/JR
37	o+u	GG	97–99		PP	142	o	MA	208		RG	244	or	JS/EN
38	l	SIL	100	ol	SIL	142	u	JJ	209–211		AB	244	ul	CO/SF
38	r	CF	100	or	PA/PW	145		JJ	212	ol	LW	246	ol	JS/CM
39–41		CF	101		PP	146	ol	LP	212	or	ENI	246	or	JS/WA
43–55		LW	103	ol	PP	146	or	JJ	213		LW	246	ul	SE/RB
56		DK	103	or	AM	147		JJ	214	ol	GI/S	247		SE/JB
58		JJ	104	ol	MA	148		LT/CB	216	ol	MA	248–254		JJ
59	o+u	DK	104	or	PP	149		JJ	216	or	ENI	255–259		LW
60	l	EI	105–106		PP	151	ul	MA	217	ul	OL	260		GT
60	r	WT/CB	109		PP	151	ur	LP	217	ur	MA	261	o	LW
61		JR	110	ul	LP	152–153		LP	218		MA	261	u	GT
62	o	JR	110	um	PP	154–157		MA	219		LT	262–264		LW